Collection *l'Histoire en Mémoires*
dirigée par
EMMANUEL DE WARESQUIEL

DANS LA COLLECTION
« L'HISTOIRE EN MÉMOIRES »

GÉNÉRAL DE CAULAINCOURT, duc de Vicence, Grand Écuyer de l'Empereur. *Mémoires.* La campagne de Russie. L'agonie de Fontainebleau. Présentation et choix des textes par André Castelot.

BONI DE CASTELLANE. *Mémoires. Comment j'ai découvert l'Amérique. L'art d'être pauvre.* Introduction et notes d'Emmanuel de Waresquiel.

MADAME DE CHASTENAY. *Mémoires sur l'Ancien Régime, la Révolution, le Consulat, l'Empire et la Restauration (1771-1815).* Introduction et notes de Guy Chaussinand-Nogaret.

BARON DE FRÉNILLY. *Mémoires 1768-1848. Souvenirs d'un ultraroyaliste.* Introduction et notes de Frédéric d'Agay.

DUCHESSE DE MAILLÉ. *Souvenirs sur la monarchie de Juillet et la révolution de 1848 (1832-1851).* Introduction et notes de Frédéric d'Agay. Texte inédit.

PRIMI-VISCONTI. *Mémoires sur la cour de Louis XIV (1672-1681).* Introduction et notes de Jean-François Solnon.

MADAME DE CHATEAUBRIAND. *Cahier rouge et Cahier vert.* Introduction et notes de Jean-Paul Clément.

DUFORT DE CHEVERNY. *Mémoires sur le règne de Louis XV.* Introduction, notes et nouvel établissement du texte de J.-P. Guicciardi.

DUFORT DE CHEVERNY

MÉMOIRES

Texte établi, présenté et annoté
par
Jean-Pierre Guicciardi

Perrin
8, rue Garancière
Paris

ISBN 2-262-00728-4
ISSN 0981-6283

Introduction

Il est étonnant que le genre littéraire des mémoires n'ait pas encore trouvé son grand théoricien : tout se passe comme si chaque auteur tour à tour devait patiemment résoudre les problèmes épistémologiques complexes qui se posent à lui. Deux de ces difficultés au moins paraissent pourtant passionnantes. La première rejoint celle de toute littérature : comment rendre vivantes, par l'emploi du langage, des scènes qui appartiennent irrémédiablement au passé? La seconde se rapporte à la vérité historique et n'est pas moins essentielle : un témoin est, au sens premier, *celui qui a vu* ; lorsqu'il dépose en justice – et quelle instance se montre plus pointilleuse à propos de l'exactitude que la postérité? – il rapporte en l'ordonnant le produit de ses perceptions; encore faut-il, pour parvenir à une suffisante validité du propos, que l'œil et l'oreille soient exercés et la mémoire fidèle. À quelques années de distance le souvenir se brouille, s'estompe, les faits s'enchevêtrent, l'essentiel se complique de l'accessoire. Dans nos vies quotidiennes le journal intime, s'il ne garantit pas contre les excès de la subjectivité, permet au moins de fixer les événements, d'en mesurer la suite et l'importance relative. Mais à l'approche de la vieillesse, vingt, trente, quarante ans après les faits, il est souvent difficile de faire revivre, sans l'aide de documents, le brillant d'une folle jeunesse, de ressusciter exactement l'épaisseur des corps, l'éclat d'un regard, la qualité d'un sourire... Presque toujours, le vécu est transformé par la connaissance ultérieure des êtres et des choses, envahi de rancœurs, d'amertume ou de regrets; les choix présents de l'auteur, ce que sa personnalité est devenue, l'empêchent de se comprendre lui-même et d'apprécier au plus juste ce qu'il a été : il lui faudrait se dédoubler, tâche qui n'est permise qu'aux plus grands.

Le mémorialiste ne peut donc s'attendre à beaucoup d'indulgence lorsqu'il prend la plume : si les erreurs commises de bonne foi sont pardonnables, en revanche la vanité de jouer un rôle, la haine vis-à-vis de ceux que l'on a combattus, et surtout la complaisance à soi-même, qui engendre l'ennui, aujourd'hui nous paraissent insupportables. Heureusement, les recueils de souvenirs ne tombent pas tous dans ces travers; c'est pourquoi les *Mémoires* de Dufort de Cheverny méritent largement la réputation élogieuse qu'ils ont acquise dès leur première publication, à la fin du XIXe siècle, dans une édition pourtant tronquée et fort infidèle. S'ils présentent autant d'intérêt pour le lecteur moderne, c'est qu'ils constituent un admirable *témoignage* — c'est-à-dire l'un des plus objectifs et des plus amusants qui soient — sur la vie mondaine, sociale, intellectuelle de ce microcosme qui, à Paris, à Versailles et dans quelques résidences de plaisir disséminées autour de la capitale, réunissait tous ceux qui, à un titre ou à un autre, ont *fait* l'histoire de la seconde moitié du XVIIIe siècle. Certes, Dufort est loin d'égaler Saint-Simon dans la peinture des caractères et l'acuité psychologique : le plus souvent, il ne va guère au-delà des faits, et il est rare qu'il s'interroge en profondeur sur les motivations de ses contemporains. Mais c'est un admirable observateur des comportements, et sa familiarité avec le roi, les courtisans, la plupart des célébrités du temps, donne à son regard une valeur inégalable.

Il ne resta d'ailleurs pas un spectateur distant et joua lui aussi, joyeusement, son rôle de viveur et de débauché avant que de se « ranger » et de fonder une famille : c'est peut-être ce qui explique son intérêt pour les vies privées et ce que l'on nomme aujourd'hui la « petite histoire ». « Je dirai tout, je peindrai tout », nous prévient-il dès sa préface : « mes anecdotes particulières, celles publiques et secrètes que j'ai été à portée de voir ». Et il tient parole; ces *Mémoires*, véritable mine de renseignements pour l'historien, rapportent ainsi au plus vrai à propos de centaines de personnages aujourd'hui illustres ou méconnus la vie d'apparat, les réceptions officielles — bref, ce qu'il était convenu de montrer —, mais aussi l'envers du décor : ce que l'on cachait soigneusement, ce qui se passait dans des salons ou des boudoirs très fermés lorsque, une fois les domestiques retirés, le libertinage se donnait libre cours. L'auteur ne manque pas d'évoquer les grands événements du règne de Louis XV : nous voyons se dérouler les intrigues qui accompagnèrent l'attentat de Damiens, et nous suivons dans leur exil les parlementaires chassés après leurs remontrances de 1753; nous observons l'irrésistible ascension de Choiseul, la beauté de Mme de Pompadour, la profonde indifférence du roi pour la souffrance d'autrui, sa passion pour la chasse, sa paradoxale humanité vis-à-vis de son entourage. Mais tout cela est bien connu : combien plus passionnantes pour nous aujourd'hui sont ces dizaines d'anecdotes qui peignent les existences individuelles, les usages, les mœurs d'une époque qui n'est plus et qui jamais ne reviendra! Les pages qui, par exemple, relatent la passion de Dufort pour l'ardente Mme Brissart sont des morceaux d'anthologie. Voici une jeune femme séduisante, voluptueuse, mariée pour son malheur à un richissime impuissant qui entretient des maîtresses pour faire illusion à tous et à lui-même ; mais bien vite le mari ne compte plus guère : les amants se succèdent, Henriette Brissart distribue des numéros d'ordre, accepte Dufort dans son intimité, lui cède sans renoncer à d'autres, se donne sous ses yeux à un rival, alors qu'accoudée à une fenêtre elle feint de contempler un incendie voisin... Ce sont ces folles soirées en compagnie de sa belle, où l'auteur subit l'ennui des visites qu'elle doit rendre, tout en prenant avec elle, dissimulé dans son carrosse, de rapides privautés; ces nuits dans de multiples et discrètes « petites maisons » où, par la grâce de domestiques de confiance, le champagne est frappé à point, les bougies allumées pour éclairer les scènes que l'on imagine...

Au soir de sa vie Dufort de Cheverny, mêlé malgré lui aux événements révolutionnaires, a connu une captivité qui eût pu déboucher sur la mort; c'est alors qu'en rédigeant ces *Mémoires* dans la solitude et la dépossession il est parvenu à faire revivre son étincelant passé; à illuminer ses souvenirs pour nous donner, à nous hommes du xxe siècle, le privilège d'assister à l'entrecroisement de centaines d'existences assoiffées de jouissance; pour nous transformer en spectateurs passionnés, un peu indiscrets, d'une époque unique où l'usage de fortunes colossales, le luxe des ameublements et des vêtements, la présence de nombreux domestiques et une disponibilité presque illimitée du temps conféraient à chaque journée de quelques privilégiés une infinie douceur de vivre.

* * *

Nous sommes en 1731 : Louis XV a vingt et un ans, et laisse Fleury gouverner à sa guise un royaume qui retrouve progressivement la paix et la prospérité après les années troublées de la fin du règne de Louis XIV et de la Régence. Le paysage politique est en train de changer : les parlements, privés du droit de remontrance par le Roi-Soleil (24 février 1673) ont relevé la tête sous Philippe d'Orléans, et entament un long travail de grignotage de l'absolutisme qui aboutira au point de non-retour de 1787-1788. La caste qui monte, c'est celle des « hauts fonctionnaires » issus des rangs des parlementaires, conseillers, maîtres des requêtes qui, grâce au développement considérable de l'administration centrale, accèdent de plus en plus nombreux aux cabinets ministériels, et donc au pouvoir. Ils sont compétents, efficaces, irremplaçables — et ils le savent. Ils s'irritent des mauvaises habitudes budgétaires et fiscales qui demeurent : malgré quelques velléités de réformes, les impôts rentrent mal; ce sont des sociétés privées qui, en se chargeant du recouvrement, mettent allègrement le royaume au pillage, fournissent les armées, prêtent de l'argent au trésor royal; les « gens de finances » qui les dirigent et en empochent les énormes bénéfices, fermiers généraux, hommes de paille, intermédiaires véreux, malgré leur mauvaise presse, s'allient à la frange moyenne et supérieure de l'aristocratie versaillaise, à la robe, et constituent ainsi peu à peu un groupe de pression multiforme, aux liens complexes encore mal connus aujourd'hui, et qui finit par diriger véritablement l'État : n'a-t-on pas pu montrer, par exemple, que l'intrigue du roi et de Mme de Pompadour fut sans doute provoquée, le plus volontairement du monde, par un groupe de financiers dont la belle marquise était l'otage et l'instrument inconscient ?

C'est dans ce contexte, c'est à la frange de ce milieu que, le 3 février 1731, vient au monde à Paris, dans le quartier Saint-Roch, Jean-Nicolas Dufort. Ses aïeux sont maîtres en la chambre des comptes, conseillers au parlement, fermiers généraux : on comprend d'emblée que l'enfant est destiné à une fortune considérable ; il sera parlementaire, lui aussi, se mariera dans l'aristocratie ancienne, verra peut-être un de ses fils entrer au ministère, un autre accéder au grade de lieutenant général...

Mais les événements, les hommes, le sort disposent des destinées : l'avenir de Jean-Nicolas n'est pas celui qu'il eût pu rêver. Il est à peine âgé de douze ans lorsque sa mère meurt brutalement. Conformément à la réserve de l'époque, l'auteur ne nous parle pas de son chagrin, mais de celui de son père qui, quelques années après, suit son épouse au tombeau. À quinze ans, le jeune garçon a le malheur – ou la chance ? – de se retrouver presque seul au monde, confié à une grand-mère richissime, mais distante et peut-être intéressée, et à un précepteur inefficace : désormais, c'est de lui, et de lui seul que dépendront les choix essentiels. Passé un délai de deuil imposé par la décence et par des sentiments sans doute sincères, le jeune homme, de volonté délibérée, devient son propre maître et jette sa gourme : que faire en effet lorsqu'on est jeune, riche, ardent, et entouré d'oisifs et de viveurs ? La réponse va de soi. Jean-Nicolas dispose d'une fortune considérable : soixante mille livres de rentes supposent un capital de plus d'un million de francs. À Paris, au château de Saint-Leu que son père lui a légué, l'orphelin mène joyeuse vie et dépense à poignées. Ce sont d'abord des amusements de jeune homme : des chevauchées sans fin, des simulacres de batailles, des farces aux dépens des paysans du voisinage. Ses compagnons sont quelques aristocrates rencontrés sur les bancs du collège, quelques « héritiers » (au sens moderne) comme lui, fils d'intendants, de maîtres des requêtes, et surtout ces gens de finances si mal considérés mais si riches et, pour un jeune homme qui découvre la vie, si amusants...

Enfin, très vite (notre héros a atteint seize ans...) viennent les femmes : des prostituées d'abord, comme c'est alors l'usage, et puis une belle marchande de galons, les actrices à la mode... À ce monde pourri où seule compte la jouissance, où les hommes abusent du pouvoir que leur confère la fortune, où les femmes se servent de leur corps comme d'un moyen de parvenir, Dufort est parfaitement intégré et soutient son rôle avec une indéniable vitalité : les folies se succèdent dans un tourbillon de soupers, de bals, de rendez-vous masqués et de grisants abandons. Notre futur mémorialiste voyage-t-il ? Il ne retient de Londres que ses exécutions capitales, une gallophobie universelle et la rencontre de quelques jolies Françaises. Il fait construire, cueille chaque journée nouvelle avec une gourmandise sans cesse renaissante. L'avenir s'annonce aussi brillant que le présent, la vie est belle... Il ignore que des forces occultes travaillent le volcan sur lequel il danse, il n'a pas encore compris que rien de ce qui lui a été donné ne lui est acquis définitivement, qu'il lui faudra se battre...

Car enfin, on ne peut soutenir indéfiniment un aussi terrible train : les rentes ne suffisent plus, et c'est le capital lui-même qui se trouve bientôt écorné par des dépenses somptuaires et des achats irréfléchis. Et paradoxalement Dufort, qui a adopté la conduite ostentatoire et dépensière de la grande noblesse, retrouve assez rapidement au fond de lui une trace des réflexes bourgeois, faits de prévoyance et d'économie, que lui ont légués ses ancêtres. Ce trait se marque assez bien dans ces *Mémoires* lorsque le jeune homme, repensant à ses parents, s'interroge : « Je me disais : m'ont-ils conservé des biens pour ne plus voir continuer leurs traces ? » Voilà qui suffit à opposer sa conduite à celle des aristocrates de noblesse ancienne, les Choiseul, les Lauzun qui dépensèrent sans compter et accumulèrent imperturbablement les dettes sans jamais changer leur train de vie, tel ce prince de Guéménée qui fit une banqueroute de trente-deux millions ! Dufort n'est pas de cette race : le luxe, les plaisirs, soit — mais pas la ruine.

D'autre part, c'est chez les aristocrates seulement — et encore ! — qu'un homme peut se contenter de naître. Lorsqu'il ne possède pas une généalogie très certaine, ou que la noblesse n'est pas avérée parce qu'elle est récente ou acquise par charges — c'est le cas de Dufort — il lui est impératif de se doter d'une existence sociale définie par une activité : un homme, désormais, sera ce qu'il *fait*. Il va falloir choisir un « travail » imposé par l'idéologie nouvelle qui triomphe peu à peu, s'engager dans une vie sociale véritablement utile, se plier aux « devoirs d'un honnête homme ». Bref : il faut faire une fin. Jean-Nicolas a vingt et un ans...

Mais les choix préférentiels du jeune homme – l'armée, bien évidemment, car elle est aristocratique – se heurtent à l'opposition de ses oncles et grands-parents : ces robins conçoivent mal encore le passage trop rapide d'un monde social à un autre, parce qu'ils en mesurent les risques et les incertitudes. On observe chez eux, outre leur orgueil de caste, une réaction frileuse face à la noblesse d'épée; elle ne leur fait pas peur, mais elle les intimide. Aussi refusent-ils à Jean-Nicolas les moyens d'entrer dans les gardes françaises – une arme d'élite, pourtant, malgré sa mauvaise réputation – et lui proposent-ils une carrière plus reposante et plus conforme à leurs traditions. Mais notre futur mémorialiste n'ignore pas ses faiblesses : par sa propre faute, son éducation a été fort négligée; il n'a fréquenté que le collège et l'académie, et s'il connaît ses classiques, il a surtout appris à monter à cheval. Il sait bien qu'il ferait triste figure sous le mortier d'un président de parlement. C'est pourquoi, lorsqu'il entrevoit la possibilité d'acheter au vieux chevalier de Sainctot la charge d'introducteur des ambassadeurs semestre, Dufort n'hésite pas : une telle fonction de « chef du protocole », comme on dirait aujourd'hui, sera fort honorable car elle fera de lui un proche du souverain, un de ses *serviteurs*, au sens le plus noble du terme; elle le transformera en un personnage central de la cour, elle est grosse de promotions et de faveurs ultérieures. Pour ce garçon qui entre dans sa vingt-deuxième année, c'est une nouvelle époque qui commence...

* * *

Qu'elle mette en présence des êtres humains ou des États politiques, toute relation entre individualités implique des enjeux de pouvoir et engage des rapports de force. D'ordinaire, ces enjeux sont implicites, tacitement reconnus, et se traduisent sous une forme symbolique – par exemple pour des personnes par la prise de parole, la gestuaire, l'appropriation de l'espace, etc. Chacun joue ce « jeu », qui est un des régulateurs essentiels du fonctionnement social. Mais les formes explicites du respect – marquant également la révérence, la peur, la reconnaissance d'une supériorité d'essence religieuse ou guerrière, plus tard politique – sont elles aussi apparues très tôt dans l'histoire de l'humanité, et nul groupe social n'en a su faire l'économie. Un système de représentation aussi complexe et aussi élaboré que la monarchie ne pouvait évidemment manquer de constituer pour sa cour – l'ensemble des individus proches du pouvoir et investis de missions et de fonctions rivales – un corpus de règles où le maintien de l'*inégalité* fondamentale était prescrit et justifié : c'est ce que l'on nomme l'étiquette. Pourtant, si cette dernière répondait à des nécessités profondes et à peu près universellement reconnues, ce n'est que lentement qu'elle s'est établie et imposée sous sa forme moderne. Aliénor de Poitiers rédigea entre 1484 et 1491 les *Honneurs de la cour*, mais c'est François Ier qui fut sans doute l'initiateur d'usages plus tard codifiés, renforcés et rendus singulièrement contraignants sous Henri III. Ses successeurs conservèrent, précisèrent, affinèrent un cérémonial partiellement copié sur celui des cours étrangères, et qui trouva sous Louis XIV sa forme la plus achevée. Saint-Simon, chacun le sait, en a admirablement traduit l'importance et la force : à la cour, le ballet des préséances réglait l'*ordre* – ancienneté des origines, « valeur » de la généalogie et des alliances, préférences du prince – qui permettait la marche harmonieuse de ce monde artificiel; tenir un flambeau, donner la chemise au roi, porter un justaucorps à brevet ou encore accéder à un tabouret – tout cela équivalait à trouver sa place dans la hiérarchie (écrite ou non) des familles et des êtres, à *prendre position* dans un univers où régnait la compétition permanente. Chacun avait intérêt à la conservation de règles qui présentaient l'avantage de fixer les acquis et de délimiter les sphères d'influence. Seuls des aventuriers (songeons, pour le XVIIIe siècle, au comte de Saint-Germain, à Cagliostro, à Beaumarchais...) pouvaient songer à pervertir un système qui leur interdisait tout espoir de réussite rapide et durable : aussi se trouvaient-ils le plus souvent, malgré la faveur dont ils étaient l'objet, assez brutalement écartés.

Le protocole, qui n'est que la mise en forme explicite d'un rite, règle les relations entre représentants des États, et constitue au fond la version diplomatique de l'étiquette : en 1661-62, la querelle des préséances entre les ambassadeurs français et espagnol — querelle résolue au profit du premier — avait été ressentie dans les deux pays comme l'équivalent d'un acte de belligérance. Mais la victoire du comte d'Estrades sur le baron de Watteville montrait que toutes les nations utilisaient le protocole — ou sa transgression — comme une arme offensive : ainsi à la cour se révélait nécessaire la présence d'un spécialiste, chargé de faire respecter les rapports de force établis et de contraindre les ambassadeurs étrangers à une stricte soumission aux usages en place. Déjà Henri III avait créé le 2 janvier 1585 la charge de grand maître des cérémonies de France pour Jean Pot, seigneur de Rhodes. Plus tard, celui-ci eut sous ses ordres le premier « introducteur des ambassadeurs », bientôt doté d'un collègue avec qui il partageait le travail de l'année; les deux personnages devinrent vite des figures centrales de la vie quotidienne à la cour : ils apparaissaient dans tous les actes officiels, audiences solennelles et réceptions du corps diplomatique; ils dépendaient directement du ministre de la maison du roi et de celui des Affaires étrangères, et leur épouse était présentée à la famille royale.

Ce qui est ici paradoxal, c'est que Dufort lui-même semble n'avoir pas saisi toute l'importance de ses fonctions, car il en parle avec un dédain souverain : « J'avouerai, à ma honte, que la nature ne m'avait nullement fait pour cette place; je regardais tout cela comme une vraie misère de l'esprit humain. » Et il est vrai que le récit de l'« entrée » officielle de l'ambassadeur Kaunitz à Paris, le 17 septembre 1752, premier grand acte public du nouvel introducteur, nous donne aujourd'hui l'impression d'une succession de gestes figés, artificiels, privés de signification, même si dut probablement paraître splendide au petit peuple le spectacle offert par les différents protagonistes et leur extraordinaire escorte. Tous les témoignages le montrent : même s'il ne croyait guère à son utilité, Dufort accomplit avec une grande conscience les obligations de sa charge, ce qui contredit partiellement cette autre formule dédaigneuse : « Si les fonctions (...) sont magnifiques, elles ne roulent guère que sur des misères d'étiquette, plus faites pour rétrécir l'esprit que pour l'alimenter. Je n'y tenais guère que par devoir. »

Il est vrai qu'en entrant en exercice, Dufort pouvait redouter le pire : la réussite n'allait pas de soi, et notre mémorialiste dut franchir plusieurs obstacles pour accomplir convenablement sa tâche. Le premier consistait évidemment en son ignorance totale du cérémonial : « J'allais être consulté et j'allais jouer un rôle. Je compilai et j'appris, pour ne pas rester court sur les questions »; pour la première fois de sa vie, ce paresseux se révélait capable de progresser, d'acquérir des connaissances, et il devait même plus tard devenir assez compétent pour rédiger un abrégé du cérémonial officiel, utilisé par ses successeurs. Le second obstacle, plus délicat, résidait dans le caractère du roi, qui n'aimait guère à voir changer son entourage et pouvait se montrer réticent devant ce nouveau venu. Mais très vite par son sérieux, son habileté, son sens des nuances, Dufort sut se faire apprécier de Louis XV, et il s'intégra à ce groupe de jeunes gens qu'affectionnait le souverain et qu'il fréquentait de préférence, parce qu'ils étaient gais, aimaient la chasse et les femmes et venaient quelque peu animer des usages par trop compassés : le maître ne dédaignait pas de poser le masque, parfois, pour se reposer de ses fonctions de représentation et n'être plus qu'un homme comme les autres. Enfin, en entrant en charge le 1er juillet 1752, Dufort pouvait craindre que son jeune âge ne le privât, lui, l'« homme du roi », de l'autorité nécessaire pour s'imposer aux ambassadeurs étrangers. Il n'en fut rien : le représentant de Gênes avait pris l'habitude de séjourner en permanence à Versailles, ce qui était contraire aux règles établies; Dufort, appuyé par Louis XV, sut le contraindre à respecter l'usage, et ce coup de force effectué dès son entrée en fonctions lui donna par la suite les coudées franches et une grande liberté d'initiative.

Voici donc Dufort admis à la cour, présenté par le comte de Saint-Florentin et la duchesse de Luynes, accepté — au moins en apparence — par tous : sa charge lui donne l'occasion d'approcher et d'observer tous ceux qui jouent un rôle. Sous sa plume, les grands personnages se succèdent : voici le dauphin, impatient de se saisir du pouvoir, et qui en attendant intrigue avec les jésuites; d'Argenson, grand commis de l'État, impitoyable ennemi de Mme de Pompadour, et qui finira par succomber avec Machault à l'hostilité de la favorite; les ministres Boullongne, Saint-Contest, bien d'autres... Voici, surtout, un Bernis moins naïf qu'on ne le dit généralement, un Choiseul qui, séduisant et lucide, entame une ascension que rien n'arrêtera; voici Mme de Pompadour, que tous ménagent en attendant sa disgrâce; la reine elle-même, qui s'entoure d'une triste coterie; mais aussi Mme Geoffrin, Bougainville, le comte de Charolais de sinistre mémoire... Les clans de la cour sont observés et décrits par un témoin sans illusion sur les valeurs respectées par ses semblables : la plupart des courtisans ne pensent qu'à acquérir toujours plus de pouvoir et d'honneurs; les femmes et les hommes fidèles à leur conjoint se comptent sur les doigts de la main... Le roi lui-même n'échappe pas au scalpel de Dufort, qui met l'accent sur l'insensibilité de Louis XV, son égoïsme, sa couardise, son indifférence à tout ce qui n'est pas son plaisir ou sa volonté. Les anecdotes se succèdent : celle où Mme de Choiseul-Romanet, en intrigue réglée avec le roi, est finalement écartée par la maîtresse en titre et s'en va mourir en couches; celle où le nonce Branciforte, venu porter au nom du pape, comme le veut la coutume, des langes à l'occasion de la naissance d'un héritier présomptif, « ... prolongea son voyage de six mois, passa en revue toutes les filles de Paris, et s'endetta prodigieusement... », non sans avoir revendu le portrait entouré de diamants dont le roi lui avait fait cadeau; tant d'autres, que le lecteur découvrira avec délices et qui font de ces *Mémoires*, trop rarement lus, un élément essentiel dans la bibliothèque de tout amoureux du XVIIIe siècle.

La position nouvelle de notre auteur, déterminée par son accession à la cour, ne doit cependant pas faire croire qu'il endosse la défroque et la condition d'un « migrant social » : les contradictions apparentes de Dufort ne peuvent se comprendre qu'à la lumière de la réévaluation récente des relations entre la robe et la noblesse ancienne. Ces deux mondes ne sont pas aussi distincts qu'on l'a cru longtemps : les familles de la plupart des parlementaires appartiennent au second ordre, parfois depuis peu de temps, il est vrai. Si les parlementaires montrent de nombreux traits économiques et culturels qui leur sont propres, et s'ils manifestent entre eux une solidarité sans failles, du moins doit-on admettre que de plus en plus se produit entre les deux univers une interpénétration profonde, qui se traduit par des alliances multiples et l'adoption d'un même mode de vie et de pensée : c'est par le terme d'*élite* qu'il convient désormais de définir ce sommet de la pyramide sociale à laquelle Dufort appartient par sa naissance et ses fonctions. Ces considérations expliquent que son comportement ne change pas radicalement au moment où il entre en charge : cet ancien oisif, bien intégré au monde des receveurs, fournisseurs aux armées et « banquiers » — ceux qui ont été les compagnons de sa jeunesse — ne songe pas à quitter définitivement un milieu où il s'amuse beaucoup : même Mme Brissart, dont il tombe amoureux à ce moment-là, et à qui il sacrifie toutes ses nuits — au risque, nous dit-il, de succomber au surmenage — est fille et femme de fermiers généraux. C'est là qu'il se sent à l'aise, c'est à ce groupe qu'il est intégré par de multiples liens. Cependant, contrairement aux robins de la génération précédente, Dufort n'éprouve aucune réticence, aucune gêne à fréquenter les aristocrates — tout simplement parce que, grâce à la fortune de ses parents, il les a toujours fréquentés : ses amis de collège se nomment Salaberry, Villeroi — noblesse ancienne — ou La Galaizière — noblesse récente. Certes, notre introducteur des ambassadeurs, tenu par ses fonctions de connaître tous les usages de la cour, l'étiquette la plus subtile, la hiérarchie des rangs et l'ancienneté des familles, aimerait probablement pouvoir présenter une généalogie plus glorieuse et traiter d'égal à égal avec les personnages les plus titrés. Mais s'il évoque à plusieurs reprises dans ses *Mémoires* les liens de ses ancêtres avec les Durfort-Duras, il ne trompe personne, et surtout pas lui-même : il ne peut oublier les origines parlementaire et financière de sa fortune et de son nom, ce qui implique qu'il est à la fois à l'intérieur et à l'extérieur du monde aristocratique auprès duquel il vit. Son véritable milieu, il le sait, ce sont ses parents, qui appartiennent presque tous à la robe : plusieurs fois par semaine, il déjeune au sein de sa famille, et remplit scrupuleusement les devoirs d'un neveu ou d'un petit-fils. Il y est d'ailleurs tenu par des liens d'un autre ordre : sa charge est fort coûteuse, et il a dû emprunter auprès de ses proches pour s'acquitter des trois cent mille livres qui lui étaient demandées. Et sans doute est-ce cette situation particulière, au confluent de plusieurs univers sociaux et « professionnels », qui fait la richesse et la profondeur du témoignage de Dufort — et, d'abord, la qualité de son observation — en le distinguant, par exemple, de celui de Luynes qui, entièrement intégré à la cour, ne parvient pas à véritablement *voir*.

L'étude des choix « politiques » de notre mémorialiste — si tant est que l'on puisse employer sans anachronisme un adjectif qui n'a pas vraiment de sens au XVIIIe siècle — dévoile les mêmes ambiguïtés. Dufort, tout jeune encore, prétendait à Londres au cours d'une discussion que « tous les hommes [lui] étaient égaux »; mais le même personnage se révèle, quelque quinze ans plus tard, fort soucieux de son rang : il entre en lutte avec le frère de Mme de Pompadour pour lui arracher Cheverny, puis il fait ériger ses possessions en comté, obtient enfin de Louis XV d'être désormais appelé *le comte Dufort de Cheverny* (et non Dufort, comte de Cheverny), privilège rarissime qu'il doit à sa longue intimité avec le souverain, et qui montre que pour lui la société d'ordres a encore un sens. De même, au moment de la crise de 1752-1753, il n'hésite pas à prêter son carrosse à l'un de ses parents, conseiller de grand-chambre contraint à l'exil; mais il ne partage pas pour autant de façon aveugle la révolte de son milieu familial, et s'il prend parti dans ses *Mémoires*, c'est contre les menées subversives d'une compagnie plus soucieuse de préserver ses privilèges que de défendre les humbles et les faibles : « Rien n'était si ridiculement républicain que le parlement, quoiqu'il tremblât au moindre coup d'autorité. » En revanche, lorsqu'il dresse le portrait du président Maupéou, réformateur de ce même parlement à la faveur du coup de force royal de 1770-71, Dufort n'a pas de mots assez durs pour stigmatiser un personnage « bas, haut, fier, insolent, menteur, effronté, caressant », et qui selon lui « faisait faire par d'autres, quand il ne pouvait s'en mêler, tout ce qui pouvait le conduire au ministère ». Mais il est vrai que ces propos, écrits en 1795, réévaluent les événements passés à la lumière de la Révolution, durant laquelle Dufort a tout perdu, ou presque, et qui désormais menace même sa vie. Il y a là de quoi acquérir un peu de lucidité rétrospective...

Quoi qu'il en soit, les données essentielles de la pensée de notre auteur résident dans une fidélité sans faille au souverain (« J'aimais le roi à la passion », dit-il) — fidélité fondée sur un évident et profond attachement personnel, sans cesse réaffirmé dans cet ouvrage. Contrairement aux nombreux mémorialistes qui ont approché Louis XV et qui manifestent à son égard une allègre férocité — leur attitude fait souvent penser à celle de domestiques congédiés — Dufort conserve pour lui des sentiments de respect et de dévotion qui, par-delà le monarque, s'adressent à l'être humain qu'il était également : « Il était le plus excellent de tous les hommes » — un homme à la fois bon et faible, hésitant et imbu de son rang, incapable d'aimer profondément et pourtant sans cesse attiré par les femmes qui s'offrent à lui. Ces qualités de sympathie et d'observation du mémorialiste apparaissent pleinement en plusieurs occasions — par exemple lorsque, après l'attentat de Damiens, le roi se relève enfin de sa prostration et consent à se montrer à son entourage : « La première fois que nous pûmes le voir, cette superbe figure d'homme jeta sur tous un regard de chagrin. On voyait visiblement qu'il se disait : " Regardez votre roi qu'un malheureux a voulu assassiner, et qui est le plus malheureux de son royaume ! " » Dans ce coup d'œil où se mêlent la surprise, la douleur et la souffrance, peut-être la honte, il y a aussi la conscience d'une distance que rien ne permet de franchir, et c'est ainsi que nous comprenons l'immense solitude où se trouve enfermé celui que l'on nomme encore, mais pour bien peu de temps, le Bien-Aimé. De même, lorsqu'en 1764 meurt Mme de Pompadour, compagne du roi depuis presque vingt ans, Dufort est le seul à nous décrire le chagrin discret mais profond du monarque dépossédé : son rang et ses fonctions lui interdisent d'assister aux obsèques, mais il n'en observe pas moins le cortège funèbre depuis son balcon, malgré la pluie qui s'abat et l'orage qui gronde, et les larmes qu'il verse à ce moment ne laissent aucun doute sur la sincérité des sentiments qui l'agitent. Beaucoup plus nuancé que bien des portraits qui nous sont parvenus, le témoignage de Dufort réévalue donc la personne du roi et ses relations avec son entourage, et réintroduit dans le matériel historique une dimension humaine qui est trop souvent occultée par les travaux modernes.

Mais ce témoignage présente aussi un autre mérite : c'est de nous faire entrevoir, connaître, aimer peu à peu son auteur. Lui aussi, progressivement, apparaît dans ces lignes non comme un simple observateur, uniquement tourné vers autrui, et à l'affût des *signes* qui, mieux que les paroles, rendent compte de l'existence mondaine de la cour et de la vie sociale de ses contemporains; ce qu'il perçoit, il l'appréhende à travers sa sensibilité, qui informe sa vision et la rend plus profonde. Il ne se contente pas de décrire, il se livre aussi, donne son avis, exprime ses sentiments : là encore, nous prenons conscience de lire un être humain, notre semblable, avec ses indignations, sa philosophie de l'existence, ses soucis, ses passions. Et quelles passions!

Les relations de Dufort avec les femmes mériteraient d'amples développements : on laissera cependant au lecteur le plaisir de découvrir les frasques de jeunesse de notre mémorialiste, et on se bornera ici à l'essentiel. La vitalité du jeune homme, son goût pour les amours passagères, voire vénales, ne sont pas seulement un trait d'époque. Si Jean-Nicolas commence sa carrière amoureuse à seize ans, comme la plupart des jeunes gens nobles, c'est évidemment pour imiter son entourage : nul n'ignore la profonde immoralité de cette société inégalitaire où l'argent donne tous les pouvoirs, et où très tôt les fils de famille privilégiés sont émancipés ou livrés à eux-mêmes. C'est pourquoi il faut voir au moins une litote dans cette formule : « Je n'étais pas étranger au plaisir dès qu'il se présentait sous une forme agréable. » Mais au-delà du métabolisme propre à notre héros, sans doute doit-on lire dans son attitude et ses besoins une forme profonde de réaction vitale contre les décès qui, très jeune, l'ont frappé. Entretenir des relations décevantes avec des prostituées ou s'assurer de la soumission d'une actrice c'est, en dépit des dégoûts inévitables, *entrer dans la vie*, c'est-à-dire jouir enfin de ces plaisirs qui font rêver les adolescents et que seules dispensent les femmes. Ces jouissances sont sans lendemain, elles sont sans cesse à réinventer, mais elles n'en constituent pas moins une inconsciente assurance contre la mort omniprésente — la mort qui peut chaque jour atteindre un parent ou un proche. Les amis de collège eux-mêmes n'y échappent pas, et une parole maladroite (et donc un duel), une maladie bénigne, un accident de cheval y suffisent. Cette fuite en avant, pour dérisoire qu'elle soit, a le mérite de rendre notre jeune homme maître de sa fortune, puisqu'il en use désormais, et aussi de le responsabiliser, de lui donner une stature d'adulte. Désormais sa vie a un sens, et elle est tout entière orientée par la recherche du plaisir.

Enfin Mme Brissart vient : si les amours que Dufort vit avec elle ne sont pas de tout repos, du moins le fixent-elles pour un temps. Un temps seulement : cette relation n'est pas de celles qui durent toute une vie. Mme Brissart est indépendante et dominatrice : « Elle aimait à avoir un esclave. » C'est elle qui choisit, chaque jour, celui à qui elle se donnera : Jean-Nicolas, dernier venu de l'essaim qui l'entoure, ne peut d'emblée prétendre à une place de faveur, et doit avant d'être agréé assister au triomphe de ses rivaux. Il a beau se révolter, déjà il sent qu'il est attaché plus que de raison au char de cette Circé : « Je ne me plaignais pas mais je souffrais, tellement enchaîné que le moment où elle m'aurait abandonné aurait fait le malheur de ma vie. Je lui aurais passé tout plutôt que de ne pas la voir. » Aussi se plie-t-il à toutes les conditions imposées — fidélité quasi totale de sa part, présence permanente, amitié avec le mari — pour recevoir après plusieurs mois d'attente la récompense qui lui est due. Mais même alors, Mme Brissart persiste à se donner à d'autres, mène une triple ou quadruple vie... N'importe : Dufort est amoureux, il accepte de n'être pas seul à « concentrer [...] l'imagination si vive » de sa maîtresse. Il néglige ses amis, et même sa famille. Durant son semestre de fonction à la cour, il s'esquive tous les soirs pour courir à Paris voler dans les bras de celle qui l'a élu, quitte à revenir au point du jour à Versailles et à reprendre, titubant, sa place dans l'antichambre du roi. Il compte les heures : « Subjugué entièrement par une passion qui ne faisait qu'augmenter, je m'y laissai entraîner : toutes les femmes de l'univers n'étaient plus rien pour moi. Le temps nécessaire à mon service était un supplice. » Bien entendu, dans un univers aussi étroit que celui de la cour, tout le monde est au courant, même Louis XV qui accable son introducteur — qui n'en peut mais — de sous-entendus graveleux. Imperturbable, il poursuit ses va-et-vient tout en sachant qu'il n'existe pas de solution toute faite à la situation inextricable dans laquelle il s'est piégé; il persiste à se partager sans vouloir envisager l'avenir : le tout est de durer... Peut-être nous est-il aujourd'hui trop facile de lire une ruse du subconscient dans l'issue qu'après plusieurs années de folie Jean-Nicolas imagine : c'est son organisme qui cède le premier, et il tombe gravement malade.

Surmenage? L'ordonnance élaborée par le médecin Bastien a de quoi nous faire sourire : il n'y a que le mariage qui puisse sauver l'amant éploré. Entendons : l'abandon des nuits blanches, le retour à une existence rangée et à des activités « normales ». L'alerte a été chaude : Dufort obéit aux oukazes de la Faculté, mais il y perd son aura romanesque. Il est vrai que ce retour à la raison est peut-être une nouvelle manifestation du pragmatisme dû à l'origine sociale de Jean-Nicolas. En épousant Anne-Marie-Edme Le Gendre, fille d'un président à la chambre des comptes, il montre sa solidarité profonde avec son milieu familial. Et sur lui, le mariage agit comme un coup de baguette magique : « J'étais changé en vingt-quatre heures, au moral comme au physique. » Après avoir passé sa dernière nuit de célibataire avec une Henriette Brissart inconsolable, il s'engage dans une nouvelle existence non dénuée de difficultés. La première tient à la beauté même de sa femme : « Tous ceux qui me voulaient du bien me conseillaient de présenter ma femme; elle était très jolie, et le roi ne haïssait pas le beau sexe. C'était une raison de plus pour m'en détourner. » « Présenter » son épouse en effet, c'est alors accéder officiellement à la cour en tant que couple, peut-être être accepté aux « petits soupers » réservés aux favoris du roi, là où s'acquièrent prébendes et récompenses. Mais c'est aussi exposer cette épouse aux assiduités de tous les courtisans, et surtout à celles du roi lui-même, encore amateur de chair fraîche malgré ses cinquante ans. Non, décidément, la prudence est préférable : « Je sentais le devoir que m'imposait ce mariage avec une jeune personne jusque-là fort négligée, mais faite pour sentir profondément les soins d'un mari qui pouvait lui plaire. » Et Dufort de jouer désormais les Pygmalion : il apprend à cette oie blanche à résister aux séductions des hommes qu'elle est amenée à rencontrer, puisqu'elle « tient maison » et reçoit brillamment; il lui donne le goût de la lecture, la fait chaperonner par sa belle-mère lorsqu'il s'absente à Versailles. À l'évidence, il n'a nulle envie d'endosser l'uniforme des maris trompés, qui sont si nombreux dans son milieu.

Mais une difficulté demeure : une telle existence, ponctuée de bals, de divertissements théâtraux, de dîners fastueux, et même d'un long voyage aux eaux des Pyrénées pour recouvrer la santé, se révèle très coûteuse; or il est, à moins de déchoir, indispensable de tenir dignement son rang dans l'univers ostentatoire et ruineux de la noblesse de cour. Mais les terres ne rapportent presque rien, l'hôtel de Paris est un gouffre, Saint-Leu coûte fort cher, les dettes s'accumulent... En outre, Dufort est las de sa condition de serviteur, et il lui arrive de risquer des formules que n'aurait pas désavouées le Voltaire des *Lettres philosophiques* : « J'ai souvent fait la réflexion que la vie d'un courtisan assidu (je dis de ceux qui veulent faire fortune, sans avoir d'autres qualités) ressemble à celle d'un valet de chambre, enfin d'un être quelconque en servitude. » La conjonction de tous ces facteurs explique assez bien la soudaineté de la résolution prise par le couple : se retirer de Paris, c'est rompre avec le passé, réformer en grande partie son mode de vie. Celui que l'on trouve en province est plus sage, il y est aussi moins onéreux, et peut-être sera-t-il possible d'y accéder, enfin, à un bonheur sans nuages...

* * *

Dufort n'a que trente-trois ans en 1764 : il est bien jeune encore pour prendre déjà sa retraite, mais il entend désormais dépenser son énergie dans de nouvelles directions. Il aime bâtir et décorer. Il parle à plusieurs reprises dans ses *Mémoires* de son « plaisir indicible d'embellir Saint-Leu », ce château que lui a légué son père, et il ajoute : « Je crois fermement que c'est à ce goût que j'ai eu pour ce charmant endroit que je dois de ne m'être pas plus égaré. » Mais Saint-Leu est trop proche de Paris et lui rappelle trop précisément les souvenirs de sa jeunesse. Il s'en sépare donc et, après une longue quête, se fixe dans la vallée de la Loire, à Cheverny. Rapidement promu lieutenant général de la province du Blésois, il continue à mener un train de vie fastueux, pour ne pas subir un déclassement qui lui serait intolérable, et parce que son naturel le porte vers le confort et même le luxe. Mais il a fort à faire : le château, « superbe à la vérité », n'est qu'une apparence; « composé de cinq pavillons, dont deux en dômes, [il] n'avait en totalité que cinq chambres habitables. Le reste était des couloirs dans des greniers immenses. Tout était dans un abandon déplorable ». Et Dufort de restaurer le parc, d'aménager le bâtiment, sans jamais oublier la rigueur pécuniaire : il achète les fournitures en gros, surveille lui-même les travaux... Les milliers de touristes qui aujourd'hui visitent Cheverny ignorent souvent que c'est à notre mémorialiste qu'ils doivent la plus grande part de leur plaisir : c'est lui qui a achevé de creuser les fossés et de construire le pont qui les enjambe, de délimiter les pièces de réception et les appartements privés, qui a installé les cheminées, les moulures, conçu l'essentiel de la décoration. Il ne dispose pas de la fortune de Mme de Pompadour qui a réalisé à quelques lieues de là, à Ménars, un véritable bijou; mais son goût raffiné, la multitude des meubles qu'il possède, une attention de tous les instants, le mettent en quelques années à la tête du plus beau et du plus harmonieux château de la vallée de la Loire.

De la même façon qu'il crée presque de toutes pièces le cadre de sa vie future, Dufort recommence son existence sociale en constituant un réseau de relations tout neuf. Il fait connaissance de ses voisins, les reçoit et donne libre cours à sa passion pour le théâtre. Il arbitre des conflits entre paysans et chasseurs, fait très vite grande figure dans ce terroir qui l'accueille volontiers. D'ailleurs, comme son père, il est généreux en aumônes et n'oublie pas de soulager la misère qui l'entoure. Enfin, il n'est pas aussi imbu de son rang que les précédents propriétaires du château, et réduit peu à peu les marques extérieures de respect qui leur étaient traditionnellement accordées.

Toutefois, Dufort n'a pas oublié son existence passée, et si Paris ne lui manque pas vraiment, il y fait de fréquents voyages : c'est l'occasion pour lui de faire plaisir à sa femme en rompant une certaine monotonie, en compensant un isolement qui n'est certes pas total, mais dont il craint l'ennui ; c'est, surtout, un moyen de retrouver des êtres chers, de renouer avec d'anciens amis, de s'emplir à nouveau du parfum capiteux des salons et des piquants détours de la conversation. De temps à autre, il réapparaît à la cour, et entretient ainsi sa connaissance des hommes et sa curiosité des événements mémorables. Ses yeux restent bien ouverts, et une fois de plus les anecdotes se multiplient : Dufort est guéri presque miraculeusement par le grand médecin et philosophe Tronchin ; il ne manque pas de rencontrer Messmer, chez qui tout Paris accourt pour s'ébaudir de ses découvertes sur l'électricité ; il a tôt fait de juger Du Barry « le roué », qui par la grâce d'un mariage blanc transforme sa maîtresse Jeanne Bécu en sa belle-sœur, pour lui donner un nom acceptable et la préparer ainsi à un illustre destin ; en 1770, Choiseul tombe en disgrâce : Dufort est l'un des premiers à lui rendre visite à Chanteloup pour connaître l'existence mondaine que l'on y mène aux côtés du duc de Gontaut, du baron de Gleichen, de Mme de Brionne, du médecin Gatti... Mais il nous conte aussi avec émotion la variole qui frappe Louis XV – qui n'a pas été inoculé –, la mort du roi, l'avènement de Louis XVI et l'immense espoir de renouveau qui se manifeste alors dans tout le royaume. Peu à peu cependant il prend ses distances vis-à-vis de ce monde où, malgré sa jeunesse, il fait figure d'homme du passé : les ministres changent, de nombreux dignitaires de la cour meurent ou laissent place à de plus jeunes, le souvenir du rôle d'introducteur des ambassadeurs qu'il a joué s'estompe. Il vit désormais plus durablement à Cheverny, dont l'aménagement est achevé et qui constitue une sorte de paradis terrestre. Et voici que soudain, alors qu'il sent ses terres fermes sous ses pieds, alors qu'il se prépare à vieillir doucement aux côtés de son épouse et de ses enfants – voici qu'éclate le coup de tonnerre de la Révolution.

Comme la plupart de ses contemporains, Dufort n'a rien vu venir. Il partage avec bien des aristocrates un profond désir de réformes : il sait que la société inégalitaire où il a vécu ne peut plus se perpétuer sans changer. Il est favorable à un certain contrôle des sphères éclairées du pays sur l'exécutif, à la disparition des formes les plus odieuses de l'autoritarisme — les lettres de cachet par exemple —, peut-être à l'établissement d'un *habeas corpus* à l'anglaise. Il reste partisan du roi, il croit à l'importance des distinctions entre les ordres, même s'il s'attache davantage à la qualité personnelle de ses interlocuteurs qu'à leur naissance. Moyennant les aménagements qui feront du royaume un État moderne et le doteront d'un gouvernement mitigé, à mi-distance des abus de l'absolutisme ancien et de ceux du parlementarisme anglais, la monarchie a encore de beaux jours devant elle...

Mais dès le mois de mai 1789, on le sait, l'agitation des rues ne se borne plus à Paris et gagne rapidement les provinces : Dufort comprend alors qu'un formidable mouvement est lancé, qui ne s'arrêtera que difficilement; comme beaucoup d'autres, il croit prudent de l'accompagner, ou plutôt de le suivre. En se comportant en bon citoyen, en acceptant même de commander la garde nationale, à la tête de laquelle il assiste à la fête de la Fédération le 14 juillet 1792 à Blois, il pense désarmer l'hostilité dont il pourrait être l'objet, lui, l'homme du roi qu'il est resté. Mais certains de ses concitoyens parmi les plus exaltés lui reprochent sourdement d'avoir refusé d'être élu aux États généraux et surtout, ils lui en veulent de demeurer, comme malgré lui, une sorte de symbole de l'ordre ancien. La radicalisation due aux événements qui se produisent aux frontières et à Paris emporte tout : Dufort, fébrilement, brûle ses titres et tous les papiers qui témoignent de son passé, il subit avec résignation des visites domiciliaires. Enfin, le 22 mai 1794 (3 prairial an II), il est arrêté et emprisonné aux Carmélites de Blois. Désormais, c'est sa vie même qui est en danger ainsi que celle de ses proches. Il s'agit de se faire oublier des nouvelles autorités, pendant que chaque jour la charrette fatale s'arrête à la porte de la prison pour y prendre sa ration de victimes.

C'est en prison que Dufort commence à rédiger ses *Mémoires* : à l'évidence, il se propose de meubler un temps qui s'étire interminablement, de conjurer une angoisse insupportable. Il retrouve peu à peu l'allégresse des jours anciens, la douceur de vivre d'une société à jamais détruite. C'est avec une certaine complaisance qu'il s'étend sur sa jeunesse, sur ses amours — sur cette époque bien révolue où régnait l'espoir, où l'avenir restait ouvert, où la vie lui était facile. Jour après jour, il couvre de sa minuscule écriture les cahiers où il retrace toute son existence. Malgré quelques menaces, son procès n'est pas encore commencé. Il attend.

Il a eu raison de tenir bon : le 9 thermidor met fin à la Terreur, et le 23 fructidor an II (9 septembre 1794) il est libéré enfin et accueilli triomphalement par ses amis blésois et les habitants de Cour-Cheverny. Mais sa situation n'en demeure pas moins délicate, et en faisant ses comptes Dufort découvre qu'il est ruiné : en quelques années, du fait de la dépréciation de la monnaie et des réductions autoritaires des rentes, il a perdu un capital de plus d'un million et demi, soit 81 000 livres de revenu. Il ne dispose plus que de 23 000 livres par an, sur lesquelles il doit payer 18 000 livres de dettes. Pour un homme habitué depuis sa naissance à une vie luxueuse, c'est être réduit à la misère, et son saisissement est tel qu'il contracte une jaunisse.

Que devenir désormais? Il sait que Cheverny va lui échapper. Son dernier voyage à Paris le laisse déçu et amer. Incapable désormais d'entretenir son château — qu'il n'aura pas le chagrin de voir vendu par sa veuve à un banquier, le 16 septembre 1802 — il s'installe à Blois dans une petite maison de la rue des Carmélites. Là, entouré des quelques amis qu'il a conservés et qui ont échappé à la guillotine, il entreprend de compléter ses *Mémoires* par la rédaction d'un journal où il note au jour le jour ses dégoûts, ses incertitudes — son espoir aussi à l'avènement d'un jeune général nommé Bonaparte. Il meurt le 28 février 1802 (9 ventôse an X), âgé de soixante et onze ans, sans avoir connu l'Empire auquel, peut-être, il se fût rallié comme tant d'autres survivants de l'Ancien Régime.

* * *

On a retenu pour cette édition la première partie des *Mémoires* de Dufort de Cheverny, celle qui couvre les « années heureuses », de sa naissance à 1774, et qui comprend donc le règne de Louis XV. Le lecteur n'aura pas de mal à constater que l'œuvre n'est pas toujours exacte dans le détail des dates et des faits; il arrive assez souvent à Dufort de déplacer des événements ou de confondre des personnages; à sa décharge, précisons qu'il a travaillé en s'appuyant sur ses souvenirs, sans les documents qui lui auraient permis de rendre ces *Mémoires* irréprochables, et que ses erreurs, généralement mineures, ne sont pas telles que l'annotation ne puisse les corriger au fur et à mesure. Plus gênantes de prime abord paraîtront peut-être les maladresses de style : Dufort n'est pas un écrivain impeccable. Mais ces imperfections même sont émouvantes, dans la mesure où elles nous livrent un être dans toute son humanité, avec ses qualités et ses faiblesses, son enthousiasme et ses insuffisances. Nous sommes moins sensibles aujourd'hui à l'académisme de l'expression; les phrases parfois boiteuses, les accords incorrects qu'on trouvera ici nous donneraient plutôt l'impression d'entendre un vieil ami relater ses souvenirs au coin du feu, familièrement, sur le ton de la conversation. Les réussites stylistiques sont d'ailleurs bien plus nombreuses que les échecs : ainsi gageons que cette œuvre inégale dans sa forme, mais toujours drôle et passionnante par la vivacité de l'observation et l'humour qui la pénètre, permettra au lecteur moderne d'explorer à nouveau par-delà les siècles une société fascinante qu'il croit bien connaître, et de la redécouvrir avec des yeux neufs et une fraîcheur inattendue.

Il est étonnant que ce texte, si important à bien des égards, n'ait pas connu la carrière publique qu'il méritait. Après la mort de son auteur, il demeura enfoui pendant près de quatre-vingts ans dans les archives de la famille Dufort. Certes, quelques historiens le consultèrent : Armand Baschet en publia des extraits dans le *Cabinet historique* (1880), et Auguste Rey l'utilisa pour son *Château de Leumont* (1884); d'autre part, un ouvrage comme *Les Origines de la France contemporaine* ne serait pas ce qu'il est si Taine n'en avait lu attentivement le manuscrit. Il fallut cependant attendre 1886 pour que Robert de Crèvecœur en publiât l'essentiel — mais cette version, rééditée en 1909, était très inexacte et presque entièrement réécrite dans le goût pseudo-classique du XIXe siècle. La seule édition moderne, parue en 1970, n'était pas meilleure bien qu'elle fût un peu plus complète, et elle ne connut qu'une diffusion confidentielle. Ainsi, c'est sous une forme que l'on peut dans une large mesure qualifier d'inédite que se présente aujourd'hui Dufort de Cheverny : les émois, les expériences du jeune homme, son passage à l'âge adulte et son apprentissage des responsabilités, sa vie passionnée à Paris et à Versailles, sa retraite dorée à Cheverny – tout cela passe successivement sous nos yeux comme l'a voulu l'auteur, et le kaléidoscope que constituent ces *Mémoires* se révèle être une merveilleuse machine à rêver. Bien qu'il se soit éteint voici presque deux siècles, Dufort reste assez vivant pour nous permettre de partager ses espoirs et ses amours, assez proche de nous pour nous rendre sensibles à ce qui a donné un sens à son existence et qui peut illuminer la nôtre : le bonheur d'aimer et le plaisir de vivre.

Jean-Pierre GUICCIARDI.

Note sur cette édition

Les *Mémoires* de Dufort de Cheverny ont été publiés pour la première fois en 1886 chez Plon-Nourrit par les soins de Robert de Crèvecœur, arrière-petit-fils de l'auteur. Nul n'ignore que cette version de l'ouvrage n'était pas conforme au texte original, et R. de Crèvecœur l'admit lui-même dans sa préface : « L'extrême incorrection du style nécessitait [...] de nombreuses retouches [...]. J'ai dû pratiquer d'autres corrections, en fort petit nombre d'ailleurs : dissimuler certains noms, supprimer des faits touchant de trop près à la vie privée, et aussi, sans toutefois montrer une pruderie excessive, retrancher des anecdotes trop risquées. » Enfin, de multiples digressions politiques ou philosophiques, qualifiées de « passages dépourvus d'intérêt », avaient été éliminées.

Devant l'exigence croissante d'exactitude de la part du public cultivé et la curiosité légitime des amateurs d'histoire vécue, il paraissait aujourd'hui difficile de rééditer ces *Mémoires* dans une version tronquée — d'autant que les précautions prises par le premier éditeur n'avaient plus de sens en cette fin du XXe siècle, où l'esprit moderne répugne généralement à ce qu'il faut bien appeler une censure. Il convenait donc d'établir une nouvelle version du texte en s'appuyant sur une lecture scrupuleuse du manuscrit.

Ce manuscrit, composé de cinq cahiers reliés en un fort volume de 42×30 centimètres et couvert d'une très fine écriture difficilement déchiffrable, se trouve à la bibliothèque du château de Blois; il contient pour l'ensemble plus de deux millions de signes typographiques. À l'examen du texte, il apparaît que les altérations pratiquées par R. de Crèvecœur sont beaucoup plus profondes que ses aveux ne pouvaient le laisser supposer : le détail de l'expression est sans cesse modifié, en vue d'une unification véritablement castratrice, puisque c'est le style même de Dufort qui est ainsi dénaturé dans son originalité; de nombreux passages, parfois d'assez grande longueur, sont omis, condensés ou déplacés; enfin, tout ce qui n'est pas récit événementiel est impitoyablement coupé.

En 1970, les Éditions de Crémilles ont publié dans la collection « Les Amis de l'Histoire » une nouvelle édition de ces *Mémoires*, dans un texte établi par Pierre-André Weber sur le manuscrit autographe. L'éditeur a, dit-il, restitué « [...] dans la plupart des cas les passages que le premier annotateur, R. de Crèvecœur, avait cru devoir supprimer, tronquer ou récrire à sa guise. » Cependant, une lecture attentive montre que cette version est également très fautive, et que les interventions indiscrètes de P.-A. Weber sont presque aussi nombreuses que celles de son prédécesseur : le public n'a jamais eu accès au texte authentique des *Mémoires* de Dufort de Cheverny.

Il nous a donc semblé qu'il était désormais indispensable d'offrir aux lecteurs, amateurs comme spécialistes, une édition totalement scientifique et absolument incontestable sur le plan de l'établissement du texte. On s'est donc ici conformé aux principes suivants :

— Le texte a été soigneusement repris sur le manuscrit autographe de Dufort de Cheverny. Dans quelques très rares cas, on s'est permis de compléter un passage par un mot ou deux afin de rétablir l'intelligibilité ou la cohérence syntaxique. Ces ajouts sont toujours signalés entre crochets.

— Certains fragments, la plupart du temps très courts, ont été coupés lorsqu'ils constituaient des redites, reprenaient des anecdotes déjà contées ou évoquaient en termes semblables des personnages préalablement présentés : Dufort ne semble pas s'être relu avec tout le soin nécessaire. Ces coupures sont signalées [...], résumées en note, et n'affectent en rien l'intelligence du texte.

— Le style de Dufort n'est pas toujours de la plus grande qualité : on notera de nombreuses répétitions et des constructions aujourd'hui considérées comme incorrectes ou maladroites. On a conservé ces scories, qui constituent la marque propre de l'auteur.

— On a rétabli pour les noms propres l'orthographe communément reçue aujourd'hui; on a rectifié les dates, souvent inexactes sous la plume de l'auteur; enfin, on a eu à cœur de compléter, lorsque c'était possible, le nom des personnages désignés dans les précédentes éditions par des initiales.

— La seule liberté que l'on ait vraiment prise ici regarde la ponctuation : on sait que celle-ci obéit à des modes séculaires, et

Dufort de Cheverny n'est pas assez grand écrivain pour qu'il soit nécessaire de conserver le rythme de la phrase et la respiration de son style, comme par exemple chez Rousseau ou Chateaubriand. Le lecteur d'aujourd'hui eût été désorienté par la ponctuation de l'auteur, et plus encore, par l'hyperponctuation pratiquée par R. de Crèvecœur, conformément à l'usage du XIXe siècle.

— L'annotation paraîtra parfois abondante : on l'a voulue complète. Il va de soi que l'on a largement utilisé les notes de R. de Crèvecœur, souvent très riches : elles ont été la plupart du temps resserrées. Cependant, il fallait aussi les compléter pour rendre compréhensibles au lecteur des points de détail auxquels il est attentif, mais qui témoignent d'un état de la société ou d'usages passablement archaïques, et à ce titre souvent méconnus.

Ce premier volume des *Mémoires* de Dufort de Cheverny, qui conduira les lecteurs jusqu'au règne de Louis XVI, se veut donc une édition fidèle, et aussi respectueuse que possible des intentions de l'auteur. Puisse le succès qu'elle rencontrera autoriser la mise en œuvre rapide du second volume qui couvrira la période révolutionnaire.

Nous tenons à exprimer ici notre reconnaissance envers tous ceux qui nous ont donné la possibilité de mener à bien cette édition. Nos remerciements vont d'abord au personnel de la Bibliothèque nationale et des Archives nationales, dont la compétence et l'amabilité sans faille nous ont été d'un grand secours. Nous devons beaucoup à la thèse de Bernard Le Clère, sous-préfet de Senlis, sur Louis Chicoilet de Corbigny; ce travail nous a permis d'identifier et de mieux connaître bien des personnages qu'a fréquentés Dufort à Blois. Merci enfin à Cécile Béchade, dont l'aide dans la lecture du manuscrit et la mise au point du texte nous a été précieuse.

DUFORT DE CHEVERNY

Mémoires

PRÉFACE DE 1795

J'ai eu au mois de février dernier soixante-quatre ans[1]. J'ignore comment se terminera ma carrière. Ma mémoire est présente sur tous les événements de ma vie. Plus je descends au fond de moi-même, plus je sens que mon imagination a besoin d'être occupée. Le calme et le bonheur d'une vie tranquille, la venue d'une grande possession et de biens, les charmes d'une société agréable ne remplissent pas tous mes moments. Après avoir beaucoup écrit, non pour la sotte vanité de me faire imprimer, mais par besoin de m'occuper, je me suis déterminé à choisir ce travail qui sera de longue durée : c'est pour moi seul, et pour mon seul plaisir. Si la goutte, la paralysie, enfin toux les maux qui affligent l'humanité viennent m'assaillir, ma mémoire défaillante se rappellera avec plaisir une vie peu recommandable par les divers emplois soit que j'ai occupés, soit que j'ai refusés; mais j'y trouverai la peinture fidèle des gens avec qui j'ai vécu, tels que j'ai cru pouvoir les apercevoir et les juger. Le point de vue sera tel que les yeux de mon imagination me les auront fait voir. Je dirai tout, je peindrai tout, mes anecdotes particulières, celles publiques et secrètes que j'ai été à portée de voir y seront déposées fidèlement[2].

Je diviserai donc ces *Mémoires* en trois ou quatre époques : la première, depuis ma naissance jusqu'à mon mariage; la seconde, depuis mon mariage jusque mon achat de Cheverny; la troisième, depuis cette époque jusqu'à la Révolution; et enfin la dernière, jusqu'à ce que, les forces m'abandonnant, je devrai nécessairement terminer cet ouvrage. Ce sera un manuscrit pour ma bibliothèque tant que je vivrai; je ne désire rien de plus[3].

PREMIÈRE ÉPOQUE

CHAPITRE PREMIER

Ma famille eſt originaire de la principauté de Turenne[1] où, depuis 1307 de l'ère chrétienne, elle possédait la terre de Gorses et suivait le parti des armes. C'eſt là où se bornent les recherches suivies de mon grand-père et de mon père.

Les trois premiers titres et contrats de mariage nous donnent le nom de Durfort. Il paraît que ce titre a été abandonné depuis, car une filiation suivie de contrats de mariage ne leur laisse que le nom de Dufort : soit qu'on leur ait disputé cette origine avec une famille illuſtre, soit que, dans ces temps, ils aient mieux aimé, quoique la bâtardise fût alors en honneur, n'avoir aucune affinité avec une famille qui pourrait le leur reprocher un jour.

Cette filiation bien établie faite par une sommation aux juges du pays et au père de mon grand-père eſt le principal titre qui conſtate notre origine et la possession de biens. Elle eſt revêtue de toutes les formes juridiques du pays. Il eſt dit que, les guerres civiles ayant dévaſté tous les dépôts, on n'en a retrouvé que les extraits. Ils ont été déposés chez le notaire Alleaume par mon père, et ensuite moi je les ai fait confirmer, revoir et enregiſtrer à la cour des aides et la chambre des comptes de Paris. Les alliances par mariage avec femmes nobles qui font preuve dans le pays, les lettres y jointes lorsque la maison Dufort fut transportée à Paris, prouvent de toutes manières l'authenticité de cette généalogie, consignée dans les livres généalogiques exiſtants[2].

Cette maison, établie à Gorses, près de la ville de Turenne, exiſtait en deux garçons au commencement du siècle dernier. Le cadet[3] se rendit utile au prince de Bouillon qui se chargea de sa fortune et l'amena à Paris. Dans le temps des derniers troubles, j'ai été obligé de brûler un volume de lettres des ducs de Bouillon régnant alors, et du maréchal de Turenne[4], qui toutes constataient une confiance sans réserve et la plus grande considération et reconnaissance pour les services qu'il leur rendait journellement comme confident intime.

Après une suite de services de guerre, il se décida à acheter une charge de maître des comptes. Il fut obligé de rapporter les preuves de son origine pour éviter les difficultés d'opposition dans une compagnie qui, dans ces temps, voulait faire faire des preuves[5]. Il se mit en règle en qualité de rapporteur à la chambre des comptes de Paris, et servit de son mieux ses protecteurs dans l'échange que cette maison fut obligée de faire[6]. Il paraît que leur reconnaissance fut réelle : un buste de Solon antique, en marbre, placé dans le second repos de l'escalier de Cheverny, est la seule preuve qui en reste; je recommande à mes enfants de le conserver. Un tableau de Largillière du maréchal de Turenne est dans le même cas; il est dans la chambre de mon second fils Courson. Le tableau est resté à Cheverny, le buste m'a suivi à Blois.

Dès que Pierre Dufort fut établi à Paris, il ne tarda pas à former un mariage : il épousa Mlle de Grandval, sœur du fermier général. Je vais faire pour moi une petite digression sur cette famille, l'origine de notre fortune, et à laquelle nous devons notre existence à Paris et à Versailles.

Poyrel de Grandval[7], huissier du cabinet de la reine Marie de Médicis, eut part à sa confiance et fut employé à différentes négociations secrètes. Il nous en est resté beaucoup d'acquits-patents[8] donnés pour objets de négociations envers les puissances étrangères et pour dévastations des gens de guerre : un droit sur les sels de dix-huit deniers par minot enlevé par les navires étrangers à Oléron, un procureur en titre d'office à notre nomination, qui n'a fini ses fonctions que lors de cette dernière Révolution.

Grandval épousa une Poncher, seule descendante de la famille Poncher, illustrée par un évêque de Paris, plusieurs maréchaux de France[9] et hommes de guerre dont il est fait mention dans l'histoire de France, et un otage du roi Jean. Tous les actes en font foi, et la seule tige qui en est restée a été fondue dans nous et une autre famille dont je ferai mention après ce détail. Il fut revêtu de la place de grand-maître des Eaux et Forêts, et de son mariage il sortit un fils qui fut fermier général[10]. Cet homme vertueux et de premier mérite fut cité honorablement il y a dix ans pour s'être opposé à la fermeture de Paris en murailles, lorsque M. de Calonne le fit exécuter[11]. Extraordinairement religieux, il fonda des bancs dans l'église des

Quinze-Vingts[12] pour lui, sa famille et ses descendants. Ces donations et la jouissance en ont été conservées jusqu'en 1750, et il m'était recommandé d'aller tous les six mois jouir de mon droit, qui était de m'établir sur deux chaises sans rien payer, en me nommant comme spécifié dans les baux pour jouir de ce droit normalement. Les différents arrangements faits dans ce local ont supprimé tous les droits qui, au vrai, ne signifiaient rien. Il fonda la prière de 7 heures dans la paroisse Saint-Roch où notre sépulture, derrière l'autel, a servi jusqu'à la dissolution des cultes et la dévastation de l'asile des morts.

Pierre Dufort, beau-frère[13] de M. de Grandval [fermier général] engagea son frère, vivant à Gorses, de lui envoyer son fils unique, et le fit maître des comptes à l'instant et le maria dans l'année avec Mlle de Grandval, fille aînée du fermier général, et sa nièce[14].

C'est de ce mariage qu'est sorti mon père, Joseph-Pierre Dufort. Je suis arrivé dans le monde quatre ans après la mort du dernier Grandval. J'ai vu encore les traces de leur opulence et de leur modestie. Je suis né rue Neuve des Petits-Champs, à l'hôtel Saint-Pouange[15]. J'ai vu l'appartement d'honneur de Mme de Grandval fille Poncher, femme qui paraissait fort attachée à sa naissance, car j'ai payé pendant longtemps six cents livres viagères à une Mme de Santsoy qui était sa dame de compagnie. J'ai vu l'estrade antique dans laquelle était son lit de parade.

Jean Dufort, que j'ai connu puisqu'il n'est mort qu'en 1743[16], était un de ces vieux magistrats à perruque à la Louis XIV, simple comme la loi, d'une probité exemplaire, vêtu avec un vieil habit et des souliers carrés. Ayant hérité de la moitié des biens de la famille Grandval, il avait été obligé d'en conserver l'appareil; il avait un maître d'hôtel tout galonné et des plus élégants, ce qui ne contrastait pas mal à mes yeux avec la simplicité de mon grand-père.

La seconde fille de M. de Grandval épousa M. Dupuis, fils du trésorier[17], dont est sorti M. Dupuis, président au Grand Conseil, qui se maria depuis à Mlle du Tronchot[18] et eut deux fils et deux filles avec qui j'ai été élevé. L'aîné est mort conseiller au parlement sans enfants. Le second, Dupuis de Marcé, d'abord officier aux gardes, ensuite conseiller de grand-chambre, a péri à la Révolution sur l'échafaud, au grand regret de tous les honnêtes gens[19]. Il jouissait d'une réputation sans tache, malgré les mémoires et le rôle qu'il a été obligé de jouer comme rapporteur dans l'affaire du cardinal de Rohan[20]. La fille aînée épousa [M. le chevalier Savary][21]. La fille cadette épousa M. le comte de Beaujeu[22], dont est sorti M. le comte de Bouthillier qui a été obligé de s'expatrier à la Révolution[23].

Ses deux autres sœurs : l'une a épousé M. le comte de Blangy[24], l'autre M. le marquis de Cordouan[25].

Ainsi toute cette famille, dans toutes ses branches, sont nos proches[26] et nos seuls parents du côté de mon père, sauf quelques parents éloignés dont je ferai mention à leur place, tels que les Beaufort qui sont nos arrière-cousins.

Mon père, Joseph-Pierre Dufort, né à Paris au commencement du siècle, n'avait qu'une sœur, Mlle Dufort, un peu contrefaite. Mon grand-père, ayant perdu sa femme, ne tarda pas à les doter tous les deux et à établir son fils, qui se décida pour la fille de M. Soullet, conseiller de grand-chambre au parlement[27]. Il est nécessaire pour soulager ma mémoire de retracer tout ce que je sais sur cette famille et ses alliances.

Il paraît que la famille des Soullet était de tous les temps fixée à Paris, qu'ils avaient été jadis des gros marchands de drap en gros[28] établis proche l'abord de Paris dans le xve siècle. Une fortune économisée détermina le père de tous à acheter une charge de secrétaire du roi[29]. Il eut deux fils; l'un fut conseiller au parlement[30]; le second, nommé Soullet de Saint-Germain, officier de mérite, est mort âgé avec tous les honneurs de la guerre, à Bar-sur-Aube, lieutenant-colonel du régiment de Condé. Une sœur de mon aïeul avait épousé un M. Le Boulanger, conseiller au parlement[31]. M. Soullet, le conseiller au parlement, épousa Mlle de Montarsy, fille de M. de Montarsy, un des chefs de la Compagnie des Indes et du Sud[32].

Ce M. de Montarsy[33] avait trois filles qui toutes annonçaient être des partis de quinze cent mille livres, chose monstrueuse dans ces temps-là. L'aînée épousa M. Soullet. La seconde épousa M. Félix, frère de Félix, évêque d'Autun[34]; ils étaient tous petits-fils de Félix, le premier chirurgien de Louis XIV, qui lui fit l'opération de la fistule[35]. Le père était contrôleur général de la maison du roi et secrétaire du grand-maître. La troisième épousa M. Quentin de Champlost[36], que j'ai connu, homme d'une figure superbe, premier valet de garde-robe, et descendant de la femme de chambre Quentin[37] qui suivit la reine lorsqu'elle vint épouser Louis XIV; les mémoires du temps font mention du crédit dont elle jouissait. Cette famille des Quentin est cousine germaine des Quentin marquis de Champcenetz[38], dont un descendant a malheureusement péri dans la Révolution : ils ont même origine. Champlost, le dernier, est mort en prison après le 10 août; il était premier valet de chambre de Louis XVI[39]. Cette famille d'honnêtes gens, et purs, a été englobée dans le malheur général. M. Félix a fini sa carrière avant la Révolution, et sa sœur, dont je ferai mention, a fini en 1793.

Cette digression finie, je vais revenir à ce qui m'est direct. Il paraît que les événements de la Compagnie du Sud ruinèrent toutes ces espérances, car ma grand-mère maternelle n'a jamais eu qu'environ ses cent mille écus de dot. M. Soullet eut donc une fille et un fils. La fille, belle et fraîche, douce, aimable, bonne, charitable, fixa le cœur de mon père qui la préféra à plusieurs partis qu'on lui présentait. Il l'épousa à Saint-Roch en 1729, eut une fille en 1730. Et je naquis le 3 février 1731 dans l'hôtel Saint-Pouange, rue Neuve des Petits-Champs. À l'âge de quatre ans, je perdis ma sœur aînée qui, dit-on, mourut de jalousie des préférences qu'on me donnait.

Nous habitions tous la même maison, de sorte que mon grand-père et ma tante tenaient leurs maisons ensemble et avaient toujours du monde; et mon père et ma mère avaient aussi leurs gens.

Dès que je pus jouir des promenades publiques, on me donna un précepteur, et nous nous liâmes avec les instituteurs et les jeunes gens du voisinage : M. d'Alincourt, depuis duc de Villeroi[40]; M. de Salaberry, depuis président de la chambre des comptes[41]; M. de La Borde, depuis premier valet de chambre du roi, et ensuite fermier général[42]; M. le marquis de Vertillac, rue Saint-Honoré, à côté de Saint-Roch ; M. le marquis de Vernouillet, depuis marquis de Romée[43]. La réflexion la plus triste qui vient affliger ma vieillesse, c'est que le duc de Villeroi, Salaberry, La Borde et Romée, que pour ainsi dire je n'avais pas perdus de vue, parce que les liaisons de l'enfance ne s'effacent pas, ont tous péri par le terrorisme sur l'échafaud, et qu'il n'existe plus que M. de Vertillac et moi de cette société qui avait commencé avec notre vie.

Je fus mis avec l'abbé Puppin, mon instituteur, au collège d'Harcourt[44] à l'âge de sept ans, et j'y suis resté jusqu'à quinze.

Mon père avait acheté la terre de Saint-Leu-lez-Taverny d'un M. Baille. Cette terre, dans la vallée de Montmorency, réunit le spectacle le plus magnifique possible : du salon, on compte trente-trois villages et sept villes[45]. J'y venais passer les vacances.

Mon précepteur était le meilleur homme possible, sans grandes lumières : c'était plutôt une *mie*[46] pour me soigner. Je me rappelle que sur une pièce d'eau portant bateau, on avait établi au milieu une huche à poisson, et auprès, un logement pour des cygnes. Mécontent ou ennuyé de ses sermons, je lui proposai d'aller y raccommoder quelque chose; à peine fut-il descendu que je m'éloignai avec le bateau et le laissai en pénitence. On eut peut-être tort d'en rire, mais les applaudissements que je reçus ne contribuèrent pas peu à me le faire mettre à sa vraie valeur. Il se vengea, et je fus ramené au collège huit jours avant la fin des vacances.

Ma mère voyait tout Paris. Mon père, lié avec l'abbé Desfontaines[47], Voltaire et beaucoup de savants dans tous les arts et sciences, tels que Peirard, accoucheur, Dumoulin, Jussieu[48], Fontenelle, La Peyronnie[49], Pousse, médecin[50], les traitait régulièrement les mercredis et samedis, jours de congé : il voulait me former le goût. Ces dîners me plaisaient surtout lorsqu'un certain abbé Trublet[51], fameux pour son amitié pour Fontenelle, s'y trouvait. Cet homme, après avoir été le précepteur de M. Soullet[52], frère de ma mère, avait voulu compiler et prendre un nom. Il protégeait Rigoley de Juvigny[53] qui, dans ce temps-là, faisait le suppléant du sacristain des Nouvelles-Catholiques, petite église où notre société d'enfants était réunie régulièrement tous les jours. Lorsque, à dîner, ces messieurs se mettaient en gaieté, l'abbé Trublet et Juvigny en étaient les plastrons, à moins que quelques discussions intéressantes et savantes ne réunissent tous les acteurs.

Le reste du temps, mon père s'occupait au milieu des livres, ou allait à la Comédie-Française, et le soir se réunissait avec sa femme qui attirait chez elle la meilleure compagnie, tels que le marquis et la marquise de Tessé[54], et de plus tous nos parents dans la robe et dans l'épée, tels que les Beaujeu, Bouthillier, Bragelongne, et Caumont, le président Dupuis, la présidente Feydeau, les Pelletier, les Turgot, les Turpin de Crissé.

Ce fut en 1735 que mon père acheta la terre de Saint-Leu-lez-Taverny. Il rendit sa foi et hommage à M. le comte de Charolais qui représentait son neveu le prince de Condé.

La sœur aînée de M. Soullet, mon grand-père, avait épousé M. Le Boulanger[55], conseiller au parlement. Cette famille tenait un rang d'ancienneté dans la robe. Un prévôt des marchands sous Charles VI avait approvisionné Paris dans un temps de famine; le peuple le nomma *boulanger*, [nom] qu'il a transmis à ses descendants. Cette famille s'est soutenue à son premier point d'élévation; cependant, ses alliances à toutes les plus grandes familles de la robe et de l'épée l'ont soutenue, tenant à la ville et à la cour avec ce qu'il y a de mieux, de sorte que les Pelletier, les de Gourgues se trouvèrent nos parents très proches ou nos alliés.

Mon grand-père paternel possédait une maison de campagne à Colombes, près Argenteuil; c'était la dernière maison du côté d'Argenteuil. Un vestibule de trente pieds d'élévation en dôme, un péristyle, un salon bas, antique, conduisaient à différents appartements. C'était la maison de campagne des Poncher, où avaient été élevées Mlles de Beaufort, ses nièces. Ce Beaufort fut fermier général à la mort de son oncle et fut à sa place. Mlle de Beaufort l'aînée épousa M. de Boullongne, depuis contrôleur général[56]; la seconde épousa M. Roslin, receveur des tailles à Alençon et depuis fermier général. M. de Beaufort était neveu de M. de Grandval.

C'était à cette maison que mon grand-père et Mlle Dufort passaient six mois de l'année avec les dames qui faisaient jadis la compagnie de sa femme et de son beau-père. Il avait gardé tout le domestique de son beau-père, tous vieux et riches, et avait une famille de jardiniers, nommés Rossignol, qui leur étaient attachés depuis cent ans, et à la fille de qui je paye encore une pension. Le château était habité par le maréchal d'Asfeld[57], château qui était une simple maison, mais qui conservait ce titre pour avoir possédé la femme de Charles Ier, qui y était morte[58]. À côté de nous habitait M. de Machault dont le fils, bien plus âgé que moi, est devenu ministre et garde des Sceaux[59]. M. le marquis de Courtenvaux habitait une maison délicieuse, se communiquait peu : il voyait surtout des savants et des actrices fameuses comme la Pélissier[60], etc. Nous y allions de Saint-Leu à différentes époques, et comme, en ces temps-là, on voisinait beaucoup, lorsqu'on m'y envoyait du collège avec mon précepteur, je vivais avec M. d'Asfeld[61] à la ville et à la campagne, et avec tous les enfants de mon âge.

J'ai essayé pour mes enfants de l'éducation particulière, et avec connaissance de cause, j'ai été forcé de recourir à l'éducation publique. Dans la maison paternelle, j'ai appris avant sept ans ce que je n'aurais jamais dû savoir. Je le dois à un domestique, espèce de valet de chambre auquel on m'avait confié; dans un âge mûr, je l'ai éloigné de moi. Mais je ne veux pas anticiper sur les choses.

1743[62]. Au mois de septembre, nous étions tous réunis à Saint-Leu. Ma mère, belle et fraîche, avec beaucoup d'embonpoint, sentit au bord du canal les avant-coureurs d'une grosse fièvre. C'était le vendredi. Elle se coucha, on envoya chercher toute la famille. C'était une fièvre maligne au premier degré; le transport vint pendant la nuit; tous les remèdes usités furent employés sans pouvoir y trouver de soulagement, et le lundi à midi elle mourut, âgée de trente-sept ans[63].

Nous partîmes tous pour Colombes, nous passâmes par Ermont, Sannois et Argenteuil. Mon père, accablé d'une douleur sombre, voulut s'échapper et se jeter dans l'eau en passant le bac : je n'ai jamais vu de douleur plus vraie et plus effrayante. L'amitié de sa sœur, la présence de son fils et d'un ami le ramenèrent à Colombes. Mon grand-père Dufort adorait sa belle-fille : cette funeste nouvelle l'atterra; il avait soixante et quinze ans. Nos soins se tournèrent sur lui et [parvinrent à distraire][64] mon père pour la journée.

Il est nécessaire, pour soulager ma mémoire, que je rétrograde sur un événement. Mon grand-père Soullet, conseiller de grand-chambre, après avoir été en 1731 chargé de négocier le retour du parlement[65] avec le cardinal Fleury et Louis XV, sortit avec honneur de cette négociation; le feu roi m'en a parlé, comme je le dirai dans les temps. Ce dont je peux me ressouvenir, c'est que la ville et la cour vinrent se faire écrire chez lui, et l'abbé Pucelle[66] et lui furent les chefs de la réconciliation. Tous les journaux du temps en font mention, notamment la *Gazette ecclésiastique*. Ce digne homme vint faire un séjour à Villiers-le-Bascle, terre que mon père habitait alors; elle est située proche Versailles, près le Trou Salé. Il fut pris d'une petite douleur au pouce du pied, accompagnée d'un point noir. Je me souviens de sa belle figure, de sa gaieté, de ses caresses. On le ramena à Paris, la gangrène se déclara, et il mourut dans les bras de sa famille, âgé de soixante-quatre ans, en 1736; j'en avais alors cinq.

Son fils Soullet, mon oncle[67], fut destiné à entrer dans le parlement. Il n'avait que douze ans de plus que moi; il fut admis dès qu'il put être reçu. Gai, spirituel, aimable, d'une charmante figure, il réussit dans les sociétés, pensa épouser la plus grosse héritière de Paris, Mlle La Garde, fille du président de ce nom, l'ami intime de la maison[68]. Mais le président mourut; M. le marquis de Polignac[69] se mit sur les rangs : sa figure, son nom l'emportèrent sur mon oncle, qui l'aurait peut-être rendue plus heureuse.

Il fallut en 1742 songer à l'établir; on trouva Mlle d'Alègre, sœur de Mme Le Tourneur, dont le mari était conseiller au parlement[70]. Cette Mlle d'Alègre se présentait comme un riche parti, héritière d'un grand nom, quoiqu'il ait paru depuis que ces prétentions étaient excessives. Mon oncle plaisait, il ne lui manquait que de la fortune. Le bien de son père avait été partagé entre ma mère et lui. On en parla à ma mère, qui se concerta avec son mari; ils consentirent dans le contrat de mariage que je serais comme eux deshérité des biens de mon grand-père maternel; que ma grand-mère se réservait d'être en pension chez les nouveaux mariés avec cinq mille livres de rentes dont j'hériterais à sa mort. Ils étaient assez riches pour faire ce sacrifice et, fils unique, je devais toujours m'en trouver aise. Ainsi, ma mère et moi nous trouvions seuls et uniques héritiers, au décès de ma grand-mère[71], du mobilier et des rentes qui lui revenaient.

Cette dame [ma gand-mère Soullet] a joué un grand rôle dans mes affaires. Femme d'esprit s'il en fut jamais, pleine de singularités, une douleur dans la cuisse lui avait fait prendre le parti d'aller, même seule dans sa berline, sur le devant; on lui portait une chaise sur laquelle elle faisait ses visites à genoux. Dans ce temps-là, toutes les maisons mangeaient sur la vaisselle d'argent; elle seule se faisait servir sur de la faïence. Tous les jours, elle sortait à 4 heures et rentrait à 7; ses visites se bornaient chez sa belle-sœur, dans l'Ile, ou à l'hôtel Pelletier, rue du Temple, parents éloignés où toute la famille des Pelletier, Briconnet, Feydeau et Saint-Fargeau se rassemblait.

Je reprends les événements. Mon grand-père [Dufort], quoique très âgé, prit un violent chagrin de la mort d'une belle-fille qu'il aimait comme la sienne propre, revint à l'ordinaire à Paris, eut une attaque de goutte qui se fixa sur la poitrine et l'emporta à l'âge de soixante-quinze ans.

Mon père, toujours en proie au plus violent chagrin, avait acquis une maison rue de Richelieu, à côté de l'hôtel de la Paix[72]. Il avait acheté la propriété, d'une vieille marquise de Vassan, sa cousine, de tout le devant de la maison donnant sur la rue de Richelieu. Tant que ma mère vécut, nous étions tous réunis, quoique mangeant séparément, pour nous voir plus souvent. La mort de ma mère et de mon grand-père changea toutes ces dispositions. Ma tante, dévote et un peu janséniste, influencée par une femme de chambre qui s'était, sous le voile de la dévotion, rendue maîtresse, voulut avoir la maison séparée; elle prit la maison à côté, qui fait actuellement l'hôtel de la Paix.

Mon père, concentré dans son chagrin, se rendit invisible excepté pour trois ou quatre amis intimes. Il ne voyait qu'en moi le tendre rejeton d'une femme qu'il avait adorée; assez sage pour ne pas nuire à mon éducation, espérant me voir jouer un rôle, il voulut que je doublasse la rhétorique. Cependant cette façon de vivre altéra vivement sa santé : une goutte vague prit le même chemin que celle de son père; il fut deux ans à rejeter tout ce qu'il prenait et à arroser de ses larmes tous les effets qui avaient appartenu à sa femme. Il fit faire un lit, que j'ai encore, de toutes les robes de sa femme; il fit faire des chemises des siennes, se servit de ses mouchoirs, réforma tout ce qu'il avait de linge et, concentrant son chagrin, il en fit un poison lent qui le tua sans vouloir être secouru.

Il conserva une femme d'esprit [Mlle Gentil] qui m'avait élevé et s'était faite ensuite au service de ma mère. Ils la regrettaient tous les deux. Elle avait à peine trente ans lorsque j'ai perdu mon père; elle est morte ici, il y a trois ans, à quatre-vingts ans, après m'avoir rendu le service d'avoir élevé mes trois enfants. Pensionnée par mon père, elle est restée mon amie jusqu'à la fin de ses jours. [Elle était] belle-sœur du sieur Lottin, receveur des aides à Arpajon. J'ai rendu toute ma vie, à sa famille, tout ce que je devais à elle et à mes parents pour elle. Elle voulut les dernières années de sa vie vivre chez elle, et pour ne pas quitter une famille qu'elle aimait tant, elle loua à vie une maison dans le bourg de Cheverny, où est le château que j'habite.

Il n'y avait pas plus d'un mois que j'avais repris ma seconde année de rhétorique que le carrosse de mon père vint me chercher : c'était pour recevoir sa bénédiction[73]. J'oublie de dire que la même année de la mort de mon grand-père mourut Mlle Dufort pour ainsi dire en parlant[74]. Elle était extraordinairement contrefaite et passa sans s'en douter : j'y étais, et je me rappelle très bien qu'elle finissait de prendre une prise de tabac lorsqu'elle décéda. À treize ans, les événements ne s'oublient jamais. De sorte qu'à quinze ans moins deux mois, je me trouvai seul dans une maison où, dans moins de trois ans, la mort avait moissonné quatre maîtres jeunes et vieux, puisque mon père avait quarante-cinq ans.

Mme Soullet, ma grand-mère, fut nommée de droit ma tutrice; on décida que je garderais tous les domestiques, que je resterais pendant les six semaines dans la maison, servi à l'ordinaire avec mon précepteur; qu'après les six semaines, ma grand-mère me prendrait en pension rue des Enfants-Rouges[75], presque vis-à-vis de l'hôtel Tallart. Les avis de parents s'accordèrent; M. le président Dupuis[76], mon oncle à la mode de Bretagne, n'y parut que pour signer. On me donna toute autorité dans mon intérieur, et on me laissa Puppin pour me diriger. C'était un coup de politique de ma grand-mère, qui devenait en grande partie mon héritière si je venais à mourir, et qui voyait de grands biens à régir pendant une minorité qui devait durer quatre ou cinq ans. Il fallait me capter, ce qui n'était pas difficile vis-à-vis d'un enfant de quinze ans, à qui on répétait toute la journée que son sort était préférable [à celui du] Prétendant qui, alors, jouait un grand rôle[77]. Tout cela, très heureusement pour moi, ne m'a pas tourné la tête.

La terre de Saint-Leu, quelques biens en campagne, onze maisons à Paris, des rentes sur la ville composaient mon héritage, montant à près de soixante mille livres de rentes[78], sur lesquelles il fallait prélever les réparations, toujours considérables, l'entretien de Saint-Leu, plus à charge que profitable, les impositions — et je ne jouissais pas alors : malgré une réputation de richesses, il arrive [qu'on soit] tout riche ou tout pauvre. J'avais un mobilier immense, le linge de table de trois maisons réunies, ayant de la vaisselle d'argent en immensité, des meubles, dans des armoires et en vue, pour beaucoup d'argent.

Mon père, sur la fin de sa vie, s'était laissé entourer par un M. Dufort La Graullet, se disant descendant d'un ancien commandant de la citadelle de Marseille. Cet homme, né à Castelnaudary, avait fait une généalogie cadrant avec la nôtre; il avait de l'esprit comme Gascon, de la fierté comme un homme très noble; adroit, liant, travailleur, il avait commencé sa fortune dans les vivres, et pour s'avancer, avait épousé une bâtarde de la maison de Bonac, l'avait laissée dans son petit castel de Castelnaudary, et était venu à Paris avec une bâtarde d'un autre cru que la sienne.

Il s'insinua dans la maison, s'avoua le protégé, flatta la douleur, pleura une femme qui n'avait jamais voulu le recevoir, enfin détermina mon père à remettre pour lui à M. de Boullongne, à la tête des vivres, une somme de cent mille livres dont on lui payerait l'intérêt, et dont le profit serait pour La Graullet. La Graullet prouva que, la guerre étant finie[79], il fallait les placer dans une manufacture de fer-blanc, près Nancy; le contrat fut fait au nom de mon père comme bailleur de fonds. Mon père empirant, ce La Graullet alla chercher lui-même le notaire, s'aboucha avec lui, et dans le testament voici la clause qu'il fit insérer : « Je laisse au sieur La Graullet les cent mille livres à moi que j'ai placées dans l'affaire des fers-blancs; mon fils ne pourra exiger le principal que lorsque la rente de cinq mille livres par an n'aura pas été servie par le sieur La Graullet. » De sorte que, par cette tournure, tant qu'on payait la rente il n'y avait rien à demander.

La Graullet, comme commensal, venait me voir souvent. Il réclama une boîte d'or comme un présent fait à mon père, et moi je ne faisais encore aucun cas d'aucun métal; le bon Puppin, assez nigaud pour se vanter d'être son ami, m'engagea à lui donner deux douzaines d'assiettes d'argent. Il s'ensuit qu'il n'y avait rien de plus dangereux que de rendre maître de ses effets un jeune homme qui n'avait ni l'âge, ni la raison suffisants.

Je restais toute la journée chez moi, ce qui m'ennuyait prodigieusement, autant que le bavardage du bon Puppin et la flagornerie de mes gens. Cette nouvelle organisation de choses n'était que chaos pour moi. Dès que je pouvais me dérober, je montais chez une Mme Archambal, au second, qui avait loué les deux appartements. Cette femme, originaire de Montpellier, tenait une bonne maison : je m'y plaisais, tout y était aimable. Un beau jour, je trouve toutes les avenues fermées et l'abbé Puppin en sentinelle, qui me saisit à plein corps et me redescend en bas; son air effaré me peignait au moins une conspiration, un assassinat. La soirée se passe, et je me couche sans questionner, effrayé de l'air sinistre de mon mentor. Le lendemain je me dérobai, et je sus de Mme Archambal, avec son ton gascon, qu'il y avait eu une assemblée de francs-maçons, qu'on avait agité de m'y recevoir, mais que l'abbé Puppin, en ayant été instruit, avait fait un vacarme enragé. Je la remerciai de sa bonne volonté, et sans être initié de ma vie dans cette société, j'en ai vu assez pour me tenir tranquille à cet égard, sans aucun désir d'être initié dans ces mystères dont bien des gens ont abusé ou été dupes[80].

Mais accoutumé à dominer plutôt qu'à être dominé par ce précepteur que j'aimais par son attachement pour moi, je ne pus m'accoutumer à lui voir régir jusqu'à ma pensée et mes actions. J'ordonnai qu'on mît les chevaux pour aller au Marais, chez ma grand-mère; il était 5 heures du soir. Mon Puppin, à l'ordre, prit son manteau et vint prendre sa place dans la diligence à côté de moi. Nous ne fûmes pas dans la rue aux Ours qu'un sermon et une dispute nous aigrirent : je finis par lui dire que je me croyais le maître chez moi et encore plus dans ma voiture. Je pris un ton d'autorité, cela le piqua; il voulut descendre; je le pris au mot, et à l'instant je donnai ordre de me mener à la Comédie-Italienne[81]. Mon père m'avait mené ou envoyé souvent aux spectacles, et le dévot abbé Puppin, archidiacre d'Aurillac par le bénéfice de l'indult[82] de mon oncle, courait alors à ses affaires.

Je rentrai le soir pour souper avec mon mentor : il ne fut question de rien. Ma grand-mère arriva le lendemain, me raconta les plaintes de l'abbé Puppin, qui avait couru l'avertir, me fit sentir que, sous quinze jours, elle me retirerait chez elle; que je garderais mon monde, excepté Mlle Gentil; qu'elle allait s'occuper de me donner un gouverneur; que j'étais trop jeune pour aller seul; que cela ne serait pas décent. Au mot de décence, je me soumis, ce qui m'a sauvé des désordres dans lesquels se plongent tous les jeunes gens. C'est l'envie de me respecter moi-même, regrettant tous mes parents, bons, tendres et sensibles; mon père, que j'avais beaucoup connu, était toujours présent à mon imagination, et s'il me fallait décider, je me disais : « Si mon père vivait, s'il revenait, il ne me désapprouverait pas. »

L'abbé Puppin fit son paquet huit jours après, et partit pour l'archidiaconé d'Aurillac, valant six mille livres de rente, où il a vécu dans un âge fort avancé, car plus de vingt ans après, il vint me voir; ses élans de tendresse pour moi furent si bruyants qu'ils me retentissent encore aux oreilles.

Je ne tardai pas à être instruit de mon sort : le lieutenant civil[83] passait à ma grand-mère mille livres pour mon logement, mille écus de pension pour moi, mille écus pour mon gouverneur à venir, douze cents livres d'appointements pour lui, deux mille écus pour ma poche, un carrosse et deux chevaux pour moi. Je pris possession de mon logement, qui fut meublé magnifiquement; le reste des effets fut mis dans des armoires dont Mlle Gentil fut la gardienne. On me loua des écuries rue du Temple, à l'hôtel de Montmor[84] : c'était derrière chez moi. Mlle Gentil, qui ne pouvait plus être dans la même maison, y loua un appartement.

CHAPITRE II

Mon père, par son testament, m'avait chargé de l'éducation de la petite-fille de son jardinier. [Mlle Gentil] se chargea de la veiller et de la suivre : c'était une enfant de cinq ans. Dans le même testament, il y avait une clause très honnête : « Je prie mon fils de continuer les charités que je fais, et qui sont inscrites sur le livre secret que tient Chaumont, mon premier laquais. » Cette prière était un ordre; les charités montaient à plus de mille écus.

Je raconterai à ce sujet deux faits bien différents. Le premier est d'un abbé Santsoy, fils d'une dame de compagnie de Mme Poncher-Grandval; elle y était [inscrite] pour une pension de six cents livres. Il me fut donné un tuteur onéraire, M. de Verdun, homme vertueux et sage qui a toujours fait mes affaires jusqu'à ce que, la mort arrivant, j'en aie chargé son neveu, M. Guyot. Ce M. de Verdun faisait aussi les affaires de M. le comte de Gouffier et logeait rue Coq-Héron à l'hôtel de Gouffier[85]. Il payait exactement ces charitables pensions. Deux ans après en avoir été chargé l'abbé Santsoy, prédicateur, se présenta pour être payé chez lui à l'époque du quartier; M. de Verdun était en campagne. Beaucoup d'humeur, menaces; et deux jours après, je reçus une assignation que je portai à mon tuteur onéraire; il fut furieux et écrivit directement à la dame pour en porter plainte. Quel fut son étonnement quand il reçut de la famille une réponse par laquelle on lui mandait que la dame était décédée depuis deux ans! La découverte atterra l'abbé dont je n'ai pas entendu parler depuis.

Reposons-nous sur des faits plus satisfaisants pour le cœur humain. Une Mme Boudin était portée sur cet état pour dix louis comme veuve, et ayant un procès. Au bout de quatre ans, je vois arriver chez moi une dame en carrosse, accompagnée d'un particulier. On m'annonce Mme Boudin. Je les fais asseoir et, étranger à ce que je ne payais pas [moi-même], je m'informe de ce qui peut me procurer l'honneur de sa visite. Voici ses propos mêmes : « Je viens, monsieur, remercier en vous mon bienfaiteur M. votre père, et vous qui m'avez continué la pension. Je viens vous annoncer que j'ai gagné mon procès. Et Dieu merci, je puis me passer de secours, mais non de la reconnaissance, qui sera éternelle. C'était le bien des pauvres, et je ne le suis plus. Voici, monsieur, l'acte de ma renonciation ». Elle sortit avec son écuyer et me laissa dans le cœur la douce impression que tous les hommes ne sont pas ingrats.

Tendres parents qui m'avez rendu heureux, vous mon père, j'aurais peut-être beaucoup mieux valu si j'avais pu profiter de vos avis plus longtemps; mais j'espère, mânes chéris, que je ne vous ferai pas rougir d'avoir aimé votre fils.

Deux jours après arriva mon nouveau gouverneur, M. Porlier, homme d'esprit, jadis enfant de cœur dans une cathédrale, musicien en conséquence, de bonne société, grand, bien fait, haut en couleur, le nez retroussé, fort grêlé de petite vérole et, au premier coup d'œil, rébarbatif. Il fallut faire connaissance, me gagner par de bonnes manières. J'étais un enfant pour l'âge; mais toute l'aisance superflue qu'on m'avait laissée l'empêchait de me traiter de même. Sorti du collège sans autre instruction que les humanités qu'on me faisait suivre, je ne devais qu'à mon goût pour la lecture le peu que je savais de l'histoire de mon pays[86]. Et Virgile, Horace, Tite-Live, Cicéron, avec qui j'étais beaucoup plus familier, me laissaient dans la plus parfaite ignorance de ce qui m'était plus utile. Il commença par me faire étudier la géographie et la chronologie. La bibliothèque de mon père, qui m'avait suivi, fut lue avidement.

Ainsi trois mois se passèrent le plus doucement du monde. Voici comment je passais mon temps. Les matins, j'avais des maîtres, ils étaient payés par ma tutrice : le fameux Javilliers pour maître de danse, Dupont pour maître de violon[87]; je voulus avoir un maître à écrire : j'en avais grand besoin, et peut-être encore. Cet homme me gourmandait, je me réformai le plus que je pus. C'était un vieil homme; il arriva chez moi tout pâle, tout défait, au bout de trois mois de leçons. Il était attaché à la maison de Coigny, et il venait de voir entrer dans l'hôtel le duc de Coigny mort, tué par le prince de Dombes. Je vais placer ici l'anecdote entière[88].

La princesse de Conti[89] avait reçu tous les avantages de la nature : une figure charmante, une taille svelte et élégante, de l'esprit, de l'agrément, et une aimable coquetterie qui lui attachait tout ce qu'il y avait de plus grand et de plus agréable. Elle avait l'art de les captiver tous, de les enchaîner. Des confidences sur ses faveurs, des rivalités, suivirent le commerce de cette Circé.

Mgr le prince de Dombes s'était mis sur les rangs et avait fini par être reçu à titre de bonne fortune. Bon, vaniteux de son rang de [petit-] fils reconnu de Louix XIV, et jaloux comme un prince légitimé de ses prérogatives, il voulut avoir le titre de seul tenant de la princesse. Le duc de Coigny, beau, bien fait, jeune, un de ceux que le roi Louis XV a le plus aimés en faveur, se trouva choqué de la préférence très ostensible dont jouissait le prince de Dombes.

Tous les soirs la meilleure compagnie lorsqu'on n'était pas à Versailles se réunissait à l'hôtel Conti[90]. Un arrangement de partie mit le duc et le prince à la même table : le duc perdait, le prince profitait de ses avantages. La princesse, malgré sa coquetterie et son adresse, était sur les épines. On se plaisantait, le duc avec finesse et l'esprit d'un homme de cour; le prince se sentait battu parce qu'il n'était pas de force égale. Le duc, dans sa vivacité, s'échappe sur un coup et lâche : « Ma foi, monseigneur, vous êtes heureux comme un enfant... »[91] Il en reste là, le prince rougit et finit la partie d'un silence et d'un morne sinistres. L'adresse de la princesse échoua; une explication d'un quart d'heure après le jeu détermina un rendez-vous. Le duc, qui sentait tous ses torts, fit les excuses les plus décentes, retourna sa phrase, voulut une plus longue explication qui fut refusée; et le rendez-vous pour se battre fut pris sur le chemin de Versailles, au-dessus de Passy, sous une voûte qui passe sous le chemin et conduit à la rivière, le tout pour le surlendemain, deux heures avant le jour, avec chacun un coureur tenant un flambeau de poing.

Le duc fit part de son aventure à sa femme[92], pleine d'esprit et de courage, qui en garda le secret. Ses trois enfants étaient aux jésuites; il les envoya chercher le lendemain et dîna avec eux. Soit pressentiment, il parut depuis à son attendrissement qu'il les voyait pour la dernière fois.

C'était en janvier[93]; il gelait, la terre était couverte de neige. Le comte s'habilla comme pour partir à Versailles. Suivi de son coureur, conduit par un postillon dans sa chaise de poste, il arrêta sur le chemin, descendit comme pour un besoin, se fit accompagner par son coureur et le flambeau. Le prince y était. Le duc recommença ses excuses; le prince, déterminé, commença le combat. Le duc ne fit que se défendre, lorsque, voyant impossible de ne pas attaquer, il serra le prince vigoureusement. En relevant l'épée du prince, celui-ci lui porta un coup dans la jugulaire qui l'étendit mort. Le prince monta dans sa voiture et, pour ôter tout soupçon, courut à Versailles se présenter au lever du roi.

Les chirurgiens étaient tout près; la plaie était grande comme une saignée : c'était le sang, qui avait flué en dedans, qui avait étouffé le duc. On prit le parti de lui coudre autour du cou un ruban noir pour contenir la plaie, et on le porta dans sa voiture à l'hôtel de Coigny[94]. La porte fut refermée; les cris, les douleurs de la famille, d'un nombreux domestique qui attendaient toute leur fortune de leur maître, effrayèrent tout le quartier. Le premier moment donné à la douleur, on sentit la nécessité d'étouffer le bruit du duel, quitte à se venger par les enfants quand ils auraient l'âge. On mit donc le comte, nu comme la main, sur la table de la salle à manger; il n'avait qu'au cou un petit ruban noir, et l'on publia qu'il était mort dans sa chaise de poste en allant à Versailles, d'un coup de sang.

Voilà le récit funeste que me fit M. Couturier, maître d'écriture. Son âge, le trouble de cet événement, la vue d'un homme si élevé, étendu mort sur la table où il avait mangé la veille, lui donnèrent une attaque d'apoplexie, et ce fut la dernière leçon qu'il me donna. Les versions furent différentes, mais ceci étant la première et d'un homme attaché à la maison, elle est pour moi hors de doute.

Mon gouverneur me laissait le maître de mes occupations. Je voulus tout savoir et ne sus rien : un maître de guitare, un maître de vielle — car ces instruments étaient à la mode — passèrent successivement par mes mains sans aucun fruit. Mon salon avait l'air d'une encyclopédie de talents : des livres d'un côté, des sphères de l'autre, des instruments de musique, des vers de tous les meilleurs poètes, car successivement j'éprouvais tous les goûts à la fois. Une grande gaieté dont mon gouverneur habilement profitait me faisait saisir tout et l'abandonner.

Je dînais et soupais régulièrement avec mes parents. Un jour, ma grand-mère voulut me faire quelques reproches sur la facilité avec laquelle je profitais de mes maîtres; je ne dis mot et remontai chez moi : c'était l'heure de la leçon d'histoire et de géographie. J'avais seize ans. Voici à peu près ce que je dis à ce M. Porlier et comment j'abusai de mes droits et de la liberté que la loi m'avait laissée de mon bien : « Je m'aperçois, monsieur, qu'on vous a mis auprès de moi non seulement comme gouverneur, mais pour rendre compte de ma conduite. Savez-vous que j'ai seize ans, que je me crois mon maître, puisque j'ai mon bien comme si j'étais émancipé? » Il voulut faire quelques phrases; je repris : « Ou vous voulez vous attacher à moi, ou être le serviteur de ma grand-mère; dans le second cas, je vous ferai tous les maux qui dépendent de moi, et je trouverai bien le moyen de vous éloigner de moi; dans le premier cas je vous attache à moi, vous écrirez toutes mes dépenses, vous payerez pour moi, et je vous fixerai pour toujours. Vous me connaissez : tenez-moi votre parole, et je vous la tiendrai. »

L'accord fut bientôt fait; il ne toucha pas aux mœurs : je n'avais rien découvert qui pût faire soupçonner que je m'émanciperais si vite de ce côté-là. De ce jour, nous fûmes les meilleurs amis du monde. C'était un complaisant, doux, aimable et spirituel, et je recevais des compliments de ma grand-mère, que j'avoue n'avoir jamais mérités du tout. C'est un grand malheur qu'une position pareille, et mes regrets se renouvellent d'avoir perdu mon père si jeune, et qu'un bien si réel m'ait fait perdre un temps que j'aurais mieux employé.

De ce jour-là nous fréquentâmes les spectacles. La Comédie-Française[95] me voyait tous les jours de tragédie. La déclamation, la fureur de débiter des vers me tournaient la tête; j'augmentais ma bibliothèque de tous les romans du jour; mon imagination s'échauffait. La connaissance que je fis des officiers aux gardes de mon âge me décidait à entrer dans ce corps. Ma famille s'y opposa formellement : on fondait des espérances sur ce que le parlement était encore plein de ce que mon grand-père avait valu, et on espérait ce que je vaudrais. Il fallut biaiser et attendre. L'opposition était générale, et je n'avais pas de forces ni d'autres connaissances que mes parents. Je vivais avec le chevalier d'Héricourt, le chevalier d'Albertas, le chevalier de Gramont et plusieurs autres, tels que Coëtlosquet et le chevalier d'Entrecasteaux[96]...

Surveillé par ce gouverneur, j'étais impatient de connaître les femmes. Je m'informe où je pourrais me satisfaire. Nous allons à l'Opéra[97]; je pose mon gouverneur dans le parterre, je le vois s'enthousiasmer de la musique, n'écoutant qu'elle, ne prenant garde à rien. Je sors seul, me précipite dans un fiacre et lui donne le mot d'ordre : « Menez-moi chez des filles. » Il touche les chevaux et arrive chez Mme Florence, rue Meslay[98]. Cette femme fut surprise, et de ma joie, et de mes aveux. Elle m'instruisit, me laissa tête à tête avec une très jolie personne que je crus Vénus descendue du ciel. Ma visite finie, je me rendis à l'Opéra, me plaçai à côté de mon mentor, qui me crut ne l'avoir pas quitté. Une fois cette découverte faite, je fus fidèle à me rendre tous les jours à l'Opéra, et sans le plus grand bonheur, je ne me serais pas retiré de cette vie qui me plongeait dans la crapule.

Mon père se fournissait de galons pour lui et ses gens (car dans ce temps-là toutes les vestes étaient galonnées) chez un M. Gaudet, marchand, rue Saint-Honoré, près la rue de la Ferronnerie. Ce marchand avait une femme de trente ans, belle et bien faite. Les jeunes gens, dans ce temps-là comme aujourd'hui, sont avides de ce qui est de plus beau et de plus à la mode : j'allais donc souvent faire des emplettes. Cette femme me distingua : j'étais un enfant riche, et une des meilleures pratiques. Elle me fit des avances, me serra la main devant tout le monde, elle l'avait charmante. Ce fut un coup d'électricité pour moi; ma timidité fut vaincue. Cette aventure, la première de ma vie, me retira du précipice où j'allais me livrer. Des rendez-vous pendant l'Opéra me firent oublier un lieu que je n'aurais dû connaître. Il n'y eut sorte d'amitié dont elle ne m'accablât, de caresses qu'elle ne me donnât, de soins qu'elle ne me prodiguât. Et pendant dix-huit mois que ce commerce a duré, je pris environ dix mille livres de galons chez son mari. Car j'étais dans le cas du proverbe « Quand on prend du galon, on n'en saurait trop prendre. » Je crois que j'y aurais été attaché toute ma vie, si une maladie cruelle pour les femmes, un commencement d'ulcère, ne l'avait pas conduite au tombeau après dix ans de souffrance.

Ceci étant un journal de ma vie, et ne le faisant que pour moi seul, je me garderais bien de consigner de pareilles choses si je croyais jamais qu'il dût voir le jour; mais ne le faisant que pour m'amuser, il est simple que je retrace tous les événements qui m'ont frappé ou occupé. Je partageais ma vie entre deux jours dans la semaine où j'allais à ma terre de Saint-Leu; ma grand-mère, mon oncle, ma tante et Mlle Félix, ma cousine germaine, venaient passer les automnes à Saint-Leu. Ils y tenaient maison et profitaient des douceurs de cette terre et du potager.

Comme j'ai passé toute ma jeunesse avec Mlle Félix, je vais faire une digression pour elle. M. Félix, son père, contrôleur général de la maison du roi, frère de l'évêque d'Autun, avait perdu Mlle de Montarsy, sœur de ma grand-mère, après en avoir eu un fils, aussi contrôleur général de la maison du roi, et Mlle Félix[99]. Un mariage peu sortable l'avait déterminé à faire voyager son fils et à mettre sa fille au couvent de l'Assomption[100]. Cette jeune personne avait les plus beaux yeux du monde, le caractère comme la figure des plus intéressants. Oubliée dans ce couvent, abandonnée de tout le monde, ma mère seule, ayant appris que cette jeune personne était délaissée, alla la voir, l'aima du premier coup d'œil. Leur caractère avait de l'analogie ensemble. Il fallut aller la demander au père qui ne put refuser à ma mère sa [nièce], d'autant que ma mère s'offrait de l'héberger et de la nourrir pour rien. Mlle Gentil, ma gouvernante, depuis chargée de leur confiance, se chargea de la jeune personne, jolie comme un ange et âgée de dix-huit ans. Elle ne tarda pas à plaire à toute la maison, et sa première vue la fixa pour la vie avec ma mère. A sa mort, on ne crut pas décent que mon père, encore jeune, l'eût dans sa maison; il fut décidé qu'elle irait loger chez Mme Soullet, sa tante, où elle resta sur le même pied, excepté qu'à la mort de son père elle prit une femme de chambre et un laquais.

Mlle Félix ne voyait en moi qu'un parent, bien plus jeune qu'elle. Son caractère, sa figure, tout m'attirait en elle, mais sa gaieté sage et honnête ne m'a jamais permis de recevoir d'elle que les témoignages de la plus respectable amitié. Elle m'attirait, m'écoutait, m'amusait; mais je la respectais assez pour ne jamais m'écarter : elle était ma confidente, et voilà tout. J'ai vécu dans la même maison jusqu'à son mariage avec M. Girault de Moussy, frère de Mme Le Boulanger, maîtresse des requêtes, qui avait une charge d'écuyer de main de Madame Adélaïde. Il la laissa veuve avec une très jolie fille qui aurait été un très grand parti si des convulsions de dents ne l'avaient pas emportée. Mme de Moussy, qui avait douze ans de plus que moi, est morte à quatre-vingt-neuf ans, réduite à sa légitime pour son frère, pour faire un fidei-commis au frère de sa femme. Son économie, sa sagesse lui avaient fait une fortune de 15 000 livres de rente; et à sa mort, elle a fait son testament dans lequel elle m'a institué son légataire universel avec M. Chabenat de Bonneuil[101], par sa mère arrière-petit-fils de Mme Soullet; de sorte que par ce testament elle a témoigné sa reconnaissance aux enfants de ses deux bienfaitrices.

Je demandai d'aller à l'académie[102] : on m'envoya à celle de Jouan, rue des Canettes, auprès de Saint-Sulpice. Je pris goût à l'équitation et j'y restai trois ans. Pour ne pas fatiguer mes chevaux, un nommé Raison, fiacre, fit marché pour me mener tous les jours. C'était un jeune homme plein de feu et d'activité : avec peu de moyens, il avait monté un équipage à trois chevaux et avait fait venir un frère qui l'aidait. Ce frère, sujet au vin, se couchait en travers comme une botte de foin, et menait ainsi d'une manière penchée, jusqu'à ce que les exhortations de mon gouverneur et moi l'eussent remis à sa place. Ils me conduisirent ainsi pendant ces trois ans à l'académie. Je ne rapporte cette anecdote que parce que, dix ans après, ce même Raison, habillé en colonel des troupes de la reine de Hongrie vint me voir, m'annoncer que son frère était capitaine, et qu'il était chargé de la remonte générale de l'armée de l'empereur. Ce nouvel ordre de choses nous intéressa beaucoup et confirma le jugement que nous avions porté de son intelligence.

M. Amelot, fils du ministre[103], demeurait chez son père, rue du

Grand-Chantier, à côté de la rue des Vieilles-Haudriettes[104]. C'était mon camarade d'académie : nous allions et revenions ensemble; c'était partie carrée, deux élèves et deux gouverneurs. Il me mena chez ses parents, chez sa grand-mère maternelle, Mme de Vougny, chez son père et sa mère[105], et cette liaison a duré et s'est fortifiée parce qu'il est devenu mon beau-frère; mais n'anticipons point sur les événements.

Une Mme du Rolet mourut vis-à-vis de mon appartement. Cette maison ne tarda pas à être louée par Mme la marquise de Chastellux, sa fille et deux enfants[106]; nous nous liâmes, et jusqu'à la mort le marquis de Beauvoir et le chevalier de Chastellux, mort académicien, sont restés mes amis. M. l'abbé de Mesgrigny et son frère M. de Chailly se lièrent avec moi; ils s'appelaient Lefebvre et étaient frères de Lefebvre d'Amécourt, conseiller de grand-chambre[107]. L'abbé était chanoine de Notre-Dame et conseiller au parlement ; le frère, Chailly, jouissait d'assez de fortune et cherchait à se placer avantageusement dans le service.

J'avais été au collège avec M. Le Pelletier de Mortefontaine[108], qui m'avait lié avec M. Bochart de Saron, exécuté à la Révolution comme premier président du parlement de Paris[109]. J'avais été aussi au collège et en récréation avec une société qui est restée de mes amis. Les uns étaient les fils du président à la chambre des comptes, M. de Saint-Sauveur[110] ; l'autre un M. Chardon, depuis maître des requêtes et intendant en Corse. Ainsi, passant en revue à peu près toutes les personnes que j'ai le plus fréquentées, je les retrouverai pour des anecdotes particulières.

Je commence par M. Chardon[111]. C'était un garçon de beaucoup d'esprit, d'une facilité dans le travail incroyable, mais immoral au dernier point. Insensiblement retiré du bourbier où la dernière classe des filles vous met, je n'étais pas étranger au plaisir dès qu'il se présentait sous une forme agréable. Je vais raconter une anecdote sur M. Chardon. Il m'entraîna dans une partie carrée, où se trouvèrent deux très jolies personnes de la plus moyenne vertu. La tête s'échauffe, on propose d'aller à Neuilly boire du ratafia : c'étaient les bons airs. Ainsi je refuse, je dis qu'il y a une compagnie de voleurs sur le chemin, que dans tous les cas je ne veux pas être cité à la police ; on me plaisante, on m'accuse de cacher sous l'air de la prudence une peur mal fondée. Je cède, nous voilà tous les quatre en fiacre. Dans la rue du Faubourg-Saint-Honoré — il était 10 heures du soir — nous rencontrons un honnête homme qui se faisait porter un flambeau. Chardon dit : « Je vais vous faire bien rire », appelle ce monsieur, prend la fille et, lui mettant le dos à la portière, il la tient de force et lui montre ce qu'elle n'aurait jamais dû montrer. Le laquais rit aux éclats, le maître hausse les épaules. Je calculai que j'étais dans la plus mauvaise compagnie possible : je me respectais assez pour en rougir. Nous n'avons pas passé le pont que j'ordonne au fiacre d'arrêter, et de force, malgré l'opposition de ces demoiselles et de Chardon, je m'élance sur le pavé, ferme la portière et m'en retourne. Mon homme furieux, ne cessait de m'invectiver en m'accusant de lâcheté ; je continuais froidement mon chemin. Au bout de vingt pas, j'aperçois mon homme qui venait m'inviter à cette délicieuse promenade ; je le tenais seul : il avait son épée, moi la mienne ; je la tire et la lui présentant, je l'oblige à se mettre en garde. Il eut beau entrer en explication, je le chargeai de telle manière qu'il abandonna le champ de bataille et fut rejoindre sa compagnie. J'eus le temps de lui crier que je ne le reverrais de ma vie; je lui ai tenu parole.

Mon gouverneur allait de son côté : il avait l'ordre de ne se trouver jamais chez moi quand je n'y étais pas. C'était le plus complaisant de tous les mentors, et ce reproche-là, je l'aurai toute la vie sur le cœur. Cependant, je couvais dans mon cœur le désir de m'instruire et de voyager; mieux conduit, j'aurais peut-être trouvé chez moi de quoi me dédommager du temps que j'y aurais consacré. M. le duc de Tallart logeait en son hôtel, au coin de la rue des Enfants-Rouges[112]. Amateur de tableaux et de belles choses, il prit de l'intérêt pour ma jeunesse. Goutteux, il se faisait traîner dans une chaise roulante, et jouissait en connaisseur de tout ce qu'il possédait de précieux. C'est à ses bontés et à la facilité qu'il me procurait, à ses avis, à ses justes critiques, que je dois la faible connaissance des grands maîtres, dont la touche avec un peu de réflexion se connaît comme l'écriture. Que n'ai-je consacré plus de temps à cet amusement! Je n'aurais pas à faire de tristes réflexions sur le temps que j'ai perdu.

J'allais souvent dans ma famille lorsque je pus secouer l'étiquette du gouverneur. M. Félix, mon oncle à la mode de Bretagne, avait épousé, au grand regret de sa famille, [la fille de] la première femme de chambre de la reine, fille de Sobieski; elle s'appelait Mercier, fille de la nourrice de Louis XV. Cette femme, mariée avec Mercier, maréchal-ferrant, avait fait une grande fortune de circonstance[113]. Nourrice d'un roi de cinq ans, elle avait conservé une étiquette pour elle. Je ne l'ai jamais connue; on la disait belle et bonne. Ce qui est certain, c'est qu'elle avait laissé beaucoup d'enfants bien établis.

Saint-Vigor, l'aîné, avait été capitaine au régiment du roi, et était contrôleur général de la bouche de la maison de la reine. La Source, le second, est mort dans cette place, et lieutenant-général. Le troisième, chef d'escadre, attaché à la marine de Toulon. L'abbé Mercier jouissait de cinquante mille écus en bénéfices. Des trois filles, l'une avait épousé M. Félix. L'autre, M. du Parc[114], administrateur des postes, ayant le travail avec le roi. La troisième, M. de Courgy, receveur des consignations.

C'était une famille superbe pour les formes; car pour l'esprit, ils l'avaient précisément pour leur état. Je ne puis me ressouvenir de Mme du Parc que comme une des femmes les plus douces, les plus respectables, les plus obligeantes que j'aie vues.

Tous les talents agréables étaient ce qui me plaisait le plus. L'académie me fixa pendant trois ans; j'y acquis de la sûreté à cheval, de l'habitude, et quand on donnait des exercices brillants, j'étais des troisièmes à monter les sauteurs et à courir les têtes. Un de mes émules était Rivié de Ricquebourg[115], petit-fils d'un maréchal-ferrant, dont le père avait fait une fortune immense et en avait joui avec grandeur et générosité. Il avait laissé deux enfants en bas âge : une fille mariée à M. le comte de Gouy d'Arsy[116], dame chez Mesdames de France, filles de Louis XV, et ce M. de Rivié. Je n'ai jamais vu un jeune homme d'une plus jolie figure, mieux fait et mieux tourné; il n'y avait pas un exercice où il ne réussît avec grâce, tout ce qu'il entreprenait lui était facile. Tous ses talents, ses grâces se perdirent vis-à-vis d'une vieille fille qui avait eu jadis une grande réputation, la Launay, qui sut le captiver. Sur les reproches que nous lui faisions, il répondait franchement : « Elle seule au monde m'intéresse. » Cet aimable jeune homme est mort de la petite vérole, capitaine de cavalerie, à sa terre près Pontoise, m'ayant donné huit jours auparavant rendez-vous à Saint-Leu pour le jour de sa mort. Sa sœur, divorcée depuis avec son mari, a laissé des enfants qui ont voulu jouer des rôles dans la Révolution comme colons[117], et est morte riche de grandes successions.

L'émulation me devenait nécessaire, et c'est le meilleur stimulant pour des jeunes gens lorsqu'ils veulent s'en servir. Nous faisions toujours des armes; une faiblesse dans le poignet me faisait au bout d'un quart d'heure laisser tomber mon fleuret. Je crus indispensable de prendre le meilleur maître en fait d'armes. Lépine alors était sur les rangs. Ce grand garçon fort vigoureux, leste, âgé de vingt-cinq ans, avait été reçu avec des applaudissements généraux. Doux, honnête et poli, je le pris régulièrement tous les jours. Il ne fut pas longtemps à s'apercevoir de la faiblesse de mon poignet. Il me démontra le désavantage, quelque sang-froid et quelque science que j'eusse dans cette sorte d'escrime, et me montra la manière, en me servant d'un mouchoir, à pouvoir sinon obtenir l'avantage, du moins la défense.

Je l'avais déjà depuis trois mois, lorsque son frère, qui était du même état et plus jeune que lui, vint me voir et me conta le malheur arrivé à Lépine.

Il avait été se promener avec un de ses amis à Ménilmontant et, voyant un moulin en repos, s'était amusé à monter sur une des ailes, lorsqu'un garde-moulin descendit précipitamment et l'insulta de toutes les manières. L'homme voulut l'apaiser; le garde, qui leur voyait des épées, continua. Lépine, descendu, le ménagea. « Pas tant de bruit, lui dit le garde-moulin, j'en ai une aussi; et si tu n'es pas content, tu n'as qu'à le dire.

— Sais-tu, dit Lépine, que je suis un maître en fait d'armes, et que je ne puis me battre avec toi?

— Tu serais le diable que je ne te crains pas. Attends-moi si tu l'oses. » Lépine qui voulait lui donner une leçon risqua sa vie, et ne tarda pas à voir revenir le garde-moulin avec une vieille rouillarde qui divertit beaucoup les deux amis. Le combat s'engagea. Le garde-magasin prit son épée à deux mains, fonça sur lui comme un taureau avec ses cornes, lui dérangea la mesure et le tua dans un clin d'œil. Je conclus que puisque, malgré toute sa science, mon homme n'avait pu éviter une si prompte fin, il fallait m'en rapporter à la Providence, et n'ai pas pensé à prendre de leçon depuis.

Ce fut dans ces temps que je liai connaissance intime avec M. de Barassy et M. de Cypierre. Comme j'ai passé ma vie avec eux jusqu'à leur mort, il sera nécessaire pour ma mémoire que je fasse une digression. Le premier a fini par passer sa vie chez moi, et je lui ai rendu tous les services que l'amitié exige. Le second a conservé la plus tendre amitié pour moi jusqu'à ce que je l'aie perdu, et n'a cessé de me rendre les services les plus essentiels. M. de Barassy[118] le père avait une maison de campagne à Deuil, près Montmorency; c'était une maison très aisée et qui, avec sa femme, paraissait dans la fortune. Ils avaient deux garçons; l'aîné, je ne l'ai pas connu; le second était au collège d'Harcourt, avec un précepteur. Comme il avait cinq ans de plus que moi, nous ne nous connaissions que de vue. Il logeait alors rue du Temple, vis-à-vis la rue Chapon. Un accident arrivé à son frère, conseiller au grand conseil, grand rapporteur au sceau de France, fit la conversation de tout Paris : ce jeune homme, étant à table avec son père, sa mère et son frère, avança la main pour prendre du sel avec un couteau et tomba mort sur les genoux de sa mère. Le second fils fut pourvu des deux places. Comme nous logions très près, qu'il fréquentait les spectacles, qu'il avait une voiture, qu'il habitait ainsi que moi la campagne dans la vallée de Montmorency, nous ne tardâmes pas à nous lier.

M. Perrin de Cypierre, fils d'un conseiller au parlement de Dijon[119], orphelin très riche et sous la tutelle d'un oncle, Perrin de Grégaine, ancien officier, logeait dans la rue Sainte-Avoye. Il venait d'acheter une charge de maître des requêtes. De l'esprit, de l'éloquence, avec une physionomie grave, avantageuse, le faisaient déjà distinguer. Ces messieurs vivaient avec tous les jeunes gens du conseil; et les voyant souvent, je fis connaissance avec M. Lefèvre de Caumartin[120], depuis prévôt des marchands, M. Pajot de Marcheval[121] et M. de la Galaizière[122], tous maîtres des requêtes et se voyant souvent, soit en partie de plaisir, soit au spectacle. J'étais beaucoup plus jeune qu'eux, mais ma fortune me mettait à leur niveau : j'avais dix-huit ans, on m'avait émancipé. Je n'avais rien changé à mon habitation et à mon genre de vie; je faisais alors ma dépense à Saint-Leu et y recevais qui je voulais. C'étaient des parties de jeunes gens, force courses en voiture, jamais de jeu ni de filles. L'idée respectable que mes parents avaient donné d'eux dans le pays était toujours présente à mon esprit, et je voulais me respecter.

Je me sus bon gré de suivre ce plan par l'aventure qui arriva dans notre société. Le chevalier d'Aspremont, mort depuis de la poitrine et officier aux gardes, se trouvant à jouer avec le chevalier d'Héricourt, ils se prirent de parole. Les cartes volèrent des mains d'Héricourt au nez d'Aspremont, qui riposta par un flambeau. L'affaire était grave; le rendez-vous fut pris pour le lendemain dans l'avenue de Vincennes. D'Entrecasteaux, depuis jésuite et alors du même corps, et M. le comte de Turpin-Crissé[123] [furent choisis] pour témoins. D'Entrecasteaux vint m'en faire part et me proposer de l'accompagner par intérêt. Comme je n'avais pas été un témoin, je refusai la douce invitation : je les aimais tous les deux. La scène fut longue. D'Héricourt craignait et reculait toujours, jusqu'à ce que d'Aspremont, l'acculant contre un arbre, lui passât son épée au travers du corps en criant : « Voilà les cartes payées! » On ramena dans le même fiacre d'Héricourt laissant une traînée de sang derrière lui. Tout s'apaisa, et d'Héricourt fut trois mois dans son lit.

Cependant nos parties de plaisir à Saint-Leu duraient toujours. Le baron de Vioménil[124], le comte d'Ourches[125], le marquis du Hautoy[126] me tenaient fidèle compagnie. Nous faisions sur une grande pièce d'eau le simulacre d'un combat naval; les bombes d'artifice se prodiguaient, les canons étaient des seaux d'eau. Nous faisions notre cours de danseurs de corde; une élévation en sable nous servait de tremplin; un danseur de corde, venu exprès de chez

Restier, était notre maître. Celui qui excellait était le comte d'Ourches; il courait mieux qu'aucun coureur du royaume; fort et leste, il entreprenait ce qu'il y avait de plus difficile, et réussissait. Pour moi, plus délicat, je me bornais aux choses les plus souples et me tirais d'affaire. Le chevalier de Razins, marquis de Saint-Marc[127], connu dans la littérature par l'opéra d'*Adèle de Ponthieu* et plusieurs pièces fugitives, était dans ces parties toujours mon acolyte. La douceur de ses mœurs, la gentillesse de son esprit, son aménité, me faisaient me lier de plus en plus avec lui.

Arrivent le chevalier d'Aspremont et le baron de Vioménil. Ce fut un surcroît de plaisir, et les folies de nous tous recommencèrent. Comme mon voyage était annoncé, d'Héricourt, n'étant plus en convalescence, crut pouvoir venir aussi se réjouir; il ignorait que le chevalier d'Aspremont y était. Dès que nous le vîmes arriver, nous jugeâmes tous que cette rencontre pourrait avoir des suites fâcheuses : ces messieurs ne s'étaient pas encore revus. Le souper se passa en s'observant; nous rîmes, nous amusâmes. J'eus l'attention d'empêcher une polissonnerie générale : des têtes comme les nôtres n'admettaient aucune gêne, et notre position devenait de plus en plus alarmante.

Je me déterminai à aller trouver d'Héricourt le lendemain matin. Après les marques d'intérêt et d'amitié les plus fortes, j'entrai en matière : « Mon ami, je ne puis vous cacher combien votre arrivée imprévue apporte de tristesse dans nos âmes. Elle nous a rappelé une affaire qui nous a tous affligés. Vous ne comptiez pas trouver le chevalier d'Aspremont ici, et si j'avais su que vous vinssiez, je me serais bien gardé de l'inviter. Il y est, et avant vous. Si vous étiez arrivé le premier, je vous aurais évité cette présence.

— Je vous entends, me dit-il; c'est à moi à m'en aller. J'avais pris mon parti, j'ai répondu de moi hier par amitié pour vous tous; mais la plaie, quoique guérie, n'en est pas moins sanglante, et je ne réponds pas que la correction, quelque dure qu'elle ait été — et que j'avais méritée — ne fût une chose inutile. Je pars avant le jour; j'exige que vous lui disiez devant témoin ce que je viens de vous dire : j'ai eu tort, j'en ai porté la peine. Nous sommes dans le même corps, mais qu'il laisse au temps à consolider le mal moral que j'éprouve. »

Il partit, et tous deux se retrouvèrent depuis ensemble avec nous sans qu'il fût question de rien. Le chevalier d'Héricourt sortit deux ans après du régiment des gardes, passa aux colonies. Pour le chevalier d'Aspremont, il tomba en phtisie et mourut dans la rue Saint-Pierre qui donne dans la rue Montmartre et la rue Notre-Dame des Victoires. Il mourut, dis-je, un quart d'heure après que je l'eus quitté. À peine fus-je sorti qu'il demanda à son laquais son miroir, et sur la question pour savoir ce qu'il en voulait faire : « C'est, dit-il, pour me voir mourir », et il tint parole.

J'avais des terrassiers à Saint-Leu. Je faisais un plan nouveau du côté de Paris, qui me découvrait une vue superbe. Je faisais les plans; je les faisais exécuter lorsque M. de Chailly et M. l'abbé de Mesgrigny me proposèrent d'aller dans la terre du premier, située passé La Rivière-Thibouville, à la terre des Landes, à trois lieues de Lisieux et deux d'Orbec. Nous partîmes donc, M. de Barassy et moi; j'y passai un mois. Cette partie de la Normandie est bonne, mais peu variée; je me souviens que je trouvai le pays si triste, le prétendu château de La Lande si vilain, que je disais que nous étions au milieu des eaux stagnantes. Nous ne pouvions faire un pas avec des sabots sans être couverts de boue épaisse. Je proposai à M. de Barassy de parcourir la Normandie; nous nous rendîmes par la traverse à Rouen. Nous allâmes à Dieppe, revînmes à Rouen, [passâmes] par Le Havre, et nous reprîmes notre course par La Lande pour revenir à Paris reprendre les plaisirs de l'hiver.

Je perdis cette année à Saint-Leu le maître d'hôtel de mon père, et étant depuis deux jours à Paris, mon carrosse se croisa avec celui du président Dupuis : il me cherchait pour m'annoncer que ce Monnet tout galonné, que j'ai dit avoir été maître d'hôtel de mon grand-père par suite de M. de Grandval, venait de mourir sans enfants; et par reconnaissance, il nous avait faits lui et moi ses héritiers. Cette succession nous a valu à chacun vingt mille livres.

L'année suivante, nous reprîmes le voyage de Normandie. J'emmenai mes chevaux, Barassy les siens, et chacun un cheval de selle. Je laissai ma maison à Saint-Leu : elle était composée de Mlle Gentil, de Fontaine-Adam, valet de chambre, d'un laquais. Le reste me suivit. Saint-Leu était devenu le refuge de tous les vieux domestiques de mon père : un cuisinier dont ma grand-mère avait profité depuis son décès, et dont je fis soigner la vieillesse; un vieux Langlois, jardinier, et sa femme, qui logeaient dans le château, ayant pris son gendre pour jardinier; et moi j'étais chargé par le testament de marier la fille que Mlle Gentil élevait. Tout cela vivait et était soutenu sur le fonds de la maison.

Arrivés à La Lande, nous montâmes à cheval suivis d'un laquais. Nous passâmes par Orbec et vînmes coucher chez M. le comte de Caulaincourt[128] au château de Guespré, dans la vallée d'Ouche. Ce comte de Caulaincourt avait un frère, le chevalier de Caulaincourt, établi à Argentan, et une fille charmante, Mme la baronne de

Cuy[129]. Nous y passâmes six semaines dans les plaisirs et avec la meilleure compagnie. Ce fut là où je fis intimité avec le comte d'Osmont[130] dont le frère, avec qui j'avais été au collège, fut comte de Lyon et évêque de Comminges[131]. Malgré la Révolution et bien qu'il ait été obligé de rester en Suisse, nous n'en sommes pas moins restés amis intimes. Cette baronne de Cuy, charmante, tenait au cœur du comte d'Osmont. Si j'avais su ce que j'ai vu depuis, je ne serais pas resté indifférent spectateur; mais timide et réservé, je croyais que le respect pour les dames était la base de la conduite d'un jeune homme.

Nous allâmes au Boucé, terre où étaient M. et Mme la comtesse de Flers[132]. Cette terre, vendue depuis à M. de Cromot[133], est devenue une habitation charmante. Du temps que je l'ai habitée, les grandes cheminées à entrer tout debout dedans sont tout ce qui m'en est resté. Nous allâmes dîner chez M. de Garsault[134], gouverneur des haras d'Hièmes; ce gouvernement superbe a passé depuis au comte de Bridge, écuyer, et un des favoris du roi Louis XV.

On proposa une partie de chasse à Falaise, chez M. de La Fresnaye et M. le comte d'Oilliamson[135]. Nous l'acceptâmes, nous nous amusâmes beaucoup, entre autres de la chasse d'un daguet[136] que nous courûmes depuis 6 heures du matin jusqu'à la nuit. Chacun revint comme il put, et d'Osmont et moi sur un cheval qui n'était pas plus gros qu'un âne. Nous fîmes un séjour de huit jours dans cette charmante ville où la meilleure compagnie se rassemblait. Une Mme d'Orbesson et une Mme Filleul[137] étaient dans la fraîcheur de leur printemps et étaient tout ce qu'il y avait de plus aimable et de plus joli. Nous allâmes après à Caen; nous y fûmes fort bien traités par le gouverneur. C'était M. le comte de Gourdon, dont le fils était de mes amis, ayant fait notre académie ensemble. Nous fîmes une course à La Délivrande, et reprîmes notre route par La Lande pour retourner à Paris.

J'avais alors dix-neuf ans, et je désirais prendre un état. Ma famille me refusant d'entrer dans le service, je m'adressai à M. Félix, mon parent; il avait beaucoup de crédit. Il joignait à la place de contrôleur celle de secrétaire du grand maître de la maison du roi, alors M. le prince de Condé, enfant, qui puisqu'il avait cinq ans de moins que moi, n'exerçait pas; c'était M. le comte de Charolais, prince du sang, son oncle, qui faisait les fonctions[138]. Nous parcourûmes ce qui pouvait me convenir; nous ne trouvâmes que dans les gardes du corps une place d'exempt. J'allai la proposer; tous les parents de robe jetèrent les hauts cris; on me détacha ceux qui s'intéressaient le plus à moi : on voulait me marier et me faire recevoir conseiller au parlement.

Mme Turgot, veuve du prévôt des marchands, demeurait dans la rue Portefoin, à l'hôtel Turgot[139]. Son fils aîné était président à mortier; son second fils, qui logeait chez elle, était conseiller clerc au parlement et a depuis été contrôleur général[140]; sa fille, depuis duchesse douairière de Saint-Aignan, était avec elle[141]. Ces deux dames venaient régulièrement trois fois la semaine faire une visite de deux heures à Mme Soullet, ma grand-mère. Comme c'était vers les 5 heures du soir, heure à laquelle je ne restais jamais à la maison, je ne les connaissais que très superficiellement. Ma grand-mère me pria de rester pour attendre leur visite, ce que je fis. Elles arrivèrent à l'heure dite; Mme Turgot, outre Mlle sa fille, était accompagnée d'une très grande demoiselle, plus [grande] encore que Mlle Turgot. La conversation fut générale; on m'attaqua de politesse, je fis de même. Ces dames sortirent; mon oncle, qui sortait d'ordinaire, donna la main à Mme Turgot pour la reconduire, et moi je fus destiné à faire la même politesse à la grande demoiselle.

Je rentrai pour un moment; alors ma grand-mère me fit plusieurs questions sur cette demoiselle, m'apprit qu'elle s'appelait Mlle d'Aveine ; qu'elles étaient deux sœurs, héritières chacune de vingt mille livres de rente, et d'une belle terre dans laquelle j'avais passé, puisqu'elle gisait au village d'Aveine, dans la vallée d'Auge, à une lieue de la terre du comte de Caulaincourt et deux lieues d'Argentan. Instruit de ce détail, je voulus m'en aller, lorsque Mme Soullet me dit : « Mon fils, cette aimable personne, j'espère, me tiendra de plus près; vous connaissez sa figure, nous connaissons son caractère, et les familles des deux côtés désirent cet établissement. » J'eus bientôt pris mon parti : je fis sentir que je ne pouvais me marier sur l'avis des autres; que d'ailleurs je me trouvais trop jeune; que grâce à son aversion pour le service, j'étais un être inutile. Ce fut alors qu'on me proposa ou une place de colonel, ou une place d'exempt des gardes du corps. Je répondis que je ne voulais pas avoir l'obligation d'un état à une famille quelconque; que si la demoiselle, qui avait quatre ou cinq ans de plus que moi, était instruite de la proposition, il était bien imprudent de l'exposer à un refus; que j'étais petit et fluet — je n'avais alors que cinq pieds un pouce, n'ayant pris ma croissance de cinq pieds quatre pouces qu'à près de vingt-quatre ans —, qu'elle était plus grande que moi; que pour toutes les faveurs du monde, je ne voulais m'associer à une femme plus grande que moi. Je me levai, tirai ma révérence, et ne me laissai plus entamer sur pareille conversation.

Cette demoiselle épousa depuis le marquis de Sommery[142], appelé dans le régiment des gardes « Va-de-bon-cœur », brave homme, excellent officier, et ils ont fait un mariage très uni.

Je courus conter mon aventure à M. et Mme Félix et à Mme du Parc, devenue veuve, et qui s'était retirée dans le vieux Louvre, dans un logement que le feu roi Louis XIV avait donné à toute sa famille. C'était au coin, entre le cul-de-sac du roi et le pavillon d'entrée; vis-à-vis, de l'autre côté, était M. de Champlost, et à côté de M. Félix logeait M. Quentin de Champcenetz[143], premier valet de chambre. Mlle Quinault[144], fameuse actrice, femme de mérite, liée avec M. le duc de Nevers[145], habitait l'autre côté de la cour. Ils redoublèrent de soins pour chercher à me placer, et je repris ma vie accoutumée.

CHAPITRE III

M. de Chailly, dans l'hiver de 1750[146], me proposa d'aller voir l'Angleterre : sa fureur était la cavalerie, son goût de ramener des cadogans[147] pour en faire des chevaux de carrosse. J'acceptai cette partie et, munis de passeports, nous montâmes dans une chaise de poste à deux, accompagnés chacun d'un domestique. Nous passâmes par Péronne, Bapaume, et fûmes coucher à Lille. Nous passâmes ensuite par Ypres, Furnes, Menin, et nous revînmes par Bergues et Saint-Vinox à Dunkerque. Mon objet était de visiter le théâtre de la dernière guerre[148], et je vis avec intérêt qu'on ne s'apercevait presque pas du séjour continuel des forces belligérantes qui avaient inondé le pays, le terrain fertile ayant réparé tout en quatre ans. L'arrivée à Lille me surprit par les deux lieues que nous parcourûmes dans une prodigieuse quantité de moulins à vent, et je gémis de ce qu'en Normandie, que j'avais parcourue, l'usage ne s'y était pas perpétué. Nous arrivâmes à Calais.

Nous sûmes que d'autres Français nous y avaient précédés : c'était M. Richard, abbé de Saint-Nom, conseiller clerc, jeune encore, et fameux depuis par ses voyages, surtout celui d'Italie[149]. Il voyageait avec M. Bernard, petit-fils de Samuel Bernard, président au parlement, et depuis prévôt de Paris[150]. Nous fûmes fort amusés de la dispute lors du passage de ces messieurs dans le paquebot qui était survenu. M. Bernard de Boulainvilliers ne voyageait jamais sans des bagages considérables. C'était l'attirail d'une femme : il emportait jusqu'à une bassinoire et une seringue d'argent. Lorsqu'il fallut passer avec tous ses effets, on lui demanda un droit considérable; il ignorait que l'argent changeait de titre d'un pays à l'autre, il y avait un tarif excessif en Angleterre. Il aima mieux sacrifier la vanité de montrer de si beaux bijoux aux Anglais, et se détermina à ne passer comme nous qu'avec ce qu'il y avait d'indispensable.

Nous nous embarquâmes à 6 heures du matin; je fus porté par un matelot à califourchon dans la chaloupe. Nous ne fûmes pas en mer que le temps se brouilla; la mer devint houleuse. C'était ma première course sur cet élément, et je souffris des douleurs incroyables. Tout le monde riait, et moi, quand je le pouvais. Enfin, je pris le parti d'aller me coucher sur le lit du capitaine où, en me tenant immobile sur le dos, je ne tardai pas à éprouver les douceurs du sommeil. L'orage continuait, il pleuvait en abondance, et je ne me réveillai que lorsque je m'aperçus que la pluie, qui tombait sur le pont, passait par les planches mal jointes et m'avait mouillé jusqu'aux os. Je voulus me lever : les tournoiements de tête, les vomissements recommencèrent, et je ne fus tiré de cet état de perplexité que par les cris des matelots qui nous avertirent que nous étions à Douvres.

Il était 3 heures du matin, et il faisait encore nuit. Je fus alors frappé du beau spectacle dont je n'avais nulle connaissance : chaque coup de rame de la petite chaloupe qui nous conduisait au port laissait après elle une traînée lumineuse telle que des étincelles électriques, qu'on attribue à de certains œufs de poissons; je ne pouvais me lasser de jouir de ce coup d'œil. Nous couchâmes à Douvres, qui ne me parut point intéressant. Nous prîmes une chaise à deux et à deux roues, nos gens montèrent à cheval, et nous courûmes quatre lieues, autrement douze milles anglais. J'observai que nos gens furent fort étonnés d'avoir pour bidets de poste des chevaux de la plus grande taille, et que les vingt-cinq lieues qui existent de Douvres à Londres[151], ils furent obligés de les faire au grand trot.

Nous passâmes par Rochester et Westminster et arrivâmes à Londres. C'était l'année 1750. Les chemins jusqu'à Westminster étaient bien entretenus en cailloux de meulière, mais fort étroits et souvent bordés de haies; tous les deux ou trois milles, on nous ouvrait des barrières, et le postillon anglais payait pour nous le droit de passage et d'entretien des chemins. À deux milles de Westminster, la scène changea : nous trouvâmes jusqu'à Londres les plus beaux chemins, mais alignés avec des accotoirs superbes des deux côtés, des fossés, de jolies haies et des barrières peintes d'un goût et d'une variété charmante.

Nous arrivâmes à la nuit. La cérémonie des douanes nous amena jusqu'à 9 heures du soir que nos chevaux de poste nous conduisirent à la maison où nous devions loger; c'était le second voyage que M. de Chailly faisait à Londres : aussi nous prîmes la maison d'un réfugié français, proche Haymarket ou le marché au foin, et très près de Saint-James. Dans l'instant, nous fûmes établis et trouvâmes tout ce qui était nécessaire pour se bien nourrir.

Je ne fus pas deux jours à m'apercevoir que, quoique je fusse le compagnon d'un homme d'esprit qui avait de l'amabilité, avec un peu de causticité, mon homme n'était venu que pour satisfaire son goût pour les chevaux. Ce n'était point mon objet : je sortais de mon pays pour la première fois, j'avais la fureur des voyages, que je n'ai pu satisfaire que faiblement, et j'allais sur mes propres forces. Je m'attachai un interprète, une espèce de cicérone; comme mon camarade ne savait pas plus d'anglais que moi, le premier levé s'en emparait, et l'autre était réduit à l'enfant de notre hôte qui, n'ayant pas douze ans, parlait déjà l'anglais, l'allemand, le français et l'espagnol comme sa langue naturelle.

Dès qu'on est de même pays, tout le monde s'accoste; j'avais une lettre de recommandation pour M. de Castries, alors ambassadeur à cette cour[152]. Elle m'avait été donnée par M. Teissier, fils d'un M. Teissier fort riche qui demeurait rue Tiquetonne. Ce M. Teissier, fils aîné[153], avait joué un rôle en Angleterre. Montant bien à cheval, il m'avait cédé un cheval napolitain, nommé Corsi parce qu'il l'avait acheté des haras du prince Corsini. Le cheval était connu comme le plus joli possible. À peine voulus-je faire usage de ses lettres que je sus qu'ayant voulu tenir une banque pour payer quelques dettes contractées, il avait ouvert un jeu en mettant dans une banque deux mille louis. L'aversion pour les Français était dans le pays nationale; la paix qu'on venait de faire quatre ans auparavant avait indisposé toute la nation. À peine la banque fut-elle ouverte qu'un Anglais vêtu le plus simplement s'approcha, la couvrit avec une carte, perdit, paya, fit paroli[154] et finit au bout d'un quart d'heure d'emporter la banque et les espérances de Teissier. Celui-ci n'eut que le temps de faire face à ses affaires et de s'en retourner à Paris. Cette histoire, quoique passée depuis un an, était encore un sujet de plaisanterie, et je jugeai bon, d'après cela, de jeter mes lettres au feu.

J'allai chez notre ambassadeur, M. le marquis de Castries. Je fus présenté comme les autres. Je dînai chez le ministre des Affaires étrangères, M. Holderness[155] et, cette démarche finie, je me livrai à voir tout ce qu'il y avait de curieux, tantôt avec M. de Chailly lorsque cela lui plaisait, tantôt avec un des deux interprètes. J'avais amené avec moi un domestique superbe, nommé Marnier; c'était un homme de vingt-deux ans, de cinq pieds dix pouces, bien fait, d'une figure superbe. Il avait l'air du domestique d'un agréable de Paris, et l'air si français que, comme le peuple de Londres se permettait des invectives contre tout ce qui avait l'air français, je pris le parti de ne vouloir m'en servir que chez moi.

Je courus dans toutes les rues de Londres; le soir, nous nous rendions au Vauxhall et au Ranelagh, deux promenades publiques qui ont été copiées depuis à Paris[156]. Un jour, je sortis avec le petit interprète et je m'enfonçai dans la Cité. Ma taille mince, mon cou allongé, ma jeunesse, peu de couleur, la blancheur de mon teint, l'habillement anglais, tant que je ne parlais pas, me faisaient regarder comme Anglais. Cependant, dans une grande rue détournée mon petit bonhomme se mit à suivre un papillon, des plus jolis qu'on puisse voir. Je le laissai faire, il courut deux ou trois rues; il était midi, et après l'avoir attendu près d'une demi-heure, je calculai qu'il avait cru que je m'en étais retourné. Je voulus me rappeler par où j'avais passé : impossible. Plus j'allais, plus je m'enfonçais dans les rues étroites et populeuses de la Cité. Je voulus m'adresser à un passant; dès que j'ouvris la bouche, j'entendis de tous les côtés des *Goddam*, des *Frenchman*; je tins bon et continuai fièrement mon chemin. Le bruit redoublant, je crus qu'il valait mieux entrer dans une boutique des plus apparentes. Je fermai la porte sur moi et, m'adressant au maître, je lui dis quelques mots et fus ravi de l'entendre me répondre dans le meilleur français. Il sortit, harangua la populace, et me fit asseoir et causer. Il me fit sentir comme, dans un moment pareil, j'avais eu de la légèreté pour me confier à un enfant qui était bon partout, hors de me promener dans la Cité. Il vint me reconduire chez moi, je le priai à dîner. Comme c'était un gros marchand d'étoffes, je fis une connaissance intime avec lui et je n'eus pas à m'en repentir, car ce fut chez lui que je me pourvus de toutes mes emplettes, à juste prix.

Cependant, M. de Chailly courait tous les marchands de chevaux; j'y allais quelquefois, mais ce que j'acquérais, c'était la connaissance de tous les monuments de la ville. Un itinéraire à la main, j'allai à Chelsea, aux invalides de mer[157]. Je vis aussi les pompes à feu, le cabinet du docteur Hans Sloane, devenu depuis le [British Museum][158], Saint Paul de Londres, Westminster entre autres, et j'étais au bout de six semaines parvenu au point, à force de vouloir parler cette langue, de pouvoir me faire servir et demander tout ce qui pouvait m'être utile et nécessaire.

Le prince de Galles, frère du roi actuellement régnant, était mort dans l'hiver[159]. Son frère, le duc de Cumberland[160], homme prodigieusement gros et de la tournure d'un boucher, croisait comme moi les trottoirs de la ville; et frappé de sa figure, que je rencontrais souvent, je ne sus qui il était que sur la question que j'en fis. Il ne faisait aucune sensation et sur le pavé de Londres il était coudoyé par le premier portefaix.

Dans ce temps-là, la ville était mal pavée, encore plus mal

éclairée, puisque chaque particulier était obligé de suspendre une lanterne devant sa porte : il était maître d'en mettre plusieurs, de sorte que la nuit on tombait souvent d'une grande clarté dans une profonde obscurité. Les rues qui sont les plus belles ont des trottoirs; par conséquent le plus bel hôtel n'a pas de porte cochère; elles se trouvaient derrière, dans des rues adjacentes consacrées à cet usage. Toutes les boutiques étaient décorées d'enseignes, plus singulières les unes que les autres, surtout celles des perruquiers : c'étaient des mais ou mâts d'une prodigieuse hauteur, penchant de quatre ou cinq pieds sur la rue, de sorte qu'au premier coup d'œil les rues étaient ombragées de ces colifichets qui, par leur propreté et leurs enjolivements, contrastent singulièrement avec la propreté des rues de Paris.

M. de Chailly, qui apparemment me trouvait trop jeune, ne me disait pas tout. Il avait découvert une danseuse de l'Opéra de Paris, Mlle Amédée, très jolie, connue par la dénomination qu'on lui avait donnée qu'elle était la meilleure fille du monde. Puisqu'elle était sans sourcils, l'art lui en avait fait deux beaux, et si réguliers qu'au vrai elle avait une physionomie délicieuse. Le duc de Cumberland lui avait fait faire des propositions qu'elle avait acceptées; mais comme ces sortes de fantaisies s'épuisent, elle restait en Angleterre, maîtresse de ses actions et fort aisée.

Ce secret n'en fut plus un, parce que Chailly voulant la faire venir chez nous, il fallait que je la visse à souper. Il me fit cette confidence un mois avant mon départ; Mlle Amédée vint donc souper avec nous. Je crus m'apercevoir, à l'amitié dont elle me traitait, que je n'aurais pas tardé à être attaché à son char comme les autres si je l'avais désiré, d'autant que mon ami, une fois satisfait, n'était pas homme à filer le parfait[161]. Je m'en tins à apprendre en anglais toutes les jolies choses qu'on peut se dire. Nous estropiions la langue à qui mieux mieux, et ce qu'il y a de plaisant, c'est que cette bonne fille, car elle l'était, pour plaire au duc de Cumberland, avait fait de tels efforts pour parler anglais que, peu foncée sur l'instruction, elle avait fini par oublier le français; de sorte qu'elle avait un jargon anglo-français que j'eus bien de la peine à comprendre.

Nous la reconduisions tous les soirs chez elle. C'était à trois rues de nous, derrière Haymarket, à l'opposite et à la même distance. Un jour, nous fûmes insultés par un homme qui voulut l'embrasser. Deux gourdins dont nous étions armés nous vengèrent : je me souviens que mon camarade Chailly touchait comme sur un bœuf de manière à le coucher par terre; le battu jurait et criait. À l'instant nous vîmes le jeu des *watchmen* (ce sont des hommes armés d'un falot et d'un grand bâton, fixés à chaque coin de rue pour la sûreté publique; ils crient toutes les heures celle qui sonne et le vent qu'il fait) : toutes les lanternes se mirent en mouvement circulaire et en marche. Nous qui avions terminé la querelle, nous continuâmes paisiblement notre route, déposâmes la demoiselle et revînmes nous coucher sans jamais en avoir entendu parler.

Je ne pouvais me lasser d'aller sur le port voir le superbe coup d'œil d'une ville flottante, tous les vaisseaux alignés comme des maisons; des bateaux de toutes sortes de comestibles, criant comme les marchands dans les rues, et s'arrêtant aux vaisseaux qui en avaient besoin; des heures de prière et de récréation où des nègres de tous les pays montaient sur le pont, chantaient, jouaient et priaient à leur manière : ce spectacle, très singulier pour moi, m'attirait deux fois la semaine.

J'allai sur le chemin de Tyburn, endroit où on exécutait chaque session les criminels condamnés[162]. Toute ma vie j'ai eu une horreur pour les supplices que je n'ai jamais pu vaincre. M. de Chailly, nos deux domestiques s'en faisaient une fête. Je les accompagnai jusqu'à moitié chemin, et comme les exécutions se faisaient à une demi-lieue de la ville, qu'il fallait prolonger un chemin oblique, j'aperçus une maison où il y avait des dames et beaucoup d'honnêtes gens aux fenêtres; je me déterminai à y entrer. Ayant satisfait amplement à ce que le propriétaire demandait, je fus introduit dans plusieurs pièces dont les fenêtres étaient ouvertes sur le chemin. J'estropiais l'anglais de manière à me faire entendre, et me tenant modestement derrière, une dame m'adressa la parole en anglais. J'y répondis si mal que tout le monde se mit à rire; mais soit que ma jeunesse les intéressât, une dame m'adressa la parole en bon français : nous liâmes conversation. Je lui avouai que c'était par excès de sensibilité que je n'avais pas été plus loin; que je savais parfaitement qu'il y avait des crimes dans la société qu'il fallait punir, et retrancher pour ainsi dire les mauvaises herbes de la société comme un jardinier les mauvaises plantes; mais que tous les hommes m'étaient égaux; que je les plaignais non de perdre la vie, mais des souffrances qu'ils éprouvaient en y allant. Cette conversation devint intéressante, nous dissertâmes et tout le public y prit part. Je n'étais plus un étranger, j'étais un cosmopolite.

Cependant, les cris de la populace nous annoncèrent l'arrivée des patients. Voici ce que je vis : quatre archers ouvraient la marche; une première charrette à un cheval conduite par un homme; dessus, trois hommes assis, le dos tourné, vêtus en blanc comme des danseurs de corde, des bouffettes de rubans noirs aux pieds, aux jarretières, aux poignets, et une bouffette de même à un bonnet de coton blanc; ils avaient les mains liées. Derrière eux suivait une autre charrette où étaient trois cercueils ouverts; ces cercueils étaient noirs et avaient des garnitures de clous dorés : ils ressemblaient en tout à des malles. La même cérémonie pour la [troisième charrette], et sur la quatrième, on apercevait un homme vêtu très simplement en drap, âgé de soixante ans, de gros yeux, une perruque blonde et courte, un air abruti par le vin qu'il avait bu.

Comme le chemin faisait un détour, le peuple, qui les attendait depuis deux heures, se mit à faire des cris de joie en les apercevant. Je vis clairement le plus jeune des patients tourner la tête, effrayé et levant ses mains au ciel. Ce fut la seule marque de faiblesse que je vis, mais par la peine que ce mouvement me fit, je ne tardai pas à me trouver mal. Les dames que j'avais intéressées me prodiguèrent tous leurs soins. On me ramena chez moi, et je suis parti sans savoir à qui je pouvais témoigner ma reconnaissance.

Dans ce temps, ce qu'on appelait [à Londres] des fiacres était plus propre que les carrosses de remise de Paris, et les carrosses de remise plus propres que ceux bourgeois. Les rues étaient si mal pavées qu'on était au supplice par les cahots continuels. Nous fûmes cependant obligés de nous en servir plusieurs fois pour aller faire des courses, entre autres au château de Windsor et dans tout ce qu'il y avait à voir d'intéressant. M. de Chailly menait toujours la même vie : il achetait des chiens de race *king-charles*[163] ; c'était une commission que Mgr le prince Charles de Lorraine, grand écuyer[164], lui avait donnée en partant. M. de Chailly tenait sa fortune de cette maison, et ce devenait des ordres pour tous les Lefebvre.

Il y avait déjà deux mois que j'étais à Londres, et j'avais fait le projet de m'enfoncer dans les terres — je voulais aller jusqu'à Édimbourg où on me promettait de fortes recommandations par les amis et connaissances que j'avais faits dans le pays — lorsque je reçus une lettre de Paris, de ce bon M. de Verdun, mon tuteur onéraire, et alors mon homme d'affaires. Il me mandait que M. Félix était passé chez lui, pour le prier de me mander de venir à l'instant pour une chose importante. À l'instant, je m'arrangeai pour partir seul car mon ami, sous prétexte que ses emplettes n'étaient pas faites, désirait vivre encore avec Mlle Amédée. Il me pria de me charger de trois petits chiens pour Mgr le Prince Charles; j'emmenais aussi un lévrier très petit qui avait été le chien favori du prince de Galles.

Nous partons donc, mon laquais, moi et quatre chiens, dans un cabriolet découvert; à sept ou huit milles de Londres, la nuit approchant, nous fûmes suivis par un homme à cheval plus de deux milles. Le postillon avait l'air inquiet, pressait les chevaux. On parlait de poursuites à cheval : cette visite nous impatientait. D'un air de distraction, je pris un pistolet anglais; mon laquais en fit autant. Son air tout à fait français fit juger à celui qui nous accompagnait qu'il n'y avait rien à faire; il nous quitta. Je trouvai un paquebot prêt. Je me ressouvenais de ce que j'avais souffert à la traversée; je l'attribuais au fait de m'être embarqué à jeun. Je bus, je mangeai en conséquence. Je n'eus pas le pied dans le vaisseau que je rendis tripes et boyaux, et toujours tourmenté, en quatre heures je me trouvai à Calais.

Je repris ma chaise de poste avec mes quatre chiens et mes effets, et nous partîmes en revenant par le plus court; nous passâmes par Boulogne. Je me croyais guéri du mal de mer, mais j'en fus si affecté qu'en revoyant [cette ville] et en sentant l'air salé, les mêmes accidents me tourmentèrent.

Les quatre chiens faisaient mon tourment. Il y en avait un que j'avais pris en amitié; il s'était attaché à moi du moment qu'il avait été acheté. Il se tenait ordinairement sur la fenêtre quand je sortais. La joie de me voir arriver lui fit perdre l'équilibre et il tomba tout raide sur le pavé. Je fis venir le marchand qui l'avait vendu. Il le prit par l'oreille, fit venir un seau d'eau froide, le plongea dedans et me le rendit guéri. Il l'avait jugé, après l'avoir tâté, [seulement] plongé en pâmoison.

Je continuai ma route. Mon laquais courait à cheval devant, et moi je dormais le plus tranquillement du monde. Je me réveille : il faisait le plus beau temps du monde, un soleil superbe. Je me vois dans un superbe chemin avant Amiens, dans un bois qui bordait des deux côtés. En avançant la tête, je vois dans l'ombre un homme avec un sabre qui travaillait à couper les courroies. C'étaient probablement le bruit et les secousses qui m'avaient réveillé. Je prends mon parti après avoir réfléchi un instant : je sors à mi-corps avec mon pistolet. J'ordonne à cette espèce de soldat qui s'escrimait sur mes malles de descendre. Je l'ajuste; la vue de mon pistolet lui en imposa : il se laissa couler bas et, reprenant ses sens, voulut courir en me menaçant de son sabre. Mais le postillon, redoublant de zèle, m'eut bientôt fait voir les portes d'Amiens, où j'arrivai avec la plus grande satisfaction. Nous visitâmes la voiture (mon laquais m'avait quitté pour faire préparer les chevaux), et nous trouvâmes, sur trois courroies de la malle, deux entièrement coupées. Après avoir réparé cet accident, nous partîmes. Bref, après avoir pris à Luzarches la traverse, j'arrivai à Saint-Leu le troisième jour au soir, de Londres dont j'étais parti à 3 heures du matin.

CHAPITRE IV

Le lendemain, après avoir visité mes terrassiers et le chef qui les conduisait, Mlle Gentil m'apprit l'accident qui était arrivé. Le nommé Rambourg, ouvrier du pays, bon sujet qui soutenait sa mère par son travail, avait voulu voir tomber un arbre de dessus la colline. L'arbre élevé avait pris une autre direction, lui avait écrasé la tête dans sa chute, et il était mort entre les bras de ceux qui l'apportaient au château. Je fis une pension à la mère, avec le chagrin de savoir qu'un homme était mort d'accident chez moi.

Je fis déraciner trois grands arbres : on trouva sous la souche du plus gros le squelette d'un homme qui avait été enterré accroupi. On se rappela une histoire arrivée à M. de Lesseville, ancien propriétaire de cette terre[165]. Il avait été attaqué la nuit par des voleurs qui, ne le sachant pas dans une pièce — qui existait encore — avaient voulu entrer. Il les chargea avec un pistolet et en fit tomber un, qui, probablement mort, fut enterré par ses camarades sous l'arbre qu'il venait de faire planter.

Au bout de deux jours j'arrivai à Paris, au commencement d'août, et le roi était de retour de Compiègne[166], où la maison Félix l'accompagnait. Ils m'instruisirent que M. le chevalier de Sainctot[167], fils de M. de Sainctot, maître des cérémonies sous Louis XIV, oncle de M. le comte de La Tour d'Auvergne, étant âgé, voulait se défaire de sa charge d'introducteur des ambassadeurs; que cette place, possédée par tous gens de la cour, ne pouvait appartenir qu'à un homme riche; que le chevalier de Sainctot étant leur ami intime, ils avaient engagé sa parole qu'il ne s'en déferait qu'en ma faveur; que pour le présent on me le conseillait, et me demandait mon consentement; que cette place viendrait à près de trois cent mille livres, qu'elle se perdait par la mort, que cependant on avait assez de crédit pour me faire obtenir tout de suite un brevet de retenue[168] [pareil à] celui dont jouissait le chevalier de Sainctot, et qui montait à quarante mille écus. Mme du Parc, la sœur de Mme Félix, cette digne femme que je connaissais à peine, était présente à cette conversation. Sur l'inquiétude que je montrais de pouvoir emprunter pareille somme en entrant, elle me dit : « Je suis une des plus anciennes amies du chevalier de Sainctot, puisqu'il m'appelle sa femme, et moi mon mari. Si vous voulez me promettre de me donner le même titre en tout bien et tout honneur, je vous prêterai cette somme par contrat, par obligation, de telle manière qui vous conviendra. » Je me jetai sur ses mains que je baisai, et tout fut aplani et mon parti pris. On me demanda le secret et on me conseilla d'attendre que les démarches fussent finies, tant auprès [du chevalier de Sainctot] qu'à Versailles.

Insensiblement mes goûts avaient changé : ce n'étaient plus ces tours de force, ces jeux qui sentaient encore le collège, où l'on se jetait de l'eau, où l'on faisait des sièges, des courses nautiques — goût de mode alors puisque M. le duc d'Orléans, qui venait d'épouser Mlle de Conti, s'escrimait à Saint-Cloud dans tous ces enfantillages[169]. M. de Chailly m'avait fait faire connaissance avec Mme Le Gentil, de Saint-Domingue[170]. Cette femme respectable avait un fils unique, M. Le Gentil, gentilhomme ordinaire, marié depuis un an avec Mlle de Vaudreuil[171], fille unique du gouverneur du Canada[172], nièce de M. de Vaudreuil, major des gardes françaises. [M. Le Gentil] était entré dans les gardes françaises à son mariage; il était cousin germain de Mme la marquise de Castellane[173] dont le mari était premier gentilhomme de M. le duc de Penthièvre. Ils logeaient dans la rue de Richelieu, à côté de la rue des Vieux-Augustins. À deux portes de là, dans la même rue, demeurait une autre famille d'Américains, Mme des Perrières et trois filles charmantes, l'une mariée à M. Merger, colon, et l'autre à M. de Santo, qui a depuis porté le nom de San Domingo. Cette société n'était connue que sous le nom de ces dames; on y voyait la meilleure compagnie : M. le baron de Besenval[174], la marquise et le marquis de Ségur, depuis maréchal de France[175].

M. Le Gentil était d'une très jolie figure, d'une grande douceur, et il avait des talents agréables : c'était un musicien plein de goût; il chantait et s'accompagnait sur la guitare le plus agréablement du monde. Je consacrais toutes mes soirées dans cette charmante société, les jours de la semaine que je n'étais pas à Saint-Leu, où j'avais laissé ma maison à poste fixe. J'y allais hiver et été depuis le samedi jusqu'au mardi. Ma société d'hommes y venait, elle était changée : M. de Chailly et M. de Mesgrigny, M. de Villecourt[176], fils de M. de Fontanieu, intendant des meubles de la couronne, M. de Barassy et M. de Cypierre quand ils le pouvaient, M. le baron de Vioménil, M. le comte d'Ourches et M. le marquis du Hautoy, M. le marquis de Saint-Mauris[177], M. le comte d'Osmont et M. le comte de Caulaincourt qui, quoique plus âgé que moi, passait des jours très gais avec nous. Ayant toujours dans l'esprit que, si mon père vivait, il ne pourrait me blâmer, jamais une femme de moyenne vertu ne s'était trouvée dans nos voyages; le château de Saint-Leu était pur, et je m'étais refusé à toute attaque de ce côté-là. Nous nous permettions des soupers très gais dans la semaine, à Paris, à l'hôtel d'Espagne, rue du Roule[178]; mais le baron de Vioménil avait fait prendre à toute la société l'engagement de ne jamais souper avec une fille en tête à tête : il voulait que ce fût entre nous, et annonçait déjà et les grands talents qui l'ont si distingué, et l'esprit qui l'a si bien servi à un grave moment de la Révolution[179]. Le marquis du Hautoy contredit à cet engagement par un souper clandestin : il fut découvert et exclu de nos soupers pendant un mois.

Le baron de Vioménil [jouissait] d'une fortune au jeu sans égale. Je jouais aussi bien que je les joue actuellement tous les jeux : au collège, cette science était entrée dans notre éducation; nos précepteurs les jouaient tous, et toutes nos récréations se passaient au piquet, au trictrac, au quadrille, au reversi ou au quinze[180], de sorte que le comte de Chabot[181] et MM. de Brienne[182], les quatre Flamarens et MM. de Toris[183] avec qui nous nous réunissions tous les jours chez M. de Saint-Sauveur, se trouvèrent ainsi que moi dans le monde sans être obligés de faire un apprentissage. Il est assez singulier que pas un de nous n'ait été joueur, et que le marquis de Genlis, élevé au même collège que moi, n'étant pas de notre société, soit devenu le plus gros joueur de Paris, ainsi que M. de Sillery, son frère[184] : ils n'avaient nulle connaissance [du jeu] au collège.

Le baron de Vioménil et quatre autres vinrent passer les fêtes de Noël. Ils avaient arrangé pour quatre jours après un souper de dames, et par conséquent très gai, à Saint-Denis, chez M. de Belsunce[185], puisque je ne voulais pas les admettre à Saint-Leu. Le vilain temps nous fit rester auprès du feu. Le baron se mit avec moi à une partie de brelan à cinq; j'acceptai, je perdis dix louis. Il me proposa de prendre l'inverse, et je perdis quinze louis de plus. S'il prenait la main au trente-et-quarante, il passait, pariait le double contre le simple, une montre d'or enrichie de diamants contre cinquante louis : il ne perdait jamais. Il fut en garnison avec la gendarmerie; il coula à fond tout l'argent des officiers. Enfin il lui était impossible de perdre. Cette fortune le suivit pendant vingt ans de sa vie ; je l'ai vu depuis plus perdre que gagner. Je me tins pour dit cette leçon, car je perdis à ce voyage une centaine de louis, et je n'ai fait depuis qu'une ou deux séances pareilles.

Je revenais cependant à Paris chez mes parents où je dînais tous les jours et soupais par décence une ou deux fois tous les quinze jours. Ma grand-mère et mon oncle, mécontents de ce que je ne me décidais pas pour la robe et pour l'établissement qu'on m'avait proposé, étaient dans la mesure de la politesse, et rien de plus. Mon ci-devant gouverneur mangeait sa pension régulièrement chez eux, à moins que je ne l'emmenasse à Saint-Leu. Un soir qu'il était allé coucher et que nous n'étions qu'en famille, on fit adroitement tomber la conversation sur les jeunes gens ; on dit que ceux qui avaient ou affectaient des mœurs ne devaient pas se faire servir par des gens qui me tenaient et entretenaient des filles. À ces mots, je voulus avoir une explication. Enfin, mon oncle me dit que M. Porlier entretenait une très jolie fille, logée rue des Prouvaires chez l'épicier ; qu'on était allé aux informations, et qu'elle s'était vantée que je vivais avec elle depuis six mois. Je me contins, pris l'adresse, et le lendemain je me transportai dans le voisinage. C'était la vérité pour le quartier et la plus grande fausseté pour moi. Je rentre ; mon gouverneur jouait du violon et se tenait tout prêt pour partir à midi et m'accompagner à Saint-Leu ; je lui écris une lettre devant lui sans qu'il s'en doute ; je lui faisais le détail de ce qu'on m'avait dit, des demandes que j'avais faites et de ce que j'avais vérifié ; je lui représentais son imprudence de mettre en jeu un jeune homme dont il avait eu l'éducation, et de lui faire jouer un rôle qu'il ne lui avait jamais vu jouer. Je lui annonçais que je viendrais recevoir ses comptes et que, quoique dégagé de toute reconnaissance, je lui donnerais cinquante louis pour se soutenir jusqu'à ce qu'il eût une place.

Je sortis pour aller prendre ma voiture à l'hôtel Montmor et remis ma lettre pour lui être donnée à l'instant de mon départ. Je reçus une longue lettre d'explication : [il était question] d'une demoiselle huguenote convertie ; un M. l'abbé Grisel, grand vicaire de l'archevêque, grand prédicateur, m'écrivit et me certifia le tout. Je ne crus que ce que je savais, et tins exactement toutes les paroles que j'avais données.

Comme ce n'est que pour mon amusement actuel et peut-être à venir que je rends compte de ces misères, je rougirais (si je croyais que jamais cela fût lu) d'entretenir si longtemps de moi-même ; mais je le répète, je m'y suis déterminé pour me distraire des malheurs d'une Révolution qui me déchire le cœur.

Le chevalier de Villecourt, sans aucun esprit, d'une naïveté qui passait la permission, avait tout son esprit dans ses jambes ou dans ses mains. Tantôt il faisait un entrechat ou un jeté battu, tantôt il prenait une basse et jouait une sonate qu'il savait par cœur, le plus sérieusement du monde. Bon mécanicien, il [excellait] soit à travailler au tour, soit à composer quelque objet de goût et élégamment fait. Ce caractère en faisait le meilleur garçon du monde. Il m'introduisit chez sa mère, femme aimable et galante. Elle demeurait rue Vivienne, dans la maison qui fait maintenant partie de la trésorerie nationale[186].

Toute cette famille voyait souvent la maison Roslin, vis-à-vis de chez eux; elle était composée de M. Roslin, ancien fermier général, de Mlle de Beaufort, sa femme[187], petite, âgée, de l'esprit; cette dame avait été élevée comme je l'ai dit plus haut avec sa sœur Mme de Boullongne chez mon bisaïeul Poncher, dans notre maison de campagne, à Colombes. M. Roslin [leur fils], fermier général alors et marié avec Mlle Richard tout nouvellement[188], occupait un splendide appartement au second. Mme la présidente Le Gendre, leur fille, était veuve de M. Le Gendre, président à la chambre des comptes[189], mort presque en même temps que mon père, puisque je me rappelais que, mourant, il avait fait des démarches pour refuser la place de président. Elle logeait sur la salle à manger et avait tout l'appartement dessus celui de son père. Mme la présidente Le Gendre avait quatre filles au couvent; l'aînée, de la plus jolie figure possible, un teint superbe, tous les traits réguliers, promettait ce qu'elle est devenue depuis; sa mère l'avait retirée du couvent.

Le chevalier de Fontanieu — qui avait changé son nom contre celui de Villecourt — me dit que je négligeais mes parents, que j'en avais vis-à-vis de chez lui, et qu'il était chargé de m'y présenter. J'ignorais si et comment je leur tenais, mais ce mot fut assez pour me rappeler au devoir, et deux jours après je fus introduit dans la maison. On soupait en famille. Mme Mayneaud de La Tour, femme d'un conseiller au parlement[190], et sœur aînée de Mme la présidente Le Gendre, y venait tous les jours. Sa fille, un des plus grands partis de Paris, veuve à dix-huit ans de M. Mazade, fermier général, jouissait de soixante mille livres de rentes[191]; elle avait une figure superbe — car il est à observer que cette famille était distinguée par une configuration d'yeux de la plus belle forme — et venait souper et accompagner sa mère.

La société intime était : M. Richard[192], receveur général des finances; M. Watelet[193], aussi receveur général, depuis de l'Académie; son frère M. de Valogny[194], officier distingué; M. de Pierrevert et M. Beaudoin, officiers aux gardes[195]; M. d'Ennery, mort depuis gouverneur de Saint-Domingue, à l'instant où il allait devenir ministre de la marine[196]. Quelques parents de Mme Roslin la jeune et toute la famille de Boullongne s'y trouvaient en visite. Cette famille était étendue puisque quatre filles étaient établies : l'aînée, à M. Caze de La Bove, frère du fermier général et, lui, intendant de Pau en Béarn où il est mort[197]; la seconde, à M. le comte de Béthune, cordon bleu, frère de M. de Montmartel[198]; la troisième, à M. le comte de Dromesnil, officier dans les gendarmes de la garde[199]; la quatrième, à M. le marquis de l'Hôpital[200] : elle fut dame de Mesdames et lui, ambassadeur à Naples et en Russie. Régulièrement, les dimanches et fêtes, l'intimité se réunissait. Je fus admis au nombre des intimes comme parent.

Ainsi, autant répandu que je le voulais pour mes plaisirs et mes goûts, je refusai d'aller à l'hôtel d'Armagnac chez Mme la comtesse de Toulouse[201]. J'avais à Traisnel[202] une tante religieuse, femme de beaucoup d'esprit, et très bien dans les bonnes grâces de cette dame, qui allait aux quatre grandes fêtes de l'année y faire des retraites. Elle fit tant mon éloge qu'on désira me voir : mais comme tout cela venait par le canal de la dévotion, j'éludai, et je ne l'ai jamais vue. Je sentais qu'avec de l'ambition on pouvait se servir de toutes les voies pour réussir, mais que, selon mon caractère, elles m'étaient fermées.

Je continuai donc la même vie, en tâchant d'allier les devoirs de société avec le plaisir indicible de m'occuper à embellir Saint-Leu. Je crois fermement que c'est à ce goût que j'ai eu pour ce charmant endroit que je dois de ne m'être pas plus égaré. Ah! pauvre espèce humaine, nous croyons tous avoir notre libre arbitre — et je puis prouver par mon expérience que ce que j'ai le mieux et le plus sagement combiné est ce qui m'a le moins réussi. Je me suis tiré de cette Révolution où j'ai vu périr tous mes parents et mes meilleurs amis; et moi, conduit par les circonstances, je suis resté sauf avec les miens, comme lorsqu'un pied indiscret dérange et écrase une fourmilière : le hasard ou le bonheur en laisse échapper des colonies entières.

C'est ici, puisque je me le rappelle, que je vais placer une aventure qui m'arriva dans la vallée de Montmorency, un peu avant mon voyage en Angleterre. Les jeunes gens ne doutent de rien, et si nous n'avions pas été sous des lois et dans un temps très calme, nous aurions pu nous repentir de cette folie. M. Pajot de Marcheval, fils du receveur général des finances, et M. de La Galaizière, tous deux avocats généraux au grand conseil, étaient tous deux des jeunes gens très aimables, mais dans la fougue de la jeunesse. C'était au milieu de l'été, dans les plus grands jours et les plus longs. Un des plus grands plaisirs de la jeunesse est de s'agiter et de courir; l'aisance donne de grands moyens pour se satisfaire. Ils vinrent passer quatre jours enlevés aux affaires. Toutes les journées s'employèrent à parcourir les maisons de campagne des environs, qui sont charmantes; à contempler les différents sites d'une vue variée et nouvelle, les moulins de Sannois et de Franconville nous ayant vu parcourir leurs montagnes. Enfin, après avoir parcouru depuis L'Isle-Adam jusqu'à Pontoise et Montigny sur la côte, ayant tout épuisé, nous nous avisâmes le dernier jour de suivre les propositions de La Galaizière : ce fut de nous habiller en opérateurs[203]. J'observe que La Galaizière était très grand, d'une belle figure, et avait alors au plus vingt ans; il était extrêmement gros. Il prit le rôle d'opératrice, Pajot pris le rôle de Gilles, et moi celui d'opérateur.

Cette idée nous divertit; le voyage se prolongea, nous fûmes occupés toute la journée, les uns à faire et à présider aux habillements, nous à faire de petits paquets de cendre tamisée, des fioles remplies de décoction clarifiée de cendre avec des étiquettes les plus extraordinaires. Nous apprîmes avec emphase chacun nos rôles; nous vêtîmes deux chevaux avec toutes les babioles des opérateurs, et nous prîmes un fort âne, nommé Carabo, habillé de même, pour monter Pajot qui se chargeait du rôle de Gilles. Dès que la chaleur fut diminuée, ainsi tous déguisés, avec une Mme Simone qui avait l'air assez avenant, nous descendons la montagne de Saint-Prix par les vignes, et nous arrivons à Franconville sur la place du chemin. Je haranguai, mon éloquence apprise réussit. Les bouteilles étaient à deux sols, notre provision diminuait sensiblement.

Lorsque nous eûmes épuisé toutes les folies de ce genre, une idée entre autres dont je me souviens, était que l'opérateur apprenait à Gilles et à sa femme les merveilles les plus extraordinaires. Gilles était toujours battu dans cette lutte d'esprit. Il finit par proposer à son maître ce tour de force : « Comment, notre maître, dit-il, ferez-vous si on vous donnait un troupeau d'oies et qu'on vous chargeât de les faire passer sur le pont de Saint-Cloud, à condition que pas une d'elles ne fît la moindre ordure? » L'opérateur consulte sa femme et est, comme on le pense, réduit à demander l'explication. Alors Gilles dit : « Je prendrais la tête de la seconde oie, je la fourrerais dans le cul de la première, et ainsi de suite.

— Alors la dernière, dit le maître, aurait le même inconvénient. Que ferais-tu?

— Je prendrais, reprend Gilles, votre nez, et si cela ne suffisait pas, celui de notre maîtresse. »

Nous finîmes par ce lazzi, et à la grande satisfaction du peuple. Nous nous acheminâmes du côté de Sannois; mêmes lazzi, plus grande affluence de monde : Sannois est sur la grand-route de Paris.

Nous eûmes pleine assemblée et grand débit. Cependant nous nous apercevions de murmures, quoique nous dissions les choses les plus agréables. Je promenai mes regards, et j'aperçus que l'opératrice, comme il faisait chaud, se grattait la cuisse à nu d'une manière fort indécente. Le curé, éloigné et spectateur, indisposait les paysans. Rien ne put faire finir notre prétendue femme, qui trouvait très gaie cette folie : l'orage ne tarda pas à éclater. À l'instant on crie, on fait voler des mottes de terre. Je fais tourner la bride de mon cheval et reprends le chemin de chez nous au petit galop. Mon opératrice me suit, et pour couronner la polissonnerie, se lève sur ses étriers, retrousse ses jupes, et leur montre son derrière et ses dépendances. Dès qu'on vit ce tableau, tout se révolta, et nous ne nous aperçûmes dans notre fuite précipitée que passé Ermont que nous avions laissé Gilles-Pajot sur son âne. Vous voulions retourner le sauver, lorsque nous l'aperçûmes : il venait à travers les vignes. Sur son âne, il s'était échappé en se jetant tout à travers champs, grâce à la bonté de sa monture. Nous n'eûmes rien de plus pressé le lendemain que de retourner à Paris; et quoiqu'on ait su dans le pays que j'étais un des auteurs, tous les paysans en ont ri, sans jamais en avoir témoigné d'humeur, ce qui cependant nous était bien dû.

CHAPITRE V

J'espère maintenant rappeler à mon esprit des choses plus satisfaisantes. Ayant entrepris une manière de confession à la saint Augustin, je vais entrer dans une carrière toute différente, puisque étant nommé à une place que personne n'avait possédée si jeune alors, je me persuadai dans la tête qu'on n'obtient pas la considération en étant enfant ou en tenant une conduite qui ôte (passé l'âge de la jeunesse) toute considération. Je vais sentir qu'il faut qu'en un instant je vieillisse de dix ans. Fier de l'approbation de mes parents, s'ils vivaient, je veux mériter l'estime de tout le monde. Ai-je réussi? C'est ce dont je doute; la nature ne m'avait pas donné assez de moyens, ou j'avais été livré à moi-même trop jeune.

M. le chevalier de Sainctot, ayant la croix de Saint-Louis[204], était un vieillard vénérable de soixante-dix ans, fils de M. de Sainctot, maître des cérémonies sous Louis XIV; il jouissait de beaucoup de considération et de poids. Introducteur des ambassadeurs, riche, il ne demandait qu'à se retirer et à vivre tranquille, ayant des amis intimes tels que le maréchal de Lowendal[205], que j'ai vu beaucoup depuis chez lui. Il venait régulièrement faire son brelan, au lieu d'aller au spectacle, chez M. Félix, au vieux Louvre, maison qui était le rendez-vous de la meilleure compagnie de la cour.

Ce chevalier de Sainctot avait été un des hommes qui, par sa figure, avait le plus réussi auprès des femmes. Son père, extraordinairement dévot, puisqu'il était de la fin du règne de Louis XIV, en prenant congé du régent qui partait pour l'armée[206], lui recommanda son fils, en disant qu'il avait l'honneur de l'avoir sous ses ordres, et qu'il espérait qu'il serait toujours prêt à lui faire sa cour. La première chose que fit le régent fut d'oublier la recommandation, et de porter à l'armée le même goût des plaisirs qui l'entraînait à la ville. Les chefs se livrèrent tous à la même vie que le prince qui les commandait, et ce n'est qu'à la fin de la campagne qu'entendant citer le chevalier pour un héros en prouesses amoureuses, il se ressouvint de la recommandation du dévot Sainctot. Il envoya inviter le chevalier pour souper : c'étaient des ordres; la connaissance fut bientôt faite, le chevalier brilla, se distingua dans ces orgies d'une façon extraordinaire.

Le régent revient; Sainctot le père va lui rendre ses devoirs. Il s'avance après les premiers mots et lui dit : « J'espère, monseigneur, j'espère que mon fils a eu l'honneur de vous faire sa cour.

— Sans doute, répond le régent, oui, monsieur, je l'ai beaucoup vu. C'est le plus agréable et le plus vigoureux libertin que j'aie jamais connu. C'est un homme délicieux. » M. de Sainctot, désolé d'un pareil éloge, qui lui peignait son fils autrement qu'il ne l'espérait, baissa la tête, se retira et n'en parla plus.

Cependant, ce chevalier de Sainctot, sur la fin, jouissait de toute la considération qu'il méritait. La cour voulait un homme de bonne famille pour le remplacer — dans ce temps-là, on y tenait beaucoup plus qu'on n'y a tenu depuis —, un homme capable de soutenir par la dépense l'honneur de la chose même, un homme dont la naissance pût permettre de faire présenter sa femme, quoique la marquise de Verneuil, femme de l'introducteur son collègue, eût été présentée depuis deux ans, et, pour cause personnelle à lui, eût eu le déboire dans sa présentation de n'être pas saluée par le roi[207].

Plusieurs prétendants se présentaient, et un écuyer de main du roi avait déjà été évincé comme n'ayant pas assez de fortune. Un seul concurrent restait : M. du Jonquoy[208], surnommé du Thuyt, du nom d'une terre près de Rouen et près Les Andelys, que M. Le Monnier, son grand-père, avait achetée; elle a été vendue depuis à M. de Maupéou, le chancelier, qui y est mort[209]. Frère de Mme la marquise de Renel[210] et petit-fils de M. Le Monnier, ce jeune homme un peu plus âgé que moi était un des plus beaux cavaliers de Paris. Il avait cinq pieds huit pouces, était fait comme un modèle, avec une taille et une jambe superbes, la tête un peu trop petite, mais agréable; dansant supérieurement, il s'élevait de terre avec une telle grâce qu'on ne cessait de l'inviter à tous les bals. Dans tous les exercices il réussissait à étonner, montant à cheval, jouant à la paume, touchant les instruments, tirant avec un arc et des flèches mieux qu'un sauvage des plus exercés.

Toute cette concurrence échoua par l'amitié de mes parents. M. Mesnard, parent des Phélypeaux, maître des comptes, était alors premier commis de la maison du roi; il était l'ami intime de la maison Félix, et son fils aîné venait d'être nommé collègue de M. Félix dans la charge de contrôleur de la maison du roi[211]. J'allai le voir; il me rendit ma visite, me trouva entouré de livres et d'instruments : il conclut tout en ma faveur. Ayant intérêt de fortune pour ses enfants, il lui importait de faire voir qu'il sortait de la chambre des comptes des sujets assez nobles pour tenir des places de conséquence. Du Thuyt, dont le père avait mal fait ses affaires, et dont le grand-père n'avait aucun titre qu'une grande fortune de finances, fut refusé et j'eus la préférence. En conséquence, notre traité fut fait en décembre en vingt-quatre heures. Je commençai alors, avant que la chose fût publique, à prendre une conduite plus sage. J'avais un fort bel appartement.

Mlles d'Alencé avaient épousé, l'une le marquis Thomas de La Valette[212], d'une famille illustre de Provence, héritier de la principauté de Monaco si les Matignon mouraient sans postérité; la seconde avait épousé M. Rigoley d'Ogny[213], conseiller au parlement de Dijon et par intérim receveur général des états de Bourgogne, jusqu'à ce que leur cousin Montigny eût l'âge pour l'exercer. Tous vivaient à Paris dans une maison appartenant à mon oncle Soullet, rue de Richelieu, vis-à-vis de la Bibliothèque. Ces deux jeunes femmes, fort aimables, voyant la meilleure compagnie de Paris et tout ce qui faisait le plus de bruit, [recevaient] entre autres le fameux Saint-Germain, rose-croix, Juif errant, qui a fait des pierres et diamants à Chambord et s'est éclipsé depuis pour finir, très âgé, obscurément, dans une petite ville d'Allemagne[214]. C'était un petit homme de quarante-cinq ans, d'une figure très commune, mais fort spirituel; magnifique pour donner des bagatelles aux femmes, parlant avec feu et bien, mais par énigmes, donnant ou laissant quelque chose à deviner; se vantant de connaître comme *de visu* les personnages les plus fameux dont on lui parlait; s'enveloppant d'un nuage sur son âge et sur sa vie, parlant de tout comme s'il avait tout appris, se trompant souvent.

On me demanda un bal; j'y invitai toutes mes connaissances; la maison Le Gentil ne fut point oubliée, et j'eus la satisfaction de voir que cette fête avait singulièrement réussi par l'agrément et l'aisance. Je voulais qu'on me connût. J'avais une troisième société, c'était celle de M. de Monthullé[215], rue du Cherche-Midi, près la Croix-Rouge. Sa sœur aînée était mariée au comte de Montecler[216], celui qui avait tué M. le comte de Belsunce[217]. Cette histoire fit grand bruit; Montecler, qui servait dans le même régiment, passant pour avoir des goûts fort dépravés, s'avisa de pousser son ami de Belsunce de manière à l'effrayer; quelques propos s'ensuivirent, le rendez-vous fut pris. Montecler voulait faire toutes les réparations, mais

[Belsunce] ne voulut en recevoir aucune. Ils se battirent, et Montecler eut le malheur de le tuer. L'ombre de son malheureux ami le poursuivit tant qu'il a vécu; il m'en parlait plus de vingt ans après. La seconde sœur était mariée avec le premier président de la chambre des comptes d'Aix-en-Provence, M. d'Albertas[218]. C'était une femme d'esprit, aimable et bonne. C'est à son amitié que je dois les plus sages conseils quand j'entrai dans le monde. Je lui ai été, et je lui suis encore attaché, sans savoir si elle existe.

J'entre dans tous ces détails pour soutenir ma mémoire. Hélas! eux ou leurs enfants ont presque tous joué de tristes rôles dans la Révolution, et ils repasseront sous mes yeux au fur et à mesure que les événements m'en fourniront l'occasion. Il me suffit pour le présent de les classer au temps où je les ai connus. La marquise de Flers, chez qui j'avais été en Normandie, était aussi de la société de mon oncle et vivait dans celle de Mme d'Albertas, qui portait le titre de marquise; l'évêque de Digne, Jarente[219], depuis ministre, ayant la feuille des bénéfices, mort évêque d'Orléans; M. le comte de Gravezon, du comtat d'Avignon; M. le chevalier de Beauchamp, depuis comte de Merles, marié à Mlle de Moras et ambassadeur au Portugal[220]; la belle Mme de Fourqueux, femme du procureur général de la chambre des comptes, depuis contrôleur général[221] : telles étaient à peu près les personnes avec qui je vivais le plus alors et qui firent l'embellissement de ce bal, qui réussit à merveille et me fit connaître.

Ce fut à la fin de cet hiver, revenant dans ma voiture, vers 1 heure du matin, de souper chez la marquise de La Valette, qu'en passant par la rue Verdelet je fus arrêté par une troupe de musiciens nocturnes qui, reconnaissant ma voiture, m'engagèrent à les suivre et entendre leur sérénade. Les acteurs étaient Chabanon[222], l'auteur des tragédies, mort académicien; La Borde[223], depuis premier valet de chambre du roi, fermier général, mon ancien camarade et voisin, homme savant, un des plus grands musiciens, d'une gaieté, d'une noblesse rare dans les procédés, d'une société aimable, d'une tournure plaisante, délicieuse; Fontanieu-Villecourt, deux ou trois autres jeunes gens. La troupe s'arrêta vis-à-vis des fenêtres de Mme Brissart, fermière générale, logeant à l'hôtel Bullion[224], dont le terrain depuis a formé la poste aux lettres. Ces messieurs croyaient voir aux fenêtres un bonnet : la symphonie commence, exécutée à ravir; tous les voisins se mirent aux fenêtres; le bonnet ne remuait pas et était en extase. Comme j'ai la vue extrêmement bonne, je leur fais voir clair enfin que c'est un pot de chambre, et veux remonter dans ma voiture, ce qui me fut impossible par de nouvelles instances, car ces messieurs décident qu'il faut aller donner une sérénade à Mlle Astraudi[225], actrice de la Comédie-Italienne, vis-à-vis la salle.

On me prend sous le bras, on donne les instruments aux domestiques, j'ordonne à mes gens de m'attendre, espérant être au lit dans peu. Les musiciens se placent : Fontanieu, qui était gêné avec sa basse, monte sur une très haute borne, et le concert commence. Des voisins des acteurs se fâchent : il y avait des jaloux; le bruit n'empêche pas de continuer. Lorsque le commissaire qu'on avait envoyé chercher débouche par la rue Française[226], un clerc portant la lanterne, et suivi d'une escouade du guet, tout le monde s'éclipse. Je regagne ma voiture, les mets dedans et ramène La Borde, Chabanon et du Thuyt. Nous oublions Fontanieu, et nous ne sûmes que le lendemain par lui son aventure.

Il ne songeait qu'à ce qu'il exécutait, et lorsque le commissaire le tira par la manche, il lui dit : « Je suis en mesure. » Les questions du commissaire, l'étonnement d'être seul amusèrent beaucoup les spectateurs. Ces messieurs avaient troublé la tranquillité, et on le menaçait de la prison, malgré la décence de son costume, lorsqu'en le verbalisant et qu'on lui eut demandé son nom, il déclara être M. le chevalier de Villecourt, fils de M. de Fontanieu, conseiller d'État, intendant général des meubles de la couronne; le commissaire à l'instant changea de ton : il était l'obligé de cette maison, placé dans cet emploi par le cardinal de Fleury, qu'on disait être le père de M. de Fontanieu. Il renvoya le guet, fit prendre la basse, et pour compléter la réparation, il invita le chevalier à se rafraîchir et se reposer chez lui. Fontanieu était homme à ne rien refuser : il monte et trouve une société fort gaie qui veillait. Le voilà établi chez le commissaire, trinquant, buvant, chantant, mangeant jusqu'à 4 heures du matin. Il était entêté. Un peu gai de la débauche, il se charge, malgré tout ce qu'on lui put dire, de la basse qu'il met sur ses épaules, et rentre chez lui avant le jour, en battant les murs avec sa basse, qui n'était pas assez large pour le remettre droit sur ses jambes. Il était enchanté le lendemain de son aventure, dont personne de nous ne se serait douté.

J'avais été voir Versailles par curiosité, j'avais assisté aux fêtes du mariage de Mgr le dauphin[227], et avais assisté à tous les plaisirs de ces jours-là; c'était tout ce que je connaissais du pays que j'allais fréquenter. Je ne pouvais paraître qu'après avoir prêté serment, et ensuite avoir été présenté. M. Félix, secrétaire du grand maître de la maison, me fit obtenir le moment de M. de comte de Charolais, qui faisait les fonctions pour son neveu, dans les vingt-quatre heures; il fallait prendre son temps, le prince ne connaissait que ses plaisirs et la chasse. M. le comte de Saint-Florentin[228], comme ministre de la maison, me présenta au roi, accompagné de M. de Sainctot.

Dans la semaine, le chevalier de Sainctot me mena chez tous les ambassadeurs; je le menai dans mon vis-à-vis; il avait deux domestiques aussi vieux que lui, entre autres le premier, nommé Luc. Mon prédécesseur était puissant, massif et vieux; il me faisait de la peine, chaque fois que nous trouvions quelqu'un du corps diplomatique — jamais, dans ces temps-là, les ambassadeurs et ministres ne faisaient fermer la porte à l'homme du roi — il avait de la difficulté à descendre et ensuite à monter; je me confondais en excuses; il m'avait déjà pris en amitié, me regardait comme son enfant, et voulait me faire accepter sous les meilleurs auspices. Cependant il m'apparut, au désordre qui existait dans son habillement, qu'il se fatiguait tellement que sa braguette énorme s'ouvrait continuellement très indécemment, avec un air folichon et gai. Je lui indiquai par mon chapeau l'état peu décent où il se trouvait; il appelle Luc : « Luc, dit-il, remets tout ce que tu pourras où cela doit être. Mon camarade, vous voyez les fruits de la guerre et de la cour. » Et cela en termes très militaires.

Plus je réfléchis au ton grivois que se permettait un vieillard respectable de la vieille cour, estimé et fait pour l'être, plus j'approfondis cette question : quel est le peuple le plus corrompu, ou de celui qui dans son langage se permet les termes techniques des choses, ou de celui qui ne se les permet pas? Plus j'ai vu les mœurs se corrompre, plus j'ai vu le langage s'épurer. Autrefois, celui qui parlait librement n'y mettait pas de conséquence; son imagination ne passait pas cette mesure. Mais quand les têtes échauffées se sont livrées entièrement au plaisir, on a rougi en secret; on voulait prétendre à n'être pas englobé dans ceux qui, notoirement, se livraient à une vie crapuleuse. Alors, voulant en imposer, le langage devenait extraordinairement chaste pour donner le change sur les goûts, et [donner à chacun] le droit de se conduire le plus mal qu'il voudrait sans en faire part ni être jugé par le public.

Me voilà donc pour le 1er janvier prêt à entrer en fonctions d'introducteur des ambassadeurs, n'ayant pas vingt ans accomplis, puisque c'était en 1751 et que j'étais né le 3 février 1731[229]. Le service était de six mois, et les six derniers mois étaient attachés à ma charge. Je commençais au 1er juillet. Dans ce semestre se trouvaient les voyages de Compiègne et de Fontainebleau[230], et pour ne pas être apprenti dans mes fonctions, j'allai les apprendre à Versailles tous les mercredis, jour fixé par le roi pour recevoir les ambassadeurs. Il y avait pour secrétaire à la conduite des ambassadeurs un

M. de La Tournelle, dont le père avait possédé la même charge; cette charge, nommée par le roi, était indépendante de celles des conducteurs des ambassadeurs. Il tenait un registre de toutes les cérémonies, de tous les jours où le roi recevait les ambassadeurs, des présentations qu'on faisait. [Ce registre] devait être déposé, à la mort du titulaire ou à sa retraite, dans le dépôt des Affaires étrangères et dans celui de la maison du roi.

Ces trois charges étaient dans des formes singulières : elles ne reconnaissaient pour ministre que celui de la maison du roi; et tous leurs exercices se concertaient avec le ministre des Affaires étrangères. Les grâces, les pensions étaient du ressort du ministre de la maison du roi, avec lequel ils n'avaient cependant que des relations de politesse. Les introducteurs, car c'est le titre sous lequel ils étaient connus, devaient aussi tenir un registre; M. le chevalier de Sainctot n'avait pas écrit un mot depuis qu'il était en place. Le marquis de Verneuil[231], fils d'un père qui avait possédé cette place, secrétaire du cabinet ayant la plume, avait fidèlement écrit; mais fier, haut, vaniteux, il se gardait bien de rien montrer; il voulait être mentor d'un jeune camarade, que tout dépendît de lui, qu'on le consultât soit à la cour, soit à la ville. Faisant et espérant les plus grandes places, il s'agitait et se communiquait peu. La Tournelle, fier de son indépendance, de ses mémoires, de sa place, avait l'air de dire : « Regardez, et vous apprendrez. » D'une exactitude étonnante, sans mine ni façon, ni représentation, il était à la minute le premier à sa place, et cette place discrète ne rivalisait point avec celle des introducteurs.

M. de Bonneuil, conseiller au parlement, de mon âge et mon ami, me donna les mémoires de ses ancêtres, MM. Chabenat de Bonneuil, qui avaient conservé cette place pendant deux générations[232]; et par la mort du dernier, qui avait réuni les deux charges sur sa tête, la famille avait perdu une somme très considérable. Je suivis donc pendant deux mois, très exactement, le service que faisaient ces messieurs, et je m'établis en amitié avec le corps diplomatique : le nonce Durini[233], M. le marquis de Saint-Germain, ambassadeur de Sardaigne[234]; M. de Froulay, ambassadeur de Malte[235]; M. le comte de Reventlaw, ministre de Danemark, etc.

La paix venait d'être conclue avec l'impératrice, reine de Hongrie[236]; pour la cimenter, on envoyait des ambassades brillantes. L'impératrice avait choisi le comte de Kaunitz-Rietberg, son favori; la France avait nommé M. le comte d'Hautefort[237], homme grave et imposant. L'impératrice avait dit plaisamment : « Ils m'ont envoyé un Allemand, et moi, je leur envoie un agréable Français. » Le comte de Kaunitz[238], âgé de trente-trois ans, était grand, bien fait, des yeux à fleur de tête. Magnifique dans toutes ses manières, haut de sa faveur, sentant ses forces et le rôle qu'il jouait, curieux, recherché jusqu'à la manie dans la façon de s'accommoder et de se mettre, ayant une étiquette pour son service, il se faisait poudrer d'une recherche si singulière qu'il avait une pièce exprès, où quatre perruquiers valets de chambre, avec des soufflets aux quatre coins, remplissaient la chambre de poudre; il ne faisait qu'y entrer, et en sortait poudré également. On l'attendait vers le mois de juillet, il devait faire son entrée entre le voyage de Compiègne et celui de Fontainebleau. Comme l'introducteur des ambassadeurs devait nécessairement y jouer un grand rôle, cette corvée me regardait, puisqu'elle tombait dans mon semestre.

La Tournelle était un original dans l'étendue du terme; amoureux à l'excès d'une femme veuve qu'il a épousée depuis et qu'il a perdue en couches, il a justifié ses singularités en quittant sa place pour se faire bénédictin. Je l'ai vu depuis, n'ayant d'autre propriété qu'une cuillère et une fourchette d'argent, que les autres moines lui cachaient. Quoiqu'il offrît tout à Dieu, il m'avoua que c'était la chose qui le contrariait le plus. Ferme sur l'étiquette, c'était un protocole ambulant qui compilait, recherchait. J'avouerai à ma honte, que la nature ne m'avait nullement fait pour cette place : je regardais tout cela comme une vraie misère de l'esprit humain. Cependant, j'allais être consulté et j'allais jouer un rôle : je compilai et j'appris, pour ne pas rester court sur les questions. La géographie était une science très imparfaite pour moi, et l'histoire sue très superficiellement. Je crus que j'apprendrais mieux tout seul; je m'y livrai; j'étudiai l'histoire sur les cartes. J'avais pris l'habitude — que je continue toujours actuellement — de lire tous les soirs. Je lus avidement l'histoire de tous les pays et surtout l'histoire de France. Devenu mon maître trop jeune pour finir mon éducation, je n'ai dû le peu d'instruction que j'ai acquis qu'au goût naturel que j'ai eu toute ma vie pour la lecture. À Paris ma famille, chez laquelle je vivais, peu instruite de ce qui se passait à la cour, suivait exactement le journal des familles de la ville et de ce qui se passait au parlement, qui ne cessait de lutter avec les ministres.

On me conseilla de prendre une maison. Je louai cinq mille livres l'hôtel Le Camus[239], rue de Thorigny, au Marais; mais lorsque je vis ce qu'il m'en coûterait pour m'établir, je renonçai à toute installation, relouai la maison au marquis de Puységur, qui avait épousé Mlle Masson[240], et pris mon parti de rester chez mes parents jusqu'à mon établissement.

CHAPITRE VI

Je partageais mon temps entre Versailles, Paris et Saint-Leu. À Versailles, j'allais chez Mme la duchesse de Luynes, dame d'honneur de la reine, son amie[241], chez qui les vieux courtisans allaient régulièrement; la reine y venait, elle défendait toute étiquette; on y jouait, et elle causait ou jouait. Le président Hénault[242], Moncrif[243], l'auteur, M. le comte d'Affry, revenu d'ambassade[244], y étaient tous les jours; le fameux joueur de piquet, M. le marquis de Razilly, capitaine aux gardes[245], tous les temps de sa garde; enfin, presque toutes les vieilles dames du palais. C'était fort triste, mais c'était le moyen de se faire connaître, et [d'obtenir] qu'en entrant on ne chuchotât pas sur votre nom, chose insupportable pour celui qui en est l'objet.

Le duc de Gesvres, capitaine des gardes du corps[246], tenait une maison ouverte et fort mêlée; j'y allai pour la même raison. M. le marquis de Livry et Mme sa femme, Mlle Maniban, fille du premier président du parlement de Toulouse[247], comme premier maître d'hôtel du roi tenait table ouverte. L'étiquette, dans ces temps-là, était que le mardi, jour des ambassadeurs, l'introducteur s'y trouvât et fît les honneurs conjointement. Lorsque les étrangers invités par lui et présentés devaient s'y trouver, l'étiquette était de ne pas faire servir qu'on n'eût demandé à l'introducteur s'il n'attendait plus personne. Bientôt je devins familier dans la maison. Mme la marquise de Livry était de la société intime du roi, c'est-à-dire des petits appartements; elle était pleine d'esprit et aimable; leur goût dominant était le jeu : la femme faisait la partie du roi, le mari courait et tenait les maisons où l'on jouait le plus fort.

M. le Premier[248] par excellence, autrement dit M. le comte de

Beringhen, et sa femme Mlle de Thémines, sans enfants, était à la tête de la petite écurie. On faisait chez lui la chère la plus délicate de Versailles; sa maison, quoique sérieuse, était composée de ce qu'il y avait de mieux; ma place me donnait des relations avec lui : j'y allais souvent.

M. et Mme Félix[249] tenaient souvent maison à Versailles; ils étaient logés superbement aux Petites-Écuries. Par devoir et reconnaissance, j'y allais au moins deux fois la semaine. J'y voyais une tout autre société : M. Mesnard, premier commis de la maison du roi, et sa femme; M. et Mme Boudrey[250], femme charmante dont le mari était premier commis du contrôle général; M. le comte de Bridge[251], commandant les écuries sous le premier écuyer; M. le comte de Brionne[252], M. le marquis de Tourdonnet[253], tous deux écuyers de main, les deux fidèles acolytes du roi dès qu'il montait à cheval; plusieurs officiers des gardes du corps; M. d'Anlezy, gouverneur de Mgr le prince de Condé[254]; M. de Lussan, comte du Bouzet, sous-gouverneur[255], et M. l'abbé Duser, précepteur et instituteur. Mgr le prince de Condé[256] faisait son séjour à Versailles comme il était alors d'usage : son équitation parfaisait son éducation, et il se formait à faire sa cour assidûment, comme c'était alors d'étiquette pour tous les princes du sang.

À force de me voir partout, je commençai à connaître ceux avec lesquels j'allais vivre. Je fis mes préparatifs pour la superbe entrée du comte de Kaunitz : comme les temps sont bien changés, je vais mettre par écrit tout ce qui se passait alors. Dès qu'on était introducteur des ambassadeurs, il fallait une mise dehors, pour suivre l'étiquette ruineuse; le roi ne vous passait aucuns frais, et ils étaient immenses. Il me fallut commander dix habits de livrée : elle était bleue et galonnée sur toutes les tailles de galons de ma livrée du plus grand modèle; les vestes galonnées à la bourgogne en argent, vestes rouges extraordinairement longues — telle était la mode —; dix chapeaux immenses, galonnés en festons en manière de point d'Espagne... sans compter le suisse avec un baudrier immense, le cocher, le postillon, un valet d'attelage uni et l'habit d'un maître d'hôtel en gris, habit galonné sur toutes les tailles. Le caparaçon des six chevaux, harnais en cuir de Russie, guides et rosettes en soie, me coûtait en tout dix mille livres, et fut conservé sous verre chez Leloutre, mon bourrelier, rue Saint-Marc, où on allait le voir par curiosité. À l'égard de la voiture, très extraordinaire, et pour pareille occasion, j'empruntai celle du marquis de Verneuil.

Ce fut dans ce temps-là que le président Dupuis vint me voir exprès pour me dire qu'il était étonné que je n'eusse pas, lors de ma présentation, pris le titre de marquis de Saint-Leu. J'eus le bon sens de lui répondre que je porterais toujours mon nom, n'ayant à rougir d'aucun de mes ancêtres qui, s'ils n'avaient pas été illustres, avaient au moins pour eux une filiation d'aïeux assez ancienne; et si je le méritais, je ne voulais jamais être décoré que sous mon vrai nom; et je n'en ai jamais changé. Je ne fais aucun cas de ceux qui se sont débaptisés pour avoir le plaisir de surprendre ceux qui les croyaient leurs parents, et être ridiculisés par ceux qui leur restituent leur vrai nom. D'ailleurs la terre de Saint-Leu, sise dans la vallée de Montmorency, n'avait que les seconds droits honorifiques, et comme toutes les terres [voisines] faisait partie du duché d'Enghien, de telle manière que M. le comte de Charolais voulait que le chef-lieu Montmorency fût appelé Enghien, dénomination qui n'a jamais pu prendre, quoique tous les actes fussent datés ainsi.

Le 6 juillet, je me rendis donc à Compiègne pour mon service. C'était un endroit que je ne connaissais que très imparfaitement pour y avoir fait une partie de plaisir, ainsi qu'à Chantilly. M. le marquis de Saint-Contest, veuf, était ministre des Affaires étrangères[257]. Il avait suivi la carrière de la robe, il avait été maître des requêtes, puis ambassadeur en Hollande, et appelé au ministère d'après cela. C'était un petit homme gros et court, d'une soixantaine d'années; il ne passait pas un instant sans avoir une convulsion dans le visage, qui lui faisait froncer les sourcils et retirer les coins de la bouche et du nez; au surplus, le meilleur et le plus excellent homme, bon bourgeois dans cette place, en faisant les fonctions magistralement et très rondement : le corps diplomatique l'aimait beaucoup. C'était un homme extraordinairement foncé dans l'histoire de France : je fus témoin d'un rapprochement sur la pucelle d'Orléans, prise à Compiègne, qui intéressa tous les auditeurs.

Le comte de Saint-Florentin était ministre de la maison du roi depuis l'âge de quinze ans, attaché au roi depuis sa naissance[258]. Le roi le regardait comme sa créature. La politique de Louis XIV, dont Louis XV suivait les impressions à sa manière, avait pour base de ne laisser empiéter aucun ministre sur les fonctions [d'un autre]. Il les remettait vivement à leur place, et il a suivi ce plan toute sa vie, comme j'en rapporterai des exemples. Il fermait la porte par cela à un genre d'intrigue qui conduit aux plaintes et aux empiètements. Au surplus, M. de Saint-Florentin était le courtisan le plus assidu; ayant une femme isolée et particulière, il soupait tous les soirs avec sa maîtresse, invisible pour tout le monde à 9 heures du soir. Il vivait dans les plaisirs avec cinq ou six personnes de peu. Sûr de l'amitié de son maître, il ne faisait rien pour la perdre.

M. le comte d'Argenson était ministre de la Guerre[259]. Né avec une belle figure, une mémoire prodigieuse, une éloquence fine de courtisan, se croyant sûr de sa place, suivant les intrigues en grand, et espérant de l'insouciance de Louis XV qu'il deviendrait le premier ministre, il s'abusait sur tous les points. M. de Machault, maître des requêtes, ensuite intendant, devenu contrôleur général[260], avait aussi ses vues, plus profondes, plus suivies, parce qu'il tâtait le terrain et qu'il s'attachait de plus en plus à Mme la marquise de Pompadour.

Mlle Poisson, femme Lenormand, marquise d' Étiolles de Pompadour[261], que tout homme aurait voulu avoir pour maîtresse, était d'une grande taille de femme, sans l'être trop. Un visage rond, tous les traits réguliers, un teint superbe, très bien faite, une main et un bras superbes, elle avait des yeux plus jolis que grands, mais d'un feu, d'un spirituel, d'un brillant que je n'ai vu à aucune femme. Elle était arrondie dans toutes ses formes comme dans tous ses mouvements. Elle venait régulièrement toutes les semaines faire sa cour aux dîners de la reine, de Mesdames[262], du dauphin et de la dauphine[263], car chacun mangeait à part et en public. Alors, elle effaçait tout ce qu'il y avait de plus joli – et, quoiqu'il y eût beaucoup de sultanes validés[264], il ne laissait pas d'y avoir de très jolies femmes, telles que Mlle de Noailles, ayant épousé le marquis de Tessé[265], Mme de Belsunce[266], etc.

Tous les ans, on bâtissait à Compiègne. Son appartement était audessus de celui du roi. Maîtresse en titre, les ambassadeurs – excepté le nonce – s'y rendaient après avoir été en corps avec l'introducteur chez toute la famille royale. Ils remplissaient cette étiquette tous les jours, et chez Mme de Pompadour ils n'allaient que lorsqu'elle recevait : c'était presque tous les jours où le roi allait à la chasse. La ville, la cour, tout se trouvait réuni chez elle; les arts, les talents, les sciences lui rendaient hommage. Personne comme elle ne savait traiter chacun comme il convenait, avec une aisance qui confondait tous les rangs. Pour éviter toute étiquette, elle était à sa toilette. M. le duc d'Orléans[267], fidèle courtisan, causait, riait avec elle quand il séjournait à la cour; les autres princes ne s'y trouvaient pas, excepté le prince de Condé dont on finissait l'éducation.

Elle protégeait les arts; s'il y avait un bijou fini, une gravure de goût, une montre superbe, on lui en rendait hommage; on y dissertait avec aisance, gaieté, sans rien approfondir. Un tour à graver des pierres, monté par un artiste fameux, attirait dans une autre pièce ceux qui voulaient s'instruire. Sa conversation gaie, aimable, était adaptée à celui qu'elle interrogeait, et avec les ambassadeurs, elle en tirait le parti le plus intéressant, soit pour le pays, soit pour les arts et les propriétés du sol.

Le roi, particulier dans son cabinet et l'intérieur, était aimable et causant. La chasse était sa passion dominante : chaque jour, excepté les fêtes et dimanches, y était consacré; un jour pour le grand équipage; un autre pour le petit, dit « les six chiens »; un autre pour le vautrait ou le sanglier; un autre pour le chevreuil, jusqu'à ce que la chasse à tirer fût ouverte. Compiègne est un endroit délicieux pour satisfaire cette passion : une forêt immense, des allées à perte de vue, des routes cavalières dans lesquelles on peut s'étendre toute une journée sans en voir la fin[268]; les rendez-vous étaient dans la belle route de Royal-Lieu, nom qu'elle tient de l'abbaye de ce nom[269], auprès de Compiègne, dans un superbe rond qui tenait à des forts où étaient les animaux; de sorte que le roi, arrivant dans ses voitures, en descendait, montait à cheval, et on attaquait à l'instant.

Les étrangers présentés pouvaient accompagner le roi à la chasse; l'introducteur, sur leur demande, se concertait avec le Premier, et il y avait par chasse six chevaux consacrés à cet objet. Cet usage, conservé depuis Louis XIV, était de la plus grande magnificence. L'introducteur de service amenait ses attelages, et les menait ou les envoyait à la chasse. Comme je ne voulais pas avoir l'air de prendre les chevaux destinés pour eux à mon usage, je m'étais pourvu de deux chevaux de selle, entre autres un anglais que j'avais acheté de M. Teissier, dont j'ai déjà parlé[270]. Ce M. Teissier, excellent écuyer, avait fait venir des chevaux de course, dont celui-là était le premier. Il voulut mettre à la mode les paris de course tels qu'ils ont eu lieu depuis[271]; il se fit des paris considérables : il se fondait sur la bonté de son cheval qu'on exerçait. Un Anglais, Mr. Smith, était son antagoniste. Le jockey de Teissier, en commençant la course, donna une secousse au bridon, et au lieu de s'attacher dessus à la manière anglaise (car il faut observer que, lorsque le cheval est abandonné en pleine course, plus le jockey s'attache au bridon, plus le cheval redouble de vitesse), il ne prit pas cette précaution; de sorte que le cheval, n'étant point soutenu, ne fit que caracoler, et son maître perdit. Je profitai de son dépit et l'achetai cent louis, quoiqu'il lui en eût coûté cinq cents; et il faut observer que dans ce temps-là, c'étaient des prix exorbitants. De sorte que M. Teissier m'avait monté supérieurement avec un cheval napolitain et ce cheval de course.

Ce premier voyage, j'usai peu de la chasse : mon principal objet était de connaître et d'être connu; je voulais forcer mon caractère, qui naturellement est timide, observateur, sous l'air le plus gai et le plus ouvert.

Actuellement que j'ai promené mon imagination sur l'ensemble que je voyais à la cour, je suis obligé de me rappeler, avant d'écrire, tout ce que j'ai vu, et c'est cette occupation qui, en amusant mon imagination, me calme sur les tristes événements que j'ai déjà éprouvés et éprouverai encore.

Je passais tout le temps où je n'étais pas de service dans le cabinet du roi. J'avais mes entrées; l'égalité pour ainsi dire y régnait. Voici à peu près ceux qui le composaient : c'était Bachelier et son survivancier Lebel, qui depuis a joué un grand rôle dans les plaisirs de son maître[272]; le premier gentilhomme de la chambre d'année, M. le duc d'Aumont[273]; le maréchal de Richelieu[274]; M. le duc de Duras[275]; M. le duc de Fleury[276]; M. le marquis de Mirepoix, capitaine des gardes[277]; M. le comte de Maillebois, grand maître de la garde-robe[278]; M. le Premier; M. le comte de Brionne; Mgr le prince de Condé et son sous-gouverneur, M. du Bouzet; M. de Saint-Florentin; les ministres, quand ils voulaient parler; M. de Fontanieu père, et le fils, intendant des meubles de la couronne; M. Hébert, trésorier des menus[279]; Sénac, premier médecin[280]; Quentin de Champcenetz, premier valet de chambre; Quentin de Champlost, premier valet de garde-robe. Voilà à peu près ce qui composait l'intérieur du cabinet, moi compris, et Verneuil comme secrétaire du cabinet, les écuyers tels que de Bridge et Tourdonnet, le vieux bonhomme Dampierre, commandant l'équipage[281], toutes personnes qui se voyaient tous les jours; j'oublie le marquis de Marigny, né Poisson, frère de Mme de Pompadour, s'étant appelé Vandières, bien venu du roi comme frère de sa maîtresse, directeur des bâtiments[282]; Caterby huissier du cabinet[283]; M. Félix; M. Mesnard le fils, contrôleur de bouche de la maison, et Mercier Saint-Vigor, contrôleur de la maison de la reine et frère de lait du roi.

Toutes les matinées, mon service fini, je restais jusqu'au départ du roi. Le soir, je venais à son débotté et me trouvais au coucher. Ceux qui le fréquentaient m'avaient prévenu que si, dans le cabinet, il s'approchait de vous et que par respect vous vous retiriez, il avait la discrétion de ne pas vous adresser la parole. Je surmontai ma timidité, je me tins ferme : il aimait les jeunes gens, j'étais un enfant en comparaison du vieux Sainctot; j'en fus récompensé. Il m'adressa souvent la parole, et je m'y suis tellement fait que, vu ses bontés, j'ai souvent été plus à mon aise avec lui qu'avec de certaines gens.

La première fois que j'avais été obligé de prendre ses ordres pour la présentation des étrangers — ce fait n'arrivant jamais avant que lui et les grands officiers comme le premier gentilhomme de la chambre fussent prévenus — j'avais vu que, tandis qu'il se lavait les mains, mon collègue s'approchait de lui et lui disait les noms de ceux qui se présentaient. Il était assis. Je fis donc de même, et adoucis ma voix qui ne l'était déjà que trop; il se mit à sourire et se retournant, il me dit : « Vous avez une haute-contre?

— Non, Sire, répondis-je, je chante faux.

— Il y en a bien d'autres », répondit-il, et lui-même criait à la chasse d'une voix enrouée : Taïaut! Taïaut! de manière à le reconnaître entre mille. Je conclus de là que je ne lui déplaisais pas, et j'obtins avant la fin du voyage que, quand il m'appelait, il ne mît pas le « monsieur » avant mon nom, ce qui était une marque de bonté.

Je passais mon temps en visites, souvent à de tristes brelans, à des soupers où l'on s'entretenait de ce que le roi et la famille royale avaient fait ou feraient le lendemain. J'ai souvent fait la réflexion que la vie d'un courtisan assidu (je dis ceux qui veulent faire fortune, sans avoir d'autres qualités) ressemble à celle d'un valet de chambre, enfin d'un être quelconque en servitude. J'ai vu le duc de Luynes, le père, qui passait pour écrire les anecdotes de toute la cour — dont on n'a rien vu cependant[284] —, le duc de Saint-Aignan, grand-père de celui qui vient de périr dans la Révolution, de l'Académie française[285], le président Hénault, Moncrif et tant d'autres rétrécir leur esprit par une conversation si peu variée, que je ne pouvais ni m'y faire, ni m'y fixer.

J'ai oublié de faire mention d'un vieil original, le marquis de Flamarens[286], attaché par la charge de grand louvetier à la cour, le plus grand gouliafre, le plus grand mangeur que j'aie vu, piquant à toutes les tables, renvoyé des petits appartements où il mangeait, pour avoir été souper ensuite chez le valet de chambre du cardinal Fleury; assidu courtisan, faisant nombre quand on appelait la Chambre, ne parlant à personne, souffert par le roi qui le voyait d'habitude. Il n'était question que de ses tours de force en gourmandise. Un jour, invité chez un ambassadeur, il paria de manger un lapin en deux bouchées, après un dîner très ample, ce qu'il exécuta. La reine mangeait toute seule, mais avec une réflexion et un appétit bien soutenus; Flamarens allait tous les jours la contempler. L'événement du lapin fit du bruit, et je fus témoin d'une si singulière scène de cet original. Nous étions quatre personnes à la voir souper, ceux qui avaient leurs entrées, et comme, lorsqu'on a ses entrées chez le roi, elles emportent de droit toutes celles au-dessous, j'y étais avec le président Hénault et Moncrif. La reine finissait très sérieusement son souper, elle lui adressa la parole. « Monsieur de Flamarens, dit-elle, est-il vrai que chez M. d'Ardore[287], après avoir bien dîné, vous ayez mangé un lapin en deux bouchées?

— Oui, madame », fut la réponse laconique. La reine reprit : « Vous avez donc toujours un bon appétit, et qui se soutient bien?

— Oui, madame, et je fais tous les jours le même vœu pour Votre Majesté; car je sais, madame, exactement ce que Votre Majesté a mangé ce matin, tel, tel, tel, tel plat. » Et le voilà à faire une énumération de tout ce qu'il avait vu manger à la reine qui, s'impatientant, se leva de table et dit en s'en allant : « Me voilà payée; mais je ne lui parlerai de ma vie. » Je crois qu'elle lui a tenu parole.

Tout le temps que le roi était à Compiègne, il y avait une comédie dans la ville, où venaient des acteurs français. Mme de Pompadour les protégeait. On les fréquentait; M. le prince de Condé, La Vaupalière[288] et d'autres faisaient venir des maîtres de diction de Paris, et c'étaient les plus belles parties que j'aie vues de ma vie. Les écuries faisaient loge de spectacle. Ainsi, on pouvait diversifier l'ennui qu'entraîne nécessairement le séjour de la cour, qui n'est tenable pour un homme qui pense que lorsqu'il a un service actif continuel, ou qu'il se livre à l'intrigue. Comme je n'avais ni l'un ni l'autre, je comptais malgré moi les heures. Malgré mon aversion, j'y ai pourtant fait sept voyages, et autant à Fontainebleau.

J'étais logé dans une maison seule et décorée pour le roi; M. Félix m'avait donné la facilité de commander à la bouche tout ce qui me convenait : j'en étais quitte pour payer très bon marché et être servi supérieurement, sans faire aucune provision. Je donnais à dîner une fois par semaine aux ambassadeurs, à tour de rôle, et deux fois à souper. Le reste du temps, je soupais et dînais partout. M. le marquis de Chalmazel[289], cordon bleu, était premier maître d'hôtel de la reine; son fils le marquis de Talaru[290], en survivance, officier distingué, cordon rouge, mort par la Révolution, devint mon ami intime, ainsi que ses trois frères, dont un est devenu évêque de Coutances. Nous étions jeunes, les mêmes goûts nous liaient, et l'amitié de l'aîné a toujours existé jusqu'au moment où je l'ai perdu. Le marquis de Sommery, officier aux gardes, avait épousé cette Mlle d'Aveine qui m'avait paru si grande; j'avais appris qu'elle était aimable et estimable : je me liai avec le mari et évitai de voir la femme.

Compiègne était comme une ville de province. La politique ministérielle ne perçait pas, les intrigues étaient régionales. Les jeunes courtisans, dès qu'ils le pouvaient, s'échappaient pour courir à Paris où on est mieux qu'à la cour. La raison en est simple; on ne prend pas pour confidents ceux qui subissent le même caprice. Le marquis de Villeroi[291], âgé de vingt ans, arriva de Versailles après un souper très gai, dont était Mgr le prince de Monaco[292], et ils s'avisèrent de courir les rues de Compiègne. La petite rivière qui y coule ne suffisant pas dans les endroits éloignés contre les incendies, on y tient à presque toutes les portes des tonneaux remplis d'eau, debout et découverts. Ces messieurs s'avisèrent de trouver plaisant de les culbuter partout où ils passaient. Toute la ville fut réveillée : on croyait entendre des coups de pistolet[293]. Le roi en fut instruit le lendemain matin. Ces messieurs en furent quittes pour aller à Paris sur-le-champ, par l'intercession du duc de Villeroi, capitaine des gardes[294], alors de service.

Ce M. de Villeroi, avec peu d'esprit, vivait avec Mlle Marquise, depuis maîtresse de M. le duc d'Orléans. C'était un bon enfant, voilà tout. Fastueux et nullement prodigue, puissamment riche, il menait un train de vie digne du rôle qu'il jouait. Nous étions dans le foyer de la Comédie-Italienne, lorsque je fus témoin d'une leçon qu'il reçut d'un vieux militaire à croix de Saint-Louis. Il arriva avec l'air très empressé, tirant sa montre et m'adressant la parole, parce qu'il me connaissait davantage : « Il y a une heure cinq minutes, dit-il, que je suis parti de Versailles. Aussi j'ai des chevaux excellents, et un petit postillon adroit comme un singe. Il ne se fera pas tuer, comme son devancier qui s'est laissé écraser sous la voiture, il y a huit jours, en faisant le même chemin. » Le vieux militaire, qui avait écouté ce beau récit, prend la parole froidement et dit : « Monsieur le marquis, j'aimerais mieux toute ma vie être condamné à faire le chemin de Versailles en deux heures, fût-ce à pied, que de pouvoir dire qu'un postillon s'est tué à mon service pour être venu de Versailles à la Comédie-Italienne en une heure cinq minutes. » M. de Villeroi ne sentit pas ou ne voulut pas avoir l'air d'avoir senti le propos; il fit une pirouette sur le talon, et alla à la loge de Marquise, alors danseuse, faire l'agréable et conter ses prouesses.

CHAPITRE VII

Le voyage de Compiègne à sa fin, je revins à Paris et à Saint-Leu reprendre ma vie ordinaire. Dans le mois de septembre se fit l'entrée de M. le comte de Kaunitz-Rietberg[295], ambassadeur de l'empereur et de l'impératrice, reine de [Hongrie][296]. Je rappellerai cette cérémonie par la beauté et la magnificence qui l'accompagnèrent, et je ne parlerai plus de quatre ou cinq que j'ai faites depuis.

Après avoir pris les ordres du roi, que je transmettais à l'instant au sieur La Tournelle, secrétaire à la conduite des ambassadeurs, après avoir prévu tous les cas particuliers et avoir prévenu tous les services qui y devaient concourir, m'être concerté avec l'ambassadeur, il alla coucher à Picpus, dans une maison consacrée à cet effet, quoiqu'il y eût plus de six semaines qu'il résidât à Paris incognito[297]. À 9 heures du matin, le carrosse de parade pour cette occasion, celui qui sert au roi, tout en portières de glaces, à huit places, enrichi de velours cramoisi, de crépines et de point d'Espagne en or, mais la plus incommode voiture qui existe, arriva chez moi attelé de huit chevaux, rue des Enfants-Rouges. Le cocher du corps était vêtu magnifiquement et le postillon de même, ayant un habit de livrée galonné sur toutes les tailles et un valet d'attelage à cheval. Ce carrosse entra dans ma cour avec tous les badauds du quartier et y tourna avec une adresse inconcevable. J'étais tout habillé d'un habit de velours ras à fleurs d'or, relevé d'une broderie sur toutes les tailles, veste et culotte pareilles à l'habit, à fleurs d'or fond argent, parement de même; un chapeau à plumet énorme, des attaches à la tête en boucles de diamant; une bourse avec deux attaches, venant dans le devant du col, et une épée superbe, garnie d'un nœud pareil à l'habit.

Je montai seul en carrosse, suivi de deux valets de pied à moi. Je me rendis chez le maréchal de Balincourt[298] qui demeurait faubourg Saint-Germain, vis-à-vis le Pont-Royal. J'observe qu'à chaque entrée dans Paris, c'est un maréchal de France qui accompagne l'ambassadeur; l'introducteur prend l'ordre du roi, l'on prévient et il se prépare en conséquence. Trois jours après, il est d'étiquette que l'ambassadeur soit présenté à Versailles *in fiocchi*[299], mais c'est un prince de la maison de Lorraine qui l'accompagne, comme je le rapporterai. Le maréchal de Balincourt, parvenu sous le Système[300] à ce grade pour, disait-on, cent mille écus, était un vieillard assez cacochyme, affligé d'une rétention d'urine. Mais l'honneur d'une telle fête lui faisait risquer cet assaut. À l'instant que je fus arrivé et eus été le chercher, nous montâmes à sa porte, sa cour n'étant pas assez grande pour contenir la longueur des chevaux et de la voiture, et nous partîmes au grand trot pour Picpus. Je ne fus pas longtemps sans m'apercevoir de l'incommodité du maréchal : il fut obligé de descendre deux fois pendant la route pour se soulager.

À 10 h 30, nous arrivâmes chez l'ambassadeur à Picpus; le secrétaire à la conduite des ambassadeurs s'y était rendu dès 8 heures du matin, conduit par le carrosse de la reine à huit chevaux blancs, à peu près semblable à celui du roi, [mais] à la livrée de la reine. La Tournelle, minutieux et homme né pour ces cérémonies, quoiqu'il n'eût ni mine ni façon et qu'il eût la jambe extraordinairement cagneuse, nous attendait. Toute la maison de l'ambassadeur, tous les cavaliers d'ambassade nous reçurent à la descente du carrosse. Nous montâmes; je donnai la droite au maréchal et me mis un peu en avant de son côté. L'ambassadeur nous attendait entre la quatrième et la cinquième marche de l'escalier, suivi de son cortège; il donna la droite au maréchal, je me mis à la gauche de l'ambassadeur, et nous arrivâmes dans une pièce destinée à cet effet : il y avait un dais et trois fauteuils dessous, deux à la place d'honneur, c'est-à-dire les plus éloignés de la porte d'entrée, et l'autre vis-à-vis. L'ambassadeur nous fit asseoir, le maréchal à la première place, moi à côté; il s'assit ensuite vis-à-vis. Tout le cortège, avec La Tournelle, se tint à la porte toute grande ouverte. Après un demi-quart d'heure de conversation, nous nous levâmes et reprîmes le cortège. Mon pauvre maréchal de France se déroba un instant pour soulager sa triste infirmité. Tous les écuyers de la famille royale et des princes du sang étaient arrivés, chacun dans sa voiture de parade, pour faire cortège, et ils avaient eu chacun des audiences de l'ambassadeur, ainsi que le chevalier du guet de Paris, M. de Rocquemont.

Nous montâmes ainsi dans la voiture du roi à huit places : l'ambassadeur, le premier, se plaça à droite, à la place d'honneur; le maréchal de France à sa gauche; l'introducteur à la troisième place, fond du devant; à côté de lui, M. le comte de Spaur[301], grand maître des postes d'Allemagne, cavalier d'ambassade; à la portière, à droite, M. le comte de Stahremberg[302], depuis prince et ambassadeur après M. de Kaunitz; à la portière à gauche, M. le comte de Mercy-Argenteau[303], depuis ambassadeur en France. Tous ces messieurs étaient en gala, habillés d'étoffes d'or et couverts de diamants. Pour M. de Kaunitz, d'après son goût pour la parure, son éloquence naturelle, sa figure distinguée, sa manière aimable mais compassée, il les surpassait tous. Sa frisure naissante, élégante, et des boucles de cheveux tombant sur les épaules finissaient par deux cadenettes de cour[304]; son habit était superbe, entremêlé d'une broderie semée de diamants, et il recueillait les louanges de tous les badauds du peuple qui criaient : « Il est beau comme un ange ! » et qui couraient pour le revoir plusieurs fois. La Tournelle avait fait monter le secrétaire de légation *ad honores* à la place d'honneur, dans le carrosse de la reine, s'était mis à côté, et le reste des places avait été rempli par d'autres cavaliers d'ambassade qui faisaient cortège.

Nous ne pûmes commencer la marche qu'à midi; elle était imprimée, on la criait à nous étourdir les oreilles. La voici plus au vrai : M. de Rocquemont, dans son grand habit d'uniforme, montant son grand cheval blanc qui est d'étiquette pour ces cérémonies, suivi de soixante cavaliers du guet en grand uniforme, ouvrait la marche avec les trompettes et les tambours; après, mon suisse à cheval ; ensuite ma voiture d'entrée à six chevaux tout caparaçonnés, mon maître d'hôtel, galonné sur toutes les tailles, seul dedans la voiture; derrière, un valet d'attelage; la voiture à six chevaux du maréchal de France; vingt-quatre pages de l'ambassadeur, habillés de velours bleu, galonnés en point d'Espagne d'argent sur toutes les tailles, montés sur des chevaux superbes galonnés de même; quatre suisses de porte tout chamarrés d'or, baudrier à épée, hallebarde en main, à pied; la musique de Son Excellence, tout en uniforme rouge galonné, à pied et jouant à certaines distances de chemin; un timbalier nègre, un timbalier blanc, deux trompettes exécutant lorsque la musique cessait. Ce groupe marchait deux à deux à cheval, et venait derrière un maître d'hôtel, qui représentait par une corpulence prodigieuse et une taille à l'avenant. Quatre valets de chambre, mis aussi magnifiquement qu'élégamment, marchaient à pied devant [six] voitures de parade. Ces voitures de parade sont distinguées : la première est en or, la seconde en argent, la troisième en rouge, la quatrième en bleu, la cinquième en vert, et la dernière en jaune pâle. Elles sont tout en glace, les ornements sont d'une prodigieuse hauteur et d'une magnificence dont les yeux sont éblouis. Chaque attelage, magnifique, suit l'uniforme de la voiture à laquelle il est mis. Dans la longueur que pouvait tenir cette suite de voitures, marchait des deux côtés la livrée de Son Excellence, faisant en tout soixante valets de pied, tout en bas de soie blancs, et vêtus en livrée bleue galonnée sur toutes les tailles en galons d'or et d'argent mêlés des six couleurs des voitures de parade.

C'était le coup d'œil le plus superbe qu'on ait vu, à ce qu'on m'a dit; car j'étais trop acteur pour rien voir.

À une petite distance suivaient quelques écuyers du roi, à cheval; ensuite le carrosse du roi, dans lequel était l'ambassadeur, à droite; de son côté, dix hommes de ma livrée, en bas de soie blancs et très bien mis, suivaient la voiture à pied. Un d'eux tenait la main à la pomme de la portière du carrosse. À gauche, du côté du maréchal, il y avait dans la même position dix hommes à sa livrée. Je n'ai que faire de dire que, pour ces sortes de cérémonies, nous avions à choisir les plus beaux hommes dans toute la livrée de Paris. Une paire de bas de soie neufs, une paire de souliers, une bourse à cheveux, des gants blancs, un louis d'or faisaient à chacun une assez agréable rétribution pour nous laisser choisir ce qu'il y avait de plus beau.

Puis : un écuyer; le carrosse de la reine; un domestique du secrétaire à la conduite des ambassadeurs, la main à la portière, de chaque côté; un carrosse de Mme la dauphine, M. le dauphin, quoique marié, n'ayant pas sa maison; un carrosse pour Mesdames de France, n'ayant qu'une maison pour elles toutes; un carrosse à M. le duc d'Orléans, un carrosse à Mme la duchesse; un carrosse à Mgr le prince de Condé; idem à M. le comte de Charolais; un cabas à Mme la princesse de Conti, car il n'avait ni mine ni façon; un carrosse à Mgr le prince de Conti fermait le cortège, suivi d'un détachement du guet à cheval. Il n'y avait alors que ces princes qui eussent leurs maisons; les princes légitimés n'y envoyaient que par tolérance, et n'y manquaient pas : je n'en fais pas mention.

Nous passâmes depuis le Trône par le faubourg Saint-Antoine, la grande rue, et fîmes le tour de la place Royale. Nous fûmes obligés de faire une pause vis-à-vis le boulevard : la santé du maréchal l'exigeait. Cette marche lente ne variait pas : toutes les fenêtres et les toits étaient garnis de monde; les mêmes compliments nous suivaient. Des pauvres indiscrets s'en mêlèrent; l'ambassadeur leur dit : « Pour cent mille écus, je ne pourrais vous donner un sol. Venez à mon hôtel demain, apportez des certificats et vous serez contents. » Il tint parole. Nous passâmes dans la rue de la Verrerie; cette rue étroite retarda la marche, sans compter que notre maréchal, sentant ses douleurs augmenter, voulut descendre; et l'affluence du monde l'empêchant d'entrer dans une allée, il fit son opération à la vue et du peuple de Paris et des regardants des fenêtres, qui crurent peut-être que c'était de l'étiquette.

Nous prîmes la rue de la Ferronnerie, la rue Saint-Honoré, le Pont-Neuf, et arrivâmes entre 5 heures et 5 h 30 rue du Bac, à l'hôtel de l'ambassadeur. Le maréchal, l'ayant conduit avec la même étiquette dans son appartement, reprit la voiture et se fit ramener bien vite chez lui. Je restai pour accompagner l'ambassadeur dans l'instant où il reçut le chevalier du guet en bottes, qui lui demanda s'il avait été content de son service. Les écuyers des princes vinrent à tour de rôle lui faire le même compliment. Je repris le carrosse du roi, qui me ramena chez moi à 8 heures du soir. J'oublie que lorsque le cortège passa devant la Samaritaine, elle ne cessa de jouer et de carillonner[305] : c'était une chose d'étiquette dans ces cérémonies, comme quand le roi et la famille royale passent devant.

J'avais pris les ordres du roi[306], prévenu les grands officiers qui devaient se trouver de service, ainsi que les dames d'honneur, le colonel des cent-Suisses, le capitaine des gardes du corps, le colonel des gardes françaises, pour se trouver à jour et à heure : tout cela ne se fait point par écrit, mais de vive voix. Mgr le prince de Pons, M. le comte de Brionne et Mgr le prince Camille de Lorraine[307] étaient les seuls princes de la maison de Lorraine reconnus en France; ils avaient le droit, seuls en France, d'accompagner les ambassadeurs à leur première audience du roi.

J'avais pris les ordres, et le roi, qui m'expliquait tout avec une bonté sans égale, m'avait dit : « C'est à M. de Pons actuellement, parce que la dernière fois, c'était M. de Brionne; et en général, si vous n'avez pas de note de Sainctot, vous pouvez vous adresser à moi. » Je lui avouai que je n'avais rien vu d'écrit. « Et La Tournelle? ajouta-t-il.

— Sire, je l'avoue, j'ai oublié de lui en parler.

— Vous le savez, faites en conséquence », me dit-il. Je rapporte ceci pour moi, et pour me rappeler la bonté avec laquelle il me traitait, et qui est gravée au fond de mon cœur, quoique je n'en aie pas besoin.

La voiture du roi vint me prendre à 7 heures. Je me rendis chez M. le comte de Pons et nous allâmes chez l'ambassadeur. Le sieur La Tournelle y était arrivé dans la voiture de la reine. Les cérémonies faites comme avec le maréchal de France, nous partîmes pour Versailles avec le même monde, et les mêmes personnes dans la voiture de la reine, en relais à huit chevaux pour chaque voiture. Nous arrivâmes à Versailles en une heure et demie, sur les 10 heures; les voitures arrivèrent entre les deux écuries. On était tous le même cortège et les mêmes acteurs qui avaient fait l'entrée à Paris, excepté le guet à cheval et les voitures des princes. La garde française et la garde suisse étaient sous les armes dans la grande cour, et nous nous acheminâmes dans le même ordre par la grande grille. Après avoir fait le tour de la cour en passant sous les fenêtres du roi, nous descendîmes à la salle des ambassadeurs, où se trouvait tout le corps diplomatique rassemblé.

Je montai chez le roi pour prendre l'heure, et je passai chez [tous les membres de] la famille pour prendre de leur propre bouche l'heure à laquelle ils donneraient audience. À l'heure dite, je vins prendre l'ambassadeur. Les voitures étaient renvoyées; mes valets de pied restaient, faisant garniture en distance égale depuis la porte jusqu'à l'escalier; les valets de pied de l'ambassadeur faisaient la même garniture jusqu'au bas. Précédés des pages de l'ambassadeur, suivis des gentilshommes d'ambassade, nous montâmes l'escalier, le prince de Lorraine à droite, moi à gauche, M. de La Tournelle précédant, le secrétaire de la légation suivant. [M. de Kaunitz] trouva sur l'escalier la garniture complète des cent-Suisses en grand uniforme, les officiers à leur tête; dans les pièces de l'intérieur, les gardes du corps sous les armes avec leurs officiers, les sentinelles frappant du pied; les deux suisses des appartements à leur poste dans l'œil-de-bœuf; le capitaine des gardes du corps de service partageait la gauche avec l'introducteur, en se mettant un pas devant lui, l'introducteur ne devant jamais quitter la gauche de l'ambassadeur pour l'instruire de ce qu'il a à faire.

Arrivés à la chambre à coucher du roi, il le trouva assis, entouré de tout son service et des grands officiers, de Mgr le prince de Turenne, grand chambellan en survivance, de M. le duc de Bouillon, son père[308], de tous les ducs, des grands d'Espagne, enfin des gens titrés. Dès que le roi aperçut l'ambassadeur, il se découvrit et se leva. L'ambassadeur, suivi et escorté du prince et de l'introducteur, s'avança suivi de son secrétaire de légation et de ses cavaliers d'ambassade; il fit trois profondes révérences à distances égales. [Lorsqu'il fut] arrivé, le roi s'assit et se couvrit. L'ambassadeur en fit autant; alors les princes, les ducs, les grands d'Espagne qui y assistaient se couvrirent. [L'ambassadeur] commença son discours; à chaque fois qu'il prononçait le nom de Leurs Majestés, soit étrangères, soit d'ici, il se découvrait; le roi en faisait autant, et tous ceux couverts les imitaient fidèlement. Le discours fini, le roi répondit. Debout, l'ambassadeur présenta ensuite le secrétaire de légation et tous les cavaliers d'ambassade, et se retira dans la même forme qu'il était arrivé, faisant trois profondes révérences.

Nous allâmes de suite chez la reine et chez toute la famille royale, faisant à peu près les mêmes cérémonies partout; le prince de la maison de Lorraine cessa d'accompagner après M. le dauphin et Mme la dauphine. Nous rentrâmes à 2 heures dans la salle des ambassadeurs; dans la salle du conseil était dressée une table de cinquante couverts. L'ambassadeur se mit au milieu, le prince de Pons à droite, et l'introducteur à gauche. Tous les gens présentés y furent réunis. Un maître d'hôtel du roi était assis en face pour faire les honneurs. Tout fut servi par les gentilshommes servants qui font leur charge à la cour; ils ont le droit de servir couverts, et se tiennent chacun derrière votre chaise. Ce sont les Suisses en uniforme qui portent les plats.

Mme de Pompadour m'avait fait dire qu'elle désirerait voir l'ambassadeur, qui m'avait fait ouverture[309]. Je savais que M. de Verneuil s'était prêté à pareille circonstance, et c'était un moyen de plaire dans un pays où je débutais. Dès qu'on fut sorti de table, je me rendis avec l'ambassadeur chez Mme de Pompadour, que j'avais prévenue. Il y avait trois sièges; il était accompagné de ses cavaliers d'ambassade; il entra seul avec moi. Elle s'assit et nous nous assîmes. Après une conversation qui eut l'air d'une visite amicale, il se leva et pria Mme la marquise de lui permettre de lui présenter les cavaliers. Ils entrèrent, on se tint debout; la conversation devint générale, et après un quart d'heure nous partîmes pour nous rendre à la salle et remonter dans le même ordre dans les voitures, excepté que je pris le fond, le prince n'y étant plus. Nous nous rendîmes dans les voitures du roi chez l'ambassadeur, et ensuite chez moi où j'arrivai à 10 heures. C'étaient les premières fois que je montais dans les carrosses du roi, et je fus obligé de donner dix louis au cocher du corps pour acquérir cet honneur.

J'ai voulu consigner tout ce détail pour ne plus parler que légèrement des cérémonies que j'ai été obligé de faire, pendant treize ans que j'ai possédé cette place. Si les fonctions en sont magnifiques, elles ne roulent que sur des misères d'étiquette, plus faites pour rétrécir l'esprit que pour l'alimenter; je n'y tenais guère que par devoir; et dès que j'ai pu me passer de renseignements, j'ai fait en un très petit volume un abrégé du cérémonial, qui a servi depuis à tous les introducteurs qui m'ont suivi. Je n'ai jamais voulu le faire imprimer : je l'ai laissé copier, et en ai déposé un exemplaire à la bibliothèque du roi, la triste position où se trouve la France ne permettant plus l'espérance de revoir ces magnificences.

CHAPITRE VIII

M. de Barassy, mon voisin à la campagne et à Paris, allait beaucoup dans une société : c'était celle de la fameuse Mme d'Épinay. M. de La Live, fermier général, avait acheté à La Barre, près Deuil, sous Montmorency, une maison et une terre; il y avait joint la seigneurie et des biens à Épinay[310]. Il s'était servi de sa fortune pour bâtir à la Chevrette un château superbe[311], dans lequel était un salon, au milieu, fait de telle manière qu'avec des ressorts il se baissait quatre tableaux et qu'à l'instant on jouissait de deux salons. Il mourut et laissa trois enfants : l'aîné fut fermier général et épousa sa cousine, femme d'esprit à tous égards[312]; le second, rempli de talents et d'esprit, se maria avec Mlle Chambon, la perdit, et ayant fait un des plus beaux cabinets de Paris, acheta la place d'introducteur du marquis de Verneuil[313]; il épousa Mlle Walquier, belle-fille de Mme Nettine, banquière de l'impératrice à Bruxelles, et belle-sœur de Mme de Laborde, femme du banquier de la cour; et ce pauvre La Live, après avoir brillé comme une fleur jusqu'à quarante ans, devint maniaque, ensuite totalement fou et est mort de cet accident au bout de trois ans.

On jouait la comédie à la Chevrette du vivant du père; on continua après sa mort. La Live y excellait; Mme d'Épinay, M. Dupin de Francueil[314], receveur général des finances, et M. Dupleix de Bacquencourt[315], maître des requêtes, y passaient leur vie. Un théâtre superbe, établi dans une orangerie, attirait la meilleure compagnie des environs. Après avoir été spectateur, on me proposa d'être acteur : j'acceptai. Alors je fus introduit dans une société charmante, remplie de talents. On remplissait les vides par la musique et les intrigues. Nous y vîmes les scènes les plus plaisantes possible, et j'en rapporterai ici quelques-unes pour ne pas les oublier.

Bacquencourt se livrait à son talent avec un enthousiasme et un zèle peu communs. On joua *Zaire*; il se chargea du rôle d'Orosmane, La Live prit le rôle de Corasmin, et la pièce allait le mieux du monde. Le souffleur se reposait sur la fidélité des mémoires et regardait dans la salle, lorsque Orosmane dit : « Mais, seigneur, si Louis... »[316] La mémoire lui manquant, il répéta deux fois : « Mais, seigneur, si Louis... » Le souffleur cherche, ne peut se retrouver, l'assemblée souffre. La Live-Corasmin, du même ton tragique, reprend : « Eh bien, seigneur, six louis font cent quarante livres... » Cette plaisanterie fut très applaudie, et les éclats de rire continuels firent laisser pour le moment la pièce. Orosmane, furieux contre La Live et contre le souffleur, fut plus de trois quarts d'heure à reprendre ses sens et à continuer la pièce.

Un autre jour, on annonça *le Glorieux*[317]; M. d'Épinay se chargea du rôle de Lysimon : il était jeune, mince, élancé, et Lysimon est un financier qui doit avoir un ventre; on en commanda un à Paris, tout en crin, qui s'ajustât avec des courroies. Il était 1 heure, et la représentation était annoncée pour 5 heures; tout était prêt, excepté que le ventre n'arrivait pas. « Comment, criait d'Épinay, jouer ce rôle, aussi mince que je le suis! » Il pleuvait; on se détermina d'envoyer un postillon à cheval, pour rapporter le ventre avec lui; il part, et revient avec le gros ventre enveloppé dans une serviette. On commence, et Lysimon paraît avec son énorme embonpoint. Il n'est pas à la seconde scène qu'un murmure général, des ris, des applaudissements l'interrompent; tout le monde, tous les acteurs regardent; voici le fait : le maudit ventre était couvert, du côté de la chemise, en peau; le reste était en crin couvert et piqué en toile. Le postillon, en le portant sous son bras depuis Paris, l'avait laissé aux injures de la pluie, et il était comme une éponge. La nécessité de jouer avait fait passer d'Épinay sur l'incommodité du mouillé; mais dès que le ventre avait été serré dans l'habit, il rendit toute l'eau qu'il avait bue, d'une manière si singulière que les spectateurs pouvaient prendre la chose pour une copieuse évacuation d'urine. Le lieu, l'incident, les ris, tout cela rendit le spectacle beaucoup plus gai que la pièce la meilleure dans ce genre.

Un des voisins dans la vallée brigua l'honneur d'être de la troupe. C'était un jeune homme de dix-huit ans, d'une assez jolie figure, plein d'ardeur, de feu, mais peu aguerri pour un auditoire imposant. On jouait je ne sais quelle pièce de Dancourt; à la dernière répétition, qui n'était que trop nombreuse, le jeune amoureux arriva avec grâce; il devait commencer à mettre un genou en terre aux pieds de son amoureuse : tout va bien jusque-là. Il commence : « Charmante Angélique... Ne me soufflez pas... Charmante Angélique... Je le savais si bien tout à l'heure... Charmante Angélique...[318] » Ce monologue dura de telle manière que tout le monde rit aux éclats; mon homme, démonté, n'en restait pas moins et se frottait la tête. À la fin, il fut décidé qu'un autre prendrait le rôle, et il fallut qu'il renonçât à ce talent qui n'était pas encore né.

Lemierre, l'auteur de *Guillaume Tell*[319], faisait des vers comme beaucoup d'auteurs de nos jours, à qui j'ai vu mettre dans leurs portefeuilles des tirades qu'ils composaient sur des objets moraux, tels que la bravoure, le désespoir, l'amour, quitte à les intercaler dans une scène tragique, au premier ou au cinquième acte, la chose leur étant égale. Lemierre était un jeune homme, le meilleur enfant du monde, qu'on souffrait pour sa bonhomie, sa bonne volonté, sa complaisance, et son peu de fortune. On le chargea du rôle du marquis dans *le Méchant*[320], que Francueil faisait avec distinction. J'arrivai à la cinquième répétition : le marquis s'en tirait si mal, si bourgeoisement, que M. d'Épinay et tous les acteurs me prièrent de m'en charger; Lemierre lui-même m'en pria; je me mis à apprendre le rôle, mais son amour-propre avait fait un trop grand effort : on le surprit dans le parc, pleurant très tragiquement. À la première répétition que je fis, il se battait la tête contre les coulisses. Je sacrifiai ma mémoire et ne voulus plus me charger du rôle; tout le monde m'approuva; il était ainsi, et il s'en tira mieux qu'on ne l'avait cru.

M. Caze, fermier général[321], que l'on surnommait le beau danseur, voulut paraître : on arrangea *l'Oracle*[322]; il dansa une entrée dans le genre de Dupré[323]. Le ballet fut redemandé; les cadres augmentés, j'y fus admis : vêtu des habits de l'Opéra, un masque sur le visage, comme ils s'en servaient alors, je secondai Caze, après une entrée, seul et ensuite dans un pas de deux. Ce fut la seule chose où je fus utile dans ces plaisirs, et je revins à Paris.

Ici commence une aventure qui a beaucoup influé sur le reste de ma vie. L'indifférence, la crainte d'un attachement sérieux avaient conduit mes pas. Fou des femmes, je ne comptais que la jouissance depuis ma marchande de galons, à laquelle j'avais été plus attaché par reconnaissance, vu la disproportion d'âge. Je ne m'étais fixé à qui que ce soit : Mlle Guéan, de la Comédie-Française[324], la plus jolie créature possible, morte au grand regret de tout Paris de la petite vérole cinq ans après, n'avait pu obtenir de ma constance un seul instant. J'étais effrayé du titre d'entreteneur, méprisais le rôle; si je jouissais pour mon argent, je voulais l'oublier et l'effacer de ma mémoire. Nous soupions tous les vendredis à l'hôtel du payeur avec le baron de Vioménil, le comte d'Ourches et le marquis du Hautoy : on pouvait appeler ces soupers de bonne compagnie dans le genre où nous vivions; c'étaient Mlle Brillant, Mlle Grandval[325], Mlle Guéan, enfin tout ce qu'il y avait de mieux à ce spectacle. Un jour, Mlle Guéan accepta ma voiture pour la ramener; tête à tête, elle entra dans sa position : elle vivait pour le present seule, et ne demandait pas mieux que de s'attacher à quelqu'un qui voulût suppléer aux dépenses du spectacle. J'avais gagné; galamment, je lui remis deux rouleaux de cinquante louis. Nous montâmes chez elle; c'était la plus jolie et la meilleure enfant possible; j'obtenais d'elle toute les faveurs possibles, à condition que je ne donnerais que cinquante louis par mois; les mois étaient payés d'avance. Mais on exigeait un attachement constant — si quelqu'un lisait ceci, il se moquerait de moi —; je laissai les cent louis, montai dans ma voiture et m'en fus, plutôt que de donner une parole que je ne pouvais tenir. Elle a été entretenue depuis par M. Papillon de Fontpertuis, intendant des menus, qui lui fit laisser une fortune à l'instant de sa mort.

Mlle Félix, ma cousine, qui demeurait avec moi chez ma grand-mère, était plus âgée que moi de dix ans : les plus beaux yeux possibles, un tour de visage charmant. Je lui avait donné tout mon attachement; comme elle me traitait avec la plus grande amitié — et si des prétentions [de sa part] ne m'avaient pas fait sentir de quelles conséquences il était pour moi de ne pas s'amuser à filer le parfait — je lui ai rendu des soins assidus, jusqu'à ce que je l'aie perdue dans un âge avancé; et son amitié ne s'est pas démentie un instant, puisqu'elle m'a laissé par testament la moitié de sa fortune.

Mme Brissart[326], fille d'un fermier général et femme d'un fermier général d'une fortune immense, logeait anciennement chez son père, dont la fortune ne venait que de Mme de Pompadour, dont ils étaient parents, rue Sainte-Anne, vis-à-vis des Nouvelles-Catholiques[327]. Ses deux frères avaient été élevés avec nous : l'un était destiné à avoir la place de son père, l'autre était dans le service. Les deux sœurs avaient été mariées, l'une à un premier valet de chambre du roi, l'autre à un fermier général, fils d'un fermier général.

Mme Brissart, née avec une figure faite pour plaire à tous les hommes, avait des yeux charmants, la bouche petite, le nez un peu fort, mais la figure animée et qui s'exprimait au moindre mouvement d'une manière charmante. Petite, mais d'une taille pleine de grâce, elle avait le pied et la main les plus beaux possible; son caractère était charmant; elle avait de l'esprit, une manière de raconter, une tournure spirituelle, élégante. Elle fixait qui elle voulait. Voulant jouir et s'attacher par manière d'acquit, elle commença par fixer tout ce qu'il y avait de joli et d'élégant à Paris; l'aventure d'un marquis d'Égreville, dont on trouva le chapeau sur son lit, avait fait parler la ville et la cour. Son mari, fort dépensier, fort magnifique, portait sa nullité aux filles de grand ton. Elle savait son secret et le conservait pour cette raison : c'était un impuissant dans l'étendue du terme[328], mais il était connu pour ses espérances d'homme ayant des désirs, et qui voulait jouer le rôle d'entreteneur et d'homme à bonnes fortunes. Sa propre sœur avait pris, étant fille, une amitié tendre pour son cousin Teissier, celui qui m'avait si bien monté en cavalerie; elle était dans la position malheureuse de l'épouser, lorsque M. Brissart le père se fâcha, éloigna son neveu, et pour un million, la fit prendre à M. le comte de Thiard, homme d'esprit qui en a eu une fille, qui a épousé M. de Fitzjames[329]. Cette femme a bien vécu avec son mari, qui a opposé un caractère ferme à celui de sa femme; elle est morte au bout de six ans de mariage.

L'époque où je fis connaissance de Mme Brissart était au moment de la mort du père. Tout était réuni rue Plâtrière, hôtel Bullion, actuellement réuni à la poste. Cette maison superbe se ressentait des richesses immenses qu'avait laissées le père. Son frère, mon ami, m'invita de sa part à venir chez elle; il m'aimait, et il fit tout ce qui dépendait de son amitié pour me mettre bien dans son esprit. Je ne tardai pas à sentir le prix de ce qu'elle valait : son esprit était un besoin pour moi; sa tournure, sa gaieté m'attachaient sans que je m'en doutasse; insensiblement, je comptais les moments qui me séparaient d'elle : je n'étais admis que de certains jours, soit chez elle, soit aux loges qu'elle avait aux spectacles. Je ne tardai pas à m'apercevoir que le comte de Tourdonnet, écuyer du roi, son favori à la chasse, beau, grand, bien fait, était le tenant dans la maison. Dès qu'il arrivait, il prenait place à côté d'elle; tous les hommages, les soins étaient pour lui. Dès qu'il était à Versailles, je commençais à être compté pour quelque chose; mêlant avec une adresse inconcevable la volupté et l'amabilité, elle m'accordait tout et ne m'accordait rien. Enfin, attendant d'être totalement heureux, elle trouva tant de douceur, d'honneur dans mes manières que, voulant me fixer, elle finit elle-même par prendre une passion pour moi qui a fait pendant quatre ans mon bonheur, quoique traversée de beaucoup d'infidélités dont je n'ai pu douter. Ô femme charmante dont l'impression douce ne s'effacera de ma vie, je vous pardonne tout, parce que vous êtes devenue jalouse, et que je vous l'ai rendu; mais la nature, rare dans ses chefs-d'œuvre d'amabilité, ne prodigue pas à toutes les femmes les moyens de plaire. Instruite par main de maître, vous aviez tous les talents : musicienne vous jouiez de la harpe comme une virtuose, vous chantiez avec un goût exquis; si vous dansiez, tous les yeux se portaient sur vous; si vous badiniez avec le crayon ou le pinceau, vous faisiez des chefs-d'œuvre; fallait-il parler sciences et art, fallait-il se rendre maîtresse d'un cercle, vous captiviez tout ce qui vous entendait, ramenant tout à la gaieté. Je vous regardais comme un petit sultan : vous n'aviez qu'à jeter le mouchoir; hommes, femmes, tous l'auraient ramassé comme un gage précieux pour obtenir vos faveurs.

Je m'aperçus d'une foule d'adorateurs que je crus aussi bien traités que moi. Je voulus m'éloigner : la chose était au-dessus de mes forces. Les préférences, dès que celui en titre n'y était pas, étaient pour moi : un pied sur le mien m'empêchait de me distraire un moment. Animant la conversation à table, au jeu, elle me mettait en jeu et me formait à un usage du monde et une adresse que je ne tardai pas à acquérir. Je crus me douter que le prince de Monaco, le marquis de Donnezan[330], son beau-frère, pouvaient avoir eu les mêmes droits; son amitié me ramenait comme un enfant. Voulant la rendre heureuse, je dévorais mon chagrin jusqu'à ce que l'espérance d'une jouissance, qui se bornait à tous les préliminaires possibles, m'eût calmé et que, rentré chez moi, j'eusse reçu ses lettres et j'y eusse répondu.

Jamais elle ne se couchait avant 5 heures du matin, et presque tous les jours [elle donnait] un très grand souper, excepté les jours qu'elle allait chez ses grands-parents ou allait faire des visites. Quand l'homme en titre n'y était pas, je restais le dernier, et nous ne nous retirions qu'à la fin de la nuit, elle pour appeler ses femmes, et moi pour monter dans ma voiture. Toujours dans sa loge, quand Tourdonnet était à Versailles, elle me ramenait dans sa voiture, soit chez elle, soit chez ses parents. Combien de fois, caché dans sa grande berline, n'ai-je pas fait des visites avec elle, pendant cinq heures, sans en descendre et me cachant des flambeaux! À son retour, nous prenions notre temps, comme des enfants fort amoureux l'un de l'autre.

Toute sa société — et elle était fort nombreuse — ne tarda pas à s'apercevoir de l'intérêt qu'on prenait à moi dans la maison; le seul Tourdonnet ne s'en doutait pas : toujours à Versailles, il me voyait peu et redoublait d'amitié pour moi. Je paraissais pour lui l'homme sans conséquence. On me peignit ainsi tous les autres qui venaient avec même prétention; ils mettaient pour ne pas la fâcher un usage du monde qui finissait par me faire donner la préférence. L'art qu'elle avait de faire valoir celui qu'elle aimait en faisait les frais : elle se comportait de [telle] manière que plus je la voyais, plus je l'aimais. Ce n'était pas une de ces passions frivoles qui se comportent selon les circonstances : c'était une gaieté, une adoration dans l'imagination, lorsqu'elle aimait, qui mettait un prix fou à tout ce qu'elle se permettait.

Mme Brissart avait dans son intérieur un luxe digne de Cléopâtre, une magnificence dans ses habillements, une recherche dans son linge et dans sa toilette, dont on ne peut se faire une idée. Les plus belles dentelles étaient ce qu'il y avait de plus simple. Jamais je ne me suis trouvé tête à tête avec elle que, y compris dans le boudoir, cinquante bougies ne brûlassent toute la nuit. Les odeurs les plus exquises étaient prodiguées, excepté le musc dont elle ne permettait pas l'usage. Connaisseuse en vins et en choses exquises, elle en usait en jolie femme, sans jamais en abuser; tenant tête quand il le fallait, sa gaieté faisait les frais, et mesurant ses forces pour résister, elle s'arrêtait en engageant les autres. Je l'ai vue plusieurs fois me dire : « Je les tiendrai deux heures à table sans qu'ils s'en doutent », et me tenir parole. Je l'ai vue les faire souper en poste, les renvoyer de bonne heure sans s'en douter et sans s'en fâcher, parce qu'elle avait monté sa tête pour me voir de meilleure heure. Mais, tôt ou tard arrivé, je ne me retirais jamais avant 5 heures du matin. Si j'avais été [son] seul [amant], je n'aurais pu y résister; je pris mon parti de ne pas insister sur le sacrifice de l'amant en titre; c'était un mari pour moi, et que n'aurais-je pas fait pour prolonger un bonheur qui me remplissait tous les moments et me tenait dans le désir?

Un ami de son mari, le chevalier de Fontanieu; Saint-Amant, fermier général; d'Augny, aussi fermier général[331], ayant la passion des chevaux et des diamants; un Suédois, le baron de Pless, dont je vais rapporter l'histoire, étaient les intimes.

Le baron de Pless, grand seigneur, était venu pour passer au plus quinze jours à Paris; il s'y trouva si bien, qu'il y était depuis trente ans. Il tirait son revenu, vivait tranquillement, doux, complaisant, aimable. Quoiqu'âgé alors, il fournissait par sa complaisance tout ce qu'on exige dans la société. Un tic qu'il avait le rendait assez particulier : du moment qu'il voyait une personne se passer plusieurs fois la main sous le menton, il lui prenait un sourire; si l'on continuait, malgré lui les sourires devenaient convulsifs, et le faisaient trouver mal jusqu'à ce qu'il eût perdu connaissance. Des jeunes gens imprudents aux spectacles et aux jardins publics l'avaient poursuivi de cette manière, et pour éviter pareil accident, il s'abstenait de tout lieu public. Il est mort à Paris.

Une Mme la baronne de Grevenbroch, se disant fille de M. le duc de Berry[332], ayant épousé un petit bossu, ministre palatin, était de la société ; Milord Albemarle[333]; sa maîtresse, Mlle Lolotte, depuis Mme la marquise d'Hérouville[334]; le duc de Richmond[335] et son frère Fitzroy[336], neveux d'Albemarle, ambassadeur d'Angleterre, y passaient leur vie. Ses parents en femmes, quelques autres femmes faisaient le fond de sa société, mêlée de temps en temps de femmes de tous les états. M. le prince de Monaco ne pouvait guérir de l'envie qu'il avait de se l'attacher; je l'ai vu au sortir de l'Opéra, moi caché au fond de la berline, monter à la portière, s'expliquer, redemander des faveurs, enfin se permettre toutes les extravagances d'une tête bien éprise.

Je continuais pour mes parents la même vie. Les samedis, dimanches et lundis, je ne paraissais pas chez Mme Brissart : j'allais à Saint-Leu; d'Osmont, du Hautoy, Chailly étaient toujours du voyage. Les autres jours, quand je ne dînais pas chez elle, je dînais chez mes parents ou chez les ministres étrangers, ce que j'évitais le plus que je pouvais. Ma grand-mère était attaquée d'une infirmité qui l'obligeait à se faire lever à 4 heures du matin; je ne sais quel nombre de fois je l'ai trouvée dans la même position. Souvent épuisé, fatigué, mes gens me conduisaient au lit tout endormi. Je m'épuisais, m'anéantissais, et pour éviter des sermons bien justes en pareil cas, j'étais toujours habillé à 10 heures, et j'en étais quitte pour serrer outrageusement mon col pour éteindre la pâleur extrême qui me tenait.

J'aimais M. de Saint-Contest, il me traitait avec distinction. Je vais à Versailles le premier mardi de juillet : Mme Brissard était à la campagne. Je partis de là pour Saint-Leu, où mes amis m'attendaient pour y rester jusqu'au départ de Compiègne. J'y arrive le lundi, cours au lever du roi; à peine arrivé, le roi m'appelle : « Dufort, on a ouvert Saint-Contest : savez-vous qu'il avait un squirrhe au foie, qui gagnait tellement que ses contractions au visage augmentaient? » Là-dessus, il me fit un détail savant de l'ouverture du pauvre homme, ce qui me donna le temps de me remettre de la mort d'un homme que je croyais trouver en place. Je me suis dit cent fois : « Pourquoi un roi doué des qualités les plus sociales, les plus honnêtes, paraît-il aussi insensible à la mort de ceux qui l'environnent? » — car j'en rapporterai plusieurs exemples. Je n'ai pu trouver que cette solution : un roi a continuellement à voir un tableau mouvant; son service intime, comme celui de l'extérieur, change tous les trois mois; c'est pour lui ce qu'est pour l'homme ordinaire une lanterne magique. Mais ce qu'il a au-dessus du commerce des hommes, c'est qu'il ne meurt pas une personne de ceux qui l'entourent, qu'il n'ait une place à donner. Il fait un heureux, tandis que celui qu'il perd, il l'efface par le changement continuel très facilement de sa pensée. M. Rouillé[337] fut appelé pour remplacer M. de Saint-Contest; petit d'esprit et de corps, il était arrivé par un travail assidu, comme un commis dans les bureaux. C'était le meilleur homme possible, et il fut pris par le corps diplomatique pour ce qu'il était et ce qu'il valait.

Le voyage de Compiègne fini, je repris pendant six semaines, c'est-à-dire jusqu'au voyage de Fontainebleau, ma vie ordinaire, les mardis à Versailles, quelquefois dans la semaine. Il existait alors une étiquette, conservée depuis Louis XIV : dans la semaine, aucun ministre étranger ne pouvait se transporter, sauf le mardi, à la cour, avant d'en avoir prévenu l'introducteur, pour empêcher toute manœuvre secrète. Les ambassadeurs d'Espagne et de Naples, comme ambassadeurs de famille, étaient exceptés. Le ministre des Affaires étrangères m'en instruisit de la part du roi : c'était pour un petit Sorba[338], ministre de Gênes, qui ne plaisait pas et qui ne bougeait de Versailles. Mais sur chose pareille je n'avais d'ordre à prendre que du roi, et je n'hésitai pas à lui en parler; il me répondit : « C'est le droit de votre place. » Cela me suffit, et en quinze jours je rétablis cette étiquette. Chaque ministre me faisait savoir s'il allait dans la semaine à Versailles.

Une autre étiquette était que, lorsqu'un ambassadeur voulait voir jouer les eaux de Versailles, il s'adressait à l'introducteur qui, ayant pris les ordres du roi, prenait un jour d'absence de la cour. M. le marquis de Saint-Germain, ambassadeur de Sardaigne, fut le seul que j'accompagnai, m'en étant dispensé dans la suite. Les eaux jouèrent, les calèches traînées par les Suisses nous transportèrent partout; je dis *nous*, car lui, sa compagnie et moi faisions en tout seize personnes, montées chacune dans une petite calèche à une place, en velours cramoisi, galonnée et festonnée en or. On nous fit tout voir : les fontainiers, les inspecteurs des jardins, les artistes restaurateurs des marbres s'y trouvèrent. C'est une journée des plus pittoresques et des plus instructives que j'aie passée de ma vie.

Mon temps était tellement rempli qu'il ne me restait pas un instant, et je m'éloignais insensiblement de ma société du Marais, dans laquelle je vais faire une petite incursion pour n'y plus revenir. Vis-à-vis de chez moi logeait un vieux marquis d'Ombreval, avec une femme encore fraîche, et une fille très grande et très vieille. M. d'Ombreval, ayant la croix de Saint-Louis, petit-fils du lieutenant de police après les Argenson[339], vivait très succinctement chez lui et passait sa vie chez Mme la présidente Chavaudon[340]. La chronique disait que c'était une vieille inclination réciproque. Bref, il était le maître dans cette très bonne maison. Le président Chavaudon était un petit homme tout rond qui n'était ni Cujas, ni Barthole, ni même capable de prononcer autre chose que ceci : quand il arrivait dans un salon, il s'approchait, disait à chacun :

« Bonjour, comment vous portez-vous? J'en suis bien aise », sans attendre même la réponse si on se portait mal. Mais la maison était excellente. Il demeurait rue de Paradis, à côté de l'hôtel Soubise.

Cette immense maison était partagée avec un autre locataire, M. et Mme de Flesselles. M. de Flesselles le père[341] avait fait une fortune brillante au Système; la chronique de nos parents était qu'après avoir commencé à monter derrière le carrosse, en six semaines il s'était trouvé dedans, et ce qui confirmait ce récit, c'est que tout le monde convenait que sa femme était fille du loueur de chaises de la Merci. La ressemblance de nom avec une famille ancienne lui fit faire des sacrifices, et un beau matin, il se trouva dans la famille des Flesselles. Le mari et la femme étaient tous deux gens de beaucoup d'esprit, et réunissaient chez eux la meilleure compagnie du Marais, dont la base était la robe et les vieux officiers. Ils ont laissé deux enfants; le garçon a été conseiller au parlement[342], maître des requêtes, intendant à Lyon, ensuite prévôt des marchands : il a fini ses jours au commencement de la Révolution. Cet homme, avec du talent, petit, mais d'une jolie figure, avait épousé Mlle Pajot, la fille de l'intendant d'Orléans; elle était veuve de M. le président de Motteville[343]. L'un et l'autre avaient le talent de la grande représentation; sans enfants, ils poussaient leurs dépenses à un luxe étonnant; il n'était bruit à Lyon que de sa magnificence et de son goût pour les femmes.

Je veux me rappeler ici une aventure qui lui arriva à la Comédie. Il était dans la loge de l'intendance entre deux jolies femmes, entre autres une à qui l'on savait qu'il avait fait sans succès une cour assidue. L'éventail de la dame étant tombé, l'intendant se précipita pour le ramasser; le parterre, qui examinait tous les mouvements, fut fort étonné de voir la dame appliquer à M. l'intendant un soufflet à tour de bras. Le premier mouvement fut le silence de tous ceux dont les yeux étaient fixés sur la loge. Enfin, se rappelant la manière dont cette dame avait reçu ses soins, le parterre, les loges, tout se mit à applaudir. Flesselles ne perd pas la tête, s'avance au bord de la loge, fait signe qu'il veut parler; on se tait, il leur dit : « Messieurs, vous avez grande raison, ainsi que madame, car je lui ai manqué très fort de respect, soyez-en certains. » Tout le monde de rire, et la dame, fort embarrassée, n'eut qu'une contenance très dépitée.

Ce fut sur lui qu'on fit ce conte en vers d'une jolie personne qui lui présentait un placet pour une maladie; et M. l'intendant, l'ayant fait entrer dans son cabinet, ne voulut lire le placet qu'après avoir rendu hommage à sa figure... ce qui le rendit très malade. Il a été le premier magistrat tué à la Révolution.

Je voyais Mme la marquise de Brion, née Pomereu[344], ses enfants, M. le marquis de Brion-Marolles[345], officier retiré, ayant une excellente maison; il avait épousé Mme Le Couturier. M. de Bonneuil, conseiller au parlement[346], était allé [avec moi] à une terre du Fresnoi, appartenant à M. de Marolles, à deux lieues du Tilloloy, alors possédé par le marquis de Soyecourt. Ce fut dans ce voyage, où étaient le marquis et le chevalier de Sarcus[347], officier aux gardes, et qui sont restés mes amis, que Mme de Marolles donna des signes évidents de folie qui l'ont privée de la société et ont fait briller les vertus du mari.

J'allais dans l'Île chez ma grand-tante, Mme Le Boulanger, et ses enfants, M. et Mme Charpentier de Vilziers[348], où toute l'Île se rendait. J'allais à l'hôtel Pelletier. Dans ce temps, la robe se tenait singulièrement : c'était tout un autre monde, tout un autre ton. J'allais à Deuil, au-dessus de Saint-Leu, chez Mme Chavaudon. Ainsi, j'eus le temps de connaître tout ce qui a joué un rôle depuis : Bochard de Saron, premier président, Le Pelletier de Mortefontaine, depuis prévôt des marchands. Nous faisions des parties très gaies, quoique ces messieurs, habitués à une étiquette de robe, voulussent y mettre tout le secret de la décence. Ma cousine Le Boulanger ayant épousé M. Pinon[349], président à mortier, je fus un des garçons de la noce, sans me plaindre de ce qu'on m'avait mis sur les rangs pour elle.

Le voyage de Fontainebleau fut brillant; mon appartement était superbe, près du château. Les spectacles furent du plus grand beau, tous les artistes y étaient appelés. Le roi jouissait par manière d'acquit. Il était blasé sur toutes ces magnificences. Le changement de lieu, la jouissance de la chasse, où il allait tous les jours excepté les dimanches et fêtes, force soupers dans les petits appartements, les conseils et le travail des ministres remplissaient tout son temps. Mme de Pompadour aimait les arts : elle ordonnait tout, et la reine décidait ou croyait décider les spectacles et les pièces. Elle fit une réponse sublime à Papillon de Fontpertuis[350], intendant des menus, qui, en lui présentant la liste des pièces, n'osait nommer *le Cocu imaginaire*[351] : il l'avait laissé en blanc. Elle l'interroge, et le force à dire le nom. « Apprenez, monsieur, lui dit-elle, que ces sortes de mots ne peuvent choquer la pudeur de mes filles, et qu'il vaut bien mieux jouer devant elles ces excellentes pièces que toutes ces pièces à sentiment dont nous sommes inondés. »

Jelyotte[352], le plus grand chanteur de l'Europe, faisait en ce temps-là les délices de la cour et de la ville. Homme à bonnes fortunes, il était traité [par les femmes] aussi bien qu'il l'était à l'Opéra par le public. Du moment qu'il chantait, il se faisait un silence involontaire qui avait quelque chose de religieux. Son timbre, d'une haute-contre parfaite, remplissait tellement, que certains sons étaient aussi brillants que s'ils sortaient d'une cloche d'argent. Il avait une prononciation si nette, si bien détaillée, en prononçant dans son chant ses syllabes, qu'on ne perdait pas le moindre mot. Sa voix dans *Pygmalion* couvrait tellement le chœur qu'on n'a jamais entendu rien de pareil; et dans *Zoroastre*[353], tout Paris courait entendre, au milieu du tonnerre : « Ciel ! Thémire expire dans mes bras ! »

Neveu d'un chanoine de Toulouse, il avait reçu la meilleure éducation; destiné à le remplacer, il avait été enfant de chœur, ensuite attaché aux archives du chapitre. M. [354], qui passa, fut frappé de la beauté de sa voix; Jelyotte le suivit, renonça au canonicat, et en un an fit les délices de Paris, ce qui a continué et augmenté jusqu'à sa retraite, en 1756. Doux, complaisant, aimable, jouant tous les jeux et les aimant; s'étant fait une étude de la langue italienne, il avait une bibliothèque en ce genre superbe; vivant dans la plus grande compagnie, ne s'attachant qu'à ce qui était du plus haut parage, on lui prêtait des airs que sa figure ne lui permettait pas. Petit et mal fait, il avait des yeux d'un brillant, d'un feu qui augmentait dès qu'il chantait; aussi aimable à souper, il intéressait de telle manière que, quelque monde qu'il y eût dans un salon, involontairement tous se rapprochaient et faisaient cercle pour l'entendre.

Je pèse un peu sur toutes ces circonstances, parce que l'ancienneté de notre amitié, qui a commencé à cette époque, ne s'est jamais démentie; qu'il a actuellement plus de quatre-vingts ans et que, malgré les circonstances et l'éloignement — il est à Oloron, Basses-Pyrénées — notre amitié ne s'est pas ralentie, ainsi que notre correspondance; qu'il n'y a que cinq ans qu'il a cessé de venir à Paris, et qu'en allant et revenant, il ne cessait de me donner à chaque [voyage] quatre ou cinq jours qu'il retirait du théâtre et du grand monde. Je l'ai toujours vu dans une société intime : il partageait sa vie entre le feu prince de Conti, qui l'aimait, et moi chez qui il dînait tous les jours, soit chez l'un, soit chez l'autre, et nous passions presque toute notre vie ensemble.

CHAPITRE IX

Quand on a vécu longtemps et qu'on examine les mœurs d'une ville immense comme Paris, dans un temps calme où les lois et la police sont en vigueur tel que le règne de Louis XV, toutes les sociétés sont des coteries, à commencer par la cour. Mme de Pompadour avait sa coterie; malgré la foule de courtisans qui l'entouraient, le roi avait sa coterie : le duc de La Vallière[355], le prince de Soubise[356], le marquis de Chauvelin[357], la marquise de Livry, la maréchale de Mirepoix, etc. Tous faisaient sa partie le soir, soit au whist ou au tri. Le roi aimait à gagner, et jouait aux voyages de Marly les jeux de hasard plus en particulier qu'en roi. Il était le plus connaisseur du royaume en espèces : un rouleau de cinquante louis où il y aurait eu un louis faux ou un louis de moins était rejeté par lui avec une promptitude et une sagacité sans exemple. Généreux pour ceux qui l'entouraient à la chasse, il faisait à ses écuyers de magnifiques présents de porcelaine de Sèvres dignes d'un roi. Un d'eux, le marquis de Villepail[358], qu'il avait marié, jouait et perdait; il le vit triste à la chasse, il le questionna : l'autre osa lui tout avouer. C'était la veille du jour de l'an; le roi lui envoya le lendemain une superbe écuelle de Sèvres dans laquelle il y avait mille louis en or.

Bontemps, le petit-fils de tous les Bontemps valets de chambre du roi sous Louis XIV, ne venait que de prendre seize ans[359], et on attendait avec impatience qu'il eût l'âge, pour remplir la place que le roi lui avait conservée. Le roi aimait les enfants, polissonnait avec lui; et le jeune homme, sans trop se familiariser, se prêtait de bonne grâce aux plaisanteries royales, qui finissaient par le faire pleurer Car le roi, qui comme les enfants ne connaissait pas dans les jeux combien il pouvait faire du mal, lui tirait rudement les oreilles.

Presque toujours dans l'intérieur, nous étions présents à toutes ces scènes où nous n'étions que spectateurs. Un jour Villepail, jeune et polisson, accompagne le roi à son débotté; lorsqu'il fut fini, le roi se leva, et traversant son cabinet, sa vraie chambre à coucher, passa dans la pièce avant son cabinet intime, et entra dans l'intérieur pour descendre chez Mme de Pompadour. Cette scène se passa à Versailles. Dès que le roi fut parti, l'intérieur devint une arène de polissonneries entre Bontemps et Villepail; il avait son fouet de poste, s'en servit, et voyant Bontemps prendre le fouet de chasse du roi, s'enfuit dans l'intérieur par l'escalier; Bontemps, qui ne put croire que l'autre fût parti si vite, se posta derrière la porte de la vraie chambre à coucher et s'enveloppa dans la portière, le fouet sur l'épaule. Il n'est pas un quart d'heure en sentinelle que le roi, qui avait donné rendez-vous à M. d'Argenson pour travailler, arrive précipitamment; l'étourdi Bontemps ne reconnaît pas la marche du roi et se développe de la portière, le fouet en l'air. Il reste pétrifié. Le roi le devine, le prend par l'oreille et le traîne ainsi deux ou trois pieds. Bontemps criait : « Sire, pardonnez-moi! c'est Villepail qui m'a battu, je croyais que c'était lui! » Le roi ne le quitta que quand il fut las de le secouer et de rire beaucoup de la punition. Je rapporte ce fait pour faire voir qu'un roi est un homme pour son valet de chambre.

La coterie de la reine était chez Mme la duchesse de Luynes; c'étaient le président Hénault, Moncrif, beaucoup de dévots et toutes les dames validés de la cour. On y jouait les jeux de commerce, et la reine tenait son cavagnol[360] depuis 7 heures jusqu'à 9 heures. Le dauphin, la dauphine, Mesdames venaient régulièrement y faire une ou deux mises. On était admis à voir ce triste spectacle, mais excepté quelques vieux courtisans, quelques officiers des gardes du corps et quelques capitaines aux gardes, personne ne se souciait de cette triste partie.

Mme la dauphine, née Saxe, était la femme la plus jalouse du royaume. Assez revêche dans son service, elle était peu aimée. Le dauphin, attaché alors aux jésuites, était fort surveillé par une femme tenant aux mœurs; il avait voulu jeter le mouchoir à la marquise de Belsunce, jolie comme un ange ; il avait distingué la marquise de Tessé, née de Noailles, faite pour plaire; mais dès ses premières démarches, il avait été dépisté par sa femme[361]. Esclave de ses devoirs, il y a péri comme je le dirai ci-après. Plusieurs fois introduit dans son intérieur, pour des éclaircissements qu'il me demandait, j'ai été à portée d'en juger. J'ai vu la dauphine assise devant un métier, travaillant au tambour, dans une petite pièce à une seule croisée dont le dauphin faisait sa bibliothèque; son bureau était couvert des meilleurs livres qui changeaient tous les huit jours. M. le comte de Lusace, frère de Mme la dauphine[362], l'air commun et très bourgeois, était assis sur un tabouret ou sur une chaise, le dauphin se promenant ou s'asseyant de même. Je me suis surpris plusieurs fois causant comme si j'avais été dans une société bourgeoise.

Le dauphin avait une société de menins distingués : c'étaient M. Du Muy[363], mort maréchal de France, M. de Laval[364], tué à la bataille d'Hastembeck, le comte de Gramont, myope, mais bon et excellent homme. Le dauphin avait une conversation suivie, instructive, aimable; personne comme lui ne donnait mieux audience aux ambassadeurs. Sachant les intérêts des États, connaissant toutes les familles de l'Europe et les différentes productions des pays, il mesurait la force de ceux à qui il parlait, et avait l'adresse de rendre la conversation générale sans la trop prolonger. Chantant de grands airs, jouant du clavecin et aimant la musique, je l'ai vu gai dans son intérieur, mais d'une gaieté décente et du meilleur ton. Un jour de la procession des cordons bleus, il avait vu la veille une pièce de Sedaine, *le Paysan et son seigneur*[365], où le paysan demande sa perruque parce que le seigneur va arriver; il la joua si plaisamment pour mettre sa perruque, qu'il fit rire aux éclats tous ceux qui y étaient par la verve avec laquelle il rendait la scène, sans cependant qu'on pût en tirer la conséquence du moindre ridicule.

Mesdames menaient la vie le plus triste et la plus uniforme possible. Tous les jours en habit de cour, pour aller chez le roi et l'accompagner à la messe, elles venaient chez elles attendre un dîner où elles représentaient en public; se deshabiller ensuite pour reprendre la même robe de cour, et se trouver au débotté du roi, et ensuite au jeu de la reine. Quelques dames de leur suite étaient admises dans l'intérieur pendant leur semaine : Mme la marquise de Narbonne[366] plaisait à Madame Adélaïde, qui joignait à une physionomie animée et intéressante tous les moyens de rendre un homme heureux, qui avait des talents et s'en occupait; elle n'avait que la différence de séjour pour dissipation. M. le dauphin, qui étouffait son tempérament par des mœurs austères, était un surveillant pour elles toutes. Le roi faisait pour ses enfants comme les prédicateurs : « Faites ce que je dis et non pas ce que je fais. » Ces dames avaient encore le séjour de temps à autre de leur sœur, Madame Infante, tous les deux ans. Madame Adélaïde peignit bien sa situation à une des dames qui l'accompagnaient de semaine; cette dame se plaignait d'être habillée et deshabillée quatre fois par jour, et de n'avoir pas un quart d'heure dans sa semaine à sa volonté. « Madame, lui répondit Madame Adélaïde, vous en êtes quitte pour vous reposer une semaine; mais moi qui fais ce service toute l'année, permettez que je garde toute ma pitié sur mon sort, pour moi-même. »

Mme la duchesse de Tallart[367], la plus belle, la plus brillante et jouissante de la cour, gouvernante des Enfants de France, était hors de combat, quoique la chronique lui accordât encore des courtisans, pour la seule raison qu'elle avait fait la fortune de tous ceux qu'elle avait honorés de ses faveurs. Elle avait aussi sa coterie. Mme de Marsan[368], qui avait sa survivance, avait donné dans la dévotion et les jésuites, depuis qu'elle avait perdu du dernier coup de canon, quoique la paix fût faite, le comte de Bissy qu'elle avait épousé[369] et qui fut fait cordon bleu une heure avant sa mort; elle donnait dans les arts, la botanique surtout, et vivait avec tous les gens de goût. Mgr le prince de Soubise, son frère, vivait avec des filles le temps qu'il ne donnait pas à faire la cour à son maître, qui était son ami. Le cardinal de Soubise, grand aumônier[370], tenait une maison.

Les ministres vivaient aussi dans leur coterie. Mme d'Argenson, fort particulière[371], vivait à Paris, était tous les jours dans sa loge à l'Opéra; M. d'Argenson, se conservant par ses talents, brouillé avec Mme de Pompadour, vivait avec la marquise d'Estrades[372]. *Le petit saint*, autrement M. Phélypeaux de Saint-Florentin, vivait à Paris crapuleusement, entouré d'espèces par la faiblesse de son caractère[373]. M. Rouillé vivait comme un magistrat, avec sa famille, sa femme Mlle Pallu[374], son beau-frère M. Pallu[375], maître des requêtes, sa fille Mme la marquise de Beuvron[376]. Toute cette famille avait l'air et le ton bourgeois. M. de Machault, contrôleur général, plus fin, plus délié, faisait sa cour à la maîtresse et vivait aux Sceaux. Sa femme, l'aimant peu, fort gauche à la cour, y vivait malgré elle[377].

Les dames de la cour, logées à Versailles ou dans les voyages sous les toits, peu aisées, piquaient les tables soit des ministres, soit du premier maître d'hôtel du roi, soit du premier maître d'hôtel de la reine, celle de M. de Beringhen ou celle du duc de Gesvres.

Une autre coterie était d'un second rang : celle de M. Félix, de M. Mesnard et de M. Boudrey, premier commis du contrôle général. Mme Boudrey avait trouvé le secret de fixer le marquis de Bridge, l'écuyer de confiance du roi ainsi que Tourdonnet. De Bridge était un homme superbe, des mœurs les plus décentes, d'un maintien sage et noble. Il avait porté ses vœux à Mme d'Étiolles, depuis Mme de Pompadour, et on en avait fait une arme de l'intrigue pour retarder l'attachement du roi pour elle; mais il s'était si bien conduit, avait tellement immolé sa passion, que le roi, naturellement jaloux, n'y avait plus songé.

La robe, qui voulait singer la cour en conservant ses mœurs, vivait dans une société bourgeoise qui tenait le milieu entre les dames de la cour et la haute finance. Celle-ci, magnifique dans tous ses goûts, faisait l'envie de tous les autres ordres : c'était à qui s'allierait avec elle, en conservant la ligne de démarcation qui dédommagerait de l'ennui d'une cour assidue, et en affectant une supériorité peu soutenue autrement que par des dettes. Je vis ainsi la ville et la cour dans cette année. Le voyage de Fontainebleau fut fort brillant : les étrangers, appelés par les fêtes, s'y trouvèrent en foule. Mme Brissart y vint, attirée par deux motifs, celui de voir deux personnes qui lui étaient attachées, et celui de voir sa sœur qui couchait à l'hôtel et tenait une maison considérable. Ces dames réunirent tout ce qu'il y avait d'aimable à la cour, tous jeunes gens : M. de Besenval, Mgr le prince de Monaco, M. le duc de La Vallière, M. Boutin[378], le boiteux, receveur général des finances, M. d'Angivilliers[379], exempt des gardes du corps, qui avait succédé au duc de La Vallière dans cette maison, M. de Bonac, le marquis Donnezan, officier aux gardes, de Bridge, Tourdonnet, le marquis de Sarlabous, depuis comte de Mun[380], en étaient les fidèles tenants. Obligé à toutes sortes de ménagements pour une femme que j'aimais, malgré qu'elle ne me donnât que le second rang, je m'absentais quelquefois, soit pour suivre assidûment la chasse, soit pour dîner chez tous les ambassadeurs et les traiter à mon tour, soit pour aller chez les ministres, soit pour donner à la société de M. Félix mes moments de vide, car toutes ces dames y allaient de temps à autre.

Les spectacles m'obligeaient à un service assidu. Le fauteuil du roi est au milieu du parterre; à droite, des banquettes destinées aux grands officiers; toutes les banquettes à gauche sont destinées pour les étrangers : la première est réservée aux ambassadeurs et à l'introducteur, qui prend sa place auprès du fauteuil; la banquette derrière est destinée pour les ministres étrangers, et celle derrière pour les étrangers. Comme la police de la salle est faite par les gardes du corps, la police des banquettes appartient à l'introducteur et au secrétaire à la conduite des ambassadeurs. Ils répondent donc de tous ceux qui les accompagnent, et on n'ouvre les barrières que lorsque l'introducteur se présente, ou le secrétaire. Ce service, assez fatigant, se répétait tous les jours de spectacle. Il fallait aider à la police générale et percer une affluence de monde qui assiégeait les barrières et les portes, pour jouir il est vrai de fêtes et de spectacles superbes.

J'oubliais que j'avais de temps en temps le souper, au-dessous de moi, des premiers acteurs de l'Europe, traités par les intendants des menus qui les invitaient avec ce qu'il y avait de plus agréable à la cour, et où j'allais de temps en temps jouir de tous les talents agréables réunis : on chantait, on causait, on jouissait de toutes les manières.

Ce voyage passa comme un rêve. Cependant, je fus enchanté d'en voir la fin : mon cœur, malgré moi oppressé par la jalousie, n'aimait point le partage. Déterminé à faire tous les sacrifices vis-à-vis de la femme que j'adorais, ma force n'allait pas jusqu'à être le témoin des préférences qu'on obtenait; mais cette dame avait tant d'empire sur mon esprit qu'un quart d'heure de son éloquence me réduisait à ses genoux. Rendu à moi-même, ne pouvant pas encore obtenir des sacrifices complets, je me contentais de croire que les choses ne pourraient être autrement pour mon bonheur, et de lui consacrer toutes mes minutes. Nous fîmes un voyage à sa superbe terre au-dessus de Poissy; toute la jeunesse de la cour y vint. Je m'étais insinué dans les bonnes grâces du mari, il ne pouvait se passer de moi. On y joua une bouillote[381] : c'étaient M. de Thiard, M. de Besenval, le maître de la maison. Je fus obligé de jouer comme un autre, à mon corps défendant. Je perdis jusqu'à cent soixante et quinze louis; je me couchai à 5 heures du matin, assez mécontent de m'être endetté vis-à-vis du maître de la maison d'une centaine de louis. À 7 heures du matin, arriva le chevalier de Fontanieu : il me réveille et me persécute pour venir jouer au passe-dix[382] où tous ces messieurs achevaient leur nuit. Je m'y refuse; enfin, je me lève et j'arrive. Le jeu était dans le plus fort, toutes les têtes sont échauffées. Fontanieu perd cent louis qu'il avait apportés, veut m'en emprunter. Je m'adresse au maître de maison qui envoie chercher mille louis; me voilà à jouer, à prêter à Fontanieu. Il prend les dés, je regarde. À cinquante louis, la main me vient; je la tiens, il s'entête; bref, en une demi-heure, il se trouve le redevable à Brissart au lieu de moi, et je me retire avec cent louis de gain. J'allai me coucher à 8 heures, fort content de m'en être ainsi tiré. Depuis ce temps, j'ai joué le moins que j'ai pu.

Rien n'était si superbe que ce château[383], rien n'était si magnifique et si élégant que la manière dont on y était servi; rien de si beau que l'éclairement d'une file d'appartements, rien de si voluptueux que les boudoirs de la dame de la maison. Tout était toujours éclairé comme si elle s'y tenait. La magnificence, la propreté, la délicatesse, la volupté étaient nées avec elle. Mme de Montpellier, née Beigne, de ses parentes, femme d'esprit, de la plus belle figure possible — puisqu'elle avait rivalisé avec Mme de Pompadour — y était. En tout il y avait six femmes, et le reste était ce qu'il y avait d'agréable à la cour.

M. Brissart avait un secrétaire, homme d'esprit, et qui a joué un rôle dans la république des lettres; je ne me permettrai pas de le nommer. Voici son aventure. Dans le courant d'un gros jeu, M. Brissart disait à son secrétaire, lorsqu'il perdait, d'aller lui chercher sa bourse qui était assez cossue pour l'empêcher de la porter lui-même. Le secrétaire était persuadé que le maître ne savait ce qu'il y avait dedans. Un valet de chambre de confiance, baissé dans sa chambre jusqu'à terre pour se laver le visage après sa barbe, aperçut une manœuvre qui lui fit observer le secrétaire, qui ouvrait le bureau, prenait la bourse, regardait s'il n'y avait personne, l'ouvrait, en tirait le plus de louis qu'il pouvait, les cachait dans ses souliers et rapportait la bourse au salon. Il aurait continué ce manège pendant longtemps, sans la position du valet de chambre qui ne pouvait être aperçu. Les intimes furent instruits, il fut congédié. Je l'ai vu homme de lettres — et j'ai ses œuvres —, gouverneur, attaché ensuite chez le marquis de Puységur; il est mort avant la Révolution, où il était d'étoffe à jouer un rôle.

Les visites de M. de Kaunitz chez les princes m'occupaient considérablement. M. le duc d'Orléans avait un introducteur *ad honores* dès que l'introducteur de la cour faisait les fonctions. Cette cérémonie, pleine d'étiquette, est très compassée. L'introducteur se rend chez le prince, qui est entouré de sa maison. L'ambassadeur arrive *in fiocchi*, mené par le secrétaire à la conduite; l'introducteur le reçoit à la tête de la maison du prince, à la dernière marche de l'escalier, et prend la gauche, le secrétaire devant; entre la quatrième et cinquième marche, le prince le reçoit, lui donne la droite, le conduit en le faisant passer à la salle du dais où sont trois fauteuils. Après s'être tous les trois assis, ils se relèvent, y compris l'introducteur, et on le reconduit dans les mêmes cérémonies. À peine cette cérémonie est-elle finie qu'elle recommence de la part du prince dans la même forme : il est accompagné de l'introducteur et du premier gentilhomme dans sa visite. Si le prince est marié, même cérémonie chez la princesse qui le reçoit sur son lit pour éviter toute reconduite. L'ambassadeur, l'introducteur, les dames de la princesse s'asseyent, et c'est la même étiquette chez tous les princes.

M. de Kaunitz, depuis prince, premier ministre de l'impératrice et de deux empereurs, était bien l'homme le plus joli, le plus haut, le plus compassé, le plus instruit, car il prenait des notes sur tout, et à chaque instant il tirait ses tablettes. Tirant ses mouchoirs à deux mains, il se mouchait, même aux audiences du roi, avec une telle gravité, avec une telle recherche, en appuyant le plat de ses mains de chaque côté de son nez, que les vieux courtisans accoutumés à l'étiquette sous Louis XIV, où on ne pouvait ni cracher, ni se moucher devant le roi, le remarquaient. Il avait conservé une étiquette que j'ai vue encore : c'est que dans chaque cérémonie publique les habits de gala devaient avoir les manches ouvertes, et on ne pouvait y paraître sans être boutonné. Il n'était jamais autrement, parce que, grand et bien fait, sa taille paraissait avec avantage. Le seul défaut, qu'il cachait avec bien de la peine, était un pied énorme.

Magnifique dans toutes ses dépenses, il avait loué vingt-cinq mille livres le palais de Mme la duchesse de Bourbon, joignant l'hôtel Lassay, qui a fait depuis l'hôtel de Condé[384]. Ce loyer, énorme pour les temps, avait fait parler tout Paris. Il vivait avec ce qu'il y avait de plus aimable dans la finance, et l'on disait que c'était par hauteur et pour tirer des lumières de tous les états qu'il s'était conservé à cette société. Aimable, sans gêne avec les inférieurs, il était joli, haut et fier avec ceux qui pouvaient rivaliser avec lui. Ménagé à Versailles par Mme de Pompadour, considéré du roi, le reste lui était égal. Son ordinaire, magnifique, fastueux pour la représentation, se bornait à huit ou dix personnes tous les jours. Les vins exquis, surtout le vermouth et le tokay, y étaient prodigués. Quelques ambassadeurs choisis, quelques gens de lettres, M. le président Ogier, depuis ambassadeur en Danemark[385], étaient sa société intime. Me traitant avec toute sorte d'amitiés, me suivant à la chasse à Fontainebleau dans ma voiture, il m'avait invité une fois pour toutes, et je n'y manquais pas une fois la semaine.

Je me souviens d'une aventure qui nous jeta dans une tristesse profonde. Un jour – dans ces temps-là, on dînait au plus tard à 2 heures – j'arrivai à 1 heure et demie; il n'y avait encore dans le salon que le président Ogier. En causant, nous nous approchâmes d'une des fenêtres donnant sur la rivière qui était fort basse, d'où nous découvrions à très peu de distance le chemin de Versailles. Nous fixâmes nos yeux sur un caporal suisse suivi de deux soldats; presque vis-à-vis des fenêtres, ce sergent s'arrêta; les deux soldats mirent l'épée à la main, se poussèrent au plus deux bottes, et nous vîmes le dernier chanceler, tomber et mourir. Le sergent continua son chemin ainsi que le vainqueur. Cette scène si triste – de voir passer un homme, qui se porte bien, de la vie à la mort en une minute – nous laissa malgré nous une impression profonde.

Je placerai ici, tels que la mémoire me les fournit, des traits qui caractérisent M. le comte de Charolais. Ce prince, oncle du prince de Condé et son tuteur, s'était distingué sous Louis XIV par sa vaillance en allant au siège de Belgrade sans permission. D'une figure superbe, la fougue des passions l'avait conduit à des choses criantes; un coup de fusil, tiré à un couvreur sur un toit, avait forcé le régent à dire qu'il donnerait des lettres de grâce à celui qui le tuerait. L'âge où je l'ai connu me l'a fait voir comme un homme de tête et fort raisonnable, sujet à l'humeur comme un prince mal élevé.

Devenu tuteur du prince de Condé, son neveu, il déploya les

talents d'un homme d'affaires très instruit. Ayant payé toutes les dettes de la maison, qui était obérée, il avait augmenté les revenus à 1 500 000 livres de rente, chose énorme pour le temps, et ce prince était plus riche que la maison d'Orléans, qui avait plus d'étiquette et de dépenses à faire. Chantilly était superbement tenu. Pour lui, logé dans une maison très ordinaire de la rue Sainte-Catherine[386], il passait son temps en différentes maisons de chasse telles que Luzarches et le bois de Boissy, ou chez sa maîtresse, excepté le temps qu'il donnait au conseil de son neveu, et à la place de grand maître de la maison du roi, qu'il possédait par intérim. Sa tenue était singulière : une belle figure avec de gros yeux à fleur de tête; les cheveux de face ainsi que ceux de derrière la tête, tous réunis dans une queue, lui faisaient une tête rustique, la plus singulière possible. Un habit de drap uni boutonné de gros boutons d'or, fermé comme un porte-manteau, une culotte noire très large, des bas de soie blancs attachés sous les genoux par une jarretière de cuir noir, de gros souliers aux petites boucles d'argent, une canne à pomme d'or, une épée très commune, tel était le costume de tous les jours, soit à Versailles, soit à Paris. Se présentant à la Comédie-Française très souvent, il se tenait dans la première coulisse à la vue du public, donnait ses audiences décemment, sans troubler le spectacle.

Il avait une manie, et je l'ai éprouvée en allant dans sa voiture à la chasse. S'il rencontrait un capucin, enfin un moine, il prétendait être en malheur ce jour-là, se tourmentait, criait au cocher ou au postillon : « Écrase ce bougre-là! » Le serviteur faisait claquer son fouet, faisait faire du feu dans les pieds aux chevaux; le moine fuyait, sautait dans une allée, la voiture passait, et le prince disait en riant : « J'ai vaincu le malheur dans cette rencontre. »

Ma terre de Saint-Leu, qui n'avait que moyenne et basse justice, relevait entièrement du duché d'Enghien. Le goût de la chasse m'était venu : je tenais à Saint-Leu toujours mes deux chevaux de selle et un cheval de suite. Cette terre, sous le coteau près Saint-Prix, avait deux parcs considérables tout entourés de murs; le parc haut, tout en bois, donnait dans la forêt d'Enghien. C'était où le comte de Charolais chassait régulièrement le sanglier. M. Félix, secrétaire du grand maître, lui avait parlé de moi. Dès qu'il me connut, il m'invita à aller à sa chasse; je devins ami de ses écuyers, et me voilà de second avec le marquis de [387] qui avait aussi une terre dans le voisinage, les seuls acolytes de ses chasses. Quelquefois il avait de l'humeur, descendait de son petit cheval, se mettait deux heures assis au pied d'un arbre. D'autres fois il se tenait seul dans un carrefour et nous laissait suivre la chasse. Cette forêt a, sur la montagne, une route tirée au cordeau depuis la Croix-Jacques jusqu'à l'étang de César qui domine sur tous les vallons; elle retourne ensuite jusqu'à Chauvry, toujours sur les hauteurs : quelqu'un qui connaît bien le pays peut très aisément suivre la chasse à pied; de sorte qu'avec un seul cheval je fournissais cette chasse, et réservais mes chevaux pour celle de Mgr le prince de Conti, qui chassait régulièrement trois fois la semaine le cerf dans la même forêt.

Un jour que j'étais à Paris, on vint me rendre compte d'un événement qui aurait pu me procurer des désagréments, le voisinage des princes dans ces possessions autour de Paris étant plein de déboires. Mes gens étaient encore plus passionnés pour la chasse que moi. La position du parc de Saint-Leu prêtait à une espèce de braconnage bien tentant; en ouvrant une grande porte à la vieille église donnant dans la forêt, on ajoutait les sentiers depuis le fin fond de la forêt jusqu'au bois taillis du parc. Les animaux s'y introduisaient d'autant plus facilement que, par un despotisme inouï, le prince peuplait considérablement la forêt d'animaux de toute espèce; si bien que les paroisses de la vallée s'étaient cotisées pour entourer la forêt de palissades, et payaient des messiers[388] avec des tambours et en faisant des cris pour empêcher les animaux de forcer les barrières.

Du moment que j'avais pu jouir de mes droits, nous tous qui étions jeunes, nous avions profité de ces appâts, et ce qui nous attirait souvent à Saint-Leu, c'étaient ces chasses nocturnes où nous détruisions cerfs, sangliers, biches et chevreuils. Mes chasses braconnières cessèrent dès que je pus approcher ceux qu'elle intéressait, mais l'impression était prise. La connaissance que mes gens eurent d'une harde d'animaux les fit risquer le tout pour le tout. Un garde et le cocher des relais s'acquittèrent si bien de l'annonce, qu'à 3 heures du matin on ferma les portes, étant sûr que les sangliers étaient entrés. Toutes les têtes se montèrent, chacun s'arma, on lâcha les chiens; on tua deux sangliers dans une grande pièce d'eau. On les aurait tués tous si les cris, le bruit, les coups de fusil n'avaient fait lever les gardes du duché, qui étaient à Saint-Prix et à Taverny. Ils arrivent, n'osent entrer, mais dressent procès-verbal après avoir saisi un sanglier tué comme preuve du délit.

Je sais parfaitement que, si je n'avais pas eu affaire à un prince très violent, j'eusse défendu mon droit : ayant basse et moyenne justice, j'avais le droit de faire ce qu'il me plaisait dans mon parc entouré de murs; que, ne convenant pas d'avoir attiré les animaux, j'usais de mon droit de propriété. Mais j'avais affaire à un homme qui me traitait à merveille, qui m'associait à ses plaisirs, qui me les faisait partager; et dans le fait, mes gens avaient tort : je ne devais pas soutenir un pareil procès.

Dès que je sus le fait, je me rendis à la Comédie-Française, où je savais que le prince allait tous les soirs. Il n'y vint pas. D'ailleurs, je ne me souciais pas de m'expliquer devant le public. Je trouvai son gentilhomme, M. Dumonan qui, dès qu'il me vit, me dit : « Le prince est furieux contre vos gens. Il veut qu'ils soient punis exemplairement. Il veut vous voir avant, et veut qu'on les mette en prison.

— J'espère, dis-je, que s'il y a une réparation à faire, elle viendra de moi, mais que le prince ne commencera pas par des voies de fait sur des gens à moi. Je vous demande de savoir de lui à quelle heure je puis le voir. Je le risquerai.

— Mais il est d'une furieuse humeur! Tenez, me dit-il, il va à la chasse à tirer demain dans la plaine de Vanves. Montez à cheval et venez le trouver; nous y serons à midi. » J'accepte, je monte à cheval le lendemain, et me rends dans la plaine. J'aperçois les batteurs, je vois le prince assis, avec quatre fusils autour de lui, au coin d'une remise. Dumonan me dit : « Je l'ai prévenu, il vous attend. » Je le connaissais assez pour savoir qu'il n'aimait pas à être interrompu, soit qu'il fût dans ses rêveries, soit qu'il attendît le gibier. Je laissai finir la battue, donnai mon cheval à mon postillon, et regardai tranquillement tirer le prince. Il m'aperçut, je m'avançai vers lui. « Monseigneur, j'ai appris avec la plus grande peine le délit qu'a commis mon garde. Admis à partager vos plaisirs par vos bontés, je viens vous protester que j'entretiendrais des sangliers dans mon parc si je croyais que vous puissiez vous en amuser, plutôt que de les laisser détruire.

— Votre garde, me répondit-il, a le plus grand tort.

— Je le sais, monseigneur, et je viens le mettre à votre merci. Faites-en ce qu'il vous plaira, je ne le défends pas.

— Eh bien, répondit-il, je vous prie de lui dire que cela ne lui arrive plus. Nous le punirons s'il récidive. N'en parlons plus. Je croyais que vous veniez chasser avec moi.

— Moi, monseigneur? Je voulais vous faire mes excuses, vous assurer de mon respect, et nullement partager des plaisirs où vous ne m'avez pas fait l'honneur de m'admettre.

— J'en suis fâché, répondit-il, car je n'ai plus de fusils que pour moi. Monsieur Dumonan, voyons ce que j'ai de gibier. » À l'instant, il en détacha vingt-quatre perdrix et deux lièvres, et trouva plaisant que mon postillon et moi nous nous chargions de tout ce gibier. Il ajouta : « C'est pour vous dédommager du sanglier qui, tué chez vous, ne m'appartenait pas et qu'on vous rendra. »

Je rapporte l'histoire entière, pour me rappeler que la justice était dans son cœur, et que du moment qu'on rendait au prince du sang ce qu'il croyait qui lui était dû, il était le plus juste des humains. L'âge et la maladie qui commençait à le travailler lui avaient fait sentir les devoirs de l'homme en société.

Puisque je l'ai peint tel que je l'ai vu, je vais finir tout ce qui le caractérise et qui est venu à ma connaissance. Ce fut dans un voyage à Fontainebleau que lui, qui fuyait l'étiquette, mais cependant était jaloux des honneurs de prince du sang, réussit à recevoir la visite de M. de Kaunitz comme ambassadeur. Ce prince était logé comme on l'était à la cour, dans une très petite maison à porte cochère, avec un escalier à passer deux personnes et des pièces à l'avenant. Cependant, le jour et l'heure pris, tout se passa avec le cérémonial qui se serait fait dans un palais. Une fois la visite reçue par le prince, je montai dans sa voiture avec Dumonan pour aller la rendre. Le prince me dit en chemin que M. de Kaunitz le portait bien haut, qu'il savait l'étiquette comme lui, et se mit à chicaner sur un pas de plus ou de moins. Je l'adoucis, je lui peignis l'homme que j'aimais sous les couleurs les plus favorables, mais je ne réussis pas.

Cette voiture avait l'air d'un carrosse de remise et était toute en cuir. Nous arrivons; la visite se passe à merveille, la reconduite de même. L'ambassadeur doit descendre jusqu'au bas de l'escalier et voir partir le prince, comme le prince avait fait. La voiture avance difficilement sous la porte : les rosses qui conduisaient le cabas serrent le bas de l'escalier. Tout cela prend cinq minutes. Le prince monte pesamment, je monte après lui, me mets à côté, Dumonan de même sur le devant. M. de Kaunitz espère que le cocher va toucher et les chevaux partir; ils résistent. L'ambassadeur, content, la chose finie, remonte avec son cortège l'escalier. Ne voilà-t-il pas le prince, sortant à mi-corps de sa voiture, qui crie : « Monsieur l'ambassadeur, ce n'est pas là votre place, et vous devez me voir partir ! » Mon étonnement redouble; l'ambassadeur fait volte-face et revient à son poste sans dire un mot.

Enfin, les rosses, la voiture et nous partîmes. Voilà le comte de Charolais qui me prend la cuisse à me faire crier et, riant, me dit : « Voilà comme il faut mener les gens qui font les insolents. N'étais-je pas dans mon droit ? » Après qu'il se fut égayé de cette belle prouesse, je ne pus m'empêcher de lui dire : « Monseigneur, je le connais assez pour juger l'intention. Il n'est pas venu en France pour manquer à ce qu'il doit à une puissance à qui il veut plaire. J'ai été étonné de sa docilité à se conformer à vos désirs; et si vous m'aviez consulté, je vous aurais représenté qu'il doit vous voir partir, que vous êtes censé l'être du moment que l'ordre est donné et que les chevaux sont en mouvement; que vous auriez pu accrocher, votre voiture casser, sans que le cas fût prévu et que vous puissiez rien exiger.

— Enfin, dit-il, si ce n'est pas pour l'exactitude du cérémonial, c'est du moins pour lui apprendre que nous ne sommes pas ses égaux. » Il était si content qu'il m'en a reparlé plusieurs fois.

Je n'eus rien de plus pressé que de me rendre chez l'ambassadeur pour voir l'effet que cette scène avait produit sur lui. Il y mit autant d'esprit que de raison, et me dit : « Il est plus vieux que nous, et a voulu nous faire voir qu'il était foncé sur le cérémonial de France. Tout est dit. »

Ce prince mourut en 1760, âgé de soixante ans, amoureux jaloux, comme il l'avait toujours été, d'une fille qu'il avait faite marquise; poursuivant un chevalier de Villemenu, mousquetaire, le forçant d'aller aux Îles pour l'enlever à sa maîtresse. Il finit ses jours dans une maison, faubourg Saint-Germain[389], au milieu de ses gens et peu entouré d'amis. Ce fut l'abbé Duser, ancien précepteur du prince de Condé, élu par les états de Bourgogne, qui l'assista dans ses derniers moments. Il fut attaqué d'une hydropisie de poitrine, venue à la suite d'obstructions qu'il ne voulut pas soigner, soit parce qu'un prince ne veut se soumettre à rien de gênant, soit parce qu'il ne voulait se laisser influencer en rien. Maître dans sa maison, il se livra au conseil de son médecin quand il ne fut plus temps.

L'hydropisie gagna sa poitrine : il ne put se coucher, et fut réduit à rester jour et nuit dans son fauteuil. Des évacuations fréquentes l'obligèrent à prendre, les trois derniers jours, une chaise de commodité rembourrée sur laquelle, quoique assis, il se tenait debout du reste du corps. Son médecin, alarmé d'une pareille position qui hâtait sa fin, lui en parla : le prince le traita durement. Toute sa maison le supplia : elle fut reçue de même. Enfin l'abbé Duser, homme d'esprit, sur l'inquiétude de tous, se hasarda de lui en parler. Voici sa réponse : « L'abbé, vous qui avez de l'esprit et de la tête, vous donnez dans l'idée du médecin et de mes gens, qui croient me rendre un service. J'en sais plus qu'eux; l'eau me gagne dans la poitrine, le moindre mouvement m'étoufferait. Je jouis encore de la vie en causant philosophiquement avec vous.

— Monseigneur, le médecin assure le contraire. Votre position augmente vos souffrances et vous mettra hors d'état d'y résister.

— Vos raisonnements, reprit le prince, ne peuvent me convaincre. Si l'on me remue, j'étouffe. » L'abbé : « C'est impossible! » Le prince : « Vous m'impatientez! vous allez voir l'effet. Adieu. » En disant cela, il se pencha vivement de côté et mourut à l'instant. On le porta à Montmorency, dans le caveau de tous les princes de sa maison. Il fit un temps ce jour-là si exécrable, si épouvantable, que tous les paysans de la vallée, qui le craignaient sur parole, dirent que tous les diables étaient déchaînés pour assister à son enterrement.

Au surplus, ôtez son éducation de prince, c'était un homme de grand sens, d'esprit pour les affaires, de valeur pour la guerre et de mérite à tous égards.

CHAPITRE X

Cette année, j'eus deux voyages très brillants à Saint-Leu : le château fut plein. Du premier furent M. et Mme Soullet, mon oncle, et sa société qui était souvent la mienne : la présidente, marquise d'Albertas, la comtesse de Flers que j'avais vue en Normandie, Mlle Félix, la marquise de Dampierre[390], M. le comte de Gravezon, le marquis de Merles; enfin, nous fûmes seize maîtres, sans les allants et venants. Il y eut feu d'artifice, car le chevalier de Fontanieu et moi en faisions à nos heures perdues, illuminations ; nous singeâmes tout ce qui se faisait à Bagnolet chez le duc d'Orléans. Parties d'ânes, cavalcades, promenades dans tous les beaux châteaux qui nous avoisinaient, tout fut employé. Le voyage fut trouvé court.

Le voyage le plus intéressant pour moi fut celui de Mme Brissart : toute sa société y vint, ses parents, Mme de Montpellier, enfin tous les agréables qui lui faisaient une cour brillante. Le marquis Donnezan, des plaisirs de Mgr le duc d'Orléans, fur l'ordonnateur. Une salle de spectacle fut construite en un instant dans une moitié d'écurie; des parades commencèrent mon goût pour jouer la comédie. Je me ressouviens d'une entre autres, par la farce qu'elle produisit. M. de Saint-Marc faisait un soldat aux gardes; il paraissait à une fenêtre du théâtre et, sur une dispute, criait à Donnezan, qui faisait Isabelle et qui raccommodait une culotte, de la lui rapporter pour venir décemment mettre le holà. La dispute était entre deux Gilles, dont le chevalier de Fontanieu et moi étions chargés; à la répétition, il devait recevoir un soufflet, mais on lui avait fait répéter plusieurs fois de mettre sa main devant pour recevoir le coup. La chaleur du jeu lui fit oublier, et de mon côté, je trouvai la joue; la colère le prend, il me saute à la gorge; je me défends. Tout cela était si naturel que le public crut que la pièce était à la perfection; heureusement qu'Isabelle et le soldat aux gardes mirent le holà : la pièce, qui fit crever de rire, reprit son cours. La colère passée, la naïveté de M. de Fontanieu, qui donnait prise tous les quarts d'heure sur lui, fit l'amusement d'une société qui ne demandait qu'à rire.

Toujours attaché sincèrement à Mme Brissart, je l'avais mise en bas dans un appartement qui me joignait; j'étais toujours occupé à lui plaire, elle était la reine de toutes les fêtes. Tourdonnet y vint : alors tous mes hommages se restreignirent dans le respect le plus profond. Elle m'en sut gré. Je ne me plaignais pas, mais je souffrais, tellement enchaîné que le moment où elle m'aurait abandonné aurait fait le malheur de ma vie. Je lui aurais passé tout plutôt que de ne pas la voir.

Tourdonnet fut obligé de nous quitter; la gaieté reprit son cours ordinaire. Elle avait l'art d'attirer à elle tous ceux qui la connaissaient : son esprit, sa gaieté, sa tournure élégante en faisaient une Circé. Un matin que je la tenais de très près dans son cabinet de toilette, quel fut mon étonnement quand, agaçant ma passion par des refus très adroits, elle s'oublia au point de me dire : « Finissez, Donnezan! » Je la quitte froidement, je m'avance à la glace de la toilette, je me regarde et réponds : « Non! Je ne suis pas Donnezan! » Cette parole fut un coup de foudre qui lui fit sentir toute son étourderie et qui aurait dû m'en faire retirer à jamais; mais comme j'étais faible, maîtrisé par une passion que je ne pouvais plus vaincre, elle employa ses charmes : une explication ne me convainquit pas, mais me rendit le plus doux et le plus complaisant de tous les hommes.

Le mari nous quitta, et nous revînmes tous à Paris souper à l'hôtel de Bullion. Il m'arriva ce jour-là une aventure singulière. Nous étions là six bien arrangés : Mme Brissart et moi, Mme de Grevenchy et le frère de Mme Brissart, Mme de Montpellier et Donnezan. Le souper fut superbe, dans une salle à manger immense. Mme Brissart, qui employait toutes les ressources de la coquetterie, voulut effacer les impressions fâcheuses qu'elle m'avait données, redoubla de soins, d'agaceries : elles étaient non équivoques. Quel fut mon étonnement, quoique nous eussions tous les idées un peu brouillées, de m'apercevoir que M. Brissart, caché dans l'ombre d'une porte, examinait tous nos mouvements; je ne perdis pas tête et me levai pour l'inviter à partager nos plaisirs. Sa femme ne dérangea en rien sa conduite, et le souper finit avec le mari. On vint nous avertir que le feu était dans la maison vis-à-vis dans la rue. Mme Brissart se lève, tous la suivent sans lumière; je reste avec le mari qui finissait de souper; enfin je m'échappe pour aller joindre la despote de mes pensées. Je cherche; enfin, je la

Un raffinement d'amusement, nécessaire pour ôter la monotonie de la cour, fit imaginer d'établir au commencement de la forêt de Compiègne une maison[399]. On choisit un emplacement très uni, couvert d'arbres bien droits et de toute ancienneté. On entoura quatre arpents de palissades en planches de deux pouces, et de six pieds de haut; chaque planche, affûtée par le bout, finissait en pointe; elles étaient appuyées sur des supports de distance en distance. Pendant cette opération, on nettoya tout le dedans; on fit placer le gazon, tracer des allées tournoyantes et droites; on fit planter en pleine terre des caisses d'orangers, pousser des bosquets d'arbres étrangers et fruitiers, des arbustes tout fleuris, et des fleurs, les plus belles de la saison. On fit venir du garde-meuble les deux tentes envoyées par l'ambassadeur turc, et remises dans deux ambassades différentes. Ces tentes, tout en bois, sont la plus belle chose possible : elles sont retroussées sur le devant avec une magnificence asiatique; des parquets superbes forment le plancher partout; on monte trois marches : tout le dedans est de velours cramoisi galonné d'or, les retroussis en graines d'épinard et crépines d'or. Chaque tente contient la salle du conseil, une chambre à coucher, un cabinet de toilette, un boudoir, le tout meublé en perse à dessins d'oiseaux superbes. Il y avait des poêles, des cheminées tout en fonte, des porcelaines superbes même pour les usages les plus vils et une prodigalité en superbes dentelles pour les choses même qui en ont le moins besoin. On arrivait à ce bâtiment par des allées bordées de fleurs; une corbeille du meilleur goût embaumait l'air. Derrière la tente était un berceau tout en fer, doublé par un treillage fort élevé, dans lequel, depuis le serin jusqu'au kakatoès, étaient en abondance tous les oiseaux des quatre parties du monde. Des pompes cachées soigneusement faisaient jouer des jets d'eau, qui arrosaient des ruisseaux factices qui se promenaient pour rafraîchir les volatiles; on avait garni les côtés du berceau de tous les arbustes les plus favorables, même aux faisans de la Chine.

La seconde tente servait pour le service de la garde, si on voulait, et l'on avait bâti en un instant, pour ainsi dire, un petit pavillon du meilleur goût servant de réchauffoir, ayant une sortie par dehors et une par dedans. Aucune voiture n'entrait dans cette enceinte. Le roi y vint deux ou trois fois, mais blasé sur les belles choses, qu'il n'avait jamais désirées, le goût de la chasse l'entraînait le plus qu'il pouvait. Pour moi, je ne manquai pas une occasion d'aller m'y promener avec les ambassadeurs, lorsque j'étais sûr qu'on n'en jouissait pas. Toutes ces dépenses, ce goût exquis qui tenait de la féerie furent détruits après le voyage de Compiègne, et l'année d'ensuite, j'eus toutes les peines du monde à en reconnaître la place.

Des parties de paume attiraient sur les 2 heures presque tous les courtisans. Un jour, la marquise de Livry me proposa de venir dîner, me disant que ce jour-là elle était seule. Je quittai la paume avec elle; elle me proposa une partie de piquet; je ne l'avais pas joué depuis le collège. Quoique je susse qu'elle jouait le plus gros jeu, je la priai de le modérer, vu mon ignorance; elle y consentit, et me dit que nous ne jouerions qu'à vingt sols le point. Nous commençâmes; il vint plusieurs personnes successivement, et je m'aperçus bien qu'elles ne me trouvaient pas de force égale. Enfin, je fus accablé d'as, je ne fis que repic et capot : la partie finie, elle me remit cent un louis. Je ne voulais pas les accepter; je n'avais compté que sur vingt sols la fiche, mais il me fallut bien m'y résoudre lorsqu'elle me prouva qu'elle aurait reçu mon argent si j'avais perdu. Je n'ai pas fait cette partie depuis.

Elle me conta, car elle était extrêmement aimable, des distractions singulières de M. le comte de Bavière, bâtard de cette maison[400]. Aimable, mais distrait, il était assidu courtisan. Mme de Livry avait une grande levrette, qui existait encore ce jour-là; elle prenait ses aises tellement, que dès qu'elle voyait un fauteuil, une bergère vides, elle ne manquait pas de s'y arranger et d'y rester jusqu'à ce qu'on la fît descendre. M. de Bavière vint faire une visite; tout en causant agréablement, le chien l'occupait, tantôt lui parlant, tantôt lui faisant « Chit! Chit! » On vint annoncer Mme de Talmond[401]; le valet de chambre chasse le chien, elle se met à sa place et la conversation s'engage. M. de Bavière s'échauffe, la distraction le suit; il oublie que le chien est mieux remplacé : il tend la main vers Mme de Talmond, l'appelle « Chit! Chit! » Mme de Talmond le connaissait à peine, elle reste interdite; Mme de Livry garde son sérieux. Enfin, impatiente, Mme de Talmond lui demande ce qui peut lui attirer ces caresses déplacées qui lui déplaisent; M. de Bavière étonné, sort de sa distraction; il ne put s'en tirer qu'en lui faisant une humble inclination : « Ah! madame, excusez-moi, dit-il, je vous ai prise pour une chienne. » Ce M. de Bavière a poussé la distraction si loin qu'il s'est tué à la fin de la campagne de 1746 en chargeant un pistolet d'arçon un jour d'affaire[402].

Mme Brissart vint à Compiègne ; les huit jours qu'elle y passa furent un temps consacré à tous les plaisirs. Nous étions chez sa sœur matin et soir; je laissai là tout le corps diplomatique, ne donnai des dîners qu'à sa société.

J'étais très ami de de Bridge et de Tourdonnet : ils me menaient tous les jours de chasse au rendez-vous dans une berline; le vieux Dampierre et le marquis de Sarlabous, depuis comte de Mun, faisaient la carrossée. Le marquis de Dampierre, commandant du petit équipage, avait plus de soixante-dix ans; tout ridé, tout couvert de taches de rousseur larges comme le pouce, c'était un chasseur intrépide, et le roi, qui le connaissait depuis son bas âge, s'amusait à lui faire raconter des histoires si incroyables, si pauvres d'esprit, qu'il n'en aurait pas fait les frais si cela n'avait amusé son maître. Il avait entre autres le récit d'un lièvre qui était devenu mouton, ensuite sanglier, qui n'en finissait pas; il disait l'avoir vu.

Mon assiduité à la chasse plaisait au roi : je redoublai, et M. le duc de Penthièvre[403], me rencontrant un jour, me dit : « Le roi vous permet de prendre l'habit d'équipage. » Il m'aurait donné un gouvernement qu'il ne pouvait pas me faire plus de plaisir. Je remercie, cours chez moi et fais partir mon premier laquais Marnier avec ordre de me rapporter l'habit pour le surlendemain, jour de chasse. Ce jour arrive; l'heure de partir me commande, et me voilà encore sans habit de chasse. Enfin, je diffère; il arrive à 2 heures, je gronde : « Hélas, monsieur! je défie en mille de faire mieux que moi. Vis-à-vis Saint-Lazare, en arrivant à Paris, mon cheval de poste est tombé; je me suis démis la clavicule. J'ai été commander votre habit, puis je me suis fait remettre. J'ai gardé le lit, et suis parti par les voitures publiques, car on m'a défendu de monter à cheval avant quinze jours. »

Dès que Mme Brissart fut partie, je recommençai ma même vie. Ma société s'était augmentée de celle du marquis de Marigny, alors intime du baron de Breteuil[404], qui commençait à travailler à sa fortune. Je vais faire une digression sur lui. Le baron de Breteuil, petit-fils de l'introducteur des ambassadeurs, petit-neveu du ministre, était fils de Mme de Gasville, qui avait épousé en secondes noces M. le baron de Rocheplate[405]. J'ai encore connu sa mère, qui logeait rue Pastourelle, chez M. Hébert, ancien introducteur des ambassadeurs[406]; mes parents lui prêtaient une vie fort déréglée. Le baron était d'une jolie figure; neveu de l'abbé de Breteuil, surintendant de la maison d'Orléans, homme d'esprit, d'agrément, et qui avait refusé plusieurs fois d'entrer dans le ministère, il aimait le plaisir; on lui avait su gré de sa modestie, qu'il ne devait qu'à la vie de sybarite qu'il menait.

Le baron, un peu plus âgé que moi, faisait sa cour assidûment. Né avec un fonds de suffisance entre jeunes gens qui se juge bien, on disait qu'il n'avait jamais fait une révérence qu'à dessein d'en tirer parti. Avantageux avec les femmes, d'une jolie figure, pourvu de talents, faisant une dépense extraordinaire aux dépens de son oncle[407] qui le poussait, il s'attacha à Marigny, du même âge que lui. C'était un moyen de plus de faire sa cour à la favorite, qui regardait aux liaisons de son frère : nous vécûmes donc ensemble.

Marigny tenait un état de maison superbe à la surintendance. Caressé par tout le monde, il s'était restreint pour souper au comte d'Halweil[408], à Saint-Vigor, au baron et à moi. Souvent, on y recevait des gens que Mme de Pompadour lui envoyait, ce qui le gênait, car ces soupers finissaient par des jeux enfantins. Un jour, il nous embarrassa tous : il vint une dame lui faire une visite; il s'épuisa en protestations, fit ouvrir les deux battants, la reconduisit jusqu'à sa chaise; nous lui demandâmes le nom d'une dame avec qui il montrait tant de respect. « Peste, nous dit-il, c'est une dame de grande considération, une femme d'une origine illustre, une femme faite par son nom pour éclipser tout ce qu'il y a de plus grand. » Après s'être épuisé en belles phrases, il finit par nous dire qu'elle était née Poisson, avait épousé un Poisson, et finirait Poisson. Ces sortes de propos, embarrassants à entendre pour celui qui faisait ses honneurs lui-même, nous rendirent stupéfaits. Il traitait au milieu du dîner ou du souper son maître d'hôtel comme un portefaix, jurant, criant dès qu'un plat était manqué, sans pudeur pour se mettre en colère si une assiette tombait ou si un plat était mal placé. Cent fois nous nous sommes surpris, maudissant une liaison où la vanité ou l'envie de ne pas se faire d'ennemis nous faisait tenir aux politesses chaque fois que nous y étions admis.

J'allais souvent souper chez le comte de Brionne, grand écuyer; celui-ci, sans esprit, mais le meilleur homme possible, faisait une partie de piquet avec les écuyers et moi, et Dampierre nous regardait jouer. Enfin, tous mes jours et tous mes moments étaient remplis, sans m'amuser ailleurs qu'à Paris où la dame de mes pensées m'occupait continuellement.

Au retour du voyage, j'allai un lundi à Versailles. Le cabinet du roi était le lieu où je me tenais de préférence; j'y avais des amis. Dès que le roi était passé ou dans ses appartements, ou ailleurs, la conversation était gaie, aimable, soutenue; c'était là seulement où on savait les intrigues des autres (ce qui en fait se pouvait dire). Je trouvai Mgr le prince de Conti et M. le comte de La Marche, son fils[409], qui attendaient le retour du roi. C'était aux environs de la Chandeleur : « Est-il vrai, dit le prince, que Marigny va être cordon bleu? » M. de Souvré[410] répondit : « On le dit, par charge.

— Par charge ou autrement, il me semble, dit le prince, que cette décoration ne va pas à un Poisson. » M. le comte de La Marche reprit : « J'espère bien que, si on nous consulte, il ne le sera pas. » Et là-dessus, la conversation d'humeur se continua; mais comme c'était par charge, le roi ne le proposa pas; il parut le jour de la Chandeleur avec sa nouvelle décoration[411].

C'est dans cet hiver où, pour me rappeler la bonté du roi dans l'intérieur, je raconterai plusieurs faits dont j'ai été témoin. Les Quentin de Champcenetz, père et fils, étaient premiers valets de chambre[412] : ils sont quatre et servent chacun trois mois. Le fils, marié richement, avait une jolie figure; il était très bien fait et avait l'air fort noble. Lorsqu'ils sont de service, les valets couchent dans la chambre du roi, avec un ruban qu'ils attachent à leur poignet, pour être prêts lorsque le roi veut les appeler. Cette place de confiance produit la même intimité et le même crédit qu'un maître avec son valet de chambre, et deviendrait peut-être trop considérable s'ils ne changeaient pas tous les quartiers : tout le monde peut se rappeler le crédit des Bontemps sous Louis XIV.

Le cabinet était composé de jeunes gens presque tous fort gais, ce qui plaisait au roi qui causait avec eux de préférence. Nous attendions tous le coucher du roi, occasion, pour ceux qui le pouvaient, de se montrer assidûment. Le roi avait un chat matou angora blanc, d'une grosseur prodigieuse, le plus doux et le plus familier des animaux de son espèce; il couchait dans le cabinet du conseil sur un coussin de damas cramoisi, au milieu de la cheminée, place qu'il aimait beaucoup vu la chaleur dont était le marbre. Le roi rentrait toujours à minuit et demi des petits appartements. Il n'était pas minuit, et Champcenetz nous dit : « Vous ne savez pas que je puis faire danser un chat pendant quelques minutes? » Nous rions, nous parions qu'il ne fera pas danser le chat angora. Champcenetz tire un flacon de sa poche, caresse le chat et fait couler dans ses quatre pattes, abondamment, de l'eau de mille fleurs; le chat se rendort; nous comptions avoir gagné, lorsqu'il sent l'esprit de vin faire son effet, saute à terre en faisant des pétarades, court sur la table du conseil, sur les tabourets, sur le fauteuil du roi, jurant, cabriolant, faisant des jetés battus. Nous tous de rire aux éclats, lorsque le roi arrive comme une bombe; chacun reprend sa place, le ton de décence et le maintien grave. Tout reprenait son aplomb, lorsque le roi demande ce qui nous tenait en gaieté. « Rien, Sire, c'est un fait que nous racontions », dit Champcenetz. À l'instant, le maudit chat reprend sa danse, court comme un enragé; le roi regarde : « Messieurs, dit-il, qu'est-ce qui se passe donc ici? Champcenetz, qu'a-t-on fait à mon chat? Je veux le savoir. » L'interpellation était directe; Champcenetz hésite, et conte succinctement le fait, tandis que le chat battait des entrechats. On sourit du récit, pour voir dans les yeux du roi comment il prendrait la chose; mais son visage se renfrogne : « Messieurs, reprit-il, je vous laisse ici; mais j'entends que, si vous voulez vous amuser, ce ne sera pas aux dépens de mon chat. » Cela fut dit si sèchement que personne n'a fait danser le chat depuis. Il n'en fut que cela.

Le roi a eu un chien de la race *king-charles*; cet animal devinait à qui il appartenait : le roi était le seul qu'il caressât, et il en était d'autant plus flatté qu'il savait que cet animal – peut-être le seul – l'aimait pour lui. Cependant, il n'a jamais eu que ce chien.

Un jour, il était mieux disposé. Nous soupions à Fontainebleau chez Lebel, son premier valet de chambre, qui sur la fin a eu toute sa confiance pour ses plaisirs. Ce Lebel aimait beaucoup les dames de moyenne vertu, et les pourvoyeuses de Paris n'en laissaient jamais manquer les amateurs. Nous étions six : le marquis de Talaru, Lebel, Saint-Vigor, frère de lait du roi, M. de Maillebois et Mgr le prince de Turenne. Deux de ces dames y furent invitées, le souper fut très gai; une des dames fit la difficile : Saint-Vigor la prend sur ses genoux, et d'une main vigoureuse nous étale ses appas comme s'il voulait lui donner le fouet. Cette scène était bruyante; la princesse se fâchait, tout le monde riait lorsque nous entendons ouvrir la porte et voyons le roi entrer à mi-corps. Dès qu'il eut vu ce qui nous faisait rire, il resta en extase et, en fermant : « Messieurs, que je ne vous dérange pas; prenez que je ne suis pas venu. » Ce fut le signal de se retirer : nous allâmes à son coucher, et il ne fut question de rien.

Aimable dans son intérieur, causant, et causant bien, personne n'animait plus la conversation que lui par la variété de questions. Le rôle de roi est si difficile! Il ne prend modèle sur personne, il est partout lui : on ne l'attaque jamais de questions, à moins que ce ne soit pour quelque chose du service; c'est donc à lui de faire tous les frais, et sur le genre qui lui plaît. Il ne peut parler que sciences, arts ou chasse; car s'il parlait ou politique ou des personnes, chaque mot tirerait à conséquence. Aimant peu les sciences, quoiqu'il fût instruit, par goût ou par politique il ramenait toutes ses conversations sur la chasse du jour ou celle du lendemain.

Lasmartres[413], son premier piqueur, venu à cette place par son talent infatigable, était celui qu'il traitait le mieux, soit dans le cabinet, soit à la chasse : il n'y avait presque que lui à qui il adressât la parole, ou à ses écuyers qui l'accompagnaient de chaque côté de son cheval. Un jour, à Fontainebleau, je fus témoin d'une boutade de Lasmartres. La chasse avait été rude, on avait forcé deux cerfs; les chiens, les chevaux, les hommes, tout était sur les dents, et l'on regagnait sagement les voitures; les chiens étaient couplés. Le roi, avec sa voix enrouée qui l'aurait distingué entre cent mille, appelle Lasmartres : Lasmartres arrive et quitte les chiens. « Lasmartres, dit-il, les chiens sont las?

— Oui, Sire, pas mal comme cela.

— Les chevaux le sont-ils?

— Je le crois bien.

— Cependant, continue le roi, je chasserai après-demain. » Lasmartres se tait. « Entendez-vous, Lasmartres? Je chasserai après-demain.

— Oui, Sire, j'entends du premier mot. Mais ce qui me pique, dit-il en allant gagner son équipage, c'est que j'entends toujours parler des chiens et des chevaux, s'ils sont las, et jamais des hommes. » Cela fut dit de manière que le roi n'en perdit pas un mot. La chasse fut comme il l'avait ordonné.

Le roi avait une grande attention de ne jamais passer dans une terre labourée, ensemencée ou prête à rapporter; il tançait rudement les chasseurs qui passaient même sur les bords. Il faisait à chaque chasse payer aux propriétaires les dommages qui arrivaient si on s'en plaignait, ou même sans s'en plaindre.

Le marquis de Villeroi, qui postulait la survivance de son oncle, capitaine des gardes du corps, suivait exactement la chasse, montait des chevaux souvent qui le menaient plus vite qu'il ne voulait. Un jour, son cheval l'emporte; le roi était dans un carrefour, éloigné de quelques pas de tous, écoutant et voulant juger, ce qu'il faisait très bien, où tournait la chasse; M. de Villeroi arrive, on lui crie : « Voilà le roi! » Il veut arrêter, ne le peut, et vient avec le poitrail de son cheval frapper la croupe de celui du roi. Le roi, surpris, se jette sur la bride, se remet, se retourne, et voit M. de Villeroi le dépasser. Son premier mot fut de crier : « À qui en voulez-vous? », le second fut de faire courir à son secours; il n'en fut que cela.

Sur les derniers temps, à un étang dans le parc de Versailles le cerf se jeta à l'eau, s'y tint de manière que trois coups de fusil ne purent l'atteindre. Les paysans étaient accourus, bordaient l'étang. On demandait un bateau; un imprudent des regardants se jette à l'eau malgré ses compagnons. On lui crie qu'il faut qu'il fasse un détour, parce qu'il y a une fondrière; il s'abandonne, comptant sur ses forces ou son adresse; à moitié chemin, on lui crie : « À droite! » Il continue, crie « Vive le roi! », et à l'instant disparaît. Le roi avait les yeux fixés sur lui; dès qu'il voit et est sûr du malheur, il tourne la bride de son cheval et regagne sa voiture avec une tristesse qui l'empêcha de prononcer un mot de toute la route.

Toutes les anecdotes que je pourrai me rappeler, sans observer aucune suite, je les placerai. M. de Nestier, écuyer de l'académie, un des hommes les plus habiles de France pour l'équitation, chassait toujours avec le roi, et laissait au comte de Neuilly le service à faire[414]. Cet homme très singulier, ne parlant à qui que ce soit, âgé de plus de soixante ans, maigre et d'une figure sévère, montait les chevaux les plus difficiles malgré son âge. Ses cuisses et ses jambes formaient un étau qui empêchait le cheval de se déranger. Il montait à la française, méprisant la manière anglaise; il montait à cheval pour son compte; content de lui, il ne daignait pas se familiariser avec qui que ce soit, quelque grand seigneur que ce fût. Il était servi comme le roi à la chasse. J'ai admiré souvent la manière dont il courait et ramenait un cheval, sans aucun mouvement forcé : vous auriez cru que l'homme et le cheval ne faisaient qu'un; donnant de la vitesse à son cheval quand il voulait, d'autres fois il lui faisait faire des passades, comme dans une salle de manège.

M. le comte de Melfort[415], favori de Mme la duchesse d'Orléans, petit de taille mais fait comme un modèle et fort comme Hercule, suivait la chasse quand il ne faisait pas sa cour à Versailles. Téméraire, jeune, vigoureux, il ne ménageait ni ses chevaux, ni ceux du roi; chassant à travers bois, il s'abandonnait à son caprice. Un jour que M. de Nestier, planté à cheval au milieu d'une allée, écoutait où en était la chasse, il voit au travers des gaulis, et ensuite dans une taille presque futaie un chasseur allant à bride abattue : il s'aperçoit que le jeune homme n'était plus maître de son cheval. Melfort, emporté, passe sous un arbre dont une branche, rasant la tête de son cheval, l'allait couper en deux; il se décide, empoigne la branche, laisse courir le cheval et, en redescendant de la hauteur de près de cinq pieds, il bat un entrechat à huit. Le silencieux M. de Nestier ne peut tenir à ce gentil haut fait : il l'appelle, lui demande son nom, lui fait un compliment et lui ramène son cheval; ils ne se sont peut-être pas parlé depuis.

Ce M. de Melfort était si prodigieusement nerveux que je lui ai vu lever, le bras tendu, la pelle du foyer de la Comédie-Italienne à sa hauteur, et la reposer aussi doucement que si c'eût été une canne. Cette pelle avait au moins quatre pieds de haut, et était grosse à proportion.

Entraîné par mon attachement, je ne négligeais pas pourtant mes anciennes sociétés. M. Le Gentil, mon ami, qui avait été gentilhomme ordinaire, et à son mariage avec Mlle de Vaudreuil, était entré dans les gardes, avait, quoique de mon âge, déjà trois ou quatre enfants. Il voulut placer ses revenus de Saint-Domingue; la terre du Paroy se présente : un petit marquisat[416] situé à trois lieues de Nangis, autant de Provins. Nous allâmes la voir, et le marché fut bientôt conclu. Tous les ans, j'y ai fait un voyage jusqu'à mon mariage. Dès l'instant de l'achat, il prit le nom et le titre de marquis, sous lequel il a été connu depuis. Dans un des voyages que je fis,

Mme la marquise de Castellane, nièce de Mme Le Gentil la mère, s'y trouva. Tous les amis étaient rassemblés, M. de Chailly, l'abbé de Mesgrigny : tout annonçait la plus grande gaieté. Cette brave mère tomba malade; nous la perdîmes en quatre jours; elle emporta tous les chagrins. Je restai quelques jours pour contribuer à calmer la douleur, et revins avec une impatience d'autant plus grande que je recevais lettre sur lettre de la seule personne qui commandait à mes facultés physiques et morales, la despote de toutes mes activités.

CHAPITRE XI

M. et Mme Brissart avaient loué rue Saint-Honoré, près l'Assomption, un hôtel superbe; ils voulaient l'habiter et on voulait que je fusse des premiers invités. L'impatience de jouir avait fait habiter la maison, tandis que les ouvriers occupaient encore presque tout, excepté trois pièces donnant sur le bâtiment du couvent, et dans lesquelles était une tribune ouvrant dans le dôme[417]. La dame de mes pensées redoublait d'amitié et d'attachement pour moi. Ce n'était plus moi qui faisais les frais : elle faisait et voulait faire tous les sacrifices; je n'en exigeai aucun. Je sentais malgré ma passion qu'à moi tout seul je prenais une charge trop forte; j'aimais, mais j'aimais mieux garder l'incognito. Elle exigea mon portrait dans une boîte d'or à secret. Dès qu'elle l'eut, elle riposta par une bague superbe d'un seul diamant qui m'a été volée depuis. Je n'osais trop faire aucun cadeau : c'était le prétexte pour m'accabler de bienfaits. Toujours modeste, je jouissais de tout mon bonheur sans m'en lasser un seul instant. Sans jalousie, quoique les mêmes sujets continuassent, je l'aimais pour la voir heureuse, et je pensais que, concentrée en moi seul, son imagination vive, plus occupée de cette double intrigue, s'étendait si elle se tenait à un seul. Je rapporte ici deux ou trois aventures qui, en me rappelant les folies de ma jeunesse, me confirment dans l'idée que dans cet âge on peut tout oser.

Cette dame avait deux femmes de chambre, l'une âgée, l'autre de dix-huit à vingt ans; la jeune couchait dans une pièce joignant l'appartement de l'hôtel Bullion. Je reçois un billet qui me donne le rendez-vous à 1 heure du matin. J'arrive; une heure, deux heures, trois heures se passent à attendre chez la jolie femme de chambre. Je lui conseille de se jeter sur son lit. Le diable me tente, et voilà tout naturellement que je fais de grandes infidélités à la dame qui m'avait donné rendez-vous. Heureusement que personne ne s'en vanta, et que le reste de la nuit avec Mme Brissart ne lui déplut pas... Peut-être avait-elle eu des torts de son côté, car elle ne dit mot.

J'étais ami du mari; cela ne pouvait être autrement : elle me l'avait ordonné. Brissart voulut m'admettre dans ses plaisirs particuliers. J'en parlai à sa femme qui me dit que, pour ôter tout soupçon, je ferais bien d'accepter. Me voilà donc introduit dans une petite maison[418] délicieuse, en haut de la rue Montmartre. Nous nous y trouvons, le maître de la petite maison, Champlost, premier valet de chambre du roi, mon ami et mon parent, bien plus âgé que moi; Renneville, neveu de Barjac, ayant cinquante mille livres de rente, excellent homme; le prince de Turenne, Imblat, danseuse de l'Opéra, qu'on appelait la « carafe d'argent » à cause de sa longue taille, maîtresse de Renneville; et Mlle Garnier, d'une figure délicieuse, que voulait avoir Brissart. J'arrive dans un salon meublé en gaze couleur de rose et argent; on me mène dans la salle à manger décorée en stuc, avec un énorme poêle de faïence surmonté d'une figure de femme du plus beau modèle, noire comme de l'ébène, posée comme la Vénus de Médicis et drapée de même. Frappé de la beauté des contours, je m'approche et pose la main sur la plus belle croupe possible; la mollesse des chairs me fait retirer la main avec effroi : c'était une Négresse, chose que je n'avais jamais vue, qui, avec la liberté de son pays, vint me sauter au cou et me rendit stupéfait pendant longtemps.

Nous soupâmes. Les vins exquis furent prodigués, la gaieté la plus franche, la plus vive. Imblat échauffait toutes les têtes par son esprit et ses saillies. Garnier était l'objet des vœux du maître. On sort de table pour la reprendre après : ce n'était qu'un prélude. Brissart me prend en particulier et me dit : « Tu vois Garnier? Conviens que c'est une fille charmante. Tu t'entends à te tirer d'affaire avec les dames; tiens, voilà une bague; fais-moi le plaisir de la lui donner. Dis-lui que c'est un homme qui veut faire son bonheur qui la lui donne.

— Mon cher, lui dis-je, tu veux me faire jouer un drôle de rôle!

— Non, je t'assure, reprit-il.

— Eh bien, dis-je, j'y consens, pourvu que je la prépare auparavant. Je l'amènerai au point que tu la lui donneras toi-même. »

Je m'étais aperçu que cette demoiselle ne m'avait pas regardé avec indifférence : quelques coups d'œil, et mon pied établi sur le sien, qu'elle avait souffert, tout me donnait l'envie de réussir. Je demande à voir la maison : il y avait boudoir, chambres à coucher superbes. M. de Turenne reste dans une avec le désir de causer avec la

Négresse et je me trouve, je ne sais comment, seul dans une pièce avec la Garnier. Notre conversation fut courte : je lui dis ce dont j'étais chargé, je lui proposai de me venger du rôle qu'on me faisait jouer; elle accepte; tout cela dure un quart d'heure. Nous rentrons; mon homme attendait; je lui amène la dame, je lui dis de se mettre à genoux, je pérore sur sa passion, sur la noblesse de ses procédés; je lui prends la bague, la prie de sa part de la mettre à son doigt, la prie de se laisser embrasser. Il file le parfait.

Tout le monde se rassemble; on avait couvert la table d'huîtres de Cancale et de vin de Champagne; nous recommençons à souper; la bonne chère, la gaieté, les vins exquis en font les frais. La Négresse était entre le prince et Champlost, Imblat vis-à-vis, Renneville à côté, Garnier entre Brissart et moi. Mes idées se brouillent; j'étais à côté de Champlost; l'idée remplie du tour que je venais de jouer, je me penche vers lui, je confonds : j'avais une bague que la femme de Brissart m'avait donnée, je le conte à Champlost sans nommer la personne. Imblat me dit : « Je sais qui te l'a donnée. » Je veux nier; le mari prend la parole et dit : « Mes amis, je le sais mieux qu'un autre, puisque je l'ai payée, et qu'elle m'a coûté deux mille écus. » La foudre serait tombée sur ma tête que je n'aurais pas été mieux dégrisé; je reprends mes sens, et, comme on répare mal une sottise dite, je n'en parle plus et mets la conversation en train le plus follement possible. Je fais l'amoureux de la couleur noire, je me déclare décidé à m'y livrer entièrement. On rit, on disserte. Il n'en fut que cela, et nous regagnâmes nos voitures à 4 heures du matin. Je dormis mal; rendu à moi-même, je crus que c'était une méchanceté du mari, que sa femme en serait instruite. Je voulais bien lui laisser prendre toutes les libertés qu'elle voulait, ne pouvant m'en détacher; mais je ne voulais pas lui donner le droit de dire que je prenais ma revanche : je l'aurais perdue. Elle voulait que je fusse tout à elle. Il n'osa lui en parler; je me rappelle qu'elle avait tellement pris un empire sur lui qu'il n'avait aucun droit de trouver rien de mauvais.

M. de Chailly avait loué une maison rue Vieille-du-Temple avec son frère l'abbé de Mesgrigny, conseiller au parlement, vis-à-vis l'hôtel de Hollande. Riches l'un et l'autre, ils donnaient des dîners où j'allais souvent. Chailly était entré dans les mousquetaires; il avait de l'esprit mordant, de la facilité à parler, et une audace dans la conversation qui le faisaient écouter. Son frère était la bonté même; il avait de l'esprit et une grande douceur; on ne pouvait lui reprocher qu'un goût excessif pour les femmes, qui lui faisait briser toute considération[419]. Ces messieurs, comme je le dis, tenaient une excellente maison. M. le marquis de Saint-Marc, M. le comte de Lameth[420], quelques conseillers au parlement, M. le président de

Rosambo[421] y venaient, ainsi que Bougainville, que nous avons vu jouer un grand rôle depuis[422], le chevalier de Chastellux, encore mon voisin, le comte d'Osmont, du Hautoy, Vioménil, Caulaincourt.

Il arriva dans ce temps-là un duel qui fit parler tout Paris. Le marquis de Chauvelin, fils du ministre[423], avec une jolie figure et de l'esprit, l'espérance d'une famille ambitieuse, était dans le service. Tous les jeunes gens faisaient des visites souvent chez le maréchal de Saxe, à Chambord, la retraite que le roi lui avait donnée[424]. Il en avait fait un second Versailles : son régiment d'Huxelles faisait le service comme les gardes à Versailles; un théâtre et une troupe payée dont sa maîtresse, Mlle Favart[425], faisait les délices, augmentaient et attiraient le monde. Le maréchal, grand dans toutes ses manières, avait un équipage de chasse pour le cerf, un autre pour le sanglier. Des battues et un mouvement continuels rendaient ce séjour l'ambition de tous les jeunes gens. N'étant point dans le service, je n'avais aucun titre pour m'y présenter; je n'avais vu le maréchal que deux fois : je ne trouvai aucun moyen de pouvoir y aller. Le maréchal, tout impérieux à la chasse, et despote, avait fait attaquer un gros sanglier; la chasse allait à merveille lorsque La Grange, fils de l'intendant[426], en étourdi, arrivant dans un carrefour voit le sanglier passer; il le tire et le tue, sans songer que c'était le sanglier de meute. Les chiens l'approchent, le trouvent mort, ne donnent plus de voix; les piqueurs, toute la chasse arrivent. Le maréchal, qui voit son plaisir fini en un instant, jure, tempête : sa colère était comme celle de Jupiter, elle fait trembler. Il questionne : « Qui a fait le coup? » Une voix s'élève, celle de Chauvelin, qui dit : « Je l'ai vu, c'est M. de La Grange. »

Le maréchal s'emporte et, réfléchissant sur les conséquences, s'apaise. Cependant, la vérité perce; La Grange en est instruit. Il était fort brutal, avec fort peu d'esprit. Faufilé chez les princes, fier, insolent, peu délicat, comme il l'a prouvé depuis dans son procès contre le marquis de Bouthillier (où il a voulu prouver qu'au lieu de lui avoir vendu une terre, on lui en avait vendu deux, ce qui lui faisait le double pour l'argent qu'il y avait mis), il trouva, dis-je, l'injure très forte. On vint à Paris : le maréchal aurait trouvé mauvaise toute querelle chez lui. Chauvelin s'excusa, ne voulant en aucune manière se battre; il convint que c'était une étourderie, et il aurait fait toutes les excuses convenables; La Grange ne voulut entendre à rien, il fallut en découdre. Chauvelin plus d'à moitié mort se présenta; à peine fut-il en garde que l'autre lui passa son épée au travers du corps et le tua[427]. La Grange parut à tous les spectacles et vint dîner le lendemain chez Chailly; il n'en fut pas question. Mais tout le monde avait sur le cœur le peu de délicatesse de cette vengeance qui mettait toute une famille en deuil. Il a été depuis officier des mousquetaires et cordon rouge; je n'ai vu aucun de notre société intime avec lui. Il avait épousé la veuve de l'intendant Méliand[428]. Tel fut le jugement porté dans Paris sur cette histoire, car je l'ai connu très peu.

Bougainville, frère du secrétaire de l'Académie française, venait, comme je l'ai dit, dans cette société. Avec peu de fortune, il avait commencé par accompagner un M. Hérault de Séchelles[429] à l'armée, comme officier dans le même régiment, pour lui servir de mentor. Il annonçait de l'esprit; voulant exceller dans les armes, il tirait toute la journée, et dès qu'on avait dîné, le salon se convertissait en salle d'armes. Le comte de Lameth, tué à la bataille d'Hastembeck[430], était un des tenants.

Partageant mon temps entre toutes ces sociétés, ma principale était celle où mon cœur tenait. Le mois de juillet arriva[431] : il fallut reprendre mon service et être plus assidu. Je partis pour Compiègne; ce voyage fut intéressant : les ministres des finances paraissaient successivement comme dans une lanterne magique[432]; on espérait les meilleures choses, et ils ne tenaient nullement les espérances de la cour. Les autres ministres, stables, menaient la chose avec des fonds arrêtés tous les ans : ceux qui étaient décidés suffisaient.

Le voyage fut fort brillant. On voulut donner à la cour le plaisir d'un camp : le régiment du roi vint camper derrière Royal-Lieu — un camp bien assis; les essais continuels de canon, et l'exercice au feu amusèrent toute la cour[433]. Le comte de Guerchy-Nangis[434], colonel, tint une table magnifique sous la tente; y allait qui voulait après avoir été invité une fois. Les dames en faisaient les honneurs, ainsi que les capitaines. Le roi y vint plusieurs fois, accompagné de la troupe dorée; je m'y trouvai : rien n'était si magnifique et si agréable que la précision, l'exactitude dans l'exercice, et la tenue de ce régiment. M. le dauphin y déploya ses talents modestement, car toute son adresse était de ne pas exciter la jalousie. Sa conduite sage pouvait faire la critique de son père : il voulait l'éviter.

Le voyage tirait sur sa fin lorsqu'il retourna avec la dauphine à Versailles : c'était assez l'usage pour éviter les embarras. Un courrier arriva, annonça que le dauphin était tombé malade d'une grosse fièvre en arrivant. Les courriers se succédèrent; enfin, le dernier annonça que la petite vérole était déclarée[435]. Toute la cour fut en l'air; la reine, qui allait seule avec sa cour, partit après le roi; le reste, comme il put. J'eus une permission de poste expresse; et en me servant de la poste et de mes chevaux, je fus obligé par l'embarras et la confusion de coucher dans une auberge à Senlis.

La maison d'Orléans jouait alors un grand rôle : le dauphin n'avait qu'un fils, qui est mort depuis; le roi prenait de l'âge, de sorte que les intrigants faisaient déjà leurs projets et leurs combinaisons[436]. J'avais eu la petite vérole, de l'espèce qu'on appelle *volante*[437] : je comptais en être quitte. Cependant, j'avais perdu si promptement tant de mes amis, entre autres Ricquebourg, que je ne pouvais me défendre de quelque inquiétude, quoique mon oncle, M. Soullet, qui l'avait eue de la même espèce et en même temps que moi, âgé de douze ans de plus que moi, se portât à merveille. Le corps diplomatique montra le plus grand intérêt à cette maladie; j'étais celui qui donnait les détails les plus circonstanciés, que j'avais soin de prendre exactement. Enfin, au bout de quinze jours de convalescence, on m'annonça que les ambassadeurs seraient reçus le mardi. J'en prévins; ceux qui en avaient peur se dispensèrent aisément de cette visite. Pour l'introducteur, cela devenait impossible : après m'être bien pourvu de tous les préservatifs, je fus admis, quelques jours auparavant, dans la chambre du malade où, malgré les précautions, l'odeur était très forte. Je vis le prince rouge comme une écrevisse et boutonné singulièrement, et la dauphine en robe du matin. Si je ne l'avais connue parfaitement, j'aurais pu faire le second volume de Dumoulin.

Le fameux médecin Dumoulin fut mandé de Paris à l'instant, car on ne se fiait guère aux plus habiles médecins de la cour, qui avaient plus de théorie que de pratique[438]. Il arriva, sans jamais avoir été à la cour, avec des souliers de paysan et un gros habit couleur de café, qu'il ne quittait jamais. Les médecins, dès que les princes sont malades, deviennent tout-puissants à raison du danger. Il se planta dans le fauteuil à côté du lit du malade, prit le pouls, annonca la petite vérole, ordonna en despote le régime à suivre. La dauphine, mise plus que simplement, voulut faire des questions, des observations : le médecin prit le ton de son état vis-à-vis d'une garde; la dauphine mit de côté son humeur impérieuse et revêche — car elle l'était — pour s'empresser et faire suivre les ordonnances. Alors Dumoulin, élevant la voix, dit : « Qu'on suive exactement ce que cette petite femme dira; car elle entend à merveille tout ce qu'il faut. » Il sortit, pour ne revenir que le lendemain et faire ses visites à Paris, et ne fut détrompé que dans le chemin sur la manière leste dont il avait parlé à la dauphine.

Les ambassadeurs vinrent le mardi; le dauphin, couché, reçut toutes les félicitations de la cour sur son heureuse convalescence; ma santé n'en souffrit pas, et je revins à Paris dans le sein des plaisirs.

Ce fut dans cet hiver que le parlement fut exilé[439]. Mon oncle, M. Soullet, fut envoyé à Clermont, en Auvergne. Je n'ai jamais vu un départ si triste. La plupart de ces messieurs n'avaient jamais quitté de vue les clochers de Paris; leurs femmes voulaient les accompagner. Les ordres de la cour étaient pressants : des mousquetaires étaient venus les réveiller la nuit, leur apporter à chacun une lettre de cachet sur laquelle leur exil était déterminé. M. Soullet n'avait pris aucune précaution, pas même une berline de campagne; j'offris tout ce qui dépendait de moi, voiture et argent. On partit dans les vingt-quatre heures, et on alla avec mes chevaux coucher en route. Ce voyage qui les attristait tant ne fut pour eux qu'un séjour de fêtes et de plaisirs. La Michodière[440], ancien conseiller au parlement et alors intendant à Clermont, se conduisit vis-à-vis de ses confrères avec beaucoup de grâce. Ils étaient dix réunis dans la même ville, et ils me mandèrent que leurs plaisirs passaient de beaucoup la peine du voyage. Cet exil dura quatre mois; leur docilité et les négociations les firent réintégrer dans Paris[441].

Ce fut vers ce temps que parut M. le comte de Stainville, fils de M. le marquis de Stainville, ministre à la cour de France du duc de Toscane[442], emploi de faveur qui lui valait trente mille francs, ne l'obligeait à rien et le laissait se livrer au plaisir de la bonne chère, sa passion dominante. M. de Stainville, depuis le fameux duc de Choiseul[443], était connu à Paris par sa figure spirituelle; quoique extrêmement laid, vivant en homme à bonnes fortunes, il passait pour un des hommes les plus mordants de Paris. D'un esprit fin, délicat, aimable, vivant avec tout ce qu'il y avait de plus grand par le droit de sa naissance, il était colonel du régiment de Navarre et passait les jours qu'il n'était pas à Versailles, dans le temps de l'Opéra, dans la loge de la duchesse de Villeroi, depuis Mme de Luxembourg[444]. Mme Brissart avait une loge à l'année au second, et nous voyions tout ce qui se passait dans cette loge, qui était le rendez-vous de tout ce qu'il y avait de plus noble.

Né sans fortune pour un homme de son nom, le comte de Gontaut était frère du maréchal de Biron, colonel des gardes françaises[445]. Aimable courtisan, il était l'ami du roi et de Mme de Pompadour; attaché par goût à ce qui faisait sa société, n'importunant jamais, on pouvait dire qu'il vivait avec ses amis. M. le marquis du Châtel, fils de Crozat le pauvre, lieutenant général[446], et des plus riches de Paris après Samuel Bernard, avait laissé deux filles : l'aînée fut mariée à M. de Gontaut, plein d'amitié pour le comte de Stainville; le nommé S..., valet de chambre de ce dernier, épousa la femme de confiance de Mlle du Châtel; M. de Stainville fit le reste : il déploya toute son amabilité, il l'épousa[447]; ce mariage étonna tout Paris par le peu de fortune qu'il avait. Ce fut cet instant qui détermina les talents qu'il a déployés depuis, car malgré ses détracteurs, son caractère magnifique, d'un naturel spirituel, plein d'énergie, l'a conduit au faîte des grandeurs qui l'ont accompagné jusqu'à sa mort; malgré sa disgrâce, il laissera son nom, quoi qu'on en dise, au rang des plus distingués dans ce long règne.

M. de Gontaut fit son possible pour le faire prendre dans l'intimité du roi et de la marquise; mais ayant la réputation d'un homme méchant, son beau-frère éprouva toutes les résistances. Enfin, la marquise eut de grandes inquiétudes : la comtesse de Choiseul-Romanet[448], belle comme un ange, tendre, sage, fidèle, était un morceau de roi; on ne pouvait la comparer qu'à Mlle de Fontanges sous Louis XIV[449]. Le roi ne tarda pas à la distinguer. Le maréchal de Richelieu, à l'affût des plaisirs de son maître, enchanté de jouer un rôle qu'il ne pouvait espérer chez la marquise, boudant le roi comme un amant boude sa maîtresse, officieux spirituellement autant qu'un courtisan peut l'être, mit ses émissaires en campagne. Bref, la correspondance fut établie entre le roi et la comtesse de Choiseul-Romanet, mais elle ne put être si secrète que Mme de Pompadour n'en fût instruite. Toutes les têtes travaillèrent : il fallait déjouer cette naissante passion. M. de Stainville fut proposé; il était jeune, aimable; Mme de Pompadour lui dit que jamais le roi n'avouerait son infidélité; qu'il fallait qu'elle pût l'en convaincre; qu'elle jetait les yeux sur lui pour avoir des preuves.

Il n'en fallut pas davantage. M. de Stainville déploya tous ses moyens de séduction car, quoique très laid, il faisait oublier sa figure par son esprit. Mme de Choiseul-Romanet succomba. Il fit le jaloux, se fit désirer, et obtint par le manège le plus fin les lettres du roi. Dès qu'il les eut, il les porta à la marquise qui s'en servit si victorieusement que le roi, convaincu, fut obligé de renoncer à cette nouvelle inclination[450]. M. de Stainville tint parole et vécut avec sa nouvelle maîtresse, sans donner de jalousie au roi qui, choqué de la préférence, n'y voulut plus penser. Mais par la plus grande fatalité, il n'y avait pas trois mois que cette affaire était arrangée, quand Mme de Choiseul-Romanet fut emportée en quinze jours d'une fièvre maligne[451]. La méchanceté combina, arrangea qu'elle était morte empoisonnée; le roi, déjoué dans ses amours, ne pouvait exciter ce crime; le comte de Stainville, qui n'avait vu dans la livraison des lettres qu'un moyen de s'assurer d'une femme qu'il aimait réellement, ne pouvait être soupçonné. Cependant, la jalousie du rôle qu'il commençait à jouer, et qu'on devinait qu'il remplirait, fit tenir des propos si indignes, qu'ayant été à portée de juger de leur valeur, en mon âme et conscience, je l'en ai cru incapable; et la suite prouvera qu'il a été au-dessus de toute critique de ce côté-là. Je me rappellerai à son propos mille traits de grandeur et de bonté que je veux consigner pour moi.

Pour le consoler, le distraire, Mme de Pompadour ne tarda pas à le faire nommer à l'ambassade de Rome[452]. Grand dans tout, il fit les dépenses les plus magnifiques pour y paraître plus qu'aucun ambassadeur n'avait paru. Ayant appris que je voulais voir l'Italie, je le trouvai chez M. de Rouillé. Il s'avança vers moi avec cet air ouvert et de franchise qui le conduisait : « J'ai appris que vous voulez voir Rome, me dit-il ; je vous offre ma maison et quelque chose de plus. Si vous voulez être cavalier d'ambassade, je vous fais nommer. » Je me signai, je le remerciai, et lui dis que sous huit jours j'aurais l'honneur de lui rendre réponse. Sans conseil, sans appui, attaché à une femme que j'adorais, je n'eus rien de plus pressé que de lui aller rendre compte. Je lui procurai une attaque de nerfs; elle se mit au lit, ne voulut recevoir ni prendre rien que de ma main. Je vois une tête perdue : tous les sacrifices ne lui coûtaient rien, l'amant en titre, l'argent, la permission de me suivre; comment soutenir tant d'attaques, lorsqu'on a vingt-trois ans et qu'on est amoureux? Je cède, je remercie M. de Stainville; la paix se fait et la santé revient. J'ai fait la plus lourde sottise qu'on puisse faire : entraîné par une folle passion, j'ai négligé la plus belle occasion que j'aie eue de ma vie de m'attacher à jamais à une famille qui servait chaudement ses amis. J'ose dire qu'avec ma douceur, ma gaieté décente, ma complaisance dans la société, ils auraient contracté un attachement qui m'aurait rendu capable. Si tout le monde s'examinait scrupuleusement, il verrait que dans le courant d'une vie longue, jusqu'à ce qu'on ait atteint quarante ans, on manque, soit faute de conseils, soit par étourderie ou inconséquence, des occasions de se placer avantageusement. Combien de fois, depuis, n'ai-je pas maudit une passion qui me subjuguait dans toutes mes facultés! J'avais la tête exaltée des préférences qu'on me donnait, la vanité du rôle que je jouais chez une femme dont la volupté était soutenue par un luxe et une prodigalité dont je n'ai jamais usé que pour jouir : tout cela remplissait tous mes moments. J'aimais, à ma manière et à la sienne, de la meilleure foi du monde.

J'avais attiré dans sa maison les étrangers les plus distingués : les princes de Corsini, dont il y en a eu un depuis cardinal[453], le duc Matalone de Naples. Si j'avais accompagné M. de Stainville, toutes ces mêmes personnes m'auraient tenu fidèle compagnie. Moyennant ma place, mon âge où l'on fait aisément connaissance, je n'aurais été embarrassé dans aucune cour de l'Europe. Toute ma vie, j'ai eu le goût des voyages, et cette occasion manquée, je n'ai pu la retrouver.

Mon hiver se passa dans les mêmes plaisirs. Nous convînmes pour nous voir qu'elle viendrait à Versailles voir sa sœur, qu'elle prendrait son logement de droit à l'hôtel des fermes ; que j'arriverais à minuit en demandant sa femme de chambre, et que je l'attendrais. Elle arriva à 2 heures, accompagnée d'un galant de cour dont elle eut toutes les peines du monde à se débarrasser. J'étais caché sous les rideaux et couvertures : cet appartement, inhabité au milieu de l'hiver, malgré le grand feu n'était tenable qu'entre deux draps. Le galant parti, elle se met au lit ; le froid la saisit, une colique terrible s'empare d'elle sur les 4 heures du matin. Sans secours, on emprunte une seringue ; la petite femme de chambre, aussi peu expérimentée que moi, ne peut remplir ses fonctions. Me voilà faisant de mon mieux, la colique diminue. On craint le grand jour : il faut sortir des premiers ; je me hasarde, vais gagner ma chaise de poste et retourne à Paris. Je ne suis pas arrivé qu'il me prend un malaise : on me saigne quatre fois, et l'ipécacuana me tire d'affaire. Mme Brissart se portait à merveille et me faisait à chaque instant porter des messages. J'étais jeune : au bout de huit jours, je fus rétabli et recommençai la cour la plus assidue à la dame de mes pensées.

J'avais exigé que Tourdonnet serait toujours le premier en titre ; et tous les sacrifices étant pour moi, j'aimais bien mieux ne jouer que le rôle en second. Je dînais, dès qu'elle me le demandait, tous les jours chez elle en tiers avec le mari. Elle chantait et s'accompagnait de la harpe délicieusement. Je vais rappeler mes idées sur deux aventures qui m'arrivèrent, où le mari joua un rôle bien malgré moi.

Avant que la maison fût totalement rangée, le mari couchait d'un côté du salon, dans une chambre destinée à une femme de chambre ; de l'autre côté, était la chambre à coucher de la dame ; toutes deux communiquaient avec le salon qui était précédé par une salle à manger et une grande antichambre. Lorsque tout le monde se retirait, le mari entrait dans sa chambre, je restais seul avec la dame ; la somptuosité de l'éclairement faisait de la nuit le jour. Une conversation intéressante se lia entre nous. Avant d'en venir au plus sérieux, je lui marquai mon inquiétude sur la séparation du mari, qui tenait à une porte qu'un rien pouvait ouvrir, et à qui notre vue, à l'instant, ne pouvait échapper. Elle fut obligée de céder à mon inquiétude, et je me déterminai à prendre tout doucement un énorme paravent des Gobelins, et à le dresser contre la porte ; comme elle ouvrait précisément dessus cet échafaudage, mon imagination se tranquillisa, et nous suivions la plus intéressante conversation qu'il était possible en pareille circonstance, lorsque le paravent — soit qu'il fût mal assuré, soit qu'une voiture passant dans la rue fît changer l'équilibre — tomba de toute sa hauteur avec un bruit épouvantable. Je saute dans la salle à manger, elle dans sa chambre, et après avoir écouté pendant plus de dix minutes, nous nous retirons chacun sur la pointe des pieds comme dans une scène nocturne. Le lendemain, nous nous écrivîmes réciproquement deux lettres, que je suis fâché de n'avoir pas gardées.

L'autre scène me prouva le peu de consistance du mari vis-à-vis d'elle et me valut la connaissance du peu de cas qu'elle en faisait. L'homme ne manquait pas d'esprit, mais avec la rusticité d'un homme qui pouvait tout faire avec de l'argent. La supériorité de talent et l'esprit de sa femme avaient pu seuls le maîtriser; devenu son confident, je m'étais petit à petit éloigné de l'intimité de ses plaisirs : c'étaient des filles de haut parage, mais toujours un cercle d'idées qui ne m'amusait pas. Accoutumé à une tournure d'esprit des plus aimables, toutes les conversations des autres me paraissaient fades; la tournure de son esprit embellissait les choses les plus simples : elle n'était jamais méchante, mais malgré elle, elle plaisantait avec tant de finesse que personne ne pouvait s'en choquer. Un jour que nous étions tous les trois à dîner, il fit mettre comme à l'ordinaire les chevaux pour aller à l'hôtel des fermes. Mme Brissart et moi attendions impatiemment qu'il nous débarrassât de sa présence par le peu de ressource de sa conversation, à moins qu'elle ne le querellât pour se désennuyer. Il sortit; comme la rue est fort passante, nous ne prîmes pas garde si la voiture était sortie. Comme un étourdi, je l'attire sur mes genoux, et à l'instant où nous badinions également, quel est notre étonnement de le voir entrer et se planter devant la cheminée, debout, l'air très renfrogné.

Nous ne pouvions plus douter l'un et l'autre qu'il ne nous eût surpris, et que par le reflet des glaces il n'en eût vu plus que nous ne l'aurions désiré. Mme Brissart regagne froidement son ottomane à côté de la cheminée; moi, je mets mon chapeau sous mon bras et me place en prolongement de la cheminée, dans la même position qu'il gardait. J'étais résolu à lui sauter à la gorge au premier mouvement qu'il ferait, bien décidé à empêcher toute insulte. Nous restons tous trois dans un silence morne plus de dix minutes qui me parurent un siècle, lorsque Mme Brissart, prenant son parti, rompit le silencieux trio, prenant l'air imposant qu'elle savait employer utilement : « Depuis quand, dit-elle, monsieur, vous donnez-vous les airs d'entrer dans mon salon sans en prévenir? Aux termes où nous en sommes à ce dont nous sommes convenus, vous n'avez aucun droit sur moi et vous en avez sur mon indulgence.

— J'avais, dit-il du ton le plus doux, oublié un papier...

— Où est-il? Prenez-le et sortez!

— Je vois qu'il n'est pas ici.

— Vous m'en imposez, monsieur. C'est de la jalousie. Mais souffrez, puisque votre ami — qui est encore plus le mien — est témoin, que je le répète : vous n'avez aucun droit à en avoir. Finissez, laissez-moi... » Et il sortit, en me disant : « Vous voyez comme elle me traite ! »

Dès que nous fûmes seuls, je la priai de me mettre au fait de cette énigme. « Je le veux, dit-elle, et je compte sur votre sagesse. M. Brissart est un impuissant dans l'étendue du terme[454]. C'est à cette existence que je dois la conduite qu'on peut blâmer; j'ai eu le malheur de suivre ses conseils avant de savoir réfléchir, et deux filles que j'ai eues ne sont pas de lui. Cela doit vous suffire pour croire que je l'ai en horreur, et au moins pour ne pas dévoiler ce mystère d'iniquités et passer pour sa femme. Il est bien juste et convenu que jamais il ne se mêlera de ce qui se passe chez moi. » Cette explication fut la fin de cette scène dont il n'a jamais depuis été question.

Subjugué entièrement par une passion qui ne faisait qu'augmenter, je m'y laissai entraîner; toutes les femmes de l'univers n'étaient plus rien pour moi. Le temps nécessaire à mon service était un supplice, les voyages de Versailles un tourment; dès que j'arrivais à Sèvres, mon cœur se resserrait comme ma vue entre deux montagnes, et l'oppression ne me quittait que lorsque je repassais le pont de Sèvres. Le voyage de Compiègne arriva : il fallut nous séparer; son cœur était fixé, il me parut éprouver autant de peine que le mien. Une maladie de sa fille, qu'elle perdit, rompit le dessein formé de nous rejoindre. L'espérance de la revoir m'occupait tous les jours. Enfin, la fin du voyage arriva; je n'ai jamais si bien calculé les dates, et même les heures.

Me livrant à tous les plaisirs de la bonne chère et des fêtes, soupant très souvent, soit chez Marigny, soit chez les écuyers, soit chez M. le comte de Brionne, me présentant peu au château et restant une ou deux fois chez Mme la duchesse de Luynes, je menai la vie la plus active. Je m'enlevais à la douleur de la privation de ce que j'aimais. Me livrant au plaisir de la chasse, j'étais monté avec distinction : ma connaissance de l'équitation avait déterminé à me faire monter les chevaux destinés au roi et aux premiers écuyers; je ne les dérangeais pas du point où ils étaient. Le roi me traitait bien. Le prince de Condé, farouche, peu communicatif, venait se planter à côté de moi pour me faire des questions et engager la conversation : c'était son usage, soit à la chasse, soit au cabinet du roi; il était froid, pensif; je n'ai jamais rien trouvé qui pût m'y attacher.

Il m'arriva dans ce voyage une singulière aventure. Après m'être rendu à Royal-Lieu, le roi fit attaquer; la chasse tourna si subitement que chacun s'abandonna pour la rattraper. Je partis comme les autres qui me laissèrent bientôt derrière eux. Quelques voix de chiens égarés me déterminèrent à suivre une grande route; après avoir couru deux heures, j'eus beau m'orienter, écouter, je ne vis personne et n'entendis rien. Je reprends une route cavalière, comptant me ramener au moins au rendez-vous : après une heure, je n'en suis pas plus avancé; enfin, le soleil baissant, je tâche de joindre une grande route : elles sont en droite ligne à perte de vue, et la forêt est sourde comme une cave. Je tombe sur une grande allée; je veux me reconnaître; enfin, dans le lointain, j'aperçois un cavalier en équipage de chasse. Je ranime mon cheval, et après avoir forcé de temps, j'arrive sur lui à nuit tombante.

Quel fut mon étonnement de voir le vieux comte d'Eu[455] tout seul! Dès qu'il me vit, il m'appela par mon nom en me disant : « Ah! que je suis heureux de vous trouver! Il y a trois heures que j'ai perdu la chasse; je suis égaré; mon cheval ne peut marcher.

— Je suis de même, monseigneur, mais mon cheval est au roi; il connaît la forêt; il vous ramènera à Compiègne, et moi je reviendrai sur le vôtre comme je pourrai. » À l'instant, je descends de cheval, mais je ne pus rien obtenir du prince. Il exigea seulement qu'avec mon fouet j'appuie son cheval qui refusait d'aller. L'accord fait, par obéissance de ma part, nous voilà en route suivant ses conditions; j'avais grand peur, au milieu de la nuit, de me tromper en frappant le cavalier. Nous cheminâmes ainsi plus de deux mortelles heures et nous fûmes ravis, en sortant de la forêt, de voir le coup d'œil du château qui, tout éclairé, portait son reflet jusque sur le chemin. Nous arrivâmes à 11 heures. Le prince me retint à souper avec son gentilhomme, et le roi s'amusa beaucoup le lendemain de notre aventure. Nous n'étions pas les seuls qui se fussent égarés, et le vieux bonhomme Dampierre, qui croyait aux sortilèges, disait très sérieusement que nous avions eu un sort.

CHAPITRE XII

La chasse, la bonne chère, les soupers prolongés, le vin de Champagne auquel je me livrai, quoique je n'aie jamais pu faire usage du vin pur sans m'incommoder par la privation de sommeil, tout contribua à allumer mon sang et mettre en effervescence ma bile. Il me prit un frisson au grand couvert : c'était le dernier, le voyage était à sa fin. Je priai La Martinière[456], le premier chirurgien du roi, qui me témoignait de l'amitié, de me prendre le pouls. Il me dit : « Vous couvez une maladie; allez-vous-en chez vous. Si vous restez ici, les médecins vous tueront; vous serez à la merci de celui d'ici, et Dieu sait ce qui arrivera. Partez, le voyage est fini. » Je revins chez moi; j'étais si malade, le mal de tête était si violent, que je fus obligé de me mettre au lit et ne pus partir qu'à 4 heures du matin dans ma chaise de poste, avec mon valet de chambre devant, sur un strapontin, qui me soutenait la tête. J'arrivai à 10 heures rue des Enfants-Rouges, après avoir souffert tout ce qu'on peut souffrir. J'envoyai chercher Bastien, médecin du roi, qui demeurait aux Tuileries, pavillon de Flore; ce médecin me voyait depuis que j'étais au monde et m'était des plus attaché. Une fièvre putride se déclara. Mlle Gentil, qui m'avait élevé, me soigna; Mlle Félix, ma cousine, ne me quitta pas. J'eus un transport continuel; dans mon effervescence, je ne parlais que de Mme Brissart. Je fus saigné neuf fois, rien n'opérait. Enfin, Bastien se détermina à me passer trois grains d'émétique : j'étais entre la vie et la mort sans m'en douter; je voyais, je parlais machinalement, ou je tombais dans des assoupissements. Enfin, une évacuation terrible par haut et par bas me rendit à moi-même.

Je vis mon oncle, ma tante, Mlle Félix, Mlle Gentil, se félicitant, venant à moi, ma chambre remplie d'un apothicaire, du chirurgien et de mon médecin, tous me disant : « Cela va bien; voilà la crise! il n'y a plus d'inquiétude! » C'était de l'algèbre pour moi. C'était le septième jour de ma maladie, et de ce moment mon état changea, la fièvre me quitta. Cependant, neuf saignées dont quatre au pied, de l'émétique, après une conduite qui n'était pas des plus régulières, m'avaient mis dans un état pitoyable : je me faisais peur à moi-même. Mlle Gentil, par un transport d'amitié auquel la réflexion n'avait sûrement pas de part, causant le lendemain avec moi, me raconta historiquement le danger où j'avais été. « Savez-vous bien, me dit-elle, que nous étions tous hier dans les plus grandes alarmes? Si l'émétique n'avait pas passé, nous ne vous possèderions plus. » Je ne me doutais pas du danger que j'avais couru; je lui serrai la main et lui dis : « Ma chère amie, vous en dites trop pour ma pauvre tête et ma faiblesse. » À l'instant, une sueur froide s'empara de moi : je n'étais pas guéri, je retombai dans une forte fièvre qui n'eut d'autres suites que de prolonger ma convalescence.

Cependant Mme Brissart envoyait continuellement des émissaires pour savoir de mes nouvelles; un grand nombre de lettres m'attendaient et ne me parvenaient pas. Mon secret, trahi par mon transport, avait affligé tous ceux qui m'entouraient. Mon médecin répétait que je me tuais, Mlle Félix redoublait de tendresse, de soins et d'amitié pour moi; j'ignorais tout, et n'étais préoccupé que de me rétablir pour aller rendre mes soins à Mme Brissart. Un de ses domestiques de confiance parut : mes émotions furent vives, mais j'étais assez rétabli pour les supporter; la jeunesse, la force de l'âge sont de puissants remèdes. Il est certain que si je n'avais pas été livré à moi-même dès ma première jeunesse, je n'aurais pas donné un si libre cours à cette passion : lorsqu'elle augmente à ce point, ce n'est plus que faiblesse. Votre imagination retombe sur le même objet, vous n'êtes plus le maître de la diriger ailleurs. C'est une expérience que l'âge m'a fait contracter : j'ai eu dans ma vie bien des tribulations, malgré la somme du bonheur qui a été la plus forte; mais me défiant de moi-même depuis cette passion, je n'ai jamais plus voulu laisser ma pensée se fixer sur un objet soit triste, soit de haine, soit d'affliction. En garde contre mes réflexions, surtout la nuit, j'ai contracté dès l'âge de quinze ans l'habitude de lire toutes les nuits jusqu'à ce que le sommeil me gagne : j'y ai gagné de l'instruction et je me suis rendu maître de mon imagination. Évitant de parler d'affaires dès que l'heure de souper est venue, je tâche de calmer mon âme et de la mettre dans un équilibre qui constitue la vraie philosophie. Trop tendre peut-être, trop faible, extrêmement sensible, je crois que la jeunesse n'est pas assez instruite de l'empire qu'elle peut prendre sur elle-même. Elle peut remarquer qu'elle ne se livre à la passion que par l'espérance de pouvoir obtenir une récompense; que c'est d'abord son imagination qui fait tous les frais, et je n'ai jamais vu personne réellement amoureux de quelqu'un à une si forte distance de lui qu'il ne pût l'obtenir. Je crois que toutes les autres passions roulent dans le cercle de la faiblesse, et viennent de ce qu'on n'a pas la force de déranger son imagination.

Il y avait cinq jours que j'étais sans fièvre, que je vivais d'un régime doux — la nature avait tant à réparer! — lorsque Mlle Gentil crut indispensable de me remettre les lettres qu'on m'avait écrites. La liste des personnes qui s'étaient intéressées à ma santé était longue : je ne me livrai pas à cette lecture sans émotion; et lorsque je lus les lettres de celle qui me peignait ses alarmes, mon imagination s'exalte, mon cœur se compresse. Je dissimule : Mlle Gentil avait de l'esprit, elle m'avait élevé et connaissait tous mes mouvements. J'affecte une grande gaieté, je trouve le temps superbe. Je pense qu'un tour en voiture sur les boulevards avancera ma convalescence; je fais mettre les chevaux et pars lestement. Cet homme qui, vingt-quatre heures auparavant, ne pouvait se lever sans une aide, retrouve à l'instant ses forces. Je ne suis pas dans la rue Portefoin que je donne ordre qu'on me mène rue Saint-Honoré; je descends chez Mme Brissart et me précipite dans ses bras. Elle se trouve mal, elle revient : une explication tendre se fait des peines de l'absence. Ô vous qui n'avez pas connu ces moments, vous ne connaissez pas le charme de l'existence! Il y a plus de quarante ans que cette aventure est passée, et elle est toujours gravée au fond de mon cœur. Cette explication, cette visite devaient finir, entre un homme de vingt-trois ans et une femme qui aimait franchement, comme toutes ces sortes de conversation. Je remonte dans ma voiture et reviens vite chez moi, prendre un dîner de régime dont j'avais grand besoin. Mlle Gentil s'aperçut sans peine d'un changement dans ma figure : il fallut se laisser prendre le pouls, et son intermittence fit juger que j'allais retomber malade. Pour moi, qui en savais la cause, je me mis à dîner; j'avais des forces à réparer, et je marchai à grands pas vers une parfaite guérison.

À la fin des voyages de Compiègne et de Fontainebleau, le roi allait à Saint-Hubert et à Crécy[457], de sorte que les ambassadeurs allaient traiter d'affaires les mardis chez le ministre des Affaires étrangères à Paris, et le corps diplomatique était une quinzaine de jours sans aller à Versailles. Ce temps suffit à ma convalescence : je n'eus pas besoin des secours de mon camarade, chose que nous avons évitée. Loin de faire aucune réflexion, je continuai mon attachement qui nous aurait menés promptement tous deux au tombeau, ne pouvant nous passer l'un de l'autre. Ses froideurs pour Tourdonnet le désespéraient. Mais l'abus que j'en avais fait m'avait ôté toutes mes forces physiques; impossible de sortir de cette situation. Je lui dois rendre cette justice : je m'en affligeais pour elle et pour moi. Ne cherchant que de vivre avec moi, plus raisonnable que moi, lorsqu'elle s'en aperçut elle redoubla d'amitié et de soins. Après avoir passé plus de trois semaines dans un état pire qu'une grande maladie, je me rétablis insensiblement grâce à ses manières tendres et engageantes, et je pus resserrer notre union plus que jamais.

Le voyage de Fontainebleau fut plus brillant que jamais : les artistes de tous les genres se surpassèrent; on voulut rappeler jusqu'à des talents surannés. Mlle Lemaure vint y chanter, Mlle Salé vint y danser; on retrouva la danse majestueuse de Dupré, mais il y manquait la force; il avait l'air d'un château branlant, et fit plus de peine que de plaisir dans deux entrées qui ne durèrent pas cinq minutes[458].

Ce fut dans ce voyage que mon ami Donnezan eut une querelle avec un garde du corps : il prit de l'humeur sur un propos que le garde lui tint, parce qu'il ne fermait pas une porte de la salle des gardes. L'affaire finit par un coup d'épée que Donnezan reçut dans le bras, et dont il ne fut même pas alité.

Cependant, M. de Stainville prenait plus de crédit que jamais. Soutenu par M. Rouillé, ministre des Affaires étrangères, il n'était bruit à Versailles que de sa magnificence et de son goût pour les arts, de celui de sa femme qui, pleine d'esprit et de sagesse, attirait à elle tous les savants, les antiquaires et les artistes. Il envoyait à Mme de Pompadour toutes les choses les plus rares.

Le marquis de La Chétardie[459], homme très avantageux, tenant le dé, bardé d'ordres, et que l'impératrice de Russie avait renvoyé un beau matin, traînait son inutilité à la suite de la cour, vivant beaucoup avec tout le corps diplomatique. Mais il fallait le remplacer : on jeta les yeux sur le marquis de l'Hôpital[460], ambassadeur en plusieurs cours. D'une belle figure, aimable, âgé de soixante-cinq ans, il fut nommé et il accepta, pour s'expatrier à deux mille lieues, dans un âge où l'on doit être dégoûté des voyages. Mais son caractère agissant (car il avait conservé son inspection de cavalerie), son goût pour la décoration, ayant le cordon bleu d'un côté, le cordon rouge de Saint-Janvier en sautoir, et encore un autre ordre, avaient fait imaginer qu'il serait le seul homme qui, sans prétention, ramènerait l'impératrice à des procédés amicaux. Il reçut donc tous les compliments. Sa femme, dame de Mesdames, et ses enfants ne quittèrent pas le service, et l'on regarda cette acceptation comme un dévouement.

Ce fut dans ce voyage que le fils de milord Postcook[461], âgé de vingt ans, fit des paris de courses si extraordinaires. Milord son père était extrêmement avare; la fureur des paris était dans sa force : il fit des fonds pour venir à Paris le plus singulièrement. Il pariait la somme qu'on voulait, avec tous les jeunes enfants de famille, que son père vivrait plus que le leur. Cette manœuvre, acceptée et saisie par beaucoup d'individus, lui procura des sommes considérables. Rien n'était si décent que ce vœu tacite de voir prolonger les jours de son père; et s'il avait perdu, il savait qu'il trouverait immensément avec ses épargnes de quoi acquitter les pertes de ses paris. Postcook, présenté, était de toutes les chasses du roi; il chassait sur des chevaux de course qui n'avaient ni mine ni façon : le coup de hache, aucune allure, les jambes entreprises; mais du moment que la chasse commençait, ces chevaux se déployaient, couraient par monts et par vaux, franchissaient les rochers d'une vitesse à faire trembler. Le cavalier, monté à l'anglaise, avait l'air de la plus grande tranquillité. Je le vis un jour se jeter au travers d'une harde de bêtes, et ce, dans le temps du rut, les séparer avec son fouet, de manière que nous crûmes tous qu'il n'en reviendrait pas. Il suivait la chasse de si près que le cerf sur ses fins l'avait, pour ainsi dire, sur ses talons. Un jour, le cerf de meute franchit une route cavalière devant le roi et nous tous; on le crut tué; il en fut quitte pour avoir sa veste déchirée par le pied de l'animal qui passa sur la tête de son cheval.

Enfin, tous les jeunes gens de la cour se mirent à parier contre lui; il ouvrit le pari de se rendre de la forêt de Fontainebleau en deux heures à la barrière de Paris. Le pari fut de quinze cents louis pour lui; le reste, et il y en avait pour des sommes, entre différents jeunes gens. Le jour pris, il arriva au départ de Fontainebleau avant 9 heures du matin. Il était vêtu en veste et culotte de peau, un bonnet de velours anglais, des bottines anglaises, un fouet anglais, des gants, une cravate, et une montre cousue sur son bras gauche de manière à voir toujours l'heure en courant. Il avait disposé en tout trois relais, entre quatre et cinq lieues de distance, et un palefrenier tout prêt. Il partit à un signal, et après qu'on eut constaté l'heure; quelques jeunes gens, tels que le marquis de Villeroi et le duc de Mazarin[462], voulurent le suivre : ils le perdirent de vue avant la demi-lieue. Bref, il se trouva à un quart de lieue de la barrière en une heure vingt minutes[463]; voyant son pari plus que gagné, il fit le reste au pas. Il déjeuna avec des Anglais, remonta dans sa chaise, et arriva assez à temps pour entrer au spectacle du roi. Il m'avait confié qu'il était sûr de son pari, et avait voulu que je parie pour lui, ce que je n'acceptai pas.

Le voyage fini, je revins à Paris. C'était la fureur des bals particuliers et de ceux de l'Opéra[464]. Mgr le prince de Condé en donna un superbe à l'hôtel de Condé; je m'y trouvais, si bien masqué que j'intriguai beaucoup de monde. La belle Mme Mazade, ma cousine, y était; je la voyais souvent chez ses parents; ce fut là, et ensuite à l'Opéra, où je lui adressai mes vœux pour l'épouser. Elle avait une figure superbe, un an de plus que moi, soixante mille livres de rente. Je me crus le plus heureux des hommes; plusieurs rendez-vous, entre autres chez le fameux bijoutier anglais Zaide, en face d'Henri IV, me firent croire que j'aurais la préférence : tout le monde m'en fit compliment, jusqu'au marquis de La Cerda, ministre du Portugal[465], qui se mettait sur les rangs, et le chevalier, depuis marquis de Cucé[466], grand maître de la garde-robe du roi. M. de Boullongne, mon parent et son grand-oncle, dont on parlait pour la place de contrôleur général, m'attaqua ouvertement en me disant qu'il était très mal à moi de ne pas lui en faire part. Mais sans rupture, je ne tardai pas à m'apercevoir qu'elle nous amusait tous, qu'elle voulait me faire faire des sacrifices pour se faire honneur, et voilà tout. Nous nous fîmes part tous de ce qui se passait entre nous vis-à-vis d'elle, et insensiblement nous nous éclipsâmes.

Ma conduite, avec la passion que j'avais, serait inexplicable si je n'entrais pas dans quelques détails. Ne voulant enrayer en rien dans mes plaisirs, je fus pris d'un mal de gorge assez sérieux; Bastien, homme d'esprit, mon ami, me fit saigner : quel fut son étonnement — et le mien — dès que les palettes furent reposées, de n'y voir plus de consistance, ni presque de parties colorées! Il me dit tout naturellement que, pour peu que je voulusse continuer la même vie, je la ferais courte et bonne, et qu'il n'y avait que le mariage qui pût me retirer du torrent de plaisir où je vivais. Je sentis la force de ce raisonnement : la preuve était convaincante, et je me promis de faire mes efforts pour changer de conduite. Ce fut dans ce temps que les aventures de bal eurent lieu.

Cependant, Tourdonnet, désespéré de la froideur avec laquelle il était traité par Mme Brissart, ouvrit les yeux; il vit que sa tendresse pour moi en était cause. Il vint franchement me dire l'état de son cœur, me prier de venir à son secours, de lui rendre l'amitié de son amie. Je le lui promis, sans cependant lui faire aucune confidence, et je fis en honnête homme tout ce que je pus, assez maladroitement, je crois, car je l'aimais plus que lui, et plus que jamais. Comme je n'en avais jamais été jaloux, elle s'irritait de la jalousie de l'autre; sa passion pour moi augmenta, et elle finit, malgré moi, par le renvoyer tout à fait.

Ces pourparlers étaient venus jusqu'aux oreilles du roi : je sus qu'il en avait plaisanté dans l'intérieur. Il me regardait en riant, appelait Tourdonnet, causait avec lui, revenait me faire quelques questions. Toutes ces intrigues étaient singulièrement dans son goût; mais il ne m'en parla jamais, ce qui me fit d'autant plus de plaisir que j'aurais été fort embarrassé.

Ce fut dans ce temps qu'il m'arriva une assez plaisante aventure. L'abbé de Saint-Hubert[467], comme souverain, était dans l'usage de donner tous les ans au roi des gerfauts pour la chasse au vol, et le roi de Danemark des chevaux étalons superbes, quand on lui en demandait pour les haras; autrement, c'étaient des faucons d'Islande. Le roi les recevait en passant dans la galerie, allant à la messe; le capitaine du vol, M. le duc de La Vallière, ou M. Forget[468], s'y trouvaient : l'ambassadeur présentait, le moine présentait, et l'introducteur les annonçait. Sur la demande du roi, le roi de Danemark envoya huit étalons superbes. Ils furent rangés sous la fenêtre du cabinet intérieur du roi, près la voûte du passage de la chapelle. Après avoir prévenu le roi, pris son heure, qu'il donna pour après la messe, je courus à mes affaires, car les mardis j'étais fort occupé. En passant par la porte de glace, je rencontrai Mesdames dans la pièce du trône. Mme Victoire m'appelle et me demande s'il n'y a rien de nouveau; comme cette présentation ne la regardait pas, je réponds qu'il n'y a pour ce jour-là aucun étranger. Elle me dit : « Mais qu'est-ce donc qu'on va présenter au roi?

— Ce sont, madame, des chevaux danois.

— Ah, oui! cela s'appelle des étalons, me répondit-elle. Comment cela est-il fait? » Toute la suite souriait, je la suivais toujours. « Madame, lui répondis-je, ce sont des chevaux d'une qualité supérieure. » Les trois dames eurent un petit colloque ensemble; il s'ensuivit de me demander si on pouvait les voir; je leur dis que rien n'était si aisé par les fenêtres du cabinet, et moi, forcé de les accompagner, je leur laissai examiner les étalons sans y mêler aucune réflexion.

Ma grand-mère touchait à sa fin; je la perdis après trois mois de souffrances incroyables; c'était dans le temps de mon service[469]. Il est d'usage qu'à la naissance de l'héritier présomptif, le pape envoie des langes; c'est ordinairement par un prélat qui, pour récompense, obtient par la protection de la France le chapeau de cardinal. Ce fut le nonce Branciforte[470], ancien vice-légat à Avignon, gros, gras, dodu, dans la force de l'âge, et qui avait l'air par ses habits d'un évêque, et par sa tournure, d'un colonel de dragons. Il fallait une permission pour ne pas paraître à cette cérémonie où l'introducteur jouait un rôle, ou y paraître en grand deuil. Je me rendis donc à Versailles pour annoncer au roi la situation où je me trouvais; je lui dis que je venais de perdre ma grand-mère, veuve de feu M. Soullet, conseiller de grand-chambre; le roi eut la bonté de me dire : « C'était un excellent homme, et de mérite ; je l'ai beaucoup connu. » Le marquis de Puyzieulx[471], entendant dire que j'étais son petit-fils, vint après à moi me dire toute sorte de choses honnêtes et m'inviter à aller souvent chez lui, ce que j'ai continué à Versailles jusqu'à ce qu'il se soit retiré à Paris.

La cérémonie se fit comme elle est décrite. Branciforte, dont le séjour ne devait être que de six semaines, prolongea son voyage de six mois, passa en revue toutes les filles de Paris et s'endetta prodigieusement[472]. M. le prince de Conti me demanda si j'étais avec lui le dernier dimanche au bal de l'Opéra. Je lui répondis que non, et que je ne savais pas pourquoi il me faisait cette question. Il me dit : « C'est que le nonce aux langes y a été, bien masqué; la foule était si grande que, comme il est gros et lourd, en entrant il a écrasé avec son talon le pied d'un masque qui, en se retournant, a dit : " Ce b...-là ne prend pas garde à ce qu'il fait! " Branciforte, s'entendant appeler ainsi, n'a jamais voulu aller plus loin, et s'est enfui en disant : " Je suis connu ici! " » Sa considération était nulle; enfin, il fut décidé qu'on lui enverrait le présent d'usage pour s'en débarrasser. C'est le portrait du roi entouré d'une garniture de diamants, depuis quinze mille livres jusqu'à mille louis; c'est une entreprise faite par le joaillier des Affaires étrangères. Je lui remis le présent; il est d'usage que celui qui reçoit au nom de la puissance remette à l'introducteur une boîte d'or de cinquante louis. Mon étonnement fut étrange de recevoir le lendemain, du bijoutier La Frenaye, une reconnaissance cachetée de mille livres, pour me remettre en argent ou en boîte. Je fus piqué : j'écrivis que je ne voulais pas d'argent, et renvoyai le bon à Branciforte; celui-ci m'écrivit une lettre d'excuses et me pria de passer chez La Frenaye pour choisir la boîte que je voudrais[473]. J'y allai quelques jours après. Quel fut mon étonnement, lorsque le sieur La Frenaye me montra les diamants que j'avais donnés montés, démontés, et le portrait du roi dans son enveloppe de monture! Branciforte ne l'avait pas plus tôt reçu qu'il l'avait vendu douze mille livres, sans daigner réserver le portrait du roi. Il partit, pour l'honneur du Saint-Siège.

Je vivais de temps à autre dans la société de mes parents : elle était composée de M. Roslin le père, ancien fermier général, de Mme Roslin, sa femme, belle-sœur de M. de Boullongne[474], contrôleur général et auparavant intendant des finances; de M. Roslin le fils, fermier général en nom et de sa femme, Mlle Richard[475]; de Mme la présidente Le Gendre, veuve du président de la chambre des comptes[476], frère de M. Le Gendre, comte d'Onsembray[477], lieutenant général des armées du roi et légataire universel du fameux Pajot d'Onsembray[478], son oncle maternel, qui l'avait fait son héritier à condition qu'il porterait le nom de comte d'Onsembray; il venait d'épouser Mlle Le Mairat, sœur de Mme la présidente de Bésigny[479] et du président Le Mairat[480]. Mme la présidente Le Gendre avait quatre filles, toutes élevées au couvent de la Visitation de Chaillot[481]; l'aînée était sortie depuis un an du couvent, était déjà fort jolie, et annonçait à l'âge de quinze ans toutes les vertus et la figure qui l'ont fait briller depuis.

M. Roslin avait acheté la terre d'Hénonville, près Méru, à quatre lieues de Pontoise, au président Ogier. C'était une terre superbe, puisque la seule ferme du château était affermée douze mille livres. Un château flanqué de quatre tourelles annonçait son antiquité; un parc à l'avenant en faisait un séjour très triste. Cependant, par devoir autant que par politesse, j'y fis deux voyages; l'abondance du gibier nous charmait par les battues que nous y faisions. Nous y voyions beaucoup de monde : M. d'Ennery, officier aux gardes, et depuis mort gouverneur de Saint-Domingue; M. Beaudouin, M. de Pierrevert, M. de Vilambre[482], frère de Caze, fermier général, et le comte d'Osmont qui y venait pour moi, et à cause de la chasse. Il semblait que dans tous ces voyages d'automne, tous les amis se rassemblaient pour leur tenir compagnie. Mme Mazade, fille de M. Mayneaud de La Tour, conseiller au parlement, qui avait épousé la fille aînée de la maison, y venait assidûment. Ainsi tous s'empressaient, les uns dans l'espérance de plaire à la veuve, les autres par devoir de société.

Mme la présidente Le Gendre était une femme qu'au premier coup d'œil on aurait jugé la meilleure femme du monde; elle aimait les plaisanteries qui consistent en des attrapes, se plaignait continuellement d'être obligée de vivre avec sa mère[483], qui était une petite vieille bien ridée avec de l'esprit, du jugement, mais était entêtée comme une femme qui avait toujours mené son mari, à la lettre le meilleur de tous les hommes : voilà quel était l'état de la maison lorsque j'y fis cette année un troisième voyage pour y séjourner deux jours entiers. J'y passai deux nuits; pour mon malheur, mon chevet donnait contre le mur où était l'appartement de Mme Le Gendre. Je fus en l'air ces deux nuits-là : on se relevait pour frapper de grands coups de bûche contre mon mur; on avait pratiqué dans ma porte des trous de vrille par lesquels je me sentais inondé avec des seringues; bref, je passai une nuit blanche. Sans rien dire, j'envoyai à Pontoise acheter tous les pétards, j'en fis une traînée dans le corridor, y mis le feu, et la seconde nuit se passa en assaut général. Je regagnai Paris peu content de ce genre de plaisirs auxquels j'avais renoncé.

J'étais l'ami du comte d'Ourches; il était devenu colonel du régiment de la Cornette blanche qu'avait possédé M. Le Gendre, comte d'Onsembray; il vint me trouver et me dit : « Mon ami, tu peux me rendre un très grand service. Je veux me marier, j'ai jeté les yeux sur toi pour en faire la proposition. Mme la présidente Le Gendre a quatre filles, dont l'aînée est à marier[484]. Ma fortune peut attendre la sienne : elle sera fort riche. Il s'agit de savoir si on veut me la donner; d'abord, si on veut la marier, ce qu'elle aura en dot. Parle à Mme Le Gendre, mais surtout ne me nomme pas, parce que je ne veux faire des démarches pour m'approcher peut-être de M. d'Onsembray, que je connais particulièrement, que lorsque je serai sûr qu'on veut la marier. » Je vais trouver Mme Le Gendre, je lui dis sans le nommer le parti qui se propose pour sa fille. Elle me remercie avec une affection sans égale, brûle de voir l'affaire à sa conclusion, veut en parler dans les vingt-quatre heures à sa famille. Je l'arrête; je la calme. Elle me fait tant de remerciements, m'intéresse si fort, me persécute de telle manière que, croyant qu'elle y mettait toute la prudence que ses intérêts exigeaient, je me hasarde, après lui avoir fait donner sa parole d'honneur et fait voir les conséquences vis-à-vis d'Onsembray, à lui dire que c'était mon ami le comte d'Ourches qui lui-même m'avait autorisé.

Je sors chercher mon homme; je ne le trouve pas. Le lendemain, il se rend chez moi avant 7 heures du matin : il était furieux. Mon inconséquente cousine n'avait rien eu de plus pressé, dès que je l'avais quittée, d'en instruire toute la famille et de courir chez d'Onsembray, qui en resta stupéfait, car de son côté M. d'Argenson voulait marier d'Ourches à une de ses cousines plus proches. M. d'Onsembray avait couru chez d'Ourches qui, voyant mon indiscrétion, avait pris le parti de démentir toute démarche faite par moi. Dès qu'il m'eut fait ce beau récit, je lui dis : « Mon ami, j'ai eu tort, je vous ferai la réparation que vous exigerez. » Je lui contai comment la chose s'était passée, et nous gémîmes tous les deux sur l'inconséquence de cette femme. Il finit par n'y plus songer, et nous restâmes toujours intimes.

Cependant, je menais toujours la même vie; entièrement le maître dans la maison de Mme Brissart, ses projets de m'épouser, si son mari venait à mourir, ou de divorcer pour cause, si cet accident ne lui arrivait pas, m'effrayaient, d'autant que je sentais que la prédiction de mon docteur s'effectuerait si je ne prenais un parti violent. Un beau jour, je vis Mlle Le Gendre avec de tout autres yeux : je m'aperçus de ses vertus, de son intelligence et de son jugement; je me dis : « C'est bien une folie de chercher à marier une cousine aussi charmante tandis que je puis l'épouser. » Je vais trouver Pierrevert, l'ancien ami de tous, je lui dis d'aller faire la demande. La négociation s'entame; j'avais le bonheur de plaire à toute la famille : je suis accepté. Nous arrêtons par lui les premières conditions, mais j'exige — nous étions au mois de janvier[485] — que le mariage n'ait lieu avant le 23 avril. J'avais plusieurs raisons : la première était que, piqué contre Mme Mazade, je voulais lui prouver que ce n'était pas sans réflexion que j'épousais sa cousine; la seconde était que Mme Brissart me faisait trembler; je ne me sentais pas assez fort pour l'abandonner à l'instant. Il fallait travailler sur nos cœurs et nos têtes. Je ne voulais pas me marier comme tant d'autres, qui prennent ce parti comme un changement d'état, sans en remplir les conditions.

Ma proposition fut acceptée. Je louai pour Pâques un hôtel, rue d'Anjou et faubourg Saint-Honoré, occupé par M. et Mlle de Brignole, depuis princesse de Monaco[486]. Cette maison, qui a une perspective, est plus agréable en dedans qu'en dehors. Il y avait un appartement de représentation au rez-de-chaussée et deux appartements au premier; le reste, pour les domestiques. Mme Le Gendre me fit confidence sur confidence : elle se déplaisait chez ses parents; elle voulut loger avec moi. Je m'y refusai, et pris Pierrevert en tiers pour porter les paroles. Enfin, il fut convenu par lui qu'elle me suivrait dans ma nouvelle maison, à condition qu'il n'y aurait qu'elle, et qu'elle laisserait ses autres filles au couvent, parce que je ne voulais pas présider aux autres éducations; que je la logerais; qu'elle me payerait une pension. Elle accepta tout, et me voilà persuadé que tous ces arrangements sont sacrés.

Tous les arrangements pris, nous signons le contrat, et, libre à la fin de janvier jusqu'au 23 avril, j'exige qu'il n'y ait pas d'accord, et que j'aie la même liberté jusqu'à ce moment; j'en profite pour ne me présenter que deux fois la semaine. Je trouve un ajustement complet de diamants, à vendre par la mort de Mme de Courval[487]; je le paye mille louis et vais le porter à l'instant à ma charmante cousine.

CHAPITRE XIII

Cependant, il fallait fondre la cloche vis-à-vis de la femme que j'aimais toujours. Je savais que je lui donnerais tous les maux qu'une tête vive pourrait prendre, et qu'elle s'alarmait aisément de mes moments d'absence. Je prends mon parti, et dans un moment où l'on ne se refuse rien, où l'âme jouit sans que le corps y soit pour quelque chose, je lui avoue que mes parents me pressent sans cesse de me marier; que M. de Boullongne, contrôleur général, emploie tous les moyens pour vaincre ma résistance; que l'état de mes affaires exige un établissement. Je n'eus pas fait toutes ces phrases que, voyant son visage sans altération, je voulus continuer; son silence était celui de la douleur, elle tombe sans connaissance. Elle revient à elle pour s'écrier : « Voilà tout ce que je craignais! » Il fallut la mettre au lit, où elle resta ne faisant que sangloter sans dire un mot. Toute sa famille fut appelée : le silence qu'elle gardait était effrayant. Ne voulant pas que je la quitte un moment, ne voulant prendre de bouillon que de ma main, je ne pus obtenir un seul mot. Le médecin Smith, appelé, devina sa maladie, m'ordonna de consoler son amie par l'espérance. J'employai tout l'ascendant que son attachement pour moi me donnait sur elle; je crus l'avoir calmée, je lui annonçai par degré que nous avions encore près de trois mois sans nous quitter. Elle parut se rassurer, et reprit insensiblement des forces; mais une tristesse morne accompagnait tous ses mouvements. Comme une autre Circé, elle redoubla tous ses moyens de séduction; elle en avait tant, qu'il fallait que mon contrat fût signé pour ne pas me rengager. Elle l'ignorait. Un jour, elle m'offrit cinquante mille écus en billets des fermes qu'elle avait à sa disposition, pour rompre ce mariage. Enfin me voyant, malgré ma douleur, mon obéissance à ses volontés, ferme et inébranlable, elle voulut m'engager à venir voir une maison de campagne à Saint-Denis; j'y aurais consenti — que n'aurais-je pas fait pour elle? — lorsque le docteur Smith me prévint qu'il y avait une chaise de poste commandée et achetée, à Saint-Denis, garnie de tout ce qu'elle avait de plus précieux et de cinq cent mille livres en or qu'elle s'était procurées, et qu'elle avait pris un passeport sous le nom de M. et Mme Smith, pour passer en Angleterre. Ce n'était pas moi qui enlevais, c'était elle. Ce parti avait soutenu son imagination et l'avait fait sortir du lit où elle serait morte de chagrin. J'éludai le voyage; avec la connaissance que j'avais du caractère vif de cette charmante femme, je ne pouvais que la plaindre, et maudire que les événements ne m'eussent pas appelé à être son mari : peut-être, hélas, aurais-je eu le bonheur de la fixer; mais n'ayant rien à regretter de ce côté-là, le souvenir de ma conduite depuis mon mariage ne me fera pas rougir. Je déjouai donc ce projet et, manœuvrant de concert avec mon confident, je parvins à la calmer, à l'accoutumer à imaginer que je ne me séparerais point d'elle; ne lui promettant rien, je me gardais bien de la contredire sur les plans imaginaires qu'elle faisait.

Ce docteur Smith était un fameux chimiste, venu à Paris avec plusieurs secrets et quelques théories de médecine. Mais son plus grand mérite était dans son esprit et sa faculté de s'énoncer : c'est à peu près ce qui constitue la vogue des médecins éphémères dans Paris. Dès qu'il débuta chez Mme Brissart, il ne tarda pas à s'apercevoir de la manière dont j'y étais reçu, et s'attacha à moi singulièrement. J'avais la voix d'une haute-contre, quoique je n'aie jamais pu chanter; il m'assura que si je voulais faire quelques remèdes externes et internes, il changerait mon larynx et me ferait une belle basse-taille. Je me gardai bien d'accepter aucune de ses propositions, et je fis fort bien, car il fit sur sa personne une cruelle expérience : au moment où il avait la plus grande vogue, il fut pris d'une fluxion de poitrine; il s'enferma et voulut se traiter avec ses secrets chimiques. Bref, il mourut en cinq jours.

Enfin, mes arrangements pris, tant chez Mme Brissart que chez mes nouveaux parents, je venais souper chez eux trois fois la semaine, et en sortant, je me rendais où on m'attendait; le reste, je le donnais à mes affaires. Tout fut prêt pour le 23 avril, jour pris. Mlle Gentil aida singulièrement; pourvu d'un mobilier immense, je trouvai tout le linge, toutes les étoffes et les tapisseries pour me meubler du meilleur goût.

C'est ici que je vais placer la généalogie de la famille dans laquelle j'allais entrer. Les Le Gendre sont une des plus anciennes familles de Paris. Sous la Régence, elle fut citée dans le mémoire présenté en opposition au mémoire des ducs comme ayant une origine bien plus reculée, avec des capitaines de cent hommes d'armes sous Charles VI. La famille des Villeroi tirait d'eux son illustration et sa fortune : une donation d'un oncle Le Gendre de la terre de Neufville[488], avec l'obligation de porter les armes des Le Gendre (trois têtes de femme) en est la preuve et existe encore au château de Villeroi. Plusieurs prévôts des marchands, du nom et armes, attestent la vérité de leur généalogie, qui est consignée partout. Cette famille se soutint dans la haute robe tout le siècle dernier. Enfin M. Le Gendre[489], conseiller au parlement, maître des requêtes, ensuite intendant et mort à Paris conseiller d'État, homme d'esprit, fort aimable, fut regretté de tout Paris. Il était connu par sa gaieté; ce fut lui à qui il arriva d'aller faire une visite chez une dame de ses amies, qui venait de faire une fausse-couche. Voyant un verre sur la cheminée et ayant fort chaud, il l'avala précipitamment, croyant que c'était un verre qu'on lui avait apporté; et il ne fut tiré de sa distraction que par la garde qui lui cria : « Hé, monsieur, que faites-vous donc? Vous venez d'avaler M. le marquis. » Sa belle-fille m'a conté qu'il fut frappé d'une attaque qui dégénéra en catalepsie; il mourut au bout de onze jours, et sa fureur était de reconduire tous ceux qui venaient le voir.

Ce M. Le Gendre fut intendant de Montauban[490]; il avait donné son nom à une porte triomphale que j'ai encore vue dans cette ville. Veuf de bonne heure, il se maria avec Mlle de Malartic dans cette intendance[491]. Ils avaient l'un et l'autre des enfants, et elle était hors d'état d'en avoir d'autres; ma belle-mère, en raison de cette alliance, a élevé tous les enfants Malartic. Sa première femme s'appelait Pajot; elle était sœur du fameux Pajot d'Onsembray, à la tête des postes, et connu par son cabinet d'histoire naturelle. Les Pajot et les Rouillé étaient parents fort proches, et avaient des alliances sans nombre à la cour et à la ville. Mme Le Gendre, née Pajot, avait laissé deux enfants; l'aîné fut président de la chambre des comptes de Paris, mourut à cinquante-cinq ans et laissa à Mlle Roslin, son épouse, quatre filles dont l'aînée est ma femme; le cadet, appelé M. Le Gendre, comte de Lormoy, fut lieutenant général et épousa, comme je l'ai dit, Mlle Le Mairat dont il eut quatre enfants, et dont je parlerai dans la suite.

M. Pajot d'Onsembray, ne se voyant que des collatéraux, et une fortune immense, fit son testament, laissa ses propres à ses héritiers, laissa à chacune des filles de M. le président Le Gendre la somme de quarante-cinq mille livres par donation, en outre de leurs droits, comme un faible dédommagement de la fortune qu'il faisait passer à leur oncle. Il institua M. Le Gendre de Lormoy son légataire universel, à condition qu'il porterait le nom de la terre d'Onsembray, dont il lui donnait la propriété.

Les Le Gendre par leurs pères et leurs alliances se trouvaient neveux de Mme Le Jay, mère de Mme de Brou, dont le mari a été garde des Sceaux[492]; ils étaient aussi parents très proches de Mme d'Argenson, qui était leur tante, et de tous les Noailles par les Boullongne, des L'Hopital et des Béthune, enfin de toute la cour.

Toute la ville et la cour se firent à l'ordinaire écrire chez les deux familles, parce que de mon côté j'avais presque toute la robe, et toute la famille des Dupuis et des Bouthillier-Beaujeu. L'affluence fut considérable à Versailles[493]. M. d'Argenson voulait faire signer le contrat comme parent proche; M. de Saint-Florentin, comme ministre, voulait garder la plume. Enfin, M. d'Argenson céda une prérogative dont M. de Saint-Florentin était jaloux en toute occasion.

J'étais chez moi à Versailles : ma place me donnait un très bel appartement au grand commun, et M. Félix m'avait procuré la facilité de me faire servir des cuisines du roi, en payant cependant; mais cette dépense était bien modique en comparaison de ce qu'un déplacement m'aurait coûté. J'eus donc un superbe dîner de quarante personnes ce jour-là, avec ceux qui n'étaient ou ne voulurent être invités nulle part. Ma cousine était charmante, ressemblant beaucoup à sa cousine Mme Mazade; mieux faite, elle avait le vrai mérite de ne pas se douter combien elle était jolie. J'avais gardé avec Mme Mazade le secret sur cette alliance : elle ne l'avait apprise que par le public, et elle vit que je n'étais pas la dupe de sa coquetterie.

Le mariage fut donc fixé au lundi 23 avril 1755. J'étais toujours fidèle à mes engagements : j'avais donné ma parole que je serais assidu auprès de Mme Brissart jusqu'à ce jour-là. Jeune, amoureux, je la regrettais, mais je sentais la force du sacrifice. Après avoir terminé la succession de ma grand-mère dont j'étais, pour les raisons que j'ai dites, héritier universel, avoir donné une quittance générale et apuré les comptes de ma tutelle (où on m'était redevable de plus de vingt mille livres et où j'avais généreusement abandonné, j'ose le dire, tout ce que je pouvais prétendre), je quittai la veille du mariage ma demeure rue des Enfants-Rouges, pour aller coucher dans mon nouveau domicile rue d'Anjou, faubourg Saint-Honoré.

Après avoir soupé rue Vivienne chez ma prétendue, je me rendis à minuit rue Saint-Honoré, où j'allais pour la dernière fois. On m'attendait; tout le monde était congédié. Cette nuit devait être orageuse : Mme Brissart n'ignorait pas que le lendemain je volais dans les bras d'une autre. Je passai la nuit avec elle jusqu'à la pointe du jour, et me rendis ensuite chez moi où je me mis au lit. Je n'y étais pas depuis une heure que je fus réveillé par différents ouvriers nécessaires pour un événement pareil, de sorte que, sur pied à l'instant, je fus enlevé à moi-même : j'en avais grand besoin. Nos adieux avaient travaillé mon corps et mon esprit, et avec la tête vive et l'imagination qui me tourmentaient, le chagrin de quitter une femme que j'adorais toujours, je n'avais pas tardé à payer par un délabrement total de ma santé tous les tourments que je m'étais procurés. Commandé impérieusement par la nécessité de changer de vie, je sentais que je ne pouvais la continuer plus longtemps, qu'il fallait mettre la barrière insurmontable des devoirs d'un honnête homme pour me vaincre moi-même. Ayant toujours devant les yeux mes respectables parents, et surtout mon père, que j'avais plus connu que les autres, je me disais : « M'ont-ils conservé des biens pour ne plus voir continuer leurs traces? Si mon père vivait, approuverait-il qu'après avoir pris une carrière où j'ai eu le bonheur de réussir, après avoir évité tous les dangers d'une jeunesse orageuse quand elle est livrée à elle-même, à sa liberté et à sa fortune, je me laisse périr sans leur laisser de successeur? À quoi sert la conduite sage de mes pères? Fils ingrat, me dirait-il, en un instant tu as laissé évanouir par ta faute une suite d'honnêtes gens. » Cette idée, qui me revenait souvent, a été en partie cause de mon établissement.

Quoique jusqu'ici je fusse peu jaloux de ma maîtresse, je sentais que le devoir de mari m'imposait d'autres conditions. J'étais révolté de voir que ces personnages étaient souvent avilis et tournés en ridicule par leurs moitiés. Juste dans mes réflexions, je l'attribuais à la dépravation des mœurs, à la mauvaise conduite des hommes, qui autorisait leurs femmes par une négligence étudiée de tous les soins et des procédés. Quoique ayant vécu en société avec les filles les plus légères de Paris, le bonheur d'avoir une maîtresse d'un autre rang m'avait empêché d'y jouer aucun rôle : jamais je n'avais fréquenté le théâtre de l'Opéra, l'écueil de toute la jeunesse de Paris, où l'air et le bon ton entraînaient tous les nouveaux maris dans des écarts qui livraient leurs femmes au premier prétendant. Dès qu'une jeune femme se mariait avec de la figure, chacun, comme dans une ville de garnison, y portait ses prétentions. On flattait le mari pour venir jusqu'à la femme, se rendre maître de la maison, et faire de lui un intendant, si du moins il n'aimait mieux de son côté chercher fortune ailleurs.

J'épousais une femme dont la figure se déployait et devait nécessairement attirer les regards; je m'étais appliqué à la connaître, et j'avais découvert en elle un germe de bons principes naturels qu'il était aisé de faire éclore. Sa mère, dévote par habitude, sans esprit, fort inconséquente, était incapable de faire germer aucune de ses vertus. Lui ayant donné une éducation de couvent, les maîtres les plus fameux, elle lui avait fait apprendre la musique vocale sans lui permettre de vouloir apprendre le clavecin. Ma femme donc, d'une excellente mémoire, s'appliquait à tout, mais on lui avait présenté l'étude comme un devoir, d'une manière si ennuyeuse qu'elle s'y était refusée, rebutée de l'autorité d'une femme de chambre qui avait le ton d'une cuisinière et la faisait quereller. La façon dont je l'avais toujours distinguée, mes soins pleins de l'intérêt qu'on prend à une jeune et jolie personne, soins dévoués et respectueux, avaient déjà préparé son cœur; lorsque j'en fis la demande, elle s'accoutuma à penser que je la rendrais heureuse. Le terme de cousin et de cousine avait resserré entre nous une liaison qui préparait notre mariage : je n'étais plus un étranger pour elle; elle me voyait depuis deux ans au moins tous les huit jours, et je faisais quelque sensation quand j'arrivais dans une maison sérieuse où j'apportais la gaieté et la jeunesse.

C'est donc ici que je finirai la première époque de ma vie. Je vais entrer dans une carrière plus sage, plus raisonnable; je me conformerai au devoir de mari; je tâcherai de mériter le cœur de ma femme, comme un amant veut avoir celui de sa maîtresse; je n'userai de mes droits qu'avec le charme de la séduction. Je m'appliquerai à réparer le peu d'éducation qu'elle a reçue, à lui faire naître le goût des bonnes choses; je n'aurai aucun mérite, parce que son amitié pour moi, son bon esprit, son excellent jugement feront le reste; elle me sacrifiera tout, et croira avoir pour mérite, non celui de faire son devoir, mais celui de satisfaire son attachement vis-à-vis du seul homme qu'elle aime. Femme adorable, elle ne respirera que pour mon bonheur, et une épreuve de plus de quarante ans sans interruption en fera confirmation. Plus elle a vécu, plus la considération pour elle a augmenté : tel est l'effet du mérite et d'une vertu constante dont tous lui rendent justice.

DEUXIÈME ÉPOQUE

CHAPITRE XIV

Cette seconde époque que je vais parcourir me mènera jusqu'à ce que j'aie quitté la charge d'introducteur des ambassadeurs. Elle va être assez variée pour donner matière à m'occuper. Je sens que lorsqu'on est vieux, quoique je n'aie jamais trop voulu parler, et quand on a la plume à la main on s'arrête difficilement, surtout lorsqu'on prend cette occupation dans des moments de crise, moments si orageux qu'aujourd'hui, 8 octobre 1795, nous recevons la nouvelle du massacre fait à Paris[1]. Voulant m'enlever à moi-même, résister à toute réflexion de l'homme qui pense, je continuerai, et me rappelle ici l'histoire de Mme Geoffrin, dont j'ai parlé; recevant le chevalier de Coigny[2], un des plus jolis cavaliers de France, et des plus aimables, presque au sortir du collège, elle lui donna la plus jolie leçon possible. Il était à souper, contant très longuement une histoire; pour la faire finir, elle l'invite à couper une volaille; il tire un très petit couteau et se met en besogne. L'un et l'autre ne finissant pas, elle prend la parole et, avec le droit qu'elle avait de tout dire : « Monsieur le chevalier, écoutez mon conseil : pour réussir, contez de petites histoires et servez-vous de grands couteaux! » Il en a profité et est un des hommes de France les plus aimables.

Le mariage se fit dans la paroisse Saint-Eustache, à midi, en grande cérémonie. J'étais maigre, harrassé, fatigué; le peuple, en nous voyant passer, disait : « Voilà une trop jolie mariée pour un homme qui se meurt! » Je me mis à genoux, j'eus toutes les peines du monde à me relever; j'étais épuisé, hors de combat, mais la jeunesse me soutint. Le repas se fit chez Mme Roslin, rue Vivienne, à côté de la banque. Je payai de gaieté et d'amabilité : je voulais plaire à ma femme. Le soir, à 11 heures, menés par Mme la présidente Le Gendre — qui avait prouvé à son père et à sa mère que j'avais exigé qu'elle accompagnât sa fille — nous vînmes habiter ma nouvelle maison, rue d'Anjou. Nous étions tous fatigués, et chacun prit son nouveau logement.

Ma maison était composée d'un suisse, d'un maître d'hôtel, ce Fontaine-Adam qui m'avait élevé, de Mlle Gentil comme femme de charge, d'une Mlle Marival, femme de chambre, donnée par Mlle Le Blond, femme de chambre-gouvernante de ma belle-mère, d'un cuisinier, d'un aide de cuisine, et de deux superbes domestiques pour moi, le premier dit Saint-Louis, le second Le Vasseur. Ma femme avait deux domestiques, un petit nommé Duplessis, donné par Mme Le Gendre, et un autre nommé Lapierre, devenu depuis courrier du cabinet. J'avais six chevaux de carrosse, deux pour ma femme et quatre pour moi, deux cochers, un postillon, trois chevaux de selle et un palefrenier. Je gardai mon fidèle Boissy, dit Saint-Jean, qui avait été cocher de mon père et qui était venu avec moi. C'était un des meilleurs cochers de Paris, et connu pour tel. Le nommé Namur fut cocher de ma femme. J'avais un postillon nommé Saint-Dizier, impayable pour mener la chaise. La plupart de mes domestiques sont morts à mon service[3].

J'étais attaché à Boissy Saint-Jean; il n'avait que huit ans de plus que moi, je l'avais connu depuis mon enfance. Il était né à Villiers-le-Bascle, que mon père habitait dans mon premier âge. Je le regardais comme plus ancien que moi chez moi. Enfin, son adresse, sa bonhomie, son attachement, car il avait refusé toutes les propositions qu'on lui avait faites, avaient redoublé mon attachement. J'avais pensé le perdre par une aventure funeste. J'étais en diligence, mené par lui, avec deux chevaux extraordinairement fringants; je pars de chez moi sur les 5 heures en allant dans la rue des Gravilliers; à peu de distance des maisons juste vis-à-vis Saint-Nicolas (elles font un coude) un boueux qui s'était arrêté touche ses chevaux alors que le train de devant l'avait dépassé. Ma roue de derrière tombe dans le ruisseau, de même que celle du boueux; les deux roues s'accrochent; il tombait une petite pluie. Le soubresaut jette le cocher en bas, la tête la première sous la roue. Le peuple crie : « Ah! il a le crâne écrasé! » L'effroi me fait m'enfoncer dans ma voiture, mais je regarde et vois les chevaux se dégager et aller me briser contre le mur des maisons qui avançaient. Je ne perds pas tête : l'opération fut si prompte que ma pensée agit malgré moi. Je me jette sur la glace de devant pour l'abaisser, elle résiste; je me précipite au fond de la voiture, et de deux coups de talon dans la glace, je la fais voler en mille pièces, assez bas pour ne pas laisser de glace vis-à-vis mon ventre. Je m'élève à mi-corps de la voiture, rattrape le cordon, saisis les rênes, et par une saccade mettant les chevaux sur cul, je donne le temps à tous les regardants de se saisir des chevaux. J'ouvre la portière et ne fais qu'un saut dans la rue pour courir à mon cocher; on l'avait relevé, la roue heureusement n'avait fait que lui raser le crâne. Il en était quitte pour la perte de ses cheveux et une écorchure. Cependant le peuple applaudit; des femmes du marché me prennent sous le bras, me disant : « Ah! le pauvre jeune homme, il a bravement pris son parti! » Je me dérobe, me jette dans un fiacre, et charge mon laquais de reconduire le tout à l'hôtel de Montmor. Cette aventure était passée de ma tête; je me gardais bien de m'en vanter, lorsque le premier mardi que je fus dans la salle des ambassadeurs, je me vis saluer de mon histoire qui avait fait assez de bruit pour qu'elle parvînt jusqu'à eux. Ce malheur avait redoublé singulièrement mon attachement pour mon cocher.

Si je n'écrivais pas ces *Mémoires* pour moi seul, je pourrais craindre la critique d'ennuyer en parlant de tout ce qui me concerne; mais comme ce sont les mémoires de ma vie, que je prends cette occupation pour charmer mon existence, si je puis en jouir lorsque je ne pourrai plus m'occuper, il est consolant pour moi de me rappeler les moindres événements. Je serai peut-être obligé de revenir sur certains d'entre eux qui me reviennent dans la mémoire. En voici un.

Il existait à Paris un M. Grimod-Dufort, surnom qu'il avait pris; il était dans la finance, frère de M. Grimod de La Reynière[4]. La place d'intendant des postes, ayant le travail avec le roi, l'avait fait beaucoup plus connaître que mon père; je me souviens d'avoir brûlé plusieurs lettres qu'il avait écrites à mon père, et où il s'excusait sur la ressemblance de nom pour en avoir décacheté. Mon père répétait à qui voulait l'entendre qu'il n'avait pas l'honneur de lui appartenir – non par hauteur, mais pour la vérité de la chose. Ce M. Grimod-Dufort s'était sur la fin de ses jours marié à Mlle de Caulaincourt[5], fille du marquis, et nièce du comte de Caulaincourt qui était resté mon ami depuis mon voyage à sa terre de Guespré, en Normandie, où j'avais fait connaissance de Mme la baronne de Cuy, sa fille, mariée à Argentan, et à laquelle le comte d'Osmont faisait la cour.

Mme Grimod-Dufort ne tarda pas à rester veuve. Immensément riche, ayant la garde noble d'un fils unique, aujourd'hui M. le comte d'Orsay[6], belle aimable, jolie, grande et faite au tour, elle avait de l'esprit, des distinctions; tout ce qu'il y avait d'agréable s'empressa de lui faire la cour. M. de Chailly, l'abbé de Mesgrigny, le comte d'Osmont y allaient : ce fut assez pour m'y faire présenter. Sa cour était brillante; c'était l'instant où l'on me conseillait, pour me conserver, de soigner ma santé. Sa cousine, la baronne de Cuy, arrivée d'Argentan, logeait chez elle et partageait les plaisirs d'une grande et belle maison, à côté de l'hôtel de Coigny. Cette maison, tenue par une jeune femme puissamment riche et qui aimait le plaisir, était somptueuse, décousue, sans ordre ni mesure, sans rien de réglé pour les repas; la folie présidait à tous les arrangements, et le caprice. Le marquis de Borda, le comte de Flavigny[7], tous deux officiers de gendarmerie, étaient les rivaux dans la maison, mais du meilleur accord du monde; ils visaient tous les deux au mariage. Des conversations métaphysiques sur l'amour laissaient à la dame la liberté de faire briller son esprit. Je n'étais pas fait pour rivaliser d'aucune manière avec les prétentions de ces messieurs, plus âgés que moi, et d'une tournure qui valait mille fois la mienne. Je plus par ma gaieté enfantine, mes idées qui ridiculisaient les grands sentiments. Je fus invité à un voyage à la terre d'Orsay, près Chevreuse et Palaiseau, dans une maison superbe où l'on voyait une cuisine très artistement faite : une croisée donnait précisément au-dessus du manteau de la cheminée.

Dès le premier jour, je fus invité à l'accompagner à cheval; nous traçâmes un chemin considérable. Elle voulut m'appeler son *petit bon*. Fatiguée du cheval, elle se trouva mal; j'y fus chargé seul d'y remédier, je m'en acquittai respectueusement; mais de ce moment elle fut très gaie, voulut recommencer le lendemain. La baronne de Cuy s'échauffe la tête, veut s'emparer de moi, de sorte qu'ayant pris Chailly pour mon mentor et mon confident, je passai une huitaine délicieusement. Nous revînmes à Paris; je trouvai le moyen, sans que Mme Brissart s'en doutât, d'arranger mes visites et de pousser mon projet. Combien de fois suis-je resté le dernier avec Mme Dufort, dans la maison, place Vendôme, sans en être plus avancé! Elle faisait dévotement ses prières devant moi, se mettant à genoux, me prenant les mains comme si j'étais la divinité, à qui elle s'adressait de la manière la plus fervente. Combien de fois l'ai-je vue se mettre au lit, sans avoir osé lui faire une proposition que je pusse faire accepter!

Enfin, un jour, d'Osmont arrive chez moi, me dit ses prétentions pour l'épouser, et me conte comme elle le traite; je le juge moins avancé que moi, quoiqu'il fût plus osé et qu'ils fussent cousins. Je me garde bien de lui avouer qu'elle m'a proposé de venir ce jour-là dîner en tête à tête avec elle, et nous nous quittons. Cette conversation me trotte dans la tête, je m'imagine qu'il n'y a que la timidité qui est cause du retard, que cette femme, comme mille autres, veut être brusquée. Après le dîner, elle se met dans son boudoir sur une ottomane, moi au pied; elle dit qu'elle veut dormir, allonge ses jambes, les met sur mes genoux, et ferme les yeux. Je crois que l'heure du berger est sonnée, je passe la main sur la jambe, je la trouve superbe; on ne se réveille pas. Je passe à la cuisse; je ne sais où j'aurais été, lorsque ma dame, se réveillant, se met à crier, et dans l'instant la porte s'ouvre et on annonce le comte d'Osmont. Nous fîmes tableau; j'étais confus du bruit, et de l'avoir fâchée. D'Osmont, qui voit mes prétentions, prend un air distrait, va à la glace du boudoir et s'y regarde; quoiqu'il ne dise rien, la dame, debout, tout en colère, me dit : « Mon petit bon, vous en qui j'avais la plus grande confiance, je ne vous aurais jamais cru capable d'un tel procédé! » Et la voilà qui du même trait conte à d'Osmont la scène comme elle s'était passée. D'Osmont ricanait du bout des dents et s'approcha de moi : « Ah! traître, me dit-il, tu n'es pas plus avancé que moi! » L'extraordinaire de la scène finit par les plaisanteries de d'Osmont, et par un pardon qu'elle m'accorda avec tant de grâce qu'elle semblait se repentir de n'avoir pas eu le courage de me laisser faire. Cependant, rendus à nous-mêmes, nous jugeâmes que nous perdions l'un et l'autre nos prétentions vis-à-vis d'une femme de cette tournure; je me prêtai à ses manières extraordinaires, sans m'en croire mieux avec elle, et continuai à aller chez elle sans aucune prétention.

Je reviens au premier jour de mes noces. Après que ma belle-mère nous eut laissés, ma femme se jeta à mon cou. C'était le baiser de l'innocence : ses tendres caresses furent pour me remercier de l'esclavage dont je l'avais tirée, sous le despotisme d'une maîtresse, femme de chambre dont le premier métier avait été cuisinière. Dévote comme sa maîtresse, sans aucune lumière l'une et l'autre, elle l'avait ennuyée de pratiques superstitieuses; on lui avait donné une telle aversion pour la lecture qu'elle regardait comme un bonheur d'être maîtresse de son temps. Enfin, c'était une personne qui annonçait de la raison, du jugement, de l'âme, mais qui franchement se sentant *despotisée*, si je puis me servir de ce terme, par les gens au-dessus d'elle, avait pris dans la plus belle aversion possible la maison maternelle.

Fatigué comme je l'étais de tout ce qui m'était passé dans la tête depuis huit jours, nous finîmes l'un et l'autre par nous endormir dans le sein de l'innocence et de l'amitié. Le lendemain, selon l'usage, tous les parents et amis vinrent nous faire visite; je reçus des compliments que je ne méritais pas; c'est grâce à ma charmante femme, qui ne sachant rien, répondit si sagement, si décemment, que je conservai ma réputation. J'étais changé en vingt-quatre heures, au moral comme au physique : je ne voulais plus m'occuper de ce qui avait rempli tous mes moments. Je voulais conserver ma gaieté, mais prendre des mœurs pures. Je sentais le devoir que m'imposait ce mariage avec une jeune personne jusque-là fort négligée, mais faite pour sentir profondément les soins d'un mari qui pouvait lui plaire. Elle avait eu tous les maîtres pendant un an, elle en avait profité; elle savait parfaitement la musique vocale; mais au couvent de Chaillot, on ne voulait qu'un vieux maître de clavecin qui était du temps de Campra[8] : cela avait été une raison pour se refuser à lui en donner un, malgré ses instances. Susceptible de tout ce qu'il y avait de bon, il ne fallait que l'envie de faire germer toutes ses qualités.

J'avais fait quelques jours auparavant une lettre raisonnée pour l'envoyer ce jour-là à Mme Brissart; elle était de six pages. Je lui rendais compte de tout ce qui s'était passé dans mon âme en me séparant d'elle, de la conduite de Tourdonnet vis-à-vis d'elle et de moi. Je finissais par lui insinuer que son ancienne passion pour lui était plus faite pour son bonheur; qu'elle connaissait mes principes de fermeté et de probité, malgré ma douceur ; que, sentant ma faiblesse pour elle, j'éviterais toutes les occasions qui pourraient rallumer une passion que j'avais eu tant de peine à amortir; mais que, tant que mon cœur sentirait, il serait toujours animé d'un sentiment d'attachement inviolable.

J'envoyai le fidèle Marnier porter ce message; c'était le dernier service qu'il me rendait : la vie que j'allais mener ne lui convenait pas plus qu'à moi de le garder. C'était un homme de cinq pieds onze pouces, de la plus belle figure de femme que l'on pût voir, avec la force d'un athlète; je l'avais depuis quatre ans, et j'avais pris son frère avec lui. Cet homme, alors à M. de Jonville[9], jadis envoyé à Gênes, et père de Jonville le mousquetaire, me fit solliciter d'entrer à mon service; il me conta la vie triste qu'il menait avec ce maître, dont la manie était de se faire réveiller à 5 heures du matin, de demi-heure en demi-heure, pour ne sortir de son lit qu'à 10 heures. Marnier, impatienté de cette corvée, dans les derniers six mois avait pris le parti de n'entrer chez lui qu'à 9 heures, et remplissait la tâche de le réveiller, lui annonçant qu'il était 5 heures; et de cinq minutes en cinq minutes, il lui disait l'heure supposée, et le disposait pour se lever à 10 heures sans qu'il s'en doutât. Ce domestique était l'homme le plus intelligent possible. J'avais fait un marché avec lui; par exemple, je pouvais disposer de toutes les plus jolies petites maisons de Paris — et dans ce temps-là, j'en connaissais plus de trente, surtout celle de M. le comte de Nogaret, rue Bergère, vis-à-vis l'hôtel des menus. C'était un palais des fées, avec des dehors sur la rue qui n'annonçaient qu'une masure. Avec dix louis que je comptais à Marnier, je trouvais un souper, un éclairement superbe, et une maison toute disposée, comme à moi. Je lui donnais l'ordre le matin; il sortait, s'informait à quel spectacle j'étais, me glissait un billet dans la main : c'était l'adresse où il fallait se rendre; j'étais le maître de tout comme chez moi, sans savoir s'il était dans la maison.

Ces qualités étaient le fait du prince de Conti[10], à qui à la chasse j'en avais parlé. Je le disposai à le prendre. Il n'y fut pas trois semaines, qu'un jour le prince de Conti me dit : « Vous m'avez donné un homme excellent, mais vous avez voulu vous en débarrasser, car il est malade au moins pour six mois, et dans un état affreux. » Je lui protestai avec vérité que je n'avais jamais connu et que je ne connaîtrais jamais aucun de ces accidents. « Tant pis, me dit-il, je vous en estime moins.

— Ma foi! lui répondis-je, s'il faut mériter votre estime à pareille épreuve, il y a grande apparence que je ne l'aurai jamais; mais pas moins à vos ordres pour toute autre chose.

— Sûrement, reprit-il, tel que vous me voyez, j'ai été plus de quatre fois trompé, et je ne m'en estime pas moins. Au surplus, vous nous avez rendu un service à l'un et à l'autre; moi, parce que je vais faire sur lui un essai qui le guérira radicalement (car vous savez que j'ai un cabinet de chimie; c'est une préparation chimique admirable); et lui se portera mieux qu'il ne s'est jamais porté, et sera comme un enfant qui vient de naître. »

Ce fut donc le dernier service qu'il me rendit en faisant mon message chez Mme Brissart. Le commencement de ma lettre l'avait attendrie jusqu'aux larmes, mais les conseils de la fin lui rendirent toute son énergie : elle la jeta au feu. L'amour pour Tourdonnet était usé. Elle le chargea de me prier de me conformer désormais à la conduite que je lui annonçais vouloir tenir avec elle. Ainsi a fini une passion qui m'a tenu quatre ans de ma vie, qui a rempli tous mes moments, qui m'a coûté tout ce que peut coûter à un cœur navré le fait de la quitter. Elle me renvoya une boîte d'or que je lui avais donnée, en forme de malle, avec un secret unique qui cachait mon portrait peint par Baudoin[11]. Elle l'adressa à ma femme, cachetée dans une boîte. Mais depuis, si par malheur pour l'un et pour l'autre nos yeux se rencontraient au spectacle, fixés malgré nous, attentifs à tous nos mouvements, nous nous peignions malgré nous le chagrin de ne plus nous revoir. Elle s'abandonna depuis à tous les écarts de sa tête vive, jusqu'à ce qu'une maladie longue et qui la fit souffrir la conduisît au tombeau[12].

Dix ans après cette aventure, j'entrai chez Mme de Thiard, sa sœur[13], avec mon fils. Il faisait nuit, les bougies n'étaient pas allumées. Elle m'entendit parler, je la reconnus. Nous croyions l'un et l'autre être sûrs de nous. La politesse m'obligea à la reconduire à son carrosse, car elle leva le siège dès qu'elle me vit sortir. Elle me prit le bras qu'elle serra de telle manière que l'impression renouvela tous mes sentiments; mes genoux tremblèrent. Elle se précipita dans son carrosse avec une émotion qui augmenta la mienne. Ainsi finit une passion si singulière que, rendu à moi-même, j'ai bien de la peine à l'expliquer, mais qui, après quarante ans passés, reste encore gravée au fond de mon cœur. Comment allier tant de force avec tant de faiblesse, un amour véritable avec une conduite de part et d'autre aussi désordonnée? Robertson expliquerait tout cela dans un roman en lettres[14] où il peindrait tous les sentiments qui nous ont agités. Jamais elle ne s'est permis que de faire mon éloge, et jamais je n'ai parlé d'elle qu'avec respect. Je connaissais tous ses travers, mais j'oubliais tout quand je la voyais ou soupais avec elle. Elle était si aimable, elle avait tant d'emprise sur mon esprit, que je suis encore étonné d'avoir eu la force d'y résister.

Ma belle-mère dînait régulièrement chez nous, et dès 4 heures du soir sortait soit pour faire des visites avec ma femme, soit pour son compte, et finissait la journée chez les grands-parents. Il fallut faire les visites de noces, qui furent longues et ennuyeuses à l'ordinaire. Je tins maison : j'avais tous les jours du monde à dîner; en partie mes amis, mes parents, et mes anciennes connaissances. Je ne tardai pas à m'apercevoir que le caractère despotique de ma belle-mère vis-à-vis de sa fille la subjuguait malgré elle; la craignant ainsi que tous ses autres parents, elle aurait tout sacrifié pour éviter une querelle : elle la connaissait, et elle savait que pour son plaisir personnel elle lui en aurait fait une. J'ai vu cette même dame me dire, dans ses moments de gaieté à sa manière : « Je me divertirai bien aujourd'hui, je ferai une querelle à M. Untel », et elle tenait parole. Elle était si aigre que, sans s'en rendre compte, ce qu'elle voulait jouer devenait une vérité. Je m'attachai à l'étudier, et d'après la manière dont sa fille me l'avait dépeinte, je n'eus pas de peine à me persuader que cette association, sans venir de moi, se dissoudrait par un caprice — ce qui ne tarda pas. On me faisait la meilleure mine possible, mais Mme Roslin, qui était subjuguée par sa fille, quoiqu'elle eût plus d'esprit qu'elle, agit avec franchise et me dit un jour : « Vous avez exigé que ma fille vînt chez vous, et vous avez abusé de notre amitié pour vous en obtenant un pareil sacrifice.

— Moi, madame? » répondis-je, fort étonné. J'en restai là, heureusement, et elle me conta que Mme Le Gendre était venue la trouver, lui dire qu'elle voulait revenir chez elle; que c'était moi qui l'avais forcée à la quitter. Je me défendis légèrement, et courus chez Pierrevert qui m'avait porté des paroles contraires. Il m'avoua que Mme Le Gendre était venue le trouver, pour lui dire que si je disais que ce fût elle qui eût désiré de sortir, elle ne me le pardonnerait ni à la vie, ni à la mort. Je vis dans l'instant le caractère avec lequel j'avais affaire; ne déterminant rien, je conclus que l'inconséquence de la dame ferait le reste, et pris le parti de la combler d'honnêtetés, sans entrer dans aucune discussion.

J'allai à Saint-Leu; ma belle-mère vint pendant ce temps chez ses parents. Ce voyage fut brillant. Mme de Santo, Mme de Merger, M. de Paroy y vinrent; j'engageai ma femme à faire un voyage à Paroy : nous y passâmes huit jours. M. et Mme Roslin avaient une maison à Passy, tout à côté des eaux[15], ayant une terrasse en bas sur le grand chemin, et le bâtiment séparé en deux en haut. C'était la plus belle vue possible, mais la vie qu'on y menait était ennuyeuse à crever. Une Mme Lépineau et Mme la marquise de Balleroy, sa fille, qui avait été en son premier mariage ma cousine, ayant épousé M. de Pleurre, intendant[16], étaient toute la société; la famille s'y rassemblait de deux jours l'un, et elle était très resserrée. Le reste du temps, il n'y avait que les enfants et petits-enfants qui y couchaient.

Mon service recommença le 5 juillet, et il fallut que je partisse pour Compiègne. Les femmes des introducteurs étaient présentées de droit. Jusqu'à M. de Verneuil, ces charges avaient été remplies par des gens faits pour avoir leurs femmes présentées; un grand laps de temps que le chevalier de Sainctot avait eu cette place, avait laissé le droit en souffrance.

Verneuil, haut, fier, élevé à la cour, avait un ton de suffisance qui lui faisait beaucoup d'ennemis. Son père, ayant fait ériger sa terre de Loches en Touraine en marquisat, avait eu le titre d'introducteur des ambassadeurs; il avait comme le fils des airs qui déplaisaient[17]. Des méchants – car il y en a partout – surent qu'il avait à Loches tous ses parents, dont le plus huppé était boucher. On se rappela leurs différents noms; les voilà : Bigre, Chassepoux, marquis de Verneuil. Cependant le roi et la famille royale le traitaient bien; il avait la plume comme secrétaire du cabinet. Son travail était de faire signer au roi des lettres de protocole à chaque événement qui arrivait aux princes étrangers, ou de faire des réponses. Ce service n'occupait pas beaucoup; mais le droit de travailler une ou deux fois par an tête à tête avec le roi, accordé à un homme vain, augmentait beaucoup ses airs d'importance.

Verneuil avait épousé une demoiselle de très bonne maison, Mlle d'Harville[18]. Il demanda à jouir de ses droits, et que sa femme fût présentée. Le jour fut pris : elle devait être la dernière de quatre présentations. L'usage, après que la femme présentée a fait la révérence, est de faire un pas; le roi fait le reste, lui présente la joue, et cela s'appelle avoir l'accolade du salut et de la présentation. Une mauvaise plaisanterie de courtisans, soit du duc d'Ayen, soit d'un autre, avant la cérémonie, détermina le roi, sur l'association des noms bizarres, à refuser le salut; de sorte que Mme la marquise de Verneuil s'avançant, le roi recula, et elle fut forcée de s'en aller sans être traitée comme les autres présentations. Cette scène arriva trois ans environ avant que je fusse en place; on en parlait encore comme d'un déboire qui leur avait laissé de tristes impressions[19].

Tous ceux qui me voulaient du bien me conseillaient de présenter ma femme : elle était très jolie, et le roi ne haïssait pas le beau sexe. C'était une raison de plus pour m'en détourner. Verneuil avait voulu s'assimiler à la cour, et son origine était trop connue. Pour moi, qui ne tenais qu'à l'ancienneté de ma race, mais dont les derniers pères n'avaient occupé dans la robe que des charges très ordinaires, qui n'avais que des parents très éloignés à Versailles, qui volais de mes propres forces dans une place qui ne tenait ses fonctions que du roi, avec une relation pour ainsi dire d'égal à égal avec les ministres, sans protection, je pensai ou que j'aurais le même déboire, ou que, si je ne l'avais pas, j'exciterais dans la maison de Verneuil la plus forte jalousie; et laissant la question indécise, je me renfermai dans mes fonctions, sans jamais agiter le droit de présentation attaché à ma charge.

Je partis donc le 5 juillet 1755 pour Compiègne et, ne voulant pas laisser ma femme à Saint-Leu, je cédai à Mme Le Gendre le soin de l'amuser à Paris, où les grands-parents étaient établis. Ma femme, trop jeune pour s'occuper de la maison, avait laissé ce soin à Mlle Gentil, qui tenait les rênes de ce petit gouvernement. Elle alla donc avec deux laquais, un cocher, deux chevaux et une femme de chambre s'établir à Passy. Je recommençai à voir tous les ministres et ambassadeurs, Marigny, les écuyers, le comte de Brionne, et à faire ma cour assidûment, soit à la chasse, soit dans l'intérieur. Quelques scènes de brutalité de Marigny vis-à-vis de ses gens firent dire au baron de Breteuil, qui était un des tenants, que cet homme sentirait toute sa vie ce qu'il était né, et nous en éloignèrent un peu.

Cependant ma femme, établie à Passy, sentit tout le désagrément de la vie qu'elle y allait mener : sa mère n'avait pas perdu son despotisme. Obligée de faire en voiture des promenades au bois de Boulogne, elle saisit tout le poids du nouvel esclavage. Quelques propos durs qu'elle subit sur mon peu de complaisance à recevoir une de ses sœurs, lui furent sensibles. Elle craignait ses parents, qui sans mesure se servaient de bouderies interminables. Ses titres de plaintes furent journaliers. Je ne pouvais quitter : il fallait demander permission au roi, et quoique je fusse sûr qu'il me l'eût accordée, les ambassadeurs n'auraient plus eu de conducteur. Je terminai seulement le voyage plus tôt, sur un courrier qu'elle m'envoya pour m'annoncer qu'elle ne pouvait plus y tenir. J'arrive à Passy, je trouve les cartes plus brouillées que jamais. Je me détermine à l'emmener à Saint-Leu pendant l'intervalle des voyages de Compiègne et Fontainebleau. Ma proposition fut mal reçue : ma belle-mère m'annonça qu'elle tiendrait compagnie à sa mère; je passai outre et nous partîmes.

Le voyage de Fontainebleau arriva; j'engageai ma femme à retourner à Passy. On aimait à la tenir en esclavage, et elle s'y soumettait pour avoir la paix, d'autant qu'elle sentait avec son excellente tête qu'elle était trop jeune pour être [livrée] à elle-même. Le voyage fut très brillant. Les spectacles, le gros jeu y attiraient tout le monde, et les intrigues au commencement de l'hiver s'établissaient. Excepté M. de Machault et M. d'Argenson, les autres ministres passaient comme dans une lanterne magique. Les querelles de l'archevêque de Beaumont et du parlement étaient interminables. Le gros jeu était établi chez le marquis de Livry. J'y allais comme au spectacle, ou souper ou après souper. Mes amis particuliers étaient les fils du marquis de Talaru, dont l'aîné a perdu la vie à la Révolution. Un jour, j'entrai chez M. de Livry après souper; on marchait sur des tas de cartes; les louis roulaient sur la table, l'argent blanc allait aux cartes. Il n'y avait que le trente-et-quarante, ce qui faisait des sommes immenses, car les fiches étaient comptées pour cent louis, et quelquefois plus. Je me rappelle avoir vu M. le comte de Belsunce, mort depuis gouverneur de Saint-Domingue[20], dans un coin de la chambre, caché derrière une porte, soupant avec des cartes qu'il déchirait à belles dents, les yeux hors de la tête, avec un air farouche qui présageait quelque chose de sinistre. Il se rapprocha insensiblement de la table; la chance changea, et je quittai la salle à 3 heures du matin, en le laissant avec le visage le plus radieux, tandis que le baron de Besenval faisait des jurements qui auraient effrayé une douzaine de corps de garde. Cet homme, dont j'aurai l'occasion de parler, était suisse, d'une belle figure, jeune, aimable, mais le plus mauvais joueur que j'aie connu; insolent dans la prospérité, affreux joueur dans la perte, il compensait tout cela par un attachement sentimental, vif et gai qu'il jouait avec les femmes. Intrigant par goût, il jouait un rôle qu'il a continué jusqu'à la fin de sa vie.

Ce fut dans ce voyage que M. le comte du Chayla, venant à Fontainebleau et se tenant debout à la cheminée de l'appartement avant la chambre à coucher du roi (ce qui tenait lieu d'œil-de-bœuf) fut surpris, au lever du roi, d'une apoplexie sanguine : il glissa sur le marbre et tomba mort, sa perruque loin de lui[21]. Il y avait bien du monde, ce qui fit cercle autour de lui; c'était le moment où le roi, ayant reçu les ambassadeurs, passait à son prie-Dieu, pour aller ensuite dans son cabinet. J'étais sorti un instant, et vis l'homme mourir; je rentrai ému; le roi était passé dans son cabinet. J'y entrai, et rien ne m'étonna davantage que d'entendre le roi, déjà instruit, appeler M. d'Argenson et lui dire : « D'Argenson, M. du Chayla vient de quitter sa perruque », et de raconter le fait comme s'il y avait été. Triste condition des rois qui, dans le tableau mouvant qu'ils sont obligés de voir continuellement, ne font jamais de retour sur eux-mêmes et ont éteint toute sensibilité pour les autres!

J'en vais rapporter une belle preuve que j'ai vue quelques jours après. Le lever du roi était fort brillant, surtout les jours de fête. Un de ces jours, la chambre était presque pleine; le roi passait sa chemise au milieu d'un cercle très considérable. Un homme de près de six pieds, de quarante ans, long, maigre, jaune, débordait avec sa tête toutes les autres et fixait le roi que, probablement, il ne voyait pas souvent. Le roi le regarda à son tour et appela Sénac, son premier médecin : « Sénac, dit-il, regardez bien ce grand homme-là; le voyez-vous?

— Oui, Sire, répond l'autre.

— Eh bien! Voyez son teint; il a la jaunisse. Le foie est engagé par des obstructions, il n'en a pas pour un mois à vivre. » Tous les regardants entendirent le propos, surtout le malade qui nous avait paru si grand. Cette tête fondit à l'instant dans la foule, il ne demanda pas son reste. On sut que c'était un M. de Lespinasse, bon officier dans un régiment d'infanterie. Il y a à croire que cette prédiction assez inutile l'aura peut-être conduit au tombeau, sans le faire exprès.

Je fus dans ce voyage engagé avec Marigny à quelques dîners dans la forêt, traités par les intendants des menus. C'étaient les actrices les plus fameuses, et qui nous procuraient une société intéressante, où Marigny apportait ou sa bruyante gaieté, ou son humeur, car il n'était pas alternatif.

Après le voyage, je revins à Paris, et Mme Le Gendre et sa fille se rendirent chez moi. Mais quel fut mon étonnement de voir arriver Mlle Le Gendre, sa suivante d'âge : cette demoiselle n'aimait que le couvent, ne désirait qu'y retourner. Bonne, elle ne cherchait qu'à fuir le monde pour lequel elle ne voulait faire aucun frais. Il fallut fondre la cloche à l'instant : je me rendis dans l'appartement de ma belle-mère; je la trouvai si aigre, si déraisonnante, si fort niant toutes les paroles qu'elle m'avait fait donner, que je vis que, sans m'écarter du respect que je lui devais, comme femme et comme belle-mère, je devais y mettre la plus grande fermeté. Je lui signifiai que je voulais être le maître chez moi; que je ne voulais pas être la maison d'éducation de quatre filles; qu'elle n'était venue chez moi que parce qu'elle m'en avait prié; que j'avais fait mes conditions avant, et que c'était elle qui s'en écartait. Elle finit par me dire que je la mettais dehors, et sur cela nous nous quittâmes.

Ma femme, tendre et sensible, était dans des transes épouvantables, dans le commencement d'une grossesse; elle craignait de se brouiller, connaissant le caractère de sa mère. Mme Le Gendre avait ce qu'elle désirait : ne se voyant nullement maîtresse chez moi, ne pouvant *despotiser* une autre fille, elle ne cherchait qu'une bonne querelle pour pouvoir faire sa cour à M. et Mme Roslin, et rentrer en ayant l'air de faire un sacrifice. Elle sortit, alla chez eux, et dans la journée elle fit transporter son lit, celui de sa fille, et alla coucher rue Vivienne. Nous y allâmes souper comme à l'ordinaire. Elle prit sa fille en particulier, et lui dit de me dire de sa part que si jamais je parlais de la scène qui s'était passée, elle ne me pardonnerait de sa vie. Je n'avais garde d'entamer là-dessus aucune conversation, mais le lendemain Pierrevert vint chez moi pour me faire le même message. Nous trouvâmes le procédé si ridicule que nous finîmes par en rire. Cependant Mme Roslin, qui commençait à prendre grande confiance en moi (car le mari, bonhomme dans l'étendue du terme, n'entrait en rien dans ce qui se passait), me dit que Mme la présidente Le Gendre avait fait un sacrifice à son attachement pour elle en quittant sa fille pour lui venir tenir compagnie. J'eus l'air de la croire, et c'est ainsi que nous nous séparâmes sans nous en aimer davantage. Je connaissais son inconséquence, et [savais] qu'une autre querelle qu'elle ferait naître lui ferait oublier celle-là et la fermeté que j'y avais mise.

Cependant, je désirais faire de ma femme ce qu'elle a été depuis. On l'avait tellement dégoûtée de lire qu'un livre intéressant, mis sur sa toilette, était marqué toujours à la première page. Il fallait les lui faire aimer. Elle était douée d'une mémoire étonnante; je m'aperçus que les conversations morales étaient ce qui l'intéressait le plus; je hasardai quelques livres dans ce genre : ils furent lus avidement. Je redoublai d'éloges et de caresses, et j'affectai de causer sur ce qu'elle avait lu. Elle savait la géographie parfaitement; je lui fis naître l'envie de connaître les mœurs des pays dont elle connaissait si bien la carte. Sa confiance en moi, son amitié firent redoubler son zèle.

Les jours où nous dînions seuls, je m'appliquai à lui apprendre les jeux : le trictrac, le piquet, le brelan, le tri, le quadrille, le reversi lui furent montrés et démontrés géométriquement; maître amoureux, je payais mes leçons en argent, et je perdais exprès. Persuadé qu'une jolie femme qui débute dans le monde doit être nécessairement occupée, j'étais de l'avis de Mme la marquise d'Amezaga qui me disait depuis : « J'aime mieux que mes filles soient occupées et aient du goût pour le jeu, plutôt que d'aller faire l'amour ou écouter des fleurettes dans un coin à part de l'appartement. » Je pouvais aisément montrer tous les jeux, parce qu'au collège nos précepteurs avaient fait entrer ce plaisir dans notre éducation [...][22].

Le marquis de Genlis, qui passait ses récréations dans la cour à jouer à la balle, est devenu un des gros joueurs de Paris. Il était petit, mais avait la plus jolie figure d'homme que j'aie vue : une femme s'en serait glorifiée. Neveu et héritier de M. le marquis de Puysieulx, riche par lui-même, avec des grâces, de l'esprit, il débuta le plus brillamment possible, mais la maudite passion du jeu l'emporta sur celle des femmes. Il fit connaissance avec le baron de Vioménil, le persécuta pour jouer contre lui, l'attaqua partout; le baron, noble et heureux, se refusait; enfin, il fallut céder. Une partie de trictrac, qui dura trois jours, détermina en faveur du baron cent mille écus; le baron quitte [le jeu] et offre le temps qu'il faudra pour être payé. Genlis, la tête tournée, publie son aventure; elle vient aux oreilles de M. de Puysieulx, qui obtient une lettre de cachet après avoir payé Vioménil et fait enfermer Genlis à Pierre-Encize[23]. Il aurait eu le temps d'y faire des réflexions, car le grand d'Ennery, passant à Lyon trois ans après, crut devoir aller voir notre ami commun, qui après avoir demandé de nos nouvelles à tous, parla de sa désastreuse aventure, et finit par dire : « Mon ami, j'ai joué trois jours et trois nuits au trictrac contre le baron; j'ai perdu cent mille écus. Mais ce qui me console, c'est qu'il peut dire si j'ai mal joué et si j'ai fait une école! » Belle disposition pour recommencer ce qu'il avait fait et continuer toute sa vie!

Le baron de Vioménil me regardait comme son ami; il nous venait voir souvent, et j'étais le premier à qui il avait confié cette aventure. Il lui en arriva une plus singulière : tout le monde joueur s'acharnait contre sa fortune. [...][24] Il était, à dix-huit ans, devenu amoureux d'une demoiselle de Nancy, et il avait été refusé; il s'avise de vendre son bien, de se mettre joueur, et avec environ quatre-vingt mille livres, en six mois il se trouve plus de quinze cent mille livres. Aussi prudent qu'heureux, il achète des terres, garde des fonds disponibles, et augmente tous les ans sa fortune.

Il vint me trouver un matin : « Veux-tu donner à déjeuner à un homme qui vient de jouer cent mille écus à pair ou non[25] ? » Je restai interdit, et voici ce qu'il me conta. « J'ai passé la nuit à jouer. M. [26] s'est acharné contre ma fortune au quinze. Bref, à 8 heures ce matin, il perdait cinquante mille écus. J'ai vu un homme désespéré, dans des convulsions affreuses. "Je n'ai, disait-il, que cent mille écus; en voilà moitié de perdus. Je ne puis vivre." Ces plaintes m'affligeaient. J'ai fait mon calcul : il dit qu'il a cent mille écus; il ne sera pas plus affligé de perdre le tout qu'il ne l'est de perdre la moitié. Je veux me retirer et en finir. Je lui dis : " Mais il y a un moyen de vous racquitter ou de tout perdre. – Je le saisis, dit mon homme. – Eh bien, jouons les cinquante mille écus à pair ou non. – Tope ". Nous étions six. Je fouille dans ma poche, je prends un petit écu; je dis : il va dire pair parce qu'il va faire le même calcul que moi – et il me dit non. J'ouvre la main, lui montre qu'il a gagné, et me voilà. » Il déjeuna fort gaiement et alla se coucher.

Tous les vendredis, je donnais à dîner aux ambassadeurs. Un jour, je fus fort embarrassé : on me rapporta mon cuisinier mort d'un coup d'épée. Il fallut dérober cet événement à ma femme, dont la sensibilité aurait pu faire beaucoup de tort à sa grossesse. Cependant, je ne tardai pas à payer la vie peu mesurée que j'avais menée : un état de maigreur, de vapeur continuel, une défaillance d'estomac qui m'empêchait de rien digérer, me tourmentaient. Je consultai toute la famille, je pris tous les remèdes possibles : mon état d'affaiblissement allait en empirant. Le mal était au cœur de l'estomac; mes plus fortes douleurs étaient à 5 heures du soir. Un tremblement universel et des défaillances me gênaient d'autant plus que je voulais les cacher.

Nous avions acquis à Passy deux amis qui voyaient souvent la maison de Mme Roslin : c'étaient M. et Mme O'Dune[27], le mari Irlandais et la femme Anglaise. C'était la fille du fameux Parson, boucher à Londres. Ce boucher était d'une richesse immense; il envoya Mme Parson et sa fille à Paris avec M. O'Dune. La fille en devint amoureuse, tandis que la mère comptait qu'il l'était d'elle. Il épousa la fille à l'anglaise, c'est-à-dire par son consentement seulement; la mère s'en retourna et ce ménage, subsistant du peu de fortune du mari, vivait très modiquement à Passy et s'était pour cette raison rendu commensal dans la maison Roslin. O'Dune était un garçon aimable, d'une belle figure et de beaucoup d'esprit, et nous ne tardâmes pas à nous lier avec eux : ils n'eurent plus à la campagne d'autre habitation que Saint-Leu. Il cherchait à faire fortune, et je le menais toutes les fois que j'allais à Versailles. Étonné de mon peu d'ambition, il voulait m'en faire naître et me rendait compte de ses démarches. Envoyé depuis à Mannheim, ensuite ambassadeur en Portugal, il a été fort question de lui dans notre malheureux dernier règne pour être ministre des Affaires étrangères. Il avait alors près de quatre-vingts ans, et est mort à quatre-vingt-deux. Complaisants l'un et l'autre, avec la forme anglaise, ils sont toujours restés nos amis.

Je vais en citer un trait. La chasse à tirer était charmante dès qu'on descendait dans la plaine; la chasse qui m'appartenait s'étendait auprès des réserves du prince, vis-à-vis Le Plessis, longeait le bois de Boissy et revenait par Taverny jusqu'à la forêt. Pour peu qu'on se livrât à cet amusement, en une couple d'heures à trois ou quatre on pouvait rapporter une trentaine de pièces. Nous en usions souvent avec ceux qui venaient nous voir, et comme O'Dune était à demeure avec moi nous y allions presque tous les jours. Mme O'Dune était folle d'un chien roux qui choupillait; elle le confie à son mari et le lui recommande mille fois. Après avoir chassé deux heures, il nous passe une compagnie de perdrix qui file; O'Dune tire à gauche et tue deux perdrix; je tire à droite, en tue une; mais j'entends un petit cri, la chienne ne paraît plus. O'Dune dit : « Vous avez tué mon chien. » Je riposte : « Cela ne se peut, car voilà la perdrix que j'ai tuée », et je la ramasse. Mon garde prend la parole et dit : « Ce ne peut être monsieur, c'est sûrement vous. » Il aurait tout aussi bien fait de se taire, car il était clair que j'avais tiré où était [la perdrix]. O'Dune s'avance, prend son chien par l'oreille et dit : « C'est un grain de plomb qui s'est cassé, qui l'a frappé dans l'oreille. Cela peut arriver à tout le monde. » Il appelle un paysan qui travaillait dans une vigne, le lui fait enterrer, lui donne pour boire, et nous regagnons le château, moi fort triste d'avoir fait un coup de deux. Mais ils furent si délicats l'un et l'autre qu'ils n'en témoignèrent aucun chagrin, et m'épargnèrent toute autre réflexion triste sur cet accident.

Lorsqu'on écrit des événements quelconques de sa vie particulière, lorsqu'on prend ce travail non pour un objet d'amusement, mais comme une distraction des événements malheureux qui déchirent la pensée, il est tout simple que, sans chercher les dates, il se trouve des faits assez indifférents par eux-mêmes, mais qui me sont un calmant pour le présent. J'imagine que je conte une longue histoire, et je reviendrai sans suite et sans ordre sur ce qui m'a le plus frappé.

Je me souviens par exemple de l'inondation qui fit détruire la moitié des maisons du pont de la Tournelle[28]; d'avoir été mené du collège sur le quai, où on me fit voir les maisons du Pont-au-Change où le feu avait pris, et où les propriétaires, pour éviter de devenir la proie des flammes, s'étaient précipités dans la rivière : beaucoup avaient péri, d'autres avaient été sauvés par le secours des bateaux[29]. Je me rappelle avoir été conduit fort jeune chez mon grand-oncle Champlost, au vieux Louvre, tandis que l'on attendait des nouvelles de la maladie du roi à Metz, et je me rappelle avoir vu le peuple accablé; j'embrassai le cheval qui portait le courrier qui publiait sa convalescence[30]. Je n'oublierai jamais avoir vu dans la rue Saint-Antoine l'entrée que le roi fit à son retour, et les fêtes qui se donnèrent à cette occasion. Je me rappellerai toujours le superbe bal masqué qui fut donné à la ville à ce sujet[31], où Mme d'Étiolles, depuis marquise de Pompadour, se trouva. J'étais mené par mon père qui, quoique mourant, voulut me procurer ce plaisir, et qui me sauva la vie. J'étais faible et délicat; l'affluence dans une des salles était immense; mon père me prit par la main pour ne pas me quitter. Je fut poussé, abattu, et sans sa main vigoureuse qui m'enleva et me retira de ce flot, il y a grande apparence que je n'écrirais pas ces mémoires.

J'ai encore présent [à l'esprit] la cavalcade de l'ambassadeur turc[32] que je vis passer dans la rue vis-à-vis l'Oratoire, la visite que j'allai lui faire rue de Tournon; il me caressa, vu mon jeune âge. Je ne cessai de l'appeler *notre saint père*, confondant l'idée que je me faisais du pape avec un ambassadeur turc, ce qui m'attira mille caresses et mille distinctions auxquelles je ne devais pas m'attendre; de sorte que du collège d'Harcourt je n'avais qu'un pas à faire pour y être conduit par mon précepteur, et que j'y étais reçu de tous les temps avec grand plaisir.

J'ai oublié de raconter que je vis les fêtes données pour le mariage de Madame Infante[33]; que, sur des dessins de Servandoni, on bâtit tout en colonnes un temple sur l'emplacement du Pont-Neuf, sur la statue d'Henri IV; il se changea le soir en un feu d'artifice de toute beauté. Je vis le roi paraître au balcon du jardin de Madame Infante et regarder le feu d'artifice donné par M. le marquis de La Mina[34], ambassadeur, au milieu de la Seine, vis-à-vis les Quatre Nations[35]. Ce spectacle commença à 4 heures du soir par des jeux nautiques, et finit à 10 heures par des déguisements sans nombre : sur l'eau, des bateaux transformés en gros poissons, en dauphins, en baleines, jetaient de l'artifice par leur bouche et leur corps. [Je me souviens] d'avoir vu les Invalides illuminés d'une manière frappante par un double rang de lampions sur toutes les plinthes et architectures, avec un accompagnement d'ifs et de girandoles jusqu'au bord de l'eau, ce qui formait un parterre magnifique pour la foule de voitures qui se tenaient au Cours-la-Reine.

CHAPITRE XV

Maintenant que j'ai mis par écrit ces événements pour soulager ma mémoire, je reviens à mon intérieur. Dès que ma grand-mère fut morte, mon oncle, M. Soullet, s'occupa de marier sa cousine, Mlle Félix. Encore jeune, jolie, fort aimable, elle pouvait faire le bonheur d'un galant homme, malgré son défaut de fortune, et bien qu'elle ne fût nullement aidée par son frère, qui était entré dans une famille de peu de chose, mais avide et jalouse[36]. Un M. Girault de Moussy, frère de Mme Le Boulanger, maîtresse des requêtes[37], fils d'un bibliomane qui amassait depuis soixante ans plus de trois cent mille volumes, qu'il tenait sans ordre dans plusieurs pièces de sa maison, se présenta. Il avait vingt mille livres de rente; fort bonhomme, de cinquante à soixante ans, il était écuyer de Madame Adélaïde de France. Bien qu'elle eût pris son parti de rester fille, qu'elle sentît sa répugnance à vivre avec un homme qui ne convenait pas à la délicatesse de son esprit, nous l'y déterminâmes en lui persuadant que nous ne connaissions pas de pire état que celui d'une vieille fille. Elle alla donc joindre son mari dans la rue Villedo, fit une fille charmante qu'elle eut le malheur de perdre à quatre ans, de convulsions, et se trouva après sept ans de mariage veuve, fort considérée de la famille de son mari, avec laquelle elle a vécu jusqu'à leur mort. Elle a fini elle-même il y a six ans, en faisant héritiers les petits-enfants de M. Soullet et moi, par reconnaissance et attachement.

Au retour du voyage de Fontainebleau, le premier jour que j'allai à Versailles, M. de Saint-Florentin me fit prier de passer chez lui. Il me dit tête à tête que j'avais loué ma maison à Colombes; qu'on était inquiet d'un étranger qui l'habitait; que cet étranger, qu'on croyait anglais, avait eu sans se nommer une permission de chasse de M. le marquis de Courtenvaux, et que la police n'avait encore pu donner aucun renseignement au roi; qu'on savait que la maison m'appartenait. Je répondis qu'elle était louée depuis trois ans à un notaire; que le nommé Rossignol, jardinier (lui et ses pères étaient chez moi depuis cent ans) était intelligent, et que je ne demandais que vingt-quatre heures pour tranquilliser et donner tous les renseignements. À l'instant, je fis partir un courrier qui m'amena Rossignol. Il me dit que c'était un Anglais nommé lord Teenlay, qui avait enlevé la fille d'un lord et vivait caché avec elle depuis trois mois. De sorte qu'en vingt-quatre heures, le roi fut informé de ce qui n'en valait pas la peine.

Cette maison, où je n'allais pas, m'était à charge. En faisant abattre un gros arbre dans une petite futaie, on avait trouvé trois clefs; on voulut fouiller : trois pieds au-dessous, on trouva aussi trois clefs; encore une fouille pareille : on trouva trois autres clefs. Ces trouvailles à distances égales me déterminèrent, d'après des conseils, à faire des recherches considérables qui ne me procurèrent aucun trésor. Je me déterminai donc à vendre la maison à ce même notaire qui en était locataire, me réservant les meubles et un buste de marbre antique de Solon et sa gaine, que je fis transporter à Saint-Leu, et qui m'a suivi à Cheverny, où il fait l'ornement de mon premier perron.

Colombes a toujours été le rendez-vous des gens de plaisir depuis ce temps. M. de Bauche[38] avait acheté la Garenne[39] de la fameuse actrice de l'Opéra, Mlle Pélissier. Il était lié avec le marquis d'Étrehan[40] : ils avaient une baignoire à l'Opéra, et tout l'été partageaient leurs plaisirs entre le séjour de Colombes et celui de Paris. De Bauche, depuis Bandeville, vivait avec Coupé[41] et avait pour ami M. de Marcande, homme d'esprit, aimable et de sang-froid, qui s'est tué depuis par ennui de la vie. De Bauche, dis-je, le voit prendre son fusil un matin pour aller tirer un lapin dans la garenne; il lui passe dans la tête de courir et d'aller se mettre au coin d'une allée, à la distance où il savait qu'il se plaçait, dans la posture de Sancho Pança lorsqu'il pariait qu'un coup de plomb ne l'atteindrait pas. Marcande le voit se poster, s'approche, ramasse une poignée de sable, la lui lance dans les fesses et du même coup lâche son coup de fusil en l'air. Le tout fut si preste, le sable lancé si roide, que de Bauche ne douta pas qu'il ne fût atteint par le plomb. La peur le saisit : il court comme un égaré, tenant sa culotte sans la boutonner, et arrive à Mlle Coupé qui, après avoir visité les parties offensées, eut toutes les peines du monde à le rassurer. C'est d'elle-même que j'ai su l'histoire, et elle ajouta que cette aventure l'avait corrigé de ses mauvaises plaisanteries.

Puisque je suis en train de raconter, je veux consigner ici une drôle de façon d'aller demander la charité dans les maisons. J'avais à dîner force amis, dix ou douze personnes. Ma femme était sur sa chaise longue; nous avions Mme de Santo, Mme de Merger, M. de Chailly, M. de Paroy et quelques autres. Au sortir de table, le suisse vient m'avertir qu'une jeune personne me demande dans mon cabinet; je m'y rends. Cette femme jeune, jolie, mise en bourgeoise, me dit qu'elle demeure rue du Faubourg-Saint-Honoré, presque vis-à-vis de chez moi; qu'elle a le malheur d'avoir épousé un commis des barrières qui la maltraite quand il est ivre, ce qui lui arrive tous les jours, et notamment la veille. Ce récit, long, ne pouvait finir que par un secours, et pour m'en débarrasser, je tire six francs de ma poche; elle les prend et me dit : « Ah ! monsieur, si vous voyiez comme je suis maltraitée, vous me donneriez davantage. » En même temps, elle lève ses jupes et, se tournant de côté, elle me montre à côté de sa hanche une tache ronde, grande comme deux écus, qui avait l'air d'être faite avec de la cire. Je m'écrie : « Ah ! madame, vous me montrez là tant de jolies choses que je dois les payer, et vous donner de quoi effacer cette tache! » En même temps, j'ajoute douze francs. Elle sort, et moi de rentrer dans le salon et de raconter à toute la société la belle vision que je venais d'avoir. On rit, on croit la chose impossible. J'appelle la dame qui était dans la cour, elle remonte, recommence hardiment son histoire. Quand elle en fut à sa contusion, je lui dis : « Vous devriez bien montrer à ces dames l'état où votre mari vous a mise. » Elle s'avance, fait à ces dames la même cérémonie qu'à moi. Chailly, qui était assis sur un tabouret, put en avoir sa part, et n'eut pas de peine à faire voir à tous la médaille à l'envers. La femme, sans se démonter, cria à l'indécence, et tira par forme de contribution charitable six francs de chaque regardant, de sorte que cette visite lui valut près de quatre louis.

Ma femme, dans les derniers mois de sa grossesse, ne sortait que pour aller souper chez ses parents, et souvent restait chez elle, où j'avais soin de prier toutes mes connaissances. Les parlements se brouillaient tous les jours de plus en plus contre l'autorité royale; les impôts en étaient le prétexte. Mais rien n'était si ridiculement républicain que le parlement, quoiqu'il tremblât au moindre coup d'autorité[42]. C'était comme cela existera toujours dans les compagnies : deux ou trois meneurs influencent tous les membres, les uns par ambition pour être placés, les autres, comme le premier président Maupeou[43], pour jouer un rôle. N'ayant l'estime d'aucun parti, son esprit suppléait à tout; bas, haut, fier, insolent, menteur, effronté, caressant, il jouait tous les rôles qu'il voulait sans être estimé; il faisait faire par d'autres, quand il ne pouvait s'en mêler, tout ce qui pouvait le conduire au ministère.

Le 5 janvier 1757[44], j'avais une douzaine de personnes à souper, entre autres le chevalier de Fontanieu et le petit Sorba, ministre de Gênes, lorsqu'il arriva à chacun de nous un message. Celui de Fontanieu était le plus clair : il annonçait que le roi était assassiné[45] et entrait dans quelques détails; celui de Sorba annonçait qu'il était arrivé à Versailles un grand malheur; le mien m'invitait à me rendre à Versailles de grand matin, de la part du ministre. La nouvelle perçait dans Paris; chacun de nous alla aux renseignements, et revenus tous chez moi, nous nous retirâmes à minuit, bien inquiets et bien agités. Les relations étaient toutes différentes, comme dans pareille occasion : les parlements, d'après les uns, y jouaient un grand rôle; chez les autres, c'étaient les jésuites. Les courriers se succédaient continuellement, et Paris près d'être pris d'assaut n'aurait pas été plus agité. Toute la nuit, on n'entendit que rouler des voitures et partir des courriers.

Dès 5 heures du matin, je montai en voiture et, arrivé à Versailles entre 6 et 7, je me rendis chez le ministre; il dormait depuis une demi-heure qu'il était couché. Je montai dans le cabinet du roi : c'était ma place. J'y trouvai seuls Caterby, huissier du cabinet, Forget, capitaine du vol, et le service personnel, comme médecins, chirurgiens. Tous ces messieurs jouaient un grand rôle; dès qu'un roi est malade, il sent tout le poids de la triste humanité; il n'ordonne rien pour sa santé, il fait abnégation de lui; ce sont ses premiers médecins qui sont ses maîtres, il est l'esclave de son rang. Tout médecin de quartier, tout chirurgien a droit d'y être. C'était une nuée d'habits noirs à ne pas finir; toutes les pièces en étaient pleines.

Le roi, couché dans sa vraie chambre à coucher, derrière son cabinet, enfermé entre ses quatre rideaux, n'ouvrait la bouche que pour demander choses indifférentes; tout entier à ses réflexions, un attentat dirigé contre lui était bien fait pour lui en faire faire. Qu'un particulier éprouve ce malheur, il peut savoir s'il a offensé quelqu'un, ou il peut croire qu'on en veut à sa bourse; mais un roi, tout lui est personnel dans cette triste aventure.

Le canif à deux lames — car c'en était un — était encore sur la cheminée du conseil; nous le maniâmes tous. La Martinière, premier médecin, sur les craintes qu'on témoignait que la lame fût empoisonnée, se hâta de les détruire : il prouva que le jus de morice, dont les sauvages empoisonnent les fers de leurs flèches, ne pouvait exister sur une lame polie et faite en France. Il rassura entièrement le duc de Gesvres et le comte de Trêmes, son survivancier dans la place de premier gentilhomme[46], ainsi que nous tous. M. Forget voulait absolument que nous allions voir l'assassin Damiens[47] tenu dans la prison de la prévôté. J'ai eu aversion pour les scélérats toute ma vie, et assez de force sur moi-même pour ne vouloir pas troubler mon calme : je m'y refusai et m'établis à poste fixe à Versailles pour faire aux ambassadeurs les messages qui conviendraient, au nom du roi, en si tristes circonstances.

M. le dauphin, âgé de vingt-sept ans, était dans la force de l'âge. Lui et toute la famille jouaient le rôle qui convenait : à poste fixe dans le cabinet, il donnait des ordres pour empêcher qu'on ne troublât la tranquillité du roi. Ses menins devenaient ses aides de camp, surtout le comte de Laval, tué depuis à Hastembeck. Les courtisans intriguaient; dans les premiers moments, tous les regards se tournaient vers le dauphin : c'était le soleil levant. Le dauphin s'observait : le fer, qu'on disait empoisonné, pouvait changer la plaie, qui n'était presque rien, en une fin prochaine. Damiens, qu'on avait tenaillé toute la nuit par des gardes du corps, avait soutenu le supplice de lui approcher les pieds du feu avec audace et sang-froid. Il avait voulu annoncer une conspiration pour retarder toute voie de fait, en répétant : « Qu'on prenne garde à M. le dauphin. » Maintenant tranquille dans sa prison, domestique jadis dans plusieurs maisons, le voyait qui voulait. Il parlait à ceux qu'il connaissait, et jouait tous ceux qu'il voyait l'attaquer [de questions].

Le cabinet, inondé de tous les curieux qui avaient leurs entrées, fut vidé des inutiles par ordre du dauphin. Caterby, huissier du cabinet, recevait l'ordre du premier gentilhomme de la chambre en fonction, le duc de Richelieu, et venait prier tout bas de vous retirer. Marigny venait exactement, émissaire de sa sœur; mais ce n'était pas le compte de la famille royale : on manœuvrait, on espérait que le roi tournerait à la dévotion. Mesdames faisaient des vœux au ciel. Le cabinet était une vraie arène où tout le monde se parlait à l'oreille et avec l'air du plus grand calme. Je vis le messager Caterby recevoir l'ordre de M. de Richelieu, après un mot que lui dit le dauphin, s'avancer à l'oreille de Marigny et lui faire le compliment de sortir; il n'était pas aimé, tous en furent ravis; il s'éclipsa à l'instant, et dans un moment où les vrais serviteurs du roi étaient inquiets, il aurait dû sentir, sans qu'on le lui dît, qu'il ne plaisait pas au dauphin et à la famille royale.

C'est une grande cérémonie que le bouillon qu'on donne à un roi malade : toutes les trois heures, il arrive à l'heure dite, est déposé sur la table de marbre, gardé par le premier maître d'hôtel, goûté par l'échanson et le médecin. L'huissier annonce le bouillon du roi; on ouvre la porte de la chambre, ceux qui sont dans le cabinet le suivent; le premier médecin, le premier gentilhomme se trouvent dans la chambre. Nous suivîmes; le roi était couché dans ses doubles rideaux, la chambre fort éclairée, le lit fort noir et obscur; nous ne vîmes que son bras qu'il avança, il n'ouvrit pas la bouche; et l'huissier de dire : « Messieurs, retirez-vous. »

Mme de Pompadour était fort inquiète. Attachée au roi, son sort dépendait de sa vie, ou de l'impression que lui aurait faite cet événement. Toutes les avenues lui étaient fermées, et les communications de l'intérieur. La famille royale obsédait l'appartement. Quant à la reine, toute à Dieu, attachée comme une fermière à ses devoirs par dévotion, menant la vie la plus routinière, elle avait une cour qui ne se mêlait de rien. Mesdames, filles du roi, attachées à leur père et à leur frère, ne songeaient qu'à la conversion du roi, qui leur aurait donné plus d'autorité. Madame Adélaïde surtout, l'aînée, ayant l'air noble, les yeux vifs, raisonnable autant qu'une femme de son rang peut l'être, était la mieux traitée du roi; je suis plusieurs fois entré chez elle pour mon service, car j'avais mes entrées partout, et je les ai vus tête à tête, causant ensemble d'une bonne amitié, comme un père et une fille. Mme la Dauphine, pleine d'ambition, jalouse, sans aucun talent qu'une humeur qui perçait, avait son frère le comte de Lusace. À eux deux, ils intriguaient pour l'électorat de Hanovre; mais comme disait M. de Saint-Germain, ambassadeur de Sardaigne, il n'était jamais sorti de grand homme de cette maison que dans ses bâtards (le maréchal de Saxe). Les prêtres l'obsédaient et M. le dauphin, ayant plus d'esprit qu'eux tous, et plus capable de gouverner que tous, gêné dans ses goûts, contrariant par ses mœurs ostensibles la conduite de son père, s'observait pour ne pas faire naître de la jalousie.

Le cabinet du roi était une chose très curieuse pour l'œil observateur : c'était le foyer et la réunion de toutes les intrigues, et l'homme qui n'y aurait passé qu'une heure n'aurait rien vu, rien deviné. Tous les visages peignaient l'inquiétude de la santé du roi, tous les discours se bornaient à cela. Des mots à l'oreille faisaient toute la besogne.

Il y avait des indifférents aux intrigues : ceux qui aimaient le roi pour lui-même et comme chef de la nation qui pouvait, dès ce moment, se jeter dans le précipice où elle est tombée depuis. Il y avait donc une société qui se contentait d'observer; je vais dire leur nom : M. le marquis de Souvré, homme à bons mots, celui qui ayant le droit, comme maître de la garde-robe, d'ouvrir les rideaux du roi, osa lui annoncer la mort du cardinal Fleury en disant : « Sire, le cardinal est mort; qui donc nous gouvernera actuellement? » Cette plaisanterie avait mis en garde contre lui le roi, qui ne lui a jamais donné que le cordon bleu et quelques pensions; le marquis de Maillebois, d'une belle figure, très spirituel, ayant la manière la plus originale de raconter, plein d'ambition, et ayant dans le militaire une réputation bien au-dessus de celle qu'il a tenue; de Champcenetz, jeune, joli, aimé du roi, d'abord premier valet de chambre, ensuite commandant un équipage, attaché au roi par sentiment comme par devoir; de Fontanieu, maître des requêtes, intendant du garde-meuble en survivance et qui, quoiqu'ayant la vue basse, était un des meilleurs observateurs possibles; Hébert, trésorier des menus, ayant une maison délicieuse à la ville et à la campagne, et beaucoup d'esprit. Tous ces messieurs n'étaient dans aucune intrigue, et me regardant de même, nous examinions curieusement les différentes positions, et le soir nous nous rassemblions pour nous faire part de nos observations.

M. de Courtenvaux accourut de Colombes; il aimait le roi, mais étranger pour ainsi dire à la cour, il regardait, écoutait, et ne désirait rien que de rentrer chez lui. M. le maréchal de Soubise, l'ami du roi, attaché à la marquise, se tenait auprès du roi en cas qu'il le demandât. Peu fêté de tous les partis, parce qu'il n'aimait que son maître, il n'était lié qu'avec la princesse de Marsan sa sœur, gouvernante des Enfants de France, et avec le cardinal de Soubise, son frère, grand aumônier. Assez grand seigneur pour voler de ses propres forces, il se contentait du désir d'obtenir de son ami le roi, si l'on peut se servir de ce terme, ce qui contribuait au maintien de sa maison.

Mme de Pompadour, ennemie de M. d'Argenson, sur qui elle n'avait jamais rien gagné, ne disposant point à sa fantaisie des places militaires, ne comptait que sur M. de Machault, qu'elle avait élevé à la place de garde des Sceaux après qu'il avait été contrôleur général et ministre de la marine. Cet homme, une des meilleures têtes du royaume, avait durant son contrôle été contrarié dans les grandes opérations qu'il avait voulu faire. L'édit qui obligeait à n'admettre les religieux qu'à vingt-cinq ans, les filles à dix-huit, avait été modifié et réduit à vingt et un; celui qui obligeait les maisons religieuses à ne plus acheter de biens fonds autres que les rentes sur la Ville, pour les supprimer quand le laps de temps les aurait mises toutes dans leurs mains, dévoilait les vastes projets d'un grand ministre[48]. Le clergé l'éventa, et comme c'était lui ôter ses troupes, il manœuvra si bien, décria tellement le projet qu'il fut en fumée.

M. de Machault, avec tout son esprit et sa politique, fit une grande école. Le roi, ayant l'air très tranquille dans son lit, faisait ses réflexions : elles étaient tristes. Obsédé par sa famille et ses enfants, il se ressouvenait parfaitement de Metz, tandis que les autres ne s'en souvenaient plus[49]. Il avait eu grand-peur et n'en témoignait rien. Il craignait que sa conduite privée ne lui eût fait perdre l'amitié de son peuple; contrarié par tous les parlements du royaume, qui avaient fait entre eux une coalition, le compte qu'on lui rendait, avec des réflexions, sur les propos de l'assassin, lui en faisait faire d'amères. Il pensait qu'il ne pourrait plus sortir sans courir risque de la vie; qu'il allait être réduit à mener la vie la plus contrariante sur ses goûts, qui n'étaient pas éteints, et sur une femme qui avait pris un grand empire sur son esprit, sur laquelle il se reposait d'une partie du gouvernement, sa confidente sur l'ennui intérieur que toute une famille, respectable à tous égards, devait lui procurer. Il resta donc dans cette perplexité près de huit jours, entre ses quatre rideaux; le neuvième, les médecins et chirurgiens assurèrent qu'il n'y avait plus rien à craindre[50].

Lorsqu'on appelait pour le bouillon, il recevait, les rideaux ouverts, ne disait mot. La première fois que nous pûmes le voir, cette superbe figure d'homme nous jeta sur tous un regard de chagrin; on voyait visiblement qu'il se disait : « Regardez votre roi qu'un malheureux a voulu assassiner, et qui est le plus malheureux de son royaume! » De ce jour-là, tout l'intérieur lui vit dire la messe à porte ouverte : on ne l'en avait pas laissé manquer, et la dévotion avait l'air de s'emparer de lui sans aucune faiblesse. Le roi, aimable, avait l'art de se posséder étonnamment; les amitiés des membres de sa famille, qu'il recevait avec bonté, les enhardirent : on crut que les élans qu'on faisait à la divinité allaient lui préparer le ciel. La famille manœuvra, maîtresse de l'intérieur, bien sûre que toutes les communications étaient interrompues et que le roi lui-même ne parvenait et ne parlait à personne des petits appartements en particulier; on se crut assez fort pour agir. Il fallait éloigner Mme de Pompadour : on craignait qu'à la première vue tous les beaux projets ne s'évanouissent.

On manœuvra vis-à-vis de M. de Machault, on le flatta; on lui dit que, comme il était l'ami de Mme de Pompadour, il valait mieux qu'il lui conseillât de se retirer; que c'était éviter un renvoi. On lui fit voir combien le dauphin et la famille royale seraient flattés d'aider le roi dans une démarche qui lui coûtait, mais qu'il voulait absolument par un retour sur lui-même; qu'on connaissait ses talents dans sa place; que le roi, n'ayant plus l'intérieur des appartements, se livrant à la dévotion, l'appellerait à la tête du gouvernement; qu'il devait être sûr des vœux de toute la famille royale[51]. Il se refusa à toute démarche mais il promit, si Mme de Pompadour le consultait, de la déterminer à la retraite. M. d'Argenson était à la tête de la cabale, regardait ce qui se passait, était ravi de l'entraîner dans une fausse démarche. Mme d'Estrades, dame de Mesdames, maîtresse reconnue de M. d'Argenson, et assez bien dans la cour de Mme de Pompadour, se chargea des premières démarches.

Mme de Pompadour, qui était dans l'inquiétude, dont les émissaires ne savaient rien et qui ne voyait que la famille royale entourer le roi, dont le silence sur son intérieur était de la plus grande réserve, reçut l'annonce de se retirer en présence de M. de Machault et de M. de Soubise, auxquels elle pouvait ou croyait pouvoir se fier. On tint conseil; un autre ami du roi, le duc de Gontaut, y était. M. de Machault opina pour la retraite, ébranla l'opinion, et la chose était résolue, lorsque M. de Soubise la combattit avec succès : il valait mieux succomber et attendre le coup que de céder la place; le roi ne s'était pas prononcé; n'était-ce pas une manœuvre et une intrigue de cour? Mme de Pompadour, qui hésitait, se rangea à ce dernier avis et s'observa sur ceux qu'elle recevait, qui n'étaient pas nombreux, car à la cour, la disgrâce fait envoler les courtisans comme les pigeons d'un colombier quand un émouchet y entre. Rien ne perça dans le public, même dans l'intérieur, où nous observions scrupuleusement qu'il n'y avait nulle allée ni venue.

Je pris les ordres du roi, qui me dit qu'il recevrait le mardi les ambassadeurs, si laconiquement, si tristement, mais d'une manière si ferme qu'il était aisé de voir que sa tête était plus malade que son corps. Tout le corps diplomatique s'y trouva; il ne fit aucune question, tout garda un profond silence; aucune présentation n'eut lieu. Les ambassadeurs eurent le temps de le contempler; un signe de la tête leur annonça qu'ils étaient congédiés. Ils continuèrent leur cour dans toute la famille royale, et revinrent depuis ce jour-là régulièrement tous les mardis.

Cependant, le roi commençait à se lever; il paraissait dans son cabinet, il choisissait le temps où il y avait le moins de monde. Le train de l'intérieur de ses pièces recommença. Mesdames, la dauphine venaient avec leur suite avant la messe du roi, allaient à la chapelle et revenaient après faire leur cour, jusqu'à ce que le roi leur eût fait un signe; alors, chaque personne de la famille royale s'avançait, lui baisait la main; il l'embrassait, et tous s'en allaient suivis de leur suite qui en passant faisait une révérence au roi. Ces tristes étiquettes continuèrent plus de douze jours. Nous voyions que le dauphin voulait s'emparer de l'esprit de son père : il le suivait dans tous ses mouvements, l'accompagnait dans son intérieur, jusque dans son vrai cabinet. Le roi le traitait avec bonté comme à l'ordinaire, et rien de plus. Les princes du sang restaient, mais n'étaient comptés pour rien.

Enfin, un jour, il était près de 2 heures et le cabinet était presque vide, tous ayant pris congé comme j'ai dit plus haut; il ne restait auprès de la porte de l'intérieur que Champcenetz, Fontanieu et le marquis de Croissy[50], courtisan assidu et rien de plus. Fontanieu me dit de rester, parce qu'il voyait que le roi faisait traîner le temps; je m'établis donc avec eux. Le roi avait sa robe de chambre, son bonnet de nuit, et une canne à la main, sur laquelle il s'appuyait légèrement. Tantôt il regardait par la fenêtre, tantôt il s'arrêtait et rêvait. Le dauphin, à qui le roi ne faisait pas signe de s'en aller, causait avec le marquis Du Muy; la dauphine n'osait prendre congé. Enfin le roi, sûr que tout le monde est à dîner, fait le signal du départ à la dauphine qui s'avance, le salue à l'ordinaire et s'en va. Elle était accompagnée de plusieurs dames, entre autres de la duchesse de Brancas, surnommée à cause de sa taille « la grande »[53]; le roi, qui la connaissait particulièrement parce qu'elle allait souvent chez la marquise, s'avance à elle lorsqu'elle s'en allait : « Restez un moment. » Le dauphin regarde; le roi dit à Mme de Brancas : « Donnez-moi votre mantelet. » Elle le détache et le lui donne; il le place sur ses épaules, fait un tour dans le cabinet sans rien dire, après l'avoir saluée, et s'en va. Il s'achemine à l'instant du côté de l'intérieur; le dauphin, accoutumé à le suivre, s'avance. Il n'est pas à la moitié de la pièce que le roi se retourne et lui dit : « Ne me suivez pas! » Nous voyons la manœuvre et entendons le propos. Le dauphin obéit et se rend à l'instant chez lui pour dîner.

Fontanieu et Champcenetz se disent : « La chose est trop intéressante pour dîner »; j'en dis autant; M. de Maillebois arrive : on lui conte [l'affaire], et nous voilà tous les quatre à attendre le retour du roi. Il arriva entre 3 et 4 heures. Ce n'était plus le même homme : au lieu d'un regard triste et sévère, son âme était calme, son visage agréable, il avait le sourire sur les lèvres; causant sans humeur, il nous adressa la parole à tous, fit des plaisanteries sur le mantelet dont il s'était affublé, et nous quitta en disant qu'il allait dîner, et qu'il nous exhortait à en faire autant. Il rentra. Nous n'eûmes pas de peine à deviner qu'il avait été faire une visite à Mme de Pompadour. Une seule conversation d'une amie, intéressée plus que personne de son royaume à sa conservation, avait guéri son esprit plus malade que tout le reste[54].

On s'était attaché à lui prouver indirectement que c'était à lui personnellement qu'on en voulait; que c'était peut-être une trame, une conspiration qui tenait aux prêtres, et qu'il fomentait par son indifférence. Mme de Pompadour avait fait tout le contraire : elle lui avait prouvé que Damiens était un scélérat, fou et enragé; qu'il n'y avait aucune conspiration; elle lui en administrait les preuves : elle lui fit voir l'alarme générale que cet accident avait produit dans tout le royaume, combien tous les parlements avaient détesté cette action. Elle lui avait dit que cet accident le mettait à l'abri de tout autre pareil, par le sentiment d'effroi général et celui d'attachement que ses peuples avaient montré. Enfin, elle avait versé tant de baume dans ses plaies du cœur que, rendu à lui-même, le soir il s'habilla, et le lendemain reprit la chasse et les soupers des petits appartements. La cabale dévote fut déjouée et la marquise plus forte que jamais. Marigny, cordon bleu par charge, rentra dans le cabinet et fut traité comme le frère d'une femme à qui l'on devait de nouveau la vie.

J'allais pendant tout ce temps passer quelques jours à Paris; j'arrivais pour souper et repartais le lendemain : le tableau était si curieux... La suite le fut davantage. Un mardi, j'étais dans le cabinet après le lever; Champcenetz s'approcha de moi et me dit : « Le *petit saint* (c'était le comte de Saint-Florentin) a de la besogne; il est chez le garde des Sceaux depuis deux heures. » Fontanieu s'approche et dit : « La besogne est faite. Je l'ai vu aller chez d'Argenson lui en rendre compte et de là chez Mme de Pompadour. » Personne autre ne savait rien. Arrive M. de Maillebois, l'air assez intrigué, enfin La Martinière qui nous dit : « M. de Machault est congédié, et M. d'Argenson. C'est fini[55]. » M. d'Argenson, prévenu que M. de Machault allait être envoyé en exil, regardait par la fenêtre de son cabinet M. de Saint-Florentin faire son message[56]. Lorsqu'il le vit remonter dans sa chaise et prendre le chemin de chez lui, il crut que c'était pour le charger par intérim de la place. Mais M. de Saint-Florentin vint lui faire le même compliment de la part du roi[57]. Ceci ne fut pas long : toutes les fenêtres et portes furent fermées, et l'un et l'autre partirent pour Paris, et ensuite pour le lieu de leur exil. Tout le monde a su ce qui est arrivé depuis; je ne m'attache à peindre que ce qui s'est passé dans l'intérieur.

Les détails ci-dessus, desquels j'ai été témoin, m'ont empêché d'entrer dans ceux qui me sont personnels. Le marquis de Verneuil venait d'acheter la charge de grand échanson, une des premières charges de la couronne, sans aucune fonction qu'au jour du sacre ou à celui du jeudi saint, au lavement des pieds. Cette charge modique pour le prix était une faveur pour lui : elle l'assimilait aux plus grands officiers, elle le mettait au rang des premiers courtisans. Tout flattait sa vanité, et la vente de la charge d'introducteur des ambassadeurs le tirait des dépenses qu'il ne pouvait plus faire, et le rendait à lui-même. M. de La Live de Jully, frère de M. d'Épinay, fermier général, veuf de Mlle Chambon, jeune encore, ami de Mme Geoffrin, connu par son goût pour les arts, ayant un superbe cabinet qu'il composait de tous les tableaux des peintres français, se présenta pour l'acheter. Ce n'était plus le temps où le fils d'un homme de finances portait exclusion pour ces sortes de charges. Mme de Pompadour était sortie de la finance, puisque ses premières démarches avaient été pour obtenir à son mari ou à son oncle Tournehem une place de fermier général. Tout le monde se ressouvenait qu'Orry[58], contrôleur général, d'une humeur assez revêche, la refusait malgré ses grâces. On lui disait que le roi la distinguait, il n'en voulait rien croire; enfin Mme d'Étiolles, impatientée de ses refus, étant chez lui, finit par lui dire : « Monsieur, je serai obligée de vous faire demander la place par quelqu'un que vous ne pourrez refuser. » M. Orry la reconduit quelques pas, et en s'en allant il lui dit avec humeur : « Madame, si vous êtes ce qu'on dit que vous êtes, j'obéirai; mais si vous ne l'êtes pas, épargnez-vous aucune sollicitation, car vous n'obtiendrez rien. » Il paya de sa place le compliment dès qu'elle fut reconnue maîtresse du roi.

Mme de Pompadour, par qui tout passait, obtint l'agrément pour La Live de Jully. Dès que Verneuil m'en eut instruit, je me présentai et je dis que la charge était ruineuse tout autant pour moi que pour M. de Verneuil; que je ne vivais que du bien de mes pères, et que cent mille écus qui se perdaient à la mort me mettaient dans l'inquiétude, d'autant que j'allais avoir un enfant; que je n'avais que quarante mille écus de brevet de retenue, et environ vingt-cinq mille livres de traitement. Je vis clairement que le roi voulait me conserver, et je fis mon traité :

1 — qu'on m'accorderait une pension de deux mille livres, telle que celle de M. de Verneuil; 2 — que je traiterais avec M. de Verneuil pour le changement de semestre, et qu'ayant du 1er janvier au 1er juillet, je serais dispensé des voyages de Compiègne et de Fontainebleau, voyages ruineux pour un introducteur, et qui désespéraient ma femme ainsi que moi, puisque m'en séparer me contrariait outrageusement. Tout me fut accordé : il fut décidé que l'ancien introducteur prendrait le semestre de janvier, et que je donnerais à M. de Verneuil quinze mille livres de plus. Ainsi j'entrai en fonction au 1er janvier, de sorte que je fis le service une année entière.

L'hiver fut fastidieux à Paris. Il ne fut question que du procès de Damiens, du récit de ses souffrances, de sa garde à la tour de Montgommery, à la Conciergerie, de son supplice, de ses interrogatoires, et des conjectures à perte de vue. Au commencement de février, ma femme accoucha de mon fils aîné[59]. Ma belle-mère se conduisit à merveille, lui prodigua ses soins. Nous fûmes ensemble le mieux du monde. La sœur de ma femme, au bout de six semaines de séjour dans le monde, avait obtenu de rentrer au couvent de Chaillot où sa tante, Mme Roslin, était supérieure; femme de mérite, elle alternait avec une seule autre pour gouverner et régir le couvent, à la satisfaction de tous les parents qui y mettaient leurs filles. Malgré l'opposition de sa mère, la fille était décidée à se faire religieuse. Il fallut donc jeter les yeux sur la suivante pour la mettre dans le monde et songer à la marier. On fit donc sortir la troisième, Mlle de Lormoy[60], et je vis avec plaisir que si je n'avais pas tenu ferme, toutes mes belles-sœurs auraient été éduquées chez moi.

Le jour du supplice de Damiens arriva; ma femme était relevée. Bercées de toutes les cruautés qu'on lui ferait éprouver, les dames les plus jolies se faisaient une fête d'y aller comme au spectacle. Ma délicatesse, celle de ma femme, répugnaient à toutes ces conversations. J'aimais le roi à la passion, je sentais toute l'étendue du forfait; si j'avais été présent, j'aurais massacré le coupable. Mais au bout de trois mois, la nature et l'humanité reprenaient leurs droits. Je ne comprenais pas comment ce qu'on appelle la bonne compagnie savourait un plaisir qui n'appartient qu'à la plus vile canaille; mais depuis la Révolution, j'ai bien été convaincu que l'espèce humainc est sanguinaire, et qu'elle ne s'accoutume malheureusement que trop à voir verser le sang. Nous fîmes une partie ce jour-là d'aller voir Sceaux avec M. de Chailly et l'abbé de Mesgrigny : je les cite pour rendre justice à leur humanité. Nous ne revînmes souper chez moi qu'à 9 heures, avec ordre de ne nous faire aucun récit, quoique je susse parfaitement qu'une partie de mon monde y eût été[61].

CHAPITRE XVI

Nous reprîmes insensiblement notre même genre de vie, qui ne fut troublé que par le délabrement de ma santé : elle allait à son dernier période. Je me mis à l'eau; je me crus guéri. J'allai à Saint-Leu avec M. et Mme O'Dune : je fus pris d'une indigestion où je crus mourir. Force eau chaude me fit vomir, mais me laissa dans un affaissement et une maigreur qui dégénéraient en phtisie. Bastien était mort après six ans de paralysie; Bouvard et tout ce qu'il y avait d'habiles médecins ne me donnaient que des toniques, et ils n'étaient pas suffisants. Je trouvai à la Comédie-Italienne le président de Sénozan, père de M. de Viriville[62], un de mes amis. Je lui conte mes maux; je ne lui cache pas la cause, je l'attribue à mon intempérance. On aime à parler de ses maux, surtout quand on est vaporeux et qu'on trouve un homme qui a été dans le même cas. Il me console, me dit qu'il n'y a que les eaux de Cauterets qui l'ont guéri. Je le vois gros, gras et frais : je me persuade aisément ce que je désire, je prends la ferme résolution d'y aller. M. de Barassy, mon ami de collège que je voyais de temps en temps, marié à Mlle Gondouin[63], demeurait rue de Paradis, où il tenait une très bonne maison; on le disait riche de soixante mille livres de rente, et il vivait comme les ayant. On le disait attaqué de la poitrine; il entend mon projet, s'offre de m'accompagner.

J'avais une voiture excellente, je la fais disposer pour le voyage. Je voulais emmener ma femme, qui ne voulait pas m'abandonner. La route était longue; je fais faire une table qui s'ajustait aux portières; de l'autre côté était un trictrac, les flèches séparées par des coches. Je fais part de mon projet, je dispose de mes affaires : je me trouvais si mal que je ne comptais pas en revenir. Je vais à Versailles prendre congé du roi et lui demander ma permission; j'avais encore deux mois de service, et M. de La Live ne demandait pas mieux que d'entrer en fonction. Le roi, qui avait vu ma femme dans la galerie, me répond : « Voilà ce que c'est que de s'être diverti et d'avoir une jolie femme! Guérissez-vous, je vous le conseille, et mettez-y le temps. » Je m'assure d'un passeport pour Genève et pour l'Italie, des lettres de recommandation partout : je comptais, si les eaux me réussissaient, faire faire à ma femme ce voyage instructif et amusant.

Nous partons le 10 avril 1757, savoir, dans la berline, ma femme et moi, Mlle Gentil et M. de Barassy; en outre, trois courriers, un pour M. de Barassy, nommé Joseph, et pour moi le frère de Marnier, mon premier laquais; un nommé Duplessis, premier laquais de ma femme, qui depuis s'est trouvé un homme à talent et est l'auteur des calendriers perpétuels qu'on voit partout; il est mort après avoir eu une boutique considérable sur le Pont-au-Change. Mon fils était en nourrice à Saint-Leu; j'y envoyai toute ma maison.

Nous vînmes coucher à Orléans, dîner à Blois et coucher à Tours. Mon compagnon de voyage était peu curieux et aimait ses aises; je ne tardai pas à m'en apercevoir. Ma femme, tête jeune, tout occupée de ma santé, ne voyait dans ce voyage que l'espérance de ma guérison. L'exercice de la voiture me fut favorable, ainsi qu'à Barassy et à Mlle Gentil qui commençait à souffrir des maux que toute femme est obligée de supporter. Je mangeais peu, mais je digérais mieux. De Tours, nous allâmes à Poitiers, et nous ne voulûmes pas passer sans séjourner un jour franc aux Ormes[64]. M. d'Argenson était notre parent, il nous avait toujours bien traités, et moi en particulier. Il était dans les premiers temps de son exil, et j'avais assez sondé le terrain pour croire qu'une visite de parenté ne me ferait nullement tort.

Nous arrivâmes donc de très bonne heure aux Ormes; nous y trouvâmes Mme d'Estrades, qui l'avait suivi, M. Thiroux, directeur des postes[65], Moncrif et quelques gentilshommes voisins. Après dîner, M. d'Argenson n'eut rien de plus pressé que de me faire voir son parc, ses jardins et la rivière qui les borde. Toute la conversation roula sur la cour que j'avais quittée à l'instant; j'y vis le regret mortel d'avoir succombé à la cabale. La promenade nous mena vis-à-vis d'une statue du roi; il me dit : « Voilà ma seule consolation, celle de venir la voir tous les jours! » Nous rentrâmes, il fit sa partie avec nous; il fut galant, aimable, enfin, tout ce qu'il était avant dans la société. J'oublie que M. Vallier, surnommé « le petit Vallier » y était[66]; gai, même polisson, ami intime de la maison, il faisait tout son possible pour ôter de l'ex-ministre tout le chagrin de son exil, que le malheureux d'Argenson peignait malgré lui dans tous ses mouvements.

Nous partîmes le lendemain et allâmes coucher à Barbezieux dont, après avoir vu les manufactures d'épingles, nous partîmes pour arriver à Bordeaux. Cette route a été changée depuis. Nous arrivâmes à Saint-André-de-Cubzac environ sur les 4 heures. Nous ne connaissions pas la route; nous ignorions que, pour arriver à la Dordogne, il fallait descendre une montagne bien pavée, mais très longue, allant en tournant et faite à mi-côte, de manière que la montagne était d'un côté, et le précipice de l'autre. J'étais alors dans le fond avec ma femme; sur le devant, Mlle Gentil et M. de Barassy; au milieu, la table que j'avais fait faire, sur laquelle nous mangions et posions nos livres, et soutenue par quatre attaches se détachant à volonté; il s'y trouvait un sac de cinquante louis en écus, ouvert pour payer la poste et entamé depuis deux postes. Il n'est pas question d'enrayer une voiture très lourde et chargée d'effets pour six mois au moins. Nos trois courriers se détachent pour faire préparer les bateaux à voile, tant pour la berline que pour nous transporter. À peine la voiture est-elle en train de descendre que les deux chevaux, entraînés par la pesanteur, poussent les quatre de devant. Voyant qu'ils ne pouvaient résister, les postillons mettent les chevaux au grand galop, espérant nous faire verser contre la montagne à un détour; mais n'étant plus les maîtres, nous voyons les chevaux, le timon et la voiture prendre la direction vis-à-vis d'un précipice qui présentait une plaine, en bas, à plus de cent toises. Impossible à nous de sortir de la voiture, ni de faire aucun mouvement : nous étions tenus par cette maudite table, qui ne cédait pas à notre précipitation. Tout cela se faisait aussi vite que la pensée. Enfin, le postillon de devant, apercevant un tronc d'arbre de quatre pieds dans l'affreux glacis, ne perd pas tête, y dirige ses chevaux; ils tombent tous les uns sur les autres comme des capucins de cartes, et arrêtent par cette résistance d'un instant les deux petites roues. Celles de derrière n'avaient pas encore quitté le pavé. En un instant, tout ce qui était sur la table fut déblayé : tabatières, mouchoirs, livres, sacs à ouvrage et le sac de cinquante louis furent jetés sur le pavé; la table de même, et nous sortîmes tous les quatre en un instant. La voiture allégée, les postillons se dépêtrèrent, les chevaux se rattelèrent aux dépens de quelques cordes. Nous ramassâmes nos effets; le sac d'écus était tout éparpillé. Nous avions la vie sauve, cela nous suffisait. Nous remîmes tout en ordre, excepté la table que nous laissâmes aux postillons, ne voulant jamais nous servir de pareille invention, et nous gagnâmes à pied la rivière où nous nous embarquâmes.

De la Dordogne à la Garonne, il y a une plaine de plus de deux lieues; enfin, nous arrivâmes au bord de la Garonne, bien dédommagés par le superbe coup d'œil de la ville et du faubourg des Chartrons. Nous étions parents par ma femme de M. de Ségur qui, lui et toute sa famille, était ami intime de M. le comte d'Onsembray; il avait absolument voulu me donner une lettre pour sa mère, et je l'avais acceptée avec d'autant plus de plaisir que je ne connaissais personne directement à Bordeaux. M. de Ségur[67] était connu dans le pays sous le titre de *roi des vins* : il avait les meilleurs crus, et conservait des vins depuis trente ans, qu'il vendait à proportion. Dès que, arrivé dans la ville, j'eus prononcé son nom, on me mena à un superbe hôtel où il demeurait avec sa mère; cette dame était prévenue, et nous reçut avec une telle aisance et une telle magnificence que dans l'instant nous nous y trouvâmes mieux que chez nous.

Nous y passâmes huit jours, traités magnifiquement. Nous passâmes en revue tout ce qu'il y avait de mieux dans la ville, tant dans le militaire que dans la robe. Nous vîmes depuis le château Trompette jusqu'aux plus jolies maisons des environs. M. de Tourny, le fils d'un intendant illustre dans cette province[68], puisqu'il avait donné son nom aux superbes allées de Tourny, nous traita un jour; extrêmement dévot, il se chargea de nous faire voir les églises, surtout les Chartreux, dont il nous fit les honneurs comme s'il eût été un moine comme celui qui nous montrait la maison : faisant dans l'église autant de génuflexions que lui, il finit par baiser la terre en même temps que lui. La dévotion lui échauffa tellement la tête que, jeune encore, et voulant étouffer tout mouvement, soit du sang, soit de l'imagination, il se ficela le corps comme un bout de tabac, ce qui lui procura une gangrène dont il n'avertit le nommé Duchenoy, qui a été mon médecin depuis, que lorsqu'il ne fut plus temps. Il périt le seizième jour de sa gangrène, sans qu'on pût le sauver, en bénissant le ciel de ses souffrances qui cessèrent avec la vie.

La bonne chère, le voyage, les vins exquis que je buvais m'avaient rétabli un peu; dès que j'abusais, j'étais sûr de le payer par des douleurs. J'approchais des eaux : on devait les connaître un peu; j'allai consulter le plus habile [médecin] qui me renvoya à son fameux confrère, nommé Listal, de Bayonne, qui avait une réputation dans tout le Midi comme Dumoulin l'avait eue à Paris. Au lieu d'aller par les petites landes à Pau, je n'hésitai pas à prendre les grandes pour me rendre à Bayonne et le consulter. Il fallait choisir ou les eaux de Bagnères, ou de Cauterets ou de Barèges, toutes trois à quatre lieues l'une de l'autre.

Nous passâmes donc les grandes landes : ce sont de grandes plaines remplies d'ajoncs et d'arbustes piquants à perte de vue, dans lesquelles se promènent sans cesse des moutons et des bestiaux qui se perdent dans les broussailles, et que l'on ne découvre que par leurs conducteurs, montés sur des échasses de près de quatre pieds de haut. Ces bergers, accoutumés à cet exercice, marchent lestement, ne descendent jamais, et s'appuient contre des arbres quand ils sont assez heureux d'en trouver pour se reposer. On traverse souvent des forêts de pins; nous fîmes deux lieues à travers une partie qui avait été incendiée depuis peu et présentait le spectacle le plus triste possible. Les postes étaient entourées de quelques terres défrichées, et il était aisé d'en conclure que si le gouvernement avait suivi le projet d'une compagnie de défrichement, ce terrain aurait été aussi productif pour la France que bien d'autres : il ne manquait que des bras. Les postes étaient mal servies : souvent, les chevaux étaient dans les pâturages en plaine, et il fallait attendre, de sorte qu'après avoir couru toute la journée, nous fûmes obligés de coucher dans une maison seule qui faisait l'auberge et la poste. Il nous en coûta un prix exorbitant pour ajouter quelques œufs aux provisions dont nous étions pourvus, et nous n'eûmes d'autre retraite qu'une seule chambre, à côté de la cuisine, où nous couchâmes cinq. Deux des courriers passèrent la nuit dans la voiture, sur le grand chemin et en plein bois. Nous nous aperçûmes que la porte ne fermait qu'à un loquet : nous établîmes des chaises pour nous avertir; nous nous armâmes de nos pistolets et nous nous endormîmes de fatigue, dans une maison abandonnée qui avait l'air d'un vrai repaire de voleurs, et dont la mine des hôtes n'était nullement rassurante. À 2 heures, nous étions réveillés par le bruit que faisaient les meubles en tombant, et nous aperçûmes un particulier qui voulait entrer; l'air imposant et sur nos gardes qu'il nous vit lui fit fermer la porte et se retirer; mais dès ce moment, il ne fut plus question de dormir : nous nous dépêchâmes de nous tenir prêts et de faire mettre les chevaux; et nous partîmes à la pointe du jour. La seconde nuit fut moins orageuse, mais c'était toujours le même chemin.

Enfin sortis des landes, nous arrivâmes à la dernière poste avant Bayonne. J'aperçus un homme très bien mis, sur une élévation, qui avec sa lunette longue regardait un vaisseau qui voguait à toutes voiles. Dès qu'il vit nos courriers et notre voiture, il s'empressa de leur demander qui nous étions. Dès qu'on eut prononcé mon nom, il vint à la voiture et me dit : « Monsieur, on m'avait mandé de Paris — mon frère Moracin — que vous viendriez peut-être à Bayonne. Vous ne vous rappelez peut-être pas m'avoir vu chez Mme de Sy, où mon frère loge, et chez Mme de Cramayel[69], mais j'ai bien l'honneur de vous connaître. Vous allez à Bayonne, et vous serez très mal dans l'auberge. Faites-moi le plaisir d'accepter ma maison; je ne puis y retourner que demain, mais je vais vous donner un ordre pour qu'on vous y reçoive comme si c'était moi-même. » J'eus beau me tenir dans les termes de la politesse d'usage, il fallut promettre et accepter. Il s'appelait M. Moracin d'Hollande[70]. Dès que nous fûmes partis, nous nous décidâmes, pour ne pas l'importuner, à descendre à la meilleure auberge, et nous nous y fîmes conduire. À peine fûmes-nous descendus, que nous fûmes convaincus qu'il nous avait dit la plus grande vérité : l'auberge n'était pas habitable. Comme il faisait encore jour, nous nous déterminâmes à nous faire conduire chez M. Moracin d'Hollande.

Ma femme, jeune, très jolie, était avec un habit d'homme en jupe de femme, avec un chapeau à plumet blanc et boutons de diamants, et du rouge, ce qui nous attira les regards des passants. Nous frappons à une petite porte qu'on nous dit être la demeure de M. Moracin. Après un quart d'heure, une femme paraît au troisième et nous salue du *Quésaco*. Nous l'invitons à descendre de la part de son maître; elle arrive, voit ma femme, fait un signe de croix et nous referme la porte sur le nez, en criant : « Hé! grand Dieu! c'est une comédienne! » Nous voilà dans la rue, fort estomaqués; enfin les voisins s'assemblent, j'explique, je montre le billet; on parlemente : la servante revient, reste convaincue que nous ne sommes ni comédiens, ni opérateurs, et nous introduit chez elle. Cette réception ne nous donnait pas une grande idée de l'habitation. Quel est notre étonnement! Nous trouvons une petite maison charmante : une chambre à coucher en damas cramoisi, baguettes dorées, le lit pareil, joli salon, salle à manger et quatre chambres particulières, plus jolies et plus propres les unes que les autres. On nous sert un souper délicieux, surtout pour des voyageurs fatigués des landes. Cette femme qui n'était jamais sortie de la ville était pleine d'intelligence; dès qu'elle eut lu le billet et qu'elle eut vu que nous étions des amis de son maître, elle mit autant d'adresse à réparer qu'elle avait mis de maladresse. Jamais elle ne voulut que nous payions rien ni fissions rien venir. Tout fut arrangé à l'instant, et nous nous couchâmes tous, comme par féerie, dans les meilleurs lits possibles.

À 8 heures du matin, Moracin arriva; je n'ai de ma vie eu une plus aimable réception. Il était amoureux de Mlle Galand, qu'il a épousée depuis; il nous mena chez la belle-mère, nous fit voir toute la ville. Dès qu'on sut que nous étions arrivés, toute la meilleure compagnie s'empressa de nous inviter, nous allâmes partout. Dans une ville si éloignée, une jolie femme venant de Paris faisait grande sensation. M. et Mme la marquise d'Amou[71] — le mari avait le commandement de la ville — nous invitèrent. Il fallut aussi aller dîner chez le comte d'Aspremont[72], commandant la citadelle. Nous étions en pleine guerre[73] : les prisonniers anglais étaient entassés dans la citadelle; nous fûmes réveillés une nuit par un bruit de fusillade soutenu. Le lendemain, nous sûmes que les prisonniers avaient fait un trou; seize s'étaient enfuis, mis en défense : on avait été obligé d'en fusiller quatre pour faire rentrer les autres, et nous vîmes les moyens qu'ils avaient pris et comment on les avait repoussés.

Cependant, mon principal objet était de consulter M. de Listal, pour qui j'avais fait soixante lieues de plus. Après lui avoir peint mon état, il opina pour que je me rendisse aux eaux de Bagnères, comme les seules qui pussent me rendre la santé. La chose décidée, nous consacrâmes huit jours à Bayonne, tant par reconnaissance de la bonne réception qu'on nous y faisait que par le plaisir que nous y trouvions. Des bals charmants, embellis par l'humeur saltimbanque des Basques, une quantité de jolies femmes, les amitiés, les attentions de M. Moracin, tout rendait ce séjour agréable.

Je ne voulais pas quitter Bayonne sans voir les confins de l'Espagne et de la France. Nous prîmes donc un jour pour aller à Saint-Jean-de-Luz et nous nous y fîmes conduire : il n'y a que quatre lieues de Bayonne à Saint-Jean-de-Luz, le chemin est superbe. L'étonnement de ma femme et le mien sur les cacolets était délicieux pour Moracin : on suspend de chaque côté du cheval ou du mulet un panier fait en selle; deux voyageurs ou voyageuses s'y établissent, chacun dans l'un d'eux, et voyagent ainsi au pas du cheval. De loin, pour des yeux non exercés, on ne sait qui y est. Nous arrivâmes à Saint-Jean-de-Luz, petite ville frontière; c'était un jour de fête. Nous allâmes voir l'église, on faisait l'office. Tous les hommes étaient d'un côté et toutes les femmes de l'autre, toutes vêtues en noir, toutes à genoux, et au premier coup d'œil on aurait pris le tout pour un synode de religieux.

Nous vîmes en passant sur la montagne le beau château bâti par l'avant-dernière reine d'Espagne, qui y a fini ses jours[73 bis]. Ce château, bâti à la moderne, a été possédé par M. Picot, qui a marié sa fille à Charles de Lameth qui a joué un rôle dans l'assemblée constituante[74].

Après avoir touché les terres d'Espagne, nous revînmes à Bayonne. M. Moracin risquait beaucoup sur les corsaires armés en course; il en sortait journellement. Il n'était question que de prises, et en quinze jours, on gagnait beaucoup. Il avait misé sur un corsaire prêt à partir, dont il estimait beaucoup le capitaine; il me proposa de prendre une action : elles étaient de cinq mille livres. J'engageai M. de Barassy à en prendre la moitié, et me voilà dans le commerce maritime. Le vaisseau était prêt à mettre à la voile; il était dans le bassin, c'était une course d'au plus quinze jours. Le vent devient bon, nous le voyons partir. Tout le monde s'écrie qu'il pisse à merveille : c'était le terme pour dire qu'il volait comme un dard. Nous courons chez M. d'Aspremont, armés d'un télescope pour le voir plus longtemps. Toutes les lunettes sont braquées. Nous le voyons à l'horizon se joindre à un autre vaisseau et, clairement, tirer des bordées; nous croyons notre gain sûr, lorsque nous voyons baisser à notre cher capitaine son pavillon, et suivre paisiblement celui qu'il avait attaqué. Les avis se partageaient; je ne doutai pas que, quoique nous eussions si bien pissé de loin, nous ne fussions pris, et je fus corrigé de mettre mon argent à la grosse aventure.

Nous partîmes de Bayonne le lendemain pour nous rendre par Orthez à Pau, et de là à Bagnères; cette route fut longue, mais le chemin très beau; nous couchâmes à Orthez. La nouveauté et la beauté du pays nous intéressèrent; mais lorsque nous fûmes à descendre la côte de Ger, nous fûmes émerveillés par la beauté et par le coup d'œil magnifique d'une campagne dans un tableau à perte de vue.

J'avais à Pau une cousine, Mlle Charpentier de Vilziers, mariée à un conseiller au parlement de Pau, M. de Baiard[75]; j'avais une intimité d'enfance avec elle. Je me rappelais que son peu de beauté l'avait déterminée à épouser à deux cents lieues un homme estimé, plutôt que de vivre à Paris. Les premières personnes que je rencontrai furent elle et son mari, en berline, qui allaient à leur terre; ainsi, n'ayant rien qui m'engageât à rester à Pau, nous ne fîmes qu'y dîner, pour aller à Tarbes où logeait M. de Berry, trésorier des états de Bigorre, qui nous attendait. Je lui étais fort recommandé par Mme de Montpellier, cette dame charmante qui avait été sur les rangs avant Mme de Pompadour, et avec laquelle j'avais passé ma vie chez Mme Brissart. Je reçus d'elle une lettre qui m'annonçait qu'elle irait prendre les eaux à Bagnères, et qu'elle nous y attendait. Je crois que la consultation du médecin Listal était de son cru.

Enfin, nous arrivâmes pour souper à Tarbes; je trouvai Mme de Berry, la mère, ayant plus de quatre-vingts ans; nous ne sûmes son âge qu'après lui en avoir donné au plus quarante. Bonne réception, grande bonhomie, opulence considérable et sans faste, tout nous représentait les anciens temps, dans un climat superbe : les vignes, plantées d'arbres fruitiers, présentent une abondance de récolte pendant trois mois de l'année. Berry arriva le lendemain matin; gai et obligeant, il facilitait à tous les gens connus les moyens de se rendre aux trois eaux. Il arrivait de Cauterets pour M. le duc d'Aumont qui y était. Le lendemain, nous allâmes coucher à Lourdes, où M. de Bellegarde commandait. C'était un bourg, où commencent les Pyrénées, commandé par un château fort où l'on envoyait en exil les personnes qu'on ne voulait que corriger. Le soir, nous arrivâmes à Bagnères; Berry nous avait loué sur une petite place une maison entière, bien bâtie et agréable. L'établissement aux eaux n'est pas long : Duplessis se fit cuisinier, Mlle Gentil fit l'office, et en vingt-quatre heures nous nous trouvâmes même en état d'avoir quelques personnes à dîner.

Mlle Lolotte, la maîtresse de feu lord Albemarle, jouait un grand rôle; elle ne m'était pas étrangère, puisque j'avais beaucoup vécu avec milord Albemarle, ses neveux le duc de Richmond et Fitzroy. Depuis la mort subite du lord, M. le comte d'Hérouville, commandant à Bordeaux, s'était attaché à elle, de manière qu'il l'a épousée depuis, et en a eu deux filles, bien mariées aujourd'hui. De l'esprit, de l'usage du monde, une grande finesse, une très jolie figure, tout justifiait son choix. Un accident arrivé à Bordeaux à l'hôtel du gouverneur était la cause de ce voyage : une fontaine de plomb, anciennement bouchée, fut rouverte par ordre de M. d'Hérouville, qui avait des connaissances de chimie et était un homme de mérite. On sentit l'utilité dont elle serait, on s'empressa de la goûter et même d'en boire. Mais au bout de deux jours, sept personnes de la maison périrent dans des douleurs qui manifestaient le poison; lui-même fut attaqué, Mlle Lolotte aussi. Les remèdes les tirèrent des portes de la mort, et on leur ordonna de venir prendre les eaux de Bagnères. Ils y étaient établis avant nous; leur maison était considérable : ils étaient environ une vingtaine. Le coureur connaissait mes gens : il vint les voir et il dit qu'il se sentait attaqué; il tint parole : le lendemain, il mourut dans des douleurs affreuses. Enfin, successivement, il périt de leur maison neuf personnes, tant hommes que femmes. Je n'ai jamais de ma vie, excepté dans cette Révolution, vu de spectacle plus triste : des gens que nous rencontrions dans les rues, bien mis, avec des figures hâves et égarées, dont nous apprenions la mort le lendemain. Enfin, les eaux firent leur effet, et M. d'Hérouville, Mlle Lolotte reprirent insensiblement leur santé.

Toutes les avances de M. d'Hérouville, l'ancienne liaison avec Mlle Lolotte tiraient à conséquence avec une femme jeune et très jolie. La peur de s'allier avec une fille entretenue, et dont on convenait qu'elle était montée sur les planches, me fit résister à toute invitation d'intimité, et même refuser de monter à cheval avec elle, bien qu'elle eût amené un cheval de selle charmant tout exprès. Nous nous bornâmes donc à nous voir comme connaissances des eaux, sans nous embarrasser de ce qu'ils pourraient dire. La réputation de ma femme valait bien ce petit sacrifice.

Les eaux étaient brillantes; Mme de Montpellier faisait le fond de notre société : beaucoup de Bayonnais, beaucoup de Bordelais, quelques Américains. C'est là où je fis connaissance de

M. Olavide[76], connu depuis sous ce nom et sous celui de comte de Pilos, homme d'État rempli d'esprit et de connaissances, et ayant joué depuis un grand rôle en Espagne. C'est lui qui a défriché la sierra Morena et, en butte à l'Inquisition, a été obligé à l'appui du gouvernement français de venir vivre à Paris. Il arrivait de faire le voyage de Lima à Madrid. Une longue traversée, une persécution qu'il avait éprouvée lui avaient fait porter l'humeur aux jambes, qu'il a conservées enflées. Venant de faire à Madrid un mariage avec une veuve qui lui apportait une fortune considérable, il commençait ses voyages en Europe et voulait prendre les eaux pour raffermir totalement sa santé. Étudiant le français, doué d'une mémoire prodigieuse, d'une éloquence rare, il débuta par vivre seul. Je ne tardai pas à sentir tout ce qu'il valait, et de ce moment nous nous liâmes tellement, que maintenant il passe sa vie avec moi.

Comme j'aurai d'autres occasions de parler de lui, je vais continuer à me rappeler tous ceux que je vis : Mme la baronne de Mesplesse, notre ami Jélyotte qui, depuis son jeune âge, obtenait un congé pour revoir sa patrie et prendre les eaux du pays; M. Becque; M. Gradis, juif de Bordeaux[77], d'une fortune immense. Nous dînions soit chez nous, soit chez Mme de Mesplesse, soit chez Mme de Montpellier. Nous dédaignions de nous trouver aux Redoutes : il y venait des joueurs intrépides, qui n'y perdaient pas leur temps.

Un M. de La Borde, officier aux gardes du corps du roi d'Espagne, venait nous voir souvent. Nous jouions les jeux de commerce, surtout le brelan; jamais il ne voulut accepter une carte, quoique nous l'y invitassions, jamais il ne se trouvait à aucune assemblée de joueurs, et nous nous aperçûmes qu'il s'y connaissait très bien. Enfin, lorsque notre connaissance fut intime, il nous dit : « Ne soyez pas étonnés du serment que j'ai fait de ne point jouer — et que je tiendrai. J'en sais plus que vous tous. Malheureusement, j'ai un ami, nommé Affligio, qui m'a appris tout ce qu'on peut savoir faire avec des cartes. J'en ai profité, et dès que j'ai su tout, je me suis promis de n'en jamais faire usage. Un homme honnête ne s'expose pas à la tentation : si je perdais, je ne serais pas sûr de ne pas me servir de mes talents. » Nous rîmes, nous n'en crûmes pas un mot. D'un grand sang-froid, il prit ma place; nous jouions au brelan. Sans aucun effort, il demandait quel brelan on voulait avoir, il vous le donnait et en prenait un supérieur. Il fit ce manège plus de quatre tours de suite. De quelque manière que nous mettions les cartes, en un instant il les remettait dans l'ordre qu'il voulait; ses opérations allaient aussi vite que la pensée. Lorsqu'il eut fini de nous convaincre, il fit la même chose au trente-et-quarante, au quinze, et jeta les cartes en nous disant : « Vous voyez, messieurs, je suis fidèle à mon serment, et le danger qu'il y a de jouer contre des gens dont on n'est pas sûr. » Ce M. de La Borde, né à Bayonne, était estimé et aimé dans son corps, et jouissait de la meilleure réputation.

Nous étions liés avec l'abbé de Verthamont, de Montauban, cousin de l'évêque de ce nom[78]. Homme d'esprit, sa tête exaltée l'avait porté en mission en Chine; il avait passé Canton et avait éprouvé une persécution de trois mois, à laquelle il s'était soustrait en revenant en France. Le scorbut l'avait attaqué, et il venait aux eaux pour tâcher d'apaiser le feu que les anti-scorbutiques avaient allumé dans son sang. Fort instruit, rendant agréablement les récits de son voyage, il travaillait à une réfutation du père Du Halde[79], qui n'a jamais paru, mais que j'ai vue, et qui aurait mis au jour bien des mensonges. Son voyage avait bien diminué sa dévotion; c'était un homme pieux et de mœurs, sans être un fanatique.

Une douzaine de personnes faisaient donc le fond de notre société, et différentes parties aux environs se passèrent fort agréablement, surtout à la capucinière de Médous, située à mi-côte et dominant sur la vallée de Campan, où une fontaine excellente d'eau limpide réunie en un bassin, fait les délices de tous les habitants des eaux. Les eaux de salut se réunissent dans un bassin couvert et fermé par un petit bâtiment exprès, à peu de distance de Bagnères; chacun s'y rend tous les matins, après avoir pris l'heure vacante. Sans aucune distinction, des baigneurs ou des baigneuses, exprès selon le sexe, vous habillent ou vous deshabillent. Ces eaux, d'une chaleur extrêmement tempérée, puisqu'elles remplissent le bassin de la source, sont bonnes pour rafraîchir le sang et guérir les petits maux : aussi y voit-on peu de gens attaqués de maladies sérieuses. J'attendais l'effet, et le médecin des eaux me le faisait espérer, sans que je fusse plus content de ma santé. La jeunesse me soutenait, la société me consolait.

Nous allâmes dans les montagnes faire un dîner, à portée de voir un site superbe par le rapprochement de plusieurs vallons qu'on voyait auprès d'une vieille église abandonnée et encore bien couverte. Jélyotte, Mme de Montpellier, Mme de Mesplesse y étaient, ainsi que beaucoup de nos nouvelles connaissances et l'abbé de Verthamont. Dans les montagnes, on éprouve successivement toutes les intempéries des saisons; le temps était superbe au départ, l'air devint lourd, étouffant. Nous entrâmes dans l'église : ce vaisseau vaste était extraordinairement sonore; Jélyotte était dans la force de sa voix, qu'il conduisait avec un goût qui lui a laissé une si grande réputation; nous le priâmes de déployer dans sa force sa superbe haute-contre. Il se mit à chanter cette ariette de l'opéra dont il fit la fortune : *Du Dieu des cœurs...*; mais quand il fut à la seconde partie de l'air : *Quand Jupiter lance son tonnerre...*, il sembla que la nue fût d'accord pour faire orchestre; elle l'accompagna par un éclair, et un coup de tonnerre comme je n'en ai jamais entendu un pareil. Rien ne l'émeut et il finit l'air. Cependant, une partie de la compagnie sort : les uns par peur, les autres pour juger des effets. Le tonnerre dans les montagnes se propage d'une manière effrayante. L'air fini, nous sortons : un déluge d'eau s'annonçait, la foudre redouble, et dans un pré vis-à-vis de nous, et dont nous n'étions séparés que par un gave ou torrent, nous voyons l'éclair partir et le coup porter sur deux vaches d'un troupeau qui passait. Comme le terrain était en pente, nous les vîmes rouler quelques pas. Des idées religieuses revinrent à l'abbé de Verthamont : il me prend en particulier et me dit : « Je n'ai jamais été si mal à mon aise que quand Jélyotte a chanté dans cette église un hymne à l'amour, et ce que nous voyons me prouverait qu'on ne peut offenser Dieu impunément.

— Moi, lui répondis-je, je n'ai jamais eu autant de plaisir, car je n'ai jamais entendu Jélyotte chanter aussi bien. Personne ici n'a envie d'offenser la divinité. Il n'y a que des fous dans la tête de qui cette idée puisse passer. Une église abandonnée n'a plus aucun caractère de temple de la divinité. C'est maintenant une grange ou un asile de bestiaux, et je vous avoue tout naturellement que, malgré vos réflexions, je ne vois dans ce qui s'est passé aucune crainte à avoir. » Il me parut que mes réflexions le tranquillisaient, et il ne fut question que de revenir, portés sur des chaises par des Basques à jambes nues.

Cependant, par le conseil du médecin des eaux, car il y en a toujours un attaché au local, je risquai de me purger; cette médecine simple dégénéra en superpurgation, et jour et nuit pendant trois jours je n'eus pas cinq minutes de relâche. J'étais tellement affaibli que je n'avais plus la force de sortir de mon lit. Je revins un peu en huit jours, sans cependant trouver un moment de répit à mes maux d'estomac. Dès que je pus monter à cheval, je fis une partie avec M. de Berry pour aller ensemble à Barèges et à Cauterets, pour décider où j'irais m'établir, ne me voyant nullement soulagé. Nous partîmes donc tous les deux avec un domestique pour, après avoir passé la vallée d'Ouche, monter le Tourmalet et descendre à Barèges. Cet endroit est bientôt vu : c'est une seule rue, quelques maisons, un hospice militaire; la princesse de Barette, son fils et sa fille rachitiques y étaient[80]; beaucoup d'officiers et soldats blessés, peu de société. Après y avoir dîné, nous continuâmes notre route pour nous rendre à Cauterets. Je n'ai jamais rien vu de si beau que les chemins nouvellement finis par M. Mégret d'Étigny, alors intendant[81]; tous sont pris à mi-côte, coupés dans le rocher dont, du côté à droite, il jaillit des sources qui vont dans des ruisseaux se précipiter dans un gave profond qui coule à cent toises plus ou moins. Au bord du chemin, presque toujours la montagne coupée à pic laisse voir l'autre, élevant sa cime orgueilleuse presque jusqu'au ciel. Il y a un pont, surnommé « du diable », d'une seule arche, si prodigieusement élevé que les yeux sont effrayés par la profondeur de l'eau du gave qui roule avec un bruit effrayant.

Enfin, nous arrivâmes à Cauterets; la société était charmante, le duc d'Aumont y tenant maison ouverte. Je n'étais pas descendu de cheval que son fils, le duc de Villequier[82], vint m'inviter; j'y courus. Je trouvai le duc, un M. Nique, savant et médecin, qui demeurait chez lui; l'abbé de Panat[83], aumônier du roi; l'abbé de Noé[84], depuis évêque de Tarbes, l'abbé de Juigné, depuis archevêque de Paris[85]; Mme Dufort d'Orsay, dont j'avais l'intime connaissance; Mme la marquise de Chabrillant[86], enfin douze ou quinze personnes qui m'amusèrent fort. Le souper fut charmant; mes forces revenaient, mais mon estomac était fort souffrant. Le duc m'invita à aller avec lui à la fontaine : la source est à plus de vingt minutes de chemin; [on use] de chaises de paille traversées des deux côtés par deux bâtons de chaise à porteurs; deux montagnards sont à vos ordres pour une légère rétribution. J'en pris une, et nous arrivâmes à la source de compagnie. Il y avait plusieurs fontaines sortant du rocher, l'une destinée pour les bains : elle venait de plus de cinq cents pas dans des rigoles de bois suspendues; elle arrivait brûlante dans des baignoires faites en [forme de] bières à enterrer les morts; on s'y couchait après l'avoir fait refroidir; on s'y douchait si on voulait, dans des baraques de bois à côté les unes des autres, mal jointes. Je n'usai pas des bains, mais je fis usage des eaux destinées à être bues; elles sortent brûlantes de la montagne; dans le petit bassin qui les reçoit, en cinq minutes cuirait un œuf; un écu de six francs prend dans le même temps la couleur du plomb. Je bus amplement de cette eau que je trouvai délicieuse, quoiqu'elle sentît le goût d'œuf pourri à pleine bouche; la nature me l'indiquait. Je n'en eus pas bu deux verres que je sentis un baume sur mon estomac; je continuai jusqu'à dix verres, et revins dîner chez le duc d'Aumont avec un appétit et une confiance que je n'avais plus depuis longtemps dans mes fonctions.

Je me portais à merveille; les conseils de M. Nique, les invitations de toute la société, l'effroi qu'on m'avait témoigné sur mon changement, sur ma maigreur, tout me détermina à me rendre à de si aimables propositions. Je ne demandai que huit jours, et promis d'être à souper jour pour jour. On se chargea de me trouver un logement suffisant. Je n'eus pas de peine à porter parole pour M. de Barassy, il ne se trouvait pas mieux que moi des eaux de Bagnères; ma femme ne songeait qu'à ma guérison. Le duc d'Aumont ne connaissait pas Bagnères ni Barèges : il fut convenu que je le recevrais à mon tour, ainsi que son fils et M. Nique. Je partis, enchanté de me bien porter, d'espérer une guérison parfaite, et du séjour agréable que j'allais faire. Aux eaux, les connaissances sont bientôt faites; elles deviennent intimes. Il y a longtemps que l'on a dit que c'est comme dans les voitures publiques : la nécessité vous rassemble, le plaisir vous unit. Il en reste ce qui peut.

Je revins par Lourdes à Bagnères, et j'annonçai tout ce que nous devions attendre d'un changement d'eaux. Le duc d'Aumont fut exact : nous le couchâmes, l'hébergeâmes, lui et son monde. Il nous quitta, après avoir fait réitérer mes promesses, et exigea de nous de ne faire aucune provision, voulant que nous n'eussions pas d'autre table que la sienne; il offrait de si bonne grâce que je n'étais pas fait pour rivaliser.

Le jour dit, ma femme prit son habit d'homme avec la jupe : elle était jolie comme un ange. On la porta à l'ordinaire, ainsi que Mlle Gentil. Tous les hommes montèrent à cheval, et longeant la vallée de Campan, nous arrivâmes à la montagne du Tourmalet; nos femmes n'étaient pas peureuses, elles avaient six hommes pour les relayer. Cette montagne, prodigieusement haute, demande plus d'une heure et demie à monter. Le ciel était brumeux, et les nuages s'amoncelaient sur la cime. Il fallut monter; les porteurs, meilleurs observateurs que nous, se pressèrent : il y aurait eu du danger à attendre. Nous montâmes, tantôt passant à travers des nuages, tantôt entendant la foudre gronder en dessous et en dessus, tantôt mouillés par un brouillard épais. Au beau milieu, nos porteurs se mirent à doubler le pas; nous les suivîmes, et après deux ou trois cents pas, ils nous dirent que l'endroit qu'ils avaient franchi était le plus dangereux en temps d'orage, et nous citèrent plusieurs faits plus effrayants les uns que les autres. Ces dangers étaient passés. Ces *beurrères*, c'est ainsi qu'on les nomme, sont presque tous les vassaux de M. le comte d'Ossun, ambassadeur alors à Madrid[87]. Ils sont vêtus particulièrement : jambes nues, superbes pour leurs formes vigoureuses et la beauté de leurs muscles, ils ont de grandes culottes de cent-Suisses bien plissées, une veste courte, un surtout de même, dont les manches sont plissées; le tout bleu, brodé de fil blanc; un filet qui couvre tous leurs cheveux et se lie avec des cordons; un bonnet plat et rond. Ce costume de paysans est uniforme, et aussi ancien que la monarchie; enfin, l'habillement des cent-Suisses en donne l'idée, sans y ajouter la magnificence.

Nous continuâmes notre ascension; les nuages, les brumes étaient au-dessous de nous; nous nous en éloignions, et nous jouissions du plus beau soleil possible. Arrivés sur la montagne, nous nous trouvâmes dans une plaine charmante et découverte; nous vîmes pour la première fois les deux mers, la Méditerranée et l'Océan; je ne pouvais me lasser de faire contempler à ma femme ce magnifique spectacle, et je vis avec plaisir qu'elle en sentait le prix.

Enfin, nous arrivâmes pour dîner à Barèges; le duc nous avait annoncés, et la meilleure compagnie était réunie pour nous traiter. L'effroi y était ce jour-là : un commis des fermes, dont la santé avait intéressé tout le monde, en proie à des douleurs rhumatismales qui lui avaient disloqué tout le corps, ennuyé de son existence, s'était tiré un coup de pistolet; sa main, mal assurée, ne lui avait fait faire qu'une profonde blessure. Il était presque à la mort. Cependant, nous avons su depuis qu'il en avait guéri, et que ce moment avait été l'époque d'un retour à la santé. Je vis M. de Servoi, âgé de vingt-trois ans, d'une figure intéressante; il était du corps des ingénieurs; en plantant un jalon sur le bord d'une tranchée, un boulet de canon lui avait cassé le jalon entre les deux mains, sans le toucher. Il avait été frappé à l'instant par la commotion d'une paralysie; les eaux lui avaient rendu l'usage des jambes et des mains, et le médecin Ducos assurait qu'il guérirait certainement. Rien au monde n'était si intéressant que de voir ce jeune homme rendu à la vie par le bienfait de la nature.

Le soir même, nous nous réunîmes à Cauterets, et nous voilà rétablis comme si nous y avions toujours été; nos bagages étaient venus dans une charrette par Lourdes, et rien n'est si aisé, lorsqu'on est en voyage, que tous ces déménagements-là. Je ne tardai pas à remercier le ciel d'avoir pris ce parti, et à regretter d'avoir suivi les conseils de M. de Listal qui avaient retardé notre guérison, car M. de Barassy et Mlle Gentil se trouvaient aussi bien que moi de nos nouvelles eaux.

Il me restait au plus six semaines de séjour, les eaux n'étant plus habitables passé le 10 septembre, et je voulais en profiter. La gaieté me revenait avec la santé; le trictrac, mille jeux innocents se succédaient; Mme Dufort d'Orsay, Mme de Chabrillant, ma femme, Mme de Mesplesse qui nous avait suivis en peu de jours, se réunissaient tous les jours. Mme Dufort d'Orsay faisait régulièrement des remèdes, ainsi que Mme de Chabrillant; cette dernière, fille de M. des Fourniels, fermier général[88], était asthmatique décidée. Notre société était augmentée d'un cousin de ma femme, le chevalier de La Tour, frère de M. des Gallois de La Tour, intendant et premier président à Aix-en-Provence[89]. Le chevalier de La Tour, frère aussi du capitaine aux gardes, notre ami, était asthmatique de naissance; obligé de quitter le service avec la croix de Saint-Louis, sa situation toujours tranquille l'avait rendu le plus grand joueur de trictrac de Paris. Depuis dix-huit ans, il n'avait pu se coucher, et il passait la nuit sur une chaise; il venait pour la troisième fois aux eaux dont il éprouvait quelque soulagement. Il me prit pour son second au trictrac, et de ce moment, le duc d'Aumont s'associant l'abbé de Panat, nous établîmes une partie assez considérable. L'abbé de Noé, Basque d'origine, s'exerçait aux tours de force et sautait jusqu'à vingt-deux semelles de soulier; il passait une rivière ou gave d'un seul saut en se servant, à la manière du pays, d'une perche qu'il appuyait au milieu. L'abbé de Juigné, doux et honnête, avait toutes les dispositions épiscopales qui l'ont conduit à l'évêché de Châlons, et depuis à l'archevêché de Paris.

Nous fîmes la partie d'aller dîner au lac; c'est un site à deux lieues de Cauterets, sur les terres d'Espagne, où se trouve un lac considérable, rempli de truites et de perches excellentes[90]. Le duc se chargea de faire trouver à dîner, les porteurs de nous y porter; nous étions vingt preneurs d'eau, sans compter les gens à pied pour le service. Le chemin était difficile, entre autres un passage de quatre pieds qu'on vous faisait franchir en sautant, chaque porteur à son tour. Rien ne fut plus agréable que cette fête, rien de si délicieux que le poisson sortant de l'eau qu'on nous servit, rien de si beau que ces différents sites que nous découvrîmes, rien de si curieux que des accidents de la nature dans cette partie inhabitable des Pyrénées.

Enfin, après avoir passé un mois dans les plaisirs d'une société charmante, le duc d'Aumont se détermina à faire la même route que nous; mon projet était de revenir par la Provence; Mme Dufort d'Orsay voulut nous accompagner jusqu'à Toulouse, le chevalier de La Tour jusqu'à Aix. Cependant, sentant un si grand bien des eaux, je ne tardai pas à sentir entre les deux épaules une démangeaison, qui se dissipa en quatre jours avec une rougeur déclarée dont je n'eus aucun mauvais effet. Huit jours avant de partir, j'étais chez moi, à regarder à une fenêtre sur une espèce de place; ma femme était partie pour aller dîner chez le duc. Je fus surpris, en fixant les yeux sur des objets, de n'en découvrir que la moitié; c'est-à-dire que je voyais le buste d'un homme ou d'une femme lorsque je les fixais, et vice-versa les cuisses et les jambes de même, sans voir le reste. Un instant après, je crus sentir ma lèvre inférieure singulièrement gonflée, et un titillement total dans le visage. Cet état inquiétant me fit envoyer dire que je resterais chez moi; dans le temps du message, je fus pris d'une douleur de tête incroyable. Tout le monde accourt; M. Nique me prend le pouls, me rassure sur le gonflement de ma lèvre qui n'existait plus; la douleur augmente de telle manière que, si j'avais eu un pistolet, je me serais détruit. Enfin, M. Nique trouve le cas assez grave pour me faire saigner deux fois au pied; je n'en obtiens aucun soulagement. Il se détermine à me faire appliquer à la nuque du cou une mouche vésicatoire : en vingt-quatre heures, elle fit son effet. L'humeur qui s'écoula par cette plaie diminua sensiblement ma douleur, et je fus en état de partir, totalement guéri de mes maux d'estomac.

Nous allâmes souper et coucher à Tarbes; nous avions quatre voitures de poste, sans compter les courriers. Berry et sa mère, pour combler la mesure des procédés, nous donnèrent à coucher et à souper; Mme de Montpellier, Jélyotte et tous nos amis s'y trouvèrent. Ainsi nous quittâmes les eaux, regrettant de ne plus jouir de la société charmante de tant d'honnêtes gens. Nous allâmes le lendemain coucher à Auch; l'évêque n'y était point[91], nous séjournâmes à l'auberge où nous nous régalâmes de force poires du pays, renommées parce qu'elles sont sans pépins. Nous arrivâmes ensuite à Castelnaudary, où nous séjournâmes pour aller voir Saint-Féréol, réservoir et origine du canal du Midi[92]; nous y fûmes à cheval, et on nous fit remarquer avec intérêt l'endroit où le duc de Montmorency fut pris : il perdit ensuite la tête à Toulouse en 1632[93]. Nous séjournâmes à [Lavaur] où nous fûmes traités au palais épiscopal, quoique l'évêque n'y fût pas, par ses grands vicaires[94]. Après avoir vu tout ce qu'il y avait de curieux, nous nous séparâmes : le duc voulait aller droit à Toulouse, nous voulions passer par Montauban. Nous avions promis à ma belle-mère d'aller voir M. et Mme de Malartic[95], qui avaient de si proches alliances avec elle; en conséquence, nous forçâmes de journées et arrivâmes à Montauban par une route superbe, mais d'une longueur désolante quand on est pressé. Mon ancien ami La Galaizière était intendant, se tenant peu à Montauban, mais dans une maison de campagne louée par les intendants, où il rassemblait les jolies femmes de la ville; avec de l'esprit, de la jeunesse, il tirait parti de tous ses moyens pour se divertir. Nous descendîmes chez les Malartic; on était venu nous recevoir par les enfants à deux lieues de Montauban. Le père était si goutteux, quoique jeune, qu'il ne sortait jamais de dessus sa chaise, parce que les jambes lui refusaient le service; mais il était si agile du reste de son corps qu'il courait tous les appartements en faisant voiturer sa chaise lui-même des quatre pieds, qu'il faisait marcher comme il voulait. Nous passâmes la ville en revue; ma femme y avait des droits : la mémoire de son grand-père était en vénération; une porte de ville, du meilleur goût et comme la porte Saint-Denis, portait son nom[96]. La Galaizière vint nous inviter : nous lui donnâmes une journée entière sur les quatre que nous devions passer à Montauban, et la cinquième, nous

nous réunîmes à Toulouse avec le duc d'Aumont et Mme Dufort d'Orsay.

Le duc et nous logeâmes chez M. d'Arcy, fameux académicien des sciences[97], et chez M. Vassal. Nous fûmes enchantés de la ville : les plaisirs nous y accompagnèrent. M. de Pompignan, qui avait sa terre entre Montpellier et Toulouse, connu par sa *Didon* et son frère évêque, s'empressa de se réunir à nous[98]. Mme Dufort d'Orsay, qui avait refusé tous les partis de Paris, jeune, belle, aimable mais fort extraordinaire, se laissa prendre à son mérite; quand sa tête se prenait, elle faisait les avances. Elle se livra sans réflexion à une passion qu'elle ne croyait avoir que pour Dieu; ces idées religieuses s'exaltèrent entre les mains d'un homme qui, par ambition, attaquait Voltaire. Il en profita habilement. Nous fûmes invités à aller à Pompignan; nous refusâmes — la saison avançait — et nous la laissâmes à la merci de ce nouveau prétendant, sans savoir qu'elle se marierait si vite : il réussit en un mois, et elle revint le même hiver avec le titre de duchesse de Pompignan[99]. C'était dans son caractère de prendre les choses vivement. Mais l'humeur de M. de Pompignan ne pouvait cadrer avec la sienne : ils vécurent séparés et froidement, jusqu'à ce qu'après sa mort elle prît le parti du couvent — on dit même qu'elle se fit religieuse[100].

En sortant de Toulouse, le duc de Villequier me proposa de faire quelques postes à franc étrier. Nous voulions voir le port de Cette, tandis que la société gagnerait Nîmes, Montpellier, le pont du Gard et Avignon. En arrivant à Cette, après avoir passé un pont d'une longueur immense qui traverse un marais de plus de deux lieues, nous aperçûmes sur le bord de la mer, dans le port, deux hommes presque nus, entourés d'une flamme bleue, qui couraient se jeter dans la mer; le peuple du port ne paraissait pas s'en inquiéter; pour nous, étrangers à ce spectacle, nous ne sûmes qu'en descendant de cheval que ces deux hommes, travaillant à des tonneaux d'eau-de-vie, s'y étaient mis à mi-corps ; que le feu en sortant s'était mis par imprudence à l'eau-de-vie dont ils étaient imprégnés, et que pour faire cesser cet accident commun, ils avaient l'habitude d'aller se jeter à l'eau en traversant à toutes jambes le quai.

Après avoir visité pendant une heure le port et la ville, nous reprîmes notre course et arrivâmes à Béziers où nous fûmes traités par les grands vicaires de l'évêque absent[101]; nous visitâmes la manufacture des draps destinés pour le commerce du Levant, et vînmes ensuite coucher à Montpellier, où nous séjournâmes chez un M. Duranty, négociant, qui nous fit les honneurs de la ville. Après y avoir passé trois jours, nous partîmes tous; nous n'étions plus que le duc d'Aumont, son fils, M. Nique, le chevalier de La Tour et nous trois, en tout trois voitures. Mme de Chabrillant avait repris la route de Paris, et Mme Dufort d'Orsay suivait son projet de mariage. Après avoir vu ce qu'il y avait de plus curieux, un livre à la main, qui m'instruisait mieux que les gens du pays, nous partîmes pour Nîmes : [nous vîmes] la fontaine, ou les bains rétablis sur les plans des Romains, la Maison carrée, le temple de Diane et l'amphithéâtre, qui est si bien conservé qu'il en donne une idée parfaite; nous le quittâmes avec regret, en formant des vœux pour supprimer les preuves de l'existence du vandalisme des Goths et des Visigoths dans les masures qui étaient habitées au milieu de ce superbe monument.

Mais ce qui nous fit un vrai plaisir fut de retrouver en sortant Mme la baronne d'Ogny et sa sœur, Mme la marquise de La Valette[102], qui venaient comme nous visiter les monuments. C'étaient mes amis anciens, et ils étaient devenus ceux de ma femme; ils venaient de passer la saison aux eaux de Balaruc, dont ils avaient fait usage par occasion, en accompagnant Mme la marquise de La Valette la mère. Les effets que ces eaux produisent sur les personnes qui n'en ont pas besoin, en les purgeant vigoureusement par haut et par bas, ne nous tentèrent pas d'y goûter. Je me portais à merveille, excepté que le mois suivant mon accident à Cauterets, je fus pris d'un même éblouissement, avec des zigzags de feu de toutes les couleurs dans les yeux, et les mêmes symptômes de disparition des objets à moitié; il s'ensuivit une migraine fixe sur l'œil, qui me fit souffrir toute la nuit, et dont je ne me sentis plus le lendemain.

Cependant, notre partie de trictrac continuait tête à tête avec le duc d'Aumont; il n'y avait plus l'abbé de Panat, et le chevalier de La Tour, qui restait, était trop fort pour nous deux. Nous jouions à la cloche, c'est-à-dire à payer à Paris, et la fortune se déclara tellement pour moi que je gagnais alors soixante-quinze louis, quoique le jeu ne fût qu'à dix écus la fiche. Après avoir fêté nos amis, nous partîmes pour passer le pont du Gard et arriver à Avignon. Le pont du Gard, monument des Romains, excita toute mon attention; nous le parcourûmes avec ma femme dessus et dessous; nous suivîmes l'aqueduc en haut, et nous l'examinâmes en connaisseurs. J'étais fort bien associé avec M. de Barassy pour suivre mes volontés, mais peu amateur, peu sensible aux objets qui en étaient dignes, il n'aurait pas fait un pas, par paresse, pour voir la plus belle chose du monde. Sans imagination, il obéissait à tout ce qu'on lui proposait; si on lui disait : « Nous arriverons à tel endroit », cela se casait dans sa tête, il n'avait que ce but, tout ce qui l'en éloignait le contrariait. Ainsi, pour une jeune femme à qui je voulais faire naître le goût des belles choses, j'étais fort mal associé, et sans ma surveillance et nos conversations, elle n'aurait pas tiré de ce voyage les connaissances qu'elle a acquises.

Nous arrivâmes à Avignon; jamais je ne pus déterminer Barassy à aller à la fontaine de Vaucluse : c'était nous retarder un jour. Le duc d'Aumont partait pour Aix. Ainsi, dans les trois jours que nous restâmes, il fallut se contenter de visiter le palais du légat, qui était absent[103], le quartier des juifs, les synagogues, et voir toutes les églises des pénitents bleus, blancs, gris, enfin de toutes les couleurs. Ce qui m'émerveilla, c'est la propreté et la magnificence de ces colifichets de dévotion : il semblait que chaque pénitent — nous n'en vîmes pas — se piquait de renchérir de goût, de magnificence et de propreté; c'étaient autant de boudoirs destinés à la divinité[104]. L'honorer, de quelque manière que ce soit, est respectable aux yeux de l'homme raisonnable.

Nous partîmes donc de grand matin et allâmes tout d'une traite coucher à Aix. Le président marquis d'Albertas et sa femme, mes amis intimes ainsi que ceux de mes parents, avaient donné des ordres, de Paris où ils étaient, pour nous bien recevoir. Le duc d'Aumont avait été logé, lui et sa suite, chez notre parent, M. des Gallois de La Tour, intendant et premier président. Le frère, le petit chevalier de La Tour des Pontais, notre compagnon de voyage, faisait les honneurs jusqu'à ce que son frère revînt, et Mme de La Tour la mère tenait la maison[105]. À l'instant nous nous trouvâmes, ma femme, moi et M. de Barassy, établis comme chez nous dans une maison superbe, où existait une galerie de tableaux considérable. On avait ordre de me traiter, et je n'en abusai pas; Mme de La Tour réclama de nous nourrir, puisqu'elle ne pouvait pas nous héberger. Nous fîmes une chère délicieuse : tous les poissons de la Méditerranée, certains inconnus pour nous, des pâtés de foie nous parurent délicieux. Je me réparais si bien qu'à mes migraines près, je me portais à merveille. Nous passâmes en revue toute la noblesse, et les huit jours que nous donnâmes à la ville pour voir les monuments, les églises, entre autres une où il y avait six colonnes superbes en porphyre, passèrent comme un instant.

Barassy avait été au collège avec un marquis de La Tour d'Aigues, président[106]; ils avaient été sous le même précepteur, dans la même chambre. Je ne pouvais refuser de l'aller voir, d'autant que le château de La Tour d'Aigues était superbe[107]. Nous laissâmes donc le duc partir pour Marseille, et prîmes deux jours pour cette course. Nous en fûmes bien dédommagés par la bonne réception et le superbe château qu'il habitait, bâti en petit comme le Luxembourg à Paris; il y avait un parc de haute futaie, le seul que j'aie vu dans toute la province, où il n'y a que des faux bois en rachitisme comme le liège ou l'olivier. M. de La Tour d'Aigues était avec sa famille; il avait rassemblé un cabinet d'histoire naturelle où les pétrifications étaient abondantes. Ainsi, ces vingt-quatre heures-là passées agréablement, nous partîmes pour nous rendre à Marseille. Nous passâmes par Bouc, où était mon ancien ami le chevalier d'Albertas, le frère du marquis, chevalier de Malte, retiré des gardes françaises. Il me savait arrivé; je sus qu'il se cachait à tout le monde, menant la vie casanière qu'il avait menée à Paris. On le disait gouverné par une fille, comme si elle était sa femme, et ma présence, voyageant avec ma femme, ne lui convenait plus. Nous passâmes devant Gemenos, charmante terre du président d'Albertas, avec la détermination d'y venir à mon retour avec le duc, et après avoir consenti à y être traité un jour franc comme j'en avais donné parole à mes amis.

Nous arrivâmes à Marseille, et nous logeâmes chez le directeur des fermes à qui l'on nous avait recommandés. À peine étions-nous arrivés que le duc d'Aumont, avec le duc de Villars[108], gouverneur et commandant de la province, qui tenait la plus grande représentation, de préférence à Marseille que dans toute autre ville de son gouvernement, vint nous chercher : il fallut céder, et nous arrivâmes au gouvernement, où nous passâmes la soirée. On y jouait un jeu épouvantable, à la marseillaise, jeu de hasard qui va très vite; les louis couvraient une table à tenir assis trente joueurs, sans les pontes placés derrière. Il y avait un Provençal qui tenait la main, et qui avait une telle aversion pour voir les écus, qu'il n'était occupé qu'à les prendre avec un rateau, les jeter sous ses pieds, pour les emporter à la fin du jeu et souvent les laisser aux cartes; avec ces manières-là, les écus disparaissaient et on ne voyait que des louis simples ou doubles. Cependant, notre partie de trictrac, au duc et à moi, ne s'interrompait pas; la fortune me traitait fort bien, et il dépassait cent cinquante louis qu'il me devait. Cette occupation nous empêchait d'être tentés de jouer à cette table effrayante.

Après avoir vu toute la ville, visité le port, fait des dîners charmants dans des bastides délicieuses, nous vîmes le fameux Hannibal, âgé alors de cent vingt-neuf ans[109]; je ne puis me dispenser de faire une digression à son sujet. La première fois que je le vis, il était sur le port, vêtu en matelot; on me le montre, il me tournait le dos. C'était un homme d'une taille moyenne; à sa démarche ferme, à la finesse de ses jambes, à sa taille dégagée, je l'aurais pris pour un homme de vingt-cinq à trente ans; il n'en fut pas de même lorsqu'en l'abordant, il se retourna : toutes les rides de la vieillesse étaient gravées sur son visage; c'étaient des plis en tous sens, et je ne pourrais le comparer qu'à la peau d'une vieille pomme de reinette. Sa conversation était bonne, analogue à son état; il avait beaucoup vu et montrait nettement la figure des personnes fameuses, et les guerres où il s'était trouvé, tout cela de la manière qu'il avait été à portée de le voir. Au surplus, ses traits et sa manière d'être sont également consacrés dans la gravure des ports, d'après les tableaux de Vernet[110]

Je trouvai le marquis de Fénelon[111], colonel, qui séjournait avec son régiment. Il aimait le jeu, nous étions proches parents du côté de mon grand-père maternel, et nous fûmes enchantés de nous retrouver. Le soir du même jour, je l'aperçus à la table de jeu; il y faisait une triste mine; il vint à moi et me dit : « Je perds tout ce que je joue; prêtez-moi cinquante louis, nous les jouerons de moitié. » La figure qu'il faisait n'était pas engageante, mais je crus devoir en faire le sacrifice; je les lui remets et vais me coucher. À 5 heures du matin, il me fait réveiller en sursaut : « Arrivez! Votre argent, me dit-il, m'a porté bonheur. Tenez, voilà d'abord vos cinquante louis, et en voilà cent deux pour votre moitié. » Il me quitta, aussi content qu'il l'était peu quatre heures auparavant. Ainsi finit notre association, car je repartis le lendemain pour suivre le duc à Toulon.

Le séjour de ce port était fort intéressant. La flotte, commandée par M. de La Clüe[112] était en rade; le superbe vaisseau l'*Océan*, de cent trente canons, était à la tête; M. le marquis de Fremeur[113], lieutenant général, commandait les forces de terre à Toulon. Tout y était en activité : nous y restâmes cinq jours. M. de La Clüe fit pavoiser la flotte pour nous recevoir : en voyageant avec le duc, nous partagions tous les traitements qu'on lui faisait. Nous partîmes donc dans des barques charmantes, nous arrivâmes au vaisseau qui était à l'ancre dans le port à une demi-lieue; le temps était assez gros, il fallut laisser ma femme dans l'échelle de corde pour monter dans le vaisseau; elle soutint bravement cette aventure, et elle en reçut mille compliments. Jeune, très jolie, leste, n'ayant pas la moindre peur, tout se réunissait en elle pour les recevoir à juste titre. Pour moi, je ressentis les mêmes symptômes que lors de mon voyage d'Angleterre : un mal de cœur me tourmentait, la mer était houleuse. Mais lorsque nous fûmes arrivés dans le vaisseau, dans la superbe chambre du conseil, dans un bâtiment inébranlable au roulis ordinaire, j'oubliai mon mal de cœur pour ne m'occuper que d'un couvert de trente personnes à une seule table, qui fut suivi d'un dîner magnifique, où la mer et les poissons firent assaut avec les productions de la terre. On joua des airs militaires. À 5 heures du soir, nous partîmes salués de toute l'artillerie de la flotte. Le duc de Villequier, qui avait fait le brave à mes dépens lors de son arrivée, paya le tribut au retour, et je pris ma revanche. Nous eûmes le chagrin d'apprendre, six mois après, que l'*Océan* avait été mis hors de combat et était rentré au port dans un état pitoyable[114].

Nous prîmes un jour pour aller à Hyères, petit village en face des îles d'Hyères, un pays charmant et renommé pour les bonnes oranges. Des orangers en pleine terre nous promettaient de jouir d'un spectacle délicieux; nous fûmes bien déçus de ces espérances : les orangers étaient, il est vrai, en pleine terre, mais sans aucun agrément, plantés çà et là au milieu des broussailles; un village qui annonçait la pauvreté, sans y voir autre chose que des huttes de paysans; des habitants d'un teint jaune et malsain, que nous sûmes être tourmentés de fièvre tierce toute l'année; la plage du côté de la mer sans aucune élévation, ce qui ne repose la vue sur aucun objet distinct, nous déterminèrent à n'y faire qu'un court séjour de deux heures, et à nous en revenir par le petit village de La Valette, origine du nom de MM. Thomas, marquis de La Valette.

Nous repartîmes le lendemain de Toulon pour reprendre notre course par Marseille afin d'y passer trois jours avec le duc d'Aumont. J'oublie qu'en arrivant de Toulon, nous allâmes souper chez le duc de Villars à Marseille : comme nous allions nous séparer et que le duc voulait regagner Paris, que nous éprouvions aux postes des retards, nécessaires par la trop grande quantité de chevaux pour nous servir, nous y acquiesçâmes tous. C'était la dernière partie de trictrac que nous faisions ensemble; avant de partir, le duc me proposa de tripler notre jeu; j'y consentis, et en trois heures de temps je me trouvai perdant de tout ce que je lui avais gagné en près de deux mois.

Le séjour de Gemenos fut charmant; nous fûmes ravis du goût qui régnait dans le château, c'était une habitation peignée comme dans la vallée de Montmorency. Nous y fûmes servis comme si les maîtres y avaient été, et nous jouîmes des douceurs d'un jour de repos dans une terre charmante. Nous n'étions qu'à quatre lieues de la Sainte-Baume, lieu renommé par un poème assez singulier et par un pèlerinage fameux[115]. Jamais je ne pus déterminer mon compagnon de voyage à m'y accompagner : partout où il trouvait un bon lit, un bon fauteuil et une bonne table, toute curiosité cessait; il était apathique à faire mal au cœur, incapable de combiner deux idées; nous étions obligés de lui laisser les siennes. Tout son désir, tout son projet était de retrouver sa chère moitié; son bonheur flattait sa pauvre imagination, quoiqu'il en eût de grands sujets de plaintes. Je me rappelle combien toute cette belle perspective était imaginaire, et combien il fut déjoué dans son calcul.

Après avoir remercié tous les gens de la maison d'Albertas de leurs soins, nous montâmes en voiture pour aller souper à Aix, chez Mme de La Tour. Le lendemain du départ du duc, nous y trouvâmes l'intendant et l'intendante, le petit chevalier de La Tour. Nous fûmes obligés de leur donner un jour franc, et nous partîmes le surlendemain. Nous allâmes coucher à Avignon, et nous continuâmes notre route en passant la nuit, pour nous rendre d'une traite à Lyon. Nous passâmes de jour le pont Saint-Esprit, dont la longueur et l'étroit nous parurent fort singuliers, ainsi que les deux portes ou deux commencements du pont. Nous éprouvâmes un changement subit de saison dans ces trente-six heures de course ; nous avions quitté un ciel pur, un soleil brillant, sans un nuage, ayant éprouvé seulement pendant deux jours l'influence du vent mistral, qui du nord envoie un air froid qui nous pénètre et vous passe au travers du corps. Et au jour, nous nous trouvâmes le lendemain en plein hiver, entourés de neige et de frimas abominables, quoique nous ne fussions encore qu'à mi-novembre.

Enfin, le 16 nous arrivâmes à Lyon et prîmes gîte dans la plus belle et la meilleure auberge, située à la place des Terreaux, à côté de l'intendance. L'intendant était alors M. Bertin, depuis ministre[116]. Comme il s'était présenté pour épouser ma femme et qu'on m'avait donné la préférence, ce n'était pas un titre pour aller le voir, et il n'y était pas ; ainsi, j'en fus dispensé.

Nous allâmes chez le cardinal de Tencin[117] ; il était sur la fin de sa vie, mais j'étais curieux de le connaître. Sa représentation était considérable, et à l'instant il nous invita pour tous les jours. Il fallut aller voir Mme la marquise de Grolée[118], sa sœur, qui faisait les honneurs de la maison. Presque aussi âgée que lui, on voyait qu'elle avait été jolie ; ses yeux avaient encore ce feu électrique qui annonce le reste de tous les goûts. Maigre et agile, dès qu'elle eut vu ma femme, elle lui porta la main sur le sein et voulut voir ses jambes. Ces manières ne convenaient pas à la modestie de ma femme, les spectateurs riaient de ce radotage, et je ne pus lui persuader au retour que c'était un hommage rendu à sa figure. Elle n'avait jamais consulté sa glace, et toutes les fadeurs qu'on débite à une jolie femme n'avaient que le talent de l'ennuyer. C'est une justice que je lui rends : elle n'a jamais pensé à retirer avantage de sa figure et de son teint simple comme la fleur des champs. Sa philosophie lui faisait désirer de plaire simplement à celui à qui elle avait donné son attachement.

Le comte d'Osmont, comte de Lyon, avec qui j'avais été au collège, quoique bien plus âgé que moi, et frère de mon ami le comte d'Osmont, nous vit chez le cardinal-archevêque. Né avec une charmante voix et une jolie figure, il avait le malheur d'avoir été estropié étant jeune, et avait une jambe de deux pouces plus courte que l'autre. Il était rempli d'amabilité et de bonté. Nous allâmes le voir, et je fus surpris de le voir entouré de quatre enfants qu'il disait être ses neveux. Je commençais à faire un jugement téméraire, lorsqu'il m'expliqua qu'un troisième frère, marié peu richement à Saint-Domingue, lui envoyait un à un ces neveux; malgré son modique revenu, il élevait toute cette famille avec une générosité sans égale.

Il nous accompagna à Pierre-Encize[119]; nous visitâmes cette prison d'État avec exactitude, excepté quelques prisonniers que nous ne pûmes voir. Nous vîmes les autres, qui ne nous parurent pas malheureux par les soins du gouvernement. Ils avaient toute liberté, entre autres un M. de Saxe[120] qui méritait la roue pour avoir à la chasse assassiné par derrière son beau-frère; il jouissait de soixante mille livres de rente, avait rendu son appartement très agréable, tenait un état de maison considérable et traitait plusieurs personnes de la ville. On nous le nomma, et nous nous gardâmes bien de lier conversation avec un homme qui avait tant de titres pour être retranché de la société.

En rentrant chez moi, je trouvai une lettre conçue en ces termes : « Un homme qui court après vous et qui revient d'Aix vous demande une audience secrète à l'auberge de *** où il est descendu. Il vous prie de vous y rendre pour un service important. » Je me rendis donc à cette invitation à 8 heures du matin. Je trouvai un beau jeune homme de vingt-deux ans, grand, fait au tour, et de la plus jolie figure du monde. Voici comment il débuta après les politesses d'usage : « Je m'appelle L., je suis gentilhomme ordinaire du roi, et quoique je n'aie pas l'honneur d'être connu de vous, je suis parti avec la confiance de la femme de M. de Barassy, votre ami. J'ai été jusqu'à Aix, je vous ai manqué de douze heures, et comme il est important pour son repos qu'il ne sache pas la démarche que je viens faire, je suis accouru ici où on m'a dit que vous séjourniez. Mme de Barassy a eu une faiblesse en ma faveur, il s'en est suivi une suite malheureuse; bref, elle est grosse de sept mois, et de manière à ne le pouvoir cacher à personne, surtout à son mari. Le point capital est de l'empêcher de venir à Paris jusqu'au temps où elle sera accouchée, ou si cela ne vous est pas possible, de le garder chez vous, car elle craint son caractère vif et violent, et même emporté. C'est sur vous qu'elle a jeté les yeux. Et moi, monsieur, qui l'aime plus que la vie, vous me rendrez un service d'autant plus grand que je ne dors ni jour, ni nuit, et que la démarche que je fais doit vous prouver tout mon attachement pour elle. »

La chose existait, les réflexions devenaient inutiles. J'établis le caractère de mon compagnon, qu'il connaissait par la femme encore mieux que moi; je lui fis voir l'impossibilité de retarder mon arrivée à Paris : mon camarade ne parlait que du désir de revenir chez lui jouir de sa tendre moitié, s'attendrissait sur la peine qu'elle avait dû éprouver en son absence; ma femme avait annoncé à sa mère notre retour fixe à Paris; elle était exigeante. Et quelque chose que je fisse, je n'avais pu obtenir de faire une course à Genève, pour laquelle j'avais pris toutes mes dispositions; si j'avais voulu insister, mon compagnon, exalté sur le plaisir de revoir sa femme, aurait pris seul avec son laquais la route de Paris. Je convins donc avec M. L. que je ferais de mon mieux; qu'il tranquillisât la dame, et qu'elle serait prévenue du moment de notre arrivée; que nous nous écririons, et que ses lettres seraient sous deux enveloppes, adressées à Mlle Gentil.

Nous prîmes la route de Dijon, où nous arrivâmes chez nos amis, M. et Mme la baronne d'Ogny[121]. M. Rigoley d'Ogny était trésorier des états de Bourgogne par intérim, jusqu'à la majorité de son cousin M. de Montigny, titulaire et conservé dans cette place. Les états de Bourgogne étaient finis depuis huit jours; nous en donnâmes autant à nos amis. Tout se sentait encore du luxe des états, quoique chaque membre eût regagné ses foyers. Nous fûmes traités par M. et Mme d'Ogny à la ville et à la campagne dans des habitations charmantes, et nous y vîmes la marquise de Sassenay, Mlle de Brou en son nom, cousine germaine de ma femme.

La saison s'avançant, nous regagnâmes Paris en toute diligence. Mon compagnon de voyage ne parlait que du bonheur dont il allait jouir en allant retrouver sa femme. Je ne voulais avoir l'embarras de lui apprendre sa situation qu'au dernier jour du voyage, ou la veille, pour l'accoutumer à cette idée – ce que je fis en lui annonçant par degrés que sa femme m'avait fait prier de le détourner d'aller chez lui. Enfin, il fallut fondre la cloche, et, l'explosion passée, prendre un parti : il fut convenu qu'il descendrait chez moi, rue d'Anjou, faubourg Saint-Honoré, que j'irais chez elle prendre les arrangements pour sauver au public toutes démarches imprudentes. Sûr d'être maître de cette négociation, je fus tranquille sur les suites.

Notre voiture était remplie d'étoffes de Perse et d'étoffes de prix, que j'avais achetées à Marseille et dans ma tournée; les droits étaient considérables; je les avais supprimés moyennant que les balles avaient été plombées à Marseille. Le tout était d'entrer dans Paris sans que nos effets fussent visités à la douane. Le contrôleur général actuel était M. de Boullongne, grand-oncle maternel de ma femme; M. Roslin, fermier général, était son propre oncle. C'étaient bien des titres pour nous obtenir quelques faveurs. J'envoyai mes gens à la barrière Saint-Jacques nous annoncer sous tous les titres de la parenté, ne doutant pas qu'on ne nous laissât passer; par un malentendu avec nos gens et les postillons, on nous fait entrer par la barrière Saint-Bernard. Quel fut notre étonnement de voir ouvrir la portière par un couple de commis qui nous proposent de descendre!

Le moment était critique ; après avoir dit qui nous étions, mis toute l'emphase sur la nièce du contrôleur général, il s'en détache un pour se rendre au bureau. Quant à celui qui reste, je tire deux doubles louis de ma poche : « Monsieur, lui dis-je, ma femme est très fatiguée ; voici mon adresse : faites-nous accompagner, mais par honnêteté, laissez-la regagner son hôtel. » Cet homme, attendri de mes procédés, ferme la portière et donne l'ordre aux postillons de suivre leur route. Ainsi, nous fûmes quittes des droits et embarras subséquents.

Mon compagnon vint loger chez moi. J'arrangeai si bien les choses, que la femme avait pris le parti d'aller habiter une petite terre nommée Villebouin, sur le chemin d'Arpajon, qu'ils avaient louée. Il fut convenu qu'il se rendrait chez lui, qu'il dirait qu'il avait donné ses ordres pour l'aller joindre à la campagne. Il se conduisit en conséquence. Il avait un valet de chambre, le plus discret possible. Il se rendit chez lui, rue de Paradis, dès que je sus qu'elle était rendue à sa destination, disposition à laquelle elle n'avait pas voulu se prêter, jusqu'à ce qu'elle fût sûre qu'il était arrivé à Paris.

M. L. correspondait avec moi. Jeunes et amoureux, ils me regardaient tous les deux comme un être bienfaisant. Mon ami, revenu chez lui, sut des détails qui le mirent hors de mesure ; je parvins à le calmer pour ne pas divulguer une chose qu'il devait tenir cachée. Enfin, j'obtins que, retirée dans sa terre, elle se débarrasserait d'abord et tranquillement du fardeau ; qu'on attendrait le temps qu'elle passerait dans la retraite jusques après ; qu'elle n'y verrait personne.

Elle me fit demander de l'aller voir. Mme de Barassy était grande, faite au tour, d'une jolie figure, leste ; elle aimait tout, jusqu'à la chasse, soit à cheval, soit à tirer, et elle s'acquittait de tout avec grâce. Je la connaissais peu : j'avais été à son mariage, et depuis j'avais soupé deux ou trois fois chez elle. Ainsi, ce n'était pour moi qu'une connaissance, tandis que son mari, que j'avais connu dès le collège, ne m'avait pas quitté. Il était d'un tempérament phlegmatique[122] dans l'étendue du mot, et très sanguin ; son frère était mort subitement, son père aussi, en descendant de voiture, et sa mère avait péri après trois attaques de paralysie. Tous ces exemples le frappaient : menacé de la poitrine, il rapportait une meilleure santé de l'usage des eaux de Cauterets, mais elles n'avaient rien fait sur le moral : c'était l'homme le plus irritable et le plus violent possible. Je m'en étais rendu le maître en opposant à sa déraison beaucoup de [bonne] humeur et d'égalité, mais une grande fermeté ; je ne m'étais fâché que deux fois, mais froidement, et j'avais vu que le ton que j'avais pris lui en avait imposé ; je me gardais bien d'user le moyen.

Je voulais bien leur rendre à tous service, mais il était hors de mon caractère de me prêter à aucune manœuvre illicite; il était ridicule de jouer le rôle d'un homme commode : je respectais assez ma femme pour vouloir qu'elle m'estimât. Sa prudence, quoique jeune, son excellent jugement me firent un devoir de lui rendre compte de toutes mes démarches; c'était un exemple de mauvaise conduite qui ne pourrait jamais lui servir, mais c'était l'accoutumer aux confidences, et à juger des événements de la vie.

Mme de Barassy me fit prier d'aller la voir pour me remercier et s'expliquer avec moi; M. L. m'apporta sa lettre. Je commençai par exiger, si on voulait que je m'en mêle, de n'avoir plus aucune communication ensemble : ils devaient faire ce sacrifice l'un et l'autre à leur malheureuse position. D'ailleurs, si le mari avait su que je fusse de moitié, je perdais tout mon crédit vis-à-vis de lui. Quoiqu'il ne fût pas bien fin, les gens qu'on employait pouvaient jaser. J'obtins donc que M. L. ne traiterait de rien avec moi, qu'il ne serait plus l'intermédiaire, et je tins parole : je me rendis alors à la terre en question. Ma visite est trop singulière pour que je ne la consigne pas ici.

J'arrivai chez elle sur les 11 heures, je l'avais fait prévenir. De plus loin que je la vis, je ne l'aurais pas reconnue, tant elle me parut changée, avancée dans son état, tourmentée de sa situation. Elle s'avança avec une humiliation qui me fit grande peine; elle se serait prosternée de reconnaissance devant moi si je ne m'y fusse opposé. Les premiers moments passés, nous entrâmes en explication. Cette femme avait beaucoup d'esprit. Ses torts pouvaient s'excuser d'après le caractère ombrageux, tyrannique de son mari. Elle entra dans des détails de son caractère que je n'aurais jamais pu deviner. Sa haine, son aversion pour lui étaient au comble. Ayant pris de la jalousie d'un homme qui vivait avec elle et dont il ne s'était pas douté, il avait dit un jour qu'il allait à Versailles comme grand rapporteur. Son appartement était sur le devant; il s'y était posté, avait vu rentrer sa femme à 1 heure du matin dans la voiture de l'homme qu'il soupçonnait. Il tenait ses pistolets chargés; il l'avait vu monter chez sa femme, avait contenu sa rage un quart d'heure, était sorti, avait enfoncé dans son humeur quatre portes, et avait traversé les appartements; il était arrivé sur eux, avait marché sur l'homme, lui avait crié : « Sortez de chez moi tout à l'heure! » L'homme avait obéi, et il l'avait tiré et manqué : le trou de la balle était encore dans le lambris. Sans rien dire à sa femme, il avait posé le pistolet sur la cheminée et lui avait ordonné de se coucher, ce qu'elle avait fait. Il était resté toute la nuit assis à côté d'elle sans proférer une parole : le tourment qu'elle avait éprouvé, la peur qu'elle avait eue, lui avaient fait donner son cœur à l'homme qui était venu me trouver. Cette faiblesse était excusable dans sa triste position, vis-à-vis d'un mari qu'elle détestait le plus cordialement du monde. Je ne pouvais le défendre, je ne pouvais que le plaindre.

La conversation changea. Elle finit par être très aimable. Rendue à son caractère, elle voyait dans ma médiation un jour plus heureux luire à ses yeux. Je revins à Paris, je rendis à mon homme une partie de ma conversation. Mon étonnement fut étrange : il convint de tout, me détailla tous les faits comme elle, ne s'excusa point, parce qu'il trouvait l'action toute simple. Magistrat, il ne calculait ni pour lui, ni pour les autres, bien qu'il trouvât son amour-propre lésé; on lui aurait fait accroire les choses les plus absurdes en flattant sa vanité : j'ai vu une jolie femme qui le connaissait parfaitement lui faire danser dix-sept contredanses de suite en lui répétant qu'il dansait à merveille, quoiqu'il s'en acquittât très simplement. Sa femme le connaissait aussi bien que moi, et quand je lui reprochais de n'avoir pas tiré parti de lui par la connaissance de ses faiblesses, elle me répondait que son dernier procédé était si atroce qu'elle ne pouvait le supporter. J'étais convenu avec elle qu'elle emploierait toutes ses ressources pour le ramener; que, comme elle était convaincue de son tort, elle devait faire les premières démarches. M. de Barassy n'avait nulle mémoire. Sa colère exhalée, il faisait tout ce qu'on voulait : il convint qu'il la laisserait à sa terre une couple de mois, que la chose serait secrète. Cependant, sans ma précaution d'en prévenir le ministre, il aurait sollicité une lettre de cachet pour la faire mettre au couvent.

Il vint chez moi tous les jours. Je m'efforçai de le distraire tant que je pus; j'entretins un commerce de lettres avec sa femme et lui procurai, de concert avec lui, toutes les douceurs nécessaires. Avec une aussi pauvre tête, je devais en rester là; aussi je ne sus pas ce que tout cela était devenu. Un seul homme de confiance en fut chargé, et on m'assura que l'enfant n'avait pas vécu. M. L. fit toutes les démarches pour s'en charger, je lui dis où j'en restais, et la mort de l'enfant mit ordre à tout.

CHAPITRE XVII

Au 1er janvier[123], je repris mon service; le roi continuait ses plaisirs et [s'occupait peu d'autres] affaires que celles de routine ou du conseil. Malgré lui préoccupé de ce malheureux assassinat, [quand] il changeait de chemise devant le corps diplomatique, il regardait si on ne jetait pas les yeux sur la cicatrice, qui était presque invisible. Si je lui présentais un étranger, quoiqu'auparavant je lui eusse dit son nom et ce qu'il était, il s'en éloignait malgré lui; dès que je me fus aperçu de ce faible, je pris la précaution de me mettre entre eux deux, et cette attention sans prétention lui plaisait.

L'abbé de Bernis[124] était fort avancé dans la cour de Mesdames et plaisait fort à Madame Infante. Avec de l'esprit, une figure ronde et ouverte, il négociait avec M. le comte de Stahremberg, alors ambassadeur de l'empereur : l'abbé était l'intermédiaire de Mme de Pompadour, et Stahremberg celui de l'impératrice; on ménageait le fameux traité d'union entre les deux puissances. Ces négociations se traitaient aux petites écuries, chez M. de Bridge, sans que qui que ce soit s'en doutât; les lettres de ces deux dames se remettaient comme celles de deux amants; l'impératrice appelait [Mme de Pompadour] sa bonne amie, et le roi était circonvenu sous toutes les formes possibles. Il recevait des envois directs de vins de Tokay, qui étaient en dépôt chez les Mitais, marchands de vin du roi en titre; et on pouvait être sûr que, par des opérations chimiques, ils conserveraient le même goût, et doubleraient ou tripleraient au besoin.

On avait renvoyé quelques ministres; le contrôle général était comme une arène escarpée où tout le monde se présentait et d'où on descendait encore plus vite. La duchesse d'Orléans (Conti), qui ne se refusait rien, envoyait un page, le lendemain du jour où le contrôleur général était nommé, demander quelque chose d'indifférent, en lui recommandant de s'informer s'il était toujours en place[125]. On envoya en ambassade en Espagne M. le comte d'Ossun; M. le comte de Masones Sotomayor[126], ambassadeur en France, eut l'ordre de revenir; bon homme, petit, magnifique dans sa représentation, il fut regretté dans Paris qu'il régalait de bals masqués ou publics cinq ou six fois par hiver.

Le roi dans son intérieur était aimable autant qu'on pouvait l'être; gai, affable, il tenait son cabinet d'une manière intéressante. Mgr le prince de Condé arriva un jour pour lui annoncer l'accouchement de sa femme : il faut observer qu'on s'était trompé de mois; comme c'était son premier enfant — M. le duc de Bourbon d'aujourd'hui[127] — Mme la duchesse d'Orléans avait dit à qui voulait l'entendre qu'il fallait que Mme la princesse de Condé avalât en pilule un précepteur pour que l'enfant vînt tout éduqué. Tout Paris, toute la cour s'en occupait : Mme la princesse de Condé était intéressante à tous égards, d'une figure charmante, pleine de bonté et de vertus. Le prince de Condé arriva à l'instant dans le cabinet pour annoncer le premier au roi l'heureux accouchement. Le roi allait partir pour la messe; dès qu'il vit le prince, il ne lui dit qu'un mot, et revenant après avoir congédié sa suite, il ne resta qu'avec les habitués du cabinet — et j'étais présent. « Monsieur de Condé, lui dit le roi, nous sommes accoutumés dans la famille à arriver plus tard qu'on ne comptait; vous, votre grand-père et votre bisaïeul, vous en avez fait de même; et de moi, de mon [arrière-] grand-père Louis XIV, n'a-t-on pas dit la même chose? » Là-dessus, il déploie une érudition étonnante, il s'étend sur la famille du roi de Sardaigne; il se divertit de l'embarras du prince, qui ne répondait que par des monosyllabes, « Oui, Sire », et qui était à son ordinaire très timide et embarrassé. Cette conversation dura plus d'une heure, et nous intéressa tous singulièrement.

Un autre jour, il adressa la parole au maréchal de Biron, celui qui avait si bien tenu le régiment des gardes françaises, cependant le plus intrépide courtisan et conteur que j'aie vu de ma vie. Il lui dit : « Maréchal, avez-vous vu le nouvel uniforme des gardes du corps?

— Non, Sire.

— Faites-vous le montrer. Ah! il est beau, il est magnifique! brodé en paillettes sur toutes les tailles... Je ne sais ce que cela coûtera. Mais ils l'ont voulu. Payera qui pourra! car les fonds sont bien courts cette année. » Il parlait des affaires de l'État comme si c'était un autre qui gouvernât, et pour le malheur de la France, il distinguait son [propre] personnel de celui de l'État. Grand tort d'une mauvaise éducation, car personnellement il était le plus excellent des hommes et le meilleur, quelque chose que les malveillants aient pu dire.

Ma belle-mère voulait pourvoir à l'établissement de ses autres filles. Celle qui suivait ma femme s'était décidée à prendre le voile : à l'instant, elle avait pris avec elle celle qui la suivait. M. Amelot, fils du ministre, maître des requêtes, et avec lequel j'avais fait mon académie[128], venait très souvent chez moi. Verneuil, mon ancien camarade, était fort répandu dans la société de Mme la marquise d'Amézaga, née Mlle de Vougny, depuis Mme Amelot, femme du ministre et mère de mon ami; elle était devenue veuve avec un garçon, et deux filles mariées : l'aînée, veuve jeune de M. le marquis de Caumont La Force, et l'autre mariée à M. le marquis de Pont-Saint-Pierre de Roncherolles[129]. Mme Amelot s'était remariée avec M. le marquis d'Amézaga, d'une famille espagnole établie à Nancy, homme d'un certain âge, mais ayant conservé les traits de la plus jolie figure possible, renommé pour ses bonnes fortunes et le goût de tous les plaisirs[130]. Mme d'Amézaga avait été fort belle, et montrait encore les traits les plus délicats; attachée du vivant de son mari à un capitaine aux gardes, femme d'un ministre, elle avait su refuser les avances que le roi lui avait faites. Elle jouissait d'une grande fortune, tenait une excellente maison où la ville et la cour se rassemblaient : tout cela avait un air de grandeur de l'ancien temps. Je ne leur étais pas étranger : garçon, j'avais vécu avec Amelot chez Mme de Vougny, sa grand-mère, qui demeurait rue du Grand-Chantier, vis-à-vis l'hôtel de Machault.

M. de Verneuil fit donc les premières démarches pour le mariage de ma belle-sœur, et l'affaire fut terminée en huit jours; ma belle-sœur eut la même dot [que ma femme]; on loua pour eux une maison rue Vivienne, à côté de celle de M. Roslin. Ma femme, qui était sur la fin de la grossesse de sa fille, accoucha d'elle précisément le jour de la noce[131]; elle se faisait chez M. de Boullongne, alors contrôleur général, et je ne pus m'y trouver que quelques instants, puisque [ma femme] accoucha à 9 heures du soir.

Cette noce se fit avec le même appareil que la mienne; notre liaison augmenta, et nous vécûmes avec et chez Mme la marquise d'Amézaga. M. de Vougny, son neveu[132], était fort jeune et venait d'hériter de son grand-père maternel, M. de La Peschellerie, ancien fermier général, de soixante mille livres de rente et d'une terre superbe auprès de Choisy; plein de goût, il se distingua par des fêtes charmantes qu'il donna à cette occasion. Cependant, le caractère tracassier de Mme Le Gendre ne se fatiguait pas : elle avait un gendre de plus à tourmenter. Le nouveau ménage comptait n'y pas tenir : on exigeait qu'il restât à poste fixe avec les parents toute la journée.

Amelot s'impatientait; il finit par prendre sa maison tant bien que mal, et vécut comme il put.

C'eſt de cette époque que date ma connaissance et notre liaison intime avec M. et Mme de Préninville. Leur société a tellement influé sur le reſte de ma vie, que je m'étendrai avec plaisir sur ce qui les concerne. J'ai dit qu'après la mort du dernier des Grandval, la famille avait fait passer la place de fermier général à M. de Beaufort, qui fut père de trois filles[133], mariées l'aînée à M. Roslin, receveur des tailles à Alençon, ensuite fermier général et grand-père de ma femme; la seconde à M. de Boullongne, petit-fils du fameux peintre J. M. de Boullongne, alors premier commis des fermes, depuis intendant des finances, et ensuite contrôleur général; la troisième à M. Watelet, receveur général des finances, dont eſt sorti M. Watelet, également receveur général des finances, mort membre de l'Académie française, et M. de Valogny, mort maréchal de camp.

Dès que M. de Boullongne commença à prendre le vol où ses plans l'appelaient, il se résolut à s'appuyer de parents du même nom; il fit donc venir de Caen une famille de Boullongne, composée [d'un père et de deux fils] d'une bonne noblesse de ce pays-là, et qui vivotaient bourgeoisement[134]. M. de Beaufort étant venu à mourir, on donna la place à ce M. de Boullongne, qui fit des sacrifices en conséquence; mais il n'y fut pas un an que la mort l'enleva, de sorte que les deux fils se trouvèrent chacun avec cinq mille livres de rente sur le pavé de Paris. On les deſtinait à la robe : il fallut y renoncer; M. de Boullongne, qui les avait attirés en la capitale, ne trouva rien de mieux que de les intéresser dans les vivres de l'armée du maréchal de Saxe. Ce fut l'époque de leur fortune : en une campagne, eux défrayés, leur partage fut de chacun sept cent mille livres; ils continuèrent deux campagnes; alors l'aîné entra dans les plus hautes places des finances, se maria, n'eut qu'une fille, qui eſt aujourd'hui la marquise de Laval-Montmorency, la mère de Mathieu de Montmorency[135]; et le second prit une charge de receveur général des finances en épousant Mlle Jogues de Martainville. M. Jogues de Martainville était veuf, avait mal fait ses affaires dans le commerce, s'était retiré à Cadix où il avait été plus heureux. Ses enfants étaient protégés par Mme de Pompadour. L'aînée, Mlle de Martainville, belle, jolie, charmante, faisait beaucoup de bruit à Paris; M. de Préninville fut préféré, on lui donna l'agrément de la place[136].

M. de Boullongne de Préninville joignait à de l'esprit la meilleure éducation possible; il aurait été de la plus belle figure si, au collège, un couteau ne lui était pas tombé d'une planche élevée sur l'œil gauche, de telle manière qu'on ne put le lui conserver. Fort riche, honorable, délicat en amitié, timide par son incommodité, il avait une tête si bien faite qu'il aurait gouverné un royaume; gai, son cœur s'ouvrait à l'amitié, mais il fallait faire des frais pour l'obtenir. Ce mari d'une jolie femme sentait toute sa position et, sûr de sa femme autant qu'il le pouvait, il l'aimait sans la contrarier et sans lui lâcher la bride sur les dépenses qu'elle aimait à faire sans ordre ni mesure. Un an avant que je les connusse, une formalité oubliée dans le mariage les obligea à recommencer la cérémonie, pour constater l'existence d'un fils unique, beau comme un ange. Ce qui avait donné lieu à cet événement était l'opération où il avait été obligé de se faire extirper l'œil et d'y substituer un œil de verre, beaucoup moins difforme que l'autre, qui ne cessait de former des abcès. Pour donner une idée de son caractère, il se fit opérer un beau matin sans en parler à sa femme, et malgré les précautions qu'il prit, il s'ensuivit une maladie de vingt et un jours dont il se tira.

Nous avions des raisons de liaison, puisqu'il y avait affinité entre la famille de ma femme et lui; l'amabilité froide de son épouse convint merveilleusement à ma femme; je ne tardai pas à sentir tout ce que valait le mari. Nos caractères sympathisèrent; il s'ensuivit qu'il me témoigna jusqu'à la fin de ses jours une amitié sans réserve, quoiqu'il eût vingt ans juste de plus que moi. L'époque où nous nous connûmes, je logeais rue d'Anjou et lui à l'hôtel de Caumont, rue de Richelieu, entre la rue Feydeau et la rue Saint-Marc[137]. Il ne tarda pas à louer pour maison de campagne le superbe château de la Chevrette, les affaires de M. d'Épinay, dont j'ai parlé, exigeant ce sacrifice[138]. Cette terre était à La Barre, à moitié chemin de ma terre de Saint-Leu; habitant tous deux la vallée de Montmorency, tout faisait des convenances de liaison.

Si on peut dire que ma femme eût un goût décidé, c'était pour jouer la comédie; née avec une mémoire prodigieuse et facile, elle avait un physique si joli et si agréable que, quoique sans amour-propre, son jugement sûr lui donnait la confiance qu'elle réussirait. Je fis donc arranger le théâtre provisoire que j'avais construit pour jouer des parades. Il devint un théâtre en règle, et la comédie et les opéras-comiques, car c'était alors le ton du jour, furent exécutés avec succès. On débuta par *le Glorieux* et *Blaise le savetier*[139], opéra-comique; ils furent si bien exécutés que cela fit bruit; à la seconde représentation, toute la salle se trouva remplie. Les avenues avaient des voitures comme un spectacle de Paris. Philidor et Sedaine, les auteurs, me firent demander permission d'y venir; La Borde, mon ami, si bon musicien, jouait; M. de Bacquencourt faisait Blaise, ma femme Blaisine : on ne parlait que de son jeu. Tout ce qu'il y avait soit de connaissances, soit d'artistes, soit de gens de nom briguait d'y venir. Cet été fut brillant et fort cher, car ces jours-là j'avais plus de cinquante personnes à souper.

Ce fut l'époque qui me lia intimement avec Sedaine[140]; son histoire est trop singulière pour ne la pas consigner ici. Sedaine, fils d'un architecte entrepreneur, avait fait ses études au collège des Quatre Nations. Lorsque son père, employé à construire quelques châteaux en Berry et en Touraine, entre autres le château de Verneuil, l'emmena avec lui à l'âge de quinze ans, la fatalité voulut qu'il le perdît au bout de trois mois. Alors Sedaine revint à Paris pour consoler sa mère; on vit, par l'inventaire, que la probité du père avait nui à ses talents, car il fut constaté qu'il ne laissait rien. Sedaine fils, né avec du caractère, commença par laisser à sa mère le mobilier et quelque argent comptant; le frère, plus jeune que lui, prit le parti de s'engager; et l'aîné, trouvant tous les états honorables pour être utile à sa mère, connaissant déjà la coupe des pierres, se fit tailleur de pierre : ce fut là où, comme Molière, il commença à étudier les hommes qui n'ont pas, par l'usage du monde, l'art de se masquer. Cependant, il s'occupait de petites pièces fugitives, et le *Mercure* de ce temps les consignait comme aux anonymes. Cependant, il se serait bien gardé dans ce nouvel état de s'avouer pour l'auteur : dans l'instant, ses camarades, ou l'auraient trop considéré, ou s'en seraient défiés; il n'y avait pas de milieu. Il travaillait assidûment les jours ouvriers; combien de fois, en se promenant avec moi dans Paris, ne m'a-t-il pas montré les endroits où, supportant le poids du jour, il avait taillé la pierre! Cependant sa sagesse, son économie lui procurèrent assez d'aisance pour pouvoir aider sa mère; un maître maçon entrepreneur le distingua et lui proposa d'être appareilleur, état qui demande plus de connaissances qu'un simple tailleur de pierre. Ses appointements en augmentèrent, et en deux ans il se trouva en état de pouvoir compter sur mille écus d'épargne. Le premier usage qu'il en fit fut d'en placer la moitié en rente viagère sur la tête de sa mère, et d'écrire à son frère que le reste, il le destinait à le dégager. La réponse de son frère fut laconique et annonçait aussi son caractère; la voici : « Mon frère, j'aime le service; si tu me dégageais, j'y rentrerais à l'instant. Je n'ai besoin de rien que de ton amitié. Garde l'argent pour toi. Je te remercie. ».

Ce fut à peu près dans ce temps qu'il loua un appartement rue du Puits, au Marais; il fit alors sa charmante épitre *A mon habit*[141]. Connu par sa probité et ses talents, il commença sa carrière dans les lettres; Vadé[142], le fameux auteur de vaudevilles, devint son ami; c'est à table, et avec de très aimables femmes, que se firent beaucoup de jolis couplets, et qu'il fit en riant le fameux et charmant cantique de saint Antoine[143]. Alors, il abandonna totalement le ciseau et le marteau. M. Le Comte[144], marié et sans enfants, s'était retiré de la place de lieutenant criminel à Paris avec considération; ce ménage plein d'esprit, de philosophie et de raison voulait vivre retiré en petite société à Paris sans y être; un terrain construit en masures dans le faubourg Saint-Antoine lui parut propre à ce sujet. Il consulta, on lui parla de Sedaine; il l'envoya chercher et lui proposa d'être l'architecte de sa nouvelle maison et de lui donner un plan. Sedaine par modestie hésite; enfin, il accepte, et le voilà maître maçon et entrepreneur de la maison de M. Le Comte. Ce dernier ne fut pas sans sentir le mérite de celui qu'il employait : le ménage ne voulut pas qu'il eût d'autre table que la sienne, et son étonnement fut à son comble quand on lui proposa de bâtir au fond de la maison un appartement comme pour lui. Il devint nécessaire à ces deux honnêtes gens; sans héritiers, retirés, ils s'accoutumèrent à le regarder comme un tendre fils que le hasard leur avait procuré. Fidèle à son caractère, il ne voulait point s'assujettir; il voulut garder son appartement au Marais, et ne donnait à ses amis que les jours de fête.

Monnet, restaurateur de l'Opéra-Comique[145], voulut s'attacher des auteurs; il avait jugé Sedaine pour ses œuvres légères. Il lui proposa un opéra-comique. Sedaine accepte pourvu qu'il soit maître de choisir le musicien; Philidor, fameux joueur d'échecs[146], se met sur les rangs. Sedaine le préfère à tous, parce qu'il est persuadé qu'un homme qui a un si grand esprit de calcul doit réussir. Ils font ensemble, l'un les paroles, l'autre la musique de *Blaise le savetier* : tout Paris y court, et toutes les sociétés un peu musiciennes veulent l'exécuter; ce fut l'époque de notre connaissance. Je n'eus pas causé une heure avec lui que je l'invitai à passer quelques jours à Saint-Leu; il accepta avec franchise. Les spectacles étaient interrompus; nous passâmes huit jours avec lui, Mme de Moussy, alors veuve, Mme Sedaine, Saint-Marc et quelques autres, dans une société délicieuse. Tel fut le commencement d'une amitié durable, puisque depuis 1758[147] jusqu'en cette année 1795, il n'y a eu aucune interruption ni aucun nuage dans notre amitié, et que les temps malheureux de cette Révolution m'ont fait jeter au feu un tas de lettres philosophiques que je destinais à passer à la postérité. Comme cette intimité a fort influé dans le reste de ma vie, je me suis trouvé forcé de faire ces deux digressions.

Mme de Préninville était la base de nos plaisirs; charmante de figure, quoiqu'un peu trop grasse, son caractère de bonté et de bonhomie attachait tous ceux qui la connaissaient; elle sympathisait avec ma femme, qui aimait à rendre à sa paresse tous les soins de l'amitié : elle ne se serait pas levée pour aller prendre la chose la plus utile. Elle souffrait qu'on la plaisantât sur sa paresse; accoutumée à des adorations, elle prenait tous les soins comme une chose qui lui était due, mais d'une manière dont on ne pouvait être choqué; confiante, causante, lorsqu'on la connaissait on l'aimait à ne pouvoir s'en détacher, parce que sa bonté était un aimant qui attirait à elle. Elle me savait l'ami de son mari : elle s'en plaignait, quoiqu'il n'eût aucun tort, parce qu'il ne fournissait pas à sa fantaisie, et elle mit sa confiance en moi; assez prudent pour ne mettre que la paix entre eux deux, je me rappellerai avec plaisir des faits qui prouveront que, l'aimant de tout mon cœur, j'ai joué avec eux deux le rôle le plus singulier.

Dès que la terre de la Chevrette fut louée et que M. de Préninville eut donné son consentement — il venait de quitter la place de receveur général des finances pour celle de fermier général — la société s'y établit; nos comédies cessèrent pour un plus grand théâtre; celui de M. d'Épinay, où j'avais joué la comédie, établi dans une superbe orangerie, fut de nouveau habité. Bacquencourt et presque nous tous y fûmes jouer, mais M. de Préninville, voyant où ses dépenses l'entraînaient, força sa femme d'enrayer. Cependant, le temps que nous ne donnions pas l'été soit à Hénonville, soit à Passy, soit à Saint-Leu, leur était consacré, et nous y passâmes des jours délicieux.

Mme de Préninville avait de son côté une famille fort étendue; du premier lit, elles étaient trois sœurs : Mme de Préninville, l'aînée; Mme de La Valette[148], épouse de M. Chicoyneau de La Valette, fermier général et séparé d'elle parce qu'il était atteint de folie; et la troisième mariée à M. Peilhon, trésorier des bâtiments, fils d'un homme dans les fermes que l'on croyait extraordinairement riche. D'un autre lit, par un second mariage de son père, elle avait quatre sœurs et un frère; les quatre sœurs étaient toutes fort aimables, et j'en ferai mention plusieurs fois.

Nous fûmes tous obligés d'aller cette année faire un voyage à la terre d'Hénonville, à cinq mortelles lieues de Pontoise; il fut de six semaines. Je ne me suis de ma vie tant ennuyé : il y avait les tracasseries continuelles de ma belle-mère, qui s'émancipa jusqu'à donner un soufflet à sa fille, Mme Amelot; il fallait vivre avec tout un monde qui ne se convenait en aucune manière. Tantôt bien, tantôt mal avec elle, je me soutenais avec la grand-mère, Mme Roslin, petite vieille courbée comme si elle avait travaillé toute sa vie à la terre, ayant des yeux d'une grandeur et d'une vivacité étonnantes, de l'esprit, mais subjuguée entièrement par sa fille dont elle sentait le ridicule sans vouloir en convenir.

Le comte d'Osmont, notre ami, les connaissait : il passa sur l'ennui pour venir nous y voir; l'espoir d'une superbe chasse lui fit braver les difficultés du séjour, et il arriva dans le temps que M. Roslin le fils y était; il s'était réservé exclusivement les plaisirs, de sorte que Mme Roslin n'osait rien dire. Nous fîmes donc des chasses avec des batteurs, beaucoup plus belles que dans les plaisirs du roi. Je crus que d'Osmont en deviendrait fou de bonheur : nous étions dans des fosses exprès, et en une demi-heure nous tuions chacun plus de cinquante lièvres; d'Osmont, à quelque distance de moi, jurait comme un païen, changeait de fusils, les faussait quelquefois de colère sur son genou : c'était une vraie comédie pour moi, tandis que j'abattais les lièvres. Quand la battue fut finie, j'allai à lui pour le consoler, et je vis qu'il n'avait tué que six lièvres; grande explication : je me mis à sa place, et je vis distinctement que, comme il avait la vue basse, dès que le gibier arrivait sur un petit tertre élevé, il le croyait, vu l'optique, très près de lui, le manquait, et s'en prenait à son fusil. Pour ne pas effrayer Mme Roslin, il ne parut de cette chasse qu'une demi-douzaine de pièces, et le reste fut distribué dans le hameau qui nous entourait, et à nos gens.

Enfin, nous revînmes à Paris. Il restait une fille à marier : Mme Le Gendre l'avait retirée avec elle, et cet hiver elle fut mariée à M. de Pomereu, maître des requêtes[149], fils du marquis et de la marquise de Pomereu, rue du Temple. Ce jeune homme plein d'esprit, de moyens, d'ambition, ami intime de M. de Montesquiou, de M. de Lamoignon, depuis garde des Sceaux, promettait de jouer par la suite un rôle très important; d'un caractère mûr et froid, il aimait le travail et avait des connaissances magistrales au-dessus de son âge. La dernière [fille] fut traitée comme ses autres sœurs, excepté que M. le comte d'Onsembray, leur oncle, ne voulut pas donner les vingt mille livres dont il avait avantagé l'aînée : il avait quatre enfants, et personne ne fut étonné que, malgré sa générosité, il arrêtât sa bienfaisance.

Mon service recommença au 1er janvier 1759. Tout était bien changé : en huit jours de temps, on eut la nouvelle d'une promotion de cardinaux et de l'envoi du nonce Durini pour apporter les barrettes, cérémonie que ces nouveaux princes de l'Église attendaient avec impatience. M. l'abbé de Bernis était ministre des Affaires étrangères, M. le duc de Choiseul, cordon bleu, ambassadeur à Vienne[150]. La protection évidente de Mesdames, la manière leste dont l'abbé était avec Madame Infante, tout lui donnait espérance de jouer un grand rôle. Madame Infante, grasse singulièrement, aimait la parure, et était pour une princesse d'une bonhomie qui, sans blesser sa dignité, perçait dans toutes ses actions. Elle parut un jour dans le cabinet avec une robe de satin cramoisi, retroussée par des attaches qui étaient tous les diamants de la couronne, le Pitt, le Sancy, le Régent; je n'ai vu de ma vie une parure si riche et de si mauvais goût. C'était une robe de cour sans mantelet, qui étalait une gorge très volumineuse; l'abbé de Bernis, causant familièrement avec elle, et promenant comme par distraction les poils d'un manchon de martre, qu'il tenait fort haut, sur cette énorme peau, fut remarqué de tout le monde[151].

Une maladie vive emporta la princesse en huit jours[152]. La condition du roi est plus à plaindre qu'à envier, surtout quand on voit de près toutes les misères qui l'entourent pour un événement pareil. C'est lui qui ordonne tout; il est obligé d'entrer dans les plus tristes détails, car les choses sont tellement arrangées que chaque service qui prend directement ses ordres de lui ne veut les prendre d'aucun autre. Le roi, accoutumé à cette étiquette dès l'enfance, est obligé de s'y conformer, quelques déchirements que les questions nécessaires doivent lui faire, s'il est sensible. Le grand aumônier prit donc ses ordres pour les sacrements en ville; les autres, pour le moment de la mort, pour l'endroit où on déposerait [la dépouille] à l'instant, aucun corps mort ne pouvant séjourner dans le château. On la transporta à Paris; il fallut qu'il donnât les ordres pour l'ouverture du corps, enfin pour toutes les cérémonies, pour l'exposition pendant neuf jours sur le lit de parade.

Le moindre événement met toutes les têtes en l'air à Versailles. Après cette mort prompte, ce fut bien autre chose. Le courtisan le plus élevé — et jusqu'à celui qui fait le plus petit service — prend l'esprit de son état dès qu'il a sa place : à l'heure, à la minute, comme un valet de chambre dans son antichambre, lorsqu'il a de l'esprit comme lorsqu'il n'en a pas, sa conversation se réduit à ce que font le roi et la famille royale; plus discret, parce qu'il a eu une éducation, il ne se permet qu'une intrigue à l'oreille : j'ai vu le président Hénault, Moncrif, et tant d'autres, comme le duc de Saint-Aignan, après des ambassades brillantes, se comporter et vieillir ainsi par habitude. Dans un événement pareil, les maîtres des cérémonies jouent un grand rôle; sans cesse prenant des ordres directement pour les plus petites choses, j'admirais la patience du roi à répondre laconiquement, et j'admirais encore plus sa mémoire sur le rappel de choses qu'il était censé n'avoir jamais sues. Je fus obligé de m'adresser à lui pour prendre ses ordres, lesquels étaient que les ambassadeurs, le nonce à leur tête, précédés de l'introducteur, iraient en grand deuil jeter de l'eau bénite sur le corps. Rien ne m'a tant coûté : je mettais [à l'épreuve] la sensibilité du père à une question si déchirante; je lui demandai si le vendredi était le jour que Sa Majesté décidait pour que les ambassadeurs allassent donner de l'eau bénite au corps de Madame Infante, et si l'heure de midi convenait; il me répondit comme s'il eût été question d'une étrangère, et me rappela que j'avais étudié par nécessité sur cette triste cérémonie. J'en conclus que le devoir de sa place l'avait blasé et avait éteint sa douleur, car je n'avais pas à douter qu'il n'y eût été fort sensible.

Les places de contrôleur général étaient amovibles. M. le marquis de Saint-Séverin avait été éconduit du conseil[153]; il avait pris son parti en courtisan, avait la permission de faire sa cour, et disait que cela seul le consolait. Il se présentait à tous les dîners, était plus affable que jamais, avait même l'air riant; cependant, il fut étouffé dans l'année, d'une ambition rentrée.

L'intérieur de ma maison me dédommageait de l'ennui que ma femme éprouvait chez ses parents : régulièrement il fallait, pour éviter des bouderies sans fin, que les trois filles s'y rendissent à 6 heures du soir faire une triste partie, pour se retirer à 11 heures. Ma femme, qui ne trouvait de bonheur qu'à rester avec moi, supportait impatiemment que quelquefois je me dispensasse d'y souper. Quelques garçons y venaient : M. de Vilambre (frère de Caze, fermier général), M. de Pierrevert, M. d'Ennery, officiers aux gardes; Mme Mazade, leur petite-fille, M. Watelet, quelques parents de Mme Roslin la jeune, tels que l'abbé de Saint-Nom, un autre abbé qu'on appelait si élégamment un arbre qui rapportait des vers, étaient à peu près tout ce qui y venait, en y comprenant le marquis de Moges[154], capitaine aux gardes.

Dès que le printemps arriva, nous nous rendîmes à Saint-Leu. J'entretenais toujours l'intimité avec le corps diplomatique : c'était mon devoir et mon plaisir. La position de Saint-Leu m'éloignait de Versailles, mais en passant par Ermont, Sannois, entre les deux montagnes, j'arrivais à Argenteuil, passais le bac à Bezons et me rendais par Nanterre droit à Versailles. Je me dérobais au séjour de Paris, qui déplaisait autant à ma femme qu'à moi par l'ennui qu'une cour assidue à des parents nous donnait.

M. Roslin le jeune[155], égoïste dans l'étendue du terme, peu aimable pour ce qui lui appartenait, froid despote comme un fermier général, vivait avec Coupé, actrice de l'Opéra, fille douce, aimable, de bon ton bien qu'elle ne fût plus très jeune; elle avait une maison rue Saint-Marc, vis-à-vis l'hôtel de Luxembourg, la plus singulière qu'il y eût à Paris : elle n'avait en tout que deux croisées et cinq étages ; au rez-de-chaussée, la cuisine ; au premier, la salle à manger ; au second, le salon ; au troisième, la chambre à coucher ; au quatrième, le logement de ses gens, et au-dessus, un jardin grand comme le reste et aussi haut que celui de Sémiramis.

Il me prit un jour en particulier et me dit : « Vous savez que je vis avec Coupé. J'y soupe tous les vendredis. Soyez des nôtres ce jour-là. Je n'ai que faire de vous recommander le secret ici.

— J'irai, lui répondis-je, le plus que je pourrai. Soyez tranquille sur le reste. » Le vendredi, il vint me chercher à l'Opéra, et me voilà introduit dans la société. Nous étions cinq : M. le président de Rosambo, le marquis de Vizé, Pierrevert et Beaudoin; en femmes, il y avait toutes les sultanes validés de l'Opéra : la Carton[156], fameuse par son souper avec trois rois comme dans l'opéra de Païsiello, et Mlle Carville[157], première danseuse dans le genre noble, grande comme un homme et grasse à proportion. Ces soupers continuèrent sans interruption l'hiver pendant plus de cinq ans; Cramayel, fermier général, Barassy par la suite y furent admis. On y causait nouvelles, et on était bien instruit; on jouait au brelan, et on y faisait une chère délicate et délicieuse. Coupé avait ses raisons pour ne pas prendre de jeunes femmes : elle ne voulait pas de rivales, et elle connaissait son homme qu'elle ne tenait, quoiqu'il fût haut, fier, égoïste et né avec du tempérament, que parce qu'elle ne lui avait jamais vu faire aucune avance.

Un jour qu'il pleuvait, je fus obligé, n'ayant pas de voiture, de faire venir un fiacre; je ne pus me dispenser de ramener et Carville, et Carton. Toutes les deux demeuraient dans le faubourg Montmartre; Carton me faisait les doux yeux. Nous montons : nous étions trois; Carton soutient la conversation sur ses antiques plaisirs, nous racontant ses exploits, ses fredaines; la conversation se soutint jusque chez la Carville; quand elle fut déposée chez elle, je m'assis à côté de Carton. Comme le fiacre allait [lentement] et qu'elle demeurait près le château du Coq, elle continue à parler et je m'endors de la meilleure foi du monde. Elle voulut s'assurer que je l'écoutais avec intérêt; dès qu'elle fut sûre que je n'étais pas à sa conversation, la voilà qui m'applique cinq ou six coups de poing : « Comment, voilà comment tu te conduis tête à tête, avec une femme comme moi, une femme qui a vu à ses genoux toute la France! » Je me fâche à mon tour, je lui rends en vivacité ce qu'elle m'avait distribué si gracieusement, et je la vois fondre en larmes, me montrer le désespoir d'être abandonnée. Cette scène me conduisit jusqu'à sa porte où je ne voulus pas descendre. Je la plaignis et me promis de ne jamais la ramener chez elle; je lui ai tenu parole, en évitant même de l'en plaisanter à nos soupers, quoique Coupé, à qui je le contai, l'eût dit à toute la société.

Toutes mes belles-sœurs avaient des enfants; j'avais mon fils aîné et ma fille. Mon fils était élevé par Mlle Gentil et une gouvernante, et il ne pouvait être en de meilleures mains; ma fille était en nourrice à Saint-Leu. Mme Amelot avait un garçon et une fille, Mme de Pomereu avait un garçon. J'avais encore le même valet de chambre qui m'avait suivi depuis le collège; je ne pouvais oublier que c'est à lui que je devais d'avoir appris dès l'âge de sept ans ce que je n'aurais jamais dû savoir. On lui prêtait une conduite analogue aux impressions qu'il m'avait données; je pris mon parti : je le devais comme père, et comme homme qui détestait les gens de cette espèce. Je le fis venir chez moi, je lui reprochai sa conduite : elle n'était pas plus pure que des propos sur son compte qui me revenaient de tous côtés. Il voulut nier et se défendre; tout d'un coup, je lui dis : « Pensez-vous que je puisse jamais oublier la conduite que vous avez tenue avec moi, et quoique depuis vingt ans passés, je puisse ne pas sentir que vous avez abusé de la confiance que mon père vous montrait? » Ma mémoire fut un coup de foudre pour lui; il se mit à plat ventre, fondit en larmes; rien ne put m'attendrir : j'avais un fils, j'avais tout à craindre. Mais j'adoucis la chose : je convins qu'il ne me quitterait qu'au bout d'un mois; qu'il me demanderait lui-même son congé; qu'il se retirerait à Valogne, son pays natal; que je lui ferais une pension viagère de six cents livres, mais que l'acte [préciserait] qu'il renoncerait à sa pension s'il revenait jamais à Paris. Tout se passa comme je l'avais dicté; je lui ai payé sa pension pendant vingt-cinq ans, et j'ai su qu'il avait mené jusqu'à sa mort une conduite exemplaire, avec la petite aisance qu'il avait gagnée à mon service.

M. de Pomereu arriva un jour pour dîner à Saint-Leu; je lui trouvai l'air fort changé. Il m'avoua qu'il avait eu la nuit un vomissement de sang : vingt-trois ans, les épaules serrées, une toux sèche, tout indiquait chez lui la pneumonie. J'eus beau l'engager à se ménager, rien ne put y faire : l'ambition le portait au travail, il cachait ses maux; il vint me solliciter de m'intéresser auprès M. le duc de Choiseul, qui était ministre des Affaires étrangères depuis trois mois, pour lui faire avoir deux bureaux. Ce ministre, quoique j'eusse négligé la proposition qu'il m'avait faite de me prendre pour cavalier d'ambassade à Rome, était au-dessus de ces misères et me traitait à merveille. J'allai donc solliciter pour mon beau-frère, et il me répondit que par rapport à moi, et quand on s'intéressait à un sujet comme M. de Pomereu, on était sûr de réussir; et comme les bureaux étaient de son département, il me les accordait à l'instant. De Versailles j'écrivis ma réussite à mon beau-frère, et je revins à Saint-Leu de bonne heure, avec grande satisfaction d'avoir été utile[158].

Comme j'écris tout ceci pour me distraire et soulager ma mémoire, il se peut que je ne sois pas exact sur les dates, et que je consigne les faits tels qu'ils se sont casés dans ma mémoire, et tels qu'ils se sont fixés. Je n'aurais qu'à compulser les journaux que je tenais comme introducteur des ambassadeurs, dont les originaux manuscrits sont déposés à la bibliothèque du roi; mais ceux que j'ai conservés ont été si bien égarés ou détruits dans cette affreuse Révolution, qu'il m'est impossible de mettre la main dessus.

M. de Stainville avait remplacé à son retour de [Vienne] l'abbé de Bernis devenu ministre des Affaires étrangères[159]; cordon bleu et duc dans cette ambassade, il avait mis la perfection au traité d'alliance, en ébauchant le mariage de l'archiduchesse Antoinette et du dauphin qui a été depuis le malheureux Louis XVI[160]. Né Lorrain, il avait des titres pour être vu favorablement de l'impératrice; il s'était servi de tous ses moyens — il en avait beaucoup — pour réussir dans tous les points de son ambassade. Dès qu'il se sentit assez fort, il trouva mauvais que M. l'abbé de Bernis, de son cabinet, lui donnât des conseils. Fort de l'amitié de la reine de Hongrie et de celle de Mme de Pompadour, il revint brillant de gloire et à l'instant dépita M. l'abbé de Bernis, à qui on fit avoir le chapeau de cardinal et l'assurance de l'ambassade de Rome et du protectorat. Sûr de Mme de Pompadour, à qui il avait juré un attachement inviolable, il persifla l'abbé de Bernis, s'installa en place[161], fit rappeler le marquis de l'Hôpital de son ambassade de Russie, pour avoir voulu lui donner des conseils, changea presque toute la diplomatie étrangère, envoya son cousin M. le comte de Praslin — qu'il fit faire duc — à sa place d'ambassadeur à Vienne[162], et vola tout de suite à la confiance intime du monarque.

Le premier jour qu'il entra au conseil, il voulut prendre la première place d'après l'ordre du roi; les ministres parurent étonnés : c'était donner l'ordre de porter le portefeuille chez lui, le chancelier n'existant pas au conseil. Le roi lui dit : « Monsieur le duc de Choiseul, à ce titre, prenez cette place.

— Mais, Sire, répondit le duc, ces messieurs...

— ... n'ont rien à dire, reprit le roi, car je vous fais duc et pair. » À l'instant, il prit sa place, et l'étonnement passé, on vit bien que c'était une scène convenue et arrangée. Dès lors, il y eut entre Mme de Pompadour et lui une intimité où le roi était en tiers. Il fut aussi magnifique dans son ministère qu'il l'avait été dans ses ambassades; grand dans toutes ses actions, jamais ministre ne poussa la représentation plus loin[163]. Dans ce temps-là, on dînait à deux heures précises; tous les étrangers présentés y étaient admis, et tous les courtisans; la grande table était de trente-cinq couverts, et il y en avait une toute prête d'autant sans qu'il y parût. Un valet de chambre comptait les entrants, et dès que le nombre de trente-cinq était dépassé, l'autre table était dressée à proportion, toute servie à part. Sa livrée, extraordinairement nombreuse, était magnifique, toute travaillée en argent, ce qui la rendait d'un éclat éblouissant. Lorsqu'il y avait une seconde table, il m'avait prié une fois pour toutes d'en faire les honneurs : elle se dressait dans une pièce à part. Souvent, les ambassadeurs qui n'aimaient pas l'affluence venaient s'y réfugier; je me souviens d'y avoir vu un jour M. le bailli de Froulay, ambassadeur de Malte, l'évêque de Rennes, M. de Vauréal[164], et la conversation fut charmante. Le bailli, déjà vieux, nous conta la différence du luxe actuel à celui du cardinal Fleury, premier ministre, chez qui il avait mangé souvent : le cardinal aussi tenait table ouverte; jamais, quelque monde qu'il y eût, il n'avait que quatre entrées — elles étaient énormes —, un plat de rôti et quatre plats d'entremets : c'était son étiquette, qu'il n'avait jamais voulu changer, de sorte que sur une grande quantité de convives, on ne faisait pas de difficulté de passer les plats. M. de Vauréal, évêque de Rennes, qui avait acquis le droit de tout lui dire, ne trouvant pas assez à dîner, lui dit : « Ma foi, monseigneur, vous avez beau faire, votre succession ne vaudra jamais celle du cardinal de Mazarin », ce qui fit beaucoup rire le ministre, qui mettait au rang des premières vertus de son état l'économie et la probité.

Tout prit une nouvelle face à la cour; les petits appartements devinrent plus brillants, les princes du sang plus assidus. On imagina, pour ôter l'uniformité, des bals où toute la cour fut invitée; on construisit une salle où la reine et la famille royale viendraient dans une tribune, et dessous des loges pour le roi et sa cour. On fit des quadrilles costumés de tous les pays et de tous les âges. Mgr le duc d'Orléans, grand et monstrueusement gros, se prêta à la plaisanterie : il fut destiné à un quadrille de l'ancienne cour. Habillé comme Louis XIV, avec le baudrier, les houssettes, on l'associa à la duchesse de Mazarin, dont la taille était aussi énorme et la tête régulièrement belle. Les ambassadeurs étaient invités à toutes ces fêtes. Tous ceux qui avaient droit d'y aller étaient en habit de gala; je n'ai jamais rien vu de si magnifique. Mgr le duc d'Orléans et Mme la duchesse de Mazarin dansèrent un menuet, ensuite la mariée, des bourrées, le menuet de la reine, tout cela entremêlé d'autres danses des plus agréables, dansées par les plus beaux hommes de la cour. Ces bals commençaient à minuit; le roi y venait dans la loge du milieu, où étaient Mme de Pompadour, Mme de Brancas et Mme d'Esparbès[165], le duc de Choiseul, son beau-frère le duc de Gontaut, et le prince de Beauvau[166] comme capitaine des gardes; Mme de Pompadour était sur un fauteuil à droite, les deux dames l'une derrière l'autre du côté opposé, et le roi se mit au milieu, les trois autres derrière. Il n'y fut pas une demi-heure, qu'il se leva, obligea le duc de Choiseul à s'asseoir à sa place, et se tint derrière lui, jouant familièrement avec ses cheveux et le traitant avec l'affabilité la plus grande. Tout ce qui était là en conclut l'excès de faveur où il était monté, car le roi en public se respectait beaucoup.

On ne tarda pas à voir arriver Mme la comtesse de Choiseul, chanoinesse de Remiremont[167]; avec une grande taille, un caractère décidé et de l'esprit, elle débuta si simplement qu'on ne se serait pas douté [de ce qu'elle était]. Douce, complaisante, dès qu'elle eut tâté le terrain, qu'elle se sentit forte du crédit de son frère et qu'elle se fut attachée à la société du roi, elle vola de ses propres forces. Cette même femme qui se levait pour tout le monde, ne se leva plus pour personne, même pour les ambassadeurs; d'une voix ferme, si la porte restait ouverte, elle disait : « Ambassadeur d'Espagne, fermez-nous donc la porte! », et il y allait très respectueusement. D'elle, tout passait, parce qu'elle n'aimait pas tout le monde, mais qu'elle était chaude amie dès qu'elle en croyait digne. Le duc de Choiseul voulait lui donner un rang; le duc de Gramont[168], abandonné de tout le monde, traînait une vie crapuleuse malgré son nom et ses grandes richesses. Sans esprit, la nature ne l'avait fait que pour être perruquier. Le ministre jeta les yeux sur lui pour lui donner sa sœur; l'espérance de le tirer de la crapule était illusoire, mais les avantages du côté du rang étaient immenses. On passa sur tout : en six mois, elle fut duchesse de Gramont, et trois mois après séparée et maîtresse de ses actions, logeant chez son frère et habitant avec la duchesse de Choiseul, qui avait dans sa délicate personne réuni toutes les vertus de son sexe.

Il restait à M. le duc de Choiseul un frère[169] attaché au service de l'empereur; ce service était bien différent de celui de France : dès qu'on en faisait partie, on devenait officier à culotte de peau, c'est-à-dire à ne pas quitter le corps auquel on était attaché. Peu fortuné, il y avait dix ans qu'il servait en Hongrie lorsque M. son frère lui fit quitter le service de l'impératrice; il vint donc en France avec le grade de maréchal de camp. Je fus à son débotté, car la première fois qu'il dîna chez le ministre, il se trouva à côté de moi. Nous causâmes beaucoup : c'était pour lui quelque chose d'extraordinaire, car très silencieux, très particulier, il venait en France avec le froid et la tenue vraiment allemands. Son frère ne tarda pas à l'établir, et lui fit épouser Mlle de Rénel d'Amboise, nièce de Monville dont j'ai parlé à propos de ma charge, et héritière de feu M. Le Monnier, fermier général; l'alliance était superbe, mais ne tourna pas heureusement. Élevée avec Mme de Choiseul et Mme de Gramont, elle les suivait à Paris, à Versailles et dans les petits voyages. Ayant une loge à tous les spectacles, la tête lui tourna de Clairval[170], le premier acteur de la Comédie-Italienne; ils furent surpris; le comte de Stainville, dans sa fureur, emmena sa femme en Lorraine dans un couvent; il eut la cruauté d'être le conducteur et de la consigner lui-même[171]. Il se fit un tort aussi considérable dans ce genre que sa femme. Cependant, elle en avait deux filles. Enfin, elle changea du tout au tout, se mit dans la haute dévotion; quelques démarches qu'on fît, elle ne voulut jamais revenir dans sa famille. Quoique très jeune et bien faite, ses chagrins, ses mortifications lui avaient tourné la tête, et elle mourut assez jeune dans la maison qu'on l'avait forcée de prendre.

Nous vîmes alors débuter à la cour le duc de Lauzun[172]. Neveu du ministre, tous les avantages de la nature paraissaient réunis en sa faveur : dix-sept ans, une belle figure, un grand nom, fils d'un duc, neveu et héritier du maréchal-duc de Biron, colonel des gardes françaises; il débuta dans ce régiment dont personne ne doutait qu'il n'eût un jour la survivance du commandement. Aimable autant qu'on peut l'être, il était le propre neveu de la duchesse de Choiseul : sans enfants, elle avait pour lui l'attachement d'une tendre mère. Cet être charmant, noble dans ses manières, magnifique comme un grand seigneur à toute sorte de titres, se laissa aller à tous les plaisirs dont la carrière lui était ouverte; se liant intimement avec le duc de Chartres, plus âgé que lui[173] — l'homme le plus immoral qu'il y ait jamais eu — il se livra à son torrent de débauche, s'ennuya de son oncle et du service des gardes, prit son vol, eut un régiment, leva une légion à son nom et, alliant la vie de débauche avec les devoirs d'un officier, fit tourner la tête à tous les militaires qui le connaissaient et vola à la gloire. Il était l'ami du prince de Guéménée[174], qui trouva le secret de faire une banqueroute de trente-trois millions, par la facilité qu'un arrêt du conseil du roi lui avait donnée de faire un emprunt viager sur le port de Lorient; c'était une banqueroute plus [élevée] que celle qu'auraient pu faire bien des potentats de l'Europe. Le duc de Lauzun se présenta pour arranger ses affaires; sa fortune, ses espérances furent compromises sans qu'il pût retarder la banqueroute de son ami de plus d'un an.

Tels furent la parenté du duc de Choiseul et ses alentours jusqu'à la fin de son ministère, où je reviendrai par occasion et comme la chose se trouvera, après avoir établi la façon et la manière dont il existait, et que j'ai été à portée de voir.

CHAPITRE XVIII

Je vivais toujours dans ma société, et je bénis le ciel de n'en avoir point changé : le comte d'Osmont, son frère, l'évêque de Comminges; le baron de Vioménil; Le Gentil, devenu marquis de Paroy, sa femme; une cousine, nommée Mme de Villebriand; Mmes Merger et Santo Domingo; l'abbé de Mesgrigny, M. de Chailly, son frère; Mme de Moussy, ma cousine; M. et Mme O'Dune (je menai ce dernier à Versailles jusqu'à ce qu'il fût placé ministre à Mannheim)[175]; le comte et la comtesse de Noé et ses frères[176]; le chevalier de Montecler; le chevalier de Longaulnay[177]; la marquise de La Valette; la baronne d'Ogny; les deux chevaliers de La Tour; Jélyotte, mon ami Sedaine; toute la société Préninville : voilà à peu près le fond de notre société. Je soupais avec ma femme tous les jours chez la famille Préninville. Je donnais à dîner tous les jours, et le vendredi était consacré aux étrangers : l'ambassadeur de l'empereur, le comte de Stahremberg; l'ambassadeur de Hollande, Berkenroode; l'ambassadeur de Russie, le prince Galitzine; son cousin, le prince Demetrius Galitzine; le baron de Knyphausen, envoyé de Prusse; l'ambassadeur de Venise, Tiepolo[178]; les femmes de ceux qui en avaient — tous venaient dans la semaine. Ma femme avait établi une règle : passé 2 heures, le suisse avait ordre de fermer la grande porte, et on l'avait trouvé bon, afin que je n'aie pas de jour où j'eusse plus de seize personnes. On y jouait au quinze l'après-midi et au trictrac, et souvent la société restait à causer en voyant jouer auprès de la cheminée jusqu'au coup de 9 heures où nous allions souper en ville. Nous avions des soupers priés trois fois la semaine chez les grands-parents; nous donnions en outre un souper par semaine chez Mme d'Amézaga, faubourg Saint-Germain, et notre hiver coulait sans nous en apercevoir.

Le goût de la chasse à courre m'occupait toujours; le comte d'Osmont et moi étions les tenants fidèles de celle de Mgr le prince de Conti; il avait établi son équipage de chasse près Mongeron; nos chevaux y étaient, et nous nous menions alternativement au rendez-vous, tous les jours qu'il nous le faisait dire, quand nous étions libres. Nous chassions dans la superbe forêt de Sénart; nous fûmes témoins l'un et l'autre d'un fait de chasse qui a été consigné depuis dans les faits et anecdotes du chasseur. Après avoir fait une chasse superbe, un cerf de dix cors sur ses fins se jeta dans la Seine, à peu près à la hauteur de Villegenis. Un bateau se trouva au bord; les piqueurs y entrèrent, les chiens se jetèrent à l'eau. Le cerf était fort puissant, nageait superbement et durait longtemps, ce qui donna à tous les chasseurs le temps d'arriver : nous étions plus de vingt-cinq, tant serviteurs qu'amateurs. Les chiens le chassaient dans l'eau; lorsque le bateau l'atteignit, on le prit par les bois, et après l'avoir noyé, le bateau regagna le rivage et il fut tiré sur la plage à force de bras. Le premier piqueur lui coupe le pied, le présente au prince. Nous allions tous nous retirer lorsqu'à l'étonnement de tous le cerf se relève sur ses trois jambes, et en deux bonds se rejette à l'eau. Il fallut recommencer la chasse, et il tint plus d'un quart d'heure à l'eau. On peut compter sur la vérité du fait, car je l'ai vu.

Cette aventure me rappelle une chose très plaisante, dont je me ressouviens parfaitement, quoique alors je n'eusse que quatre ans. Villiers-le-Bascle, terre que mon père possédait dans le parc de Versailles, est situé proche Chevreuse et Palaiseau, et pour y arriver, on détourne de l'avenue du château pour passer par la route du Trou Salé. Le château, qui était assez beau, était au bord d'une plaine, et à cent pas se trouvait une garenne, qui était une montagne descendant à pic dans la plaine; c'était une gorge resserrée où il y avait deux étangs et qui menait à Chevreuse. Nous avions pour voisin un M. de Roquette, grand, maigre, et toute la tournure de don Quichotte. Il était grand amateur de chasse : le roi lui avait accordé la permission de chasser le renard à cor et à cri, grande faveur parce que c'était pour ainsi dire dans le parc de Versailles[179]. Un jour qu'on m'avait couché, par le plus beau temps du monde, pour quelques fredaines de mon âge, nous entendons les cris des chiens, le bruit du cor. On me rhabille, on me fait courir : toute la compagnie du château était assemblée pour aller voir le renard qui était à l'eau. Mon père avait un grand danois qui courait devant le carrosse; on l'appelle, parce qu'il allait supérieurement à l'eau et se dépêtrait de l'étang, bien mieux que les petits briquets de M. de Roquette. Nous voilà donc tous arrivant sur la chaussée de l'étang, lorsque M. de Roquette avec son fouet faisait faire un cercle à ses chiens autour du renard, qu'on avait retiré noyé de l'eau. Dès qu'il voit la compagnie et ma mère, il prend le renard par les pieds de derrière et, le jetant sur son épaule, il s'avance gravement pour lui mettre sa chasse aux pieds. Il n'a pas fait quatre pas que nous lui voyons faire une grimace épouvantable, jeter un cri et lâcher les pieds du renard qui tombe et se met à courir; M. de Roquette lui lance un coup de pied, le voilà à l'eau, et la chasse recommence de plus belle. Notre danois joua un grand rôle et l'apporta sur la levée véritablement mort. Tout le monde était occupé du spectacle et on s'inquiétait peu de M. de Roquette qui regardait comme les autres. Mais l'étonnement fut au comble, lorsqu'en se retournant on vit sa culotte de peau déchirée à belles dents et le sang coulant de ses maigres fesses. Il ne put monter à cheval et vint se faire guérir à Villiers-le-Bascle où il fut soigné.

Nous étions, d'Osmont et moi, toujours engagés à Paris, et Mgr le prince de Conti, qui voyait que sur vingt soupers de chasse, nous en refusions dix-neuf, nous envoyait un piqueur à cheval pour nous retenir. Il nous rattrapa deux fois, mais attirés par d'autres plaisirs plus agréables pour nous, insensiblement nous enrayâmes.

Le comte d'Osmont, l'aîné de la famille — une des plus anciennes maisons de Normandie — insouciant pour lui-même, excepté pour son plaisir, né avec de l'esprit et ayant beaucoup lu, a fait la fortune de toute sa famille par sa probité et sa générosité. Le plus distrait de tous les hommes, il aimait le jeu à la folie, non ceux de hasard, mais les jeux de commerce. Mauvais joueur, il paraissait détestable pour ceux qui le voyaient pour la première fois, et à la longue on lui pardonnait toutes les fureurs dans lesquelles il entrait, parce qu'il ne s'en prenait qu'à lui et à son malheur, sans jamais rien dire de piquant à celui qui le gagnait.

Ennuyé de servir, il quitta dès qu'il eut la croix de Saint-Louis. Me connaissant depuis mon début dans le monde, il était tous les jours chez moi, et s'il lui arrivait d'être malade, il venait passer sa fièvre au coin de mon feu, quelque monde qu'il y eût; tout était trouvé bon de lui. Il fut forcé de se marier à Mlle de [Thère][180], fille d'un capitaine aux gardes, propriétaire des terres qui avoisinaient les siennes. Aussi distrait dans cet événement, il fut obligé de revenir à Paris et de faire retarder la noce : il avait oublié les papiers nécessaires. Le jour du mariage, il dut aller voir une tante, religieuse au couvent d'Avranches; il sort, laisse sa femme à la grille, oublie qu'il est marié du jour, et va dans une maison faire sa partie comme à l'ordinaire; il ne refusait aucun gros jeu, et même pariait contre toute la chambre : un message de la famille le ramena au lit nuptial. Malgré tous ses procédés, il avait épousé la plus excellente femme du monde, et qui l'aimait de tout son cœur.

Il revint à Paris. Mgr le duc d'Orléans voulut se l'attacher et le fit son chambellan. Sa famille ne le vit pas dans cette place avec plaisir : on le regardait comme au-dessus; mais pour lui, il n'y voyait qu'une aisance de plus pour vivre dans une société qu'il aimait. Il était de tous les voyages à Chantilly; tout le monde se divertissait de ses colères au jeu. Feu Mme la princesse de Condé, qui était bonne par excellence, de mœurs exemplaires, lui laissa établir pendant la route en revenant de Chantilly une partie de trente-et-quarante sur une table; c'était au commencement du mariage; d'Osmont perd, entre en fureur, s'en prend à la table, l'envoie en jurant contre le bras de la princesse. Tout le monde rit, la princesse l'excuse; et le prince dit : « Convenez, madame, que sans notre ami d'Osmont vous n'auriez jamais entendu de pareils mots. » C'était au trictrac [surtout] qu'il ne pouvait supporter la perte : un jour, chez moi, il prit les dés et le cornet, les jeta si violemment qu'ils passèrent par la fenêtre en cassant un carreau de verre de Bohême; j'en fus quitte pour envoyer chercher le vitrier, et lui faire payer sur-le-champ le délit.

Cependant, aimable, il était de tous les plaisirs; avec le marquis Du Gage, le comte de Maillé, depuis duc[181], le marquis de La Valette, nous étions inséparables; souvent, nous soupions durant le carême en petites maisons, et si je voulais me rappeler les scènes plaisantes qui s'y passèrent, on y verrait des traits de gaieté de bonne compagnie, quoique nous fussions souvent, quant aux femmes, en très mauvaise.

D'Osmont se servit du crédit que son nom lui donnait pour faire avoir à son frère, le comte de Lyon, la terre de Comminges, qui valait cent dix mille livres de rente; on ne pouvait mieux faire car ce prélat, avec de l'esprit le meilleur homme de la terre, ne se servait de sa fortune que pour élever ses neveux et les pousser à la cour. Après six ans de mariage, d'Osmont devint veuf d'une excellente femme qui venait à Paris tous les hivers et que nous voyions souvent. Elle lui laissa deux filles; l'aînée a épousé M. [de Ste-Suzanne][182]; la seconde, le seul fils du comte de Bridge, de la grande écurie, qui était mon ami à Versailles et qui avait épousé Mlle Radix, veuve de M. Boudrey, premier commis des finances. Je reviendrai sur son compte à la suite de ces *Mémoires*, car il mourut aux eaux d'Aix-la-Chapelle, âgé de soixante-dix-huit ans.

Le prince Galitzine, ambassadeur de Russie, mort depuis ambassadeur à Vienne, et la princesse nous comblaient d'amitiés, ma femme et moi. Le prince Demetrius, leur cousin, s'était tellement lié avec nous que lui et le comte de Knyphausen, ministre de Prusse, se dérobaient aux affaires pour venir faire des séjours à Saint-Leu.

C'est là où je lui fis faire connaissance avec la baronne d'Ogny, avec laquelle il partagea le temps qu'il nous donnait tout entier auparavant. L'ambassadeur un jour me prit en particulier et me dit : « Voici une lettre de l'impératrice, ma maîtresse; lisez-la, et vous verrez qu'elle me donne carte blanche pour demander ici un ambassadeur qu'elle doit désigner; j'ai jeté les yeux sur vous; répondez-moi, et je pars à Versailles et vous fais nommer. » Voici quelle fut ma réponse : « Je ne suis sur aucun rang, je ne me suis jamais présenté pour être employé; je n'ai nul parent dans le ministère. Si ma nomination vient de la cour où je serai envoyé, je m'ôte tout moyen de réussir auprès de celle qui m'enverra; ainsi, permettez que je vous refuse. D'ailleurs, ce serait un moyen de me perdre dans le pays que j'habite. » Il voulut bien, après une longue conversation, se rendre à mon avis, et il n'en fut plus question. Ce qui s'en est suivi, comme je me le rappellerai en temps et lieu, est bien la preuve [que j'avais raison].

Cependant, à peu près dans ce temps, le roi de Prusse nous déclara la guerre, de concert avec l'Angleterre. Mon pauvre ami, le baron de Knyphausen, jouait un triste rôle : obligé de quitter les amis qu'il avait faits en France, il reçut l'ordre d'un prompt départ. Je ne pus m'empêcher de lui rendre des soins jusqu'à la fin, et je lui sauvai un rude affront à la Comédie-Italienne. Il y avait affluence ce jour-là au spectacle; un aboyeur appelé Luxembourg appelait avec emphase les voitures des gens connus; dès qu'il aperçut le baron, ne voilà-t-il pas qu'il crie : « La voiture de M. l'envoyé de Prusse ! » Le parterre sortait; le public veut le voir; le peuple, mécontent de son maître, tient des propos, est prêt à l'insulter, de sorte que je rentre précipitamment, le prends par la main et l'entraîne par la rue Française vers mon carrosse qui était à une place marquée; je le ramène chez lui, où sa voiture ne rentra qu'à 11 heures. Il partit le lendemain.

C'est ici qu'il est nécessaire pour ma mémoire que je fasse une digression sur M. et Mme de Cypierre; ils ont joué un rôle si intéressant dans ma vie et mon bonheur que je leur dois bien cette marque d'attachement; hélas ! je les ai perdus l'un et l'autre, mais tant que je vivrai je me ressouviendrai de leur amitié. M. de Montgeron, receveur général des finances, avait épousé Mlle Dumas, sœur de M. Dumas, receveur général des finances[183]. Cette famille, riche par ces places considérables, avait trois filles qui, toutes, promettaient d'être de la plus jolie figure, et trois garçons. Mme de Montgeron était une femme d'esprit qui aimait le plaisir, ne se gênait pas, et était connue dans Paris pour afficher ses goûts. M. de Montgeron, enivré de sa fortune, y avait fait une brèche en achetant la superbe terre de Montgeron, en la revendant à M. Fabre, autre financier, et en bâtissant, comme avec la baguette des fées, une terre superbe en Normandie.

Leur maison était le rendez-vous de tous les jeunes gens de Paris qui voulaient s'établir. Les trois jeunes personnes étaient de ma connaissance : elles avaient été élevées au couvent du Traisnel où j'avais une tante religieuse, Mme Soullet de Sainte-Hélène (j'avais une autre grand-tante du même nom supérieure à la Visitation de Chaillot). M. Dumas, frère de Mme de Montgeron, se trouvant à Montgeron, eut une passion indiscrète pour l'aînée de ses nièces, qui en valait bien la peine. Bref, cette passion eut des suites malheureuses; on cacha la chose le mieux qu'on put, et M. Dumas, sortant un matin à pied, dans la rue des Petits-Pères, reçut sur la nuque du col une botte de foin qui s'enlevait dans un grenier au cinquième; il ne tarda pas à en perdre la vie, de sorte que Mlle de Montgeron se trouva héritière.

Le baron de Breteuil[184] se mit bientôt sur les rangs pour l'épouser; il fallait faire la cour à la mère : il s'en acquitta en homme accoutumé aux bonnes fortunes. L'abbé de Breteuil se présenta : en huit jours, le mariage fut conclu. Mais le baron était connaisseur : on ne pouvait lui donner pour une fleur ce qui n'était que du son. Un ami fut chargé de négocier, de prévenir; il s'adressa à l'abbé; la dot était alors de quatre cent mille francs. L'abbé répondit qu'une pareille confidence valait bien cinq cent mille livres de plus; que c'était un malheur dont la jeune personne était la victime; qu'il connaissait assez son neveu pour qu'après pareil procédé il ne lui fît jamais de reproche. Ainsi, le mariage fut conclu. M. Bourgeois de Boynes[185] se mit sur les rangs pour la seconde; il avait de la réputation dans le corps des maîtres des requêtes. Comme il ne subsistait pas de même raison pour celle-là, et que toutes les parties avaient leurs raisons pour garder le secret, il n'eut que les quatre cent mille livres qui avaient paru ostensiblement.

M. Perrin de Cypierre, fils d'un conseiller au parlement de Dijon, et petit-fils d'un receveur particulier des États à Charolles, orphelin, était venu à Paris avec quarante mille livres de rente, sans autre appui qu'un oncle, Perrin de Grégaine, chevalier de Saint-Louis, retiré du service et fort riche. M. de Cypierre, sous le physique le moins imposant, était un homme de grand mérite, capable de tout, et, sans avoir de qualité ostensible, avait reçu de la nature une adresse et une force ministérielles. Il était maître des requêtes et travaillait avec le zèle d'un homme qui voulait réussir. Il s'introduisit dans la maison par la même porte que le baron, en faisant la cour à la mère, et ne tarda pas à en recevoir la récompense en épousant la troisième fille[186].

L'abbé de Breteuil s'attacha au beau-frère de son neveu; M. de Barentin venant à quitter l'intendance d'Orléans pour entrer au conseil, sur la demande du duc d'Orléans M. de Cypierre fut nommé à vingt-neuf ans intendant d'Orléans[187], place qui était très recherchée et enviée. Nous étions restés amis intimes, et son mariage fait six mois avant le mien avait resserré nos liaisons par nos deux jeunes femmes. Mme de Cypierre, grande, jeune, jolie, avait les grâces d'Hébé avec le port le plus noble; elle ne tarda pas à être courtisée par ce qu'il y avait de plus agréable : elle prit un vol tout différent de celui de ma femme, qui concentrait tous ses plaisirs sur notre intérieur. Avec d'autres principes la mienne ne cherchait, ainsi que moi, qu'à resserrer notre union; celle de M. de Cypierre voyait dans son mari un homme plus attaché à son cabinet qu'aux plaisirs de la société, et ne manquait pas de gens qui voulaient trouver le chemin de son cœur aux dépens du mari. Notre liaison subsista plus chez nous que dans le public, et sans qu'elle pût s'en plaindre, le temps redoubla notre intimité et nous devînmes leurs obligés de toutes les manières. Tendres amis, je ne puis marcher dans les environs de la terre que j'habite sans me rappeler les bienfaits de votre amitié constante, et les preuves que vous nous en avez données l'un et l'autre jusqu'à ce que j'aie eu le malheur de vous perdre.

Après m'être rappelé la vie que je menais, je vais m'occuper de ce qui me concerne. J'avais pour homme d'affaires mon tuteur onéraire, M. de Verdun, qui me témoignait un attachement sans égal. Il devenait vieux, et élevait un de ses neveux, nommé Guyot, pour le remplacer. Ce galant homme eut une longue conversation avec moi : il me voyait deux enfants, il voulait leur fonder une fortune durable. La terre de Saint-Leu valait au plus cinq mille livres de rente, ce qui suffisait à peine pour son entretien; la façon dont j'y vivais, les plaisirs que j'y rassemblais étaient un objet de dépense considérable. Le reste de ma fortune consistait en rentes sur la ville, en rentes sur des particuliers, et en onze maisons à Paris, toutes bien louées, mais qui m'obligeaient d'avoir pour ainsi dire à l'année M. Masson, charpentier-couvreur. Or ces dépenses, jointes aux impositions plus fortes vu la guerre, diminuaient mon revenu; ce La Graullet qui s'était fait porter sur le testament de mon père me signifia que s'il avait jusque-là payé la rente sur le fonds, il avait tout fricassé; ma charge dispendieuse, et sur laquelle je ne pouvais enrayer, était retardée dans ses payements; il fallait porter la vaisselle d'argent à la monnaie : tout cela méritait de mûres réflexions. Voulant m'éviter des chagrins, M. de Verdun avait pourvu lui-même à mes besoins urgents sans me donner aucun embarras, et avec une délicatesse singulière. Il fallut entrer en explication; il le fit avec adresse : il connaissait la vivacité de ma tête, et il ne le voulut faire qu'en me présentant le remède à côté.

« Vous êtes en place, me dit-il, depuis huit ans, et vous devriez demander une pension qu'on ne vous refusera pas, parce que votre ancien camarade en a eu une de deux mille livres au bout de cinq ans. Votre terre de Saint-Leu n'est qu'un objet de dépense; voyez tous ceux qui en possèdent dans la vallée de Montmorency : c'est un vrai tableau mouvant, parce qu'aucune de ces terres ne peut suffire dans une famille. Si feu Mme votre grand-mère avait voulu me croire, avec des remboursements et des épargnes vous seriez possesseur d'une terre considérable; mais ses idées ne se portaient qu'à amasser des fonds, à vous laisser en disposer, ou elle à s'en servir. Vous avez onze maisons à Paris, et quoique ce soient de bons objets, elles vous sont plus à charge qu'à profit. J'ai beau les examiner : je n'en trouve qu'une, rue Notre-Dame-des-Victoires, louée à M. Merlet, receveur de la ville, pour deux mille cinq cents livres, qui ayant un jardin puisse vous faire un hôtel considérable, celle de la rue de Richelieu, de M. votre père, quoique louée six mille livres, n'étant pas assez spacieuse.

« Voici donc un plan que je vais vous tracer; si vous le suivez sans vous en écarter, je ne doute pas que non seulement vous ne veniez à bout de vos affaires, mais qu'à la fin de vos jours vous ne soyez très riche. Il faut me donner la parole de le suivre, d'y mettre la suite dont vous êtes capable, et que rien ne puisse vous en écarter. »

Après m'avoir ainsi disposé et avoir vu la satisfaction qu'un plan proposé par lui me donnait, il continua : « Vous louez un hôtel, rue d'Anjou; le bail finit cette année : il ne faut pas le renouveler. Il faut bâtir un hôtel dans l'emplacement de la rue Notre-Dame-des-Victoires; en voici le plan, en voilà le devis; le tout, y compris le bâtiment au fond de la cour au lieu du jardin, vous coûtera quatre-vingt mille livres, et vous aurez augmenté la valeur de ce fonds. Nous allons chercher une terre des plus considérables, au moins de six ou sept cent mille livres; je trouverai les fonds soit avec votre crédit, soit autrement; pour la payer, nous vendrons Saint-Leu, les maisons. Et maintenant que vous avez des enfants, vous ne conserverez votre charge que jusqu'à ce que vous trouviez à en sortir honorablement, soit en allant en ambassade, soit en tâchant d'obtenir une place qui vous empêche de faire la guerre à vos dépens. »

Je demandai vingt-quatre heures pour faire mes réflexions et en causer avec ma femme. Elle saisit ce plan; le seul point qui lui répugnait était la vente de Saint-Leu auquel elle était très attachée; mais je lui prouvai qu'en nous éloignant de Paris, nous nous éloignions nécessairement aussi du despotisme maternel, qui auprès de Paris ne nous laissait pas un moment de tranquillité. D'ailleurs, ce sacrifice était encore loin. Ainsi, le plan adopté, je mis toute ma prévoyance à l'exécuter. Je quittai donc ma maison pour la Saint-Jean, et on mit des ouvriers dans celle que j'allais bâtir. M. et Mme Soullet m'offrirent l'appartement que j'avais habité étant garçon; je fis placer mes meubles dans la maison qu'on bâtissait, et nous partîmes pour différentes campagnes.

M. et Mme la marquise de La Valette avaient au-dessus de Saint-Cyr une très jolie terre, appelée la Couarde; nous y allions tous les ans faire des voyages charmants avec nos amis communs, M. et Mme la baronne d'Ogny qui, prêts à quitter la recette des états de Bourgogne, par la majorité de leur cousin Montigny, avaient voulu réaliser leur fortune et avaient acheté la terre de Millemont, séparée de celle de leur beau-frère par le grand chemin. Il fut question d'inaugurer la nouvelle acquisition : on décida un voyage charmant; ce fut une partie de chasse dans un pays extrêmement giboyeux. C'était au commencement d'août; voici ceux qui le composaient : M. le comte de Weselfrise[188], envoyé du Danemark; M. le prince Demetrius Galitzine; l'abbé Duser, ancien précepteur du prince de Condé et agent des états de Bourgogne; le marquis Du Gage; M. de Pierrevert, M. le comte d'Osmont, M. d'Ogny, M. de La Valette, M. de Vougny, M. le chevalier de Rohan, frère du coadjuteur[189], et moi.

Nous partîmes à la pointe du jour pour être à la chasse à 8 heures du matin; une halte superbe nous attendait avec des ragoûts froids et chauds; nous déjeunons comme des chasseurs et nous entrons en chasse en faisant un abattage de gibier considérable. Ces messieurs s'emportent sur ce plaisir, parcourent un pays immense, font venir du vin, en boivent; la chaleur grise les gens les plus sobres. Pour moi, qui étais fatigué, je me couche dans un [champ de] blé; je m'endors et ne me réveille au bout de deux heures qu'au bruit des coups de fusil qu'ils tiraient : les idées brouillées, ils chassaient depuis le matin dans la même pièce de blé, sans savoir ce qu'ils faisaient; je me relève tout doucement, bien plus frais qu'eux, et continue la chasse sans qu'ils s'aperçoivent que je leur avais faussé compagnie. Cependant, le soleil baisse; ces messieurs, exténués, ne connaissant pas le pays, s'arrêtent à une ferme; ils demandent du lait, et les voilà attablés, buvant sans mesure comme des gens épuisés de fatigue et de besoin. Je refuse toute boisson et, m'orientant sur la Couarde que je connaissais, je continue doucement notre retraite avec d'Osmont.

Ces messieurs nous rattrapent, et nous arrivons au château où toutes nos femmes nous attendaient; chacun fait récit de ses exploits. Cependant, d'Ogny avait disparu : nous apprenons qu'en arrivant il a été surpris d'une grosse fièvre avec transport. On envoie chercher le médecin le plus proche; pendant la course, successivement tous les chasseurs, excepté d'Osmont et moi, ainsi que Vougny, se trouvent pris du même accident. Le médecin arrive, il déclare qu'il y a de la malignité, ou petite vérole, ou fièvre maligne, à propos de tous les alités. D'Osmont arrive dans ma chambre à 4 heures du matin, me trouve aussi bien portant que lui, nous conte ce qui se passe, et dit que tout le monde, malade ou non, va décamper; je vais m'assurer du fait : la frayeur était sur tous les visages, les domestiques qui nous avaient accompagnés sentaient les mêmes symptômes.

Nous convenons tous de partir successivement. Comme nous étions les mieux portants, nous dûmes partir les premiers. D'Osmont fait son portemanteau, et à 5 heures nous voilà dans ma berline sur le chemin de Paris. Nous arrivâmes à 8 heures précises au pont tournant[190]; j'allais au Marais; point de domestique à d'Osmont; il était matin, et M. le chambellan détache lui-même son portemanteau, le met sur son épaule, traverse gaiement les Tuileries pour se rendre à son logement du Palais-Royal. Nous nous tâtons toute la journée, nous envoyons chez tous les arrivants : ils sont sans fièvre. La chaleur du jour, la fatigue, le lait qu'ils avaient mis sans mesure sur le vin qu'ils avaient bu, avaient causé cet accident dont d'Osmont et moi nous nous étions préservés; par la même raison que moi, il s'était aussi endormi dans un sillon au milieu du blé pendant le poids du jour, de sorte que sur vingt-deux personnes, nous fûmes les deux seules qui n'eurent pas le moindre accident.

Pour moi, sujet à la migraine périodique, je ne faisais aucun exercice violent que je ne payasse son retour. Je passais les trois jours de cet accident en ne vivant que de café, et en me purgeant environ tous les mois avec vingt-cinq grains d'ipécacuana. Ce régime, que j'ai continué pendant longtemps, m'aurait conduit à ma fin, sans le secours et les conseils du fameux Tronchin.

Je m'établis donc dans mon ancien logement, rue des Enfants-Rouges, jusqu'à ce que ma maison fût finie. M. de Barassy, que je n'avais presque pas vu depuis qu'il était revenu avec sa femme, envoya me prier de passer chez lui. J'y courus. Il m'assura que s'il ne m'avait pas aussi souvent vu depuis son raccommodement, c'était [en raison de] la vie heureuse qu'il avait menée dans son intérieur. Mais sa manière de voir n'était pas la mienne. Sa femme, pour se débarrasser de lui, avait loué rue du Petit-Musc une maison dans laquelle se trouvait, au second, un appartement superbe; et sans qu'il s'en doutât, elle avait fait louer ce second à une Mme de Saint-Jean, dont le mari venait de faire une immense fortune dans les fourrages. Cette femme était aimable et très agréable, avait de l'esprit, de la finesse, et était très accommodante pour elle et pour ses amies. Pendant le voyage [du mari], ces deux dames étaient devenues intimes; les malheurs, les plaintes de l'une avaient fait un merveilleux effet sur le cœur de l'autre. Mme de Saint-Jean était totalement maîtresse de ses actions; son mari, tout à sa fortune, suivait son métier et envoyait l'argent aussi facilement qu'il le gagnait.

Pour éteindre toute jalousie du mari, cette dame se sacrifia, lui tourna la tête — et cela n'était pas difficile; en flattant sa vanité, elle le rendit heureux. Ainsi, chacun allait de son côté, et mon homme ne cherchait querelle à personne : il avait du bonheur plus que sa suffisance. J'avais su tout cela et m'étais retiré de cette affaire; après l'avoir fait rougir de sa faiblesse, je m'étais dérobé pour jamais de cette maison.

Ce bel arrangement fut dérangé par une fièvre maligne qui emporta Mme de Barassy en huit jours. C'est le surlendemain de sa mort qu'il m'envoya prier de passer chez lui. Toutes les formalités en pareil cas étaient faites. Il lui restait une fille et un fils[191]. La fille était à Traisnel : je priai ma tante religieuse, qui menait à peu près toute la maison, d'en avoir soin; le fils fut mis en pension. Dès qu'on eut connaissance des dettes, il se trouva que Mme de Barassy en laissait pour environ cent quarante mille livres. Le mari, qui ne connaissait pas le prix de l'argent, se crut trop heureux d'en être débarrassé, paya ou prit des arrangements. Mme de Saint-Jean, dont le bail finissait, et qui n'avait plus que faire de servir son amie, fit un saut prodigieux et alla se loger rue de Condé, proche le Luxembourg. Ainsi, voilà mon ami seul dans une grande maison, et me jurant qu'il ne nous quitterait plus.

Mon oncle, M. Soullet, n'avait que douze ans de plus que moi[192]; nous étions dans le milieu de la vie, de sorte qu'on ne calcule plus alors l'âge. Il était d'une très jolie figure, d'une conversation gaie, originale et charmante; nous vivions comme deux frères. Nous avions eu ensemble dans mon jeune âge une petite vérole, et nous comptions n'en avoir rien à craindre. Son fils prend la maladie; il entre [dans sa chambre] avec précaution. J'étais retourné à Saint-Leu; le neuvième jour, je reçois un courrier qui m'annonce que M. Soullet vient d'expirer et que son fils est hors d'affaire. Cet accident me frappe, et me voilà persuadé que je ne tarderai pas à être atteint. Ni ma femme, ni mes enfants n'avaient eu la maladie; elle était des plus meurtrières, elle était devenue épidémique à Saint-

Leu, et quoique séparés — puisque nous étions à mi-côte et que le village est dans la plaine — nous entendions à chaque instant sonner des trépas, selon la noble coutume des campagnes où, comme dit Boileau, pour honorer les morts on fait mourir les vivants[193]. Je n'hésitai pas à accepter la maison entière de mon ami [Barassy] rue du Petit-Musc; il voulut absolument la tenir et continuer son ménage jusqu'au mois d'avril 1760, où ma maison devait être prête.

Ce fut dans ce temps que mon ami le marquis de Paroy fut du détachement des gardes françaises embarqué sur la frégate du capitaine Thurot[194]. Toute sa famille ainsi que nous fûmes dans les transes pendant tout le temps que dura cette expédition, qui finit par la prise et la mort de Thurot et la perte d'une partie du détachement, et dont heureusement mon ami revint sain et sauf.

Ce fut dans cet hiver qu'arriva à Versailles la fameuse affaire de la Boisgiroux, première femme de chambre de Mme la dauphine[195]. Sa belle-mère avait été nourrice du dauphin, son mari maître d'hôtel de la première et de la seconde dauphine; son fils avait la survivance, s'était marié, et sa femme avait eu la survivance de cette place, ordinairement la récompense des nourrices de l'héritier présomptif. Cette femme, jeune, avait de la physionomie, l'air commun, et une épaule extraordinairement haute; son service était actif, et elle avait su gagner la confiance de sa maîtresse, qui cependant n'était pas la femme la plus aisée du royaume. Son mari, contrôleur et maître d'hôtel, tenait une très bonne maison, à ce qu'on assurait, et où se rassemblaient tous les officiers des gardes du corps à qui sa femme jetait le mouchoir; le marquis de Scepeaux[196], descendant du maréchal de Vieilleville, chef de brigade de ce corps, un des plus honnêtes hommes possibles, vivait avec elle publiquement. Cette femme faisait une très grande dépense, et elle passait pour aider de sa bourse ceux qui lui plaisaient.

Un beau jour, l'écrin de la dauphine disparut de sa toilette; toutes perquisitions devinrent inutiles : les soupçons planèrent sur tous ceux qui, étant de service, avaient les entrées intimes. Mme Boisgiroux fut la première à jeter les hauts cris, et comme elle avait la confiance, elle voulait y répondre avec l'assurance qu'aucun soupçon ne l'atteindrait. Cependant, cette aventure fit peu de bruit : elle fut comme étouffée et ne fit presque aucune sensation, mais ceux qui avaient intérêt à découvrir la chose firent si bien, qu'il fut constant que Mme Boisgiroux s'était approprié [les bijoux]; on en eut preuve sur preuve. M. le marquis de Saint-Florentin, devenu duc de La Vrillière, ministre de la maison du roi, prit ses ordres, et il fut convenu qu'elle serait interrogée sans bruit. Elle avait ce jour-là, m'a-t-on assuré, quinze personnes à dîner dans son appartement de l'intérieur. Le ministre la fit demander à 6 heures. Comme, souvent, elle avait de pareils messages pour le service de la princesse, elle fit bonne contenance et se rendit à 6 heures en chaise chez le ministre. Non seulement elle fut confondue quand on lui administra les preuves, mais devant le ministre on lui produisit les témoins. Alors, ne pouvant nier, elle prit le parti d'avouer, et demandant à parler tête à tête avec le ministre, voici ce qu'elle lui dit : « Lorsque, monsieur, depuis trois ans on fait le métier que je fais, il est bien juste que je me paye par mes [propres] mains. » Sur l'étonnement [que souleva] cette phrase, elle continua : « M. le dauphin ne m'abandonnera jamais. Il n'est pas de concert dans la soustraction des diamants; mais il me fait assez de caresses et d'avances, assez de marques de confiance pour que je sois sûre d'une protection marquée. Enfin, monsieur, puisqu'il faut tout dire, M. le dauphin est esclave de la décence, mais il est né avec un tempérament prodigieux; il a le malheur d'être obsédé par une femme qui, jalouse à l'excès, le tyrannise au point que la moindre avance qu'il fait à des femmes qui valent mieux que moi lui occasionne dans l'intérieur des scènes dont j'ai été mille fois témoin. Il ne doit pas se gêner avec moi, et j'ai su me ménager sa confiance. Obsédés comme nous le sommes, j'ai trouvé le secret, non seulement d'être la confidente de ses peines, mais de le calmer. Tous les jours, l'après-midi, il passe dans sa garde-robe : c'est là que je l'attends, et je passe une demi-heure tête à tête avec lui, sans que Mme la dauphine s'en doute et sans lui donner la moindre jalousie. »

Elle offrit et demanda qu'on la menât au dauphin à l'insu de sa maîtresse; elle demanda la permission de lui écrire, se faisant fort d'obtenir non seulement sa grâce, mais même la conservation de sa place. La position du ministre devenait délicate : il fallait en référer au roi qui, dès qu'il en fut instruit, donna ordre, pour l'exemple et la publicité de la chose, qu'elle fût mise au couvent[197]; six mois après, elle en sortit pour se retirer dans la terre de la Noirville, près Arpajon, que son beau-père avait achetée; [on parvint] ainsi à la soustraire aux yeux curieux du public. Cependant, pour les gens les moins impartiaux, ce fut un coup d'éclair dans une nuit obscure : le dauphin, grand, gros et fort, dépérissait à vue d'œil; des maux d'estomac, suite d'une masturbation après le repas, semaient le germe d'une phtisie qui l'a mené au tombeau[198]; homme d'esprit, esclave de la décence, gouverné impérieusement par une femme qui n'avait d'autre mérite, au physique et au moral, qu'un attachement exclusif, le malheureux prince fut la victime de toutes les contrariétés de son tempérament. La chose était trop délicate pour être ébruitée, et le hasard et l'intimité de M. Mesnard, premier commis de la maison du roi, m'ont mis à même de vérifier la vérité de cette anecdote.

M. Soullet laissait trois enfants. L'aîné avait dix-sept ans, la fille le suivait, et le troisième avait cinq ans de moins. Il était entré avec moi dans les détails de sa fortune : son mariage avec Mlle d'Alègre n'avait nullement rempli ses espérances; on l'avait présentée comme une descendante de la famille des d'Alègre; le fait était faux[199], c'était une famille assez neuve qui avait fait fortune dans les affaires. On avait annoncé des espérances; elles s'étaient réduites à une dot d'environ douze mille livres de rente. La sœur aînée avait été mariée à M. Le Tourneur, intendant du commerce; ayant voulu habiter trop tôt l'hôtel de Maillé, rue des Vieilles-Haudriettes, l'odeur de la peinture les avait tués à huit jours l'un de l'autre[200], laissant deux enfants en bas âge; le frère d'Alègre, conseiller au grand conseil, était mort garçon de la mort des justes[201], ayant mangé toute sa fortune.

Mon oncle avait balancé avec moi sur ce qu'il pouvait faire de son aîné[202] : encore jeune, il ne pouvait avec vingt-cinq mille livres de rente le faire subsister dans la robe d'où [la famille] tenait son illustration ; elles ne pouvaient suffire aux dépenses d'un pareil état. Insouciant vis-à-vis de la cour, il ne connaissait ni n'avait ménagé personne, se contentant de vivre avec la tête de la robe; il avait trop de vanité pour se charger de rien solliciter de la cour. C'est donc sur moi qu'il avait jeté les yeux pour placer son fils dans les gardes françaises : à portée de voir le maréchal de Biron dans le cabinet et partout, je devais être en mesure. Je me mis donc à lui faire cette demande pour mon cousin germain; je crus la chose faite par la manière dont il l'accueillit, en prenant son nom, son âge, et me disant qu'il le ferait inscrire sur la liste. Mais je ne fus pas longtemps sans m'apercevoir que c'était réellement ce qu'on appelait de l'eau bénite de cour : j'appris que l'inscription sur la liste était la marche la plus longue et la plus interminable; qu'il y avait tels jeunes gens qui y étaient inscrits depuis dix ans; que si on en plaçait un, c'était le *non plus ultra*; que le maréchal se réservait de se faire demander par la famille royale pour d'autres sujets; que si je n'avais pas pour moi Gomboust, son secrétaire, je n'obtiendrais rien — et qu'il y avait des moyens de le gagner. Dédaignant tous ces moyens, impatienté d'une attente de plus de deux ans, j'en parlai au duc de Choiseul tout-puissant alors. Il me dit avec sa franchise ordinaire : « Pourquoi ne m'avez-vous pas dit cela plus tôt? Nous ne sommes pas très bien, le maréchal et moi, et si je ne réussis pas si vite que vous le désirez, croyez que vous auriez dû m'en parler plus tôt. » Je le remerciai, et comme je ne voulais pas l'importuner, que je le voyais deux ou trois fois par semaine, que c'était la première demande que j'eusse jamais faite, je me décidai à attendre l'effet de la bonne volonté qu'il me montrait.

Le maréchal de Belle-Isle mourut en place cette année[203], chose qu'on n'avait vu arriver à aucun ministre depuis M. de Saint-Contest. Le duc de Choiseul eut la guerre, fit faire duc son cousin le marquis de Praslin, le rappela de l'ambassade de Vienne et le fit nommer aux Affaires étrangères. M. de Praslin, d'une figure froide et désagréable, aimait la littérature; il vivait avec la Dangeville[204], la première soubrette de l'Europe, depuis son jeune âge au Théâtre-Français. Elle le rendait heureux dans son intérieur : depuis dix ans, il y soupait tous les soirs, y rassemblait ses amis particuliers, tels que d'Argental[205] et d'autres, ainsi que des auteurs. La correspondance suivie de Voltaire avec d'Argental en était l'aliment. D'Argental, conseiller au parlement, le meilleur homme possible, et qui tirait son lustre de son amitié avec Voltaire, de son dévouement pour lui, trouva en MM. de Choiseul la récompense de leur amitié pour lui. M. le comte de Stainville, père du duc, venait de mourir et laissait vacante la place de ministre du duc de Toscane en France. Cette place *ad honores* n'était nullement gênante, valait vingt mille livres de rente, et donnait le droit de faire porter la canne derrière soi par les domestiques. Le duc de Choiseul l'en pourvut[206], et n'eut que la peine de témoigner à l'impératrice le désir de la cour de France pour l'obtenir. D'Argental avait beaucoup d'amis : le jour de sa présentation, il me fut recommandé par tout ce qu'il y avait de mieux à la cour; le duc d'Aiguillon[207], que je connaissais à peine, me montra tout l'intérêt qu'il y prenait en l'accompagnant partout et en me le recommandant.

Le prince Galitzine, après avoir perdu sa femme, qui était souvent chez nous, et la plus excellente femme possible, reçut sa nomination à l'ambassade de Vienne[208]; M. le comte de Tchernischev fut rappelé, et le prince Demetrius Galitzine, cavalier d'ambassade, mon ami, fut nommé ministre de Russie. C'était la mort forcée de Pierre III, empereur de Russie, qui avait fait tous ces changements. Quelque bien instruit qu'on fût à Versailles de cette révolution, on y vit la cause des rois outragée; on s'expliqua clairement : une jeune femme qui prenait la couronne en faisant tuer son mari ne donnait pas de grandes espérances pour un règne qui la couvrit de gloire par la suite. Ces dispositions de la cour opérèrent le rappel forcé du prince Demetrius; mais je ne veux pas anticiper sur les événements.

Le roi, le jour de la nomination du duc de Choiseul [au ministère de la guerre][209], parla longtemps dans son cabinet, après son lever, de feu le maréchal de Belle-Isle; il nous dit qu'il s'apercevait depuis longtemps qu'il ne vivrait pas [davantage]; que son grand âge, son extrême surdité qui augmentait journellement rendaient le travail avec lui fort difficile, et le réduisaient à lire lui-même le travail de son portefeuille; que le maréchal parlait lorsqu'il en était à l'article qu'il lisait, et que le roi finissait par apostiller par oui ou non. « Il était devenu si sourd, ajouta-t-il, que souvent il pétait sans se douter que je pusse l'entendre, et lui, qui ne m'avait jamais manqué à ce qu'il me devait, me forçait sans vouloir l'humilier à prendre un prétexte pour m'éloigner de lui. »

Mme de Pompadour connaissait parfaitement le caractère du roi. Blasé sur tout, il était fort difficile à amuser. Fidèle à sa passion de la chasse, il y sacrifiait presque tous les jours, excepté les fêtes qu'il donnait régulièrement aux offices. Elle avait composé sa cour d'une société aimable où le soir on se réunissait : M. de Chauvelin, M. de La Vallière, M. de Soubise, M. de Choiseul et quelques femmes âgées de la cour s'assemblaient comme dans une société particulière; les nouvelles du jour, surtout la chronique de Paris, y étaient discutées avec agrément. Mais tout cela ne suffisait pas au roi, qui regardait Mme de Pompadour comme une amie nécessaire; elle sentit parfaitement que si elle voulait être autre chose, non seulement elle perdrait tout crédit, mais elle finirait par déplaire comme une surveillante incommode.

Lebel, premier valet de chambre du roi, venu à cette place après avoir commencé par être barbier, était dans l'intimité du roi par les services qu'il lui rendait. C'était lui qui servait dans toutes les intrigues que son maître croyait dérober à la connaissance de ses maîtresses. Les plus jolies femmes de Paris, soit par ambition, soit par vanité, soit par l'espérance d'en tirer quelque utilité, ne se refusèrent pas à son ministère. On savait que le roi répondait exactement à une jolie femme qui voulait lui écrire. M. Bertin, le ministre — ou plutôt l'intendant particulier du roi, comme des affaires d'un particulier — avait en réserve deux à trois places de fermier général dont [certains] jouissaient à moitié profit. On savait que la jolie Mme la marquise de Seran[210] avait passé quelques nuits avec Sa Majesté, et que cette faveur lui avait valu une belle maison derrière l'Oratoire et cent mille écus, quoiqu'on assurât que, par une fatalité sans exemple, le roi avait très mal gagné son argent.

Peu de gens savaient la triste aventure arrivée à la belle Mme de La Popelinière, veuve d'un fermier général[211], qui l'avait envoyé chercher au fond de la Gascogne ; elle venait de gagner un procès qui rendait l'existence au fils que son père lui avait refusée. Jeune, jolie, grande, bien faite, aimable, elle ne put tenir à l'envie de se satisfaire et de tâcher, avec tous les moyens que la nature lui avait donnés, d'attirer le roi non dans une passade, mais dans un attachement durable qui pût raviver un homme de près de soixante ans. Sa figure superbe attirait tous les cœurs à lui; son air noble, sa belle et bonne conversation pouvaient faire croire à une jolie femme que les autres s'y étaient mal prises.

Une conversation avec Lebel, où elle s'ouvrit à lui sur l'attachement qu'elle avait pris pour son maître, fut saisie avec adresse; il dit qu'il en rendrait compte au roi et huit jours après, Lebel arrive chez elle et lui annonce dans le plus grand secret que le roi lui donnera audience à minuit dans sa chambre à coucher; que lui, Lebel, l'attendra dans son appartement qui était au-dessous de celui du roi et qui communiquait avec le sien, à 11 heures et demie. Le jour pris, la dame, qui avait beaucoup de gens qui lui faisaient la cour et qui tenait une bonne maison, prit pour prétexte qu'elle allait solliciter le contrôleur général, et demanda pour ce jour-là à souper à un écuyer de main qui alors était de service à Versailles. La toilette fut superbe et la voilà, mise de la plus grande élégance, montant dans sa voiture pour aller à Versailles. Elle va au contrôle général, se rend à souper où elle s'était engagée, avec les plus aimables [personnes] que son hôte avait rassemblées. Après avoir donné ses ordres pour que sa voiture fût toute prête à minuit à l'hôtel des fermes, elle monte en chaise à porteurs et se rend chez Lebel, renvoie ses porteurs et le trouve qui l'attendait. Après quelques compliments sur sa beauté et son exactitude, Lebel lui dit : « Nous allons monter ensemble dans la chambre à coucher; je suis de service, je m'en irai, et vous ne me verrez plus que lorsqu'on me le fera dire et que l'audience sera finie. Le roi rentrera seul dans son intérieur, et vous serez tête à tête. »

La dame était trop avancée pour reculer, et la voilà établie dans la chambre véritable où le roi couchait, son lit préparé pour le recevoir. Minuit se passe, 1 heure arrive, et le roi ne paraissait pas. Ces trois grandes pièces très éclairées représentaient la plus grande solitude. Enfin, à 1 heure un quart, le roi arrive; soit que ce jour-là il fût préoccupé d'affaires, soit qu'il fût blasé sur les bonnes fortunes qui lui arrivaient souvent, il s'arrête, lui dit : « Ah! vous voilà, madame; je ne m'attendais pas à voir une aussi jolie femme. » Tout cela fut dit en prenant des manières si libres, si cavalières, que la dame resta confondue : il est aisé de concevoir l'étonnement d'une jolie femme accoutumée à voir tout ce qu'il y avait de plus aimable la traiter avec respect, et, au premier instant, à se voir traitée comme la première des courtisanes. Mais le faux pas était fait, et elle ne pouvait s'en tirer qu'avec la plus grande résignation et une abnégation totale d'elle-même. Elle laissa donc prendre au roi toutes les libertés qui lui plurent, et après un demi-quart d'heure de ces préliminaires, le roi lui dit : « Mais vous êtes charmante à tous égards. Je vais me deshabiller en public; faites-en autant et mettez-vous au lit; je reviendrai vous trouver le plus tôt possible. » Le roi partit; la dame, qui ne s'attendait pas à pareille proposition, n'avait pris aucune précaution : il fallait obéir ou faire un éclat. C'était apparemment la manière de se conduire en pareille occasion, tandis qu'elle avait espéré qu'une conversation préliminaire, où son esprit aurait brillé, aurait peut-être conduit à cette fin [comme pour] une passion. Toutes ces réflexions se présentent à son esprit, mais il fallait obéir : elle se deshabille tant bien que mal; peu accoutumée à se servir elle-même, elle met toutes ses affaires dans un désordre incroyable, et se hâte de se cacher dans le lit pour se dérober elle-même à la honte du rôle qu'elle jouait.

Le roi, après avoir fait son coucher en public, se relève, passe par son cabinet et entre dans sa vraie chambre; il referme la porte et Lebel, qui avait le mot, va coucher chez lui. En entrant, le roi lui dit : « Madame, je vous demande pardon; dans un instant je suis à vous », et il passe dans sa garde-robe. Il y fut plus d'un quart d'heure, et la dame a avoué depuis à un confident que de sa vie elle n'avait passé un temps plus cruel. Le roi arrive, se glisse au lit, promène librement ses mains partout, la tourmente pendant plus d'un quart d'heure; elle veut parler, il lui demande grâce; enfin, restant dans la même position, sans même commencer son propos, il ouvre la bouche et lui dit : « Madame, il faut m'excuser. Je ne suis plus jeune. Je suis sûr que votre personne mérite tous les soins d'un galant homme; mais vous voyez quelque chose de vrai : c'est qu'un roi n'est pas plus homme qu'un autre, avec la meilleure volonté et le plus grand désir. Il est 3 heures; si vous attendez jusqu'au jour, vous pourrez rencontrer quelque indiscret. Les plus courtes folies sont les meilleures; je n'oublierai jamais vos bontés. Rhabillez-vous, et je vais moi-même vous conduire à la porte de glace de la galerie; il n'y a de sentinelle qu'au bout, des deux côtés. » La dame était si interdite, si accablée par cette suite de malheureuses aventures que, sans rien dire, elle se leva, courut se rhabiller comme elle put et avec un désordre incroyable. Le roi la reconduit, lui ouvre la porte de glace, et voilà qu'elle traîne son existence le long des appartements pour aller gagner ses porteurs au bas de la chapelle.

Il fallut qu'elle les réveillât, et ne croyant pas que ses chevaux fussent encore mis, elle se fit porter chez l'écuyer qui lui avait donné à souper; elle fut plus d'une demi-heure avant qu'on lui ouvrît. Enfin, elle entre, ne dit mot de son aventure, prétexte un accident qui lui est arrivé, se fait donner un lit. Et le lendemain, à 8 heures du matin, elle regagne tristement, seule dans sa voiture, le chemin de

Paris. Dès qu'elle fut arrivée, elle n'eut rien de plus pressé que d'envoyer chercher un homme en qui elle avait d'autant plus de confiance qu'il n'avait aucune prétention sur elle. L'épanchement de la douleur la soulage ; il fut convenu entre eux deux que le secret serait inviolablement gardé ; on espérait que le royal acteur le garderait de son côté : il n'avait pas de quoi se vanter. L'écuyer, qui n'avait rien cru de l'accident et du réveil si matin, avait des amis : il prit des informations, fut sûr de l'aventure, et ne la divulgua pas.

Le surlendemain, Lebel arrive, se fait annoncer ; le feu sort des yeux de la belle délaissée ; elle le fait entrer ; elle était sur son palier, puis dans son salon, enfin chez elle, et écoute son message : « Le roi, dit-il, madame, me charge de vous témoigner tous ses regrets de ce qu'une indisposition passagère l'a empêché de vous donner une plus longue audience. Il m'a chargé de vous prier d'accepter ce petit coffre dans lequel sont quatre mille louis.

— Qu'il reprenne ses présents, lui dit la dame toute rouge de colère. Vous êtes bien osé de vous charger d'un pareil message. Une preuve de mon respect, de mon attachement, de mon dévouement, dont je rougirai toute ma vie, est au-dessus de tout prix d'aucun roi de la terre. La seule grâce qu'il me doit, c'est de ne vous envoyer de la vie chez moi. »

Je ne garantis aucunement le fait, mais il m'a été conté avec toutes ses particularités par un homme qui avait le droit d'être bien instruit.

CHAPITRE XIX

En 1740, M. de Sartine[212] arriva au collège d'Harcourt; il pouvait avoir alors quatorze ou quinze ans. Il montrait la même figure qu'il a conservée toute sa vie; la même tenue froide et modeste l'accompagnait dans toutes ses actions. Il venait perfectionner son éducation; logeant en chambre particulière avec deux autres écoliers sous un même professeur, il ne faisait pas plus de sensation qu'un autre boursier; il était donc de ceux qui, placés dans leurs bourses par sollicitation de parents peu fortunés, étaient le moins ménagés et travaillaient davantage. On savait qu'il était né en Espagne, où son père[213], avait passé avec Philippe V et où il avait été intendant de Catalogne; il se faisait aimer et estimer comme un homme qui suppléerait par son travail au peu de fortune qu'il possédait.

Sorti du collège, je le perdis de vue, jusqu'à ce qu'il fût nommé lieutenant criminel et que M. de Glatigny-Lionais[215], conseiller au parlement, eût épousé Mme Le Boulanger, veuve d'un conseiller au parlement. Les alliances de la famille de sa femme avec mes parents maternels me lièrent dans leur maison. M. de Sartine avait loué le devant de leur maison, rue de Paradis, au Marais; il était alors conseiller au Châtelet, fut ensuite nommé lieutenant criminel. Il se forma entre eux tous une liaison que je ne pus suivre, parce que ma vie à Versailles m'éloignait nécessairement de celle de Paris; cependant, toutes les fois que nous nous retrouvions, notre amitié de collège n'avait pas l'air éteinte. Successivement, il fut appelé à la place de lieutenant de police et succéda à M. Berryer[216] qui passa au ministère de la marine, dont malgré sa faveur il s'acquitta si mal qu'il aliéna toute la marine de France.

M. de Sartine avait épousé Mlle Du Plessis, jolie et pleine

d'esprit; il se servit de plusieurs conseillers au parlement, entre autres M. Soullet, pour lui servir de parents. Sa femme devint l'intime amie de Mme de Cypierre, et dès qu'il fut à la police, notre liaison redoubla. Je lui donnais quelques soupers, et nous allions souper chez lui régulièrement une fois la semaine, de sorte que notre intimité s'est soutenue jusqu'à ce que les malheureuses circonstances de la Révolution l'aient obligé à fuir à Cadix. La fortune qui a pensé lui faire jouer un grand rôle à la mort de Louis XV ne lui avait pas tourné la tête; ayant le grand art de ne parler que succinctement, il s'instruisait souvent de ce qu'il ne savait pas par des réticences qui donnaient à croire qu'il était plus instruit qu'il ne l'était. Mais la justice que je suis obligé de lui rendre, c'est que, toujours modeste, il a conservé jusqu'à la fin les personnes qu'il avait choisies pour amis, témoins M. de Glatigny et nous, sans jamais varier un instant.

Je passai donc l'hiver rue du Petit-Musc, où nous disposâmes de la maison de notre ami [Barassy] comme si nous étions chez nous. C'était alors Monnet qui régissait le nouvel Opéra-Comique à la foire; mon ami Sedaine par ses pièces en était le soutien. Je pris le parti de louer une loge au troisième pour le temps de la foire; ces loges étaient extrêmement courues pour leur grandeur et la commodité d'y avoir qui on voulait. Un jour, la fameuse Deschamps[217], renommée par la vogue où elle était, me parut embarrassée de se placer; je ne lui avais jamais parlé, mais j'avais su d'elle qu'elle me connaissait parfaitement : je lui proposai de venir dans ma loge, et elle accepta. Nous fûmes tête à tête tout le spectacle; je ne tardai pas à m'apercevoir qu'elle méritait la fortune qu'elle faisait : une jolie taille, un bras et une main superbes, une figure ronde, éclatante, un nez retroussé qui était très bien fait, de très beaux yeux la rendaient une des plus jolies femmes que j'aie vues; elle avait de la grâce dans tous ses mouvements et un embonpoint qui témoignait de sa bonne santé.

Sa conversation fut charmante; soit réserve de ma part, soit caprice [de la sienne], ce fut elle qui fit les avances. Je croyais être masqué comme au bal de l'Opéra; tout d'un coup, avec l'air le plus folichon, elle me dit : « Croyez-vous que si je ne vous avais pas connu pour être le camarade de M. de La Live, je me serais hasardée à venir dans votre loge? Peste! Les introducteurs sont dangereux! Ne voilà-t-il pas que depuis trois mois je vis avec lui? En vérité, c'est une œuvre de charité; j'ai bien voulu le remettre dans le monde et lui faire oublier la défunte[218], qu'il regrettait comme si elle l'avait adoré tout seul! Vous avez une jolie femme, vous l'aimez, mais vous avez aimé vigoureusement autrefois. Est-ce que vous avez oublié ce bon temps?

— Ma foi, lui répondis-je, je ne me trompais pas : me voilà au bal de l'Opéra, et vous me persiflez le plus joliment du monde. Mais je vous en remercie, car cette folie m'a fait connaître une des plus jolies femmes de Paris, et qui soutient sa réputation d'amabilité.

— Parlons franchement, me dit-elle. Tu es mon camarade, puisque La Live me traite, je t'assure, bien mieux que la défunte. Je ne me refuse rien : caprices, fantaisies... Demande à ton ami Saint-Marc. Laborde, le banquier[218], m'a envoyé devant lui mille louis en or dans une porcelaine. J'ai eu la cruauté de le remettre au surlendemain, parce que Saint-Marc avait eu la préférence dans mon cœur.

— Peste! ma camarade, répondis-je, votre cœur est plus grand que celui d'une autre, car chacun y prend place tour à tour.

— Je te passe la plaisanterie, me dit-elle, parce que tu me plais. Dans un autre temps, tu me verrais fière et haute : les caprices d'une jolie femme font sa fortune. Mais au fond, tu me parais sans conséquence, et je veux bien me livrer entièrement à toi. D'ailleurs, cette confiance en moi réveillera peut-être tes anciens sentiments pour les femmes, et me fera honneur en te remettant dans le monde.

— Tu me dis ton secret : La Live t'a dit comment je vivais avec ma femme, et une fantaisie te passe par la tête; il est vrai que tu es une des plus jolies femmes, à qui tout est permis. Eh bien! veux-tu que je te parle vrai? Rien au monde ne me fera changer mon système. Si j'avais une faiblesse, je voudrais me la cacher à moi-même et mon secret serait en très mauvaises mains, puisque tu en tirerais vanité même avec La Live. D'ailleurs, mon ami Du Gage m'a donné une idée de ton caractère qui me fait mettre en garde contre les moments délicieux que tu voudrais me faire passer.

— Comment! s'écria-t-elle, il t'a conté ce qui s'est passé? Il n'a que ce qu'il mérite. » Elle voulut que je lui contasse tout ce qu'il m'avait dit, et je lui parlai ainsi : « Du Gage m'a dit que, vous trouvant charmante, il vous fit une proposition de cinquante louis pour une nuit, et que vous fîtes bien des difficultés avant de l'accepter; qu'arrivé chez vous à l'heure dite, vous le fîtes attendre jusqu'à 2 heures; que vous fîtes une toilette de déshabillé qui dura une heure; qu'enfin vous vous mîtes au lit, après avoir exigé qu'il déposât les cinquante louis sur votre table de nuit; qu'enfin occupé à gagner son argent, vous l'arrêtâtes malgré tous ses efforts et, le regardant attentivement : " Ma foi, vous écriâtes-vous, c'est trop bon marché; tu es par trop laid; et si tu ne me donnes pas cinquante louis de plus, tu n'as qu'à sortir. — Mais, s'écria-t-il, finis donc! je n'ai pas cinquante louis ici! — En ce cas, reprîtes-vous, il faut que tu me fasses ton billet. — Je le veux bien... après. — Non, tout à l'heure! " et qu'en même temps, vous sonnâtes votre femme de chambre, vous fîtes venir une plume, de l'encre et du papier, et voulûtes absolument qu'il souscrivît son billet sur la plus jolie table possible; sa position était difficile; ne pouvant en venir à bout, il se dégagea des bras de sa Circé, et se rhabilla bien vite; le désespoir s'empara de lui, il sauta dans sa voiture, et s'en alla chez lui pour conter son aventure à tout le monde.

— Et bien! mon camarade, me répondit-elle, il n'a pas dit un mot dans ce récit qui ne fût de la plus grande vérité. Mais mets-toi à ma place; c'est ton ami, regarde comme il est laid. D'ailleurs, il a quatre-vingt mille livres de rente, et met rarement une somme pareille dans ses plaisirs. Ce que je faisais était une vraie charité : je voulais cent louis pour les donner à cette pauvre Amédée que tu as vue en Angleterre, et qui m'a souvent parlé de toi. » Alors, nous parlâmes d'Amédée et de sa triste situation, celle de toutes ses pareilles qui n'ont pas de conduite, et je vidai dans sa bourse les seuls dix louis que j'eusse sur moi; c'était payer les plaisirs de sa conversation, mais je fus assuré qu'elle en avait [respecté] la destination, et y avait ajouté du sien. Rien n'était si magnifique, si noble, si voluptueux que cette créature, se jouant avec des cent mille livres, mais n'en sachant pas le prix. Elle étonnait la ville et la cour par son luxe et sa générosité.

C'était alors le temps des convulsionnaires; tout Paris y courait. Un certain père La Barre[220] en était le directeur. Je ne sais comment la conversation tourna sur cet article : « N'ont-ils pas voulu, me dit-elle, me convertir?

— Peste! repris-je, cela ne serait pas maladroit.

— En attendant, m'assura-t-elle, je suis initiée; je vais à leurs assemblées quand je veux, et j'y fais aller qui je veux.

— Oh! repris-je, je vous somme de ce que vous venez de me dire, et je vous demande en grâce de me procurer ce spectacle.

— Ce que je promets, ajouta-t-elle avec dignité, je le tiens. Trouvez-vous jeudi à 2 heures précises dans l'église de Saint-Merri, près du bénitier; vous y trouverez mon frère qui vous conduira[221]. Ce que je vous demande, c'est de vous fier entièrement à lui et de ne vous permettre aucune plaisanterie. Vous pouvez amener un ami avec vous. » Nous nous quittâmes là-dessus; elle ne voulut pas qu'on la vît sortir de ma loge, je ne me souciais pas de lui faire les honneurs en plein public. Ainsi, [je partis] après m'être encore plus amusé de sa conversation que du spectacle.

Conter tout cela à M. de Barassy ne m'aurait servi de rien; j'en parlai à M. de Chailly qui vint dîner le jour du rendez-vous; et après avoir conté la scène à ma femme, nous nous mîmes dans ma voiture pour nous rendre à Saint-Merri. C'était une heure où l'église était fort solitaire, nous vîmes un particulier de vingt-cinq ans environ, près du bénitier; il était très décemment et fort bien mis. Il s'avance à moi et me dit : « Vous êtes monsieur... ?

— Oui.

— Donnez-vous tous les deux la peine de me suivre, et donnez rendez-vous à votre carrosse rue Saint-Nicaise à 8 heures du soir. » Les ordres donnés, nous le suivons. Au détour de la première rue, nous trouvons la voiture de Mlle Deschamps, connue de tout Paris[222]; elle était à sept panneaux en glace galonnés d'or sur du velours blanc; les chevaux étaient superbes, le cocher galonné. Nous montons; il y avait déjà un particulier dans la voiture : c'était M. Lenormand d'Étiolles[223], le mari de Mme de Pompadour. Nous eûmes bientôt fait connaissance, et la voiture partit comme un éclair pour nous mener rue Saint-Martin, vis-à-vis la rue aux Ours. Nous descendîmes à une porte cochère qui avait l'air de l'entrée d'un épicier; nous trouvons un escalier au fond d'une petite cour, nous montons, et nous arrivons au troisième dans un appartement des moins magnifiques, et encore plus mal meublé; il était composé de cinq pièces assez grandes et donnant l'une dans l'autre pour revenir à l'escalier, de sorte que les deux du fond avaient vue sur des jardins. Il était au plus 3 heures; nous fûmes introduits avec mystère par une femme, nous prîmes nos places sur des bancs, et chacun garda le silence que le frère de Mlle Deschamps nous avait prescrit. Dès que nous pûmes nous reconnaître, j'aperçus Mme la marquise de Coislin (Mlle de Mailly), Mme la duchesse de Villeroi (Mlle d'Aumont), le duc de Fronsac (fils du maréchal de Richelieu), Pibrac, chirurgien fameux[224], et une quantité de bonnes femmes assez mal vêtues, qui coopéraient toutes au saint œuvre. Le fameux père La Barre, vêtu en prêtre, en habit noir, un grand chapeau rabattu, des cheveux sans poudre, gras et rond, était assis plus près du cercle, et donnait un coup d'œil à tout.

On disait les vêpres, et toutes les femmes les psalmodiaient un peu vite; cette scène dura un quart d'heure, qui parut fort long à tout l'auditoire des curieux. Puis une femme du commun, assez mal mise, s'avança; elle avait l'air d'entrer en convulsion. Elle s'agita, fit une prophétie sans suite, sans aucune diction, estropiant le français. Tout son refrain, qui revenait à chaque fin de phrase, était : « Sion, la ville de Sion sera détruite; le Seigneur la regarde dans sa colère. Qu'on se convertisse, il n'y a pas de temps à perdre. » Cette scène ennuyeuse fit place à une autre; une femme s'avança, l'abbé La Barre se leva : « Messieurs, dit-il, elle réclame du secours. » Personne ne se proposant, un homme officieux l'appuya contre lui, et l'abbé La Barre, prenant un rondin en bûche, la frappa comme avec un bélier sur les hanches, sur le ventre. À chaque coup, la femme criait : « Ça me soulage, continuez ! » On la porta sur le lit ; elle y fit des cabrioles qui auraient été de la dernière indécence sans l'attention de l'abbé La Barre et de ses acolytes de lui baisser les jupes.

Cependant, une autre s'avance, s'écrie : « Au secours ! au secours ! », et la voilà au milieu de la chambre, se tournant, s'agitant, cabriolant comme une démoniaque. L'abbé dit gravement : « Son mal est dans sa langue ; il faut la lui percer avec une lancette de part en part, et elle sera guérie. » Nous croyions tous que c'était encore un tour de passe-passe. Pibrac s'avance et dit : « Messieurs, vous savez tous que je suis chirurgien ; je me charge de faire l'opération, et rien n'y manquera. » Nous savions que Pibrac ne donnait pas plus que nous dans ces badauderies. La possédée ne se démonte pas, s'élance le dos à la cheminée — où il n'y avait pas de feu — et tire la langue de façon exorbitante. Pibrac s'arme de sa lancette qu'il tire de son étui, et la lui enfonce si distinctement pour nous tous que nous pûmes voir le bout qui sortait par-dessous la langue ; il la retire, la possédée rentre sa langue, fait une cabriole, et court dans une autre pièce en disant : « Me voilà, me voilà guérie ! »

Tout le monde gardait le silence, et le prêtre du sabbat, pour ne pas laisser la scène vide, ordonnait de continuer les psaumes, lorsqu'une autre énergumène s'avance avec les mêmes simagrées ; tout cela se faisait sans ordre ni mesure. La Barre s'écrie : « Que chacun s'assoie, il lui faut de l'air ! » Cette femme parlait avec une volubilité merveilleuse, sans ordre, sans suite, sans sens commun ; « Jérusalem détruite, Sion abandonnée » était son refrain. La Barre se lève : « Je connais, dit-il, les secours qu'il faut à cette malheureuse ainsi tourmentée ; elle est tellement possédée, que la pointe d'une épée appuyée contre elle ne pourra la percer. » Le duc de Fronsac se présente, tire son épée et va hardiment sur elle ; La Barre l'arrête en lui disant : « Permettez, il ne s'agit pas de pourfendre ni de porter une botte, mais d'appuyer la pointe de votre épée, qui n'enfoncera pas. » Alors la femme, debout, s'appuyant contre La Barre qui était aussi debout, laissant la poignée de l'épée dans la main du duc, prit la pointe à pleine main et la fixa sur sa hanche par-dessus ses jupes. Le duc poussa sans saccade, avec le plus grand courage ; il était fluet et très délicat. La lame pliait beaucoup, et la femme s'écriait : « Poussez, cela me soulage ! » Pour lors, nous nous regardâmes tous : ce tour du gobelet était mal fait ; la lame, fixée dans la main de la femme, pliait à sa volonté, et par conséquent n'avait plus de force.

La Barre n'était pas homme à se déconcerter : l'assemblée était intéressante. Quoiqu'en entrant on nous eût annoncé qu'il n'y aurait pas ce jour-là de crucifiement, il fit un petit discours : il prétendit que ces opérations n'étaient pas à sa volonté, que ses relations occultes ne lui permettaient que de placer à propos les secours que l'Esprit-Saint lui indiquait. C'était apparemment un ordre; à l'instant, la femme qui avait été régalée à coups de bûche et de coups de pied dans le ventre recommença ses manières, se présenta en poussant des cris, des hurlements qui déchiraient le tympan. « Esprit immonde, dit La Barre, tu m'y forces. Messieurs, elle ne trouvera de soulagement qu'à l'exemple de notre divin Sauveur elle ne soit crucifiée. » À l'instant, on voitura dans la chambre une croix dont voici le détail : c'était une planche de bois de bateau, longue de sept pieds et large de dix-huit pouces, nullement rabotée; les deux bras de la croix étaient de même; à l'endroit où on devait poser les pieds, il y avait deux tasseaux et une planche très peu inclinée pour les recevoir. Elle fut apportée contre la cheminée, inclinée, et prenant son appui sur le manteau de la cheminée; l'endroit indiqué pour les pieds fut fixé par deux clous dans le carreau pour l'empêcher de glisser. La femme qui pleurait, soupirait et ne criait plus s'élance sur la croix, les pieds nus tels qu'elle les avait auparavant, les fixe elle-même à la place, à côté l'un de l'autre, étend ses bras sur les deux branches. Le père La Barre prend un clou de quatre pouces et un marteau, tâte les cartilages du pied au-dessus du cou-de-pied, frappe, perce et enfonce le clou de quatre d'environ six lignes dans le bois après avoir traversé le pied.

J'ai de l'aversion pour voir souffrir un être quelconque : je n'en voulus pas voir davantage; un autre particulier que je ne connaissais pas fit de même. Nous entendîmes les coups de marteau qui finissaient l'opération, dont tous les autres spectateurs étaient très occupés. Le frère de la Deschamps et mon camarade, ne me voyant plus, vinrent me trouver; j'en avais assez; d'ailleurs, quelques passants nous dirent que tout était fini. Nous étions les plus près de la porte, je proposai de nous en aller; la porte était fermée, il était nuit close. Tout cela dura un bon quart d'heure. Enfin, une femme vint avec une lanterne pour nous reconduire jusque dans la cour. Elle passa la première; en descendant, quelqu'un de nous s'avisa de lui demander si ce n'était pas elle qui avait été crucifiée, car elle avait les jambes nues, les pieds dans de mauvaises savates : « Hélas! monsieur, oui, c'est moi.

— Mais comment? cela ne vous empêche pas de nous rendre service?

— Oh! non, monsieur! tout cela arrive par la grâce de Dieu.

— Mais, lui dîmes-nous, vous ne paraissez pas riche, bien au contraire. » Alors, nous lui donnâmes chacun un louis pour le mal de cœur que toute cette scène nous avait fait.

M. Lenormand regagna sa voiture, et le frère de la Deschamps nous conduisit à celle de sa sœur, qui était au coin de la rue des Gravilliers. En très peu de temps, nous arrivâmes rue et à côté du Magasin de l'Opéra. La porte cochère s'ouvrit, et nous voilà dans un palais superbe. On nous attendait, M. de Chailly et moi. Un valet de chambre tout galonné se trouva à la descente du carrosse, tenant dans chaque main un flambeau à deux branches de bougies allumées. Nous montâmes un escalier superbement éclairé et frotté comme un appartement, après avoir trouvé deux domestiques dans l'antichambre. Nous passâmes par un salon orné magnifiquement, par une chambre à coucher décorée par des colonnes et par un lit d'une beauté sans égale, de la plus belle perse. Je n'exagère pas pour dire qu'il y avait cinquante bougies d'allumées. Nous arrivâmes dans un boudoir meublé en couleur rose et argent, avec un plafond en glace, ainsi que l'endroit où se trouvait l'ottomane, avec des coussins de duvet à crépine d'or. C'est là qu'elle nous attendait. J'avoue qu'accoutumé à voir ce qu'il y avait de plus beau, je fus ébloui, je fus stupéfait d'une pareille réception.

La conversation fut fort gaie. Elle me tutoya, me dit que j'étais bien plus son ami que si j'avais cédé à sa séduction; qu'elle était accoutumée à ne pas trouver de cruel; que le rôle était nouveau pour elle et qu'il lui plaisait. Je lui répondis sur le même ton; Chailly, qui avait de l'esprit et du jargon, l'amusa beaucoup. Neuf heures arrivent, nous voulons sortir; pendant la conversation, j'avais fait l'inventaire de toutes les belles choses que je voyais, en donnant un nom de propriétaire qui s'en était détaché; elle riait et en convenait, ou disait le nom véritable. Elle ajouta : « Vous n'avez pas tout vu; ma salle à manger est un chef-d'œuvre, mais je ne vous la montrerai que lorsque vous viendrez souper avec moi. » Je me mets à ses genoux, je lui demande pour toute grâce qu'elle me la fasse voir, que je ne veux que cette preuve de ses bontés après toute la bonne amitié qu'elle m'a montrée; elle se laisse gagner. Nous entrons dans une salle à manger éclairée par des statues en bronze tenant chacune un candélabre à quatre branches, et jetant de l'eau dans des piscines de marbre; une table anglaise est dressée, sur laquelle sont des fruits en glace à la manière italienne. Nous nous mettons à table, nous ne nous quittons qu'à 11 heures. Ma voiture était entrée sans que je le susse; on nous reconduit avec la même cérémonie; je ramène Chailly chez lui et reviens trouver ma femme, ne sachant si je ne viens pas de faire un rêve charmant.

Soit caprice, soit autrement, la Deschamps fut loger six mois après rue de Richelieu, à côté de la rue des Filles-Saint-Thomas. Elle m'avait si bien traité que je continuai à la voir de temps en temps. Si elle avait suivi mes conseils, j'ose le dire, ses affaires auraient mieux tourné. Son luxe, sa générosité, sa magnificence firent évanouir tout ce brillant qui n'était fondé que sur son mobilier et sur ce qu'elle gagnait journellement. Elle commençait à n'être plus demandée : à Paris, tout cela ne dure qu'un moment. Elle passa du plus brillant état à la plus grande misère; son cœur noble ne voulut pas qu'elle implorât le secours de ceux qui l'avaient tant fêtée. Retirée dans une masure rue de Seine, à côté de la barrière, le curé de Saint-Sulpice s'en empara : c'était une cure éclatante sous son auguste ministère. Abandonnée avec résignation à la Providence, elle termina ses jours avant trente-cinq ans, pleurant et ses péchés et la perte de sa fortune.

Mon camarade La Live réussissait à merveille à Versailles; très aimable, bon connaisseur en tableaux, l'air doux, sans prétention, il savait ramener la conversation sur les arts dont il parlait bien. Bien vu de tous, il prenait le dé partout où il se trouvait; il vivait avec moi en frère. Mlle Walquier[225], fille de Mme Nettine, banquière de l'empereur à Bruxelles et sœur de Mme Laborde, femme du banquier de la cour, était un parti immense; il fut préféré par la dame, qui était d'âge et que sa mère laissait maîtresse de choisir. Il s'était montré un excellent mari dans son premier mariage, et il ne courait pas les mêmes risques dans sa nouvelle épouse[226], Flamande d'origine et attachée à ses devoirs. Le mariage se fit[227]. Il fut heureux dans son intérieur, quoique le despotisme de son beau-frère, qui avec sa fortune faisait la loi à tout le monde, ne lui convînt pas du tout. Mais il ne put supporter cette idée longtemps : il se contraignait de manière que je ne fus pas longtemps à m'apercevoir qu'il y avait des instants où ses idées se brouillaient à faire craindre pour la suite.

Fidèle au plan que M. de Verdun m'avait tracé, il me fallait obtenir une pension. Je répugnais à toute demande d'intérêt, mais je venais d'essuyer la banqueroute totale de La Graullet. Ayant toutes mes relations intimes avec le ministre des Affaires étrangères, les grâces qui concernaient nos places dépendaient du ministre de la maison du roi. J'étais arrivé entouré d'une foule de mémoires des Bonneuil, des Sainctot, etc.; il avait fallu feuilleter tout cela, dans la dépendance d'un secrétaire à la conduite des ambassadeurs, l'homme le plus minutieux en fait de cérémonial qui l'est assez par lui-même. Dès que je sus qu'après avoir perdu son fils et sa femme à la suite de ses premières couches, sa tête s'était échauffée et qu'il quittait sa place pour se faire bénédictin, je ne voulus plus que ni moi ni les miens fussions dans la dépendance : je possédais ma charge depuis huit ans, et j'avais assez vu toutes les cérémonies possibles, j'avais tenu des notes assez exactes pour qu'en compilant d'anciens mémoires je pusse réduire le cérémonial à peu de chose. L'arrangement du changement de semestre avait été utile à mon successeur : au lieu que dans les voyages de Compiègne et de Fontainebleau, le roi reçût tous les jours les ambassadeurs, cette visite journalière, d'après un mémoire que j'avais donné l'année de mon mariage, avait été réduite aux dimanches, mardis et jeudis, de sorte que la gêne était moins forte. Je pris donc le nommé Remière pour secrétaire, après en être convenu avec les ministres, et je réduisis dans un abrégé d'un doigt d'épais tout le cérémonial de France pour les étrangers. J'en fis faire plusieurs copies à la main, en donnai à mon camarade, aux ministres; et reçus tant de lettres de félicitation que je fus obligé d'en déposer un exemplaire manuscrit à la Bibliothèque du roi. La nature ne m'avait pas fait pour le cérémonial : j'en suis l'ennemi-né, et à chaque cérémonie il fallait contrarier mon caractère. J'osai proposer au roi de convenir et d'arrêter avec les puissances le cérémonial qui serait observé partout : il n'y aurait que le titre [de l'envoyé] qui prouverait l'intérêt réel des puissances, et je réglais d'après des exemples d'une manière invariable, depuis l'ambassadeur extraordinaire jusqu'au chargé d'affaires, le rôle qu'ils joueraient d'une manière si grande et si simple que tous les gens inutiles qui s'emploient à ces misères n'auraient plus rien à faire. Il était dangereux de le faire imprimer : c'était ôter de la consistance à Leroi de Séqueville[228], ancien secrétaire du duc de Choiseul, qu'il avait fait nommer à la place de La Tournelle.

Je menai Leroi de Séqueville tous les mardis à Versailles lorsque je l'eus connu pour le meilleur homme possible. Un beau jour, je le trouvai revêtu de l'ordre du Christ. Le duc de Choiseul, ouvrant devant lui un bureau négligé trouva dans un tiroir le ruban, la croix de l'ordre, et le diplôme du pape avec le nom en blanc : il l'avait donné au duc pour décorer qui il voudrait. Le duc, en le lui donnant, lui dit : « Vous allez être avec les ambassadeurs, je vous le donne; vous vous en décorerez si vous voulez. » Il me fit part de cette nouvelle dignité; je lui conseillai de mettre cette belle décoration dans sa poche, je lui dis qu'un ordre qu'on acquérait pour de l'argent était au-dessous d'un honnête homme. Je vis sa docilité à mes avis : il le mit dans sa poche, et tant que j'ai été en place je ne le lui ai jamais vu porter.

M. Mesnard, premier commis de la maison du roi, avait voulu faire revivre l'ordre du Mont-Carmel; on y avait joint un autre, dit de Jérusalem[229]. Il était procureur de l'ordre, en avait décoré ses deux enfants. Le premier, avec de l'esprit, très vaniteux et bavard, était contrôleur de la maison du roi; l'autre avait été reçu exempt des gardes du corps, avec beaucoup de difficultés de la part du corps, quoiqu'il fût un excellent homme, et que le père fût le meilleur et le plus obligeant de tous les hommes. Il m'aimait beaucoup, et employa toute son éloquence pour me persuader de prendre l'ordre, me disant que j'étais le dernier, dans les places d'introducteur, qui pût le posséder, puisque maintenant la cour, moins difficile, prenait les fils des financiers pour nous remplacer; je me refusai et à son amitié, et à ses sollicitations. Dès que je vois un homme décoré, je demande quel service il a rendu; et selon la réponse, je le regarde comme un homme méritant ou comme très au-dessous de la grâce qu'il a sollicitée. Depuis, cet ordre a été composé avec les preuves les plus fortes, et qui existaient dès lors; cependant, je ne m'en suis jamais repenti.

Je profitai de la bonne volonté qu'on me témoignait : je me rendis à Compiègne, je prouvai que par la banqueroute que je venais d'essuyer, je désirais me retirer; on ne le voulut pas — d'ailleurs, personne ne se présentait —; en quatre jours, j'obtins une pension de deux mille livres, et ce, dans des temps où la cour se rendait très difficile à les accorder.

En résidant soit à Paris, soit à Hénonville, soit à la Chevrette, nous passâmes notre été. M. Roslin, le grand-père de ma femme, était frappé d'une apoplexie et d'une paralysie; toute la famille fut obligée de se rendre à Paris où nous restâmes un mois à attendre tous les jours sa fin. C'était le meilleur homme possible, de mœurs excellentes : il n'avait jamais juré; il entrait depuis son accident dans des fureurs où sa langue prononçait, avec une volubilité inconcevable, le grossier mot de b..., sans pouvoir prononcer autre chose. Il termina enfin sa triste existence[230]; sa veuve entra en possession d'une fortune immense. C'était la femme à qui les richesses allaient le moins. Elle n'en avait jamais eu d'autre maniement que de compter toutes les semaines avec son cuisinier, et n'avait jamais voulu avoir pour son entretien que le partage des confiscations, qui montait à cinquante louis. Cette femme d'esprit avait un caractère aussi extraordinaire qu'exigeant. Je me rappelle une scène dont je fus témoin à Hénonville. Ce château isolé avait à son entrée deux pavillons, dont l'un était la chapelle et l'autre le logement du concierge; la cour était garnie des deux côtés d'une pelouse verte : sa manie était que qui que ce soit ne mît les pieds dessus. Pour cela, elle se tenait en sentinelle à une fenêtre du salon, et dès qu'on s'écartait sur le gazon, on était sûr d'une semonce. Ce despotisme était assommant; elle l'étendait aux petits garçons du village, qui la craignaient comme le feu. Qu'on se figure une petite femme voûtée, le cul en arrière, haute comme une pomme et fort vive. Un jour que j'étais à lire dans le salon, je la vis sortir précipitamment, traverser la cour très vite, et arriver à un œil-de-bœuf, dessous l'escalier qui montait à la chapelle. Curieux, je me mis à la même [fenêtre] qu'elle pour voir ce qui en arriverait. Je ne tardai pas à la voir gesticuler beaucoup; enfin, je vis un petit polisson sortir de cet œil-de-bœuf; il ne put le faire si adroitement qu'il ne fût gratifié par elle d'un soufflet et d'un coup de pied au cul; un autre sortit et eut la même aubaine; enfin le troisième, qui voyait la frottée, fait semblant de sauter à droite et saute à gauche : la main et le pied ne portent sur rien, et voilà Mme Roslin tombée sur le derrière. Elle se relève soudain et vient se planter à sa place, après avoir regardé si personne ne l'avait vue. Je cours à la cheminée, m'assois, prends mon livre : il ne fut question de rien.

Cette aventure m'en appelle une autre fort plaisante; nous couchions par faveur à Passy dans le dernier appartement; l'entrée était par un corridor, et cependant il faisait enfilade avec plusieurs pièces : antichambre, chambre à coucher de M. Roslin, cabinet, et ensuite chambre à coucher de Mme Roslin et cabinet de toilette. Il faisait dans cet appartement une chaleur étouffante, augmentée par un orage terrible. À 11 heures, tout le monde se retire chez soi. J'allume ma bougie de nuit et me couche en chemise sur le lit, et non dedans. L'orage augmente singulièrement; j'entends ouvrir toutes les portes de communication, et voit arriver Mme Roslin avec un bougeoir allumé; elle était les jambes nues, et n'avait à la vérité qu'une chemise très longue. La conversation était laconique : « Qu'est-ce que vous faites là? » me dit-elle; je réponds : « Je lis.

— Vous n'entendez pas le tonnerre?

— Comme vous.

— Et cela ne vous fait pas peur?

— Non. Et vous, ma cousine?

— Je me rassure en venant ici.

— Voulez-vous rester?

— Non.

— Eh bien! Je vais avoir l'honneur de vous reconduire »; en même temps, je mets mes pieds dans mes pantoufles, je prends une bougie et je la suis. Elle avait l'habitude depuis soixante et dix ans de ne pas faire un pas, fût-ce dans sa chambre, sans relever sa robe par derrière. Elle se retourne et me voilà à la suivre; sa figure était à peindre : la lumière faisait de sa chemise un transparent où son squelette se dessinait; elle relevait sa chemise avec la même précaution et habitude que si c'eût été une belle robe. Ainsi, j'en voyais plus que je n'en voulais voir. Je la suis gravement en relevant ma chemise comme elle la sienne; nous passons par la chambre du bonhomme Roslin, qui ne dormait pas à cause de l'orage. Il était enfermé dans ses rideaux; je l'appelle en le priant de nous regarder et [d'apprécier] la manière dont nous faisions des visites de politesse. Dès qu'il eut vu sa femme et son suivant, il fit des ris qui n'en finissaient plus; nous continuâmes notre route, je la déposai dans sa chambre, et il n'en fut plus question.

CHAPITRE XX

Je m'établis dans ma nouvelle maison, rue Notre-Dame-des-Victoires, à côté de la rue Joquelet[231], au mois d'octobre 1762. Une écurie de quatorze chevaux, une petite cour avec sortie pour les fumiers dans la rue Joquelet, un bâtiment au fond de la cour à la place du jardin, quatre remises dessous, un premier et un second, des logements de domestiques au-dessus composaient ce nouveau bâtiment. Sur le devant, on n'avait laissé subsister que les gros murs en pierre de taille; on y avait ajusté deux ailes qui faisaient encore des remises dessous. L'appartement du premier était composé d'une antichambre, d'une superbe salle à manger, d'un salon richement décoré en glaces et en sculptures de bouquets de fleurs, d'une bibliothèque éclairée par cinq croisées; de l'autre côté, une chambre à coucher, et sur une aile un cabinet de toilette, une garde-robe à l'anglaise, un boudoir tout en glaces et à la suite un jardin hydraulique. Le tout me coûtait quatre-vingt-dix mille livres, par l'économie de M. de Verdun, qui s'entendait parfaitement en bâtiments; pour le récompenser, je le logeai au fond de ma cour, au second, et lui donnai ma table quand j'y étais. Il coopérait de tout son pouvoir au plan qu'il m'avait proposé : il vendait les maisons les plus éloignées, car j'en avais dans tous les quartiers. Une somme de cent mille francs entre ses mains nous resta à placer; un nommé Besnard, procureur du roi de la ville de Rouen, s'offrit de la faire fructifier rapidement, pourvu que je la plaçasse sur sa charge; j'accepte, à condition qu'il me trouve une terre à acheter. Il vient m'annoncer que la duchesse de Chaulnes veut vendre la Mailleraye. L'abbé de Mesgrigny et moi nous montons en voiture avec Besnard et nous y courons.

Cette terre[232], bâtie sur le bord de la Seine, de l'autre côté de Caudebec, est superbe pour les bâtiments et pour le revenu. Les bâtiments, successivement augmentés par différents possesseurs depuis le maréchal de la Mailleraye, en font un local immense, sans suite, mais dont les détails sont magnifiques, avec une vue superbe sur la Seine, qui est d'une largeur considérable. Ses droits étaient d'une féodalité excessive. Chaque barque de poissons, chaque petit bâtiment de pêcheurs ne pouvait remonter sans payer un droit, ou faire hommage du plus beau poisson à un prix fixé. Un hospice de capucins fondé pour desservir la chapelle du château, et qui était mieux tenu qu'une paroisse, était à la nomination du titulaire de la terre. Des informations que je pris sur le caractère des habitants me déterminèrent à me retirer après en avoir offert sept cent mille livres : les vassaux étaient riverains, et le peu qui était cultivé avoisinait une forêt immense dépendant de la terre; il s'ensuivait que ces gens, à peu près tous matelots ou forestiers, vivaient dans une indépendance qui ne pouvait faire espérer de réalité. Besnard voulut nous faire voir trois autres terres du côté de Caudebec; nous y versâmes sept fois dans les plus mauvais chemins possibles, et pour voir des fermes, car toutes ces terres n'étaient pas bâties; nous revînmes au bout de huit jours, après avoir fait une course inutile.

M. et Mme de Cypierre cherchaient aussi dans l'intendance d'Orléans une habitation pour moi; les bords de la Loire faisaient toute l'ambition de ma femme et la mienne; cela seul pouvait nous faire oublier le séjour enchanteur que nous voulions quitter. On découvrit donc la terre de Montpipeau, à quatre lieues d'Orléans[233]. J'y courus; cette terre, appartenant au marquis de Polignac et venant des deniers de sa femme, Mlle de La Garde[234], se sentait de l'abandon où il avait mis toutes ses affaires. Dévorant l'argent en dépenses folles, il s'était avisé de bâtir sous les toits d'un ancien château, décoré superbement en dehors, sans étayer les pièces au-dessous; tous les planchers étaient écrasés. Les créanciers s'en étaient mêlés; bref, la terre avait l'air en décret. Le revenu me tenta : vingt-huit mille livres de rentes non douteuses, soit en blé, soit en bois, me donnaient l'espérance d'augmenter les fonds; avec de la sagesse, de l'économie et du temps, je pouvais en faire une superbe retraite et attendre les successions de droit. Je réunis donc chez moi le mari et la femme, qui ne se voyaient plus, pour leur donner à dîner et conclure. Un message d'un notaire dérangea pour mon bonheur cette acquisition : M. Du Cluzel, maître des requêtes, venait d'hériter de son père, M. de La Chabrerie, fermier général[235]; nous avions été élevés ensemble dans notre jeune âge, il demeurait dans la même rue [que moi], près de la place Vendôme.

Appuyé de son beau-frère Le Pelletier de Mortefontaine, il donna pouvoir au notaire d'en offrir huit cent mille livres au lieu de sept cent mille, [prix] auquel j'allais conclure. Polignac me fit part de cette proposition, m'offrant toute préférence. J'hésitais déjà, vu les réparations urgentes à faire; dans l'instant, je fus décidé, et l'invitai à aller conclure, en retirant toutes mes paroles.

Il m'était dû vingt mille livres, prêtées durant ma minorité à M. le marquis de Clermont d'Amboise[236] sur la terre de Cheverny. Le comte d'Harcourt avait acquis cette terre et voulait la liquider[237]. Saint-Germain, son homme d'affaires, lié avec le mien, en causant sur le remboursement lui indiqua cette terre, en lui annonçant que la santé de Mme la comtesse d'Harcourt, Mlle des Martrais, ne lui permettait plus de l'habiter, puisque depuis trois ans elle s'était établie à Genève pour suivre les conseils du fameux médecin Tronchin[238]. M. de Verdun saisit cette idée, m'amène à Saint-Leu, où j'étais, ce M. de Saint-Germain : enfin, nous nous déterminons avant tout à y donner un coup d'œil. C'était une occasion de voir à Orléans nos amis [de Cypierre] dans leur intendance, et la carrossée se forma de l'abbé de Mesgrigny, de M. de Verdun, de ma femme et de moi : nous voilà en route.

M. d'Harcourt avait acheté en acquérant la terre la charge de lieutenant général du Blésois, Dunois, Vendômois et bailliage d'Amboise; il offrait d'en traiter avec moi. Nous fûmes très satisfaits de l'habitation, et au bout de huit jours nous fûmes de retour à Paris. Mon premier point était de m'assurer l'agrément de la place; elle était toute militaire, prêtait serment entre les mains du roi. Je n'avais aucun grade dans le service; il est vrai que M. Dodun[239], contrôleur général, avait possédé cette charge en se retirant dans sa terre d'Herbault, à six lieues de Cheverny. Cette charge, sans autre fonction que de donner aux villes, sous son inspection, des ordres d'après les lettres du roi pour des *Te Deum* et des réjouissances, était assimilée aux grands gouvernements quand on y résidait; on lui passait un capitaine des gardes et huit gardes à sa livrée; ces places de gardes étaient fort courues, elles exceptaient de la milice et du logement des gens de guerre.

Je n'eus rien de plus pressé que de me rendre à Versailles après en avoir conféré avec mon ami, M. Mesnard, premier commis; il me conseilla d'aller trouver M. de Saint-Florentin, me dit qu'il était sûr que je ne serais pas refusé. Je fis un bout de mémoire et descendis chez le ministre, qui me dit qu'il monterait le matin chez le roi et lui en parlerait. Je courus à mes autres affaires. Je rencontrai dans la galerie le ministre, qui me dit : « Le roi vous donne l'agrément, et vous aurez la place au premier travail. » Je fus obligé d'arrêter sa bonne volonté et de lui dire que je n'avais pas encore conclu, ni n'avais la démission de M. d'Harcourt. « En ce cas, dit-il, quand vous voudrez, regardez la chose comme faite. » Je courus chez Mme de Pompadour : elle gouvernait tout et me traitait fort bien. J'entrai, je lui dis ma demande, la réponse que j'avais eue; je lui en fis hommage pour son frère, puisqu'elle avait la terre de Ménars où elle dépensait des sommes immenses et où elle allait faire tous les trois mois des voyages des plus brillants. Elle me dit qu'un pareil procédé était au-dessous d'elle, qu'elle avait à cœur de plaire à ses voisins, que j'en étais un tout à l'heure. Ensuite, elle me parla avec enthousiasme du pays; elle m'apprit que la famille des Hurault vivait encore dans le voisinage; que c'était les cadets de la branche du chancelier Hurault[240]; que Cheverny avait passé par les femmes aux Clermont d'Amboise. Enfin, après une très aimable conversation d'une demi-heure, je me rendis à Paris, très sûr de pouvoir aller en avant sur mon acquisition, et par conséquent très content. Quelques difficultés, inévitables quand on traite de Genève à Paris par un intermédiaire, des demandes non autorisées de la part de l'homme d'affaires, me firent rompre la négociation.

Un M. de Cormeré, Mahi en son nom[241], homme dans la finance, quoique sa famille fût dans des places de robe dans la province, avait bâti un château qu'on disait magnifique, des jardins dont les plans (qu'on me fit voir) étaient superbes; cette terre était à trois petites lieues de Cheverny. M. de Cormeré l'avait fait ériger en baronnie. Les deux enfants logeaient, pour finir leur éducation, dans une maison à moi, rue Beaubourg; l'aîné n'a pas tant fait parler de lui que le second, à qui il avait donné le nom de Favras, et que le fils, en grandissant, honora du titre de marquis : c'est ce malheureux marquis de Favras qui a joué un si triste rôle sous la Révolution; je vis qu'il fut pendu en place de Grève, très innocent de ce dont on l'accusait. M. de Verdun, pour amener M. de Saint-Germain à une conciliation, s'enthousiasma de cette terre; bref, nous partons, ma femme et moi, pressés par M. et Mme de Cypierre, qui désiraient nous fixer dans leur généralité. M. de Cormeré était prévenu, j'étais en berline avec ma femme et M. de Verdun; arrivé à Blois, je le prends dans ma voiture, et nous voilà arrivés. Après une heure de séjour à Cormeré, j'en eus assez pour repartir le lendemain. C'était un château tout neuf, mais mal distribué, et tous les dedans étaient à refaire; mais ce qu'il y avait de pis, c'est que le château était assis sur un rocher ou terrain de pierre, que les plans sur le papier étaient inexécutables, puisque depuis dix ans les arbres refusaient d'y croître. Je ne pus m'empêcher de lui témoigner ma surprise sur l'infidélité des récits qu'on m'avait faits, et nous retournâmes dîner chez nos amis à Orléans. Ils avaient été abusés comme moi, et me crurent fait à ne jamais trouver rien qui me convînt. Ils voulurent juger par eux-mêmes; Barassy, qui faisait des vœux pour me voir une possession, fut de la partie d'aller visiter la terre; et moi, en leur souhaitant bon voyage, je regagnai la route de Paris.

Ce fut dans ce temps que je m'aperçus de quelques disparates dans la tête de mon camarade La Live; accoutumé à me tout dire et à ne pas se gêner, il parlait avec sa gaieté ordinaire, mais dans certains moments il devenait d'une volubilité étonnante. Sans rien dire, il fit faire un habit magnifique, à la Louis XIV : chapeau à point d'Espagne à plumet, perruque brune, cravate de point, habit d'étoffe d'or galonné à point d'Espagne sur toutes les tailles, ceinture à frange d'or, nœuds d'épaule de même; des houssettes, des culottes fort larges, des bas de soie rouge à coins brodés en or, des souliers à talons et oreilles rouges; des boucles de diamant, et par-dessus tout cela un baudrier qui portait une épée magnifique avec un nœud superbe. Sa folie le porta à faire des visites ainsi fagoté; il arriva chez Mme de Préninville; comme il était fort aimable, toute la société prit cela pour une plaisanterie. Je ne le trouvais pas dans son état naturel; mais comme je le croyais subjugué par le vol qu'avait pris son beau-frère Laborde, banquier, et qu'il m'en avait touché quelque chose, j'attribuais ses originalités à un homme d'esprit très gai qui voulait se distraire de la contrainte qu'il éprouvait dans son intérieur[242].

Mme la princesse de Marsan, sœur du prince de Rohan-Soubise, gouvernante des Enfants de France, jouait un grand rôle par les soins qu'elle mettait [à sa tâche]. Respectable par ses mœurs, sa douceur et sa conduite, elle était dévote, et par conséquent le duc de La Vauguyon[243] et le parti jésuitique, qui agissait sous main, s'honoraient de lui être attachés. Déjà d'un certain âge, aimant l'agriculture, elle avait sacrifié son goût de la retraite pour placer en survivance [à sa place] sa nièce, Mlle de Soubise, sœur de la défunte princesse de Condé. Cette enfant était élevée près d'elle et se formait à l'état qui lui était destiné; le jeune prince de Rohan-Guéménée, d'une jolie figure, héritier d'une fortune immense, ayant à lui le port de Lorient, lui était promis. Dès qu'ils eurent l'âge l'un et l'autre, on prit l'agrément du roi, et le jour fut fixé. Cette famille prétendait aux honneurs après les princes du sang, et voulait avoir le pas sur les ducs et pairs; ils voulaient [qu'on leur donnât] de l'altesse en leur écrivant, et ne l'avaient obtenu d'aucune personne titrée. Ils invitèrent donc en toute cérémonie les ambassadeurs et les deux introducteurs, pour se trouver à la signature du contrat chez le roi.

Je me rendis à Versailles : je me regardais comme invité personnellement, et nullement en fonction. Nous dînâmes, La Live et moi, chez le duc de Choiseul. Il n'en fut pas question; comme c'était une prétention, le duc ne voulait pas former de difficulté et arrêter l'effet. À 6 heures, les ambassadeurs se trouvèrent en corps dans la chambre du roi pour entrer avec les parents lors de la signature. J'étais de semestre, puisque c'était en décembre; ne sachant comme la chose tournerait, et ayant mes entrées, je me fourre dans le cabinet du côté de la porte de glace, et laisse démêler la fusée. La Live, dont les idées étaient déjà brouillées, ne me voyant pas, se met d'office à ma place, conduit les ambassadeurs autour de la table du conseil et se range avec eux. Je vois la cérémonie et m'en vais, comme tout le monde. Je rencontre le duc de Choiseul qui me dit : « Monsieur, je me plaindrai au roi de ce que vous outrepassez vos fonctions, en vous prêtant à faire des choses qui ne sont pas d'usage.

— Monsieur le duc, répondis-je, je me plaindrai aussi au roi, comme j'en ai le droit, puisque je ne prends les ordres que de lui, de ce que vous vous imaginez que j'ai conduit les ambassadeurs.

— Expliquez-vous, me dit-il.

— Je n'ai, monsieur, rien à vous dire de plus, mais cela ne se passera pas comme cela. » Il continua son chemin du moment que je lui dis que je comptais bien lui parler quand il serait sans vivacité.

Nous étions invités à une fête et à un souper superbe chez Mme de Marsan; je m'y trouvai avec lui et je me gardai bien de l'aborder. Je revins à Paris, et mon premier soin fut de lui écrire comme la chose s'était passée. Je n'ai jamais su quelle explication il avait eue avec La Live : ses idées alors étaient sans suite dès qu'on suivait quelque chose avec lui. N'ayant nulle réponse, je me rendis le mardi suivant avec les ambassadeurs chez lui, à Versailles. Une chose est à observer : c'est que les ambassadeurs, qui avaient su cette scène, vinrent les uns après les autres dîner toute cette semaine avec moi, me témoignant combien ils étaient disposés à me rendre justice. M. de Stahremberg sortait de l'audience; le duc le reconduit, et au lieu de prendre l'ambassadeur de Sardaigne qui le suivait pour entrer, il m'appelle et me voilà dans son cabinet tête à tête avec lui. Il me regarde en riant et me dit : « Êtes-vous toujours fâché? » Je me signe froidement. « Mais moi je ne le suis plus, reprit-il. J'avais tort, n'en parlons plus. Vous m'avez demandé une place dans les gardes pour M. Soullet. Passez au bureau, [le brevet] est expédié. J'ai eu bien de la peine à l'obtenir du maréchal de Biron[244]; il m'en a coûté une compagnie de cavalerie à créer pour lui. Je suis trop aise de faire quelque chose qui vous soit agréable. » La façon de réparer son inconséquence était noble. Je lui fais mes remerciements, cours au bureau, et j'ai à l'instant le brevet d'officier aux gardes pour mon cousin. Je trouve le maréchal de Biron qui me l'annonce; je le remercie comme s'il l'avait donné pour rien, et de ce moment je me sens l'obligé du duc, et [lui porte] un attachement que j'ai conservé toute sa vie.

Il était dans son intérieur la plus aimable créature qu'on pût trouver; en butte à tous les mécontents, il ne refusait que lorsqu'il ne pouvait faire autrement. Quoiqu'il ne fût plus jeune, il avait conservé toute l'amabilité de la jeunesse. Quoiqu'il eût les plus grandes affaires à traiter, il avait l'art de se jouer de tous les départements. Sorti du cabinet, il ne s'occupait que de ses plaisirs; aimable chez Mme de Pompadour, profond sans en avoir l'air lorsqu'il dissertait, je me rappellerai plusieurs de ses conversations à Chanteloup.

Séqueville m'a dit qu'étant son secrétaire de confiance, il était chargé de décacheter toutes [les lettres], de les lire, et lorsqu'il voyait quelque chose de saillant, de leur faire une oreille. Lorsque le duc rentrait pour se coucher et que les valets de chambre étaient occupés à sa toilette, il s'asseyait; le secrétaire les lui présentait en masse; plusieurs fois, il en trouva de si rudes qu'il les jeta au feu à l'instant, et il disait en riant : « Je veux tout voir, et si j'ai tort, profiter des avis. » Je l'ai vu un soir dans cette occupation; comme je savais [à quoi il s'employait] je me gardai bien de l'interrompre, et me mis à causer avec l'abbé Chauvelin[245], conseiller au parlement, qu'il ménageait à cause de cette charge et qui, par son esprit, était dans son intimité.

Le prince Demetrius Galitzine, ministre de la Russie, était dans ma plus grande intimité; il aimait son travail avec le duc. Grimm[246], l'intime ami de l'impératrice et son correspondant en France, ne jouait encore aucun rôle ostensible. Le prince, sans être dans l'intimité de la société, était fort bien dans la cour et les alentours du ministre. Chargé de la part de l'impératrice qui arrivait au trône de former un cabinet de tableaux, il avait pris Greuze[247] pour aller à la découverte et prononcer. Alors, nous courûmes tout Paris avec le plus grand intérêt; les envois se succédaient, et il en recevait des remerciements. Mais l'impératrice fut instruite que non seulement le prince voyait souvent le duc et la duchesse [de Choiseul] et Mme de Gramont, mais que cette intimité pouvait nuire à ses intérêts, attendu que le duc de Choiseul s'était expliqué très franchement sur son élévation au trône de Russie.

Un nègre, le favori de Pierre III, le compagnon de ses boissons, avait été chassé de Russie. Il était en France, venait voir le prince, racontait à qui voulait et les particularités de sa familiarité avec l'empereur, et toutes autres circonstances jusqu'à l'instant de sa mort, où on l'avait chassé sans faire attention à ce pauvre hère, intrépide buveur, et qui d'un carrosse à six chevaux dans Petersbourg se trouvait réduit à son premier métier de valet.

Le prince, dans ses dépêches, reçut une lettre directe de l'impératrice; elle lui annonçait son prochain retour, lui faisait quelques reproches indirects sur ses liaisons, se plaignait qu'il faisait mal ses affaires avec des préventions suggérées par le ministère de France, dans lequel elle ne pouvait avoir confiance d'après la façon dont le duc de Choiseul s'expliquait sur son compte. Le pauvre prince échauffe sa tête. Désespéré d'être rappelé d'un pays qu'il aimait et où il avait des amis, pour être peut-être exilé, n'étant attaché au ministre que pour faire sa cour et mieux négocier, il répond directement, et finit sa lettre en assurant qu'il n'avait aucune confiance dans le duc de Choiseul; qu'un homme qu'on accusait d'avoir empoisonné Mme de Choiseul-Romanet, sa cousine, pour plaire à la maîtresse en titre, n'avait aucun droit à la confiance.

Cependant, le duc était instruit par ses émissaires du mécontentement de l'impératrice. Jannel, directeur des postes[248], venu à cette place après avoir été élevé chez les d'Ogny et avoir commencé par être simple commis – Jannel, presque ministre de Paris et ayant un bureau où on décachetait les lettres et où il servait ou desservait qui il voulait, eut ordre de décacheter les dépêches; M. de Choiseul avait une copie de celle de l'impératrice; le prince avait donné sa lettre à un courrier particulier, et on ne put la décacheter qu'à Strasbourg et sans qu'il s'en doutât. Le prince se rend le mardi à Versailles. Lorsqu'il est entré pour travailler avec le ministre, celui-ci l'expédie à son ordinaire, franchement, loyalement. À la fin, il fait tomber la conversation sur sa position comme ministre [de Russie], et avec un air de distraction, il lui prouve clairement qu'il a connaissance de la lettre et de la réponse.

Ce peu de mots fut un coup de foudre pour le prince. Il le quitte, retourne chez lui et me prie de venir le voir avant d'aller dîner ensemble chez l'ambassadeur de Hollande. J'y cours, et il m'explique toute cette scène. Je ne pus m'empêcher de le blâmer : rien n'était plus faux que ce bruit répandu à la mort de Mme de Choiseul-Romanet; d'ailleurs, il n'avait qu'à connaître le duc pour voir dans ses actions qu'il était la loyauté même; qu'un bruit populaire qui n'avait pas passé les antichambres ne pouvait jamais être répété. Le prince, furieux, croyait avoir fait ce qu'il devait, accusait de perfidie l'abus du secret des lettres, enfin ne voulait même plus traiter en aucune manière avec le ministère. Il avait au plus vingt-huit ans, et quelque chose que je pusse faire, il écrivit qu'il avait son rappel et demandait à partir sans congé — ce qui lui fut accordé. Comme je n'ai jamais abandonné mes amis, quelque attachement que j'eusse pris pour le duc, je lui continuai jusqu'à son départ tous les soins de l'amitié. Je n'ignorais pas que le ministre le savait; il ne m'en fit pas plus mauvaise mine. Trop au-dessus de l'existence d'un fait aussi noir, il se conduisit avec la loyauté qui lui appartenait, ne fit aucune plainte du prince dans aucune dépêche, lui rendit plus de justice que l'autre n'était en droit d'en attendre, et justifia à mes yeux le jugement que j'avais porté sur l'excellence de son caractère, sachant allier la plus fine politique à tous les procédés d'un galant homme. Ses détracteurs ont dit tout ce qu'il leur a plu, mais son caractère le portait à faire et à s'attacher de vrais amis, et sa disgrâce, aussi glorieuse que son ministère, l'a bien prouvé.

Cependant ma fille[249], née extraordinairement bien faite et d'une charmante figure, fut prise à quatre ans d'une fièvre maligne. Dans sa convalescence Mlle Gentil, sa gouvernante, s'aperçut de quelques taches livides. On la ramène à Paris, on consulte : c'était le rachitisme qui se développait, avec une humeur scorbutique au suprême degré. On lui fait prendre les anti-scorbutiques, qui absorbent et contiennent la maladie, mais n'empêchent pas les progrès du rachitisme. [En raison d'] une bifurcation dans l'épine du dos, et d'autant aux os des cuisses et des jambes, le pied se tourne, et elle ne l'appuie plus qu'en dedans et sur le côté. Cet état effrayant nous la fait ramener à Paris. Je vais à Versailles m'adresser au premier chirurgien du roi, en survivance du sieur La Martinière, que je connaissais de l'intérieur, je l'amène dîner à Paris; il visite l'enfant, la trouve dans un état très grave, m'adresse au sieur Tiphaine, chirurgien, qui avait inventé plusieurs machines pour redresser les enfants en pareil accident. Il était à peine connu par son mémoire, approuvé de l'Académie des Sciences.

Je mets ma fille entre ses mains; il m'assure que le traitement sera long, mais qu'il la redressera. Comme dans ces sortes de maladies la bifurcation de l'épine du dos influe sur toute la charpente du corps, principalement la tête, il fait faire un corps de fer garni de boucles à volonté pour faire agir les points de pression où la chose devenait nécessaire. En ne serrant pas la hanche qui rentrait et en appuyant sur celle sortant, il ajuste à ce corps une branche forte d'acier coudé qui revient sur le sommet de la tête : par des courroies qu'on cachait avec un bonnet très haut, on pouvait prendre la tête sous les oreilles, derrière et sous le menton, et par conséquent la tenir sans qu'elle portât sur l'épine du dos. Cette machine, élégamment faite, ne gênait en aucune manière les mouvements de la tête des deux côtés.

À l'égard des jambes, il lui fait faire des bottines à bande d'acier devant et derrière, avec des points de pression à volonté sur les côtés, garnies de coussins. On continue les anti-scorbutiques au printemps et à l'automne, et le lait de chèvre entre les traitements, excepté dans les grandes chaleurs. Enfin, au bout de trois ans, avec des soins et le traitement assidu, on s'aperçoit d'un mieux réel, et à l'âge de quatorze ans, sa figure, sa taille, sa personne ont été acceptées. J'ai eu le bonheur, par les soins de ma femme et les miens, de mettre dans la société et dans une famille noble et illustre une mère de famille de six enfants qui, malgré la Révolution, j'espère, seront utiles à leur patrie.

L'année suivante ma femme, effrayée des petites véroles dont Saint-Leu était tourmenté, croyant que des rhumes fréquents pouvaient dégénérer en accidents plus graves, consulta son médecin Duchenoy, alors médecin de confiance de la duchesse d'Orléans-Conti. Il n'hésita pas à lui conseiller le lait de chèvre, ce qui lui réussit à merveille. Jeune, on ne peut plus jolie, elle montait à cheval sur un anglais, avec une selle de femme, vêtue d'un habit et d'une jupe brodés en paillettes d'argent, et d'un chapeau à plumet avec agrafe de diamants; je l'accompagnais, suivi d'un postillon. Nos promenades favorites étaient soit dans la forêt de Montmorency, soit dans le bois de Boissy, soit sur les montagnes de Sannois, et nous revenions par le village de Montigny. [Nous étions] connus dans toute la vallée; les paysans s'assemblaient, et la modestie de ma femme souffrait de tous les éloges dont elle avait le mérite de ne pas se douter. Le comte de Stahremberg avait loué une maison à Épinay; il voulut être de nos parties, de sorte que régulièrement deux ou trois fois par semaine, nous renouvelions ces petites caravanes de sept à dix personnes. Ma femme était intrépide, galopait avec grâce, et menait ordinairement cette troupe dorée. Elle y prit goût; le lait lui réussissait à merveille, le temps était au plus beau, les nuits fraîches.

Un jour que nous rentrions à 9 heures du soir, elle fut prise d'un frisson, se mit au lit avec un mal de tête affreux. La nuit fut très mauvaise; quoiqu'il y eût quelque relâche à 6 heures du matin, je ne balançai pas à envoyer chercher Duchenoy. Il arrive à midi; dès qu'il entre dans la chambre, il flaire l'odeur qui y règne. Sans approcher du lit dont les rideaux étaient fermés, il me dit : « Vous avez bien fait de m'envoyer chercher... » Il approche, examine ma femme, prend le pouls, envoie chercher un frater de village, la fait saigner tant bien que mal : rien n'était si difficile. Il me prend en particulier et me dit : « Je ne puis vous prononcer encore quelle sera sa maladie. Vous avez bien fait de m'envoyer chercher. Je reste à poste fixe : c'est ou une fièvre putride, qui deviendrait maligne si elle n'était pas prise à temps, ou une petite vérole, ou fièvre scarlatine ou pourprée. Dans trois jours elle sera déclarée. » Cette confiance était peu agréable pour un mari qui adorait sa femme; mais dans les plus grands dangers, la nature m'a donné l'espérance, et la force de chercher dans ma tête tous les moyens de me sauver et [de sauver] les autres. Il fait saigner au bras la malade trois fois dans la journée; le chirurgien suait sang et eau, lui couturait le bras sans lui pouvoir tirer du sang. Duchenoy veut avoir Brasdor[250], le plus fameux chirurgien de Paris. Je l'envoie chercher; il arrive avec l'air du plus habile phlébotomiseur de l'époque, regarde avec dédain son confrère de campagne, essaie sa lancette, se met en devoir de lui tirer du sang du pied; à mon désespoir et à la satisfaction du chirurgien de campagne, quelque ouverture qu'il fasse, le vaisseau roule et il manque son opération; Duchenoy se fâche et dit qu'il lui faut du sang; il recommence, enfin le sang vient.

Nous allons nous coucher, ma femme commençait à revenir à elle; Duchenoy, en la quittant pour s'aller coucher, lui dit : « Madame, si dans votre sommeil vous voyez des figures gigantesques ou extraordinaires, faites-moi avertir. » Sa prédiction se vérifie : à 3 heures du matin, ma femme l'envoie chercher et lui dit qu'elle ne peut fermer les yeux sans voir des gens armés sortir d'une fenêtre. Il fait réveiller Brasdor, et on me réveille à 8 heures du matin — parce que c'était mon premier sommeil depuis trois jours — pour m'annoncer que ma femme a été saignée au pied trois fois dans la nuit. Duchenoy était radieux comme un général qui vient de remporter une victoire : il m'annonça que c'était une fièvre scarlatine, et que ma femme serait sans fièvre le septième jour. Je congédiai le sieur Brasdor, qui s'en retourna avec autant de modestie qu'il avait mis de gloriole en arrivant. Duchenoy tint parole : le septième jour, la malade fut sans fièvre. Son corps était grésillé par cette espèce de maladie qui la fit peler de tout le corps; on enlevait des parties de peau larges comme des écus de six francs, et les doigts de pieds pelèrent comme si c'étaient des gants. Le médecin ne nous quitta qu'après s'être assuré de sa parfaite guérison, et en six semaines ma femme revint comme une rose à la plus parfaite santé. Duchenoy attribua cette maladie à l'imprudence de s'être exposée au serein dans le temps de l'usage du lait. Insensiblement, elle oublia la [passion] du cheval, et je m'en consolai [en pensant] aux accidents sans nombre qui sont pour les femmes la suite de ces exercices.

Ce fut après cette époque qu'à mon retour à Paris je trouvai mon second beau-frère, M. de Pomereu, maître des requêtes, dans le dernier état de phtisie et de pulmonie. Il avait vingt-cinq ans, beaucoup d'esprit et de facilité, et il annonçait qu'il serait un homme dans l'étendue du terme. Il vit venir la mort avec le sang-froid de la philosophie. Ami intime de M. le marquis de Montesquiou[251], qui a joué un rôle dans la Révolution, et de M. de Lamoignon, le dernier chancelier, qui s'est tué à Basville, il marchait du même pied pour les talents; son esprit aimable en société annonçait un homme très réfléchi. Il avait toujours une orfraie en vie, qui était posée sur son bureau : cet animal silencieux et triste lui plaisait. Le petit service que je lui avais rendu par le duc de Choiseul, qui avait fait faire son éloge en lui accordant sur ma demande deux bureaux, avait excité sa reconnaissance d'une manière noble, en me donnant beaucoup de confiance. Huit jours avant de mourir, il était tourmenté d'accès de toux convulsifs qui lui ôtaient la respiration ; il me serra la main tout le temps; dès qu'il peut recouvrer la parole, il me dit : « Ces accidents me tueront, et je dois regretter la vie, car si j'en revenais, je me sens assez de courage pour me servir de la devise de César Borgia, *Aut chancelier, aut nihil.* » Enfin, il mourut en juillet[252] et fut enterré à Saint-Gervais, laissant une veuve au bout de trois ans de mariage, et deux garçons. Mais le destin en avait décidé autrement : ces deux enfants prirent la petite vérole en nourrice et périrent à huit jours l'un de l'autre, de sorte que Mme de Pomereu se trouva dégagée de tous liens en moins de trois semaines — mais n'anticipons pas sur les événements.

J'étais toujours tourmenté de mes migraines périodiques, et malgré l'usage du café et celui de vingt-cinq grains d'ipécacuana tous les mois, après avoir consulté tous les plus habiles médecins, je traînais la vie la plus souffrante, sans m'aliter un seul instant. Les inquiétudes de ma femme sur la petite vérole redoublaient. La mort de M. Soullet l'avait frappée; elle se privait d'aller dans les lieux publics, ou y allait avec répugnance; la vue d'une personne encore rouge de cette maladie la troublait singulièrement. Les automnes et les printemps étaient des moments de deuil pour elle, à cause de la perte subite de plusieurs personnes. Les journaux et papiers publics ne traitaient que des miracles de l'inoculation : le chevalier de Chastellux[253], mon ancien ami, venait de se faire inoculer par Hosti, médecin anglais venu exprès à Paris; Mme la comtesse de Pignatelli[254] avait évité la mort en éprouvant par l'inoculation une petite vérole maligne et confluente qui l'avait fort maltraitée. Je ne cherchais que le bonheur de ma femme et voulais la conserver heureuse et tranquille. Sans en parler avant d'avoir fait toutes les recherches, je me mis à lire les écrits pour et contre; enfin, j'allai moi-même aux informations, et après m'être assuré que le danger de prendre la petite vérole par inoculation était de un contre cent, tandis que celui de l'avoir naturellement était de cinquante contre cent, je me déterminai à voir le médecin Hosti. Cet homme était plus chirurgien que médecin, connaissait la méthode de l'inoculation dans toutes ses parties, avait réponse à tout. Si on lui proposait [l'objection] qu'après inoculation on n'était pas préservé d'avoir la petite vérole naturellement, comme on en citait des exemples, il les niait ou les atténuait, en disant que ceux qui seraient inoculés à sa manière, qui auraient une attestation de lui, et qui reprendraient la maladie, pourraient se présenter au bureau de santé en Angleterre, pour recevoir le prix de trois cent mille livres déposées par souscription, pour celui qui constaterait légalement avoir eu la petite vérole naturelle après avoir été inoculé dans les règles.

Mes informations bien prises, il ne me fut pas difficile de convaincre ma femme de la nécessité. Elle a beaucoup de caractère, et sa résolution, déterminée par cause probante, ne la fit pas hésiter à se débarrasser d'une inquiétude journalière qui la tourmentait. Nous agîmes donc de concert; mon fils aîné prenait sept ans, et c'était un service à lui rendre : nous nous déterminâmes à le faire inoculer en même temps. Le parlement, avec sagesse, avait pris un arrêt pour que ces sortes d'opérations se fissent hors des villes. C'était la même loi en Angleterre, parce qu'on avait remarqué que la petite vérole, prise sans préparation d'un inoculé, était presque toujours mortelle. Hosti en donnait une raison : il prétendait que l'insertion de la petite vérole mettait le foyer du venin à la peau, et que par aspiration le venin se formait ou dans les poumons ou dans l'intérieur.

Il fallut trouver une maison; le bon abbé de Mesgrigny connaissait particulièrement l'architecte qui avait acheté des cohéritiers de la succession Pajot d'Onsembray – dont nous faisions partie – la maison de Bercy; il lui proposa d'en retarder la démolition et de me la louer telle qu'elle était, pour trois mois. L'affaire fut bientôt faite, et je me hâtai d'y faire porter quelques meubles indispensables et des provisions. De toute ma maison, je ne gardai que la femme de chambre de ma femme, un domestique, un cocher, un cuisinier, et une garde que je pris à cet effet; et je renvoyai tout le reste – tous gens qui n'avaient jamais eu la petite vérole – à Saint-Leu, le premier devoir étant de ne faire courir aucun risque à ceux qui vous entourent. M. de Barassy, mon compagnon de voyage, s'offrit à nous tenir compagnie; le médecin Duchenoy me promit d'être à mes ordres, en lui donnant deux chevaux et une voiture, et M. de Berry, trésorier des états de Bigorre, avec qui j'avais fait après le séjour des eaux une connaissance intime, promit de venir nous voir très souvent. Pour l'abbé de Mesgrigny, il tomba alors malade d'une vomique qui le mit au tombeau, et en allant lui faire mes remerciements, soit pressentiment, soit maladie, il tomba en faiblesse d'attendrissement.

Tout étant ainsi préparé, le moment décisif approchant, j'allai chez le sieur Hosti. Comme je ne comptais pas me faire inoculer, que, malgré l'exemple de M. Soullet, je me croyais à l'abri de cette maladie, que j'avais trente et un ans, il me détruisit en un instant tout mon plan. Premièrement, il me dit qu'il ne se chargerait pas d'inoculer ma femme et mon fils si j'assistais au traitement, parce que, quoique je ne crusse pas devoir avoir la petite vérole, l'exemple de mon oncle, qui croyait l'avoir eue réellement parce qu'il en conservait ainsi que moi quelques légères marques, lui prouvait que l'un et l'autre nous n'avions eu qu'une petite vérole volante. Deuxièmement, que si je venais à la prendre par aspiration, il ne répondait pas de moi; qu'il en avait eu trop d'exemples; que cet exemple, dans le moment où le parlement, les médecins s'opposaient à l'inoculation, pouvait perdre cette méthode si utile à l'humanité, avant d'en connaître les bons effets. J'eus beau lui répondre qu'il m'avait dit que, dans le calcul de probabilité fait en Angleterre, plus on prenait de l'âge, moins on courait le risque de prendre la maladie (puisqu'il m'avait assuré qu'il y avait à parier cent contre un qu'un homme de quarante-cinq ans ne l'aurait pas), il se refusa à toute autre réflexion et me signifia qu'il aimait mieux renoncer à cette inoculation que de souffrir que j'y assistasse.

Mon parti fut bientôt pris, et à l'instant je me déterminai à me faire inoculer de compagnie. Une chose m'inquiétait : ces migraines périodiques, qui annonçaient une humeur quelconque. Il fut décidé que nous nous mettrions à un régime, ma femme et moi : ce fut de ne manger que du lapin, du poulet et des épinards cuits à l'eau, sans une goutte de vin pur; que, dans les trois semaines de ce régime exact, nous nous purgerions deux fois par semaine. Pour mon fils, qui n'avait que sept ans et qui n'avait pas encore mangé une bouchée de viande, il fut décidé qu'il ne serait soumis à aucun traitement. Nous soutînmes ce régime avec constance, et le jour pris nous nous rendîmes à Paris[255]. Hosti arrive, prend son instrument, une lancette cachée dans un petit carré d'argent, qui ne sort que pour effleurer la peau de la longueur de deux pouces; il fait surgir à peine quelques gouttes de sang, applique dessus une mouche de peau imprégnée du fil passé dans des boutons de petite vérole de la meilleure espèce. Il commence par moi, au-dessous du genou gauche, en dedans, en fait autant à ma femme et finit par mon fils, nous fixe l'emplâtre avec des bandages comme pour une saignée. Nous nous couchons et allons le lendemain nous établir au petit Bercy, où tout était préparé.

Nous fûmes tous à jouir de la meilleure santé. On nous tenait fidèle compagnie; Hosti venait tous les jours nous visiter. Enfin, le quatrième jour, je l'assure que c'est une précaution inutile, lorsque levant l'appareil il aperçut un bouton assez fort au milieu de l'inoculation. Il m'annonça d'un ton doctoral que j'étais bien heureux de m'être fait inoculer, car je n'aurais pas tardé à avoir naturellement la petite vérole, et qu'il m'assurait qu'elle serait très forte et très abondante. Il me dit que ma femme ne l'aurait pas, et que mon fils aurait très peu de grains. Il est vrai que l'inoculation de ma femme ne paraissait pas du tout; il était sûr qu'il était bien désagréable d'avoir fait tous les frais et d'avoir toujours les mêmes craintes. Hosti avait beau lui assurer qu'elle ne l'aurait jamais, la caution n'était pas suffisante; le caractère de ma femme demandait plus de certitude morale. Hosti lui propose de lui mettre une mouche vésicatoire à la même place, et de la couvrir ensuite de pus de petite vérole, lui disant : « Vous serez, madame, convaincue que je parierais avec certitude ma tête que vous ne l'aurez pas. » Elle accepte, et il lui fait l'opération. En quatre jours, la plaie se referme, et elle est assurée qu'elle ne l'aura jamais.

Cependant, je me portais à merveille lorsque Hosti exige qu'on me fasse une saignée du pied. On me tire trois palettes le matin. À 10 heures, il faisait très beau; m'assurant que la saignée est bien faite, la bande bien mise, je descends au jardin, je me promène, je joue avec mon fils sur une terrasse au bord de l'eau. Je lui dis de me rendre ma canne pour m'en retourner; j'avais descendu les marches de la terrasse. Il la laisse couler le long des marches; bref, elle augmente de gravité dans sa chute et frappe précisément à l'endroit de la saignée; à l'instant, le sang jaillit, et je reviens chez moi en traversant presque un arpent et en laissant après moi une très abondante traînée de sang. Il fallut du temps pour l'arrêter; aussi on ne put calculer ce que j'en perdis : heureux hasard qui m'a peut-être sauvé la vie. Le septième jour, la fièvre me prit; elle fut assez forte pour me donner un léger transport pendant la nuit. Duchenoy qui alors s'était fixé avec moi me veilla et eut la précaution, en causant, de m'empêcher de dormir, parce que dès que je prenais le sommeil mes idées se brouillaient. La petite vérole parut; il s'en est vu peu de plus abondantes : des boutons très gros se succédaient les uns les autres, la plante des pieds, les parties les plus secrètes du corps en furent couvertes. Tout mon corps en était enflé; mes yeux, à peine ouverts, me rendaient affreux. La gorge en était remplie, et c'est la partie qui était pourtant le plus dégagée. Malgré cette abondante éruption, je fus pris pour comble de maux de ma migraine périodique. Enfin, je me rappelle que les sept premiers jours, dans l'existence la plus souffrante j'ignorais ce que je deviendrais.

Mes amis bravèrent tous les dangers, ainsi que ma femme : sa plaie était guérie, et aucun symptôme ne pouvait lui faire courir les risques qu'elle aurait bravés; son cœur ne connaissait aucun danger. Dès que je fus revenu à un état plus lucide, Hosti prétendit que si le hasard ne m'avait [inspiré], je n'aurais pas été six semaines sans prendre une petite vérole de la plus mauvaise espèce, et inguérissable; que sans l'ample saignée que l'accident de la canne m'avait procurée, j'aurais été un triste pronostic pour l'inoculation que l'humanité voulait introduire. Dès que j'en fus à la dessication, je n'ai de ma vie senti de démangeaison si insupportable; la barbe, la plante des pieds me causaient une agitation abominable. Je fis venir un perruquier pour me faire la barbe : c'était un miracle que d'en venir à bout tant bien que mal. J'étais donc sur un lit d'épines, lorsque Mlle Legrand, qui avait une maison de campagne auprès de Saint-Leu, par amitié pour ma femme et moi, vint nous voir. Elle était vieille, laide et petite. Elle me regarde, voit mon agitation; elle s'approche de moi : « Monsieur, à vingt ans j'ai eu une petite vérole aussi forte que la vôtre au moins. Regardez mon teint : il est uni comme si je ne l'avais jamais eue. Malgré les contes de bonne femme de ne pas se gratter, je me suis grattée au vif et ai suivi le conseil qu'on m'a donné : c'est d'écorcher les boutons chaque fois qu'ils s'emplissent; c'est le pus qui séjourne qui creuse et couture la peau. Croyez-moi, faites de même. » Elle n'avait pas besoin de beaucoup d'éloquence pour me persuader d'un soulagement qu'on me forçait à ne pas prendre. Et me voilà en besogne sur la totalité du corps, à commencer par le visage, et de chanter : « C'est un grand bien, je le sais bien, de gratter ce qui nous démange... » Bientôt je ne fus qu'une plaie encroûtée, qui recommençait à saigner à mesure que j'écorchais mes boutons qui s'emplissaient de nouveau.

Le treizième jour, voulant changer d'air, il fut convenu que nous partirions tous le lendemain pour nous rendre à Saint-Leu, sans nous arrêter à Paris à cause de l'arrêt du parlement. Je n'avais pas encore vu mon fils; on m'assurait qu'il avait eu une petite vérole très bénigne, lorsque la garde entre chez moi d'un air effaré, me dit : « Monsieur, je ne sais ce qu'a M. votre fils; il y a plus de deux heures qu'il ne remue pas plus qu'une pierre. M. Hosti nous a pourtant dit qu'il en est quitte. » J'y cours avec Duchenoy, qui n'avait pas suivi son traitement, et qui le croyait en convalescence comme moi. Je me traîne dans sa chambre; le pauvre enfant était sans connaissance, et dans cet état depuis deux heures. Duchenoy prend son parti, monte dans ma voiture avec la femme de mon cocher, qui m'avait suivi, et l'emmène chez moi à Paris. Mon inoculation avait fait trop de bruit pour oser le suivre, et on m'emmène à Saint-Leu.

Mon inquiétude était au comble, ma sensibilité à son dernier degré. L'abbé de Mesgrigny venait de mourir à l'instant, étouffé par sa vomique, après avoir souffert des douleurs affreuses[256]. Si je perdais mon fils unique, je sentais que je m'exposais, comme dans toutes les choses qui ne réussissent pas, à être accusé d'imprudence. Je ne pouvais rester un instant à Paris, ni voir mon fils, ni aborder personne sans lui causer de l'effroi : il fallut donc se résoudre à le confier à cette femme de mon cocher, et enlever ma femme aux soins maternels. Enfin, nous en venons à bout et nous arrivons à Saint-Leu. J'établis deux courriers par jour pour me procurer des nouvelles.

Voici ce qui était arrivé à mon fils. Transporté dans la maison, on le mit au lit. Duchenoy voulut qu'on envoyât chercher Hosti avant de s'en emparer et de le traiter. Hosti arrive; dès qu'il voit l'état de l'enfant, il s'arrache la perruque, dit que l'enfant est mort, que c'est une fièvre maligne et qu'il faut laisser agir la nature; il s'oppose à l'aider, s'écrie que l'inoculation est perdue en France, enfin perd totalement la tête, tandis que Duchenoy, qui dans la conversation était le plus doux et le plus pauvre de tous les hommes, oppose toutes ses forces à cet abandon. Il s'allume, comme un général d'armée fait ses dispositions, signifie à Hosti qu'il répond de l'enfant vis-à-vis de moi. Hosti, qui n'était qu'un inoculateur, prend la balle au bond, se retire en faisant des gémissements et des imprécations. Alors Duchenoy envoie chercher mon chirurgien, fait saigner l'enfant de sept ans deux fois au pied à deux heures de distance; n'obtenant aucun amendement, il le fait saigner le soir, et finit par lui faire passer trois grains d'émétique. Ce dernier traitement réussit : l'enfant, sans connaissance sur les 5 heures du matin, se réveille de sa léthargie, parle et reprend ses idées. La femme de mon cocher, qui l'avait cru mort, tombe dans mille accès de joie; elle m'envoie un courrier, Duchenoy arrive à 6 heures. Une fièvre putride se déclare, et cède le septième jour. J'étais instruit à la minute; cette convalescence me rendit la vie et [donna] un peu de consolation à la douleur que je ressentais de la perte de mon ami l'abbé de Mesgrigny, chanoine de Notre-Dame, abbé mitré de Vendôme et conseiller au parlement. Sa société douce, aimable, son cœur le rendaient un ami pour nous précieux à tous égards; empressé à nous servir, il m'avait accompagné dans mon premier voyage à Cheverny.

Lorsque je pris des informations pour cette maladie survenue à mon fils à la suite de l'inoculation, il parut constant que cet enfant, élevé par Mlle Gentil à une très bonne nourriture, mais sans viande jusqu'à sept ans, avait été remis entre les mains d'une garde qui, furtivement, et quoiqu'on lui eût recommandé le plus grand régime, l'avait laissé à sa pleine volonté; l'enfant avait [mangé] outre mesure : on trouva dans sa chambre des coques de châtaigne cachées et en quantité. Cette mauvaise nourriture avait contrarié toutes les précautions, l'enfant avait fait de mauvaises digestions; la fièvre avait continué sans qu'on s'en doute pendant l'éruption. Nous tous, gravement occupés, nous nous étions dispensés d'y veiller, d'autant que dans la même maison, les nouvelles directes, le compte que nous rendait le médecin étaient faits pour nous tranquilliser. Le public ne sut point ces particularités : elles furent enfouies dans mon intérieur. On sut à Versailles que j'avais eu de l'inoculation une petite vérole affreuse. Peu curieux de me montrer dans l'état où j'étais, je revins à Paris furtivement voir mon fils. Ce n'était plus le même enfant : exténué par des secousses si violentes, d'une faiblesse pitoyable, il fallut attendre plus de quinze jours pour le ramener à Saint-Leu.

Je passai novembre, décembre à Saint-Leu. Le temps de mon semestre arrivait. J'étais encore rouge, et il y avait près de trois mois que j'étais hors de l'inoculation. Je fis demander au roi la permission de me présenter pour faire mon service; il fut répondu que je le pouvais, le temps prescrit pour s'absenter étant plus que passé. J'arrivai donc à Versailles pour le jour de l'an[257]. J'avais pris la précaution, pour éteindre les rougeurs, de rester beaucoup au grand air, mais j'étais encore très rouge. Au lever du roi, dès qu'il m'aperçut, il me dit : « Vous avez eu une forte petite vérole. » Il m'examina et me dit : « Cela vaut mieux qu'un coup d'épée... » Je ne sus ce qu'un tel propos voulait dire dans la bouche du roi, qui ne hasardait rien sans raison. Je le sus dans le cabinet : après son passage, un officier des gardes de la porte, frère de mon notaire, s'était vu insulter par un exempt des gardes du corps. Fort brave, quoique blessé à la main, il avait voulu en avoir raison. L'exempt y avait mis de la morgue et de la hauteur, Lenoir l'avait poussé. Rendez-vous pris, ce jour-là l'officier des gardes de la porte se présenta au combat, son épée attachée à son poignet, vu son ancienne blessure; l'exempt se battit mal, ne montra aucune assurance; bref, l'officier lui donna un coup d'épée dans le bras. Le roi venait d'en être instruit. Les gardes du corps ne prirent point parti dans cette affaire : M. de l'Aubespin, qui était le blessé, avait trouvé le secret d'avoir peu d'amis par son insolence et ses airs de hauteur qu'il faut, si on est malheureusement combatif, mieux soutenir par beaucoup de bravoure; un an après, il quitta le corps.

J'allai dîner chez le duc de Choiseul. Mon inoculation avait fait du bruit comme celle du chevalier de Chastellux : nous étions les premiers inoculés connus. Il en fut beaucoup question, et je crois que je ne fis pas tort à son établissement, me gardant bien de parler de la maladie de mon fils. Hosti, que j'avais bien payé, vint m'en faire ses remerciements; c'était beaucoup pour un Anglais qui n'avait d'autre adresse que celle de gagner beaucoup d'argent : c'était plus son mobile, que le progrès d'une méthode qui a sauvé la vie à tant de personnes.

M. Soullet[258] fut reçu dans les gardes. C'était un excellent sujet, réfléchi. Des suites du scorbut, on avait craint pour sa poitrine, et en conséquence on lui avait fait un cautère au bras; j'en étais instruit. Le régiment des gardes allait partir pour l'Allemagne, après avoir fait ses équipages. Je ne pus mieux faire que de le recommander à mon ami le marquis de Paroy qui, alors privé de ses biens à Saint-Domingue[259], avait supprimé sa maison à Paris et s'était retiré à Paroy, avec six enfants et sa femme. Mon amitié pour eux tous avait été en avant; je leur avais prêté, et non loué le nouvel appartement que je venais de bâtir au-dessus de mes remises, au fond de la cour. Je les ai logés de même pendant trois ans où dans les hivers ils sont venus à Paris et où ils n'ont eu d'autre table que la nôtre quand ils l'ont voulu. M. de Paroy s'empressa de reconnaître mes procédés en chambrant dans cette campagne avec mon jeune cousin.

Je connaissais les dangers de fermer un cautère subitement et sans précaution. Je lui en parlai; par préjugé d'enfant, il croyait que je l'ignorais. Dès qu'il me vit au fait, il m'avoua qu'il ne pouvait supporter l'idée que ses camarades le sussent; qu'il craignait ou le mépris d'une infirmité, ou l'incommodité du pansement impossible à cacher, ou quelques plaisanteries qu'il ne prendrait pas bien. J'eus beau combattre ses idées par des arguments qui sautent aux yeux de la raison, je vis que je ne gagnerais rien. Je finis par l'effrayer, ou du moins je le crus, en lui faisant sentir le danger de fermer le cautère : si nous avions eu six semaines devant nous — il ne lui en restait qu'une — il aurait été possible, à force de purgation, qu'il ne lui arrivât rien. Je vis qu'il était impossible, avec beaucoup de douceur, de reconnaissance et d'amitié, de gagner rien de plus qu'une promesse verbale. Il partit. M. de Paroy se lia tendrement avec lui. C'était un garçon d'une jolie figure, doux, aimable, instruit et bien élevé. Mais il ne fut pas à la première couchée qu'il se refusa à tout pansement; son cautère fut fermé en quatre jours. Il fit trois mois de campagne. Enfin, il fut alité à Wesel et eut une fièvre maligne; l'armée et le régiment allaient en avant, il resta à Wesel. Sa fièvre fut guérie, il était en pleine convalescence, avec deux de ses camarades dans sa chambre, lorsque se mettant sur son séant, il fut étouffé par l'humeur de ce maudit cautère, qui avait reflué dans la masse du sang et fait un dépôt dans l'intérieur[260].

CHAPITRE XXI

Le roi fut, cette année, encore plus aimable dans son intérieur, quoiqu'il le fût toujours. Quelquefois, il contait très agréablement des histoires très gaies sans passer les bornes de la décence et de l'honnêteté. Quentin, baron de Champlost, avait acheté de Quentin, marquis de Champcenetz, la charge de premier valet de chambre; le roi le connaissait depuis son enfance et le traitait à merveille. Champlost était extraordinairement laid, mais avait des grâces et l'air noble, et les manières d'un grand seigneur. Le seul défaut qu'il avait était qu'il aimait les femmes à la folie et, peu délicat sur le choix, il ne cherchait qu'à satisfaire ce goût désordonné. Le roi, qui faisait comme les prédicateurs – qui prêchent et disent autrement qu'ils ne font – voulait le retenir sans le gêner, et souvent il lui disait qu'à leurs âges, tout libertinage serait mortel. Enfin, il lui parlait comme à un tendre ami.

Nous fûmes témoins dans le cabinet d'une scène qui en valait bien une autre. M. le comte de Sourches était grand prévôt de Versailles[261]. Petit et laid par excellence, fait tout de travers, il tâchait par sa tenue de se rendre plus important qu'il n'était, car ce n'était qu'un bonhomme très ordinaire. Il avait été élevé à Versailles dans une grande familiarité avec le roi; et l'intérieur est comme tous les autres, malgré la dignité qui l'entoure. Comme Mme de Pompadour, dans des moments de gaieté dans ses commencements de faveur, l'avait désigné sous le nom de *l'Amour*, M. le duc de Noailles, qui se permettait tout, avait repris : « Tout au plus, madame, est-ce un cupidon d'ébène! » – de sorte que le nom de *l'Amour* lui était resté, et que le roi s'en servait souvent depuis. Un matin que nous étions presque seuls, le roi, qui allait quitter le cabinet, appelle *l'Amour*; *l'Amour* écarte deux ou trois personnes, s'avance avec précipitation pour profiter de la faveur que le roi lui faisait de l'appeler; le roi recule lentement vers l'intérieur; dès qu'il le voit à sa portée, il lui donne un joli soufflet sur la joue, fait une pirouette sur le talon et s'en va; il s'était comporté avec tant de grâce et de gaieté qu'il avait l'air de faire une niche à son égal. De Sourches en aurait reçu cinquante, pourvu que le roi causât avec lui; mais quand il l'eut vu rentrer, il fallait être présent pour juger combien il était choqué de n'avoir pas eu d'autre audience, que probablement il avait demandée; et personne ne s'empressa de solliciter les marques de faveur qu'il avait eues. Je trouvai l'histoire si gaie, si plaisante, qu'en arrivant le soir pour souper chez Coupé, où vinrent successivement M. de Rosambo, le marquis de Vizé, Pierrevert, Beaudoin, je fus obligé de la raconter à chaque arrivant; je fis la pantomime de cette scène en égayant tout le monde, surtout Fontaine de Cramayel, fermier général.

Je ne saurais trop me répéter qu'en écrivant tout ce qui m'a frappé dans une longue vie, pour me distraire et m'occuper dans un temps très révolutionnaire, je ne mets pas à ces mémoires la suite nécessaire s'ils doivent me survivre. Je me laisse aller à mes réflexions, dans les longues nuits d'hiver, où le sommeil perdu depuis longtemps [amène] soit des souvenirs très tristes du passé, soit [des pensées] peu consolantes pour l'avenir. J'ai voulu forcer mon imagination à ne plus s'enfoncer dans une foule de détails plus tristes les uns que les autres : pour cela, il fallait se rendre maître de soi. La Révolution m'aurait totalement changé si je n'avais cherché ma consolation en moi-même. Je ne me suis aperçu de la puissance que je pouvais prendre sur moi qu'après en avoir formé la ferme résolution. Il m'a fallu bien du temps, dès que le sommeil me quittait, pour ne plus porter mes réflexions sur les amis et parents que je venais de perdre, sur la dissipation de mes propriétés et la crainte de voir tout périr. Persuadé qu'avec toute la prudence humaine dans une révolution on ne peut fuir sa destinée, j'ai d'abord tenté d'établir ma nullité et me suis refusé à tout impérieusement, à moins que ce ne fussent des places non refusables, ou dont le refus aurait seulement déclaré mon aversion pour ce présent-ci. Les places que j'ai occupées, je les ai remplies fidèlement et avec probité, mais rien de plus. Lorsqu'on m'a consulté, j'ai dit toujours franchement ce que je pensais. Mais pour en revenir à mon intérieur, j'ai d'abord cherché un travail qui pût m'occuper, non un jour, mais tant que je vivrais. Je n'ai trouvé que l'histoire de ma vie, objet ridicule pour un autre que pour moi; pour cela, il fallait me rappeler les moindres circonstances depuis plus de soixante ans; c'est à quoi je me consacrais lorsque le sommeil me fuyait pour faire place à des réflexions plus sinistres. Seul avec moi-même, j'ai commencé par la première époque, et me rappelant fidèlement et parcourant juste ma carrière, je classais dans la nuit ce que je devais écrire le lendemain. Les premières semaines, mon esprit a divagué et se portait par habitude aux nouvelles du jour, qui dans tous les cas, et chaque jour, me noircissaient l'âme de plus en plus. Enfin, après un certain temps, l'habitude s'est formée; mon sommeil a été plus calme, mon imagination moins noire; j'ai obtenu de ne plus me réveiller en sursaut et de dormir de suite — pas longtemps, à la vérité, le long sommeil ne m'étant pas nécessaire. Depuis l'âge de quinze ans, je suis accoutumé à lire dans mon lit; c'est une mauvaise habitude dont je ne puis me défaire, d'autant que je ne me sers pas de lunettes. Je lui dois cependant (ainsi qu'à ma nombreuse bibliothèque) le peu d'instruction que j'ai. Lorsque maintenant j'ai pris sommeil, je me réveille à 5 heures et, oubliant mes affaires, je me reporte au moment où j'ai quitté mes mémoires, et les continue [en esprit] pour les écrire le lendemain; il résulte de cela que souvent je confonds les dates, ou reviens à des événements que j'ai passés à leur temps. Mais ces mémoires embrassant une partie des gens que j'ai connus, que j'ai aimés et avec lesquels j'ai été intimement lié, je me les rappelle, et alors je me remets avec eux comme si je venais de les quitter : je me rappelle soit leurs bonnes qualités, soit le degré d'amitié ou de confiance avec lequel j'ai été avec eux. S'il y a un côté plaisant — sans méchanceté — c'est que je me suis livré à ma gaieté parce que j'en ai besoin, pour m'enlever à moi-même et rendre justice aux excellentes gens avec lesquelles j'ai vécu.

J'en reviens à Fontaine de Cramayel, fermier général[262]. Il pouvait avoir une douzaine d'années plus que moi; c'était le meilleur humain possible, fermier général par la protection de Mme de Pompadour. Il vivait dans la plus grande aisance. M. de La Borde, fermier général par la même voie et par sa parenté avec M. Poisson, avait dans mon enfance une maison rue Sainte-Anne, vis-à-vis les Nouvelles-Catholiques. Il avait épousé en secondes noces une femme qui avait deux enfants : M. Ferrand, fermier général, et Mme de Sy, épouse d'un gentilhomme picard[263]. De son second mariage, il avait eu trois filles et deux garçons; tous étaient originaires de Bayonne. L'aînée des filles avait épousé M. des Marchais, premier valet de chambre du roi; la seconde avait épousé M. Fontaine; la troisième M. Brissart, fermier général[264]. Les garçons étaient plus jeunes; l'aîné[265], plein d'esprit, de talents, aimable sous tous les rapports, s'était fait à juste titre la réputation d'un des plus grands compositeurs de musique; ses connaissances littéraires le rendaient propre à tout : chimiste, littérateur, physicien, il remplissait avec fruit tous les moments qu'il ne donnait pas à la société, où il était aimable et d'une gaieté originale et spirituelle.

M. et Mme de La Borde, avant l'élévation de Mme de Pompadour, avaient loué une maison à Soisy, vallée de Montmorency; voisins à Paris comme à la campagne, notre liaison avait toujours subsisté. Mme des Marchais, aimable, jolie par une blancheur extrême et beaucoup d'esprit qui animait sa figure, vivait toute l'année à Versailles; son mari, l'homme de France le plus froid et le meilleur, se bornait à l'exactitude de son service vis-à-vis de son maître; pour elle, on savait que le duc de La Vallière passait ses jours chez elle, et personne n'en parlait que comme d'une chose reçue[266].

Pour Mme de Cramayel, aimant de bonne foi son mari, elle vivait depuis douze ans avec lui et pouvait être citée comme l'exemple de toutes les femmes, lorsque le chevalier de Chastellux débuta dans le monde. Grand, bien fait, d'une belle figure, enthousiaste de l'esprit, des arts et des talents, il commença avec elle une passion qu'il a conservée longtemps. Le peu d'habitude de l'un, la passion inconsidérée de l'autre, leur firent se donner des caresses réciproques devant une glace dont le reflet, tandis qu'ils s'étaient dérobés du salon, ne permit pas au mari de douter de son malheur. Il était sensible à raison de l'ancienneté de ses droits; peu mesuré, il s'emporta et obligea le chevalier à sortir de chez lui à l'instant, fit une scène terrible, et le lendemain lui envoya un cartel. Nous étions amis et voisins; d'ailleurs, Chastellux savait, sans que je lui aie rien dit, que j'étais fort attaché à cette famille. Il vint m'avouer ce qui s'était passé; je le blâmai. Il avait accepté le rendez-vous sur les midi; je lui fis sentir qu'il n'était pas bien de blesser un homme dans ce qu'il appelait l'honneur, et peut-être de le tuer ensuite.

Le rendez-vous n'eut pas lieu : les amis s'en mêlèrent, la femme employa son autorité vis-à-vis de son amant; le mari, revenu à lui, ne voulut pas être la fable du public. Un rendez-vous fut pris : ce fut une explication, un raccommodement, à condition que Chastellux ne mettrait plus les pieds dans la maison, et il n'en fut plus question. Cependant j'allais souvent dans leur maison; des raisons alors m'y attiraient très souvent, et je fis comme le public, n'ayant pas l'air instruit de ce qui s'était passé.

Cinq ou six ans après, les vendredis, nous nous trouvions comme c'était l'usage sur le théâtre de l'Opéra après le spectacle, et nous partions alors pour nous rendre chez Coupé. Cramayel s'amusa à causer avec différentes personnes; j'en fis autant de mon côté, car il était convenu qu'il me mènerait. Nous partîmes lorsque tout était presque éteint. La première personne que nous rencontrons, c'est le chevalier de Chastellux donnant le bras à sa femme; je ne les aurais pas si bien reconnus que le mari. Il veut s'en assurer, passe devant eux, et nous allons gagner notre voiture dans la rue de Richelieu, à ce qu'on appelait la petite porte. J'eus toute la peine [du monde] à le contenir; il était dans une agitation intense. « L'as-tu vue?

— Qui?

— Elle! ... tu me serviras de témoin.

— Et de quoi?

— Je compte sur ton amitié. » Enfin, la voiture arrive; c'était son vis-à-vis; nous nous précipitons dedans. Il se démène comme un possédé, se frappe la tête contre tout, contre les glaces. « Oui, mon ami, s'écriait-il, tu vois ma honte, mon désespoir! Je suis cocu! Je veux aller chez moi, rentrer, fermer la porte. Ils soupent ensemble! », et chaque refrain était : « Je suis cocu! » Tantôt il pleurait, tantôt il jurait; je ne savais qu'en faire. Enfin, j'obtins qu'il viendrait souper avec nous, qu'il ne parlerait pas de ses soupçons. J'étais marié et j'aimais ma femme, ce qui donnait du poids à mes conseils. Lorsque je le vis un peu plus calme, je lui fis convenir que sa conduite pouvait donner à sa femme le droit de faire ce qu'elle voudrait, qu'il était convenu qu'il n'allait pas sur le théâtre de l'Opéra pour rien; qu'il y aurait de l'injustice à être exigeant; que la prudence exigeait moins de vivacité; que sa femme venait d'accoucher d'un garçon, et que d'après cela il devait respecter en elle la mère de son héritier, une femme des plus spirituelles et des plus aimables de Paris. Nous faussâmes compagnie à Roslin et à Coupé; nous restâmes chez moi ensemble, et j'eus le bonheur de le reconduire chez lui[267] à minuit, totalement calme et rendu à lui-même. Sa femme était rentrée; j'obtins qu'il irait la voir, j'entrai avec lui, il se conduisit en excellent homme qu'il était. Il a toujours depuis bien vécu avec elle; elle méritait sa confiance par d'autres vertus qui ne tiennent pas à l'amour, et a fait son bonheur jusqu'à ce qu'il ait eu le malheur de la perdre.[268]

Ce fut à peu près dans ce temps que les maisons de Conti et d'Orléans devinrent très brillantes. Il y avait au Palais-Royal de grands soupers où toute la cour se trouvait; il en était de même au Temple où Mgr le prince de Conti avait des jours marqués. Mgr le prince de Condé, marié, tenait aussi une maison ouverte. L'ambassadeur d'Espagne, celui de l'Empereur, celui de Sardaigne donnaient des fêtes deux ou trois fois par hiver; la ville et la cour y étaient invitées. Depuis le cardinal de Fleury, il existait entre le corps diplomatique et les princes du sang une barrière insurmontable. Les princes du sang avaient seuls le droit de faire entrer leurs voitures dans ce qui s'appelait le Cul-de-sac, et qui en était un véritable. Le premier [une fois] placé, les autres se tenaient au plus près, dans la rue Saint-Honoré. L'ambassadeur du roi d'Espagne, le marquis de La Mina, avait un jour voulu faire entrer son carrosse : le comte de Charolais l'avait fait sortir. Cette dispute avait été portée au cardinal qui, voulant tout accommoder, n'avait arrangé personne. Il s'en était suivi que le premier jour qu'un ambassadeur s'était trouvé chez un prince du sang, il s'était fait servir par ses pages, comme tout gentilhomme en avait le droit, dont il n'usait pas; que le prince, qui passait pour souper comme il se trouvait placé, avait voulu rétablir l'étiquette de Louis XIV et passer le premier; qu'ayant le droit d'avoir son cadenas, il avait voulu s'en servir. Ce droit de cadenas est assez singulier : aux grands couverts, aux repas de couronnement, on pose devant le couvert de chaque prince ou princesse une boîte superbe fermée avec un cadenas; le prince prend sa clef, ouvre la boîte dans laquelle sont un couteau à manche d'or ou de vermeil, une salière et un poivrier de même, et un gobelet; il s'en sert, ferme la boîte, et elle s'emporte *in fiocchi*. Le prince voulut rétablir ce droit chez lui. L'humeur vint au corps diplomatique, qui en cérémonie se regarde comme le représentant immédiat des princes, et de ce moment il s'établit une séparation totale. Jamais ils ne se visitaient qu'une fois par an, en grande cérémonie, et à toutes les fêtes qu'ils donnaient, ni les uns ni les autres ne se trouvaient.

La nécessité de se rassembler du corps diplomatique avait donné lieu à un usage qui s'était introduit : chaque dimanche, le corps se rendait chez un ambassadeur à tour de rôle; s'y rendait qui voulait, depuis le chargé d'affaires jusqu'au nonce. C'est là où ils se communiquaient leurs affaires les plus secrètes. Nul Français n'y était admis, et je fus le premier introducteur des ambassadeurs qui y fût reçu. Je dus cette faveur, j'ose le dire, à la sûreté qu'ils prirent dans mon caractère de franchise et [parce que je n'étais] nullement intrigant.

Mgr le prince de Conti[269], le plus bel homme possible, avait beaucoup d'esprit, mais le jugement le plus faux, ce qu'il devait à ce qu'il voulait briller. Plein de projets, d'une imagination ardente, voulant jouer un rôle, fatiguant le roi, il s'était retourné du côté du parlement, et espérait avec cet appui sortir d'une nullité où on avait les meilleures raisons de le laisser. M. le duc de Choiseul, étranger à toutes ces misères, paraissait grand dans toutes les petites choses, et aurait désiré que sous son ministère on rétablisse [une situation] qui était agréable au corps diplomatique. D'ailleurs, sa liaison intime avec Mme la comtesse de Brionne le portait à cette négociation, puisque les princes de la maison de Lorraine se trouveraient rapprochés des princes du sang en supprimant toute étiquette.

On jeta donc les yeux sur moi pour cette négociation; j'en parlai à Mgr le prince de Conti, mais je le trouvai aussi déraisonnable que je l'en croyais capable. Il me parla de ce que je viens de raconter, il me promena à la mort de Louis XIV, me confirma que le roi leur avait dit son mariage avec Mme de Maintenon, me ramena sur les pièces de théâtre, me parla d'un plan qu'il voulait donner à mon ami Sedaine; enfin, après trois heures perdues, je me retirai, convaincu que ce que la cour désirait — et que je m'étais bien gardé de lui dire — ne réussirait pas, à moins qu'il n'eût l'air d'être l'agent principal vis-à-vis des princes. C'est ce que la cour ne voulait nullement, désirant toujours l'éloigner des affaires. J'étais sûr que tous les autres princes cèderaient volontiers s'ils ne trouvaient aucun des leurs en opposition, et j'étais sûr que lui ne se relâcherait de presque rien du tout. Je fis part de mes démarches au ministre, et il fut convenu que je me servirais de l'amitié que les ambassadeurs me témoignaient pour tâcher, toujours comme de moi, de les amener à une conciliation. En conséquence, je conférai avec plusieurs ambassadeurs. Cette négociation aurait eu son plein effet sans le nonce Durini qui s'y opposa; ne participant à aucune fête par son état, visant à la papauté par ses mœurs et ses vertus, ayant certitude de son élection au chapeau de cardinal, il prétendit que les choses allaient tout aussi bien qu'elles devaient aller; que les ambassadeurs se faufilant dans tous les plaisirs de la société seraient moins aux affaires, et que leurs propos, leurs démarches seraient plus ostensibles; que M. le prince de Kaunitz, dans son ambassade où il avait réussi, lui qui en savait autant qu'un autre, fêté à la cour, s'en était éloigné par système; que si la chose existait, il se garderait bien de ne pas la continuer, mais que cette façon de vivre n'existant pas, c'était éviter des difficultés et des querelles. Cette détermination fut prise le matin où je devais avoir une réponse catégorique : j'en rendis compte au roi et au duc de Choiseul.

Je me rends le soir à l'assemblée, je passe dans une pièce où étaient les seuls ambassadeurs. M. de Stahremberg porte la parole, il me dit sommairement toutes les raisons pour s'y refuser. J'eus beau me retrancher sur les espérances d'une conciliation qu'ils m'avaient données en particulier, le parti était pris. Je dis [à l'un d'eux] que je me compromettais, et je me retirai. Ils tinrent conseil après mon départ, et rentré chez moi voici le billet que je reçus :

« Le comte de Stahremberg, ambassadeur, prie M. l'introducteur de mettre par écrit ses propositions, afin qu'après les avoir discutées avec le corps diplomatique, il puisse terminer l'affaire en question. »

Je n'avais fait ces démarches que d'office; je ne voulais rien mettre par écrit : j'aurais été désavoué, peut-être blâmé. Tout écrit aurait pu être montré au prince de Conti, qui croyait qu'on ne se passerait pas de lui. Je pris mon parti, je me rendis à l'instant à Versailles. J'arrive à 8 heures; on me dit que le roi est avec M. de Choiseul tête à tête. Je fais dire à l'huissier que je suis là, j'entre parce qu'on me le dit : ce n'était plus l'heure de profiter de mon droit d'entrée. Le roi était debout auprès de la cheminée et causait avec le duc de Choiseul. Ils viennent à moi. Le roi me fait rendre compte de mes démarches de la journée. Je finis mon récit en remettant le billet que j'avais reçu, et en disant que je m'étais bien gardé de répondre. La conversation entre nous trois fut d'un quart d'heure. Le roi finit par me dire : « Que pensez-vous qu'il faut faire?

— Sire, lui répondis-je, je pense que toute négociation est contrariée de chaque côté par une seule personne, et à moins de nouveaux ordres, je crois qu'il faut regarder la chose comme non avenue. J'ai fait des démarches d'office; je n'ai dit à personne que j'y étais autorisé; ainsi, tout roulera sur un zèle de conciliation mal entendu de ma part. » Le roi me répondit : « Vous avez raison, suivez ce plan. » Dans cette dernière conversation, M. le duc de Choiseul se garda d'ouvrir la bouche : c'était le roi qui parlait. J'attendis à sa sortie le duc, qui me dit que le roi était fort content de la manière dont j'avais traité cette affaire, quoiqu'elle n'eût pas réussi, et j'ai eu lieu de voir depuis que la confiance en moi était totalement établie.

Il y eut alors un voyage de Marly, et j'arrivai assez à temps pour voir un accident au marquis de Roncherolles[270], chef de brigade des gardes du corps, ayant épousé la sœur de M. Amelot, mon beau-frère. Le roi venait de partir pour la chasse après avoir reçu les ambassadeurs, car le voyage était assez long pour décider qu'il les recevrait comme à Versailles. M. de Roncherolles monte dans une chaise de poste pour se trouver au rendez-vous et accompagner le roi. En face du château, à droite, je passe, cause avec lui comme il allait monter; les chevaux ne peuvent monter le talus en pierre pour les chaises à porteur, à côté de la pièce d'eau : à moitié de la rampe, ils reculent en prenant la direction de la pièce d'eau. Des imprudents lui crient de se jeter en bas, qu'il va se noyer; il perd la tête, ouvre la portière, saute sur le talus et tombe. Il n'était plus jeune; à l'instant, nous voyons son bas de soie blanc, au-dessous de la cheville du pied, sillonné de ronds de sang. On l'emporte dans un pavillon sur une civière. Mon service me pressait : je cours chez M. de Choiseul lui dire l'accident dont j'avais été témoin; il était avec sa sœur. Mon service fini, je cours chez le blessé; on lui avait déjà tiré onze esquilles de la jambe. Jamais accident ne fut si fâcheux pour l'opération : il en resta estropié, sa jambe raccourcie de plus de trois pouces. Il a pourtant poussé depuis sa carrière jusqu'à près de quatre-vingts ans.

M. de Choiseul réunissant la marine et la guerre fit venir son cousin le duc de Praslin, ambassadeur à Vienne, au ministère des Affaires étrangères. Mme la duchesse de Praslin était singulièrement liée avec Mme la marquise d'Amézaga; pour lors, je me trouvai très lié avec elle à des soupers, tout cet hiver. En général, par goût, ma femme et moi nous tenions à nos anciennes sociétés; je me trouvais obligé à quelques soupers de représentation; les autres étaient ou chez les parents de ma femme, ou dans la société de M. et Mme de Préninville, où je me plaisais plus que jamais. Le mari et la femme étaient on ne peut plus attachants pour nous; le mari m'avait montré en toute occasion une prédilection tendre; la femme, qui était de la plus belle figure et la plus aimable, m'attachait par une confiance qui influait sur toutes mes actions. Souvent l'intermédiaire entre elle et lui, j'avais été assez heureux dans ce double rôle pour mériter la confiance des deux. Mme de Préninville, singulièrement analogue à ma femme, en avait fait une tendre amie, et tous les deux ont laissé une si forte impression sur nos âmes sensibles que nous nous les rappelons tous les jours avec le plus tendre souvenir. Jamais nous ne retrouverons des amis comme ceux-là, et le malheur de la vieillesse est de n'en pouvoir plus faire.

Leur société, composée en hommes et en femmes de la meilleure compagnie de Paris, dont Mme la marquise de Boulainvilliers[271], réunissait d'Osmont, évêque de Comminges[272], le marquis de Chastellux, Jélyotte, l'abbé Raynal[273], et tant d'autres que nous nous trouvions réunis avec les talents et la littérature; et sans nous en apercevoir nous passions des soirées délicieuses. Pour les dîners, je réunissais aussi tous mes amis. M. de Champlost, premier valet de chambre, qui me voyait quotidiennement, vint un jour me dire que, si comme je l'avais assuré je songeais à acheter Cheverny et à avoir la lieutenance générale du Blésois, il m'avertissait que je pourrais bien avoir l'un sans l'autre, parce que M. de Marigny faisait toutes les démarches possibles pour en avoir l'agrément. Il savait qu'elle m'était promise; depuis deux ans, je laissais dormir cette affaire. Je voulais me défaire de ma place; je trouvais une belle porte pour en sortir, mais personne ne se présentait pour l'acquérir : elle était effrayante aux prétendants par le peu de revenu, la représentation qu'elle exigeait, et la perte en cas de mort de deux cent mille livres.

Du Jonquoy de Monville, mon ancien compétiteur, était le seul qui pouvait, vu sa fortune, y prétendre. J'allai faire un voyage au Thuyt, près le Vaudreuil — qu'il a vendu depuis au chancelier de Maupeou qui y est mort — pour le sonder. Mais Monville avait pris un autre vol : il avait été pourvu de la charge de grand maître des Eaux-et-Forêts de Normandie, et ne l'avait gardée que six mois.

Ayant loué une maison rue de la Bonne-Morue[274], il y avait fait des dépenses étonnantes. Je ne rapporterai que le récit du premier souper que j'y ai fait. Il m'invita pour un jour marqué. Ayant vingt-cinq ans, [...], vivant en bonne et en mauvaise compagnie, las de tous les plaisirs par la jouissance continuelle, il perçait souvent chez lui un égoïsme qui le faisait plaindre des gens qui le voyaient; car ces caractères n'ont jamais de véritables amis.

J'arrive donc dans la rue de la Bonne-Morue; je monte un perron de huit marches, j'entre dans une antichambre très échauffée, tout en stuc; auprès d'un magnifique poêle, un valet de chambre m'ouvre deux battants et les referme; je me trouve dans une [deuxième] antichambre toute dorée, éclairée par un lustre de huit bougies, et six paires de bras à trois branches [de bougies] aussi allumées. Au fond, je vois un buffet magnifique chargé d'ornements. L'heure sonne, et j'entends un concert organisé sortir de la boiserie et jouer à plusieurs parties une pièce de Rameau. Je passe de là dans un premier salon, orné de colonnes saillantes, éclairé par des lumières cachées, et resplendissant comme un beau jour; je continue et me trouve dans une chambre à coucher des plus élégantes, tout en velours cramoisi avec des crépines d'or. Je n'avais encore rien vu de si superbe; tout était éclairé, tout ouvert, et j'étais seul. Je me crus dans un palais des fées ou dans celui des mille et une nuits. Je passe dans une autre pièce : j'aperçois Monville vêtu superbement, posé comme [Soliman] le Magnifique devant un bureau de porcelaine, le plus beau et le plus agréable possible, et écrivant; ce cabinet était ouvert des deux côtés, et les tuyaux de chaleur étaient si bien distribués, quoiqu'il fît froid, qu'on ne tardait pas à se croire en plein été. Pas une cheminée ne paraissait, tout se faisait par des poêles dont le service était dérobé aux yeux.

Monville, après avoir joui de ma surprise sans paraître y faire attention, me conduit plus loin : c'était un salon turc, tout en glaces, sans aucune fenêtre; le jour venait d'en haut par un vitrage, et une balustrade en saillie, du meilleur goût, revenait en voussure sur le salon relevé d'un tapis turc très épais. Tout autour, régnait une ottomane de velours cramoisi à crépines d'or, sans aucun bois [apparent] mais en matelas sur lequel étaient en abondance de gros coussins en taffetas d'Italie qui se plaçaient à volonté pour faire ou un siège plus élevé, ou des dossiers ou des appuis aux bras. Le fond était une ottomane plus riche encore, s'il était possible, ou plus recherchée. Les portes de ce délicieux séjour se fermaient à volonté par des coulisses : fermées, on ne savait plus par où sortir, attendu qu'elles continuaient la forme du salon; un secret dans le mur, poussé légèrement, les faisait ouvrir avec une promptitude merveilleuse. Après avoir causé indifféremment sans qu'il s'embarrasse de mon étonnement, j'entends au-dessus de ma tête un concert exécuté par six musiciens avec des instruments à vent. Cette mode, venue d'Allemagne, était en usage chez les princes, chez les ambassadeurs pendant le souper ; et Monville, qui donnait dans toutes les choses magnifiques, en avait six à lui qui régulièrement, tous les jours, depuis 7 heures jusqu'après souper, exécutaient dans une pièce au-dessus du salon turc et donnaient de suite dans la salle à manger les morceaux de musique les plus agréables et les plus à la mode.

Les convives ne tardèrent pas à arriver. Les voici : je me les rappelle comme si ce souper s'était passé hier ; Mlle Arnould, que nous appelions Sophie, première chanteuse de l'Opéra, renommée par son esprit et ses bons mots ; Bellecourt, premier acteur du Français et sa femme[275] ; le marquis de Saint-Marc, auteur d'*Adèle de Ponthieu* ; le chevalier de Coigny[276], beau, débutant dans le monde, et très aimable ; un M. de Venotte, que j'ai vu depuis gouverneur des pages de Mgr le duc d'Orléans ; milord Postcook, celui dont j'ai parlé dans sa course de Fontainebleau ; le marquis d'Égreville[277] et moi. Je n'ai de ma vie fait un souper plus gai et plus aimable ; nous entrâmes dans la salle à manger, tout en stuc, éclairée par des cariatides de bronze ; le souper fut fin et délicieux. Arnould, galante avec le chevalier de Coigny qui lui faisait les doux yeux, fut pleine de grâce et d'esprit. Bellecourt en perdit le boire et le manger, tout occupé à examiner les airs, le ton de tous les convives, surtout les bonnes manières naturelles du maître de la maison : il avait l'air d'en faire son profit comme artiste. La soirée fut délicieuse, on finit par des airs à la mode. Sophie et Bellecourt furent les plus aimables possibles. Au plan que s'était fait Monville, tout gêne de place ne lui convenait pas. Notre liaison subsista et subsiste encore, sans qu'il fût question de ce qui m'avait fait rechercher de le voir souvent.

Cependant, mon ami Sedaine se livrait au théâtre avec succès, et ne négligeait pas pour cela l'état qu'il avait pris d'abord de M. Masson, entrepreneur en bâtiments et architecte. La veuve d'un avocat au conseil, Mme de Sérigny, était restée avec deux enfants, une fille et un garçon, et une fortune honnête en bons biens à Paris. L'esprit aimable de Sedaine, sa probité intacte, sa gaieté philosophique lui avaient fait beaucoup d'amis. M. le Comte était mort dans ses bras en lui assurant que sa femme et lui ne faisaient qu'un, et que tout était disposé pour lui assurer et la maison, et ce qu'ils pouvaient lui donner. Ses soirées n'étaient plus partagées entre le mari et la femme : elles étaient toutes, par reconnaissance, pour celle qui survivait. Il est à croire que, quoiqu'elle ne fût plus jeune, et fort fanée, la tenue sage, estimable de M. Sedaine l'aurait déterminée à lui donner sa main; mais lui, ne voyant en elle qu'une bienfaitrice, resta juste dans les mesures de la reconnaissance. Il était de sa destinée d'inspirer d'autres sentiments; Mme de Sérigny ne l'eut pas plus tôt connu qu'elle se flatta de le fixer; ses soins pour lui, son envie continuelle de l'appeler auprès d'elle, lui donnèrent la facilité de connaître Mlle de Sérigny, jolie, fraîche. Beaucoup d'esprit et encore plus de raison réunirent bientôt deux cœurs que la nature avait jetés au monde pour être unis. Cette demoiselle avait vingt-cinq ans; très bien élevée, de mœurs respectables, elle sentait parfaitement que sa mère, qui rapportait tout à elle [-même], ne ferait aucune démarche pour l'établir. Née avec un caractère décidé, lorsque la raison eut pris son empire, elle jugea qu'elle ne pouvait mieux faire que d'épouser Sedaine. Le consentement était impossible; l'un et l'autre consultèrent, je fus informé de toutes les démarches; enfin, les sommations respectueuses faites, il épousa Mlle de Sérigny et loua dans l'Île une maison très agréable[278].

Cet événement fut un coup de foudre pour Mme Le Comte; Sedaine s'en aperçut lorsqu'il n'était plus temps. Rendre justice à cette alliance, c'est tout ce qu'elle put faire; mais il ne put obtenir de lui faire voir sa femme. En six mois de temps, mon ami eut le malheur de voir mourir entre ses bras sa bienfaitrice, en apaisant par ses soins la douleur qui la consumait. Pour la mourante, toujours grande dans son malheur, elle exécuta la volonté de son mari et lui laissa, outre la maison qu'il avait bâtie, tout ce qui lui était disponible. Pour Mme de Sérigny, trompée dans son calcul, elle établit entre eux une barrière insurmontable. C'était l'amour outragé. Elle leur interdit la porte, et ne s'est raccommodée que vingt ans après, dans les trois dernières années de sa vie, temps où les passions sont sacrifiées à la crainte d'un avenir prochain. Sedaine se consolait avec une femme excellente : elle vivait dans la meilleure compagnie, y était aimée, estimée et considérée. Dès ce moment, elle fut intime avec ma femme et notre amie commune. J'aurai l'occasion de prouver combien leur amitié à tous les deux a fait notre bonheur.

Marigny, directeur général des bâtiments, avec de l'esprit était l'homme de France le moins sociable; despote comme un petit roi du Maroc, fier du crédit de sa sœur, voulant la maîtriser parce que, plus jeune qu'elle, il était son héritier, il abusait de sa douceur et de son amitié pour lui. Quoiqu'il fût devenu un homme de goût, il s'était attaché exclusivement le fameux Cochin, graveur[279], et l'Académie d'Architecture était menée par eux avec, si j'ose le dire, une baguette de fer. Le corps des architectes venus à l'Académie par leur talent n'était pas ce qu'il y avait de plus facile à réduire[280]. Capable de faire en bien ou en mal la réputation des personnes,

Marigny n'avait pas été à portée de calculer qu'un architecte a presque toujours la confiance de ceux qui l'emploient, et qu'en causant il donne le ridicule à qui il veut. Insensiblement, il s'aperçut d'une roideur, d'une opposition à l'autorité dans tout ce qu'il voulait faire décider à l'Académie. Cela durait [depuis] deux ans, lorsque le secrétaire perpétuel de l'Académie d'Architecture vint à mourir[281]. Cette place était à la nomination du directeur; elle valait un logement au vieux Louvre, mille huit cents livres de gages et des jetons à chaque séance. Il calcula que s'il la donnait à un architecte, il mettait dans le corps une autorité de plus contre lui. N'ayant jamais connu Sedaine que par ses pièces, s'étant informé de la sûreté de son caractère, il l'envoya chercher et lui dit que le roi l'avait nommé à la place de secrétaire. Sedaine veut le remercier; il l'arrête avec sa franchise qui tenait de la rusticité : « Si j'avais cru trouver un homme plus fait pour cette place, vous ne l'auriez pas. Il me fallait un homme qui tînt à la littérature et à l'architecture, pour ôter toute plainte sur ce que je ne choisissais pas dans l'Académie; il me fallait un homme étranger à toute querelle; et sous tous les rapports, vous êtes l'homme qui convient à cette place. Ainsi, je ne vous demande aucune reconnaissance. » Sedaine fut donc installé dans son logement provisoire au vieux Louvre, au-dessus de Mlle Quinault, jusqu'à ce que le nouveau local de l'Académie fût fini, et nous nous trouvâmes tous très rapprochés.

N'étant dans aucune cabale, j'étais à Versailles dans l'intimité de toutes. J'arrive un jour chez la princesse de Marsan à 1 heure pour mon service, et pour la prévenir d'une présentation. Elle me prend en particulier, me demande s'il est vrai que le duc de La Vauguyon, gouverneur, est renvoyé; elle me prie, comme elle n'ose envoyer personne, d'aller chez les princes, entre avec moi dans des détails relatifs à elle. Je sors, je vais chez les princes, je parle au duc de La Vauguyon, que je n'aimais ni n'estimais; je reste avec les princes et lui plus d'un quart d'heure, causant avec le comte de Boisgelin, le manchot[282], gentilhomme de la manche et mon ami particulier, et je m'assure qu'il n'en est nullement question. Je redescends chez la princesse, la rassure entièrement.

Puisque je suis sur le comte de Boisgelin, je vais m'étendre un peu sur ce qui le concerne. Grand, bien fait, d'une très jolie figure, il servait dans la marine lorsqu'un boulet de canon lui emporta le bras droit à dix-huit ans. Cet événement intéressa la ville et la cour; on regrettait ce qu'il avait perdu par les grâces qui lui restaient. Il dansait à merveille, quoiqu'un peu de côté, par le défaut de poids égal. Il jouait d'une main à tous les jeux de cartes, aussi bien et aussi vite que le plus habile joueur. Il fut l'homme à la mode, et si le goût du jeu et des filles ne s'était pas emparé de lui, il aurait sûrement fait son chemin. Lors de la formation de la maison du duc de Bourgogne[283], il fut nommé gentilhomme de la manche, place qui menait aux plus grandes quand on s'y conduisait bien. Tant qu'il fut à l'éducation, il se conduisit à merveille; né avec de l'esprit, des connaisssances, il chercha à s'établir dans l'esprit du jeune prince non par le respect et l'adulation, comme son gouverneur, mais par la vertu et la loyauté. Heureux si, à la mort du jeune prince, il eût suivi ce plan! Mais le dérangement de ses affaires lui fit contracter un mariage qui l'a éloigné de tout, de telle manière que je n'en ai plus entendu parler.

Alors [qu'il était] dans sa place, nous étions amis intimes. Il me racontait des particularités du caractère du duc de Bourgogne qui n'ont pas été mises dans l'éloge fait par M. de Pompignan[284]. Ce prince enfant était né avec beaucoup d'esprit, mais un caractère de fierté et de hauteur que rien ne pouvait abaisser. Entre les mains d'un gouverneur jésuitique, bas et adulateur, s'il avait vécu, ces qualités fâcheuses n'auraient fait que croître et embellir. Je fus témoin d'une répartie qu'il fit au bailli de Froulay, le jour de l'an, à l'audience des ambassadeurs : il avait tout au plus quatre ans. Dès qu'il était en représentation, il prenait une petite mine fière et imposante qui étonnait. Si j'avais été auprès de lui, j'aurais tâché de le maintenir dans une juste mesure, si difficile à garder. M. de Froulay lui adressa la parole parce qu'il s'approchait alors de lui : « Monseigneur, dit-il, nous venons vous présenter nos vœux, et nous souhaitons que dans quatre-vingts ans le corps diplomatique vous en présente autant. » Le petit prince relève sa tête, et le regardant fixement, répond : « ...pourquoi pas cent? » Tout le monde resta stupéfait, et on sortit.

Dans le particulier, il avait des accès de hauteur incroyables. En voici un que Boisgelin me conta. Jusqu'à ce que les enfants de la famille royale aient atteint douze ans, les pièces qu'ils habitent, telles que la chambre à coucher, le cabinet de travail, le salon où ils reçoivent, la pièce où le service se tient, et qui sert de salle à manger, sont étayées. Les étais et les boiseries tout autour sont matelassés et garnis à hauteur d'homme, afin qu'en jouant ils ne puissent trouver aucune corps dur qui puisse les blesser. Les appartements, garnis de tapis de la Savonnerie ou des Gobelins très épais, les préservent de tout danger de ce côté-là. Le gouverneur les quitte peu, et si cela lui arrive, il laisse le gouvernement au sous-gouverneur; quand tous les deux manquent, ils le confient au chevalier de la manche, le premier de garde.

Le jour que c'était le tour de Boisgelin, M. de La Vauguyon

quitte, et en s'en allant il donne l'ordre de ne laisser passer les princes sous aucun prétexte dans la pièce de travail, où des menuisiers posaient un billard. Le duc de Bourgogne, qui avait entendu l'ordre, sort de sa place gravement pour enfreindre la consigne. Boisgelin s'avance à la porte, la barre et lui dit : « Monseigneur, vous avez entendu. Vous ne passerez pas.

— Mais si je le veux... ? Je crois que je suis le maître ici.

— Pas encore, monseigneur.

— Seriez-vous assez osé pour mettre la main sur moi ?

— Il le faudrait bien, pour vous empêcher de ne pas obéir.

— Obéir ! Mais vous n'êtes qu'un gentilhomme, et je suis un prince qui, un jour...

— Ah ! puisque vous argumentez ainsi, je vous dirai qu'avant d'être prince, vous avez commencé par être gentilhomme ; et avant de l'être, vos pères étaient des hommes, tout simplement.

— Vos raisonnements n'empêcheront pas que vous êtes fait pour m'obéir ! » À l'instant, il s'élance. Boisgelin le saisit du seul bras qui lui restait et le reconduit au milieu de la chambre ; le service présent s'en mêle, et on ferme la porte. L'enfant entre dans une colère incroyable, sans pleurer. Enfin il se compose, se remet, vient trouver Boisgelin et lui dit : « Ma colère est passée. Vous avez fait votre devoir et je vous en estime mieux. Causons maintenant. Enfin, ce n'est ni vous, ni moi qui m'avez fait prince. Et quelque chose que vous me disiez, au respect qu'on me rend, aux soins qu'on prend de moi plus que des autres, je suis sûrement d'une espèce autre que vous tous.

— Monseigneur, si cela est ainsi, c'est que nous mettons notre espérance que vous ne démentirez l'espoir en vous d'une grande nation, si vous êtes appelé à nous gouverner.

— Pourquoi ne suis-je pas né Dieu ? Je ferais tout ce que je voudrais. » Le duc de La Vauguyon rentra, la conversation cessa. Peut-être avec ce caractère décidé, s'il n'était pas mort, corrigé par l'âge, sa fermeté aurait-elle empêché la France de se jeter dans le précipice dont elle ne peut plus sortir, et son malheureux frère Louis XVI n'aurait-il pas péri par sa trop grande bonté. C'était le roi innocent dans toute l'acception du mot que ce malheureux prince.

CHAPITRE XXII

Mon ami Olavide revint cette année pour son troisième voyage à Paris. Plein d'esprit et de mérite, il revenait d'Italie, puissamment riche; il avait vu tous les savants, avait passé huit jours chez Voltaire à Ferney[285], enfin il était rempli d'idées justes, grandes et utiles. Il revenait en France pour faire à ses propres frais des achats dans tous les genres, et avait en tête de faire faire un pas à l'Espagne pour la sortir de l'engourdissement où elle était plongée. Nous étions liés intimement. Il s'établit dans une grande maison, rue Neuve-Saint-Eustache, pour aller chez les artistes et voir les savants. Il commença par faire une bibliothèque immense et la fit encaisser pour Madrid; il prit à Paris tout ce qu'il y avait de plus beau dans les formes élégantes, dans les manufactures, pour meubler un hôtel qu'il venait de construire en Espagne. Il avait traduit en vers espagnols les tragédies des meilleurs de nos poètes, et les faisait jouer sur un théâtre particulier. Enfin son génie inventif, tant sur l'agriculture que sur les arts et les sciences, annonçait d'avance qu'il pourrait, en se faisant un nom, rendre de grands services à l'Espagne.

D'une conversation charmante, il mêlait la gaieté à l'instruction et à la philosophie. Noble dans toutes ses manières, vivant magnifiquement, on s'attachait à lui dès qu'on le connaissait. Toujours occupé de ses projets d'utilité, il courut faire un voyage à Lyon, y commanda des étoffes en or et argent tissés sur soie, quoique cela fût défendu par les lois du temps de Colbert; il l'ignorait; l'avidité des ouvriers les fit passer sur la défense. Il fit faire une tenture à fond d'argent, représentant une terrasse sur laquelle s'élevaient des palmiers, tous en or de différentes couleurs, qui lui revenait à neuf cents livres l'aune, prix incroyable pour ce temps. Il revint à Paris après s'être attaché deux ou trois ouvriers pour propager en Espagne les belles manufactures. Ce zèle aurait pu avoir des suites désagréables pour lui; mais en ayant été averti à temps par M. de Fontanieu, intendant général des meubles de la couronne, celui-ci voulut bien me servir dans cette occasion, de manière qu'il évita tout désagrément à cet égard. Il nous quitta au bout de six mois et laissa dans la société le regret de le voir partir.

Cependant, le propos du baron de Champlost, mon ami intime, mon parent, m'inquiétait : je n'avais pas renoncé à l'acquisition de Cheverny. La promesse de l'agrément de la charge de lieutenant général de la province paraissait à tous une sortie avantageuse de celle que je possédais. J'allai donc voir M. de Saint-Florentin, alors duc de La Vrillière. Son crédit était mince; son dévouement aux volontés du roi, ses goûts casaniers le rendaient très nul, excepté pour ce qui concernait sa place. Il était mon ministre, et la province de l'Orléanais était dans son département. Le roi et Mme de Pompadour avaient redoublé d'intérêt pour lui; quoiqu'il fût petit et vieux, il avait encore le goût de la chasse à tirer comme un jeune homme. M. [286] et lui avaient une maison à Bezons, et toutes les plaines qui l'entouraient étaient dans la capitainerie en réserve pour lui. Mes fréquents voyages à Saint-Leu m'obligeaient à passer souvent le bac à Bezons : en allant à Versailles, nous revenions souvent l'un devant l'autre. Il m'avait invité plusieurs fois à m'arrêter; fidèle au plaisir de me trouver avec ma femme et la compagnie qui se trouvait chez moi, j'avais toujours refusé, d'autant que sa société était fort mêlée, et que j'ai toujours eu le principe du baron de Vioménil : on ne gagne rien avec la mauvaise compagnie. Je n'ai jamais vu heureux dans sa vieillesse un homme qui s'est mal entouré dans le cours de sa vie. On ne fait pas son chemin en vivant avec des gens au-dessous de soi, et tout homme qui, à quarante ans, n'a pas fait son sort et son état, restera au-dessous de celui où il devrait être.

Je m'adressai donc au duc de La Vrillière; il me dit qu'avant d'en parler au roi, puisqu'il y avait deux ans que je n'en parlais plus, il fallait qu'il vît Mme de Pompadour. Je m'offris d'y aller; il me remit au soir et sortit à l'instant. Je me rendis le soir chez lui. Il me dit que Mme de Pompadour croyait que je n'y songeais plus; que son frère avait paru désirer cette place, et qu'il fallait que nous nous concertions ensemble; que Mme de Pompadour ne refusait pas de me voir, mais qu'ayant toujours eu envie de m'obliger, toute explication là-dessus serait inutile; qu'elle n'était pas plus maîtresse de l'humeur de son frère qu'un autre, et qu'elle ne croyait pas que je voulusse l'y exposer. Je répondis que j'étais trop heureux de lui faire, à elle, l'hommage et de la terre, et de la charge, mais que je ne voulais pas de l'une sans l'autre; que je me rendais justice que je n'étais fait d'aucune manière pour marcher sur la même ligne que les Clermont et les Harcourt, les deux titulaires avant moi; mais que si le démembrement de la lieutenance qui semblait avoir suivi le propriétaire de la terre arrivait sur moi, je ne me sentais pas le courage de le supporter; que je savais fort bien qu'elle n'appartenait qu'à un militaire, que la charge actuelle que je possédais ne m'en excluait pas, et que mes prédécesseurs avaient fait leur chemin dans le service; ainsi, que je me retournerais de ce côté s'il le fallait pour la posséder; que je ne ferais aucune démarche vis-à-vis de Marigny, que je ne voulais plus voir, car j'avais suivi l'exemple du baron de Breteuil qui, ayant fait preuve d'amitié pour lui, lui avait signifié qu'il s'en retirait, pour une grossièreté qu'il avait faite au porteur d'une recommandation qu'il lui avait adressé.

Je me rendis à Paris; M. de Verdun renouait la négociation. Il apprit de Saint-Germain que M. et Mme la comtesse d'Harcourt ne voulaient vendre qu'à moi; que Marigny était venu voir Cheverny et avait offert de se mettre pour le marché en mon lieu et place. Il me montra la réponse qu'il avait reçue de Genève : ils mandaient que M. de Marigny était fait pour payer; qu'ils me laisseraient la terre et la charge au même prix, mais que pour Marigny, il la payerait quatre cent mille livres de plus. Marigny, furieux, avait publié qu'un pavillon du château menaçait ruine et qu'il n'y songeait plus, se réservant de mettre tout son crédit à avoir la place.

Mme de Sy était fort bien, comme parente, dans le particulier de Mme de Pompadour, quoiqu'étrangère à toute intrigue[287]. Je suis très froid pour ce qui me concerne, et très chaud pour plaider la cause des autres : les moyens se refusent quand c'est pour moi; je médite auparavant ce que je dois dire, et la moindre objection absorbe mes idées que je ne retrouve qu'après. Ne voulant point aborder [moi-même] Mme de Pompadour, je mène Mme de Sy à Versailles, je la dépose et l'attends. Mme de Pompadour lui parla avec effusion de cœur : elle sentait qu'après m'avoir pour ainsi dire fait fête comme à un voisin sûr qu'elle acquerrait quand elle se retirerait, elle mettait une opposition à ce que je le devinsse; elle conta à Mme de Sy tout l'impérieux de la conduite de son frère avec elle; elle avoua sa faiblesse pour lui, et finit par la charger de me dire de ne plus insister sur la place en question; qu'elle trouverait bien moyen de m'en dédommager. C'était un parti pris. Je remerciai sans rompre ma négociation pour la terre, et je priai qu'on attendît, car je n'y renonçais pas.

Je fus obligé d'aller faire un petit voyage à Compiègne; il m'était impossible de ne pas me présenter chez Mme de Pompadour. Elle était à sa toilette, entourée d'une foule de courtisans; dès qu'elle m'aperçut, elle détourna les yeux, ne regarda plus de mon côté, et je me retirai bien persuadé que je m'étais attiré son animadversion. Comme je n'avais aucun tort, je pris mon parti et fis mon travail avec M. de Praslin : c'était une affaire dont j'étais spécialement chargé, qui regardait le tabac de la Lorraine et le commerce de la Russie. La première personne que je trouve, en sortant d'y dîner, c'est le marquis de Marigny et son cordon bleu. Il y avait longtemps que nous ne nous parlions plus. Il m'aborde et me propose d'aller ensemble au spectacle de la ville; je l'accepte. Il fait tomber la conversation sur Cheverny; il me dit qu'il est trop de mes amis pour ne pas m'empêcher de faire cette acquisition; qu'il a visité le château avec M. Soufflot[288]; qu'il l'aurait acheté si le pavillon à droite ne menaçait pas ruine. Je lui dis que je ne m'y connaissais pas autant que lui et ces messieurs, mais que d'après les informations qu'on avait prises, j'étais sûr qu'il durerait autant que nous. Il insiste. Impatienté, je finis par lui dire que le prix qu'on lui avait fait l'en avait dégoûté, tandis que celui qu'on me faisait me convenait très fort. Mais puisqu'il me parlait ainsi, je lui avouait que je n'y pensais plus, puisque Mme de Pompadour s'excusait des paroles qu'elle m'avait données sur son désir d'avoir la place. « Que voulez-vous, monsieur, me dit-il, que je vous réponde! S'il y a quelqu'un dans le monde à qui cette place doit convenir, vous sentez que c'est à moi, puisque ma sœur possède Ménars qui est au milieu de la province! » Impatienté du propos : « C'est donc là, monsieur, lui répondis-je, votre dernier mot?

— Oui, monsieur.

— En ce cas-là, je vous quitte, et j'aurais dû refuser la moindre explication avec vous. Je vous connais depuis longtemps. » Je n'ai jamais eu tant d'humeur, et s'il avait voulu me prêter le collet, quelque danger qu'il y eût à Compiègne pour moi, j'en aurais fait la folie. Nous nous quittons froidement en entrant à la comédie, et il est aisé de croire que nous ne fûmes pas réchauffés l'un pour l'autre.

Je revins à Saint-Leu et, partageant mon temps entre [mon intérieur], mes parents et mes amis, je continuai ma même vie. Il y eut trois cardinaux de faits cet hiver — le cardinal de Luynes, le cardinal de Rochechouart et le cardinal de Rohan[289] — et un baptême du fils d'un ambassadeur. Je fus l'agent comme introducteur dans ces cérémonies. Cependant La Live, mon camarade, rendu alors à la société de ses premières attaques qui n'avaient pas percé dans le public, vint me trouver. Je lui avais fait part de tout ce qui s'était passé. Il me conseilla d'en parler au duc de Choiseul, en me disant que si j'obtenais ce que je désirais, il se faisait fort de faire avoir l'agrément de ma place d'introducteur à son frère. J'avais négligé cette corde, par la tournure que j'ai reçue de la nature de ne vouloir jamais occuper personne de ce qui me regarde. J'étais bien peu fait pour un pays où l'on n'obtient rien que par la persécution et en se faisant valoir. D'ailleurs, le service du cérémonial me paraissait si petit, si minutieux, que je ne [lui accordais] aucune valeur.

Ce fut une étincelle qui me rendit mon activité. Je pars pour Versailles, je me rends chez le duc de Choiseul, je lui conte tout ce qui s'est passé. Il m'écoute et me répond : « Que ne m'avez-vous dit cela plus tôt? » Je sors avec lui; il se trouve dans son antichambre une trentaine de femmes. Il rentre dans son cabinet en me disant gaiement : « Faites-moi le plaisir de voir à qui j'ai affaire. » Je sors; le valet de chambre me dit que ce sont des nourrices qui présentent une requête; je l'en instruis. Il sort avec moi leur donner audience. Je n'ai jamais entendu rien de si comique, de si gai, de si aimable, de si spirituel que ce qu'il leur dit à toutes; il les renvoya au comble de la joie et du bonheur.

Le soir même, il me rencontre et me dit : « Sous huit jours, je vous donnerai une solution. » Deux jours après, La Live vient me voir et me dit que M. le duc de Choiseul désirait me voir. Je cours à Versailles. « Quoi! me dit-il en entrant, vous voulez donc vous confiner dans une terre, à votre âge! Vous vous ennuyez de votre place? Quittez-la. Je vous propose de la part du roi de vous nommer ambassadeur à Bruxelles et à Liège. Je n'ai pas d'autre place dont je puisse disposer, et vous ferez un chemin que vous vous fermez pour la vie. » Je fus on ne peut pas plus reconnaissant de cette offre, et lui dis qu'il était bien juste que je me consulte avec ma femme, et que le dimanche suivant je lui demanderais permission de dire oui ou non. Il y consentit.

Arrivé à Paris, je n'eus rien de plus pressé que d'en référer à ma femme, et nous nous assemblâmes avec le marquis de Saint-Marc et l'abbé Raynal, tous deux fort instruits en politique. Leur avis fut que cette carrière allait changer totalement mon genre de vie; que le baron de Breteuil commençait sa carrière par être envoyé à Cologne[290], mais qu'il avait à la cour et à la ville un solliciteur très puissant fait pour le faire valoir, l'abbé de Breteuil, chancelier de Mgr le duc d'Orléans; que pour moi, il ne se voyait d'autre protection que le duc de Choiseul qui, ne me voyant plus, pourrait ne plus s'occuper de moi; que j'attachais mon sort au sien; que sa mort ou sa chute me donnerait une nullité parfaite sans pouvoir rien demander, puisqu'on croirait m'avoir récompensé. Ma femme appuya fort leur avis : elle ne se souciait que de la vie à la campagne, qu'elle aimait passionnément, quoiqu'elle jouît d'une société délicieuse; elle espérait que soit à Saint-Leu, soit à Cheverny elle en jouirait toujours, et ne [voulait] pas s'en séparer si longtemps en allant en pays étranger. D'ailleurs, ces deux places éloignées l'une de l'autre auraient fait un postillonnage (s'il est permis de se servir de ce terme) continuel. Si Bruxelles était plein d'agréments, Liège était le contraire : l'égoût et la sentine de toute l'Europe; il y avait peu d'agréments à se charger d'aucune mission dans ce pays-là. Je connaissais à peu près toutes les correspondances ministérielles des ambassadeurs, envoyés ou ministres de France, et je savais *de visu* combien elles étaient privées d'utilité publique et de choses capables de faire honneur à celui qui en serait chargé. Ainsi, il fut décidé dans mon petit conseil que je remercierais.

Je retourne au jour dit à Versailles, et après avoir motivé mon refus, le duc de Choiseul eut la bonté de chercher les moyens de me servir. Il me proposa de me nommer à une place de capitaine de cavalerie, avec l'assurance d'un brevet de colonel dans les trois mois; il ajouta que le roi me donnerait comme retraite quatre mille livres de pension, à ajouter aux deux que j'avais déjà. Je refusai tous ces avantages qui me séparaient de ma femme, par l'aversion insurmontable que je lui connaissais de me voir éloigné d'elle, et je me retranchai au seul arrangement que j'avais désiré. Tous les sacrifices qu'on me proposait étaient pour satisfaire M. de Marigny. Mme de Pompadour, dans un voyage à Marly, avait été prise à 6 heures du soir d'un si fort mal de tête qu'elle avait pris le bras de Champlost pour regagner son appartement, en lui confiant qu'elle souffrait si fort qu'elle ne savait où elle allait[291]. Cet accident avait dégénéré en fièvre maligne; on l'avait ramenée à Versailles, et elle jouissait alors d'une fausse convalescence. M. de Choiseul termina son audience en me disant de le laisser faire, et qu'il espérait trouver un moyen de nous arranger tous.

Le gouvernement [militaire de l'Orléanais] a trois lieutenances générales attachées à cette province; un des titulaires venait de mourir. Ces places, quelque prix qu'elles coûtent, n'ont que des brevets de retenue représentatifs du premier prix, le reste se perdant à la mort. Dans les vingt-quatre heures, Marigny en fut pourvu, et n'ayant plus de compétiteur, j'eus à l'instant celle du Blésois. M. le duc de Choiseul m'envoie chercher et m'annonce la chose faite. Il ajoute : « C'est de la part de Mme de Pompadour que je vous l'annonce. Elle me l'a recommandé plus de dix fois, car toute malade qu'elle est, elle s'est occupée du refus que vous avez reçu. Et pour preuve que la chose vient d'elle, trouvez-vous demain dans la galerie lors de la messe; M. de Marigny viendra lui-même vous l'annoncer.

— Ah! lui dis-je, monsieur le duc, ce que vous me dites là me suffit, et je ne veux pas me trouver jamais avec lui.

— C'est, reprit-il, ce qu'il ne faut pas faire. Mme de Pompadour tient à ce raccommodement dont son frère fera les frais.

— Vous l'ordonnez, répondis-je; je me résigne. »

Le lendemain, dans la galerie, Marigny vient au-devant de moi et me dit : « Monsieur, ma sœur m'a prié de vous annoncer que vous aviez l'agrément de la place, d'autant que j'en ai une aussi. » Je lui réponds : « Je suis on ne peut pas plus sensible aux procédés de Mme la marquise de Pompadour. Je tenais à la place n'importe où, et si elle désire que vous ayez la mienne, je troquerai volontiers.

— Je le crois bien, me répond-il; la mienne ne me coûte que dix mille francs, et la vôtre quarante, quoique [ce soit] la même. » Le feu me monte au visage, et je lui repartis : « Cette réponse, monsieur, est bien digne de vous. » Je le quitte, je cours chez le duc de Choiseul lui rendre compte de ma conversation. Il en rit, et le reconnut à ces traits.

Cette affaire finie, mes deux traités le furent bientôt : l'agrément me fut donné, le jour pris pour la prestation entre les mains du roi. Le prix de la charge fut fondu en partie dans [celui de] la terre; il me manquait cependant environ cent cinquante mille livres, tant pour payer trente mille livres de meubles qui se trouvaient [au château], que pour évincer l'ancien propriétaire des créances qui pouvaient être dues. J'en parlai à mon ami Préninville, qui me demanda quel jour je passerais le contrat, et [me dit] qu'il me fournirait ce jour-là tout ce qui me manquerait. Je prends donc jour au 1er octobre 1764, et avant de me rendre chez mon notaire Lenoir, vis-à-vis la rue de l'Échelle, rue Saint-Honoré, je me rends à 9 heures à l'hôtel Caumont. Préninville était dans son cabinet à m'attendre; dès qu'il me vit, il me dit : « Tiens, mon ami, voilà ce que j'ai mis à part pour toi. » C'était un gros portefeuille de poche; je veux l'ouvrir, il s'y oppose : « Il y a, dit-il, environ quinze cent mille livres, tout en billets des fermes de cinq mille livres, portant intérêt. Prends la somme qui te convient; mais surtout, prends les billets à plus long terme, parce que tu gagneras les intérêts, payés d'avance. » Je veux lui donner une reconnaissance, ne prendre que cinquante mille écus : il se fâche, et je pars confus d'un tel procédé, car ce n'était ni un prodigue, ni un confiant, mais l'homme le plus honnête et le plus sage que j'aie jamais connu.

Le chemin me parut long : j'étais à pied et je portais quinze cent mille livres à mon ami. L'affaire fut conclue à midi; je finis tout avec cinquante mille écus et rapportai à mon ami le reste de son portefeuille, en substituant mon simple billet à ce que j'avais pris, plein de reconnaissance pour des procédés qu'il a suivis toute sa vie.

Je n'avais jamais oublié que le président Dupuis avait voulu me faire changer de nom, pour que la *Gazette* me donnât un titre avant. J'y avais répugné. Actuellement que je me voyais décoré d'une charge qui était regardée comme grande dans le militaire, j'allai trouver M. de La Vrillière et lui dis que je le priais de prendre les ordres du roi pour me donner des lettres patentes, afin de rééeriger pour moi la terre de Cheverny en comté, comme elle l'était sous M. de Clermont et M. d'Harcourt, qui avaient négligé ce titre, en ayant plus d'un pareil et par leur naissance et par plusieurs autres terres; que c'était la seule grâce que je demandais au roi en quittant une place qui m'approchait de sa personne, quoique pour la nouvelle, je lui fusse toujours attaché. Il me répondit qu'il était sûr que cette demande ne souffrirait aucune difficulté. Alors, j'ajoutai : « Mais cette affaire peut traîner au moins un an. Je désirerais que le roi me permît, par une lettre que vous me ferez l'honneur de m'écrire, de porter le titre de comte avant mon nom, afin que je ne sois pas obligé de me débaptiser en prenant celui de comte de Cheverny. » Il me répondit : « Cela est très rare; enfin, je le demanderai au premier travail. » Et dans la huitaine je reçus une lettre du ministre, au nom du roi, qui m'accordait tout ce que je demandais, à condition que la terre n'aurait que l'érection en comté de Cheverny, que cette grâce serait pour moi seul et les miens, et qu'aux cours supérieures je ne serais enregistré que comme comte de Cheverny et soumis à tous les enregistrements d'usage. En conséquence, de ce jour-là, dans tous mes actes je pris la dénomination de comte, et dans l'année l'érection fut faite avec toutes les formalités requises. M. de Verdun rédigea lui-même les motifs des lettres patentes : ils furent modestes, car il n'était ni dans son intention, ni dans les miennes de prendre fastueusement d'autres choses que ce qui m'appartenait. Quoique la vente de la charge fût conclue, il fut convenu que mon successeur n'entrerait en place qu'au mois de juillet, comme ayant le semestre d'été, et que je ferais le service jusqu'à ce qu'il fût reçu, ce qui ne pouvait être qu'au mois de février.

Mme de Pompadour, qu'on avait cru hors d'affaire, avait eu une fausse convalescence et était retombée dans un état très fâcheux. Le duc et la duchesse de Choiseul lui étaient réellement attachés, et, chose rare, la reconnaissance, quoi qu'on en ait dit, était gravée au fond de leur cœur. La négociation pour l'agrément de ma charge s'était heureusement terminée entre ses deux maladies, et je dois cette justice à sa mémoire que réellement elle avait pris parti pour moi contre son frère en voulant tenir la parole qu'elle m'avait donnée, et elle avait témoigné combien elle était satisfaite que j'eusse ce que je devais avoir.

J'étais dans l'habitude, tous les lundis, d'aller souper chez la duchesse de Praslin, où toute la cour se trouvait, ainsi que les ambassadeurs qui ne voulaient pas partir pour le lever du roi de grand matin. Dès que vous arriviez, un valet de chambre dans la seconde antichambre vous invitait de la part de Mme la duchesse à rester à souper. On faisait toujours son brelan à cinq; j'étais des habitués. Un valet de chambre vous changeait les écus sales contre d'autres qu'on avait fait récurer. On perçait dans la nuit jusqu'à 3 heures du matin; alors, les non-habitués s'en allaient; il ne restait que quelques dames de la cour. Un jour, la marquise de Flavacourt[292] voulut tirer les cartes : c'était la mode; on y voyait ce qu'on voulait, et elle rencontra la mort de plusieurs personnes, entre autres celle de Mme de Pompadour. Comme elle prétendait avoir vu dans les cartes l'élévation de l'abbé de Bernis, et sans me prêter à leur croyance, je soutins que le marc de café, les cartes, enfin tous ces mauvais tours de gibecière se réduisaient à quelques connaissances mathématiques, à des combinaisons que je devinais comme eux. Cette plaisanterie amusa tout l'hiver.

Cependant, la maladie de Mme de Pompadour empirait. Le public a eu beau dire, elle était regrettée dans l'intérieur. Une longue expérience du caractère du roi, une habitude des affaires, qui lui avait fait acquérir ce qui lui manquait, un goût raisonné sur les arts, l'émulation qu'elle donnait aux artistes en achetant tout ce qui en méritait la peine, ou en secondant les inventions d'agrément, en les payant ce qu'elles valaient, [lui avaient valu] une société d'amis qu'elle s'était faite à la cour plus par son caractère aimable que par sa place. Elle avait le grand art d'amuser un homme, le plus difficile de son royaume à amuser parce qu'il avait satiété de tout, qu'il aimait le particulier par goût et sentait que sa place exigeait le contraire; de sorte que, dès qu'il pouvait se dérober à la représentation, il descendait par un escalier dérobé chez elle où il trouvait souvent de ses amis particuliers, et alors il déposait le caractère de droit. Toutes ces circonstances faisaient travailler les têtes à Versailles; le roi pouvait faire une nouvelle maîtresse, et son intérêt aurait peut-être été de culbuter les ministres pour mettre en place des yeux à elle. Des femmes qui, sans figure, avaient des prétentions, se remuaient; elles prétendaient suppléer à la jeunesse et à ce qui leur manquait par leur esprit. Le roi avait son petit sérail[293] : ainsi, on ne pouvait prétendre l'enlever à une vie que Mme de Pompadour lui avait laissé contracter. Il ne s'agissait donc que de se mettre à la place de la marquise, de manière qu'on eût une représentation intérieure. On sentait qu'il était impossible qu'il n'y eût pas une intermédiaire entre le pouvoir suprême et les ministres : une femme accorte, adroite, faisait parvenir les réclamations et souvent rendait service. La condition de roi est bien malheureuse, puisqu'on a tant de difficultés à l'aborder ; le roi se laissait peu entamer : en défiance sur lui-même, il s'en rapportait à chaque ministre pour ce qui se passait dans son département. Strict sur cette conduite tracée par le cardinal Fleury, il n'avait jamais souffert que l'un empiétât sur l'autre ; il portait cette exactitude partout, et le duc de Penthièvre, grand veneur et amiral de France, qu'il considérait pour ses mœurs, ayant voulu empiéter un jour sur la grande écurie et en rendre compte directement au roi, celui-ci lui avait dit sèchement que cela ne regardait pas son service et l'avait rappelé à l'ordre.

Louis XV, dans le particulier, était le plus aimable et le meilleur de tous les hommes ; comme particulier, comme père de famille, il aurait été aimé, estimé, considéré. Il ne lui manquait que ce qui manque à tous les rois : c'est de s'assimiler aux autres hommes ; mais accoutumés à des respects, enfin, à une espèce d'adoration du moment qu'ils sont nés, je crois fermement qu'ils s'estiment au-dessus de l'espèce humaine. Je vais en rapporter un trait que je tiens de la personne même : non que je veuille en conclure que le roi n'était pas le plus excellent des hommes ; mais il prouvera qu'il ne mettait aucune mesure vis-à-vis des autres, par défaut d'éducation.

Le sieur d'Arboulin[294], ami de tous les temps de Mme de Pompadour quand elle était Mme d'Étiolles, et ami de M. de Tournehem, son oncle, avait continué à la voir. De nulle ambition, d'une tournure originale et singulièrement aimable, racontant le plus agréablement, il avait plu au roi dans l'intérieur ; Mme de Pompadour y avait beaucoup aidé, de sorte que ce galant homme, sans aucune sollicitation, et sans faire aucune démarche à ce dessein, se trouva un beau matin pourvu d'une place d'administrateur des postes dont, dans ce temps-là, le revenu était immense. Il en fit usage pour être le bienfaiteur des pauvres ; il était l'oncle des deux Bougainville, dont l'aîné était secrétaire perpétuel de l'Académie et l'autre a été à la tête de la marine et est devenu fameux par son voyage à Tahiti[295] ; tous deux se ressentirent de sa bonne fortune, et il fixa auprès de lui un autre neveu, Richebourg, que nous avons vu depuis directeur général des postes de France et successeur du baron d'Ogny. Il se crut obligé, par reconnaissance, de faire sa cour de plus en plus dans l'intérieur au roi et à la marquise, et prit l'habitude d'y venir tous les quinze jours.

Le roi le goûtant de plus en plus — d'autant plus qu'il était de ces gens qui n'intriguent jamais — Mme de Pompadour voulut l'attacher davantage ; une des quatre charges de secrétaire du cabinet venant à vaquer, il en fut pourvu : cette charge n'obligeait à rien, mais procurait les entrées, et par conséquent il convenait au roi de voir dans cette charge un homme qui lui plaisait. Il la posséda longtemps. Cependant, l'âge augmentant, il fut pris de violents accès de goutte, ce qui diminua ses voyages de Versailles. Enfin, se trouvant mieux, il résolut d'y aller : Mme de Pompadour se plaignit de ne plus le voir ; il expliqua ses raisons, mais elle ne voulut pas le laisser partir avant qu'il eût vu le roi, qui avait eu la bonté de demander de ses nouvelles. Enfin, le roi descend et entre ; dès qu'il voit d'Arboulin, il vient à lui, lui demande des nouvelles. D'Arboulin lui conte qu'il a eu un accès de goutte aux deux orteils du pied, et qu'il est à peine rétabli. Le roi, qui n'avait jamais eu aucun accès de goutte, parle d'autre chose, s'égaye avec plusieurs autres intimes qui y étaient. Enfin, il s'approche de d'Arboulin en lui tournant le dos, appuie son talon sur chaque pied, et lui demande si c'est là qu'il a eu la goutte ; l'accès était à peine fini, d'Arboulin sent une douleur incroyable. Mme de Pompadour le voit changer de couleur, elle prie le roi de lui dire un mot et lui fait lâcher prise. Le roi s'en va. À peine est-il sorti que d'Arboulin exhale son humeur : « Quoi ! dit-il, vous me faites rester pour essuyer une plaisanterie pareille ! Il a fallu toute la force sur moi-même dont je suis capable pour ne pas le pousser rudement, car il m'a fait une douleur dont il ne peut avoir idée.

— Je m'en suis aperçue, riposte Mme de Pompadour, et je lui ai fait finir ce qu'il croyait une plaisanterie. Mais si par malheur il avait été obligé de sentir, par une pareille correction, sa conduite déplacée, et que par là il eût été obligé d'en rougir, de la vie il ne vous l'aurait pardonné.

— Je vous quitte, madame ; qu'il garde ses caresses pour d'autres que pour moi. Vous avez exigé que je reste, et je ne me sens plus le courage de m'y exposer. » Il partit, et n'est pas retourné depuis à Versailles. C'est de lui, l'homme le plus véridique, que je sais le fait. Il s'ensuit que le roi ne se mettait à la place de personne, il ne réfléchissait pas sur le mal que pouvait faire la goutte ; il n'avait vu qu'une plaisanterie dans cette démarche, comme un enfant qui en jouant fait du mal, jusqu'à ce qu'en lui rendant la pareille on lui en fasse sentir la conséquence.

Cette digression m'a empêché d'en venir au dénouement. J'arrive donc à 6 heures du soir, le lundi, jour de la mort de la marquise[296], chez la duchesse de Praslin. Elle était seule ; toute la cour était occupée, le duc et la duchesse de Choiseul avaient leur porte fermée. J'entre et je la trouve en larmes. Cette douleur n'était point jouée. Elle me dit : « Vous me voyez encore tout émue, et si vous étiez venu il y a une demi-heure, vous auriez partagé mon émotion. Il y a une heure que j'ai appris la mort de Mme de Pompadour. Elle n'était pas mon amie particulière, mais je n'avais nullement à m'en plaindre. Je me suis mise à regarder à travers la fenêtre les mouvements que cette mort occasionnerait, lorsque j'ai vu passer deux hommes portant une civière. Plus ils se sont approchés, puisqu'ils ont passé sous mes fenêtres, plus j'ai vu que c'était le corps d'une femme, couvert seulement d'un drap — et si succinct que les formes du sein, du ventre, de la tête, des cuisses et des jambes se prononçaient très distinctement. J'ai envoyé aux informations : c'était le corps de cette pauvre femme qui venait de passer, et qui, selon la loi stricte qu'aucun mort ne peut rester dans le château, était portée à l'instant chez elle. » Triste reste des grandeurs dont elle a joui : cette femme qui pouvait à son gré il y a une heure faire tout ce qu'elle voulait, est emportée comme la femme du coin. Ce fut pour nous deux un beau chapitre de moralité, qui fut détourné bientôt par la quantité de courtisans que cette mort attirait à Versailles.

Marigny ne put se masquer; il disait hautement : « Maintenant, les coups de chapeau seront pour moi. » Vilain dans tous les détails de cette immense succession, il envoya un petit chien que la duchesse de Choiseul avait demandé en mémoire de son amie[297], en prenant, chose incroyable, la précaution de lui ôter son collier, parce qu'il était d'argent massif, pour le fourrer dans son capharnaüm. Il n'y eut aucun changement à la cour; le roi, quelqu'affecté qu'il fût, accoutumé à se masquer, prit sur lui avec sa force habituelle. Tout aux affaires, le vide de son intérieur fut diminué; ses intimes seuls et son service s'en apercevaient, et quelque distrait qu'il voulût être, une habitude si longue ne pouvait se réparer. Les soupers des petits appartements tinrent, mais ils n'avaient plus une femme pour lier toutes les parties. Chaque femme de la société tâchait d'attraper le gant, si le roi voulait le jeter, mais rien ne lui convenait, personne n'avait droit à la même confiance. Champlost, premier valet de chambre, était de service, couchant alors dans la même chambre que le roi; un cordon de sonnette passé à son bras et tenant au lit du roi, était le signal si dans la nuit il avait besoin de lui. Le roi dormait peu et se levait à l'instant pour se dérober, même à son intérieur, et passer dans son cabinet.

Enfin, le jour de l'enterrement de la marquise arriva[298]. Le roi, par les ordres de qui tout se faisait, savait l'heure; il était 6 heures du soir, en hiver, et par un temps d'ouragan épouvantable. La marquise avait par son testament décidé d'être enterrée aux capucines, place Vendôme, où elle avait arrangé un superbe appartement.

Le roi prend Champlost par le bras; arrivé à la porte de glace du cabinet intime, donnant sur le balcon qui fait face à l'avenue, sur la cour, il lui fait fermer la porte d'entrée et se met avec lui en-dehors sur le balcon. Il garde un silence religieux, voit le convoi enfiler l'avenue, le suit des yeux, jusqu'à ce qu'il perde de vue tout l'enterrement, malgré le mauvais temps et l'injure de l'air auxquels il avait paru insensible. Il rentre dans l'appartement; deux grosses larmes coulaient encore le long de ses joues, et il ne dit à Champloſt que ce peu de paroles : « Voilà les seuls devoirs que j'aie pu lui rendre! », paroles les plus éloquentes qu'il pouvait prononcer dans cet inſtant.

Je continuai encore mon service plus d'un mois, le roi ayant fixé que M. de La Briche[299] ne me remplacerait qu'à l'époque dite. Ainsi, après avoir prêté serment entre les mains de la lieutenance générale et avoir obtenu la continuation de mes entrées de la chambre pour ma vie, je remis au sieur La Live de La Briche une place dont le service minutieux ne convenait nullement à mon caraċtère.

C'eſt ici que je terminerai la seconde époque de ma vie.

TROISIÈME ÉPOQUE

CHAPITRE XXIII

Voltaire a dit quelque part : « Il serait à souhaiter que les personnes qui prennent le parti de se tuer voulussent mettre par écrit les raisons qui les portent au suicide. » Je me garderai bien de décider la question : quel est celui qui a plus de bravoure, à supporter ses malheurs, ou à se tuer ? Mais il serait à souhaiter qu'au lieu du temps et du papier que l'imprimerie a employés à nous inonder des [journaux] révolutionnaires, et à consacrer à la postérité les forfaits et le délire du genre humain, certaines gens plus capables que moi eussent écrit simplement les actions de leur longue vie, les caractères vrais de ceux avec qui ils ont vécu, ceux enfin qui ont joué un rôle dans le monde. La vie d'un particulier tel que moi n'est pas fort recommandable, mais une plume plus capable et plus exercée que la mienne peindrait les personnes telles qu'elles ont été vues et pratiquées, et la somme totale de toutes ces réflexions comparées ferait asseoir un jugement sur les événements et sur les causes qui, dans différentes données, peuvent après un laps de temps revenir avec quelques modifications pures. On lit avec intérêt les voyageurs particuliers : un homme, jeté sur la mer orageuse de la vie, conduit son vaisseau comme il peut, en le laissant aller au hasard. Ce qu'on appelle « fortune » le conduit au bonheur ou au malheur, sans qu'il puisse se prévaloir de son habileté. J'ai vu mille choses mal combinées ou non prévues réussir à souhait, comme j'ai vu les meilleurs plans, les plus sages, déjoués par une fatalité dont je ne voyais peut-être pas les causes.

J'étais né avec une gaieté précieuse que j'ai conservée; ma première éducation dans le monde avait été chez des parents très considérés dans la haute robe. J'étais resté orphelin jeune, mais mes biens me donnaient droit à la société. Maître de mes volontés, né avec un goût décidé pour le sexe, je ne sais comment j'ai pu résister à tous les genres de séduction de la société des jeunes gens, qui se casernaient dans la mauvaise compagnie : ce n'a pas été [par la] force de moi-même; je n'en avais aucune dès qu'il était question de sexe. Je ne puis l'attribuer qu'au hasard, qui me fit lier avec tous honnêtes gens qui sont restés mes amis, et à l'idée dont j'étais imbu, que si mon père vivait — lui qui m'avait par son esprit et ses mœurs laissé une grande impression — il ne blâmerait pas tout à fait ma conduite : je le voyais toujours devant moi, me disant : « Je ne t'ai pas conservé les biens de mes pères pour les donner à un dissipateur qui éteindra ma race »; idée précieuse dans un jeune homme, et qui m'a empêché de faire bien des choses dont je me repentirais.

Feu M. Soullet, mon oncle, était de la plus jolie figure; accoutumé à vivre dans le Marais dans la meilleure compagnie, n'aimant nullement le travail, n'étant jamais pour ainsi dire sorti de Paris, il avait le plus agréable parler possible, une grande gaieté; mais ne s'occupant que d'un cercle étroit de la société, il savait toutes les anecdotes scandaleuses, les contait avec originalité et se faisait applaudir; on lui passait en faveur de la tournure toutes ses petites méchancetés. N'ayant pas d'autres modèles, le trouvant très aimable à l'âge où l'esprit, pas encore décidé, n'est qu'une imitation, insensiblement je copiai sa tournure. Les sociétés et les individus étaient vus du mauvais côté, sans songer qu'on pouvait me distribuer largement plus de ridicule que je n'en pouvais donner en un an; je plaçais à propos ou mal à propos l'anecdote scandaleuse, la répartie maligne, et je me croyais dans le bon genre, parce qu'on m'écoutait à un âge où on n'a pas assez d'acquis pour mériter quelque attention. Mlle de Monthullé, marquise d'Albertas, avait autant d'esprit que d'acquis; sans être jolie, elle avait tout ce qui pouvait constituer une femme aimable; elle voyait la meilleure compagnie, et ses intimes étaient la tête des Provençaux. Elle me prit sous sa protection, me mit de toutes ses parties; attaquée de vapeurs, elle souffrit ma compagnie et s'en amusa. Faite pour faire valoir qui elle voulait protéger, elle entreprit un jour de me démontrer combien le genre que j'avais adopté était fait à la longue pour m'empêcher de réussir; elle me fit voir que sans elle, la crainte que je ne prêtasse gratuitement des ridicules soit à Mme de Fourqueux, soit à d'autres, m'aurait empêché d'être admis à des courses et à des soupers délicieux aux environs de Paris; que l'évêque de Digne, Jarente, depuis le fameux évêque d'Orléans, hésitait à y aller parce qu'on lui avait dit que je rapportais tout en mal et donnais de mauvaises couleurs aux choses les plus innocentes. Elle n'avait pas besoin de m'en dire plus long pour m'en convaincre; d'ailleurs, par son amitié, la persuasion était pour moi sur ses lèvres. Je réfléchis, et de l'instant je ne pris plus mon oncle pour modèle. Accoutumé par lui à découvrir tout ce qui se passait, je renfermai en dedans de moi tout ce que je pouvais découvrir; je devins en six mois un jeune homme d'une société sûre pour tout le monde, et détestant les méchants dès que j'en vis la fausseté, je vécus avec eux, en voulant contraster et mériter le titre de bonhomme. J'y étais enclin par caractère et je me forçais pour être autrement; ennemi du mensonge, je me suis surpris croyant fermement des menteurs avérés qui me trompaient pour la millième fois : je les croyais, parce qu'ennemi de tout ce qui trompe, il ne me venait jamais dans l'esprit qu'on pût être autrement; il n'y avait que la réflexion qui pût me convaincre qu'on eût pu m'abuser : caractère que j'ai toujours conservé, sans pousser cette bonhomie jusqu'à ne pas voir tout ce qui se passe en société; mais quoique j'en sois bien assuré, je ne suis jamais le premier à en instruire les autres, et je me contente seulement, lorsqu'ils m'en parlent, de leur prouver que je suis aussi bien instruit qu'eux de ce qu'ils veulent m'apprendre, si cela ne peut tirer à aucune conséquence.

Au bout de treize ans de service d'introducteur, j'allais donc prendre un autre genre de vie. Je n'avais que trente-trois ans, ma femme en avait vingt-huit; toute ma confiance était en elle. Jeune et jolie, il fallait que je comptasse sur la grande amitié qu'elle avait pour moi pour l'éloigner de la vie, attachante pour de jeunes personnes, des environs de Paris et des plaisirs de la capitale. Bien des choses militaient pour moi; la première était de nous soustraire pendant six mois au despotisme de ses grands-parents, qui exigeaient qu'elle abrégeât ses voyages de campagne pour aller leur tenir compagnie, et qui à Paris voulaient que quatre fois par semaine elle arrivât chez eux à 6 heures du soir et ne s'en allât qu'à 11. S'il n'y avait eu que moi, j'aurais bien vite secoué ce joug impérieux; mais ma femme, avec un caractère sage et réfléchi, n'avait jamais pu [oublier] le respect filial; elle craignait comme le feu toute scène, toute bouderie; sa mère ne savait que la prendre par cette partie faible et elle s'en servait avec délices par son singulier caractère.

Ma fortune était intéressée à ce changement de choses; j'avais fait part à ma femme du plan de M. Verdun. Paris et les environs de Paris auraient ruiné ma fortune avant que j'eusse atteint les successions que nous avions droit d'attendre; un bien considérable en maisons à Paris est la ruine d'un gros propriétaire : les impositions, les réparations à la longue mangent le capital. Elle avait adopté le plan : il faisait mon bonheur, cela lui suffisait. Elle sacrifiait une maison avec une vue délicieuse, pour venir en Sologne sans connaître que superficiellement un superbe château dont tous les dedans étaient à créer. Rien ne l'arrêta : elle ne voyait que le bonheur de celui qu'elle aimait.

Notre société était augmentée de M. de Salaberry. Il est doux à mon cœur de m'étendre sur lui. Charles-Victoire de Salaberry[1] avait dix-huit mois moins que moi. Fils de M. de Salaberry, président de la chambre des comptes, neveu de M. l'abbé de Salaberry qui a joué un grand rôle dans le parlement et à la cour, il était né dans la rue Sainte-Anne, et moi dans la rue Neuve-des-Petits-Champs; nous avions été élevés ensemble, comme je l'ai raconté, jusqu'à l'âge où on nous mit au collège, lui à Louis-le-Grand et moi à Harcourt. Nous nous étions perdus de vue, lorsque débutant dans la société de M. de Préninville, nous ne tardâmes pas à renouer une amitié cimentée par nos premiers sentiments. Le président de Salaberry avait la figure et le corps calqués sur Henri IV, et il était un parfait modèle de ce prince, au moral comme au physique; bien fait dans sa moyenne taille, plein de grâce, il avait un feu dans les yeux qui intéressait toutes les femmes même avant qu'il parlât, et une imagination, une vivacité qui étonnaient, une gaieté dans les idées sans qu'on s'en doutât. Aimant les femmes par-dessus tout, loyal et probe dans toutes les actions de sa vie, mais inconstant par nature, il savait plaire, jouir et courir à une autre avec une adresse et une grâce merveilleuse : il aurait anobli le libertinage. Tel était et a été M. de Salaberry toute sa vie. Ne se donnant pas la peine de lire par sa vivacité, parlant facilement et beaucoup sur tout, il saisissait une idée, quelqu'abstraite qu'elle fût et l'abandonnait avec la même violence, soit par satiété, soit pour avoir le plaisir de soutenir le contraire; distrait — mais avec de si aimables distractions qu'on en était enchanté —, répondant une demi-heure après à une question qu'on croyait qu'il n'avait pas entendue, il était chéri dans la société, et il faisait un vide dans un salon par le mouvement qu'il y donnait, par les idées abondantes qu'il rendait avec grâce; et quoiqu'il parlât beaucoup on s'accordait, hommes et femmes, à le trouver aimable. Capable de grandes choses si on le dirigeait bien, son grand malheur était [de mettre] sa confiance plutôt dans un nouveau venu que dans un ancien ami.

Le président son père avait six pieds deux pouces; d'une superbe figure, une loupe venue sur sa tête et augmentant tous les jours lui devenait insupportable par son énormité; du caractère de son fils, dans un âge où on ne doit plus avoir de prétentions, il voulut se la faire extirper; six mois après, il mourut. L'abbé son frère ne lui survécut pas, de sorte qu'à quinze ans Salaberry se trouva seul avec une excellente mère, Mlle Ogier, sœur de M. Ogier ambassadeur en Danemark. L'abbé, avant de mourir, s'était servi de son crédit pour faire avoir au fils la place du père. Ainsi, il s'était trouvé président en fonctions au sortir du collège.

Chacun a sa manière d'être affecté : les uns, aussi sensibles que les autres, dès qu'ils ont perdu quelqu'un à qui ils ont été attachés, cherchent tous les moyens d'en effacer l'idée, jettent un trouble continuel dans leurs âmes; d'autres — et je suis du nombre — cherchent tous les moyens de conserver leur mémoire : tout ce qui a été cher à quelqu'un que j'ai aimé me devient mille fois plus cher. Le temps, ce grand temporiseur de tout, ne me laisse qu'une impression douce dont j'aime à me nourrir; les regrets, le vide existent toujours : je vois mon ami partout, je le traîne à mes côtés; je me rappelle comment il aurait agi en telle occasion; j'aime à me ressouvenir de toutes ses actions, et perpétuant sa vie dans ma mémoire, j'aime à le trouver présent avec moi, douce imagination pour une âme tendre et sensible. C'est cette façon de penser qui m'a obligé à écrire ces époques; j'étais trop à plaindre de ne pouvoir consacrer par écrit la mémoire de ceux avec qui j'ai vécu. Hélas, j'ai bien été à portée d'apprécier, dans ces malheureux temps, l'espèce humaine, et attristé de ne pas la voir en beau, mais j'ai bien à remercier le Ciel de m'avoir donné assez de jugement pour ne me lier qu'avec de braves et d'honnêtes gens, et de n'avoir conservé pour amis dès ma plus tendre enfance que des personnes qui ne se sont séparées de moi que par la mort.

Je reviens à mon sujet. Dès qu'il fut connu dans la même société que moi, Salaberry ne tarda pas à me rendre la même confiance, comme si nous ne nous étions jamais quittés. Je ne tardai pas à voir son âme à découvert. Il était la vérité même, et j'ai appris de lui qu'il était traité à merveille par plusieurs femmes dont je ne me serais pas douté. Il n'en tirait aucune vanité, mais il s'y livrait avec passion et menait plusieurs intrigues avec une adresse merveilleuse, malgré ses distractions. J'en rapporterai quelques-unes ici. Un jour, il rentre chez lui à 4 heures et demie du soir, en hiver; il ne trouve pas au moment son valet de chambre, qui croyait que selon son habitude il ne rentrerait que pour se coucher, et avait en conséquence préparé tout ce qui lui convenait. Le président se croit à 2 heures du matin; sans se plaindre, il se deshabille, se met au lit et s'endort. Le valet de chambre entre à 9 heures et le réveille du meilleur somme possible : « Est-ce que monsieur est malade? » On s'explique; bref, mon homme qui était engagé à une fête se rhabille en poste et court à un souper où il était attendu depuis deux heures. Je l'ai vu plusieurs fois, en plein jour, prendre sur la cheminée une bougie non allumée, et faire comme en pleine nuit : il s'éclairait d'une main tandis qu'il s'ôtait la poudre de l'autre devant un miroir.

Mais s'agissait-il d'affaire? Il raisonnait sans distraction. Fallait-il jouer un jeu de conséquence? alors il rassemblait toutes ses facultés, et ses distractions étaient nulles. De confidence en confidence, il m'apprit une intrigue qu'il conduisait, dans la maison de campagne où nous étions, avec une demoiselle fort jolie et dont je ne me serais pas douté; c'était avec les plus grandes précautions : elle était sur les rangs pour être mariée, et s'il avait voulu, il aurait eu toute préférence. Mais il raisonnait avec ses passions pour en faire des jouissances et jamais d'autres folies. À son aise depuis qu'il avait un confident, il arrangea une partie carrée avec une sœur mariée de la demoiselle et moi. Nous étions alors dans la vallée de Montmorency, et nous partons à pied tous les quatre; nous cheminons jusqu'à Ormesson. Les deux amoureux avaient tant de choses à dire qu'ils gagnent les devants, et me voilà, moi qui n'avais pas les mêmes raisons de désirer le tête à tête, à tâcher d'amuser ma compagne par tous les lieux-communs qu'on emploie vis-à-vis d'une personne qu'on respecte très fort. Ce n'était point le compte de la dame. Elle s'expliqua clairement sur le bonheur du tête à tête dont jouissait sa sœur. Un lieu bien seul, bien isolé se trouva : on me proposa de reposer La chose était invitante; enfin, je me trouvai dans la situation la plus critique, en fait de bonne fortune, où je me sois trouvé de ma vie. Au bout d'une heure de tête à tête, le couple amoureux vint nous rejoindre. Dès que nous fûmes rentrés, je me mis à gronder très sérieusement mon ami, non d'avoir exposé ma vertu à la faiblesse humaine, mais de m'avoir pris pour son confident, car désormais je ne voulais plus jouer un rôle actif. Pour lui, il me traitait comme il voulait qu'on le traite, car sur cet article tout lui était bon : son imagination faisait tous les frais.

Mon ami M. de Chailly, capitaine de dragons, avait été tellement fatigué à la descente des Anglais à Saint-Cast[2] qu'il était revenu malade. Fort et vigoureux, il s'était négligé, et après avoir consulté la Faculté, on lui soupçonnait des obstructions à la rate. Il semblait alors avoir réuni tout son attachement pour moi : unique héritier par testament de mon autre ami, l'abbé de Mesgrigny, il m'écrivait qu'obligé de quitter le service, vu sa mauvaise santé, il voulait arranger tous ses biens pour les faire passer à mon fils après lui; que son frère Lefebvre d'Amécourt[3], conseiller de grand-chambre, était assez riche pour un garçon, puisqu'il jouissait de cinquante mille écus, et qu'ils n'avaient jamais sympathisé ensemble; qu'il attendait son retour à Paris pour mettre la dernière main à cet arrangement, à condition qu'il passerait le reste de ses jours avec nous. Toute sa correspondance roula sur cet objet, sans que ni moi, ni ma femme eussions jamais fait aucune démarche pour l'y amener.

Ma belle-sœur, Mme de Pomereu, devenue veuve et encore

jeune, sentait tout le poids d'être isolée. Ayant besoin d'un mentor, nous craignions tous qu'elle n'en choisît un qui ne nous eût convenu d'aucune manière; ma belle-mère ne voyait ni ne pensait rien. Cette veuve avait, outre sa dot, son préciput, ses reprises, un douaire de deux mille écus. Le président n'était riche que de sa place : je lui fis l'ouverture de ce mariage, il la saisit avec empressement. Nous nous réunîmes pour le faire réussir. Il fallait accaparer la jeune femme; cela était aisé à qui voudrait s'en donner la peine. Nous mîmes M. de Cypierre dans notre confidence. Il fut convenu que je présenterais Salaberry chez les grands-parents, que la veuve viendrait à Cheverny dès le mois de juin, un mois après mon arrivée, qu'il s'y trouverait et qu'il ferait le reste. Il entendait à demi-mot et agissait très adroitement : ainsi nous regardâmes d'avance ce mariage comme fait et nous nous en félicitâmes comme d'une chose convenable sous tous les rapports.

Tous nos amis se faisaient une fête de venir juger de ma nouvelle acquisition. Nous nous étions arrangés pour partir le 1er avril, et tous se donnèrent rendez-vous pour venir nous y visiter. M. de Cypierre commença à me donner des marques de sa délicate obligeance dont il m'a servi tant qu'il a vécu. Il y avait un aumônier fondé à Cheverny pour dire la messe au château. M. d'Harcourt, comme possesseur qui avait droit d'y nommer, en avait pourvu un certain abbé Pinel, chanoine de Vendôme, titulaire pour la vie. Cet homme sans délicatesse n'avait jamais desservi [la chapelle], quoiqu'il fût très bien renté, et dégagé plus aisément par le nouvel acquéreur, il n'aurait jamais exercé. M. de Cypierre s'était réservé son indult; sans m'en prévenir, il l'offre à l'abbé Pinel à condition qu'il lui remette la chapelle; l'abbé accepte, et M. de Cypierre entre chez moi pour me remettre la démission. Ainsi, il me servit en un instant avec plus de zèle que n'en avaient pu avoir M. et Mme d'Harcourt pour eux-mêmes tant qu'ils avaient possédé la terre.

M. de Barassy avait voulu se rapprocher de nous : il avait acheté dans la rue Feydeau, vis-à-vis actuellement le théâtre de Monsieur, une maison à vie; il l'avait fait bâtir. Elle était charmante. Son train de maison était à l'avenant; six chevaux de carrosse, un cocher, un postillon, un valet d'écurie, deux chevaux de selle, un cuisinier, un laveur, un valet de chambre, une gouvernante, deux laquais; de jolis soupers dans l'hiver. Telle était la vie qu'il menait; il renonçait à tout cela pour venir passer à Cheverny tout le temps que nous y serions.

Lors de l'acquisition de Cheverny, il avait été question de liquider les droits : ils étaient énormes. Cette terre, outre ce qui était dû aux seigneurs voisins, relevait en servitude de la tour du Louvre et les droits, dont le receveur général des domaines et bois était le taxateur, montaient au bas mot à quarante mille écus. On m'offrit la charge de chevalier d'honneur de la chambre des comptes d'Orléans; un M. de Vigneux[4], possesseur, me [la vendait] pour douze mille livres; avec cette place, je ne devais plus de droits. Il fallait connaître le receveur des domaines et bois : M. de Cypierre s'en chargea; c'était un M. Rousseau[5], jeune, aimable, dont on ne connaissait pas bien l'origine, mais qui se présenta avec tant de grâce pour m'obliger qu'il est resté intimement lié avec moi jusqu'à sa mort. Il me prouva qu'avec cette charge j'éteindrais bien pour une soixantaine de mille francs de droits, mais que le reste serait à payer; que, si je le laissais faire, il se chargeait vis-à-vis des domaines, réunis alors à la ferme générale, de m'obtenir pour vingt-cinq mille livres l'ensaisinement franc et quitte de mon contrat. Je le pris au mot, et avant mon départ j'eus mon contrat d'acquisition franc et quitte de cette partie.

J'avais acheté tous les meubles de ma nouvelle acquisition. Voulant me défaire de Saint-Leu, j'en enlevai tous les meubles et les matelas, n'y laissant que le strict nécessaire, et en un mois Cheverny se trouva comblé de caisses de Paris, dans lesquelles étaient plus de six mille volumes, formant un commencement de bibliothèque. J'avais laissé à M. de Verdun une procuration pour vendre Saint-Leu; et rien ne m'arrêtant plus que les doléances insupportables de ma belle-mère, nous partîmes le 3 avril 1765 pour Cheverny. Nous allâmes coucher à l'intendance; M. et Mme de Cypierre nous y attendaient avec la baronne de Lieuray, leur amie, fille de M. Mazières, fermier général[6]. M. de Cypierre venait d'acheter de Mme de Pompadour, de son vivant, la terre d'Auvilliers, près Artenay, qu'elle avait acquise pour en faire sa couchée en allant à Ménars.

Nous fûmes obligés de donner huit jours à leur amitié. M. de Cypierre avait pour secrétaire particulier un homme plein d'esprit, depuis receveur des tailles à Montargis, et qui a péri à la Révolution, M. de Varennes. Nous eûmes la surprise d'une fête superbe : une salle de bal décorée en papier marbré doré et de toutes les couleurs, formant des guirlandes, des trophées, des couronnes; des lanternes à la chinoise en transparent nous procurèrent de nouveaux plaisirs; toute la meilleure compagnie d'Orléans y était invitée, et on joua deux pièces analogues à notre arrivée dans le pays. Comblés de leur amitié, nous nous rendîmes à Cheverny. Mon fils et ma fille venaient dans une grande berline avec l'excellente Mlle Gentil et un jeune gouverneur que j'avais pris pour mon fils; il était frère de

M. Mathieu[7], maître de chapelle, jouait supérieurement du violon, chantait agréablement et était compositeur. Ainsi, j'emmenais à ma suite de quoi rendre le séjour de la campagne très agréable.

En arrivant à Cheverny, je fus surpris de le trouver bien différent de ce que je l'avais vu trois ans auparavant. Il m'étonna autant que ceux qui me revirent furent étonnés : j'étais venu la première fois extraordinairement fluet, et en trois ans j'avais grossi considérablement, sans qu'avec cela ma santé fût meilleure, ayant toujours mes migraines périodiques, dont les époques se rapprochaient au lieu de s'éloigner. Cheverny avait été abandonné, par le séjour du comte et de la comtesse d'Harcourt depuis cinq ans à Genève à la suite des conseils de Tronchin, à un régisseur qui avait mis tout à profit : l'avant-cour, dont les murs n'étaient qu'à ras de terre, était en blé jusqu'aux marches de l'escalier. Les pavés immenses étaient enterrés et semés. Les croisées du château étaient toutes en vitrages à losanges ; il eſt vrai que j'avais acheté toutes les croisées faites, mais placées dans les magasins. Le grand château, composé de cinq pavillons, dont deux en dômes, n'avait dans sa totalité que cinq chambres habitables. Le reſte était des couloirs dans des greniers immenses, et plusieurs fenêtres maçonnées s'opposaient aux tourmentes du vent. Tout était dans un abandon déplorable. Tous mes gens, arrivés avant moi, jetaient les hauts cris d'avoir abandonné le séjour le plus agréable possible, pour venir s'enterrer dans une maison où tout paraissait à faire. Un salon charmant, que Mme d'Harcourt avait fait [aménager] pour en faire sa chambre à coucher, pouvait seul adoucir à ma femme le changement de situation.

La curiosité, l'impatience de juger par soi-même ma nouvelle habitation ne tardèrent pas à amener nos amis. Pour moi, j'étais dans un vrai chaos : me débrouiller en dedans et en dehors, mettre les noms sur toutes les personnes du pays avec lesquelles j'allais vivre n'étaient pas choses aisées. Mon ami Olavide s'en retournait de Paris à Madrid avec sa nièce, depuis la comtesse d'Urbina, épouse du vice-roi de Valence. Son amitié et la commodité d'être dans sa route direĉte le firent arriver dans la huitaine. Je les logeai comme je pus, et ils nous quittèrent vingt-quatre heures après, sans que je pusse leur faire des inſtances, vu mon embarras (il n'était pas médiocre). Ma belle-sœur Mme de Pomereu allait arriver; Salaberry y était déjà. M. et Mme de Préninville, leur fils et le fameux Pechméja[8], le gouverneur du fils, M. Dupleix de Pernan[9] et beaucoup d'autres arrivaient dans le mois de juin. Je commençai d'abord à créer des chambres provisoires : j'en fis une vingtaine à deux lits; les couchers et les meubles étaient en abondance. M. Rousseau, receveur des domaines et bois, avec qui je venais de faire connaissance et qui m'avait si bien servi, vint s'établir à demeurer; Jélyotte, si agréable à la campagne, allant en Bigorre, voulut passer l'été avec nous. Enfin, voulant rendre la fête qu'on m'avait donnée à Auvilliers, étant tous réunis, jeunes et industrieux, et ma femme mettant la suite dont elle était capable malgré les commencements d'une nouvelle grossesse, en six semaines nous fîmes nous-mêmes, n'ayant qu'un seul peintre, une salle de spectacle délicieuse dans le corps du bâtiment, à droite, et fûmes prêts à y jouer toutes sortes de pièces. C'était alors l'amusement de tous les châteaux : ainsi, c'était ce que je pouvais leur procurer de plus agréable. Il y avait des amateurs très forts dans la province. Je fis les frais de politesse, et ils s'empressèrent de me former un orchestre capable de jouer tous les opéras-comiques les plus à la mode. Ce voyage fut donc extrêmement brillant; tous mes amis prolongèrent leur séjour. Mon ami Salaberry réussit à déterminer ma belle-sœur, et les dames y travaillèrent si bien qu'il fut décidé que ce mariage se terminerait dans l'hiver suivant.

Cependant, suivant mon plan, je voulais rendre Cheverny le plus habitable, le plus agréable possible, et aux moindres frais. Je me sentais assez fort pour me passer d'architecte, quoique M. de Cypierre m'eût amené le sien, qui me proposait de me le rendre admirable pour trente mille livres, tandis qu'il disait à d'autres qu'il m'en coûterait cent mille écus. Je commençai donc par faire finir le pont d'entrée, déblayer la cour d'honneur des immondices, faire découvrir le pavé, le raccommoder, mettre toutes les croisées neuves en place et supprimer celles à losanges, faire vitrer le tout — le mémoire à solder fut effrayant — et, sans gêner la quantité de gens que je voulais recevoir, reprendre les arrangements des dedans en suivant mon plan.

Maintenant, je vais rendre compte de mes voisins — enfin, de tous ceux qui habitaient alors dans le Blésois. On dit que les bords de la Loire sont le jardin de la France; la beauté du climat influe généralement sur les habitants originaires du pays. Le peuple y est doux, y est bon, capable de tout. Dans presque toutes les relations de voyages on voit des Blésois : il est rare d'en trouver qui se soient mal conduits. L'air dans la ville y est singulièrement salubre, et en général la longévité de la vie y est plus réelle que partout ailleurs; il n'est pas rare de voir sept ou huit vieillards de plus de quatre-vingts ans, et Mme Pointeau, au moment que j'écris, vient de s'éteindre à cent sept ans[10]. La Sologne commence au pont de Blois, du côté de Vienne, et cependant ce qu'on appelle vraiment la Sologne ne commence qu'à une lieue de Cheverny. Lorsque je vins dans le pays, le chemin jusqu'à Blois était impraticable, et quoiqu'il n'y eût que six mille huit cents toises, il fallait trois heures pour s'y rendre dans une berline à six chevaux, par les mauvais chemins et les sinuosités qu'il fallait faire pour gagner les ponts, qui éloignaient d'une grande demi-lieue — de sorte que je passais alors par Chambord pour venir de Paris.

Je vais commencer par mes plus proches voisins. M. Boësnier-Delorme[11], maître particulier des Eaux-et-Forêts, avait acheté à une lieue de chez moi, au milieu de la terre et relevant d'elle, une seigneurie et un château en pavillon où tout restait à faire, et en conséquence il l'avait eu à bon marché. Fils d'un commissionnaire en vins fort riche (cet état étant fort considéré à Blois), il avait reçu la meilleure éducation. De cinq pieds neuf pouces, d'une belle figure, avec une superbe basse-taille, il aurait tiré parti de tous ses avantages si son esprit, avide de s'occuper, ne l'avait pas totalement tourné à l'agriculture. Élevé par Diderot et ami de d'Alembert, il faisait de temps en temps des voyages à Paris, passait sa vie chez le baron d'Holbach avec tous les savants. Étranger à rien, il parlait de tout fort bien, et lorsqu'il avait vaincu sa timidité naturelle, il retrouvait son éloquence fondée sur l'instruction et sur les meilleurs principes. Cette famille, originaire de Mer et anciennement protestante, jouissait d'une considération réelle. Son aîné[12] avait gardé l'état de son père et s'était décoré d'une charge de secrétaire du roi; il avait deux enfants, tous deux un peu musiciens, qui alors pouvaient avoir dix ans moins que moi, et qui avaient reçu à Paris la meilleure éducation. M. Delorme avait un autre frère qui le suivait; il s'appelait Boësnier de Bardi[13], et avait pris l'état de commissionnaire que son frère lui avait cédé en se revêtissant de la charge de secrétaire du roi.

Le père de tous avait laissé six enfants, dont trois filles; l'aînée avait épousé M. Masson, commissaire de la marine[14]; ils étaient morts tous deux et avaient laissé deux enfants; la fille aînée avait épousé le fils du fameux Cassini[15] et était connue sous le nom de la marquise de Cassini : femme d'esprit et intrigante, elle a joué un rôle; le fils, en bas âge, a été depuis le fameux marquis de Pezay[16], nom d'une petite terre dans l'intérieur entre Blois et Ménars. Une autre fille avait été mariée à M. Germon à Orléans, était morte mère de quatre filles. Il restait une autre sœur qui, extrêmement contrefaite, avait gardé le célibat; cette demoiselle aimable, du caractère le plus doux, pleine d'usage du monde, avait retiré chez elle Mlle Germon, dont la fortune était médiocre; [c'était une] jeune personne qui promettait l'amabilité que tout le pays lui a connue. Ayant acheté une maison à Blois, rue des Carmélites, elle avait joint sa fortune à celle de son frère Delorme; ils passaient quatre mois à la ville et le reste au Guélaguette : c'était le nom de leur terre, connu maintenant par une pièce de vers de leur neveu Pezay, dont le titre est *Épître au solitaire de Guélaguette.*

Je me suis étendu sur cette famille : comme elle a beaucoup influé sur notre vie et notre société, il est juste que j'en fasse mention détaillée. Plus proche de chez moi vivait un homme veuf, M. Bégon, officier de marine, descendant en droite ligne des Bégon intendants de marine[17], et qui s'était attiré beaucoup de considération. À deux lieues, était à Cormeré le baron de Cormeré[18], ruiné, sans considération, qui avait voulu sortir de sa sphère et avait été assez heureux pour bien marier sa fille à Blois. Il vivait du débris de son ancienne fortune; haut dans son adversité ainsi que sa femme, il vivait très particulièrement et sacrifiait à l'éducation et au placement de ses enfants ce qui lui restait. Ces quatre garçons, nés avec de l'esprit et de l'intelligence, faisaient espérer qu'ils rétabliraient leur ancienne fortune; l'aîné était dans les fermes, chef de bureau; le second, appelé Chitenay, allait aux Indes; le troisième s'appelait le marquis de Favras[19], était officier de cavalerie, et depuis a été un des premiers martyrs de la Révolution. Toute cette famille était nulle dans le pays, et sans nos terres limitrophes, nous ne nous serions même jamais écrit.

Le comte et la comtesse de Gaucourt[20] habitaient la terre de Beauregard, à moitié chemin de Cheverny à Blois. Mlle de Fieubet, comtesse de Gaucourt, était ma parente par les Pelletier, et était encore plus proche de ma femme par les Feydeau de Brou. Le comte de Gaucourt, descendant en droite ligne des sires de Gaucourt (un de ses ancêtres[21] était gouverneur d'Orléans dans le temps de la Pucelle) était un vrai gentilhomme de campagne dans l'étendue du terme. Excellent homme à tous égards, et quoiqu'il fût officier dans les chevau-légers, qu'il fût au rang des seigneurs de la cour, il estropiait la langue, par une éducation négligée dans le fond du Berry, et marchait les pieds en dedans, quoiqu'il fût grand et bien fait; au total, le meilleur homme du monde, aimé et estimé de tous ses voisins. Sa femme, qui avait été jolie et ne l'était presque plus, avait secoué tous les préjugés sur sa conduite; avec de l'esprit, du singulier, n'aimant qu'à vivre à sa fantaisie, extraordinaire en tout, elle se moquait, faisait une scène, tirait à bout portant sur les personnes de province qui venaient les voir. Le mari, sans crédit, cherchait par sa bonhomie à réparer, mais n'étant pas le maître chez lui, c'étaient des scènes perpétuelles où le public n'avait que faire, et qui étaient humiliantes autant pour lui que pour les autres, parce qu'elle lui faisait sentir et la supériorité d'esprit qu'elle avait sur lui, et la supériorité de l'éducation qu'elle avait reçue.

M. le marquis de Marigny, millionnaire de la fortune de sa [sœur][22], intendant des bâtiments, possesseur de la terre de Ménars, dépensait en embellissements magnifiques et en bonne chère délicieuse son revenu, avec les passants de Paris et Versailles et quelques courtisans qu'il s'était faits à Blois — car cet homme aimait, dans toute sa conduite chez lui, à copier ce que le roi faisait. Nous nous étions vus à Versailles, ayant des droits réciproques à terminer : l'île de Collier, vis-à-vis Ménars, sur la Loire, relevait de Cheverny, et le fief de Launay, appartenant à Cheverny, relevait de Ménars. Marigny m'avait attaqué dans le cabinet comme si nous nous étions vus amicalement toujours, et avait fini par me dire : « J'espère que, quand nous serons dans le pays, nous boirons ensemble » — car avec, sans contredit, de l'esprit, il affectait une bourgeoisie de propos qui faisait qu'on n'oubliait pas d'où il venait. Sa sœur était morte en janvier[23], et moi, j'avais acheté ma terre de son vivant, puisque je l'avais du 1er octobre avant. Il est d'usage, quand on arrive dans une terre, d'aller voir le premier tous ses voisins : j'allai partout. Me fondant sur ce qu'il était possesseur depuis moi, je l'attendis. Le comte de Gaucourt qui, après les premières visites, nous voyait souvent et ne bougeait de chez lui, se chargea d'être l'intermédiaire. Il vint le dimanche m'inviter à aller dîner à Ménars de la part de Marigny. Je croyais d'abord que j'avais un titre de plus pour que le sieur de Marigny débutât par venir : j'étais marié, il était garçon; s'il ne voulait pas me rendre, au moins devait-il bien cette politesse à ma femme, qui avait l'estime et le respect général. Je me contentai donc de dire au comte de Gaucourt que le jour pris je ne pouvais m'y rendre, parce que tous mes chevaux étaient occupés. Cette raison était très illusoire, car mon écurie était de six chevaux de carrosse, trois chevaux de selle, deux chevaux de labour, et M. de Barassy avait amené son attelage de six chevaux danois charmants et deux chevaux de selle : ainsi, au total, j'avais à ma disposition dix-huit chevaux. Il insista, je persistai. Soit qu'il n'osât pas lui dire, soit pour me donner un tort, il vint me dire huit jours après que le marquis de Marigny m'avait attendu jusqu'à 4 heures du soir... de sorte que nous restâmes l'un et l'autre plus éloignés que jamais.

Le vieux comte de Saumery[24], gouverneur de Chambord, habitait sa terre de Saumery. Cette famille du Béarn était venue à la cour avec Henri IV, et depuis ce temps avait eu la confiance des rois, ses successeurs. Une anecdote sur leur naissance, qui courait dans le pays, illustrait leur origine. Venus avec Henri IV, ils se fixèrent à Blois et à Chambord; on ne tarda pas à vouloir leur faire payer le droit de franc-fief pour l'acquisition de la terre de Saumery, le nom qu'ils portaient alors, car leur véritable est La Carre. Ils n'avaient aucun titre, ils étaient transplantés. Sur leur réclamation, on consulta le roi lui-même, qui prit dans l'instant une carte à jouer et écrivit avec un crayon :

La Carre de Saumery
Est noble comme Henri.

Cette anecdote et la carte, qu'ils doivent avoir conservée, leur valaient tous les titres possibles. Ils en avaient profité en gens probes. Allié aux Clermont par leur mère, aux Monglat, le grand-père avait été le gouverneur de Louis XV tandis qu'une Mme de Monglat, leur grand-tante, avait été sous-gouvernante de Louis XIII. Le marquis de Saumery avait été dans l'ordre de Malte; il vivait grandement et comme un patriarche à Saumery; c'était la maison des pauvres. Il était aimé et estimé dans toute la province. Il avait un neveu[25] du même nom, marié à Mlle de Menou, sœur de Mme la marquise d'Amou, femme du gouverneur de Bayonne que je connaissais, et tous les parents de sa femme étaient dans l'Anjou.

La terre de Villesavin était habitée par M. Adine de Villesavin, fils d'un financier qui avait été taxé par la chambre ardente durant la Régence[26]. C'était un fort galant homme. Officier retiré avec la croix de Saint-Louis, et veuf de Mlle [de la Rubelle] dont il avait une fille et un garçon, il était frère aîné utérin de M. le marquis de Saumery[27], sa mère ayant épousé dans l'année de son veuvage le père de M. de Saumery; c'était une liaison de voisinage et de convenance qui avait formé cette alliance. M. le marquis de Diziers, homme de qualité, descendait de la fameuse Mme Guyon[28]; il habitait la terre de Diziers, près Saumery. Homme d'esprit, sa santé l'avait obligé à quitter la marine où, avec des connaissances acquises, il aurait fait fortune. Cette famille était fixée dans le Blésois, et son frère Guyon, marquis de Guercheville[29], habitait sa terre du côté de Ménars. Tout auprès, vivait M. le comte Hurault de Saint-Denis[30]; descendant en droite ligne des Hurault, chanceliers de Cheverny, cette famille était regardée comme la première de la province.

Sur ma terre, dont j'avais la haute justice, était celle de Roujoux, située dans cette paroisse et habitée par les comtes de Maillé, cousins germains de mon ami le comte de Maillé, depuis duc. Cette famille, très ancienne parente du prince de Condé, vivait noblement. Ils étaient trois frères sans enfants et une fille[31] : l'aîné vivait à Roujoux; le marquis, ancien marin, vivait auprès de Saumery et le chevalier de Maillé, chambellan de je ne sais où, vivait à Blois modestement, mais honorablement. La terre de Onzain était habitée par le fameux Péan, cousin de M. Mesnard, impliqué dans l'affaire du Canada[32]; à sa sortie de la Bastille et après sa condamnation

tape de la paume de la main. Le maréchal se relève à la douleur. Le domestique, confus, se jette à genoux et crie : " Ah ! monseigneur, grâce ! grâce ! je vous ai pris pour La Jeunesse ! " Le maréchal, avec sa douceur ordinaire, lui répond : " Mais si c'était La Jeunesse, encore ne fallait-il pas frapper si fort ! " Messieurs, ajoutai-je, vous sentez que je ne veux faire aucune application : elle serait ridicule sous tous les rapports. Mais je paye ma faute de ne m'être pas annoncé comme vous m'avez dit que vous l'eussiez désiré. » Nous parlâmes d'autre chose, et en m'en allant ces messieurs mirent autant de politesse qu'ils avaient mis de négligence. J'ai beaucoup vu l'abbé de La Pagerie et les autres, et il n'en a jamais été question.

La famille des Mahi était fort étendue à Blois ; toutes ces noblesses venaient de la chambre des comptes qui existait à Blois. Les Mahi de Cormeré, les Mahi du Breuil, les Mahi de Pontchardon, étaient tous possesseurs dans différentes paroisses. Celui du Breuil-Marie avait deux filles, il possédait un bien en fief relevant de la tour du Louvre, et je ne l'oubliai pas dans mes visites.

M. le comte d'Harcourt était le meilleur homme possible ; gouverné par sa femme, Mlle des Martrais, il visitait les pauvres et passait sa journée avec un grand bâton, accompagné d'un garde, à parcourir ses possessions. Cette terre avait appartenu à ce qui s'appelle de grands seigneurs, décorés de la lieutenance générale. Chaque fois qu'il arrivait dans l'année pour la première fois sur ses terres, la maréchaussée se trouvait aux limites de sa terre et l'accompagnait jusque chez lui ; deux gardes et le lieutenant de ses gardes de la lieutenance générale en faisaient autant. Ils faisaient de même au départ. Je conservai cet usage, qui n'était pas dû à la personne, mais à la place. Dès qu'on l'apercevait, toutes les cloches des villages qui lui appartenaient, comme Cour et Cheverny, étaient mises en grand branle et sonnaient jusqu'à son arrivée. Je ne touchai point à cet honneur. Un usage féodal s'était conservé : chaque vassal que rencontrait son seigneur, même à la promenade, descendait de cheval ou de voiture, se mettait chapeau bas jusqu'à ce qu'il fût passé ; cet usage s'était même dans les premières années du règne de Louis XV conservé pour le roi et pour les seigneurs dans leurs domaines. La première chose que je fis fut de publier que j'invitais à ne me rendre aucun devoir pareil lorsque je passerais, et que je rendrais simplement des révérences à ceux qui m'en feraient.

Mme d'Harcourt, haute, fière, humoreuse, vexait ses fermiers, usait d'une autorité qu'elle n'avait pas pour faire mettre des paysans en prison, faisait tuer les chiens, voulait conserver son gibier avec grand soin dans un arrondissement de quinze lieues avec deux gardes ; et en conséquence, elle poursuivait avec toute rigueur les moindres délits dans ce genre. Je voulus prendre le contraire de cette marche, qui m'était plus analogue : je ne fis mettre personne en prison, je défendis de faire payer arbitrairement des amendes; enfin, je ne tardai pas à recueillir les fruits de pareils procédés : je m'aperçus bientôt qu'on m'obéissait, et qu'on me pillait moins qu'elle [plus] par crainte de me déplaire qu'autrement.

M. de Vezeaux de Rancogne[36], seigneur de la terre d'Herbault en Beauce, sortait des mousquetaires; il s'était fixé à Blois chez sa grand-mère; sa mère était passée à Saint-Domingue pour se mettre à la tête d'une forte habitation. Je ne tardai pas à le voir souvent : plein de talent et d'esprit, il fut un des fidèles de notre société de campagne, et c'est devenu une liaison intime. M. Herry de Maupas[37], alors capitaine de dragons dans le régiment de Caraman, augmenta aussi notre société. Tous étaient musiciens. Ainsi dans l'année nous nous formâmes une société très gaie, très aimable, sans avoir besoin des personnes de Paris. Dans les six mois que j'y passai, je me trouvai établi dans le pays comme s'il y avait dix ans que j'y étais — excepté avec M. de Marigny, qui était trop loin de moi pour [que nous nous fissions] ombrage à l'un ou à l'autre.

Cependant, différentes affaires m'appelaient à Paris : les persécutions de ma belle-mère, qui écrivait [à moi] ou à sa fille qu'elle ne l'avait pas mariée pour la voir éloignée d'elle, et mille autres gracieusetés ennuyeuses et persécutantes. Une autre était la vente de Saint-Leu : quelques regrets que j'eusse de m'en détacher, puisque j'y avais pour ainsi dire été élevé, cette terre faisait un vide dans ma fortune. D'ailleurs, M. le prince de Condé avait trouvé le secret de m'en dégoûter; cet homme qui m'avait si bien traité, qui venait me chercher quand il me rencontrait chez le roi, m'avait refusé impitoyablement une chose qui faisait tout l'agrément de Saint-Leu. Cette terre consistait en un parc haut et un parc bas, le haut de cent arpents, le bas de soixante et quatre, le tout entouré de murs; un chemin non usité les séparait. J'offris au conseil du prince d'entretenir le chemin qui passait au-dessous, et de remettre l'autre en ma possession. L'affaire allait passer au conseil lorsqu'un avocat qui avait un fief dans ma terre, nommé La Charmette, remua ciel et terre; ce que je croyais emporter de haute lutte et par l'amitié du prince fut refusé, comme agrandissant trop une terre de moyenne et basse justice, et celui qui se chargea de m'annoncer que j'avais perdu ma cause fut le prince de Condé lui-même. Il y mit tant de gaucherie, que l'impatience déplacée commençant à me poursuivre, je fus obligé de le quitter sans lui dire un mot. Dès l'instant, je me déterminai à vendre et à suivre le plan de M. de Verdun.

Une autre raison était le mariage de ma belle-sœur, et par-dessus tout cela, la grossesse de ma femme qui avançait vers son terme; c'était son troisième enfant vivant, sans compter cinq fausses couches qu'elle avait faites. Nous partîmes donc à notre grand regret à la fin de novembre. Je laissai en partant, pour mon régisseur et mon homme de confiance, le sieur Remière que j'avais eu pour secrétaire, et dont je ne me trouvais plus avoir besoin.

En arrivant, il nous fallut essuyer des scènes et des humeurs de la femme la plus baroque de l'univers; nous apaisâmes le tout avec notre patience ordinaire. Je voulus voir cependant jusqu'où allait mon crédit vis-à-vis la famille, par une occasion que le hasard me fournit. M. et Mme Amelot étaient obligés à un état de maison; quoique fils d'un ministre, et [malgré] un mariage avantageux — plus pour l'avenir que pour le présent — ils se trouvaient fort embarrassés. Mon crédit était alors pour moi, par les revirements de partie que j'avais été obligé de faire : c'était le temps de la guerre, et ou l'argent manquait, ou les bourses étaient plus resserrées que jamais. Ils avaient besoin de douze mille livres et avaient frappé à toutes les portes; je ne pouvais venir à leur secours que d'une cinquantaine de louis, et c'était une cerise au lieu d'une citrouille. Je dis à Mme Amelot : « Ne vous inquiétez pas, vous les aurez ce soir, et d'une personne dont vous ne vous doutez pas, de Mme votre grand-mère, de Mme Roslin. » Elle me crut fou, et je partis.

J'étais fort bien avec Mme Roslin; elle avait de l'esprit, me faisait part de petits contes, de petites pièces qu'elle avait faits dans son jeune temps. Je cours donc rue Vivienne, je monte chez ma belle-mère. Je ne m'étais pas inquiété de son consentement : au moins, elle ne tenait pas à l'argent; je l'intéresse à ma cause; elle m'assure qu'elle n'ose s'en mêler, mais qu'elle ne me nuira pas. Je descends chez la grand-mère; je n'ai de ma vie vu une scène aussi comique, et qui me rappelait « Mais que va-t-il faire dans cette galère? » Bref, après avoir entendu cent fois : « Mais pourquoi doit-il? », j'arrache de la bonne femme les douze mille livres sans intérêt pour trois ans. Et quand[38], qui disait comme elle, est prêt à me les donner, je cours chez M. Amelot — ils étaient porte à porte — annoncer au mari et à la femme qu'ils aillent chercher leur argent, et je rentre chez moi, comblé d'avoir pu les obliger à si peu de frais.

Il fallait finir le mariage de ma belle-sœur avec M. de Salaberry. M. de Barassy, revenu avec moi, était depuis quinze jours chez lui, seul et se disant malade. J'y cours, et après m'être fait ouvrir dix portes, je le trouve dans sa chambre à coucher, se plaignant de toutes sortes de maux imaginaires. Je le pousse; alors, il entre dans une confidence singulière : « Je ne suis malade, me dit-il, que de chagrin. Enfin, j'ai compté avec moi-même. Voilà mon état de situation : je ne jouis réellement que de six mille livres de rente à moi, et de deux cent mille francs de fonds que je dois à mes enfants, dont j'ai la garde noble.

— Comment, lui dis-je, mon ami, tu en es réduit là, et tu bâtis une maison à vie! tu as six chevaux de carrosse! enfin, l'état d'un homme à qui je croyais au moins soixante mille livres de rente! Toutes les doléances et les réflexions n'y font rien : il faut couper dans le vif. M. de Paroy m'a rendu mon appartement; le président de Salaberry cherche une maison pour s'établir. Il faut lui céder la tienne toute meublée; je prendrai un de tes gens; tu renverras un cocher et un laquais, tu garderas un postillon, et tu passeras ta vie avec moi. Nous allons aller chez M. Rousseau ensemble; il a de l'argent, il nous aidera à t'acquitter pour le moment; il te sauvera vis-à-vis du public l'idée d'une banqueroute. Tu auras l'air de faire une honnêteté à la famille et au président de Salaberry; et moi, te logeant à la ville et à la campagne pour rien, tu vivras heureux en sauvant les apparences. » Ce parti pris et suivi, Barassy reprit sa santé, et nous attendîmes la conclusion du mariage.

Nous veillions, M. de Cypierre et moi, à suivre cette union; par contrariété, ma belle-mère y mettait opposition avec les raisons les plus baroques, qui n'étaient pas plus tôt détruites qu'il s'ensuivait une quantité de mauvais propos. Enfin la veuve, qui s'effrayait, persista, et le mariage fut décidé et le jour pris; alors je fis l'arrangement de M. de Barassy. Cependant, ma belle-mère me joua encore un tour de son caractère : elle sut si bien remuer la tête de sa fille que, le jour dit, la jeune femme arrive chez moi, nous prend en particulier sans dire un mot à son nouvel époux, pour nous annoncer que décidément elle y renonce plutôt que de voir l'humeur continuelle de sa mère. Nous sommes désolés du peu de tenue de ces deux têtes. Nous courons chez Mme [Amelot], elle se détermine à travailler, trouve [sa sœur], et ce qui était défait à 2 heures se trouve irrévocablement lié le soir[39]. J'essuyai une bordée d'humeur, mais dès qu'elle en fut soulagée, Mme Le Gendre ne s'occupa plus que d'en faire une nouvelle. Ainsi, le mariage se fit à l'hôtel de Gesvres, joignant la maison que M. Roslin avait achetée rue Neuve-Saint-Augustin, à côté de la maison habitée par M. de Nantouillet. Tout se passa à merveille; M. de Barassy vint loger chez moi au fond de la cour, et céda sa maison en entier au nouveau ménage; tout cet arrangement eut l'air d'un sacrifice de mon ami, et le public ne se douta pas que la nécessité le forçait.

Mme Amelot accoucha cet hiver d'une fille (elle avait déjà un garçon), et ma femme accoucha de mon fils Courson[40]. J'appris à mon arrivée que M. de Crémilles, retiré de l'adjonction du ministère de la guerre[41], avait fait des démarches pour acheter Saint-Leu à vie; que quelques difficultés des gens d'affaires avaient empêché cette bonne opération. M. de Crémilles m'en parla lui-même, en me témoignant tous ses regrets d'avoir acheté un autre [château], et de n'avoir pas traité directement avec moi. Je reçus une lettre de M. le comte de La Marche[42], qui me faisait des propositions; comme il m'admettait à ses parties de chasse l'hiver, qu'il venait me prendre à ma porte et me ramenait de même, nous allions à Pierrefitte déjeuner, et chasser après dans la forêt d'Enghien : j'avais toutes sortes de raisons de lui rendre ce qui lui appartenait, d'autant qu'il n'a jamais existé un prince qui eût plus d'adresse pour faire oublier dans l'intérieur ce qu'il était par sa naissance.

Il m'arriva à la chasse une plaisante aventure; malgré mes maux périodiques, j'avais grossi singulièrement et j'étais devenu fort pesant, quoique jeune. Nous partons par un temps abominable pour nous rendre à Pierrefitte où mes chevaux de selle étaient à poste fixe. En une bonne berline, on ne s'aperçoit pas du temps. Arrivés, nous faisons un déjeuner excellent; nous y restons, vu le temps, assez longtemps. Enfin — il ne faut pas perdre la peine — nous voilà tous à cheval; les chasseurs, qui étaient plus gais que de coutume, Malaissy, Romée, Chamborant, Rafélis, le prince et moi, partons tous pour nous rendre au rendez-vous qu'on appelle la Folie-Prévost. Voyant que mon cheval prenait de l'ardeur avec les autres, je les laisse courir et me mets au pas. En gravissant ainsi la montagne, une bouffée de vent s'engouffre dans mon chapeau et l'envoie dans un fossé plein d'eau qui bordait le chemin. Je descends avec mes bottes fortes, les défais de mes jambes, passe la bride du cheval dans mon bras et travaille à ramasser mon chapeau; mon cheval, soit d'ardeur en entendant attaquer, soit effrayé par l'ouragan, se cabre, casse le nœud de la bride et va courir la chasse. Me voilà avec des bottes fortes, juste à moitié chemin des deux rendez-vous. Je prends mon parti : je lie mes deux grosses bottes de chasse avec mon fouet, les passe sur les épaules; je gravis ainsi la montagne avec des petits souliers pour aller au rendez-vous. Ainsi accoutré, je n'en allais pas un pas plus vite; heureusement, la chasse me rencontre : ce qui me déplaisait d'abord me fit grand plaisir; le prince et tous mes compagnons riaient comme des fous, mais ils m'apprirent que mon cheval était rattrapé, qu'il était tenu à la Folie-Titon. Je les remercie, continue ma route, je trouve un bon feu, de quoi me changer — car dans ces temps-là, on chassait avec toutes les commodités possibles — et me trouve en état une heure après de suivre la chasse comme les autres. Ce pays-là est d'un grand agrément lorsqu'on le connaît : peu de cerfs se déterminent à sortir de la forêt pour aller en plaine, et dans ces temps, il y avait des claies qu'ils ne se souciaient guère de franchir. Ils rôdaient donc dans les gorges et montaient sur les montagnes quand ils étaient sur leurs fins, de sorte qu'en suivant les routes depuis la Croix-Jacques au-dessus de Saint-Prix jusqu'au Camp-de-César au-dessus de Bessencourt, et continuant en retour jusqu'à Chauvry et prenant le vent, on était sûr de ne pas s'égarer un instant.

CHAPITRE XXIV

Au printemps, nous fîmes un court voyage à Saint-Leu pour enlever encore ce qui pouvait nous convenir. Un certain marchand de fer en gros se présenta pour l'acheter; le marché fut bientôt conclu. Il m'apporta une généalogie où il prétendait être parent de MM. Roslin; comme cela ne me regardait pas, je l'envoyai à ses parents pour en décider. Il acheta le tout, traita avec moi très loyalement, et quinze jours après il acheta une charge de président à la cour des monnaies, de sorte qu'il vint me faire part qu'il s'appellerait désormais le président de Saint-Leu au lieu de Drouillin[43], [nom] qu'il avait porté. Cette affaire terminée, je comptais partir pour Cheverny, lorsque je ne pus refuser à M. et Mme de Préninville de les accompagner à la terre de Nogent, près Provins, où M. de Boullongne, ancien contrôleur général et oncle de ma femme, veuf depuis deux ans, s'était retiré[44]. Ma femme et moi allâmes donc y passer quinze jours, avec d'autant plus de plaisir que l'endroit était charmant et la société choisie. M. de Crémilles, dont j'ai parlé ci-dessus, y était.

Cependant M. de Préninville, las comme moi des environs de Paris, ayant quitté l'hôtel de Caumont pour se loger rue dans la maison de M. le président [45] qui avait mal fait ses affaires, se détermina à venir faire un second voyage à Cheverny et à visiter et les châteaux neufs, et quelques autres terres considérables; selon les convenances, il y aurait mis jusqu'à quinze cent mille francs, et il me témoignait toute confiance pour cette acquisition. D'un autre côté, M. Le Gendre de Villemorien[46], fermier général et administrateur, était devenu de ma grande connaissance par un service que je lui avais rendu. Sa femme désirait une maison, sur le boulevard Poissonnière, bâtie par Ferrand, fermier général, frère aîné de mon ami La Borde, et qui avait beaucoup d'amitié pour moi. Elle me fit prier par La Borde, avec qui elle était intimement liée, d'acheter à quelque prix que ce fût cette maison, longue, et si étroite qu'on l'appelait le tombeau de M. de Vaneck (envoyé en France de l'électeur de Mayence, et si grand, si maigre qu'il poussait sa taille à six pieds deux pouces; son long séjour en France faisait qu'il était connu de tout Paris). Je négociai en conséquence en deux jours, en ménageant les intérêts de tous; je lui apportai les paroles données pour deux cent soixante et dix mille livres, prix très fort pour ces temps-là, mais qui n'était rien en comparaison de la beauté et de la commodité des dedans de cette maison[47]. Ils étaient venus l'un et l'autre me remercier, et comme leur état de maison était magnifique, je me trouvai lié avec eux et soupai une fois par semaine avec ce qu'on appelle la plus grande compagnie de Paris. Il est certain que si un étranger, de quelque qualité qu'il fût, était arrivé à Paris sans le connaître et qu'on l'eût présenté dans cette maison, qu'après une file de pièces superbes et magnifiquement éclairées, il fût arrivé dans le salon où il aurait trouvé une jeune femme pleine d'esprit et de grâces, faisant les honneurs à autant de cordons bleus qu'à d'autres, il se serait cru au moins chez une princesse du sang. Villemorien me fit demander si je voulais revendre Cheverny : du premier mot, il m'en offrait cent mille livres de profit. Je repoussai à l'instant toute proposition.

Cependant, M. de Cypierre comblait la mesure des procédés pour moi. Un jour, dans une conversation dont j'étais, le duc de Choiseul nous disait que si la métempsycose avait lieu et qu'on lui demandât quel état il voulait choisir, il ne voudrait revenir qu'en premier ministre ou en intendant. Car, ajoutait-il, ce sont les seuls gouvernants en France. Un général est soumis au ministre; un gouverneur de province, même avec commandement, est soumis au ministre et sous la surveillance de l'intendant. MM. les intendants ne sont pas pris dans les premières familles de l'État : on peut leur donner toute l'autorité nécessaire; nullement soutenus par leurs alliances, ils n'ont que la consistance que l'on veut bien leur donner. Surveillants-nés pour le gouvernement, ils en tirent, pour eux et les leurs, leur fortune : ainsi on n'hésite pas, sans que cela paraisse, à leur donner toute l'autorité, dont ils ne peuvent pas abuser. Les plaintes des gens sont renvoyées à l'intendant, pour en donner d'abord son avis; si ce n'est pas lui, il s'adresse à ses subdélégués qui, tous, ont de grands intérêts à ménager la cour.

M. de Cypierre avait pour subdélégué à Blois [M. Bourdon], un homme d'esprit, le meilleur subdélégué de toute la France : sublime pour le style de sa correspondance, fin, adroit, capable d'être lui-même intendant, nullement intéressé, pieux et l'un des plus honnêtes hommes. Nous ne fîmes bientôt [qu'un][48]. M. de Cypierre voulut bien me donner connaissance des choses les plus intimes : j'étais accoutumé aux affaires, et le secret ne me coûtait rien. Sa correspondance active était presque journalière; avec des vues vastes et droites, une politique des plus adroites, malgré les ennemis que toute place à autorité entraîne après elle, il savait acquérir une grande réputation. Ayant des plans superbes pour son département, sans autre ambition que de s'y maintenir, il ne désirait que d'y rester pour les exécuter, cherchant sa réputation dans son travail. Ménageant M. de Marigny sans me choquer, tous les ans il donnait près de six semaines avec sa femme à Cheverny; quelquefois, il y faisait plusieurs voyages — et tout cela en gardant un juste milieu et tout ce qu'il devait à l'amitié. Si les temps fâcheux qui viennent de passer m'avaient pu permettre de conserver aucune de mes correspondances, combien j'aurais pu prouver les services qu'il me faisait rendre dans la province! combien de grâces il me faisait obtenir, en me faisant par convention être le solliciteur vis-à-vis de lui! combien de démarches indiscrètes, imprudentes, j'ai arrêtées, empêchées, sans avoir l'air de m'en mêler! Cependant, son amitié pour moi était assez connue, pour que tous ceux qui avaient quelques affaires épineuses voulussent m'avoir pour leur solliciteur; me refusant à tout ce qui n'était pas de la plus grande honnêteté, je ne l'ai jamais compromis en rien. Heureux que cette grande amitié et l'autorité précaire dont je jouissais dans la province ne m'aient pas été plus préjudiciables sour le règne de Robespierre! Mais j'ai toujours tâché de ne me pas faire d'ennemis : la probité, l'honnêteté et la fermeté étaient la base de ma conduite.

La fille de M. de Barassy était élevée au couvent de la Madeleine du Traisnel où Mme Soullet, ma cousine, et moi avions une tante de ce nom; Mme de Cypierre et ses deux autres sœurs y avaient été élevées ; l'aînée avait épousé M. Bourgeois de Boynes et l'avait laissé veuf sans enfants. Par amitié pour M. de Barassy et pour la jeune personne, [M. et Mme de Cypierre] cherchèrent un parti dans Orléans; M. Dounant de Chalville, fils du directeur des domaines, ayant perdu son père, fut celui qu'on lui choisit[49]. M. de Barassy lui donnait cent mille livres des deux cents qu'il avait reçues en dot de feu sa femme. Grâce à leurs soins, l'affaire fut conclue à la satisfaction de tous, et pour donner un titre au nouveau marié, M. de Champlost, premier valet de chambre du roi, lui fit avoir la charge de gentilhomme ordinaire qu'il possédait dans sa famille. Cette affaire fut terminée à notre passage à Orléans. La jeune personne était fort jolie, mais avait hérité du goût pour les plaisirs de sa mère, et d'une aversion née pour celui qui était malheureusement destiné à l'épouser.

M. et Mme de Préninville, Jélyotte, Pechméja, leur fils, Mme de La Valette, Mlles Martainville, l'évêque de Comminges, l'abbé de La Galaizière, évêque de Saint-Dié[50], firent tous des voyages à Cheverny, de sorte qu'entremêlant notre séjour de fêtes et de spectacles, tout mon bourg était rempli de gens qui voulaient les partager. Alors, je faisais faire le service de la garde du château par les gardes du corps de la lieutenance générale, et cette représentation ne pouvait que bien faire à la place que j'occupais et à l'amitié de M. de Cypierre. Ce fut à peu près dans ces temps qu'un cavalier vêtu en hussard et voyageant par monts et par vaux découvrit le château; il venait de Chanteloup et allait en Lorraine, dans un petit voyage que le duc de Choiseul faisait lestement en se dérobant aux affaires. On vint me dire que cet étranger se promenait dans le parc : il était l'heure du dîner, je le fis inviter à voir le château. Nous nous connaissions de vue sans nous être jamais parlé. Dès le premier mot, il me dit qu'ayant vu de loin un si beau château, et sachant que les propriétaires y étaient, il s'était bien douté qu'on lui donnerait à dîner. C'était l'aimable, le charmant chevalier de Boufflers[51]; non seulement il dîna, mais il resta quatre ou cinq jours avec nous, et pendant quelques années il a été fidèle à cet engagement. Il parut se plaire avec nous, mais ce qu'il y a de sûr, c'est qu'il nous causa un très grand [plaisir]. C'est l'homme de France, après l'abbé Barthélémy[52], à qui j'ai trouvé le plus d'éloquence dans la conversation. Sans peine, sans effort, le mot propre vient sur les lèvres, les tournures les plus délicates sortent de son esprit; paresseux même pour s'instruire, il n'a pas l'esprit des autres : il devine quand il parcourt un livre, et il a le mérite que tout est à lui et sort de son fonds.

Cependant, mon fils aîné prenait de l'âge. J'avais été obligé de le changer de gouverneur. Mathieu de Lépidor s'était marié, avait voulu que je transporte sur la tête de sa femme quinze cents livres de rente viagère que je lui avais promises. Sa femme, qui le suivait à Cheverny, était morte de la fièvre tierce; ses talents étaient enfouis. Je profitai de l'ouverture qu'il me fit pour le laisser prendre un autre parti, et s'attacher au duc de Lauzun et au chevalier de Luxembourg; j'y coopérai. Je pris un autre gouverneur : j'en fus encore plus mécontent. Alors, je pris le parti de le mettre, avec le fils de Barassy, dans une pension près la grille de Chaillot, dans une maison bien différente de son origine, puisqu'elle avait appartenu à la fameuse Mme Paris, grande appareilleuse de filles[53]. Cette pension était remplie d'enfants de la première volée; il en coûtait fort cher, mais il était difficile de pouvoir donner chez soi une éducation plus élégante, tant pour les talents que pour les sciences. Ainsi tranquille en sacrifiant beaucoup d'argent pour les maîtres, je me débarrassai d'une surveillance incommode chez soi, où non seulement il faut être le surveillant de l'enfant, [mais] même du gouverneur – sans compter que je suis actuellement convaincu que, quelque éducation que vous puissiez donner chez vous elle ne vaut pas, pour limer le caractère, une éducation générale.

Ce fut à mon retour à Paris, que M. de Préninville attendait avec impatience, que j'assistai à la conclusion définitive du marché de la terre de Magnanville[54], près Mantes, qu'il acquit de M. de Savalette de Magnanville, fils de M. de Savalette[55], garde du trésor royal avec M. d'Harvelay[56], son collègue. Ce château, le plus magnifique qu'aucun particulier ait jamais fait bâtir, avait en bas sept salons plus beaux les uns que les autres, et au moins cinquante appartements, tous bien meublés[57]. Ceux du grand château étaient composés d'une antichambre, d'une chambre à coucher, d'un salon, de cabinets, et de tous les logements nécessaires pour le domestique. Mon ami profitait de la folie de feu M. de Savalette qui, sans s'être totalement ruiné, avait dépensé sur la fin de ses jours plus de six millions, dans une profusion qui n'avait pas d'exemple. Dès que le contrat fut signé, il fut décidé qu'on irait y faire un établissement, au commencement du printemps, et que tous les amis et la société, réunis, iraient goûter les plaisirs d'une nouvelle jouissance. La belle, la bonne Mme de Préninville jouissait avec tant de plaisir des agréments de la vie heureuse qu'elle pouvait mener, que toute la société ne désirait que son bonheur, et qu'une seule chose tourmentait sa vie : elle croyait que son mari ne faisait jamais assez pour elle, quoiqu'il fît tout, en homme sage et raisonnable; elle se plaignait à tout le monde. Mais j'étais dans le rôle, difficile à jouer, de l'ami de tous les deux, l'intermédiaire de toutes les brouilles, les [réconciliant] le plus que je pouvais. Le mari l'aimait, mais la voyait telle qu'elle était, sacrifiant tout au plaisir du moment et n'aimant qu'une dépense désordonnée.

Nous partîmes donc, toute la société, à savoir d'abord la famille; Mme de La Valette, M. et Mme de Lafreté[58] (l'administrateur des postes); Mme de Cépoy, femme de l'officier aux gardes, depuis Mme de Castéra, mère de cette trop fameuse Mme de Buffon qui a vécu la guillotine avec le duc d'Orléans[59]; Mlle de Martainville; MM. de Sanlot[60], tous deux à la tête des bureaux de la ferme générale; M. et Mme la marquise de Seignelay, Béthune en son nom[61], et notre cousine comme petite-fille de M. de Boullongne; la marquise de la Ferté-Senecterre et sa fille[62]; Jélyotte et Caillot, les premiers chanteurs de Paris[63], et vivant dans la société; le président de Salaberry et sa femme; le marquis de Chastellux; M. et Mme de Boullongne (le trésorier de l'extraordinaire des guerres)[64] et leur fille, depuis marquise de Laval-Montmorency; l'abbé Raynal, auteur; le fils de M. de Boullongne et Pechméja son gouverneur. Cette société capable de fournir à tous les amusements de la campagne réunissait aussi quelques évêques tels que l'évêque de Comminges et des abbés. Ainsi, il y avait là la meilleure compagnie de tous les états.

Mme de Préninville voulait jouir de tout. Au haut du pavillon du milieu, il existait dans le dôme une pièce voûtée très spacieuse, merveilleusement faite pour [aménager] un théâtre. Le maître de la maison s'y refusait, voyant du premier coup d'œil les dépenses dans lesquelles un plaisir de cette nature l'entraînerait; mais toute la société avait tant d'envie de se divertir en obligeant sa femme, que je fus pris pour l'intermédiaire; on imagina une fête de surprise : elle fut composée dans les vingt-quatre heures. C'était M. de Préninville qui en était le premier acteur, et comme on ne pouvait décemment le lui proposer, je fus chargé de faire le rôle. Il était maigre et élancé, et j'étais fort gros; j'avais mes deux yeux, et un accident l'avait défiguré, quoiqu'il eût une très belle figure : il portait un œil de verre. Tout cela ne nous arrêta pas, et comme il avait grande amitié pour moi, de l'esprit et de la bonhomie, je ne trouvai aucun inconvénient à cette folie.

Je parus donc sur la scène avec sa robe de chambre du matin, un bonnet de nuit à coiffe blanche et un beau ruban sur la tête. Le bonnet me couvrait l'œil que j'étais censé avoir perdu, mais pour ne pas donner à deviner aux spectateurs, je portais sur la poitrine et sur le dos, en gros caractères : *Ceci est M. de Préninville*. Lorsque je parus, je fis un grand effet. Tous les acteurs m'attaquèrent pour me faire construire un théâtre; je copiais le mieux que je pouvais, en charge, mon ami; je me défendais par des raisons péremptoires, mais mes acteurs déployèrent tant de grâces, de talent, que je finis par y consentir, et je débitai, en lui adressant quelques vers, des compliments en demandant que par des applaudissements il ratifiât ma promesse. Il le fit de très bonne grâce. À l'instant, les décorations qui étaient masquées et qu'on avait fait faire à son insu parurent dans tout leur brillant, bien éclairées, et on joua le *Malade imaginaire* dans lequel je fis l'apothicaire; et dans la réception, le chevalier de La Tour et moi, tous deux à peu près de même taille, figurâmes en pharmaciens.

Nous revînmes de ce charmant voyage pour essuyer une scène à Paris, ma belle-mère prétendant que nous devions être près d'elle. Ennuyés de toutes ses tracasseries, nous partîmes pour Cheverny, en nous promettant que si nous faisions de pareilles [parties] nous serions censés pour elle être chez nous. Dans tout le temps qu'elle a vécu – et elle n'est morte qu'en 1777 – il ne s'est pas passé un mois sans qu'alternativement un de ses gendres n'ait éprouvé l'effet de l'humeur la plus capricieuse et la plus déraisonnable possible.

Une partie de ma société venait nous voir à Cheverny; l'éloignement ne rebutait personne. M. et Mme de Préninville y vinrent faire leur troisième voyage, qui fut le dernier; il fut aussi brillant que les autres. M. Péan arriva d'Onzain pour nous inviter à aller le lendemain dîner [chez lui]; il amenait trois chevaux de selle avec lui, pour ramener chez lui ceux qui voudraient. Cette façon honnête d'un homme que nous n'avions pas encore vu m'obligea à y répondre : je couchai chez moi ceux qui voulaient l'accompagner à cheval, et M. de Préninville, deux autres personnes et moi nous nous mîmes dans une berline, avec un relais de six chevaux à Blois. C'était entre hommes; le dîner fut superbe, et les vins de tous les pays nous furent prodigués à nous en fatiguer. Mon beau-frère M. de Salaberry, qui avait choisi de l'accompagner à cheval, saisissait avec une facilité charmante toutes les occasions où il pouvait prendre du plaisir; le bon vin le mit en gaieté sans le griser, et le voilà après dîner, tout en parcourant les dehors et les dedans de l'habitation, qui prend M. Péan en amitié et qui lui dit : « Monsieur, tandis que vous étiez à la Bastille et que vous attendiez l'événement de votre procès, vous deviez avoir bien du regret et croire que vous ne jouiriez plus d'une si agréable possession. » Le président lui disait cela d'abondance de cœur, comme il le sentait – *in vino veritas*. Mais Péan, qui avait eu tous les tourments de l'inquiétude, laissa couler quelques larmes. Mon beau-frère, qui dans tout autre moment aurait senti son imprudence, ne voyait rien, n'entendait rien. Quelque chose que nous fissions, nous ne pûmes l'arrêter sur une effusion de cœur qui n'aurait jamais fini, si nous n'avions pris le parti de remonter en voiture. Cette scène nous divertit tout le temps du retour, et le lendemain, M. de Salaberry ne pouvait comprendre comment pareille inconvenance lui avait échappé.

J'étais, comme je l'ai dit, l'ami de M. de Sartine, lieutenant de police. J'eus besoin de lui pour deux affaires que je vais détailler. Une personne d'une des bonnes familles de Blois vint me trouver en particulier. Voici ce qu'elle me dit : « Je suis, monsieur, envoyé de toute la famille auprès de vous, pour vous prier dans le plus grand secret de lui rendre un très grand service. Je commence par vous dire qu'elle vous laissera le maître de faire et de dépenser ce que vous voudrez pour lui sauver l'honneur, et que c'est vous qui emploierez tous les moyens qui conviendront. » Ce début intéressant me pressa de lui demander ce qu'il attendait de moi. « Voici le fait, me dit-il. Vous connaissez de nom la famille ..., dont vous connaissez M. et Mme Untel. Eh bien, ils ont deux enfants. L'aîné a de l'esprit, fait des vers très agréablement, avait dans les fermes une place très agéable. Il avait les meilleurs témoignages, lorsque se trouvant au foyer de la comédie de la ville de ... où il résidait, il s'empara d'une belle canne à pomme d'or. Il ne le put faire sans qu'une personne le vît; on la redemanda publiquement, et huit jours après on le surprit chez un orfèvre de la ville, vendant au poids la pomme d'or. À l'instant, il fut destitué. Sa famille, furieuse de son deshonneur, obtint une lettre de cachet pour le soustraire à la justice, et il fut conduit au cabanon de Bicêtre[65]. Je suis son parent proche. Il n'avait que dix-huit ans, il y a dix-huit mois qu'il y est, et sa famille, touchée de mes remontrances, vous met son sort entre les mains. » Malgré ma répugnance à m'employer pour tel objet, ma considération pour la famille me fit accepter.

Arrivé à Paris, je contai mon aventure à M. de Sartine. Il me dit à l'instant : « Mais je connais ce nom-là! Il m'adresse tous les mois des pièces de vers, plus jolies les unes que les autres. J'en ai même une, arrivée d'hier, sur mon bureau. » Il me la remit : elle était écrite avec esprit et délicatesse. Après m'avoir assuré que, depuis qu'il était à la tête de la police, il n'avait pas vu sortir du cabanon de Bicêtre un sujet qui se fût amendé, il m'exhorta à tenter [l'expérience] vis-à-vis d'un sujet qui paraissait par son esprit au-dessus de la classe du commun; et à l'instant, il donna des ordres pour qu'un exempt de police vînt chez moi le lendemain. Ce monsieur arriva; je dis monsieur, car il était mis fort élégamment, avait une tournure de politesse au-dessus de sa profession; en entrant, il me dit : « Monsieur, c'est de la part de M. le lieutenant de police, qui m'a dit de vous servir dans tout ce qui dépendrait de mon ministère. » Nous convînmes alors que je ferais sortir [le jeune homme] de Bicêtre un jour convenu; que je demanderais à M. de Sartine de le placer dans une maison de retraite près l'Estrapade; que l'exempt irait le chercher, le conduirait dans sa nouvelle demeure sans lui dire quel était son protecteur; que par degrés on lui rendrait sa liberté, selon les témoignages qu'on me donnerait de sa bonne conduite. Je soupai dans la semaine chez M. de Sartine qui, instruit de ma conversation, tenait dans sa poche un ordre tout prêt pour me donner libre entrée dans cette maison et [me faciliter] la surveillance de mon protégé.

L'exempt fut exact; le jour convenu, il se rendit à Bicêtre dans un fiacre, exhiba ses ordres. Le détenu lui fut délivré, ils montèrent dans un fiacre dont les fenêtres de bois étaient fermées, et le cocher, qui avait ses ordres, les conduisit. Le jeune homme, dans le chemin, se trouva mal; il demanda pour toute grâce de lui nommer l'ange tutélaire à qui il devait sa délivrance; l'exempt avait ordre d'être impénétrable, mais il lui donna toutes les consolations d'une âme tendre et sensible : il lui annonça qu'il allait être dans une maison gouvernée par des femmes sévères, justes et humaines; que sa conduite future déciderait s'il serait rendu à la liberté; et il finit par le déposer à sa destination. L'exempt vint le lendemain me rendre compte, mit de la délicatesse dans le paiement des frais et de sa journée, et me dit que, comme l'inspection de cette maison le concernait, il m'instruirait exactement. Je ne tardai pas à voir arriver une de ces dames, qui étaient trois sœurs d'un certain âge; elles tenaient cette maison avec six servantes fortes et robustes, et répondaient de deux bâtiments où on mettait hommes et femmes connus que, pour cause de désordre ou de dissipation, sur avis des parents on décidait de soustraire à la société. M. de Sartine lui avait dit de me regarder comme un autre lui-même; je trouvai dans cette dame de l'humanité. Un jeune homme de vingt ans, avec de l'esprit, de la tournure, et parlant à merveille, était fait pour intéresser; elle me dit que le médecin de la maison l'avait trouvé attaqué d'un scorbut qui venait du séjour du cabanon; qu'il fallait le traiter; qu'il fallait s'occuper de sa garde-robe : il était tout nu, pour ainsi dire, et l'habitude de ces dames était de faire manger tous les prisonniers en commun. Elles avaient des moyens de répression dans un corps de garde du guet voisin, si on s'écartait des règles, écrites et affichées dans la maison afin que tout détenu en eût connaissance. Je ne voulus m'y rendre que lorsqu'on me dirait qu'il était totalement guéri; je satisfis à toutes les dépenses, comme on m'y avait autorisé, et j'étais remboursé à mesure.

Enfin, sur la sûreté que me donna la dame que je pourrais le voir sans altérer sa santé, sur les louanges qu'elle me donna de sa bonne conduite, j'y allai au bout de trois semaines. Cette maison était dans une rue isolée; dès que je fus entré, on ferma la porte à double tour. Je montai un escalier d'un beau bâtiment, qui donnait la jouissance d'un grand jardin planté de vieux arbres, entouré de murs fort hauts; la tenue de l'ensemble avait plus l'air d'une maison particulière que d'une maison de force. Mon jeune homme fut introduit dans le salon. Dès qu'il me vit, il s'inclina jusqu'à terre, s'avança avec grâce pour me baiser la main, qu'on imagine bien que je retirai. Sans s'excuser sur ses fautes passées, il s'exprima avec énergie sur ce qu'il avait souffert, et finit par dire qu'il espérait bien, dans ce monde-là, avoir expié ses fautes par une pénitence à l'égal du purgatoire. Ces dames s'empressèrent de m'en rendre le meilleur témoignage, et après lui avoir donné des espérances et des consolations, je voulus le quitter, lorsque ces dames, qui désiraient que je connusse leur régime, m'invitèrent à parcourir la maison. À l'instant, le salon se trouva plein de tous les individus qui l'habitaient, excepté deux ou trois maniaques qui se promenaient tristement dans le jardin; toutes ces personnes jugeaient de mon crédit par la confiance qu'on me montrait. Alors, il me fallut essuyer une audience en règle; je reconnus deux femmes que j'avais vues autrefois dans le monde. Chacun s'empressa en particulier de me conter sa triste aventure, chacun avait son mémoire tout prêt pour le lieutenant de police ou pour ses parents. Enfin, après leur avoir bien répété que je ne pouvais rien dans le gouvernement, je sortis en leur promettant que je ferais de mon mieux, et protestant que de ma vie je ne retournerais dans une maison où mon cœur était oppressé de voir l'humanité souffrante.

Je rendis à M. de Sartine un fidèle récit de cette scène, lui remis toutes les lettres et mémoires, et ne m'intéressai réellement que pour une jeune femme dont la jalousie de son mari avait fait surprendre au ministre, sur un faux avis de parents, sa détention; elle sortit sous les huit jours. Que les affreux désorganisateurs aient dit tout ce qu'ils ont voulu de l'ancien gouvernement : je puis certifier que moi, qui ai connu M. de Sartine depuis sa jeunesse, et qui l'ai suivi d'amitié dans toutes ses places, je puis protester qu'il ne cherchait qu'à être éclairé et à faire autant d'heureux que sa place lui permettait d'en faire; qu'aucun despotisme, aucun venin n'est entré dans son âme; que doux, humain, excellent dans son intérieur, il cachait par son silence, ou son émotion, ou ce qu'il avait oublié et dont on lui parlait[66]. Il connaissait les hommes plus par pratique que par théorie, mais la nature l'avait bien servi en lui donnant une figure sage et un maintien magistral.

Nous fixâmes donc à six mois l'épreuve du jeune homme; on me rendait compte, et cela me suffisait. C'étaient des témoignages excellents : j'en instruisais la famille qui me laissait totalement le maître. Le sixième mois, une de ces dames arriva et me conta que le jeune homme avait abusé de la grande liberté qu'on lui avait laissée : il avait trouvé moyen, par un tuyau de cheminée, de se rendre chez une jolie femme détenue qui couchait au-dessus de lui; bref, elle était grosse. C'était la faute des gardiennes; d'ailleurs, un homme de vingt ans détenu depuis deux ans pouvait être excusé de s'égarer vis-à-vis d'une jolie femme qui en devait savoir plus que lui, puisqu'elle n'était enfermée que pour cette cause. De sorte que j'arrangeai la chose en le faisant sortir quinze jours plus tôt, et en enfouissant le secret entre peu de personnes, le lieutenant de police compris.

Après l'avoir vêtu convenablement de pied en cap, je convins avec lui qu'il logerait près de chez moi; que tous les matins, il passerait la matinée chez moi à écrire sous ma dictée; que le soir, il irait travailler chez un notaire qui y consentit; et que, s'il se conduisait bien, ne pouvant retourner dans sa patrie où son affaire avait fait du bruit, il attendrait mes sollicitations pressantes à M. Roslin, alors à la tête de la ferme, pour lui faire avoir un emploi lucratif où il n'eût pas de maniement d'argent. Il s'y conforma pendant un mois, mais se négligeant, après, il ne venait plus que des demi-heures. J'avais laissé plusieurs fois sur ma cheminée des louis épars, dont je savais le compte, pour l'éprouver; rien, aucun autre effet n'avait été détourné. Cependant, il ne venait plus chez moi si bien vêtu : il venait en redingote; je lui en fis des reproches; il me dit d'un air si naïf qu'il avait taché par accident son habit que je le crus. J'envoyai chez le notaire : il n'y allait plus depuis huit à dix jours. J'en étais à cette inquiétude, lorsque la personne qui m'avait intéressé pour lui, et qui l'observait, me vint avertir que depuis huit jours il avait perdu dans un tripot son argent et ses meilleurs habits, et qu'on l'avait surpris dans cette malheureuse position. Il avait avoué tout, et consentait à être engagé dans le corps qu'on voudrait. Cela ne fut pas long : il le fut dans la matinée, et, séduisant pour ses officiers comme il l'avait été pour tous ceux qui s'étaient intéressés à lui, il avait obtenu son congé et s'était engagé dans une troupe de sauteurs pour faire les rôles de Gilles. Enfin, il finit sa carrière dans l'année, des suites d'une maladie honteuse, et il vérifia la certitude que M. de Sartine m'avait annoncée, que jamais un homme qui avait passé un an au cabanon ne pouvait être rendu à la société, attendu que la corruption de tous les mauvais sujets qui s'y fréquentaient se gravait au fond de leurs cœurs.

Cependant, les embellissements que je faisais tous les ans à Cheverny le rendaient de plus en plus habitable. Je commençai par rétablir ce qui n'était que dégradé; chaque année fut destinée à faire un pavillon par hiver : ils étaient cinq, il y en avait pour cinq ans. Je faisais des marchés et on les suivait, de sorte que j'entrais en jouissance à chaque retour; je n'avais plus qu'à meubler. J'étais effrayé des hauteurs; heureusement que j'avais acheté des meubles, que j'en avais apporté pour plus de quarante mille francs, et que tous les hivers je courais à Paris faire des emplettes. Un hiver fut consacré à acheter des cheminées de marbre : il m'en fallait vingt-sept. La nécessité me rendit industrieux; je visitai à pied tous les marbriers de Paris, je n'achetai que des cheminées de réforme; elles étaient superbes : la mode n'y était plus, la fureur de bâtir et d'embellir était au comble.

J'en profitai. Une autre année, je fis l'emplette de soixante serrures de cuivre anglaises; de sorte qu'avec du temps et de la patience, en douze ans je rendis ce château un des plus habitables de la province. Voulant jouir, et le château étant très vaste, je n'en étais pas pour cela privé de la société, puisque je ne faisais travailler qu'à mon départ.

Remière, mon secrétaire, avec la meilleur volonté, se trouvait insuffisant. Caumartin, [père] de mon cuisinier, devenu maître d'hôtel, fit l'impossible pour avoir cette place pour retraite; sa femme servait la mienne en qualité de femme de chambre. Nous eûmes l'un et l'autre la faiblesse d'y condescendre; Remière entra aux postes par ma liaison intime avec le baron d'Ogny, intendant des postes. M. de Montigny ayant atteint l'âge pour posséder la place de trésorier des états de Bourgogne, d'Ogny s'était trouvé sans occupation, ayant vendu sa place de conseiller au parlement de Dijon, et ayant de ses épargnes une très belle fortune. Jannel, élevé par le père de M. d'Ogny, était devenu l'homme de confiance du roi, qui l'avait élevé à la place d'intendant général des postes. Louis XV aimait à savoir toutes les intrigues : on a vu par sa conduite que ce genre l'amusait beaucoup. Jannel avait un bureau secret où on décachetait les lettres; six commis, dont un M. Avril était le chef (ce qui lui valait quinze mille livres de rente) y travaillaient; une entrée secrète, un lieu encore plus caché étaient faits pour se réunir. L'objet premier était de découvrir soit les correspondances extérieures, soit celles intérieures, et [de voir] s'il ne se tramait rien contre l'État. Tous les gens instruits le savaient, sans pouvoir dire *de visu* ce qui existait. Les lettres étaient si bien recachetées qu'il n'en restait aucune preuve [matérielle]. Le roi, dit-on, voulait que toutes les semaines Jannel lui communiquât les anecdotes plaisantes qu'on trouvait, surtout celles des prêtres et des séminaristes. Il s'en amusait, mais il était d'une discrétion impénétrable. Cependant, dans son travail avec les ministres, surtout avec Boyer, évêque, qui avait la feuille des bénéfices[67], sa mémoire sûre lui rappelait des anecdotes sur les personnes qu'on lui présentait pour être placées, et un refus sec et non motivé, en rayant le nom lui-même, faisait juger qu'il en savait plus qu'il ne voulait en dire.

Enfin, Jannel mourut, et le roi dans son dernier travail lui demandant de lui donner un homme en qui il pût avoir une pareille confiance, il se ressouvint des obligations qu'il avait au père de d'Ogny, qui de son côté était le plus honnête homme possible; il le lui nomma comme le seul homme fait pour le remplacer. Secret comme son maître jusqu'à la fin, il mourut sans rien dire. Il n'était pas marié ni n'avait de parents; il institua le baron Rigoley d'Ogny son légataire universel : celui-ci se trouva en possession d'une maison délicieuse et faite pour le mystère, dans la rue de Clichy, proche la Chaussée-d'Antin. Cependant, le roi fut plus d'un mois sans nommer un successeur à Jannel. Le duc de Choiseul n'aurait nullement trouvé cette place au-dessous de lui : c'était réunir tous les pouvoirs et avoir le secret de tout le monde. Le duc ne fut pas longtemps sans savoir que le successeur était nommé *in petto*. Le roi avait envoyé chercher en secret d'Ogny, était convenu avec lui de ce qu'il devait faire, en fut content, et le proclama le surlendemain[68]. De ce moment, il eut en lui la même confiance qu'il avait eue en Jannel, et jamais il n'a eu à s'en repentir — excepté que le dernier a toujours servi sans desservir jamais personne, ce qu'on ne pouvait dire du premier.

Remière fut donc placé à l'instant, et de là devint le secrétaire de Bouret[69], administrateur des postes et fermier général. Je vais conter tout ce que j'ai su de cet être singulier, dont le caractère étonnant le conduisit à une grande fortune, l'ayant connu et vu assez pour le savoir. Bouret était né avec beaucoup d'esprit, une figure vive, gaie et ouverte; très jeune, il eut une place de receveur des tailles. C'était le plus généreux, le plus prodigue, le plus obligeant de tous les hommes. Un de ses amis se trouva dans le pressant besoin d'une somme considérable; il s'adresse à lui; Bouret ne l'avait pas, ni aucun moyen de l'avoir. Il rêve; il se rappelle qu'on lui propose une femme qui a cette dot, et qu'il a refusée parce qu'elle est très peu jolie. Il se décide à l'instant, écrit qu'il accepte, donne [la dot] à son ami, et épouse[70]. On sent parfaitement que l'union ne fut pas fort tendre; mais fidèle à ses engagements, il eut d'elle beaucoup de filles.

Il vint à Paris, s'introduit auprès de M. de Machault, garde des Sceaux, lui plut par ses moyens comme par son esprit, fut envoyé à [Marseille][71] pour parer à la famine qui menaçait la [Provence]. N'ayant nul moyen que cent mille écus confiés par le ministère, il déterre à Montpellier un M. Vassal, employé dans les vivres, fait charger des bateaux combles de sacs de blé, dont le dessus était du blé et le reste rempli de garniture singeant le blé. Il court à [Marseille], annonce qu'il vient faire cesser la disette par ordre du gouvernement, qu'un convoi de bateaux, suivi successivement de beaucoup d'autres, va arriver. Le premier, tout chargé de blé, arrive; les autres se succèdent. Les inquiétudes se calment, les accapareurs, les monopoleurs se croient ruinés et portent au marché, et en huit jours la famine cesse, l'abondance renaît. Les [états de Provence] lui font frapper une médaille en reconnaissance, tandis que du Languedoc le parlement de Toulouse lui fait son procès par contumace et le condamne à être pendu. Il arrive avec M. Vassal, le présente au ministre comme celui qui a sauvé la [Provence] — ce qui le mit à portée de faire une fortune immense par son intelligence. Pour lui, on lui accorde une place de fermier général. Il parvient jusqu'à Mme de Pompadour, jusqu'au roi, qu'il amuse par ses saillies et son dévouement.

[Il était] fidèle à la reconnaissance. M. de Machault perd, de maladie, un chien épagneul qu'il aimait beaucoup. Bouret fait chercher dans tout Paris un chien pareil, le trouve; il fait faire une simarre et une perruque comme [celles] de M. de Machault, s'en revêt tous les jours, pour le caresser et lui donner à manger. Le chien dressé, il l'apporte chez son protecteur, et en le mettant dans l'appartement il lui dit : « Votre chien n'est pas mort, je l'ai sauvé. » Le chien ne sait quelle fête faire à son nouveau maître, étant accoutumé au costume; M. de Machault est enchanté et admire l'adresse de Bouret[71 bis].

Comment lui rien refuser? On le fait administrateur des postes avec la place de fermier général, et de plus le ministre y joint le travail direct avec lui. Alors, il devient le plus prodigue et le plus obligeant de tous les hommes. Il loge sa femme séparément de lui et lui donne plus que [sa suffisance]; amoureux de toutes les jolies femmes[72], rien ne lui coûte : places, cadeaux, fêtes... Une femme très jolie met un prix à ses faveurs : c'est de lui procurer des poissons de la Chine; Mme de Pompadour alors en possédait, seule; ne pouvant les distraire, il en fait faire six en or, émaillés, et mécaniquement construits; dans un petit bassin, par le moyen de l'aimant, ils imitaient à s'y méprendre [les vrais].

Sa sœur, Mme Gaulard, avait pour fille Mme de Préaudeau[73], la plus superbe personne de Paris. Elle devient sultane favorite; il la fait faire toute nue en marbre, dans son salon : c'était Vénus sortant des eaux. Un particulier ose lui demander : « Sûrement, madame, c'est la réalité...? Heureux le sculpteur qui a vu un si beau modèle! » Elle répond : « Il est vrai que c'est moi. Mais il ne m'a jamais vue toute nue : il a d'abord vu mes jambes, et je les ai recouvertes, et successivement les autres choses en détail, avec les mêmes précautions. Ainsi, quoiqu'il m'ait parfaitement copiée, il ne peut se vanter de m'avoir vue toute nue. »

Cependant, Bouret place ses deux frères[74] : Mme de Préaudeau, veuve, épouse un de ses frères qui est fait fermier général; un autre, Bouret de Valroche, est aussi fermier général. Ainsi, en peu de temps, toute sa famille tint les meilleures places de la finance. L'aînée de ses filles épouse M. Le Gendre de Villemorien, conseiller clerc au parlement; par la protection de M. de Machault, qui l'aimait comme son fils, on le fait fermier général et administrateur des postes; la seconde épouse [M. de La Haye]; la troisième, M. Thiroux de Montsauge, administrateur des postes[75] et père de la comtesse Louise de Durfort. Enfin, il bâtit à la Grange-Batelière la superbe maison qu'il revendit depuis à M. de Laborde, et qui a passé à M. le duc de Choiseul. Il bâtit aussi dans le parc de Versailles un rendez-vous pour le roi[76], quoique son crédit baissât, le donne au roi qui le refuse, et se contente, lui, Bouret, pour toute grâce d'y traiter le roi. Toujours magnifique, il achève de se ruiner. N'ayant plus le travail avec le ministre (il était passé à M. Roslin, l'oncle de ma femme), il est obligé de s'adresser à ceux qui lui devaient leur fortune : il trouve peu de secours et beaucoup d'ingrats. Accablé de dettes, il prend la résolution de terminer sa carrière; il paraît qu'il méditait ce suicide depuis longtemps. Du moins Remière m'en a-t-il conté toutes les particularités. Il portait toujours sur lui une boîte remplie de pilules d'arsenic; il va souper en ville, rentre chez lui, renvoie son secrétaire après avoir signé quelques lettres; il se couche, se relève, prend une dose d'opium et avale les pilules d'arsenic. À 7 heures, on entre chez lui : il se débattait encore, et meurt à l'instant. Les deux flancs, au bas des côtes, parurent livides, et on ne douta pas du genre de mort[77]. Il fut enterré sans bruit; ainsi finit un homme dont la carrière fut brillante, et qui pouvait se vanter d'avoir obligé des milliers de personnes : bel exemple de l'instabilité des choses humaines.

Presque vers ce temps mourut Mlle d'Alencé[78], marquise de Thomas de La Valette, sœur de la baronne d'Ogny et mère de Thomas de La Valette, qui a joué un si terrible rôle avec Robespierre[79]. Elle était notre amie intime, ainsi que toute sa famille. Elle fut prise d'une fièvre maligne dont elle se rétablit. Je vais rapporter un seul pressentiment [parmi] bien d'autres que j'ai éprouvés. Elle vient nous faire une visite, belle, brillante, et fort parée. À 5 heures du matin, sommeillant, je me réveille par la croyance que quelqu'un me crie à l'oreille : « Mme la marquise de La Valette est morte. » Je le dis à ma femme, à plusieurs autres personnes, comme un rêve singulier, et ne m'en occupe plus. Je passe chez elle le soir : son mari me reçoit et me dit qu'elle a un peu de fièvre et est dans son lit. Mon rêve me revient, et elle meurt dans la nuit même. Thomas de La Valette était neveu du fameux père de La Valette[80], supérieur de l'Oratoire. Bienfaiteurs de cette congrégation, ils y avaient une sépulture. Le convoi, où nous assistâmes tous, fut superbe, bien différent de la mort de son fils, qui a emporté une partie de l'exécration publique, le reste étant distribué à ses continuateurs.

Cependant, à mon arrivée à Paris, mes maux de tête augmentaient; c'étaient des rages; je n'avais pas, sur un mois, quinze jours de santé; j'avais des éblouissements avant mes douleurs de tête, et je voyais des feux en zigzags qui couraient le long de l'orbite de l'œil, et qui me privaient des demi-heures de distinguer les objets. Il s'établissait un mal de tête porté sur un œil. Rien ne me soulageait; l'ipécacuana, ma grande ressource, devenait insuffisant; je ne vivais alors que de café. Tous les avis de la famille ne me donnaient que des palliatifs, et j'étais las d'en prendre. On me mit au quinquina : mes maux augmentèrent. Tronchin[81], le fameux médecin, était à Paris, logé au Palais-Royal. La ville et la cour y couraient : c'étaient des audiences comme pour un premier ministre; chacun passait à son tour, et pour un louis d'or qu'on laissait sur la cheminée, on avait le droit de lui parler et d'avoir sa consultation. J'étais dégoûté des remèdes et désespéré de mon état; depuis trois ans, j'avais dans la vue un point noir qui suivait exactement l'endroit que je fixais, de sorte qu'en lisant ou en écrivant, ce point noir suivait ma plume ou mon papier. Un autre symptôme, plus effrayant, se manifestait depuis six mois : si je portais ma vue par exemple sur du blanc, la nuit, je reportais ce même objet sur un autre endroit que je fixais, et ce prodige continuel ne se dissipait qu'après quatre ou cinq battements de [paupière]. Je me hasardai donc pour la première fois à aller consulter cet homme que je n'avais jamais vu, et sur qui les avis étaient très partagés : les médecins de Paris lui donnaient le titre d'empirique, quoiqu'ils sussent qu'il était l'élève de Boerhaave[82].

J'allai donc à son audience; son salon était plein de monde de tous les états; il me fallut attendre deux heures pour passer à mon tour. J'arrive dans son cabinet, je lui dis mon nom. À l'instant, il me dit qu'il me connaissait beaucoup si j'étais celui qui avait acheté Cheverny; que M. et Mme d'Harcourt lui avaient beaucoup parlé de moi; qu'il connaissait mes lettres et mon style. Cette connaissance faite, il me laissa détailler ma maladie avec une patience charmante, sans m'interrompre un instant, m'écoutant avec le plus grand intérêt, chose rare dans un médecin si occupé, surtout vis-à-vis d'un monde qui devient bavard quand il ne le serait pas pour toute autre chose. Voici sa réponse; elle est trop singulière : « Monsieur, je vois à tout ce que vous venez de me détailler qu'il faut autant de courage à vous qu'à moi; à moi, pour vous le dire; à vous, pour l'entendre. Êtes-vous aisé à effrayer? » Ce début était singulier. Je lui raconte que je m'étais fait inoculer de compagnie, que je n'avais pas eu auparavant un instant d'inquiétude, et que je me croyais maître de ma tête. « Eh bien, reprit-il, il faut, monsieur, en honnête homme vous parler vrai. Je commence par vous assurer que, sans vous connaître, je prends personnellement beaucoup d'intérêt à vous : je vous ai jugé à Genève. Il serait bien malheureux que, trente-six ans en état de jouir de tous les plaisirs de la vie, heureux autant qu'on peut l'être, vous fussiez dans le cas de perdre en un instant cet avantage. Je vais vous parler vrai, vous mettre le doigt sur votre maladie — à une condition : que, sorti d'ici, vous n'en parlerez à qui que ce soit. Les médecins de Paris me traitent de charlatan; les remèdes que je vais vous faire sont singuliers. Je vous demande trois semaines pour les suivre; et si, au bout de ce temps, vous trouvez de la diminution dans les symptômes qui vous affligent, vous en tirerez la conclusion que j'ai frappé le but. Alors, vous continuerez, et je vous guérirai. Vous êtes, monsieur, menacé de la goutte sereine; je suis étonné qu'elle ne vous ait pas encore atteint. Vous le devez à votre jeunesse et à une bonne organisation. Cette paralysie du nerf optique, une fois fixée, est inguérissable. Les médecins vous diront qu'ils y parviendront; mais c'est le désespoir de la médecine une fois qu'on en est frappé, et moi qui vous parle, je n'ai pu procurer que des soulagements bien insuffisants. Je parierais que vous avez eu des goutteux dans votre famille.

— Rien n'est si vrai, monsieur, l'interrompis-je; mon père et mon grand-père en sont morts.

— Eh bien! monsieur, reprit-il, c'est une humeur goutteuse qui vous tourmente; elle n'est pas fixée, et on a fait tout ce qu'on a pu pour vous la fixer dans la tête. On vous fait beaucoup couvrir la tête; mais les médecins de ce pays oublient l'anatomie : la tête est le couvercle du pot chimique qu'est l'estomac. L'anatomie nous prouve que la tête fourmille de petits vaisseaux, en bien plus grande quantité que dans les autres parties du corps. Elle nous couvre le sommet de la tête de beaucoup de cheveux dans notre jeunesse, et nous prépare à la vieillesse en nous faisant perdre et dégarnir les cheveux. Paris est sujet, bien plus que d'autres villes, à des paralysies et à des apoplexies; je les attribue aux grandes perruques, et à l'habitude où je vois les habitants, même au spectacle, de se couvrir la tête entre les actes. Je suis obligé par état — et pour ne pas fronder le costume des médecins à Paris — de m'affubler d'une perruque; comme nous sommes seuls pour quelque temps, vous allez voir, dès que je suis avec des amis, ce que j'en fais. »

À l'instant il se lève, ôte sa perruque, l'accroche à un clou qui avait été placé pour cet objet dans la superbe boiserie du cabinet qu'il habitait, et se remet à suivre ses conseils. Tout à moi, il fit dire que ses consultations étaient finies pour ce jour-là; il continua donc ainsi : « On vous ordonne des purgations, mais on fatigue vos nerfs qui vont jouer un grand rôle; et toutes les drogues du Pérou et de la

Chine ne vous diminueront pas votre mal. On vous fait prendre dans vos attaques beaucoup de lavements; et c'est un repoussoir dans vos entrailles qui reflue dans le diaphragme et met en mouvement les nerfs qui répondent au cerveau. Vous remarquerez que si, désormais, vous vouliez en prendre, vous détermineriez ces éblouissements qu'il faut faire cesser. Voici donc le traitement que je vais vous ordonner; il paraîtrait insuffisant à tous les médecins, mais je suis convaincu de la réussite par les différentes cures que j'ai faites, et je vous demande votre parole d'honneur que vous le suivrez.

— Je vous la donne, lui dis-je en lui prenant les mains.

— Vous ferez à l'instant acheter une brosse de chiendent à main, telle qu'on s'en sert pour brosser la tête des enfants dans leur bas âge; à commencer de ce soir, vous vous ferez frotter les jambes, en commençant par le genou, jusqu'au bout de chaque pied, avant de vous mettre au lit, et cette friction vous rendra aux jambes la chaleur que vous avez totalement perdue. » Il disait la vérité. « Vous ferez la même friction le matin, et c'est un devoir journalier dont vous prendrez l'habitude tant que vous vivrez. D'aujourd'hui vous cesserez tout remède, tout quinquina, tout ipécacuana, et surtout vous ne prendez aucun lavement, ni aucune boisson; vous mangerez comme à votre ordinaire, en vous abstenant de tout excès, surtout vis-à-vis des femmes; vous coucherez dès ce soir les rideaux de votre lit ouverts; et au lieu d'un traversin de plume, vous en ferez faire un de crin, qui vous suivra partout. Voilà le régime que je vous prescris. Vous vous couvrirez singulièrement les pieds la nuit, jusqu'à ce que vous ayez établi une transpiration insensible, que vous continuerez par le même moyen. Vous supprimerez tous les bonnets de nuit possibles dès ce soir; vous n'aurez plus d'autre bonnet qu'un filet tel qu'en [utilisent] les perruquiers pour attacher les cheveux des perruques qu'ils vendent. Vous éviterez de fixer le grand jour, tout ce qui est blanc, et vous vous attacherez à ne les fixer que sur du vert ou du noir. Vous ne fixerez jamais l'eau, surtout lorsqu'elle est courante. Je vous prie de ne pas venir me revoir d'aujourd'hui en trois semaines, parce qu'il faut que je juge de l'effet de ces petits moyens, ainsi que de la parole que vous m'avez donnée de les suivre exactement. Nul autre remède, ni médecine, ni lavement. Ne mettez jamais votre chapeau, même à cheval, à moins que vous ne soyez au soleil, et songez que dès que votre tête transpirera, vous aurez la migraine. Ainsi, je vous défends tout exercice qui vous fasse transpirer, car à l'instant la même humeur se porterait à votre tête. »

Dès que je fus rentré chez moi, je ne manquai pas d'instruire ma femme de la consultation. Ce fut elle-même qui présida à tous les détails avec un zèle, une amitié au-dessus de ce que je puis écrire;

dans les huit jours, les éblouissements revinrent, mais les douleurs de tête diminuèrent graduellement. Enfin, jusqu'au terme que Tronchin m'avait prescrit pour le revoir, je m'aperçus d'une vraie [amélioration] dans mon état. Je me rendis à 5 heures chez lui; il m'attendait, et n'avait ce jour-là que deux personnes chez lui, ayant fermé sa porte. Je lui rendis compte de ma situation, et de mon exactitude à faire ce qu'il m'avait ordonné. « Vous voilà donc, monsieur, convaincu ainsi que je l'étais que c'est une humeur goutteuse qui se portait dans votre tête, et qui aurait fini, peut-être dans la huitaine, en goutte sereine, car j'en connais les périodes. Actuellement, il ne faut pas — et il n'est pas dans ma puissance de vous ôter l'humeur goutteuse. Lorsque la goutte prend à des personnes au-dessus de trente ans, il est certain que les attaques sont moins fréquentes, moins pernicieuses qu'à des sujets de vingt ans : ceux-là sont destinés à une vie bien misérable. Voici le traitement que vous allez faire, sans vous déranger jamais de la manière dont on vous traite par ce que je vous ai tracé. Vous prendrez une terrine, de terre vernissée, de la forme la plus grande; vous l'établirez sur un fauteuil; vous ferez tirer de l'eau du puits, à la température dont elle est, ni plus froide, ni plus chaude; vous en ferez remplir votre terrine, et en sortant de votre lit vous vous plongerez la tête dedans, en vous soutenant avec les mains sur les bras du fauteuil. Vous vous y plongerez en commençant par le sommet de votre tête, jusqu'au nez, de manière qu'il n'entre pas d'eau dans votre nez. Vous vous promènerez ensuite cinq minutes et recommencerez cette douche trois fois. Je vous observe que si, avant d'avoir reposé votre sang, vous vouliez vous rebaigner tout de suite, vous éprouveriez un coup de piston qui vous frapperait au cœur et vous ferait beaucoup de mal dans le moment. Vous prendez cette douche pendant trois semaines tous les jours, et reviendrez me voir à pareille époque. »

Rentré chez moi, je suivis avec confiance l'ordonnance. Dès le premier jour, je m'aperçus de la netteté de ma vue : le point noir ne reparaissait plus que par instants; les éblouissements revenaient au temps périodique, mais le mal de tête était supportable; je pouvais lire et écrire, et vaquer à mes affaires. Enfin, je me trouvai si bien, si calme dans les trois semaines que, voulant vérifier toutes ses observations, je me déterminai, à peine sorti de l'eau, à me replonger la tête à l'instant; sans mon valet de chambre et mon laquais, je tombais de toute ma hauteur; je sentis au cœur un coup de piston si décidé que je chancelai, et que je n'aurais pas été en état de me baigner une fois de plus. Je me rendis à l'heure dite chez Tronchin, je lui rendis un fidèle compte. Il s'informa du froid que j'avais eu aux jambes : il disparaissait journellement. « Alors, me dit-il, je puis vous assurer que vous êtes entièrement guéri de la goutte sereine, mais que vous courez deux chances; la première, d'avoir la goutte sous un an, ou peut-être dans dix, il n'est pas dans la puissance humaine de vous rien fixer à cet égard. L'autre chance est une humeur hémorroïdale, et je l'aimerais mieux pour vous. » L'ayant assuré que je n'en avais jamais eu aucun symptôme : « Tant mieux, me dit-il, elle vous viendra par abondance de sang, car c'est le sang que vous devez craindre. Vous n'êtes pas bilieux, mais extraordinairement sanguin; je le sens à votre pouls. Mais soyez sûr que vous jouirez d'une très bonne santé. » Alors, je ne le vis que ces trois fois, car il repartit pour Genève[83], et insensiblement mes éblouissements, mes migraines s'éteignirent. En ne me baignant plus, mais en suivant tous les petits palliatifs indiqués — je les suis encore — quelques migraines douloureuses me prirent à Cheverny, par trop d'exercice à cheval, quoique je n'eusse jamais de chapeau dès qu'il ne faisait pas soleil; j'allais alors mettre ma tête, à l'endroit de la douleur, sous un robinet de fontaine, et je conduisais avec la main la douleur jusque dans l'épaule, où elle disparaissait. Je reviendrai dans les temps à la vérité de ses prédictions, et je lui témoignai ma reconnaissance de toutes les manières : en publiant la guérison de mes maux qui m'ôtaient toute espérance de jouir de la vie, et par des preuves non équivoques.

CHAPITRE XXV

Il est impossible qu'ayant entrepris ce travail pour me distraire et m'enlever s'il se peut à moi-même, je me sois borné à ce qui me concerne seul. J'ai voulu retracer ceux avec qui j'ai vécu comme ami, et même comme simple connaissance. J'ai embrassé toutes les anecdotes qui sont venues à ma connaissance; n'ayant conservé aucune note, aucune lettre (que j'ai été obligé de sacrifier dans des temps où le moindre mot dans une lettre ordinaire pouvait vous faire perdre la tête), je n'ai pu faire tout cet ouvrage que de mémoire. C'est l'occupation de mes nuits, à la place d'une routine d'idées plus tristes, plus lugubres les unes que les autres, où mon imagination me promène au milieu des catacombes. Ainsi, je n'ai pu conserver aucune date précise; les personnes me reviennent telles que mon esprit me les fournit dans mes méditations nocturnes. Ce travail rend le calme à ma tête et insensiblement porte mon esprit hors des chemins tristes qu'il s'était donnés, et qui ne me laissaient pas par nuit deux heures de sommeil – et encore, quel sommeil!

M. de Chailly s'était de plus en plus attaché à nous. Ami intime du général Chevert[84], il avait voulu l'introduire dans notre société. Ce général, venu de soldat à être peut-être maréchal de France, ne se sentait pas de sa première origine : il avait de la politesse, de l'amabilité; mais parlant beaucoup et toujours de lui [-même], nous nous prêtions en faveur de son mérite et de l'amitié qu'il avait pour notre ami à lui rendre notre intérieur fort agréable. Chailly, attaqué d'un polype, sentait mes procédés; peu ménager de sa santé, il sentait qu'il n'irait pas loin. Il avait hérité de l'abbé de Mesgrigny, son frère, et avait une fortune de trente mille livres de rente, dont la terre de La Lande, près Orbec en Normandie, était le seul bien propre. Les deux frères nous aimaient beaucoup – et [aimaient] très peu Lefebvre d'Amécourt, leur frère, conseiller de grand-chambre, homme ambitieux, vain, qui se targuait de beaucoup d'audace pour cacher son ignorance. Depuis la mort de son frère, Chailly ne cessait de répéter à ma femme et à moi qu'il regardait mon fils aîné comme son héritier; quoiqu'il fût peu affectueux, il le caressait avec une préférence qui disait à tous : « C'est mon héritier. » Cet hiver, quoique fort et vigoureux, dès qu'il allait à pied il était, dans un très petit trajet, obligé de s'asseoir sur une borne et de reprendre haleine. Enfin, étant sur notre départ, il arrive chez moi et, nous parlant à l'un et à l'autre : « Je vois, mes amis, dit-il, venir la mort à grands pas; je m'y attends, et ce, dans cette année. Si cela arrive, mon testament est fait, il est dans mon bureau; M. Roulland, agent de change, mon homme d'affaires, est mon seul confident sur sa place. Il est fait de main de maître : tout ce que je puis donner est pour votre fils. Mon frère en a assez : il a cinquante mille écus de rente, il est garçon; il n'a personne et il court après toutes les successions; mais l'abbé et moi, qui avions bien sujet d'être mécontents de lui, nous nous sommes juré qu'il n'en attraperait que ce que la loi lui donne. Je vous en instruis en conséquence; mais j'ai une grâce à vous demander : c'est de loger avec vous à Paris et à la campagne le reste de mes jours. Si je guéris – ce que je regarde comme impossible – je ne serai en état que de mener une vie douce et tranquille. Comme Barassy, je vivrai avec vous, avec la différence qu'il ne vous paye pas de pension, et que mon bien sera à vous, ne m'en réservant que dix mille livres de rente. » La scène fut attendrissante. Il fut convenu que, sous deux mois, nous le recevrions à Cheverny, et nous partîmes.

Notre ami Barassy ne pouvait se persuader qu'il n'était plus en état de mener la même vie. Sous prétexte de sa charge de conseiller au grand conseil – qu'il n'exerçait pas – il prétextait de temps en temps des voyages à Paris, dépensait magnifiquement, car je n'étais pas là pour le surveiller, revenait triste d'être obéré; et comme je l'avais mis entre les mains du neveu de M. de Verdun, à qui j'avais passé ses affaires pour les arranger, il était obligé de m'annoncer sa position pour y suppléer. Je lui conseillai, la chose étant faite, de vendre une quantité de mobilier qui était dans mes garde-meubles, et c'est sur cet argent qu'il soutenait son goût excessif pour la dépense. Il partit donc pour Paris, un mois après mon arrivée. Cependant, Chailly m'écrivait régulièrement deux fois par semaine; son style était chaud, aimable, spirituel, et rapportant exactement les nouvelles du jour.

Un mardi – et je m'en souviendrai tant que je vivrai – je reçus plusieurs lettres. Je décachette celle de Chailly : elle était la plus intéressante. Elle était de trois pages, extrêmement gaie; il s'égayait sur gens de notre société, peignait quelques aventures et finissait par m'annoncer que, bientôt, il ne serait plus dans le cas de nous écrire, car sa santé se rétablissant, il ne désirait que de se réunir à nous. Il parlait de nos arrangements acceptés comme d'un bonheur certain. Je passe aux autres lettres; celle de Barassy me mandait : « Chailly est mort à la chasse. Hier, le matin, je lui ai rendu le triste devoir de l'amitié, à son enterrement, invité par M. d'Amécourt. » Je le crus fou. Mais rapprochant les circonstances du polype, nous ne doutâmes pas de la perte d'un véritable ami[85].

Il était délicat de faire aucune démarche, puisque je n'en avais fait aucune et que tout venait de sa bonne volonté. Enfin, au bout de deux mois, n'entendant parler de personne, je crus nécessaire d'aller faire un voyage à Paris pour m'éclaircir du fait. Je ne pouvais m'adresser qu'à M. Roulland, agent de change, un des plus honnêtes hommes de France, qui logeait depuis vingt ans dans une maison que j'avais rue Beaubourg, et qui s'étendait sur la totalité du cul-de-sac Berthaud. Voici son récit : « M. de Chailly a tenu, monsieur, exactement la parole qu'il vous avait donnée : il avait fait son testament, et c'est moi-même qui l'avais rédigé. Il l'avait déposé dans son bureau à une place convenue. M. votre fils était son seul et unique héritier; ses propres revenaient à son frère, consistant dans le terre de La Lande et cinq mille livres de rente sur la Ville. M. de Chailly, se portant mieux, a voulu user d'une permission de chasse qu'il avait dans la plaine de Chatou, au-dessus de Saint-Germain. Je l'ai vu partir; il se portait à merveille. Il est monté dans son *solo* avec son valet de chambre, s'est mis en chasse. Au bout d'une heure où il avait tué six pièces de gibier, il s'est avancé pour tirer sur une compagnie de perdrix; il a tiré, en a tué une, et à l'instant il a crié : " Je ne vois plus rien. " Dans le même moment, il est tombé raide mort. On l'a remis dans sa voiture, son valet de chambre le tenant, et on l'a déposé chez lui. Un de ses gens a couru avertir M. d'Amécourt; pour moi, qui étais plus pressé, j'étais malheureusement sorti, de sorte que je n'ai pu arriver qu'une demi-heure après M. d'Amécourt. Il était en possession de tout, avait fouillé dans le secrétaire et m'attendait. Il m'a demandé si son frère avait fait des dispositions; je lui ai dit que j'en étais sûr, et qu'on les trouverait dans le bureau; nous y avons été, il a ouvert, et nous n'avons rien trouvé d'un testament que j'avais encore vu deux jours auparavant. Qu'en conclure? M. d'Amécourt a grand crédit dans sa compagnie. Lui seul est le maître : vous n'avez aucune preuve. Les lettres [de M. de Chailly] ne prouveront que son dessein. Vous publierez le tort qu'on a fait à votre fils, vous acquerrez un ennemi dont vous démasquerez la mauvaise foi. Je me suis aperçu à ses propos qu'il croyait que je savais son secret; mais toute réflexion faite, il vous joue un tour abominable. Il est de main de maître, et vous n'avez d'autre moyen que de garder le silence. Vous connaissez mon attachement : il redouble par cette aventure, de même que mon mépris pour le frère du défunt[86]. »

Je n'en voulus pas savoir davantage. Je n'eus que le regret d'avoir perdu mon ami, et conservai la reconnaissance de ce qu'il avait voulu faire. Né avec de la fortune et une grande aisance du moment que j'étais entré dans le monde, avant quinze ans, je pouvais aisément alors faire des sacrifices pécuniaires, et je suis ainsi fait que l'amour de l'argent n'a jamais influé sur aucune de mes actions. Je me suis toujours dit : « Il me serait affreux de savoir avoir gaspillé ma fortune, de l'avoir jouée, détériorée par ma faute. Mais dans toutes les pertes que j'éprouverai par des accidents que je ne puis prévoir, alors je déploierai la raison d'un homme qui pense et je ne m'en affligerai pas un instant. » Je l'ai assez prouvé dans le cours de ma vie; ainsi, je ne fais mention de cet événement que comme fait historique; je n'avais aucun droit à cette succession, je n'avais fait aucune démarche pour l'obtenir. Toute arrière-pensée sur cet événement était, j'ose le dire, au-dessous de moi, et la seule chose que je conserve de [mon ami] est une bague en brillants, composée de deux cœurs enlacés, l'anneau garni en diamants; il me le donna six mois avant de mourir, me priant de la garder toute ma vie – ce que je fais.

M. le président de Salaberry et sa femme venaient tous les ans passer l'été à Cheverny. La fête de ma femme arrivait le 27 août : il imagina d'en faire cette année l'objet d'une fête, à laquelle je coopérai de mon côté. Il fut construit dans un bosquet de bois, de côté, entre le château et l'orangerie, une rotonde en colonnades de feuillages; entre chaque colonne, était pratiqué un cabinet tout en verdure; au fond, une muraille de verdure qui cachait un théâtre. À l'entrée, il y avait deux kiosques, l'un pour le restaurateur, et l'autre pour le confiseur. Tous les acteurs qui devaient jouer un rôle étaient habillés en Turcs, en odalisques ou en nègres. L'idée était que le Grand Seigneur avait été instruit qu'il y avait dans le royaume de France une dame de château, jeune, jolie, qui aimait les plaisirs; il lui envoyait son grand vizir, son bostangui pour la traiter et lui donner une fête. Plusieurs coopérateurs y avaient travaillé; mon ami Sedaine nous avait envoyé des scènes; malheureusement, M. de Salaberry s'était tant tourmenté, avait mis tant de vivacité, qu'il fut pris d'une fièvre tierce qui lui dura six mois, ce qui le força de s'aller coucher après n'avoir rempli que son rôle; je le suppléai donc à 5 heures.

Tous les musiciens, habillés en Turcs, ayant M. de Barassy en tête comme grand vizir, vinrent inviter les dames à la fête. Le comte et la comtesse de Gaucourt y étaient, ainsi que le marquis de Saint-Herem[87], sans compter M. et Mme de Cypierre – enfin, tout ce qu'il y avait de plus connu dans la province. Tous entrèrent dans le kiosque. Le grand bostangui Salaberry chanta un air en les recevant ; j'étais en bostangui, accompagné de muets et de serviteurs du sérail. Je les invitai de même à se rafraîchir : on servit des glaces et on se mit à danser, des contredanses ordinaires, des ballets et des danses des muets. Dès que le jour fut tombé, une fusée volante et des boîtes avertirent; on sortit dans le parterre, où on jouit d'un feu d'artifice superbe fait par le marquis de Montmorin-Saint-Herem, survivancier du gouvernement de Fontainebleau; pendant ce temps, le kiosque se trouva illuminé avec un goût exquis, par des transparents en papier et des lampions cachés dans la verdure. On se remit à danser jusqu'au souper; alors, les cabinets se trouvèrent garnis chacun d'une table de quatre couverts, et furent servis par les Turcs. Pendant le souper la grande pièce, étant vide, fut [animée] de scènes turques du meilleur goût et de la plus grande gaieté. Dès que le souper fut fini, le fond de verdure disparut pour faire place à un théâtre tout en feuillage; j'avais fait venir un nommé Thouvenon, excellent Arlequin, et on joua une parade avec tous ses agréments; cette pièce finit par amener une fête villageoise analogue à Nanette qu'on voulait fêter : la danse reprit jusqu'au jour. Ainsi se termina cette fête dont on fut si satisfait qu'on se promit bien de la renouveler tous les ans. Cependant, le pauvre Salaberry ne fut quitte de sa fièvre qu'au bout de neuf mois.

J'avais tâché jusqu'à ce moment-là d'entretenir la meilleure union avec tous mes voisins. Je ne voyais pas M. de Marigny. Parent de Mme de Gaucourt par ma femme et par moi, nous nous voyions comme voisins. Je passais sur ses caprices en faveur de la bonhomie de son mari qui était le plus excellent des hommes. Connaissant à peine le marquis de Saumery, mais aimant et estimant son oncle, qui était respectable à tous égards, le neveu arriva chez moi avec M. de Villesavin, son frère utérin, et me demanda une conversation particulière : « Monsieur, me dit-il, je viens vous prier de me rendre le plus grand service. Ma femme, à une partie de reversi, m'a mal répondu; j'ai eu une vivacité déplacée, je l'avoue. Elle reste chez mon oncle et ne veut plus me voir. » Je lui demandai alors ce qu'il y avait dans tout cela qui pût dépendre de moi. [J'ajoutai] que M. son oncle avait plus de soixante-dix ans, que je n'en avais que trente-six; que l'accueil qu'il m'avait fait, quelque agréable qu'il fût pour moi, ne me donnait pas le droit de me mêler de son intérieur, et qu'il aurait raison de le trouver mauvais. J'eus beau dire, les deux messieurs me garantirent tant que sûrement je serais bien reçu, que pour les satisfaire je fis mettre mes chevaux et allai dîner à Saumery.

Je trouvai l'oncle le plus raisonnable, le plus humain possible, mais il entra dans tous les détails de l'événement. Il m'apprit que le lendemain de la scène, Mme de Saumery s'était rendue à Loches chez son oncle, M. de Menou-Cuissy, et qu'elle ne voulait plus vivre avec son mari. Après m'avoir remercié mille fois, il entra dans des détails très affligeants pour une âme sensible; il finit par pleurer et par me dire que, pour son malheur, il avait un neveu sans sens commun, se laissant aller à l'impétuosité de son caractère, et qu'il était de la trempe des ingrats. En finissant, il me dit : « Vous ne tarderez pas à en éprouver vous-même les traits, quoique dans le fond il n'ait rien [fait] contre la probité; mais il a le caractère le moins sociable. » Cette conversation n'avait nullement rempli l'objet de mon voyage; enfin, après dîner, je gagnai de l'oncle que si Mme de Saumery voulait revenir, il ne s'opposerait pas à les recevoir tous les deux comme par le passé. En conséquence, une demoiselle de compagnie qui était l'intermédiaire se chargea d'écrire à Mme de Saumery. Je lui fis la lettre la plus intéressante que je pus imaginer, la plus faite pour la faire revenir, et je rentrai chez moi. Ces deux messieurs m'attendaient avec grande impatience; je leur rendis compte de ma négociation : ils furent enchantés. Ils croyaient avoir tout gagné d'avoir le consentement de l'oncle, et ils ne s'apercevaient pas que la femme était ulcérée jusqu'au fond du cœur. Quand je fus rendu à moi-même avec ma femme, je lui dis que je me croyais dans *l'Ile des fous*[87bis], pièce qu'on jouait aux Italiens. J'avais pour voisins M. de Marigny, que je ne pouvais voir; M. Péan, qui ne pouvait faire ma société, vu le procès dont il s'était tiré; Mme de Gaucourt, dans laquelle il n'y avait pas trop de sûreté dans le commerce habituel : beaucoup de méchanceté, une grande particularité pour vivre à sa fantaisie et satisfaire ses goûts, une inégalité rare; et par-dessus tout, l'avenir de M. de Saumery, insociable sous tous les rapports. Il fallait donc se borner à faire dans la ville des amis qui puissent compléter notre bonheur, sans avoir recours ni aux châteaux voisins, ni à nos amis de Paris, l'éloignement étant un obstacle véritable.

M. Boësnier-Delorme au Guélaguette remplissait tous nos désirs à cet égard : fort instruit, cultivant les lettres, il était d'une égalité et d'une douceur aimable dans la société. Mlle Boësnier, sa sœur, singulièrement contrefaite, faisait oublier ce désagrément par une bonté, une douceur, une complaisance qui la rendaient le délice de la société. Leur nièce, Mlle Germon, née à Orléans, peu fortunée, jeune, aimable, avec de l'esprit, annonçant tout ce qu'elle serait un jour, était traitée par le frère et la sœur comme si elle était leur enfant. Choyée par Mlle Boësnier comme par une tendre mère, elle méritait par son caractère tout le bien qui lui était destiné; bonne, spirituelle, gaie, aimable, elle faisait l'agrément de toutes les sociétés où elle se trouvait. Elle ne tarda pas à gagner l'amitié de ma femme; et ce qui prouvait l'excellence de son amabilité, c'est que ma femme l'aima de l'amitié la plus tendre, et se lia tellement que la jeune personne, sachant allier ses devoirs aux parents qui l'avaient adoptée, sut rendre à ma femme les soins les plus délicats. À l'instant, cette aimable compagnie embellit notre séjour.

M. de Cypierre, originaire de Charolles où était toute sa famille, avait eu dans ses père et grand-père la charge de receveur des états à Charolles; ils avaient fait passer la place à leur cousin, M. Gauvilliers. Le père se trouvant avec beaucoup d'enfants avait prié son parent intendant de se charger du troisième; M. de Cypierre le prit donc à l'âge de quinze ans, le fit venir, le fit placer surnuméraire dans les bureaux des domaines à Orléans, et six mois après, le fit placer pour apprendre dans le bureau de Bracieux; il choisit préférablement cet endroit parce qu'il était à deux lieues de moi, et qu'il était bien sûr qu'en me le recommandant, j'aurais assez de reconnaissance de tout ce qu'il faisait pour moi, pour traiter son parent comme mon fils. Le jeune homme arriva donc avec cette recommandation, et dès lors il trouva chez moi toutes les ressources, et il n'eut pas d'autre maison.

Mon fils finissait alors son éducation; il avait quatorze ans et demi. J'étais de mon côté parent des Pinon d'Hérouville puisque le fils, M. le comte de Brisay[88], lieutenant général du Blésois ainsi que moi, était mon cousin issu de germain, et que j'étais de tous les avis de parents; que M. Pinon, président à mortier, avait pour femme Mlle Le Boulanger, ma cousine germaine[89]. Le comte de Saint-Georges[90], cordon rouge, et le chevalier de Pinon[91], lieutenant-colonel du régiment de Liancourt-dragons, étaient d'une autre branche, mais très proches parents des Le Gendre et de ma femme. Le chevalier de Pinon, homme de mérite et des plus vertueux, me demanda mon fils pour le mettre dans son régiment; cette proposition m'était si agréable que je n'hésitai pas : l'âge tendre de mon fils était ma seule [réserve]. Le capitaine des gardes de la lieutenance générale de M. d'Harcourt était le nommé Jumeau, marchand épicier à Blois, ensuite tenant une hôtellerie; je l'avais continué dans cette place. Je n'avais qu'à me louer de son zèle et de son intelligence. Il me confia non seulement que son état ne lui convenait plus, mais que sa fortune se détériorait par la négligence de sa femme, et qu'il désirait prendre un autre état. Je n'hésitai pas à lui proposer de se fixer avec moi pour la vie, et lui proposai de suivre mon fils. Jumeau avait fait ses études de théologie : on l'avait destiné à être prêtre; ses mœurs et son esprit m'en faisaient un surveillant nécessaire vis-à-vis d'un jeune homme; il accepta ma proposition. Sûr de l'avancement prompt de mon fils, tout fut prêt dans l'hiver que je passai à Paris, et il fut en état de joindre le régiment en partant avec le chevalier de Pinon, son cousin. Le régiment était à Falaise, en Normandie. Tranquille sur le sort de mon fils en de si bonnes mains, je le laissai dix-huit mois; il passa par tous les grades, jusqu'à celui de sous-lieutenant. Il n'y eut sorte de soins que M. de Pinon ne prît pour lui; il suivit toutes les garnisons, à Saumur et à Nancy, et pour lui faire connaître son métier, il fut décidé qu'il voyagerait avec le régiment, où il se conduisit de manière à mériter l'amitié de tout le corps[92].

Ma belle-mère exigeait si impérieusement notre retour à Paris que c'est à notre grand regret qu'au commencement de novembre nous étions obligés de quitter Cheverny, pour reprendre la vie triste de souper trois fois par semaine chez les grands-parents. [Il fallait] arriver, pour les femmes, à 6 heures du soir. Rien ne changeait dans cette maison, quoique les devoirs fussent partagés entre un plus grand nombre de gendres et d'enfants. M. Roslin avait marié son fils, maître des requêtes, à Mlle Noguez, fille du banquier et nièce du fameux Laborde[93] : c'étaient des hommes d'argent joints ensemble. M. et Mme Mayneaud de La Tour étaient morts; Mme Mazade avait épousé M. le comte de Pons-Saint-Maurice, cordon bleu et ancien gouverneur du duc de Chartres (le guillotiné)[94]. M. Mayneaud de Coulanges, le second enfant de M. Mayneaud, devenu seul par la mort de son frère, avait épousé d'inclination une veuve dont il ne pouvait avoir d'enfants. M. et Mme Amelot, M. et Mme de Salaberry, tous se réunissaient dans une maison qui était toujours la même pour l'ennui. La grand-mère prenait ses quatre-vingts ans; la belle-mère, dévote à sa manière, et médisante, avait l'air de la meilleure santé; quelques amis que nous y attirions interrompaient ce triste rendez-vous de famille. Ainsi, dès que le mois d'avril arrivait, nous nous préparions, sous prétexte d'affaires, à retourner à Cheverny.

Ce voyage fut aussi brillant et aussi gai que les autres. La société fut augmentée de M. Dupleix de Pernan, qui avait épousé la fille de notre ami M. de Savalette, garde du trésor royal. C'était, dans ces temps-là, la fureur des proverbes, des comédies, des opéras-comiques; trois fois par semaine, nous jouions des proverbes et les dimanches, de grands spectacles, ordinairement plus que remplis de spectateurs. Mme de Préninville et Mme de La Valette nous secondèrent à merveille. Le jour de la Saint-Jean, les anciens usages féodaux faisaient célébrer par les vassaux la fête du seigneur : c'était un de mes noms de baptême. Ce jour, les cloches sonnaient, les bedeaux, les syndics venaient faire leurs compliments, les sœurs de charité venaient avec leurs élèves célébrer une pastorale. Cette idée fut embellie par mon ami Sedaine et par M. de Salaberry; on construisit un ermitage dans le parc; pour y arriver, les avenues étaient bordées de lampions. À certaines distances, on trouvait des chansonniers; plus loin, des bedeaux, puis des syndics. Tous ces rôles étaient merveilleusement remplis et jouaient des scènes analogues à la fête. Sedaine et Salaberry, en ermites, avec plusieurs autres, jouèrent, chantèrent des choses charmantes. Pour remercier, j'avais fait décorer sans qu'ils le sussent une jolie tente que M. de Barassy avait fait construire pendant notre absence; tenant au salon, elle était éclairée du meilleur goût. Une toile se leva, et on vit la décoration du grand spectacle, qui fut destiné à répondre à ceux qui m'avaient donné la fête par des plaisanteries pareilles à celles dont ils m'avaient fourni le canevas. J'étais secondé merveilleusement par le vicaire de la paroisse, Samson, qui joignait à beaucoup d'instruction la connaissance de plusieurs langues et une extrême facilité.

M. de Salaberry, prenant goût à ces sortes d'amusements, et s'y livrant avec la vivacité de son caractère, voulut donner une fête dans l'orangerie; rien ne devenait médiocre dans son imagination. L'orangerie, en face du château, est de trente-six toises de longueur sur huit de large. Ce vaisseau extrêmement grand, et libre, puisque c'était pour le 28 août, jour de la Sainte-Anne, fut décoré par lui : il fit faire contre le mur de grands panneaux d'une couche de glaise sur laquelle on fixa des feuilles de lierre; les panneaux étaient séparés par des colonnes de toute hauteur, recouvertes de papier transparent de couleur; une architrave régnait sur le pourtour, avec un cordon de lampions si considérable que d'en haut ils remplissaient de lumière toute la salle. À l'un des bouts, était un buffet très haut, superbement décoré et garni de tout ce qu'on pouvait désirer en victuailles. Le service se faisait par en dehors. De l'autre côté, était un théâtre disposé dans le meilleur goût. Tous les habitants de Blois voulurent être de la fête; elle commença à la nuit. Deux pots à feu de goudron sur deux colonnes de pierre éclairaient la marche depuis le château jusqu'à l'orangerie. Cette idée d'éclairement est magnifique : un tonneau coupé en deux et rempli de goudron fait l'affaire; on l'allume, il produit une flamme prodigieuse jusqu'à la fin et jette une lumière étonnante. La fête fut délicieuse. Les danses, les spectacles variés, les scènes les plus gaies et du meilleur goût, tout fut continué jusqu'au matin, et toute la province n'a sûrement pas oublié la gentillesse de notre fête magnifique, où furent rassemblées toutes les plus jolies et jeunes personnes, non seulement de la ville, mais même des environs à dix lieues à la ronde.

Le 10 septembre de cette année, je fus pris pendant deux jours d'un assoupissement assez inquiétant pour ceux qui me le voyaient. Cet accident fut suivi d'une fièvre continue de cinq jours; ma femme, on ne peut pas plus inquiète, ne s'en fiant pas aux médecins du pays, voulait envoyer à Paris; revenu à moi, je la fis retarder. Enfin, la fièvre se régla et s'établit tierce, sans aucune relâche que des intervalles de quelques jours. Ma femme écrivit à Tronchin, qui lui répondit que, mes migraines passées, elle n'avait qu'à traiter cette maladie avec la méthode consacrée aux fièvres tierces, qui ne pouvait qu'être un bien réel. Je crus d'abord, comme les médecins du pays, que cette maladie tenait à l'humeur; en conséquence, après avoir pris tous les purgatifs les plus actifs, je n'obtins que quelque relâche, mais une maigreur qui n'a point d'exemple. Plus tranquille mille fois que je n'aurais été à Paris, où il faut recevoir mille gens importuns, je n'avais à Cheverny que des personnes qui ne pouvaient me gêner : je me retirais chez moi lorsque j'étais en proie à la fièvre, et revenais dans le salon dès que je pouvais jouir d'une société charmante.

Mgr Phélypeaux, archevêque de Bourges[95], avait la terre d'Herbault à deux lieues de chez moi; nous avions été au collège ensemble, et notre amitié avait toujours subsisté. Il était arrivé à Herbault pour la première fois depuis ma venue dans le pays; bon, aimable, avec de l'esprit, et entouré d'une famille qui l'adorait, il ne voulut pas rester huit jours chez lui sans venir à Cheverny. C'était dans un des bons intervalles où la fièvre me quittait. En arrivant, il se rappela que dans notre jeunesse, nous avions fait au collège un théâtre de marionnettes et que nous les avions jouées. Il me persécuta pour en voir; je lui promis de les lui donner le soir : promesse de plaisanterie. Cependant, je sors un instant, et par le plus grand hasard possible, se trouve dans mon antichambre un quidam qui me dit qu'il arrive de Contres, qu'il a un jeu de marionnettes; il me propose de donner son spectacle l'après-midi. Je crus la chose préparée; cependant, rien n'était si vrai [que ses propos]. Il s'appelait Thouvenon; fils d'un marchand d'Orléans, la folie l'avait fait entrer dans cet état; il parcourait les provinces, associé à une Mme Gilot, nièce du fameux Nicolet[96]. Mes arrangements pris, je convins que je lui brocherais une scène analogue à la présence de l'archevêque, et que je ne me mêlerais de rien jusqu'à l'heure du spectacle, où je ferais le compère. Je rentrai dans le salon, me laissai persuader par l'archevêque pour le spectacle, fis des difficultés. Enfin, l'heure étant venue, je consentis à lui donner le spectacle. Son étonnement, celui de ses grands vicaires, entre autres l'abbé de Flamarens[97] — mon camarade de collège aussi — fut singulier. Thouvenon joua les marionnettes au mieux; je le secondai : la représentation fut à merveille, et l'archevêque passa trois jours à se divertir fort bien.

Cependant, Thouvenon me conta son histoire, me dit qu'il s'ennuyait de cet état, me proposa de le fixer dans le pays. Il avait fait ses études [de théologie], la chose était scabreuse; je voulus avoir le temps de prendre des informations. Trois semaines après, je reçus une lettre de lui : il me mandait que ses effets étaient engagés; que, si je voulais lui envoyer quelque argent, il retirerait le tout et viendrait s'établir chez moi. Sa proposition fut accueillie : je voulais m'amuser et ne pas m'occuper; les fièvres tierces avaient gagné tous mes gens. J'acceptai donc, et Thouvenon arriva avec armes et bagages de Polichinelle. Ce fut un travail fort plaisant que de voir ma femme et toutes ces dames habiller superbement toutes les marionnettes. Nous fîmes des pièces et un théâtre complet. Il se trouva que Thouvenon, dans des troupes d'opérateurs, avait fait les rôles d'Arlequin; il en avait dans la tête tous les canevas à l'italienne. Alors M. de Rancogne, mon fils, M. de Maupas et toutes ces dames se mirent à jouer des parades; nous eûmes spectacle tous les jours. Thouvenon devint l'*omnis homo* : il servait, accommodait tout le monde, étant le seul en santé. Il me proposa pour me distraire de faire un jeu d'ombres italiennes pareil à celui qu'il avait montré l'année d'auparavant; industrieux, il réussit à le parfaire, et se rappelant toutes les scènes, il m'en fit un théâtre complet que je mis au net.

Enfin, le mois de février arrivant, il fallut m'en retourner à Paris, d'autant que, ne pouvant me débarrasser de cette maudite fièvre, je crus que le changement d'air ferait plus que tous les remèdes. Pour finir l'histoire de Thouvenon, en me quittant il me demanda permission d'épouser une Mme Fauve, veuve du maître d'hôtel du marquis de Clermont, ambassadeur en Portugal[98]. Elle était revenue à son aise chez elle, parce que née dans le pays, tandis que son mari était mort en prison à Lisbonne, convaincu de dépravation. Devenue, à ce qu'il me dit, amoureuse de lui pour lui avoir vu faire les rôles d'Arlequin, elle lui assurait une fortune si je donnais mon consentement que j'accordai à l'instant; il fut convenu qu'il l'épouserait à Pâques.

Je revins donc à Paris, où tous mes amis et mes connaissances me trouvèrent si changé qu'on ne me donnait pas trois mois à vivre. Je traînai ma fièvre jusqu'au mois d'avril. Enfin, voyant que les accès ne me laissaient pas trois heures de relâche et que [la fièvre] était devenue double, Didier, mon chirurgien, me conseilla de prendre du quinquina en grande dose, c'est-à-dire un gros de quatre heures en quatre heures pendant deux fois vingt-quatre heures. Je fis le remède exactement; il ne fut pas fini que je fus attaqué d'une diarrhée qui me dura trois jours sans me laisser un demi-quart de relâche, ni le jour ni la nuit. Je me crus à la fin de mon existence, lorsque la cessation de la fièvre me rendit alors une santé si ferme que depuis je n'en ai pas eu un seul accès.

M. et Mme de Préninville avaient leur habitation près la place Vendôme. Ami de tous les deux, j'avais, de chacun en particulier, intime confiance. S'ils se brouillaient, c'était à moi à les raccommoder. Toute la raison et les procédés étaient du côté du mari; la femme accoutumée à être gâtée, ne recevait que des hommages : sa patience souffrait de moi seul les représentations. Bonne par excellence, elle se laissait aller à tous ses goûts; confiante avec moi, ayant un commencement de quirre, elle m'entretenait de ses maux, voyait tristement sa fin prochaine, et malgré mes représentations, saisissant tout avec fureur, elle était devenue joueuse, passait les nuits, perdait force argent. Son mari déplorait avec moi sa conduite; elle m'avouait que ses dettes avançaient ses jours. Maladroite avec son mari, qu'elle croyait un censeur quoiqu'il fût le plus indulgent de tous les maris, elle aimait mieux courir après son argent que de lui avouer qu'elle devait beaucoup.

Cet état ne pouvait durer longtemps; je me hasardai à intéresser mon ami sur la situation où elle se trouvait, qui sûrement abrégerait ses jours. Il m'entendit à merveille : « Eh bien! me dit-il, prête-lui de l'argent, et ce sera le mien. — C'est ce que je ne ferai pas, lui repartis-je. C'est à toi qu'il faut qu'elle ait l'obligation entière, et en agissant ainsi tu auras le droit de lui représenter. » Ainsi je refusai pareille négociation, mais je promis d'avoir l'état des dettes. Deux jours après, il me dit que, quelque somme que cela fût, il la payerait et que je pouvais le lui dire, pourvu qu'elle se conduisît avec lui avec la reconnaissance qu'un pareil procédé méritait en ne se plaignant plus de lui. Je monte à l'instant chez elle, je lui fais part du procédé. La voilà tout attendrie; je profite de cet instant et lui conseille de m'accompagner, de le remercier, et que je me charge de l'abord. Nous descendons ensemble chez le mari qui était malade, incommodé auprès de son feu. Je lui dis : « Mon ami, voilà ta femme qui vient te remercier de ce que tu la tires d'un grand embarras.

– Oui, monsieur, je conviens de toute la bassesse de ma conduite », continue-t-elle. À ce mot, Préninville se lève : « Qu'appelez-vous, madame, bassesse ? Ce mot ne doit jamais être dans la bouche d'une honnête femme quand elle parle d'elle. » À l'instant, au lieu d'un raccommodement, chacun me prend à partie ; l'un me dit : « Tu vois comme elle veut tenir les paroles que tu m'as portées » ; l'autre : « Voyez, mon ami, si j'ai tort de ne vouloir aucune explication, puisque je suis traitée de cette manière ! »

La scène ne put pas être montée longtemps sur ce ton, et je la ramenai chez elle. Elle pleurait de colère, de chagrin, et, j'ose le dire, en raison du caractère qui lui avait toujours fait craindre l'empire de la raison de son mari. Je redescendis chez lui. Il était calme, et en riant de la gaucherie de ce raccommodement, je profitai de sa bonne humeur pour en finir ; l'état se montait à vingt-huit mille livres. Il me les remit à l'instant, et je payai tout ce qui était porté dessus. La paix se rétablit sans autre explication, et il n'eut ni le plaisir du raccommodement, ni la moindre expression de reconnaissance. Ô bonnes et excellentes personnes ! J'ai voulu rapporter toute cette scène pour me rappeler qu'entre honnêtes gens, ces fâcheries ne passent pas le nœud de la gorge, et pour continuer mon existence avec eux – quoique je les aie perdus – parce qu'ils m'ont fait passer des moments heureux au sein de l'amitié.

La suite de cette scène fut une promesse de nous rendre à Magnanville ; des spectacles charmants étaient préparés ; Caillot, M. et Mme la marquise de Seignelay, la vicomtesse de Laval-Montmorency[99], l'abbé Raynal, enfin vingt-neuf maîtres devaient s'y réunir. Nous retardâmes donc notre départ en conséquence. C'était l'année du mariage du dauphin, le malheureux Louis XVI[100] : tous les chevaux de poste étaient pris, et mes chevaux étaient à Cheverny. Un fiacre offrit de mettre six chevaux à notre voiture ; le marché fut bientôt fait, et nous arrivâmes à 6 heures, attelés de six rosses qui allaient comme la poste. M. et Mme Randon d'Hanneucourt, qui étaient dans leur château sur la route, ne pouvaient comprendre en nous voyant comment j'avais pu me servir d'un pareil attelage.

Les premiers huit jours furent charmants pour les plaisirs ; enfin ma femme, l'abbé Raynal et moi nous accompagnâmes dans sa voiture Mme de Préninville dans ses possessions. Nous n'eûmes pas fait une lieue qu'elle fut prise par un frisson qui augmenta de telle manière que nous fûmes obligés de la ramener et de la faire mettre au lit. Le lendemain, avec un peu de relâche, les médecins lui firent prendre le bain ; c'était une fièvre maligne. Mon ami voulut que nous nous en retournassions à Paris, pour tous les arrangements qu'il attendait de mon amitié, et en même temps pour consulter et tâcher d'envoyer les plus habiles [médecins]. J'avais [fait face] à tout et nous nous en revenions à Magnanville, lorsqu'un courrier détaché me trouva à Poissy : il m'exhortait à aller attendre mon ami à Paris, la pauvre femme ayant fini son existence. Notre entrevue fut bien triste. [C'était] une femme qui, par son amitié pour moi, me faisait une perte irréparable ainsi qu'à mon épouse, et l'existence de son mari me paraissait fort triste, car aimant le monde et fort riche, il ne trouverait pas quelqu'un qui le servît mieux selon ses goûts. Elle avait beaucoup d'amis, et surtout en femmes : la mienne, la marquise Bernard de Boulainvilliers, toutes ses sœurs et beaucoup d'autres donnèrent des marques non équivoques de l'attachement le plus vrai pour elle — chose rare. Elle avait un tel charme, une telle bonté, une si belle figure que, malgré soi, on aimait à lui rendre [hommage]. Paresseuse comme une jolie femme, toujours gâtée, c'était la première personne [venue] qui la servait; on la grondait; elle était si bonne qu'on finissait par en rire et qu'on avait envie de la remercier de ce qu'elle vous employait. Confiante, causante, pleine de grâce, on sortait d'avec elle avec étonnement d'y avoir été très longtemps.

Dès que j'eus donné le temps nécessaire à mon ami, je revins à Cheverny. Le président de Salaberry avait quitté sa maison de la rue Feydeau pour venir loger rue du Grand-Chantier, à l'hôtel d'Argenson; il l'occupait avec sa mère; nos enfants (car il avait un fils) étaient élevés chez Coutier, avec mon second fils, à Picpus. J'avais fixé auprès de moi le sieur Dobel, claveciniste de la cathédrale, compositeur et homme singulièrement instruit. Ma fille, totalement rétablie de ses incommodités, vint avec nous et profita de la ressource d'un bon maître sous tous les rapports. Ma femme, très affligée de la mort de son amie, avait besoin de dissipation; M. de Barassy aimait à la fureur la chasse à courre : j'avais consenti à lever un petit équipage avec lui, et nous en usâmes délicieusement. Le marquis de Lignerac, depuis duc de Caylus, le comte de Tavannes[101], depuis duc, chevalier d'honneur de la reine, étaient venus à Beauregard chez le comte de Gaucourt, de sorte que, se plaisant à Cheverny, ils passèrent toute la campagne avec nous. Thouvenon, marié et établi, imagina de faire des ombres chinoises : il réussit à merveille; ainsi, j'eus un spectacle de plus pour varier nos plaisirs.

Mme Roslin, Mme Le Gendre voulurent connaître Cheverny, et je les reçus pendant six semaines. Je ne doutais pas qu'après [qu'elles auraient vu] les embarras d'une grande régie, les projets d'arrangements nécessaires au château, j'obtiendrais de la tranquillité pour y rester; mais dès que la Toussaint arriva, les persécutions par lettre continuèrent : il fallut céder. Elles ne voyaient ni l'une ni l'autre que le séjour de Paris m'ôtait toutes les forces d'argent pour finir les grands projets que je suivais – enfin, j'en suis venu à bout avec de la suite et de la patience.

Un orage épouvantable, qui culbuta tous les ponts, fit déborder tous les étangs (et j'en avais cinquante-cinq !), survint la veille même du jour où j'attendais le ménage Salaberry. Ils arrivèrent au moment où, [à la place du] pont culbuté, on avait établi un mauvais bateau. La peur de Mme de Salaberry la mit dans un grand danger, vis-à-vis de nous qui l'attendions de l'autre côté [de l'eau]; le mari, plein de bravoure, s'exposa pour elle au plus grand danger, et prenant conseil de sa force, il l'enleva et la porta dans les bras de sa sœur. Ils ne furent pas un mois avec nous, que Mme la présidente de Salaberry la mère, qui avait voulu emmener son petit-fils à Aunneau près Chartres chez son gendre, m'écrivit dans le plus grand secret que l'enfant était attaqué d'une petite vérole affreuse; elle me priait de l'annoncer au père sans parler à la mère, dont la tête vive pouvait lui faire faire l'imprudence de venir à Aunneau, tandis qu'ils ne l'avaient eue ni l'un ni l'autre. Nous hésitâmes; enfin, nous prîmes le parti de garder ce fatal secret : le mari, trop confiant, disait tout à sa femme; celle-ci, qui tenait du caractère de sa mère, ne réfléchissait guère, ne combinait rien que beaucoup d'inconséquence. Les lettres vinrent exactement, et voyant que tous les dangers étaient passés, je leur soumis à tous les deux ma correspondance, et je leur évitai des alarmes, n'ayant plus qu'à les féliciter de l'heureuse réussite d'une crise si salutaire.

Cette année, Mme de La Valette, sœur de Mme de Préninville et femme de M. Chicoyneau de La Valette, fermier général, ayant obtenu la séparation d'avec son mari pour cause de démence, vint s'établir trois mois avec nous : elle était femme d'esprit, grande claveciniste, aimable tant qu'on peut l'être[102]. À l'automne, M. le marquis de Cépoy et sa femme, autre sœur de Mme de Préninville, vinrent passer deux mois avec nous. Elle s'en retourna à Paris grosse de la fameuse Mme de Buffon, qui a joué un rôle dans cette Révolution. Épouse du fils de l'illustre Buffon, jeune homme d'une très jolie figure, doux et aimable, elle le méprisa du jour qu'elle l'épousa. Jolie, bien faite, avec de l'esprit, de l'audace, elle ne tarda pas à faire des avances au duc d'Orléans, qui y répondit avec toute la rouerie dont il était capable; mais il se trompa dans son calcul : quoiqu'elle fût encore vierge, parce qu'elle n'avait jamais habité avec son mari, elle le fixa de telle manière qu'il renonça à ses débauches de femmes – car il y avait longtemps qu'il négligeait sa respectable femme. Par la suite de cette passion, il protesta qu'il voulait divorcer, et mettant l'un et l'autre à leurs pieds toute honte, ils se promenèrent en cabriolet l'un avec l'autre dans Paris. Ils firent entrer un cerf de meute par la barrière de la rue d'Antin et firent, chose sans exemple, une fin de chasse au cerf dans les rues de Paris. Si on peut asseoir un jugement sur un pareil homme, il y a à parier que, s'il n'eût pas péri sur l'échafaud, supplice trop doux pour un monstre, en montant au rang suprême avec de l'esprit mais sans aucun moyen de bravoure, il l'aurait épousée, ensanglantant le trône de ses forfaits et le couvrant d'infamie, en sanctionnant un divorce pour lequel il n'avait aucun motif que celui d'introduire la corruption des mœurs. J'ai voulu tout de suite anticiper les événements et rapporter ce qui concerne cette femme que nous avons vu naître, que nous connaissons depuis son enfance, et que nous avons abandonnée comme le public à l'instant de ses égarements.

Nous revînmes à Noël à Paris. [Sensibles] aux tracasseries qu'un retard pareil excitait dans notre intérieur, nous ne pouvions nous y faire. Je n'en prenais que ce qui était nécessaire mais ma femme, plus sensible, singulièrement attachée à ses devoirs, ne prenait pas la chose aussi patiemment. Un jour, M. de Salaberry vint me trouver; il me dit que sa fortune ne lui permettait pas de résister à la conduite de sa femme, qui ne cessait de prier du monde chez elle, à son insu, quoiqu'elle lui eût promis le contraire; qu'il n'y avait que ma femme et moi qui pussions arrêter cette conduite. Je lui demandai par quel moyen. C'est, disait-il, que nous voulussions les prendre en pension. Comme ma maison était trop petite pour deux ménages, il louerait le devant de la maison où logeait M. Rousseau : en perçant une porte, ils seraient chez eux séparément, excepté pour manger. Quelque envie que nous eussions de lui rendre service, nous ne pouvions nous dissimuler que c'était une grande charge; j'en parlai à ma femme, et nous avions tant d'amitié pour lui que nous passâmes sur les inconvénients pour l'obliger, à condition qu'il signifierait à sa femme qu'elle laisserait la mienne totalement maîtresse de prier chez elle ou de voir les habitués. Sans qu'elle se mêlât de rien, il le promit, et nous amena sa femme qui fit les plus belles promesses possibles. Tout l'arrangement se fit comme il l'avait désiré; la seule fausse porte faisait notre communication personnelle; leurs visites et leur service se faisaient par l'autre porte cochère, et nous fîmes ainsi ménage ensemble. Comme c'était un commencement, tout alla à merveille.

M. de Préninville avait loué dans la rue de la Madeleine une maison superbe. Après m'avoir fait faire toutes les démarches les plus cachées vis-à-vis un M. Caquet, rue d'Enfer, ami de Mme Helvetius, pour la déterminer à donner une de ses filles à son fils Boullongne de Magnanville, jeune homme d'une grande espérance, et avoir amené le mariage près de sa conclusion, il le vit manquer par la volonté de la jeune personne, qui avait le cœur pris pour Sarlabous, alors comte de Mun[103]. Il s'occupa de l'établir et le maria avec Mlle Walquier, fille de M. Walquier, gendre de Mme Nettine, banquière de l'impératrice à Bruxelles, et par conséquent nièce de M. de Laborde, banquier de la cour. Cette belle personne réunissait à la meilleure éducation une tête belle et spirituelle, et l'attachement d'une Flamande. Le jeune homme était grand, bien fait, et avait de l'esprit. Ainsi, à tous égards, c'était un des mariages les plus intéressants de Paris[104]. Dans le même temps, M. de Boullongne, son oncle, traita avec son frère, pour son fils, de la place de trésorier de l'extraordinaire des guerres, et ces jeunes gens se trouvèrent à la tête d'une fortune de quatre-vingt mille livres de rente et de la plus belle place de la finance. L'autre place était possédée par M. Mégret de Sérilly[105] (neveu de M. de Pange, ancien trésorier de l'extraordinaire des guerres)[106], bon, aimable, sensible et doux, avec toutes les qualités d'un galant homme; généreux, magnifique, capable de tous les procédés, et élevé dans une aisance qui tenait de la prodigalité, il vivait dans une superbe maison, rue Vieille-du-Temple, vis-à-vis l'égoût, avec sa mère, la plus respectable de toutes les femmes, sœur de M. Thomas de Pange, et avec son frère Mégret d'Étigny[107], officier aux gardes, un des plus estimés du corps. Cette maison n'était pas ouverte à tout le monde : il était marié avec Mlle de Domangeville, sa cousine, et je fus admis dans l'intimité grâce à son collègue Boullongne. Cette société me convenait à tous égards : le baron de Vioménil, le comte de Bercheny, le bailli de Saint-Simon, le marquis de Crenolles, leur beau-frère[108], étaient tous de ma connaissance. Nous devînmes intimes, et cette liaison a subsisté jusqu'à l'accident horrible et funeste qui nous a séparés. Fidèle aux engagements de l'amitié, on verra que dès que j'ai été à Paris, je leur ai donné un jour par semaine, et qu'ils m'ont laissé une impression douce qui ne s'effacera jamais.

Ce fut vers ce temps-là que mon médecin Duchenoy, dont la tête baissait à vue d'œil, vint me persécuter pour lui donner retraite à Cheverny, assez riche, disait-il, pour être heureux. Je l'acceptai en réfléchissant que le peu de principes excellents qu'il avait, pouvait encore se propager dans mes environs, où il s'en fallait de beaucoup que les chirugiens pussent se vanter de quelque habileté. M. de Cypierre, sans cesse occupé du bien public, faisait faire à Orléans des cours d'accouchement gratuits, et même aidait celles qui s'y destinaient[109]. Je les avais fait suivre par des femmes de mes paroisses, mais la confiance routinière les portait à se servir des personnes qui n'avaient pour elles que la vogue. Sans cesse, cet ami me consultait sur les gens utiles qu'on pouvait employer, et si je rapportais ici tous les services que je dois à sa confiance d'avoir rendu, on serait bien étonné de voir combien de gens ont perdu la mémoire.

Cherchant tous les moyens de m'obliger, il employa tout son crédit pour me seconder en faisant établir une brigade de maréchaussée dans mon bourg; comme ma place me donnait une certaine autorité sur elle, je l'avais toujours à mes ordres, par la condescendance des chefs qui la commandaient. Ne perdant aucun objet qui pût m'être utile, il arriva le jour de l'an chez moi, et déroulant un plan voici ce qu'il me dit : « Mon ami, nous sommes tous mortels; je puis vous être utile, je puis être dépossédé ou être employé ailleurs. Votre chemin de Blois à Cheverny est détestable (il disait la vérité, car quoiqu'il n'y ait actuellement que six mille huit cents toises, moyennant les sinuosités, avec six chevaux sur une berline il fallait trois heures pour se rendre d'un endroit à l'autre). J'ai dans ma poche l'arrêt du conseil qui ouvre le chemin de Blois à Romorantin, dans lequel il y aura un embranchement, à la patte-d'oie, qui ira par Contres, du Berry, et par Mont à Bracieux et en haute Sologne. Je suis le maître de le faire commencer dès cette année en prenant la direction par Cour, Cheverny; mais ce qui m'arrête, ce sont quelques sinuosités. Je vous apporte le plan : si vous voulez que le [chemin] soit droit, il faudra attendre trois ans pour le commencer, et il sera six ans à faire. Total : neuf ans. Ou je vous promets, si cela vous convient, de le parfaire d'ici à six ans jusqu'à votre porte. »

Alors, il déroula le plan; je vis qu'il fallait faire trois ponts. L'utilité était notoire, il ne l'aurait pas proposé sans cela; M. Trudaine[110], tous les ingénieurs étaient d'accord. [Le travail] devait être fait par corvée. M. de Cypierre me dit : « Je compte sur votre amitié pour y contribuer en allégeant les pauvres, puisque ce chemin est si utile pour vous. » Je me taxai moi-même à douze mille livres, payables deux mille livres par an. À l'instant, les ouvriers furent mis, et dans les six ans à commencer de la date j'eus un chemin et trois ponts très beaux[111] qui font tout l'agrément de mon habitation, grâce aux soins de son amitié bienfaisante. La reconnaissance est un sentiment gravé au fond de mon âme, et je ne fais jamais ce trajet que ne revienne à mon imagination l'obligation que je lui ai. Tendres amis, mari et femme, qui ne vous êtes jamais démentis vis-à-vis de nous, votre souvenir sera tant que je vivrai une douce consolation; c'est vous qui avez embelli, [rendu] agréable pour un homme de mon âge, l'exil que la Révolution m'a forcé de prendre, et vous vivrez dans ma mémoire comme au fond de mon cœur.

Cette année, mourut M. de Termont, évêque de Blois[112], pendant mon voyage de Cheverny. Il fut attaqué cet hiver d'une apoplexie, revint à Paris; quelques purgations le remirent sur pied. Il revint dans son diocèse; entouré de ses parents, il voulait voir ses amis : il me comptait du nombre. Obligé de me mettre, la dernière fois que je le vis, à côté de lui à table, cet homme, totalement désorganisé par sa maladie, fut un supplice pour moi. Tout le dîner, parlant sans que je pusse l'entendre, mangeant horriblement et voracement de la manière la plus dégoûtante, il me laissa la funeste impression que je le voyais pour la dernière fois. Mon pressentiment se vérifia : quatre jours après, en voulant se chausser lui-même, il fut pris d'une nouvelle attaque au moment où il comptait aller dîner à la campagne, et mourut à l'instant.

CHAPITRE XXVI

Cependant, les choses étaient bien changées à Versailles. Le duc de Choiseul et son parti n'avaient pas voulu encenser la nouvelle maîtresse, Mme Du Barry[113]. Toutes les intrigues, que je suivais comme curieux, sans jouer aucun rôle, me faisaient juger de tous les partis; le roi, fort décidé sur son autorité, et fort faible comme un vieillard qui se laisse entraîner à une passion, avait appelé l'abbé Terray[114] et M. de Maupeou[115]. La bombe creva, M. le duc de Choiseul fut exilé, et reçut à l'instant l'hommage de tous les honnêtes gens et de tous les mécontents[116]. J'étais l'homme qui ne marquait plus en rien, mais le sentiment de reconnaissance était au fond de mon cœur; à l'instant qu'il fut arrivé à Chanteloup[117], je lui écrivis que mon attachement me faisait lui demander si je pouvais dans ces premiers moments partager son exil. Il m'écrivit de sa main une lettre charmante : il me marquait qu'on ne lui avait pas défendu de voir ses amis. À l'instant, je partis pour Chanteloup; il me fallait quatre heures de chemin. J'arrivai à midi.

On allait à la messe. La société était nombreuse : M. et Mme la duchesse de Choiseul, la duchesse de Gramont, M. le marquis de Voyer, M. le duc de Gontaut, beau-frère du duc, le comte de Boufflers[118], l'archevêque de Tours, Mgr de Conzié[119], le duc de Laval[120], le marquis Donnezan-Bonac, l'abbé Barthélémy, l'abbé Biliardi[121], toutes personnes de Paris ou de la cour; et M. de Stainville, et l'archevêque de Cambrai, Choiseul, troisième frère, mort depuis cardinal[122]. La duchesse de Gramont prit mon bras pour me conduire à la chapelle. Cette compagnie me représentait la cour : tout y était grand et magnifique. Le duc, bon et sensible, non seulement n'avait voulu renvoyer aucun de ses gens, mais il avait permis à tous d'amener leurs femmes. Le comte de Boufflers aimait la chasse et l'avait suivi dans son exil : à l'instant il y avait eu un équipage magnifique; on chassait le cerf deux fois par semaine dans des bois percés comme un grand parc. Le reste du temps, chacun menait la vie qui lui convenait.

C'était alors la fureur du billard : Mme la princesse de Poix[123] y jouait toute la matinée. On faisait un déjeuner-dîner à midi, on se quittait à 4 heures pour se réunir dans le salon à 8 heures. La duchesse de Choiseul aimait le trictrac : elle nous fit la chouette[124], au comte de Boufflers et à moi. Pendant ce temps, le duc jouait aux échecs avec l'abbé Biliardi. Le reste de la société s'occupait à causer, à voir des gravures superbes. Le souper était bon et solide, sans magnificence; on se mettait à table à 9 heures, on en sortait à 10; alors, on commençait un trictrac, ou d'autres parties qui finissaient à minuit, parce qu'en sortant de table on recevait les lettres : chacun causait de ses affaires. À minuit, 1 heure, allait se coucher qui voulait. Alors restaient le duc et la duchesse, Mme de Gramont, l'abbé Barthélémy, l'abbé Biliardi, M. de Gontaut. Je n'ai jamais été de ma vie à des conversations plus intéressantes; elles se prolongeaient jusqu'à 3 heures du matin. La quantité d'anecdotes, la bonhomie du duc qui souffrait les questions, qui permettait des réflexions sur certaines opérations de son ministère, qui en donnait les motifs ou les raisons, qui convenait quelquefois des fautes dans lesquelles il avait été entraîné, rendaient pour l'observateur ces soirées bien précieuses. Jamais huit jours ne m'ont passé si vite, malgré l'étiquette qui ne me plaît guère : on était mis comme on voulait toute la journée, mais lorsqu'on descendait à 8 heures dans le salon, il fallait être mis comme à la cour; toutes les femmes étaient en grand panier, et superbement habillées et coiffées. Tout le temps que le duc de Choiseul a vécu, je n'ai cessé d'y aller passer huit jours en automne, même après que son exil fut fini. Attaché par goût à une famille respectable à tous égards, c'est un devoir que je m'étais fait et que je voudrais encore pouvoir leur rendre. Leurs lettres étaient alors interceptées; par Magnanville, Mme la duchesse de Choiseul me chargea d'une correspondance en [125], et je fus trop heureux de lui être utile, d'autant que j'étais sûr qu'ils ne tramaient rien contre l'État. Je reviendrai souvent sur les conversations de Chanteloup, qui m'ont fourni une quantité d'anecdotes précieuses pour la vérité; je me bornerai pour le moment à suivre rapidement le cours des événements.

En revenant de Chanteloup, je trouvai une lettre de M. de Cypierre; il me mandait qu'il avait obtenu en remise pour son département trois cent mille livres; qu'il en destinait vingt-cinq à l'élection de Blois; qu'il me priait de m'informer des besoins de la province dans mon arrondissement, surtout des gens pauvres, et de l'éclairer de toutes les manières; que, pour m'aider dans ce travail, il m'envoyait celui du subdélégué. « Et quoi qu'on dise des intendants, ajoutait-il, je veux prouver à mon ami que, sans faire parade ni de probité, ni de religion, je ferai les choses, en recevant vos avis, de manière que ma conscience ne me reprochera rien. » Je fis ce travail avec grand plaisir, et cette consultation me valut la satisfaction de tirer deux honnêtes familles de la misère, et de les remonter de manière qu'elles ont actuellement une fortune. J'intéressai son cœur, je mis en activité les ressources de son génie, pour faire faire à l'État les sacrifices nécessaires.

Nous revînmes tous à Paris après avoir donné quelques jours à demeure, avec nos amis, à l'intendance. M. de Maupeou avait culbuté les parlements[126]; le parlement Maupeou fut créé. Barassy était revenu à Paris avec nous; par le plus grand malheur possible, il voulut faire preuve de zèle. On persécutait les cours supérieures; il était conseiller au grand conseil, il voulut y aller. M. de Boynes travaillait cette cour pour lui faire prendre la place du parlement; il ne fallait pas grande finesse pour y amener le pauvre Barassy. Nous le vîmes arriver tout glorieux, et nous annoncer qu'il était du conseil supérieur de Paris. Tous nos amis, tous nos parents, Mme la comtesse de Pons[127] en tête, étaient furieux. Moi, qui étais cousin de deux présidents à mortier et de M. Dupuis de Marcé, conseiller au parlement, sans compter d'autres plus éloignés, je me déterminai à lui parler franchement[128]; ma femme se fâcha. Enfin, nous obtînmes qu'il donnerait sa démission; il le fit un peu forcément, mais la maladresse de s'être laissé installer lui valut l'honneur d'une belle lettre d'exil, et il fut envoyé à Pont-Sainte-Maxence, de sorte que cet homme, qui aurait pu vivre fort ignoré, se fit tourmenter; il n'y fut pas huit jours que la tête pensa lui tourner. J'employai nos amis, surtout le président de Salaberry, et M. de Sartine, lieutenant de police. On prouva qu'il ne pouvait s'occuper d'un travail assidu; sa charge fut supprimée, et il fut pourvu d'une charge de conseiller à la cour des aides, à condition pour nous qu'il ne ferait aucune fonction. Et il fut trop heureux de revenir de son exil à Cheverny, après avoir fait cette belle équipée.

Je retournai à l'ordinaire au printemps à Cheverny. Ma fille nous accompagnait alors tous les ans et ne nous quittait plus; le fils de Barassy[129], alors dans le service, venait avec mon fils, son camarade d'étude, nous rejoindre. Je ne tardai pas à m'apercevoir que j'avais on ne peut plus mal fait de donner la régie de ma terre à Caumartin, qui m'avait loué à vie le fief de Launay sur sa tête et celle de sa femme, qui était femme de chambre de la mienne : désordre dans la recette, inepties dans la régie, tout me détermina à prendre le sieur Bimbenet, mon procureur fiscal, homme de mérite à tous égards. Il a conservé [la régie] vingt-trois ans, et je lui rends cette justice que la probité a été la base de sa conduite, avec l'intelligence la plus soutenue, jointe à une humanité qui m'a peut-être sauvé des horreurs de la Révolution. Il n'a jamais fait assigner ni renvoyer un de mes fermiers ou closiers, et j'ai toujours eu les mêmes, c'est-à-dire les plus honnêtes gens du pays. Conséquent, il a sauvé la fortune de plusieurs en prenant, de concert avec moi, des temps et mesures pour les faire payer, et quoiqu'il me fût beaucoup dû, de mon consentement, enfin la justice et la probité étant à l'ordre du jour dans toute la régie, il en est résulté que les témoignages [de reconnaissance] les moins équivoques m'ont été donnés dans tous les temps, et surtout dans les moments les plus critiques par lesquels j'ai passé.

Notre société intime était augmentée de Mlle Boësnier et de Mlle Germon; leur frère M. Delorme, homme d'esprit et du meilleur ton, lié avec Diderot et le baron d'Holbach, et surtout la tête tournée des économistes[130], rêvait creux toute la journée. Il ne fut pas difficile de l'entraîner dans le nouvel ordre de choses, de sorte que nous apprîmes en arrivant qu'il était entré dans le conseil supérieur de Blois, dont un M. de Saint-Michel était président[130 bis]. Le président de Salaberry et sa femme ne nous quittaient plus. Il n'était guère dans nos principes de souffrir dans notre société un homme qui brisait toutes les considérations humaines pour servir l'ambition de gens qui culbutaient tous les principes : il fallait employer la persuasion, la force de la vérité, et en quatre jours nous forçâmes [M. Delorme] à donner sa démission et à rentrer dans l'ordre des honnêtes gens.

Le vieux comte de Saumery était mort. Son original de neveu succédait au plus excellent homme du monde. [Ce neveu] m'avait fait plusieurs scènes plus baroques les unes que les autres. Joueur, et n'ayant pas de tête, l'hiver, il était venu me trouver un matin. Voici son début : « Monsieur, vous êtes mon ami car je suis le vôtre. J'ai perdu mille louis contre Genlis, cette nuit, et je n'ai pas le premier sou. Je viens vous les emprunter. » Ma réponse fut courte : « Monsieur, je n'ai que cent louis. Je vais vous les prêter pour huit jours.

— Monsieur, reprit-il, c'est par votre crédit. Il me les faut », et il se met à pleurer, à tempêter contre son malheur. Il m'attendrit. Je cours chez mon ami Castro, Américain riche de plus de deux cent mille livres de rente; il était dans son lit d'une attaque de goutte. Je lui conte mon aventure : il me donne la clef d'un coffre chinois où il y avait plus de quarante mille [livres]. Je prends mes rouleaux et les porte au Palais-Royal, où il se promenait avec Genlis, qui voulait être payé. Mon homme pestait, pleurait, lorsqu'en troublant leur tête à tête, je dis à Genlis : « Voilà les mille louis que M. de Saumery vous doit; mais quoique camarade de collège, j'espère pour mon compte ne vous en jamais payer autant. » Il rit, nous causâmes et nous nous quittâmes. Saumery fut exact et me rendit au terme convenu.

Il vient à Cheverny, me dit : « Je suis enfin raccommodé avec ma femme; elle m'attend; elle est, comme vous savez, à Loches chez M. de Menou. Je ne sais comment m'y rendre.

— Prenez le cheval de selle que je monte, lui répondis-je, et partez. » Il l'accepte. Il revient trois jours après, et le premier remerciement fut de me dire que mon cheval était trop vif et avait pensé lui casser le cou. De vivacité, je lui répondis qu'apparemment, il était mauvais cavalier. Il en résulta que je ne voulus plus communiquer avec un homme de ce caractère violent, emporté, cauteleux, ingrat — ce que son oncle n'avait pas été. Cette brouille dura deux ans. Enfin, me trouvant au mariage du comte d'Espinchal et de Mlle de Gaucourt[131], notre parente, le marquis de Saint-Herem et le comte de Gaucourt me persécutèrent pour faire cesser le froid, et nous y consentîmes. Nous fûmes alors accablés de persécutions pour nous voir souvent : tous ses gens, sa femme elle-même disaient que la paix, la bonne humeur régnaient dès que nous arrivions. Cette grande amitié dura deux ans, avec de mon côté la réserve telle qu'on doit l'avoir pour un chien hargneux.

Cet homme était dévot à sa manière. [Pendant qu'il était] séparé de sa femme, il avait vécu avec une fille de l'Opéra qui avait altéré sa santé; il m'avait pris pour confident, en se plaignant à moi de ce que je ne l'avais pas raccommodé avec sa femme, puisque j'étais son ami; je lui avais répondu en plaisantant qu'il me prenait apparemment pour Dieu le Père, qui seul pouvait disposer des cœurs. Cet homme si peu sociable faisait maigre comme un anachorète. Il arriva pour dîner et passer quelques jours; nous étions vingt maîtres, et il venait avec sa femme et le comte de Menou, son neveu, depuis colonel et tué dans les commencements de la Révolution à Nancy. Le dîner était superbe, plus en gras qu'en maigre; M. et Mme de Cypierre faisaient seuls maigre[132], et la soupe était servie dans un très petit plat. Ne voilà-t-il pas que mon original m'apostrophe, et trouve très mauvais de voir un dîner superbe d'un côté et très faible de l'autre! Ceci était trop fort; je lui dis que s'il le trouvait mauvais, il pouvait rester chez lui. Il voulut réparer; je n'entendis à rien, tous les convives étaient pour moi. Il passa malgré cela les trois jours qu'il me destinait. Je parlai au comte de Menou : je lui dis que c'était la dernière fois que je verrais son oncle ; que je ne voulais pas abuser de l'hospitalité, mais que le voyage fini, je ne le verrais de la vie. Il envoya chercher un chevreuil : je le fis payer et porter dans ma cuisine, et les laissant, lui et sa femme, comme des étrangers au milieu d'une société aimable, j'appris qu'il partait sans dire un seul mot. Je saisis avec empressement cette époque pour ne plus le voir et être débarrassé du plus fâcheux et du plus ridicule voisin qui ait jamais existé : ne prenant part à rien, ne voulant savoir aucune nouvelle, impérieux, haut, fier, disant tout ce qui lui passait par la tête. C'était un homme très bon à éloigner de soi. Il a vécu huit ans de plus et a fini d'une fièvre tierce : sa mauvaise tête s'est opposée à toute guérison. Il a laissé une veuve et un fils qu'on assure, heureusement pour lui, ne pas ressembler à son père.

Un neveu de M. Delorme commençait à faire parler de lui dans le monde : M. Masson de Pezay, depuis marquis. Né avec de l'esprit, une jolie figure, frère de la marquise de Cassini, femme intrigante vivant alors avec le prince de Condé et depuis avec le comte de Maillebois, il commençait à jouer un rôle. Lié avec Dorat et d'autres poètes, il les amena à sa terre de Pezay (qui valait deux mille livres de rente, mais qu'il avait adroitement décorée de sa propre autorité du titre de marquisat). Mangeant considérablement d'argent qu'il trouvait, comme il me l'a dit, en faisant feu des quatre pieds, il s'était mis dans la tête d'aller au ministère, et si la mort ne l'avait pas arrêté dans sa course, il y a à parier qu'il y serait parvenu. Il vint donc s'établir six semaines à Pezay avec tout le faste d'un jeune homme de la cour. Tous les parents de sa mère étaient à Blois : il voulut les séduire, se déclarer s'il le fallait leur protecteur ; il y mit donc toute l'adresse, toute l'astuce d'un homme de la cour. Il voulut voir tous ceux qui habitaient des châteaux. Ses charmantes cousines, Mlle Boësnier la jeune et Mlle Germon, les femmes les plus aimables de la province, furent choisies pour faire les honneurs. Nous étions trop liés avec la famille – d'ailleurs, il venait chez moi souvent à Paris – pour n'être pas invités à Pezay, et nous y passâmes quatre jours dans les plaisirs les plus vifs.

M. de Gauvilliers, cousin de M. de Cypierre, qui m'était confié, était devenu contrôleur des domaines ; il n'avait plus d'autre maison que la mienne. Je le traitais comme mon fils : nous avions trop d'obligations à ses parents pour ne pas les reconnaître en lui de sorte que, le menant avec moi partout, voyant Mlle Germon toute la journée, il ne tarda pas à me confier qu'il en était amoureux fou. C'étaient deux enfants, dont la fortune n'était faite ni par l'un, ni par l'autre ; je repoussai cette idée en lui en faisant voir l'inconséquence, mais en convenant que du côté de l'esprit, de la figure, de la gentillesse et de l'amabilité, il ne pouvait faire un meilleur choix. Comme, vu son âge, j'avais pour ainsi dire les droits de père, j'en usai pour le mettre en garde contre un commencement de passion qui, sûrement, n'aurait été apprécié de personne; je fus content de sa docilité, et la jeune personne parut ignorer les sentiments qu'elle avait inspirés. Ma femme avait fait d'elle une tendre amie : elle le méritait par la tournure la plus aimable qui ait jamais existé. De l'esprit naturel, une grande gaieté, jamais d'humeur, une bonté d'âme qu'elle déployait dans toutes ses actions, des soins délicats et précieux qu'elle rendait à une tante qu'elle adorait, la rendaient précieuse à tous ceux qui vivaient dans sa société; telle elle est encore, après avoir fait une fortune considérable.

Cette année, mon ami O'Dune revint de son ambassade de Portugal[133]. Son premier soin fut de venir me voir et de me donner des nouvelles de M. Olavide, devenu intendant à Séville ; le roi d'Espagne l'avait mis à la tête du défrichement de la sierra Morena. Chargé d'une si grande entreprise, il s'était conduit avec une vigueur, une capacité qui lui ont fait un nom dans toute l'Europe. N'oubliant pas ses amis en France, il avait voulu charger [M. O'Dune] de me faire conduire un superbe cheval andalou, avec tous les passeports nécessaires pour m'arriver; mais ses équipages ayant pris une autre route, il me faisait marquer tous ses regrets.

Cependant, près d'être premier ministre, il fut saisi par l'Inquisition, jugé, condamné dans un autodafé à être enfermé le reste de ses jours dans un couvent; il finit par s'échapper au bout de trois ans et resta en France sous la protection du gouvernement français[134]. Toute la ville et la cour l'ont connu : l'usage qu'il faisait de ses richesses par une grande représentation avait mis à portée d'apprécier son mérite. Obligé de quitter Paris dans la convulsion générale, je me rappellerai avec plaisir combien son amitié, mon attachement pour lui vont rendre heureux le reste de notre vie — mais je ne veux pas anticiper sur les événements.

Ce fut dans cette année que mourut le dauphin[135]. La dauphine lui survécut peu : la consomption dont il était attaqué gagna sa femme qui était sa première garde — femme humoreuse, exigeante et peu aimable. Je vais rapporter ici une anecdote que M. de Choiseul nous raconta en petit comité dans ses charmantes veillées à Chanteloup.

Le dauphin, avec de l'esprit et beaucoup de connaissances, avait été élevé et entouré par des jésuites. C'était eux sourdement qui l'influençaient sur toutes les places à sa disposition; ils avaient placé à la tête de son éducation le duc de La Vauguyon, dont ils avaient fait la fortune, Sinety[136], sous-gouverneur, jésuite au fond de l'âme quoique capitaine aux gardes. Le saisissant par tous ses goûts pour les arts – car il en avait –, le louant finement sur ses mœurs en comparaison de celles de son père, ils en faisaient un martyr de chasteté en flattant sa vanité. L'assassinat de Damiens avait relevé l'espérance jésuitique : un changement de règne, et un prince qui avait une volonté et était dans l'âge mûr, leur faisaient entrevoir le royaume de France comme à eux. Toute l'Europe eut l'éveil sur cette société : le Portugal, l'Espagne où mon ami Olavide joua un grand rôle, commencèrent à les déjouer en les chassant[137]. Des gens, qui veulent que la mort des grands ne soit jamais naturelle, ne virent dans le dépérissement du dauphin qu'une colonne des jésuites que la politique faisait saper par les fondements, tandis que la nature s'était appauvrie chez lui par une conduite d'écolier[138]. Ce préliminaire expliqué, le dauphin, n'étant pas attaqué de la maladie qui l'a miné, assistait régulièrement aux conseils, avait son avis, le donnait bien et, ménageant la jalousie de son père, ne se déployait pour être en opposition aux ministres que pour choses qui lui étaient comme personnelles. Or l'affaire des jésuites, avec sa façon de penser, lui était chère; le parlement avait prononcé, il ne fallait plus que la sanction du conseil[139], et le duc de Choiseul fut le rapporteur de l'affaire.

Le jour fut pris à quinzaine. Le duc fut impénétrable, toutes les menées du parti jésuitique échouèrent. Faisant son travail avec ses affidés – et l'abbé Chauvelin y avait grande part – il répandit exprès que le jour était fixé au vendredi suivant, et c'était le mercredi. Alors le parti alarmé, ne pouvant pénétrer [la décision] que prendrait le conseil, qui les expulserait irrévocablement s'il le voulait, ayant les parlements décidément contre eux, employa le seul moyen qui lui restait : c'était de faire intervenir le dauphin à visage découvert, et de le faire aller droit au but. Fêtant peu [le duc de Choiseul], l'accueillant froidement mais lui parlant comme à un premier ministre – car sans l'être, il en jouait le rôle – il l'envoya chercher le jeudi. C'est lui qui va faire le récit comme il nous l'a conté : cette anecdote est trop gravée dans ma mémoire pour en oublier un mot.

Le dauphin – Je vous ai envoyé chercher, monsieur, pour savoir le jour où vous rapporterez l'affaire des jésuites au conseil.

Le duc – J'espère, monsieur, que ce sera pour après-demain.

Le dauphin – On me l'avait dit... Vous êtes donc tout prêt... Je ne doute pas que vous n'ayez examiné cette affaire dans tous les sens...

Le duc – J'ai fait de mon mieux.

Le dauphin — Sans vous demander quelles sont vos conclusions, je ne puis m'empêcher de vous assurer que j'y prends le plus grand intérêt.

Le duc — Reste à savoir comment Monsieur l'entend. Je suis ministre, chargé de la confiance du roi, et je ne cacherai pas au fils d'un grand monarque, à l'héritier de la plus belle monarchie, ma façon d'agir et de penser. Mes conclusions, monsieur, sont toutes contre la société.

Le dauphin — Je vous préviens que je m'y opposerai de tout mon pouvoir.

Le duc — Quoi! Monsieur leur serait attaché à ce point de leur sacrifier ses intérêts les plus forts...!

Le dauphin — *avec vivacité* — Oui, monsieur, et s'il fallait donner la moitié du royaume pour les conserver, j'en ferais le sacrifice.

Le duc — Quoi! monsieur, c'est l'homme le plus respectable du royaume, l'héritier d'un trône tel que celui de la France, qui m'ose dévoiler ainsi ses préjugés! J'ose vous le dire, monsieur, dussé-je mériter votre courroux, payer de ma tête par la suite mon audace de vous dire la vérité, voici les preuves. Je les soumets à votre excellent jugement *(et dans ce moment, il se signa en le prenant par le bas de son justaucorps)*. J'en appelle, monsieur, aux vertus qui ont brillé en vous; non à la séduction des hommes, mais à votre prudence, à votre honneur; j'en appelle par la résistance qu'un sujet met vis-à-vis du fils de son roi, et qui le sera [lui-même] un jour, pour juger de la conviction, où je suis, de la nécessité de confirmer l'arrêt du parlement.

Le dauphin — Vous êtes séduit par lui.

Le duc — Je me garderai bien vis-à-vis M. le dauphin de rétorquer à une pareille assertion. Quoi! c'est M. le dauphin qui sacrifierait la perte de la moitié de son royaume, pour conserver le reste à une société qui a fait et ferait le malheur de la France! J'en appelle à la postérité et à des temps plus calmes ; que cet ordre trouve des moyens pour atténuer au conseil mes conclusions appuyées des pièces. Mais rien ne me fera transiger sur mes devoirs. J'en préviens Monsieur, puisqu'il m'a ordonné de lui dire mon avis[140].

Ils se quittèrent. Sans doute le duc eut le soin d'en instruire le roi; c'est ce qu'il ne nous dit pas. Mais ce qui est certain, c'est que le rapport fut fait, et il s'ensuivit la confirmation de l'arrêt du parlement[141].

Collé[142], attaché au duc d'Orléans, avait fait la pièce *Henri IV*; elle n'était que manuscrite. M. le duc d'Orléans voulut la jouer à Bagnolet. J'y allai à deux représentations; le duc faisait Michaud et jouait à ravir. [La pièce] fit du bruit : elle fut imprimée, sans donner permission de la jouer. Toutes les sociétés jouant la comédie voulurent la représenter; Mme de Préninville ne fut pas des dernières. Brizard[143] acteur noble, jouait dans plusieurs sociétés; le président de Salaberry, calqué sur Henri IV pour l'esprit, le cœur, les goûts et les manières, fut recherché pour jouer ce rôle : on ne pouvait choisir une ressemblance plus véritable. Tout Paris voulut en jouir; ce fut un [véritable] enthousiasme. Il y avait un charmant théâtre chez Mlle Verrière[144], à Auteuil; il y eut quatre représentations de tous les acteurs renommés de la société, et ce fut pour la ville et la cour l'amusement de tout l'hiver.

Dès que nous fûmes de retour à Cheverny, la société se réunit, se distribua les rôles : je fis Michaud; ma femme, sa fille; Mme de Salaberry, la tante; le président, Henri IV; M. Delorme, Sully. Je fis préparer les décorations en conséquence, et le jour de la représentation, tous les habits nécessaires, superbement faits, arrivèrent; tous les environs voulurent partager nos plaisirs; on y mêla des opéras-comiques, et je me souviens qu'à la première représentation nous jouâmes *le Déserteur* pour seconde pièce; le président fit le déserteur, et moi Montauciel.

[...][145]

Cette année, Mme Le Gendre vint faire un voyage à Cheverny; elle avait fait acheter à sa mère la terre de Betz, près Nangis, dans le Valois, de M. de Levignen[146], frère de M. de La Chabrerie, fermier général, et père de M. de Nantouillet[147], maître des cérémonies. Nous revînmes à Paris. Mme Roslin, âgée de plus de quatre-vingt-deux ans, petite vieille racornie, fut attaquée d'un catarrhe; son excellent tempérament lui fit soutenir cet accident trente-trois jours; à la fin, elle périt. À l'instant, je fus chargé par sa fille d'aller l'annoncer au couvent de la Visitation, à Chaillot, à Mme Roslin, supérieure, sa sœur (et fille de la défunte), ainsi qu'à ma belle-sœur qui, lasse des oppositions qu'on avait mises à lui laisser faire ses vœux — quoiqu'elle eût passé son noviciat — avait pris le parti de vivre dans le couvent. Cet événement fini, Mme Le Gendre prit dans ses partages la terre de Betz et acheta dans la rue de la Madeleine, de la succession du bailli de Fleury, ambassadeur de Malte, l'hôtel où il demeurait.

Le duc de Liancourt me promettant et ne tenant point la promesse qu'il m'avait donnée de faire mon fils capitaine dans son régiment, cela me décida à lui acheter une réforme de ce grade dans le régiment de Bourbon-dragons, colonel M. le marquis de la Guiche[148]. M. Rousseau s'était lié avec tous mes beaux-frères. Il cherchait à s'établir et vint m'annoncer son mariage avec Mlle de Kessel, sœur de Mme de Saint-Prest[149], maîtresse des requêtes. Nous fîmes tous alors de concert toutes les démarches pour lui procurer la place de receveur de la Ville, et nous échouâmes. M. de Salaberry avait pour parent un M. de Saint-Victour[150] qui avait formé une manufacture de fusils à Tulle. Quelque répugnance que j'eusse à me fourrer dans aucune affaire, mon amitié pour lui m'y fit consentir : M. Rousseau, M. de Salaberry, un M. Gaudissart et moi la prîmes. Mais malgré six cent mille francs de fonds que nous y mîmes, nous ne tardâmes pas à voir qu'elle nous ruinerait, ne touchant pas les intérêts. Au bout de cinq ans, nous fûmes trop heureux que mon ami Sérilly, qui avait les reins autrement forts, voulût prendre notre intérêt; nous nous en retirâmes en y perdant chacun une quarantaine de mille francs, sans compter les intérêts de nos capitaux.

Cependant, M. le duc de Choiseul fut rappelé à Paris, simplement par la mort de Louis XV. Cet événement, qui m'attrista par l'attachement que j'avais eu pour lui, m'y fera un peu [insister]. J'avais conservé mes entrées, et je n'allais jamais à Versailles que je n'en jouisse. Je m'étais trouvé, huit jours auparavant, dans le cabinet, et le roi m'avait paru de la meilleure santé : nous apprîmes tous qu'il avait la petite vérole. J'étais fort lié avec le prince souverain duc des Deux-Ponts; il logeait dans la rue Neuve-Saint-Augustin. J'étais même sur le point de me rendre à son invitation pour me laisser nommer, comme il le désirait, envoyé aux Deux-Ponts[151] — place qui nous aurait d'autant moins gênés, ma femme et moi, que c'était tous les ans un voyage de trois mois chez le plus aimable prince possible, avec la comtesse de Forbach, qu'il avait épousée de la main gauche, et deux enfants qu'il avait légitimés, tous faisant notre société et fort aimables. J'arrivai donc chez lui à 7 heures du soir : il n'y avait en visite que le maréchal de Soubise. Un courrier arriva qui jeta le trouble dans le salon en annonçant la maladie du roi[152].

Quelle triste condition que [celle] d'un roi mourant! J'allai à Versailles le cinquième jour de la maladie; c'était une infection jusque dans l'œil-de-bœuf. Je me contentai de demander La Borde, premier valet de chambre de service, mon ami depuis la plus tendre enfance. On se flattait : la petite vérole allait le mieux du monde. Cependant, on avait signifié à Mme Du Barry de sortir du château : Mesdames soignaient [le roi] et s'étaient emparées de toutes les avenues. Le roi, livré aux médecins entre ses quatre rideaux, s'occupait de son mal; aussi silencieux malade qu'il était causant en santé, il ne parlait que pour demander ce dont il avait besoin. La Borde était le seul à qui il se fiât, pour son dévouement à son maître, et pour le zèle de son attachement à Mme Du Barry. La Borde me conta qu'il l'avait appelé le matin d'une voix ferme, l'avait fait approcher, avait regardé s'il était seul avec lui, et le voyant près de son lit, lui avait dit : « Et Mme Du Barry, où est-elle ? » La Borde lui avait répondu sans hésiter : « Sire, elle est partie ce matin. » Qu'alors le roi avait répondu : « Quoi ! déjà ! » ; qu'il s'était aperçu qu'il lui sortait deux grosses larmes, et qu'il s'était renfoncé dans son lit sans ouvrir plus la bouche[153].

On me raconta que cette nuit, il était veillé par tout le service ; le duc de Liancourt[154] était à la cheminée ; il se faisait un grand silence, on croyait le roi endormi. Le roi appelle le duc et lui dit : « Avez-vous eu cette année aux fêtes de Noël le moine jouant du violon au milieu de la rivière ?

— Oui, Sire », répondit le duc. La conversation en resta là ; tout le monde se regardait en se disant des yeux : « Il a le transport », lorsque le duc, prenant la parole, expliqua ce droit de féodalité du duché de Liancourt. Ses auteurs avaient donné de grandes possessions aux moines, sous l'expresse condition que tous les ans, à Noël, un moine se mettrait dans un bateau au milieu de la rivière, et jouerait un air de flûte ou de violon, avec droit au seigneur propriétaire de rentrer dans la donation s'ils y manquaient. Un procès-verbal le constatait tous les ans. Ainsi le roi, qui n'oubliait rien, n'avait nullement le transport en se rappelant cette anecdote.

Les intrigues allaient leur train. Tout le monde, incertain de la suite de cette maladie, se tournait vers le soleil levant. M. Rousseau avait, pour médecin et ami intime, Lorry[155] ; comme il avait une grande réputation, il fut un des médecins appelés à poste fixe pour soigner le malade. Il rencontre Rousseau dans la galerie, le lendemain de mon retour à Versailles, et voici ce qu'il lui dit : « Le roi est mieux : tout le monde chante victoire. Il ira de même jusqu'au 11 ; alors, la petite vérole tournera au plus mal, et le 13, il ne sera plus en vie. Rapportez-vous-en à mon expérience : il a une espèce de petite vérole dont on ne revient point ; je n'en ai jamais sauvé personne. Mais gardez-moi le secret ici. » Rousseau le lui promit. La chose était trop importante — et nous étions porte à porte — pour me le laisser ignorer : il me savait l'ami de M. et de Mme de Sartine, et un lieutenant de police devait faire ses combinaisons. M. Rousseau vint donc chez moi comme je rentrais de souper, me dire le pronostic ; je pars à l'instant, me rends chez le lieutenant de police ; il venait de se coucher. J'étais connu : j'entre chez eux et leur rendis fidèlement le propos. Nous restâmes une heure ensemble à faire nos conjectures sur l'avenir, et ils surent bon gré à mon amitié de les avoir prévenus de l'événement.

J'allais tous les jours chez le duc des Deux-Ponts : on savait les nouvelles par lui, car il allait tous les jours [à Versailles] et il recevait des courriers d'heure en heure. Il arriva, le jour de la mort, avec la tristesse peinte sur le visage : il était attaché au roi. Il nous dit qu'on l'avait mis sur un lit de camp proche la fenêtre; que la petite vérole était rentrée, qu'il n'avait plus figure humaine; que la violence des convulsions lui faisait porter son corps tantôt en travers, tantôt au pied du lit; que l'infection était abominable et qu'il ne comptait plus le revoir. En effet : toute notre société dînait ce jour-là chez M. de Castéra, qui était devenu notre intime et qui demeurait même rue que M. le duc des Deux-Ponts et que M. de Sartine ; et à 3 heures, le courrier arriva portant la nouvelle de sa mort[156].

Deux jours après, nous soupâmes chez M. de Sartine. Il avait eu le temps d'être prévenu, et cependant il manqua de présence d'esprit. Le nouveau roi était le meilleur de tous les hommes, comme il ne l'a que trop prouvé depuis; effrayé du poids d'une couronne[157], ne sachant à qui se fier, n'ayant nulle confiance en aucun des gens en place qui l'entouraient, ne devant se livrer qu'à sa famille, à sa femme qui, avec de la noblesse et de la grandeur d'âme, avait les goûts d'une jolie femme, il ne pouvait se fier qu'à sa tante, Madame Adélaïde, par l'âge, l'expérience, une certaine confiance que le roi lui avait donnée, par le respect qu'inspirait sa dévotion. Tout le forçait à avoir recours à elle, quand ce ne serait que pour le guider dans les premiers pas d'une carrière si épineuse. Son premier soin fut d'envoyer chercher le lieutenant de police, parce que dans ces premiers moments, la police d'une grande ville était intéressante. Le roi venait, avec toute sa cour, d'arriver à Choisy. M. de Sartine fut donc mandé, et il revint souper avec nous chez lui le même jour; il n'y avait que ma femme et moi, M. Lenoir[158] et Mme de Cypierre.

Il nous conta que le roi l'avait fait entrer à l'instant, l'avait embarrassé en lui approchant un fauteuil et en le faisant asseoir; qu'après lui avoir fait plusieurs questions relativement à sa place, il avait débondé son cœur, en disant que n'ayant aucune expérience, il voulait qu'il lui enseignât une personne capable de le diriger; qu'il y avait à pacifier les troubles intérieurs, les parlements; qu'à Paris, il était au centre des gens instruits, et qu'il le prendrait volontiers de sa main. Si, au lieu de répondre comme il le fit qu'il lui rendrait réponse le surlendemain, il était venu ferré à glace, avec différents mémoires tout prêts sur différents objets les plus en sa faveur, tels que les parlements, il y a à parier qu'à l'instant le jeune roi lui aurait donné toute sa confiance, et qu'il serait revenu premier ministre — au lieu que le roi, n'ayant aucun point d'appui, ne pouvant s'en donner lui-même, alla confier sa conversation et ses démarches à sa tante. On balança qui on choisirait : M. de Machault le fut deux heures; enfin M. de Maurepas[159], homme d'esprit, ministre dès l'enfance, persécuté, jouissant d'une bonne réputation dans sa société, fut appelé. Temporiseur, il ne trouva rien d'impossible; d'une conversation gaie et aimable, il aplanit les difficultés d'un travail fatigant pour un jeune homme, et devint premier ministre pour le malheur de la France par son insouciance, et prépara sans s'en douter les grands événements qui ont perdu cette auguste monarchie

NOTES

PRÉFACE DE 1795

1. Dufort est né en 1731 : le début de la rédaction de ces *Mémoires* date effectivement du milieu de l'année 1794, et se trouve donc être contemporain de la fin de son emprisonnement aux Carmélites de Blois. C'est probablement l'incertitude sur son sort qui a poussé l'auteur à laisser derrière lui ce témoignage, dont il poursuivit l'élaboration après son élargissement le 9 septembre 1794.

2. On trouve ici l'annonce d'un pacte avec le lecteur : « Je dirai tout. » Mais ce pacte n'est pas seulement « autobiographique », pour reprendre les distinctions de Philippe Lejeune, puisque les « anecdotes particulières » sont accompagnées de celles « publiques et secrètes ». On a donc bien là des mémoires au sens où les définit le *Dictionnaire* de Furetière : « Se dit des livres d'historiens, écrits par ceux qui ont eu part aux affaires ou qui en ont été témoins oculaires. »

3. La mention de la destination privée de ces *Mémoires* est démentie par divers indices textuels qui, au fil du texte, donnent à penser qu'en rédigeant son œuvre Dufort songeait à un public assez vaste. La précision « tant que je vivrai » l'indique clairement : l'auteur laissait à ses héritiers toute latitude de publication. Il fallut cependant attendre 1886 pour que R. de Crèvecœur publiât l'essentiel de l'ouvrage, dont le manuscrit eut une histoire encore incomplètement connue aujourd'hui : il semble être resté en possession de la famille Dufort jusqu'à la mort du dernier porteur de ce nom (1862); il disparut alors, et fut en 1863 donné à la bibliothèque municipale de Blois par un Français qui résidait à Bade.

PREMIÈRE ÉPOQUE

Chapitre premier

1. Turenne (aujourd'hui dans le département de la Corrèze, arrondissement de Brive, canton de Meyssac) fut à partir du xe siècle le chef-lieu d'une vicomté qui connut son apogée au XVIIe siècle et qui s'étendait sur la Dordogne, le Quercy et le Périgord; des aliénations successives amoindrirent un patrimoine qui comprenait cependant encore, au moment où le duc de Bouillon le vendit à Louis XV (1738) sept villes et 1 200 villages et hameaux. Les propriétaires de terres sises sur la vicomté (Gorses se trouve dans le département du Lot, arrondissement de Figeac) rendaient évidemment hommage aux Bouillon.

2. Dufort n'échappe pas à cette règle formulée par F. Bluche (*Les Magistrats du parlement de Paris au XVIIIe siècle*, 1986, p. 49) : « Nombre de familles parlementaires, à la fin de l'ancien régime, donnent le change sur leur origine. » Le souci de se donner une caution nobiliaire ancienne se marque ici en trois points : l'équivoque Dufort/Durfort, qui est bien contestable dans la mesure où les Durfort, grande famille apparentée aux Duras, n'ont certainement aucun lien avec l'auteur; l'emploi du terme « maison », de préférence à « famille »; enfin, la mention d'« alliances par mariage avec femmes nobles », qui n'a pas de valeur en France, pays de loi salique, où l'on mesure la noblesse non par quartiers, mais par degrés (c'est-à-dire par générations paternelles).

3. Il s'agit de Pierre Dufort, fils de Jean VII et frère cadet de Jean VIII qui fut en 1662 tuteur *onéraire* (effectif, par opposition à *honoraire*) de Godefroy-Maurice de La Tour d'Auvergne. On trouvera ci-après l'arbre généalogique des Dufort et Poyrel de Grandval, et plus loin celui des familles Soullet et Le Tessier de Montarsy.

4. Le duc de Bouillon était Frédéric-Maurice (1605-1652), frère aîné de Henri de La Tour d'Auvergne, vicomte de Turenne, le futur maréchal (1611-1675). Élevé dans la religion calviniste, le duc de Bouillon se convertit au catholicisme, mais ne s'en opposa pas moins à Richelieu (le 15 septembre 1642, il s'allia à Cinq-Mars) et surtout à Mazarin au moment de la Fronde des princes : sa famille y perdit Sedan, comme on le verra.

5. La chambre des comptes, cour souveraine la plus prestigieuse après le parlement de Paris, tenait au principe de la cooptation et admettait difficilement des roturiers en son sein. Mais de hautes protections et la présentation d'une généalogie due à un spécialiste complaisant pouvaient aplanir bien des difficultés.

6. Le duc de Bouillon fut contraint de signer un traité par lequel il cédait Sedan. En échange de sa reddition après la Fronde, il obtint le 20 mars 1651 le duché d'Albret, Château-Thierry, Épernay, Châtillon-sur-Marne, les comtés d'Armagnac et d'Évreux, enfin un titre de duc. Mais il y a là une erreur de l'auteur : Pierre Dufort ne devint maître des comptes qu'en 1680, et ne put donc « servir » ses protecteurs dans un échange effectué trente ans plus tôt.

7. Nicolas Poyrel, sieur de Granval (1   -1654), anobli en 1643, devint gentilhomme ordinaire de la chambre du roi en 1645, commissaire d'artillerie deux ans plus tard, grand-maître des Eaux et Forêts d'Alsace en 1649, secrétaire-interprète en langue germanique et helvétique en 1650.

8. Un acquit-patent est un « brevet du roi scellé du grand sceau, portant gratification d'une somme d'argent et servant d'acquit et de décharge à celui à qui il s'adressait » (Littré).

9. Nicolas Poyrel de Grandval épousa Denise de Poncher : l'illustration de cette famille remonte au XIIIe siècle avec *un* maréchal, Jean-Omer de Poncher (1218) et *deux* évêques : Étienne Poncher (1446-1524), qui mourut archevêque de Sens, et son neveu François, évêque de Paris en 1519, qui mourut en 1532, emprisonné à Vincennes pour trahison.

10. Le fils de Nicolas Poyrel de Grandval, prénommé Charles, fut d'abord huissier du cabinet de la reine (1654), puis succéda en 1656 à son père comme secrétaire-interprête en langue germanique et helvétique; il devint gentilhomme ordinaire de la chambre du roi en 1659, et grand-maître des Eaux et Forêts d'Alsace en 1661. Il mourut en 1716. Il avait épousé Marguerite Le Court dont il eut deux filles.

11. Il s'agit de la polémique suscitée par la construction du mur d'enceinte dit des « fermiers généraux », édifié pour des raisons fiscales de 1784 à 1791 : il en existe encore quelques barrières d'octroi dues à C. N. Ledoux. En fait, le projet avait été lancé longtemps auparavant, et avait soulevé un tollé de la part de la population parisienne.

12. L'église des Quinze-Vingts, rue Saint-Honoré, est celle de l'hôpital du même nom, bâti à partir du XIIIe siècle et doté par saint Louis. Ce n'est qu'en 1780 que les Quinze-Vingts furent transférés à l'hôtel des mousquetaires noirs, 28 rue de Charenton, au faubourg Saint-Antoine.

13. Le manuscrit porte : « oncle ». Nous rétablissons ici le degré de parenté exact.

14. Pierre Dufort n'eut pas d'enfants : c'est pourquoi il s'occupa du sort de son neveu Jean IX Dufort, qui devint en 1692 maître ordinaire en la chambre des comptes, et épousa en 1694 Élisabeth, fille aînée de Charles de Grandval : ainsi en deux générations, plus des deux tiers de la fortune des Poyrel de Grandval passaient aux Dufort.

15. L'hôtel de Saint-Pouange, qui avait appartenu aux Chabanais de Saint-Pouange, branche de la famille Colbert (le premier représentant en fut Jean-Baptiste de Saint-Pouange, 1590-1663), était situé en face des bâtiments de la Bibliothèque nationale.

16. Le manuscrit porte : « 1754 »; mais les dates indiquées par Dufort sont souvent inexactes, ce qui s'explique par le mode de rédaction de l'ouvrage : l'auteur ne disposait pas de ses sources documentaires. Nous rétablissons la date effective du décès de Jean Dufort.

17. Marie-Thérèse Poyrel de Grandval (1 -1734) épousa Jean Dupuis, trésorier de la maison du roi (1660-1724).

18. Pierre Dupuis de Vallière (1689-1758) épousa Marie-Anne-Charlotte Ruau du Tronchot. Il fut conseiller en 1712 après avoir été substitut. Il devint plus tard président du grand conseil : des caricatures du temps le représentent plus occupé à fréquenter les théâtres que le Palais.

19. Charles-Jean-Pierre Dupuis de Marcé abandonna en 1748 ses fonctions d'officier aux gardes françaises pour devenir conseiller. Il fut guillotiné le 20 avril 1794.

20. L'affaire du collier; le cardinal Louis-René de Rohan (1734-1803) fut traduit devant le parlement avec Cagliostro et Jeanne de La Motte pour l'escroquerie que l'on sait. Sous l'ancien régime, les juges se prononçaient sur l'avis d'un rapporteur. Le premier président d'Aligre choisit pour cette tâche délicate Titon de Villotran et Dupuis de Marcé, dont l'abbé Georgel, intime de Rohan, affirme dans ses *Mémoires* qu'il « avait la réputation d'un homme médiocre, en tout subordonné à son collègue qui serait sa boussole et son guide » (II, 130). Les deux rapporteurs opinèrent conformément aux conclusions (hostiles au cardinal) du procureur général Joly de Fleury.

21. En blanc dans le manuscrit. Anne-Marie Dupuis épousa Louis-Alexandre de Savary, conseiller du roi, grand-maître des Eaux et Forêts de Normandie.

22. Élisabeth-Marie Dupuis épousa en 1742 Louis-Léon de Bouthillier, comte de Beaujeu. Ce sont là des alliances flatteuses : l'ascension de la famille Poyrel de Grandval est assez typique de la progression sociale de ces bourgeois fortunés qui, en quelques générations, accèdent à la robe, parfois après avoir acquis un titre de noblesse, et parviennent à marier leurs filles dans la noblesse ancienne.

23. Charles-Léon, comte de Bouthillier (1743-1) épousa une demoiselle Maréchal de Saincy.

24. Anne-Marie-Perette de Bouthillier épousa en 1765 Pierre-Constantin Le Vicomte, comte de Blangy, colonel du régiment de la couronne.

25. Adrienne-Charlotte de Bouthillier épousa Jean-Philippe Bernard de Montebise, marquis de Cordouan.

26. On a tenu à donner ici un exemple des accords grammaticaux de Dufort : les verbes construits avec *famille* sont systématiquement accordés selon le sens.

27. Joseph-Pierre Dufort (c. 1697-1746) fut maître en la chambre des comptes en 1718. Il épousa Agnès-Françoise Soullet (1705-1743) le 24 février 1729.

28. Cette réflexion n'est certainement pas méprisante : tout le monde se souvient du précédent constitué par les Colbert...

29. Nicolas I Soullet (c. 1640-1720) était de naissance roturière : on sait que la charge de secrétaire du roi, « savonnette à vilain » par excellence, conférait la noblesse au premier degré. Il épousa Agnès Gaillard (1651-1714), fille d'un échevin.

30. Nicolas II Soullet (1672-1736) fut conseiller en 1697. Les archives montrent qu'il était un des magistrats les plus actifs de la 5e chambre des enquêtes. Il n'était vraisemblablement pas très riche, et l'on verra plus loin pourquoi son fils Bernard-Nicolas put disposer de 25 000 livres de rente, soit un capital de 500 000 livres.

31. Marie-Agnès Soullet épousa en 1695 Jean Le Boulanger (16 -1733).

32. Nicolas II Soullet épousa en 1702 Laurence-Françoise Le Tessier de Montarsy (16 -1754).

33. Pierre Le Tessier de Montarsy, orfèvre du roi de 1676 à 1714.

34. Anne Le Tessier de Montarsy épousa en 1699 Charles-Louis Félix. Le frère, Henri Félix de Tarsy, ne fut pas évêque d'Autun, mais conseiller du roi, trésorier de la Sainte-Chapelle, puis évêque de Digne (1675-77), enfin de Châlons-sur-Saône de 1677 à 1711.

35. Charles-Felix de Tarsy opéra Louis XIV de la fistule — opération encore rare à l'époque — le 18 novembre 1686. Il dut y revenir à plusieurs reprises, et la guérison du roi fut saluée par un *Te Deum*, des messes, des sermons de Menestrier, Bourdaloue et Bossuet.

36. Angélique Le Tessier de Montarsy (1684-1711) épousa en 1703 Jean Quentin, baron de Champlost. On retrouvera plus loin ce personnage et ses descendants.

37. Il s'agit de Marie-Angélique Poisson, première femme de chambre de la dauphine; elle avait épousé Jean Quentin, barbier et perruquier de Louis XIV.

38. François Quentin de La Vienne, frère de Jean Quentin, fut d'abord barbier, puis devint premier valet de chambre du roi et prit le nom de marquis de Champcenetz.

39. Charles-Jean-Marie Quentin, deuxième baron de Champlost (1742-c. 1793) suivit une carrière militaire (en 1772, il devint lieutenant-colonel) et exerça également les fonctions de valet de chambre du roi. En 1780, il reçut la survivance du gouvernement du Louvre.

40. Gabriel-Louis-François de Neufville, marquis puis duc de Villeroi (1731-1794).

41. Charles-Victor-François d'Irrumberry de Salaberry (1732-1794), d'une famille de très ancienne noblesse. Il devint le beau-frère de Dufort, et il sera longuement question de lui dans ces *Mémoires*.

42. Jean-Benjamin de La Borde (1734-1794), fermier général et premier valet de chambre de Louis XV.

43. Albert-Marie, marquis de Romée de Vernouillet (1730-1793), brigadier, puis lieutenant des maréchaux de France et gouverneur de Rouen.

44. Le collège d'Harcourt, fondé en 1280 par Raoul d'Harcourt, archidiacre de Coutances, s'étendait sur de grands terrains autour de la rue de la Harpe. Il avait été reconstruit en 1675 et comptait environ cinq cents élèves : il vit passer Boileau, Racine, l'abbé Prévost, Diderot, plus tard La Harpe, Talleyrand... Les enfants de familles fortunées disposaient d'un précepteur particulier qui leur servait de répétiteur.

45. La terre de Saint-Leu (antérieurement Leumont) avait au XVIe siècle appartenu aux Montmorency, puis était entrée dans les possessions des Condé. Le fief avait

ensuite été la propriété de la famille Leclerc de Lesseville (de 1645 à 1713), puis celle de Pierre Vesin, avocat au parlement. Enfin, Nicolas Baille l'avait acheté pour le revendre à Joseph-Pierre Dufort. Le parc comptait 128 arpents et 66 perches, soit près de 44 hectares, et comprenait prés, clos, pièces d'eau, parterre. La vue s'étendait de Paris à Saint-Germain, de Romainville à Pontoise.

46. *Mie* : de *m'amie*, gouvernante.

47. Pierre-François Guyot, abbé Desfontaines (1685-1745) connut d'assez nombreux ennuis en raison de ses mœurs et de ses écrits satiriques. Il dirigea le *Journal des savants*, traduisit Virgile, polémiqua avec Voltaire.

48. Il ne peut s'agir du célèbre naturaliste Antoine-Laurent de Jussieu (1748-1836), mais il est possible que Joseph-Pierre Dufort ait connu le père, Antoine de Jussieu (1686-1758), médecin et botaniste, ou l'oncle, Bernard de Jussieu (1699-1777), frère du précédent, démonstrateur de botanique au jardin du roi en 1722, et membre de l'Académie des sciences en 1725.

49. François Gigot de La Peyronnie (1678-1747) fut chirurgien comme son père, et devint premier chirurgien du roi en 1733. Il avait été anobli douze ans auparavant. Il se battit pour obtenir que les chirurgiens fussent considérés à égalité avec les docteurs de l'université. Il possédait une immense fortune qu'il légua à des hôpitaux, et publia de nombreux ouvrages relatifs à son art.

50. Le docteur Pousse était un médecin à la mode; il apparaît dans les *Mémoires* de Mme du Hausset, où il est qualifié de « fort original ».

51. Nicolas-Charles-Joseph Trublet (1697-1770) entra dans les ordres mais mena la vie d'un homme de lettres. Il se lia avec La Motte et Fontenelle, et finit par entrer à l'Académie française en 1761. Son œuvre principale s'intitule *Essais de morale et de littérature*.

52. Bernard-Nicolas Soullet (1719-1760), oncle de Dufort, qui fut conseiller au parlement en 1737, et épousa en 1742 Antoinette d'Alègre (1722-1783).

53. Jean-Antoine Rigoley de Juvigny (1 -1788) fut d'abord avocat, et s'illustra en attaquant Voltaire. Il devint conseiller honoraire au parlement de Metz et entra à l'Académie de Dijon.

54. René-Marie-Cyr de Froulay, marquis de Tessé (1707-1742) était grand écuyer de la reine; il avait épousé en 1735 Marie-Charlotte de Béthune. On retrouvera plus loin les autres familles alliées ou amies des Dufort.

55. Cette précision a déjà été donnée par l'auteur deux pages plus haut. Nous supprimons désormais ce type de répétitions.

56. Charlotte-Catherine de Beaufort (1 -1763) épousa en 1719 Jean de Boullongne (1690-1769), fils du grand peintre; il fut conseiller au parlement de Metz, intendant des finances, puis contrôleur général du 25 août 1757 au 4 mars 1759.

57. Claude-François Bidal, marquis d'Asfeld (1665-1743) servit remarquablement durant la guerre de Succession d'Espagne et devint directeur général des fortifications. Il fut fait maréchal de France en 1734 et disgracié l'année suivante après une querelle avec Noailles.

58. Il s'agit évidemment d'Henriette-Marie de France, reine d'Angleterre (1609-1669), pour qui Bossuet écrivit sa célèbre oraison funèbre.

59. Louis-Charles de Machault d'Arnouville (1667-1750) fut maître des requêtes, lieutenant général de police, conseiller d'État. Son fils Jean-Baptiste de Machault d'Arnouville (1701-1794) mena une grande carrière administrative et fut plusieurs fois ministre (contrôleur général des finances, garde des sceaux, secrétaire d'État de la marine). Il fut disgracié en 1757 pour n'avoir pas soutenu Mme de Pompadour après l'attentat de Damiens (voir le chapitre XV de la IIe époque).

60. François-César Le Tellier, marquis de Courtenvaux (1718-1781) mena une carrière militaire et fut élu à l'Académie des Sciences. La Pélissier (1707-1749) était une célèbre chanteuse qui avait fait ses débuts à l'Opéra en 1722. Elle avait créé ou interprété de nombreux rôles, dont Vénus dans *Les Amours des déesses* de Quinault, Aricia dans *Hippolyte et Aricie* de Rameau, Émilie dans *Les Indes galantes*, etc. Elle fit scandale par ses liaisons tumultueuses, dut se réfugier à Londres en 1734. Elle prit sa retraite en 1741.

61. Il s'agit de Claude-Étienne, le fils du maréchal. Il devait épouser en 1755 Mlle Pajot de Villepérot.

62. Dufort a écrit par erreur « 1746 ».

63. Agnès-Françoise Dufort, née Soullet, mourut le 24 septembre 1743, et fut inhumée à Saint-Roch le 30 septembre.

64. Dufort a écrit « distrayèrent »; mais cette forme n'existe pas, d'où notre correction.

65. La Bulle *Unigenitus* (8 septembre 1713) constitue le point de départ d'une féroce polémique qui dura près d'un siècle. L'abbé Fleury, désireux de réduire l'influence grandissante des jansénistes, publia la Déclaration du 24 mars 1730 qui faisait de la Bulle, loi de l'Église, une loi du royaume. Il fallut un lit de justice, d'ailleurs tumultueux (3 avril 1730) pour que le parlement enregistrât la Déclaration, bientôt suivie de nombreuses remontrances hostiles. Des parlementaires furent arrêtés et exilés, et l'agitation se calma après la Déclaration royale du 18 août 1732, qui menaçait le parlement de sanctions et le privait d'une partie de ses prérogatives.

66. René Pucelle (1655-1745), neveu de Catinat, entra d'abord dans les ordres, puis fit ses débuts dans l'armée. En 1684, il acheta une charge de conseiller-clerc au parlement. Sous la Régence, il fut membre du conseil de conscience. Mais il était janséniste : il anima la résistance du parlement de Paris, et fut exilé dans son abbaye de Corbigny.

67. Bernard-Nicolas Soullet, présenté à la note 52 de la p. 46.

68. Jean-Baptiste de La Garde (1672-1742) fut conseiller en 1696, président de la cinquième chambre des enquêtes en 1704. Il épousa en 1715 Catherine Bonne de Ravat.

69. François-Camille, marquis de Polignac (1719-1   ), brigadier des armées du roi, épousa en 1742 Marie-Louise de La Garde.

70. Jeanne-Marie-Antoinette d'Alègre (1718-1751), fille du directeur de la fabrique royale de Saint-Marcellin en Dauphiné, épousa en 1739 Jean-Baptiste Le Tourneur (1698-1751), conseiller à la cour des aides, puis au parlement (1727) et intendant du commerce (1744).

71. Laurence-François Le Tessier de Montarsy, épouse de Nicolas II Soullet, ne devait mourir que le 28 novembre 1754 : elle fut la tutrice de l'auteur lorsqu'il perdit son père.

72. Les Dufort habitèrent successivement aux 16, 18, 27 rue de Richelieu. C'est de cette dernière adresse qu'il s'agit ici : l'hôtel de la Paix se situait à l'emplacement du n° 25.

73. Joseph-Pierre Dufort mourut le 15 novembre 1746. Il était en réalité âgé de 49 ans.

74. Élisabeth-Marie Dufort était morte en fait en 1745, deux ans après sa belle-sœur Agnès-Françoise Soullet et son père Jean IX.

75. La rue des Enfants-Rouges est l'actuelle rue des Archives. L'hôtel Tallart est au coin de la rue de Bretagne. Il avait été construit vers 1660 pour J. Amelot de Chaillou, et avait été acheté par Tallart en 1712.

76. Pierre Dupuis, fils de Marie-Thérèse Poyrel de Grandval (grand-tante de Dufort), substitut en 1709, conseiller en 1712, puis président au grand conseil (voir la note 18 de la p. 43).

77. Le « Prétendant » était Charles-Édouard Stuart, né en exil à Rome, et qui avait débarqué en Angleterre à la tête d'une armée dans l'intention de s'emparer du trône (19 juillet 1745); il avait remporté les batailles de Prestonpans, puis de Falkirk, mais venait d'être battu à Culloden par le duc de Cumberland (avril 1746). Il réussit à regagner la France; deux ans plus tard, il fut expulsé au grand scandale de l'opinion publique.

78. Soit 1 200 000 livres au denier vingt (5 %) : c'est un capital considérable pour l'époque, surtout si l'on tient compte de la substitution effectuée sur l'héritage maternel au profit de l'oncle de Dufort, Bernard-Nicolas Soullet.

79. Il s'agit de la guerre de Succession d'Autriche, déclarée officiellement le 26 avril 1744, mais qui avait commencé quatre ans auparavant. La bataille de Fontenoy (11 mai 1745) et les opérations qui suivirent firent croire un peu prématurément à l'opinion publique que les hostilités allaient s'achever; mais le traité d'Aix-la-Chapelle ne fut signé que le 28 octobre 1748.

80. En 1746-47, la franc-maçonnerie était déjà à la mode dans les milieux aristocratiques et l'intelligentsia : depuis son apparition en France en 1721, son développement avait été extrêmement rapide, et dès 1745 une bonne part des courtisans avaient adhéré à la loge de la Chambre du roi. En revanche, au moment de la rédaction de ces *Mémoires*, en 1795-96, on répétait volontiers que la Révolution était sortie — entre autres — d'un complot maçonnique, fomenté par le grand-maître Philippe-Égalité, ex-duc d'Orléans. À Blois, Dufort de Cheverny fut, comme on le verra plus tard, en relation avec des maçons particulièrement actifs.

81. La Comédie-Italienne était alors installée dans l'ancien hôtel de Bourgogne, 34, rue Mauconseil. Elle devait fusionner en 1762 avec l'Opéra-Comique de la foire Saint-Germain.

82. *Indult :* « C'était un droit des officiers du parlement et des maîtres des requêtes, au premier bénéfice vacant à la nomination de l'évêque ou abbé à qui l'indult avait été signifié, et que le collateur était tenu de conférer à cet officier s'il

était clerc lui-même, ou au clerc à qui cet officier l'avait cédé » (abbé Morellet, *Mémoires*, chap. XVI).

83. Le lieutenant civil de la prévôté et vicomté de Paris, second officier du Châtelet, présidait aux audiences en matière civile, avait compétence pour les saisies, les contestations sur les scellés et inventaires, les testaments. En outre, « les procès-verbaux d'assemblées de parents pour les affaires de mineurs, ou de ceux que l'on veut interdire, et les procès-verbaux tendant au jugement d'une demande de séparation, se font aussi en son hôtel ». (*Encyclopédie*, article « lieutenant civil »).

84. L'hôtel de Montmor, construit en 1623, avait abrité un cénacle littéraire fréquenté par Chapelain, Ménage, Molière, Huyghens, Mme de Sévigné. Il se situait au 79, rue du Temple.

Chapitre II

85. L'hôtel de Gouffier, aujourd'hui disparu, se trouvait au 19, rue Coq-Héron, au croisement de la rue Pagevin (actuellement, rue Étienne-Marcel). Il avait appartenu à Jean Phélypeaux, intendant de justice, avant de passer à ses héritiers, dont Marie-Catherine Phélypeaux d'Octreville, qui avait épousé en 1736 Charles-Antoine Gouffier, marquis d'Heilly et de Ribemont (1698-17), maréchal de camp.

86. On trouve dans les réflexions théoriques du temps de nombreuses récriminations sur la faillite de l'enseignement de l'histoire. La question fut publiquement débattue quinze ans plus tard, au moment de l'expulsion des jésuites, par Rousseau (*Émile*, 1762), d'Alembert, La Chalotais, Guyton de Morveau, etc.

87. Pierre-Guillaume Dupont (1718-1778) fut l'élève de Jean-Marie Leclair aîné et joua au Concert spirituel à partir de 1739. Il entra à l'orchestre de l'Académie royale de musique en 1745, et publia des *Airs variés pour un violon seul*. Quant à Jacques Javilliers-Létang, qui s'était retiré de l'Opéra en 1747, il avait reçu le privilège de maître à danser du roi, et jouissait d'un grand succès dans les milieux mondains.

88. Les deux protagonistes de cette anecdote furent le prince de Dombes, Louis-Auguste de Bourbon (1700-1755), fils du duc du Maine (bâtard légitimé de Louis XIV et de Françoise-Athénaïs de Rochechouart-Mortemart, marquise de Montespan), et d'Anne-Louise-Bénédicte de Bourbon ; et Jean-Antoine-François de Franquetot, comte de Coigny (1702-1748), lieutenant général des armées du roi. Dufort le qualifie ici de « duc », bien que le titre appartînt à son père François de Franquetot (1670-1759), maréchal de France en 1734.

89. Il s'agit de Louise-Henriette de Bourbon-Conti, née en 1726, et qui épousa en 1743 Louis-Philippe d'Orléans, duc de Chartres et plus tard duc d'Orléans (1725-1785). Dufort la qualifie de « Circé » et ce n'est pas par hasard : elle choqua même ses contemporains – pourtant habitués à bien des libertés – par le nombre et la nature de ses aventures amoureuses.

90. L'hôtel de Conti (d'abord hôtel Guénégaud) fut construit en 1648 par J. H. Mansart sur l'emplacement de l'hôtel de Nevers. Il fut agrandi à partir de 1670 par Anne-Marie Martinozzi, nièce de Mazarin et veuve d'Armand de Bourbon, prince de Conti. Au XVIIIe siècle, l'hôtel fut habité par Louis-François de Bourbon, prince de Conti (1717-1776) jusqu'à ce qu'il soit nommé grand prieur du Temple (1750). Il le vendit alors pour 1 600 000 livres à la Ville de Paris. L'hôtel devint le garde-meubles de la couronne, et fut détruit en 1769 pour laisser la place à l'actuel hôtel des Monnaies.

91. Selon la plupart des témoignages, la phrase aurait été : « Il est plus heureux qu'un enfant légitime. » Un tel propos était difficilement pardonnable par le fils d'un bâtard royal.

92. Le duc de Coigny avait épousé Marie-Thérèse-Corentine de Nevet, dame de Mesdames de France. Leurs trois fils furent Marie-François-Henri de Franquetot, duc de Coigny (1737-1821), qui mena une carrière militaire et fut pendant quelque temps un des proches de Marie-Antoinette; il fut fait maréchal en 1816. Gabriel-Augustin de Franquetot, comte de Coigny (1740-1817) qui devint lieutenant général. Enfin, Jean-Philippe de Franquetot, chevalier de Coigny (1743-1806) qui accéda au grade de maréchal de camp, émigra et revint clandestinement en France en 1800.

93. En réalité, le duel eut lieu non en janvier, mais le 4 mars 1748.

94. L'hôtel de Coigny se trouvait aux n° 46-50 de la rue des Petits-Champs. Il avait été acheté en 1741 par François de Franquetot, duc de Coigny. Il fut revendu en 1758 à Pâris de Montmartel, et détruit en 1827.

95. La Comédie-Française se trouvait alors (1748) au 14, rue de l'Ancienne-Comédie, entre la rue des Mauvais-Garçons (rue Grégoire-de-Tours) et le boulevard Saint-Germain, sur l'emplacement du Jeu de paume de l'Étoile.

96. Le chevalier d'Héricourt était sous-lieutenant aux gardes françaises; Joseph-Marie-Pierre-Marguerite d'Albertas, frère du président au parlement d'Aix, y était lieutenant; Coëtlosquet était enseigne et le chevalier d'Entrecasteaux, frère du grand navigateur, lieutenant.

97. L'Académie royale de musique se trouvait alors rue Saint-Honoré, au Palais-Royal, dans une salle qui devait disparaître dans un incendie le 6 avril 1763.

98. Il existait à Paris de nombreuses tenancières de maisons : la Paris, la Gourdan, la Dhosmont, les Brissault... Césarine Florence avait d'abord exercé ses activités rue Cadet, puis rue Jean-Saint-Denis, enfin rue Meslay. Les archives policières révèlent le nom de quelques-unes de ses filles : Mlle Lebrun, surnommée « Manon la Picarde », Mlle Monfreville...

99. Les deux enfants de Charles-Louis Félix et d'Anne Le Tessier de Montarsy furent Pierre-Charles Félix (1703-1780), secrétaire des commandements du grand-maître de France, contrôleur général de la maison du roi, conseiller d'État; et Anne-Marguerite, dite ici « Mlle Félix », qui devint plus tard Mme Girault de Moussy.

100. Le couvent des Filles de l'Assomption était une retraite à la mode pour les veuves et les orphelines fortunées. Alexandrine-Jeanne, fille de Mme de Pompadour (1744-1754) y avait été élevée. Ses bâtiments se trouvaient au 263, rue Saint-Honoré. Il en reste aujourd'hui l'église à dôme construite de 1670 à 1676 par Charles Errard, et qui est devenue l'église des Polonais de Paris.

101. Il s'agit d'André-Charles-Louis Chabenat de Bonneuil, qui devint président au parlement. Son arrière-grand-père avait été introducteur des ambassadeurs sous Louis XIV. Il épousa en troisième noces, en 1775, une Mlle Soullet.

102. Les académies du roi constituaient pour les jeunes gens nobles le complément de la formation du collège; on y cultivait les armes, l'équitation, les mathématiques, les langues, la musique et le dessin, souvent aussi la danse. Les trois académies de

Paris se trouvaient au manège des Tuileries, rue de l'Université, et enfin rue des Canettes. Dirigée successivement par Mesmont, Desroches, Vendeuil et Jouan, elle était installée à l'angle de la place Saint-Sulpice, sur l'emplacement de l'ex-hôtel de Viracoublé. La pension s'élevait à 1 500 livres par an pour un jeune homme; il en coûtait 700 livres de plus si son gouverneur l'accompagnait.

103. Le « ministre » était Jean-Jacques Amelot de Chaillou (1689-1749), successivement intendant des finances, secrétaire d'État des Affaires étrangères, surintendant général des postes en survivance. Son fils Antoine-Jean (1732-1795) fut maître des requêtes, président au grand conseil, intendant de Bourgogne. Le 21 février 1759, il devait épouser Marie-Françoise-Jeanne Le Gendre, sœur d'Anne-Marie-Edme, la femme de Dufort. Les deux Amelot de Chaillou cultivaient les lettres et les arts : le père fut admis à l'Académie française (1727) et à l'Académie des Sciences (1741), le fils entra aux Inscriptions (1777).

104. La rue du Grand-Chantier est devenue une partie de la rue des Archives. Les familles Amelot et Vougny habitaient au n° 78, dans un hôtel aujourd'hui détruit.

105. Marie-Anne de Vougny (17 -1783), fille de Jean-Marc de Vougny (1659-1739), secrétaire du Conseil d'État, et de Anne Moufle (1 -1750), la grand-mère maternelle dont il est question ici.

106. La marquise de Chastellux était Claire-Thérèse d'Aguesseau; elle avait épousé Guillaume-Antoine de Chastellux, capitaine-lieutenant des gendarmes du Berry. Leurs trois fils furent César-François (17 -1749), militaire qui épousa Élisabeth Jubert de Thil; Philippe-Louis (1726-1784), mestre de camp, colonel du régiment d'Auvergne à la mort de son frère aîné, lieutenant général en 1781 ; et François-Jean de Beauvoir, chevalier puis marquis de Chastellux (1734-1788), militaire qui servit en Amérique où il devint l'ami de Washington et qui, sa carrière achevée, entra à l'Académie française (1775).

107. Les Lefebvre étaient fils d'un avocat anobli par charge de secrétaire du roi. Adrien Lefebvre d'Amécourt (1720-1), conseiller laïc en 1740, était très lié au prince de Soubise; Auguste-Louis (1722-1763), conseiller clerc en 1743, fréquentait assidûment les filles : son nom apparaît fréquemment dans les rapports de police; quant à Lefèbvre de Chailly (1723-1767), il devint capitaine de dragons.

108. Louis Le Pelletier, marquis de Montmélian, seigneur de Mortefontaine (1730-1799) fut intendant de La Rochelle, puis de Soissons, conseiller d'État, prévôt des marchands à partir de 1784, succédant à Lefèvre de Caumartin de Saint-Ange.

109. Jean-Baptiste-Gaspart Bochart de Saron, né en 1730, fut guillotiné à Paris le 1er floréal an II (20 avril 1794), après avoir été président à mortier du parlement de Paris, puis premier président (1789). Il avait épousé Angélique-Françoise-Rosalie d'Aguesseau de Fresnes (1745-1780).

110. Jacques Nigot de Saint-Sauveur (1714-1771), président de la chambre des comptes en 1724. Il épousa Marie-Thérèse Ogier (1710-1738), sœur du célèbre président.

111. Daniel-Marc-Antoine Chardon (1731-1802) fut contrôleur général de la marine, intendant de Sainte-Lucie, maître des requêtes, intendant de Corse après la conquête (1769). Il était parfaitement débauché, et sa seconde épouse Marie-Anne-Adélaïde de Maupassant-Wardancher (1750-1780) fut, à en croire les *Mémoires* de Lauzun, la maîtresse de nombreux militaires opérant en Corse, dont Mirabeau, Guibert (le stratège), Custine, Du Barry... et Lauzun lui-même.

112. Marie-Joseph, duc d'Hostun et de Tallart (c. 1683-1755), second fils du maréchal, fut brigadier des armées du roi. Il habitait au coin de la rue de Bretagne et de l'actuelle rue des Archives. Sur son hôtel, voir la note 75 de la p. 50.

113. La nourrice de Louis XV et de son frère aîné le duc de Bretagne, fut Marie-Madeleine Boquet. Elle avait épousé le maréchal-ferrant Simon Mercier (1682-1771) et accéda à la condition de première femme de chambre de la reine, pendant que son mari devenait contrôleur général de la maison de la reine. Elle mourut en février 1750 à 67 ans.

114. Claude-François Lavechef du Parc (1689-1751), intendant général des postes; il avait succédé à Grimod-Dufort dans la direction du « cabinet noir » chargé de décacheter les lettres. Il avait épousé Madeleine Mercier.

115. Il s'agit sans doute de Charles-Jean-Madeleine Rivié de Ricquebourg, fils d'Étienne de Rivié (1683-1748), seigneur de Marines, baron de Chors, grand-maître des Eaux-et-Forêts de l'Île de France.

116. Anne-Yvonette-Marguerite-Esther de Rivié épousa en 1749 Louis de Gouy, marquis d'Arsy (1717-1790) qui fut officier de cavalerie, participa aux guerres de Succession d'Autriche et de Sept Ans, et accéda en 1780 au grade de lieutenant général. Les deux époux se séparèrent en 1771.

117. Dufort fait ici allusion à Louis-Henri-Marthe, marquis de Gouy d'Arsy (1753-1794), colonel en second des dragons de la reine. Il épousa Anne-Amable Hue de Bayeux, une riche créole de Saint-Domingue, fut élu député de la colonie, et combattit l'affranchissement des esclaves. Partisan de la Révolution à ses débuts, il fut guillotiné en juillet 1794.

118. Le père, Claude-François Barassy (1684-1753) fut anobli par charge de secrétaire du roi. Son second fils, Charles-Girard de Barassy (1725-1794), fut conseiller au grand conseil et devint en 1748 grand rapporteur en la chancellerie. On verra plus tard que, ruiné, il fut recueilli par Dufort.

119. Jean-François-Claude Perrin de Cypierre (1727-1790) fut conseiller au grand conseil, maître des requêtes en 1749, intendant d'Orléans de 1760 à 1787. Il épousa en 1752 Marie-Florimonde Parat de Montgeron (173 -1788). Son père était Joseph-Louis Perrin de Cypierre (1699-1730), conseiller au parlement de Bourgogne.

120. Antoine-Louis-François Lefèvre de Caumartin, marquis de Saint-Ange (1725-1803) entra au grand conseil; il fut ensuite intendant de Metz, de Flandre, et devint prévôt des marchands le 17 août 1778. Il épousa Geneviève-Anne-Marie Moufle (1733-1763), émigra à la Révolution et ne rentra en France qu'en 1803.

121. Christophe Pajot de Marcheval (1724-assassiné le 2 avril 1792), également conseiller au grand conseil, devint avocat général, maître des requêtes, intendant de Limoges puis du Dauphiné. Il épousa Hélène-Marie Moreau de Saint-Just (1729-17).

122. Antoine Chaumont de La Galaizière (1727-1812), fils du chancelier du roi de Pologne, devint maître des requêtes, intendant de Montauban, puis de Lorraine et Barrois, enfin intendant d'Alsace. Il épousa Marie-Geneviève-Perrine Maussion de La Courtaujay (1741-1799).

123. Lancelot Turpin, comte de Crissé et de Sanzay (1716-1799) fit une carrière

militaire et devint lieutenant général. Il publia un *Essai sur l'art de la guerre* (1754), des commentaires sur Végèce et Montecuculi...

124. Antoine-Charles du Houx, baron de Vioménil (1728-1792) fut un bon militaire qui servit en particulier en Flandre, au Hanovre et en Corse; en 1771, il participa en Pologne à l'insurrection de la Confédération de Bar. Il se battit aussi en Amérique, et mourut des blessures qu'il avait reçues en défendant les Tuileries le 10 août.

125. Charles, comte d'Ourches (1722-1), troisième du nom, plus tard mestre de camp du régiment Colonel-général de cavalerie.

126. Jean-Charles du Hautoy, marquis de Belleau, fut colonel au régiment de Royal-Roussillon.

127. Jean-Paul-André de Razins, marquis de Saint-Marc (1728-1818) fut d'abord officier aux gardes françaises. Il entra à l'Académie des Inscriptions, et fit jouer en 1772 *Adèle de Ponthieu*, tragédie-opéra en trois actes, musique de La Borde et Berton.

128. Louis-Henri, comte de Caulaincourt, avait épousé en 1726 Suzanne-Françoise-Geneviève de Bailleul de Vic.

129. Suzanne-Louise-Françoise-Henriette de Caulaincourt (17 -1778) avait épousé en 1741 Nicolas-François-Dominique Dufour, baron de Cuy.

130. Il s'agit de Gabriel-Barnabé-Louis, comte d'Osmont (1719-1), chambellan du duc d'Orléans; il devint un des plus proches amis de Dufort, et on verra plus loin dans quelles circonstances il épousa Rose-Thérèse de Thère.

131. Charles-Antoine-Gabriel d'Osmont de Médavy (1723-1806) fut chanoine-comte du chapitre noble de Lyon, vicaire général d'Auxerre, évêque de Comminges en 1764. Il avait un pied-bot, ce qui explique, comme pour Talleyrand, son choix d'une carrière ecclésiastique plutôt que militaire.

132. Ange-Hyacinthe de la Motte-Ango, comte de Flers, marquis de Messey (1719-1775) était conservateur des chasses, louvetier d'Alençon; il avait épousé Marianne-Charlotte de Chertemps de Seuil.

133. Jules-David Cromot, seigneur de Bourg (1725-1) fut conseiller du roi, contrôleur général du marc d'or, premier commis du contrôle général sous Laverdy et Terray, surintendant des finances du comte de Provence, qui le présenta au roi comme un successeur possible de Turgot.

134. François-Gédéon de Garsault était capitaine de Haras.

135. Jacques-Gabriel-Alexandre d'Oilliamson, marquis de Saint-Germain (16 - 17). Il avait épousé en 1717 Gabrielle-Marie-Jeanne d'Oilliamson, sa cousine germaine.

136. Un daguet est un jeune cerf âgé de moins de deux ans; ses bois n'ont encore aucune ramification.

137. Il pourrait bien s'agir de la mère de cette Marie-Françoise Filleul (1751-1822) qu'épousa Abel-François, marquis de Vandières, puis de Marigny, puis de Ménars (1725-1781), frère de Mme de Pompadour. On prêta à cette Mme Filleul, de son vrai nom Marie-Catherine-Louise Dubuisson, une passade avec le roi, et le bruit

courut que Marie-Françoise était fille de Louis XV. Les historiens pensent aujourd'hui que son père était en réalité le fermier général Étienne-Michel Bouret.

138. Louis-Joseph de Bourbon, prince de Condé, était né en 1736, et était donc âgé de quatorze ans en 1750. Le comte de Charolais, que l'on retrouvera plus loin, était Charles de Bourbon-Condé (1700-1760), gouverneur et lieutenant général de Touraine; il défraya la chronique par ses mœurs et ses cruautés.

139. La veuve de Michel-Étienne Turgot, marquis de Sousmons (1690-1751), qui avait été président au parlement, prévôt des marchands de 1729 à 1740, puis conseiller d'État, était Madeleine-Françoise Martineau (1698-1764). L'hôtel Turgot se trouvait au 12, rue Portefoin. Il avait appartenu aux Amelot jusqu'en 1714.

140. Le fils aîné était Michel-Jacques Turgot d'Ussy (1719-1773), et fut maître des requêtes et président à mortier au parlement. Contrairement à ce qu'écrit Dufort, il existait un second fils, Étienne-François (1721-1789), chevalier de Malte, brigadier des armées du roi et gouverneur de la Guyane. C'est le troisième fils, Anne-Robert-Jacques Turgot de Brucourt (1727-1781) qui fut le célèbre contrôleur général des finances.

141. Françoise-Hélène-Étiennette Turgot (1729-1784) épousa en 1757 Paul-Hippolyte de Beauvilliers, duc de Saint-Aignan (1684-1776), veuf de Marie-Geneviève de Monlezun, qui fit une grande carrière militaire, et devint ambassadeur en Espagne et auprès du Saint-Siège.

142. Jacques-Étienne du Mesniel, marquis de Sommery (1 -1) servit aux gardes françaises. Il épousa Jeanne-Madeleine-Antoinette-Pulchérie Le Petit d'Aveine.

143. Il s'agit du petit-fils de François Quentin évoqué à la note 38 de la p. 44. Jean-Louis Quentin de Champcenetz (c. 1730-1813) fut comme son père et son grand-père premier valet de chambre, devint gouverneur de Meudon, Bellevue, Chaville; il commandait également l'équipage pour le daim. Il se maria trois fois. Sa première épouse, Marie-Rose Teissier, lui donna un fils qui suivit une carrière militaire. Il épousa en secondes noces Madeleine Pernon, dont il eut entre autres Louis-Edmond (1760-1794), le célèbre pamphlétaire. Enfin, veuf, il se remaria en 1779 avec Albertine-Élisabeth de Niewerkerke, épouse séparée de M. Pater et, disait-on, une des plus belles femmes du temps.

144. Il s'agit ici probablement de Jeanne-Françoise Quinault (1699-1783), amie de d'Argenson et de d'Alembert, et non de sa sœur Marie-Anne (c. 1700-1791) qui, bien qu'également actrice, joua surtout un rôle mondain.

145. Philippe-Jules-François Mazarini-Mancini, duc de Nevers (c. 1676-1768).

Chapitre III

146. Cette indication chronologique — confirmée par la suite du témoignage de Dufort — montre que le récit du voyage en Angleterre aurait dû prendre place *avant* l'épisode inséré à la fin du chapitre II : Mme Turgot ne devint veuve qu'en 1751. On trouvera plus loin d'autres exemples des confusions de dates auxquelles a succombé l'auteur.

147. Les cadogans sont des chevaux de selle destinés à l'armée.

148. La guerre de Succession d'Autriche (1740-1748).

149. Jean-Claude Richard de Saint-Nom (1727-1791) était depuis 1749 conseiller au parlement. Il ne devint abbé commendataire de Poultières qu'en 1758. Il est célèbre pour avoir publié de 1781 à 1786 *le Voyage pittoresque, ou Description des royaumes de Naples et de Sicile*, cinq vol. grand in-folio, un chef-d'œuvre d'édition d'art. Saint-Nom était libéral, et se montra jusqu'à sa mort favorable à la Révolution.

150. Anne-Gabriel-Henri Bernard, marquis de Boulainvilliers (1724-1798), fils de Gabriel Bernard, dit le président de Rieux, et de son épouse Suzanne de Boulainvilliers, fut prévôt de Paris de 1766 à 1789. Il était entré au parlement en 1744, était devenu président en 1749. Il épousa Marie-Madeleine-Adrienne d'Hallencourt. Il était fort riche : ses revenus atteignaient 150 000 livres, ce qui signifie un capital d'au moins trois millions. Il fit rebâtir le château de Glisolles et, outre son château de Passy, possédait à Paris, rue Notre-Dame-des-Victoires, un hôtel remarquable que Louis XVI lui acheta 570 000 livres en 1785.

151. Dufort a écrit par distraction : « De Douvres à Calais ».

152. Erreur de Dufort : Charles-Eugène-Gabriel de la Croix, comte de Charlus, marquis de Castries (1727-1801), qui devait devenir ministre de la marine de Louis XVI (1780) et maréchal (1783) ne fut jamais ambassadeur à Londres. En 1750, le titulaire du poste était Gaston-Charles-François de Lévis, comte de Terrida, marquis puis duc de Mirepoix (1699-1757), qui mena une carrière militaire et devint lieutenant général en 1747. C'est en 1749 qu'il avait été nommé à Londres en remplacement de François-Marie Durand de Distroff, à qui il confia l'ambassade durant son absence du 2 mai au 6 novembre 1750; il venait donc de réintégrer son poste lorsque Dufort séjourna à Londres.

153. Le père, Pierre-Christophe Teissier (1692-1770) était l'ancien notaire de Samuel Bernard et du garde des sceaux Chauvelin; il avait acheté en 1746 la charge d'intendant et de contrôleur général des écuries et livrées du roi. Le fils, Christophe-Jacques (1732-1785), dont il sera à nouveau question plus loin, et qui devint fermier général, épousa Honorée-Marie-Marguerite, fille de Bontemps, premier valet de chambre du roi, pendant que le fils de Bontemps, Louis-Pierre-Dominique (1738-1766) se mariait avec une fille Teissier, Jeanne-Thérèse. La rue Tiquetonne ne s'étendait à l'époque que de la rue Montorgueil à la rue Montmartre.

154. *Faire paroli :* « Terme de jeu. Le double de ce qu'on a joué la première fois » (*Dictionnaire de l'Académie*, 6e édition).

155. En 1750, le Foreign Office était divisé en deux départements : celui du Nord, confié à Thomas Pelham Holles, duc de Newcastle (1693-1768), et celui du Sud qu'administrait John Russel, duc de Bedford (1710-1771). Robert D'Arcy, quatrième comte Holderness (1718-1778), après avoir mené une carrière militaire et avoir représenté l'Angleterre à Venise (1744), succéda à Bedford en juin 1751 seulement. On peut donc se demander si Dufort ne confond pas Holderness et Newcastle : le premier séjournait à La Haye au début de 1751 et n'en revint qu'en mai; le second est célèbre pour ses réceptions fastueuses et ses banquets plantureux de Lincoln's Inn Fields.

156. *Vauxhall Gardens*, situés dans le bourg de Lambeth, sur la rive sud de la Tamise, comprenaient un château et des jardins qui furent ouverts au public en 1661. En 1732, Jonathan Tyers et ses fils aménagèrent le parc et construisirent une arcade en demi-cercle : l'endroit devint un lieu de promenade à la mode, mais fut fermé en

1859. D'autre part, sur un terrain situé à Chelsea et acquis en 1690 par Richard, vicomte Ranelagh, on ouvrit au public en 1742 un parc de divertissement : la « rotonde » grand pavillon circulaire de 50 m de diamètre, permettait d'écouter de la musique dans les cinquante loges qu'elle présentait. *Ranelagh House* cessa peu à peu d'attirer la foule élégante et fut fermé en 1803.

Ces lieux de plaisir furent effectivement copiés à Paris : le *Vauxhall d'hiver* de l'artificier Torré, ouvert de février à avril, fut d'abord installé à la foire Saint-Germain avant de se déplacer sur les boulevards en 1764 : on y trouvait des théâtres, des orchestres, des filles, et c'était un lieu de racolage connu. Le *Ranelagh* quant à lui fut fondé en 1774 par Morisan, garde d'une des portes du bois de Boulogne, dans le quartier de la Muette : le bal champêtre et les concerts y attiraient la foule. Le terrain fut exproprié en 1854 pour en faire un parc public.

157. Dans le bourg élégant de Chelsea, entre la Tamise, Kensington et Fulham, Charles II avait fondé le *Chelsea Royal Hospital* en donnant le terrain et en s'inscrivant le premier sur la liste de souscription nationale; l'établissement ne fut pourtant inauguré qu'en 1692. Conçu par l'architecte Christopher Wren, il était constitué de deux bâtiments prévus pour 558 pensionnaires divisés en six compagnies. Innovation importante à une époque où les lits étaient généralement occupés par plusieurs hommes, chaque soldat disposait de sa couchette personnelle.

158. Hans Sloane (1660-1753), naturaliste, chimiste et médecin, fut membre de l'université d'Oxford et médecin de George II. Il possédait un fort riche cabinet : 50 000 volumes, 32 000 médailles, des métaux et des pierres précieuses, de nombreux animaux empaillés. Le catalogue de sa collection formait 38 volumes in-folio.

159. Frédéric-Louis, prince de Galles, né en Hanovre en janvier 1707, et fils de George II, mourut effectivement le 20 mars 1751. Il avait épousé la princesse Augusta de Saxe-Gotha. Contrairement à ce que dit Dufort, il n'était pas le « frère du roi actuellement régnant » (George III), mais son père.

160. William-Augustus, duc de Cumberland (1721-1765), troisième fils de George II, mena une carrière militaire et fut souvent battu, en particulier par le maréchal de Saxe (Fontenoy, Lawfeld, Closterseven). En revanche, c'est lui qui à Culloden écrasa les troupes du petit-fils de Jacques II, Charles-Edouard Stuart, prétendant au trône d'Angleterre (voir la note 77 de la p. 50).

161. *Filer le parfait*, sous-entendu : « le parfait amour » : « Nourrir longtemps un amour tendre et romanesque » (*Dictionnaire de l'Académie*, 6e édition).

162. Tyburn, du nom d'un affluent souterrain de la Tamise sur sa rive gauche, près de l'actuel Marble Arch, était un lieu d'exécution depuis la fin du XIIe siècle. Les gibets y étaient installés en permanence (ils ne devinrent démontables qu'en 1759) et étaient entourés de galeries ouvertes équipées de sièges : moyennant un prix des places élevé, on pouvait y assister commodément aux exécutions. C'est là que furent entre autres pendus John Felton, meurtrier de Buckingham (1628), de nombreux opposants à Cromwell, et en 1660 le comte Ferrers, condamné pour cruauté (on dit que la corde fut pour lui en soie...). La dernière exécution eut lieu à Tyburn en 1783; le gibet fut ensuite transféré à Newgate.

163. Les *king-charles :* race de chiens minuscules, proches de l'épagneul, à museau court et à tête ronde; les yeux sont proéminents, les oreilles tombantes.

164. Charles de Lorraine, comte d'Armagnac (1684-1751) était grand écuyer de France.

Chapitre IV

165. On a vu plus haut (note 45 de la p. 45) que le fief de Saint-Leu avait appartenu à la famille Leclerc de Lesseville de 1645 à 1713.

166. Le voyage annuel de Compiègne, en juillet et août, permettait à Louis XV de se livrer à sa distraction favorite, la chasse.

167. Nicolas-Sixte de Sainctot, seigneur de Veymar (1674-1753) avait succédé dans les fonctions d'introducteur des ambassadeurs à son père Nicolas, lequel avait acheté sa charge en 1691. Depuis plus d'un siècle, les Sainctot étaient maîtres des cérémonies, sous l'autorité d'un grand maître qui appartint d'abord à la maison de Blainville, puis à celle des Dreux-Brézé.

168. *Brevet de retenue :* « Acte expédié en parchemin par un secrétaire d'État, portant concession d'une grâce ou d'un don que le roi fait à quelqu'un, comme [...] d'une somme payable au profit du brévetaire, par celui qui sera pourvu de telle charge ou de tel gouvernement, soit par la mort de celui qui l'occupe, ou par sa démission » (*Encyclopédie*, article *Brevet*).

169. Le style est ici maladroit : Dufort ne veut pas dire qu'en 1751 le duc d'Orléans venait d'épouser Louise-Henriette de Bourbon-Conti (le mariage eut lieu en 1743, comme on l'a vu à la note 89 de la p. 54), mais qu'au moment de son mariage, il était encore bien jeune et partageait les goûts des adolescents.

170. Marie-Thérèse Fournier était veuve de Guy Le Gentil, seigneur de La Barbinais, commissaire général de la marine.

171. Guy Le Gentil, marquis de Paroy (1728-1   ) fut lieutenant aux gardes françaises. Il avait épousé en 1749 Louise-Élisabeth Rigaud de Vaudreuil (1724-1   ).

172. Philippe de Rigaud, marquis de Vaudreuil (16   -1725) fut gouverneur du Canada de 1704 à 1725. Il laissa de son mariage avec Louise-Élisabeth de Joibert (16   -1740) onze enfants, dont trois filles. L'aîné de ses fils, Louis-Philippe, eut à son tour trois enfants, dont Louise-Élisabeth : elle n'était donc pas la fille, mais la petite-fille du gouverneur du Canada.

173. Renée-Marguerite Fournier (17   -1781) avait épousé en 1745 Gaspard-Boniface-Constantin de Castellane (1   -1   ), colonel du régiment de Penthièvre. Leur fille aînée Marie-Madeleine (17   -1770) épousa en 1764 Charles-Emmanuel de Vintimille, dit le marquis de Luc (1741-1814), fils naturel de Louis XV et de Pauline-Félicité de Mailly-Nesle, comtesse de Vintimille (1712-1741).

174. Pierre-Victor, baron de Besenval (1722-1794), fils de la comtesse Biélinska, fut lieutenant général, inspecteur général des Suisses et Grisons. Ce fut aussi un familier de Marie-Antoinette, et il fut chargé en 1789 de réprimer les troubles qui se produisaient à Paris. Il a laissé d'intéressants *Mémoires*.

175. Philippe-Henri, marquis de Ségur (1724-1801), militaire de carrière, fut fait maréchal en 1783 et devint ministre de la guerre de 1780 à 1787. C'est durant son ministère que furent pris les édits « de Ségur » qui rendaient très difficile aux roturiers l'accès au grade d'officier. Il avait épousé en 17   une riche créole de Saint-Domingue, Louise-Anne-Madeleine de Vernon (17   -1778).

176. On a déjà rencontré Lefebvre de Chailly et l'abbé Lefebvre de Mesgrigny (voir la note 107 de la p. 60). Quant au chevalier de Villecourt, il s'agit de Pierre-

Élisabeth de Fontanieu (1730-1784), qui succéda à son père Gaspard-Moïse (1694-1767) dans la charge d'intendant des meubles de la couronne, après avoir été capitaine au régiment d'Egmont. On disait que Gaspard-Moïse était le fils naturel du cardinal Fleury.

177. Le marquis de Saint-Mauris est Alexandre-Marie-Léonor, futur prince de Montbarrey (1732-1796); il fut colonel dès 1749, gravit rapidement les échelons et succéda comme ministre de la guerre au comte de Saint-Germain en 1777, après avoir été son adjoint; il demeura deux ans en fonctions. Il mourut en Suisse où il avait émigré.

178. L'hôtel d'Espagne, rue du Roule, n'existe pas. On peut se demander si Dufort ne confond pas avec l'hôtel du Roule, situé en haut de la rue du faubourg Saint-Honoré, où une célèbre maquerelle, la Paris, s'était installée en 1750. Les noms les plus connus du siècle — Casanova par exemple — soupaient chez elle et y fréquentaient ses filles.

179. Allusion probable à la conduite héroïque de Vioménil (voir la note 124 de la p. 64) qui, le 10 août 1792, ne quitta pas Louis XVI et fut blessé en le défendant durant l'attaque des Tuileries.

180 *Quadrille :* « Ce jeu n'est à proprement parler que l'hombre à quatre, qui n'a pas à la vérité la beauté ni ne demande une si grande attention que l'hombre à trois » *(Encyclopédie). Reversi :* « Sorte de jeu de cartes où celui des joueurs qui fait le moins de levées gagne la partie, et où le valet de cœur, qui se nomme Quinola, est la carte maîtresse » (*Dictionnaire de l'Académie*, 6e éd.). *Quinze :* « Se dit d'un jeu de cartes où gagne celui des joueurs qui compte quinze par les points de ses cartes, ou qui approche le plus de ce nombre » *(Ibid.)*.

181. Louis-Antoine-Auguste de Rohan-Chabot (1733-1807), comte de Chabot, prit le titre de duc de Rohan en 1791. Il fut militaire et se battit courageusement durant la guerre de Sept Ans.

182. Les deux Brienne sont Étienne-Charles de Loménie (1727-1794), futur évêque de Comdom, archevêque de Toulouse, puis de Sens, ministre des finances de Louis XVI et cardinal; et son frère Athanase-Louis-Marie (1730-1794), militaire de carrière qui devait devenir ministre de la guerre en 1787.

183. Les quatre Flamarens étaient les fils de Marie-Clément-Joseph de Flamarens, seigneur de Montastruc, et de Marguerite-Louise d'Arsens de Bruet : Agésilas-Joseph de Grossolles (1732-1818) fut lieutenant général du roi pour les provinces d'Aunis et de Saintonge; Agésilas-Gaston (1732-1785), frère jumeau du précédent, devint vicaire général de Bourges et abbé du Thoronet; Emmanuel-François, comte de Flamarens (173 -1782) succéda à son oncle dans la charge de grand louvetier de France; enfin, Emmanuel-Louis (1736-1815) fut évêque de Quimper, puis de Périgueux : il émigra à Londres et y mourut.

184. Les Sillery étaient fils de Charles-Pierre, marquis de Genlis, et de Louise-Charlotte-Françoise de Hallencourt de Dromesnil. Le cadet était Charles-Alexis Brûlart de Sillery, et porta le nom de comte de Genlis (1737-1793); il épousa en 1763 Stéphanie-Félicité Ducrest de Saint-Aubin (1746-1830), la célèbre femme de lettres; après une carrière militaire, il entra au service du duc d'Orléans, fut élu député de la noblesse, refusa en 1792 de voter la mort du roi et fut exécuté le 30 octobre de l'année suivante. Son frère aîné Charles-Claude Brûlart, marquis de Sillery (1742-1) fit une carrière militaire et devint lieutenant général.

185. M. de Belsunce : voir la note 217 de la p. 88.

186. Gaspard-Moïse de Fontanieu, père de Pierre-Élisabeth de Fontanieu-Villecourt (voir la note 176 de la p. 80) avait d'abord épousé Marie-Anne Pollart de Villequoy, dont il eut un fils, Bonaventure-Moïse (1728-1757), conseiller puis maître des requêtes. Il se remaria avec Mlle Dodun qui lui donna Pierre-Élisabeth (1730-1784). L'hôtel de Mme de Fontanieu, ex-hôtel Tubeuf, avait appartenu à Mazarin à partir de 1649; il devint en 1720 le siège de la Compagnie des Indes, et en 1770 celui de l'administration du Trésor. Il a depuis été réuni à la Bibliothèque nationale.

187. Edme-Joseph Roslin (1680-1760), conseiller au parlement, avait épousé Jeanne-Marthe de Beaufort, fille de Charles de Beaufort (16 -1756), avocat, fermier général. On a déjà rencontré Mme de Boullongne et son époux Jean (voir la note 56 de la p. 46).

188. Jean Baptiste-Paulin-Hector-Edme Roslin, seigneur d'Hénonville (1721-1790) avait épousé en 1747 Jeanne Richard (17 -1757), fille d'un receveur général de Tours.

189. Marie-Élisabeth Roslin (1 -1777) avait épousé en 1734 Paul-Gaspard Le Gendre (1696-1746), conseiller au parlement puis président à la chambre des comptes. Dufort devait épouser l'aînée de leurs quatre filles, Anne-Marie-Edme (1736-1818).

190. Marie-Nicole Roslin (1 -1), sœur aînée de Marie-Élisabeth, avait épousé Paul-Étienne-Charles Mayneaud de La Tour (16 -17), conseiller de grand-chambre en 1720, qui apparaît fréquemment dans les rapports des inspecteurs de police pour fréquenter des filles.

191. Anne-Claudine Mayneaud de La Tour (17 -17) avait épousé Laurent-Joseph Mazade de Bobigny (c. 1718-1750).

192. Jean-Marie Richard (17 -1783), receveur des finances à Tours comme son père, était le frère de Jean-Claude Richard de Saint-Nom (voir la note 149 de la p. 70), et de cette Jeanne Richard qui avait épousé en 1747 Jean-Baptiste Roslin.

193. Claude-Henri Watelet (1718-1786) fut un personnage important dans le monde artistique du milieu du siècle. Lettré et artiste, ce financier entra à l'Académie française en 1760 grâce à quelques poèmes, s'intéressa à la gravure, mit à la mode les jardins anglais, et écrivit de nombreux articles d'esthétique pour l'*Encyclopédie*.

194. Gaspard-Nicolas Watelet de Valogny (1719-1774) suivit une carrière militaire et devint maréchal de camp.

195. Louis-Nicolas-Balthasar Bernier de Pierrevert (1 -1) fut aide-major aux gardes françaises et gentilhomme du duc d'Orléans. Simon-René Beaudoin (1723-1797) fut colonel d'infanterie; on lui attribuait aussi un réel talent de graveur.

196. Victor-Thérèse Charpentier, comte d'Ennery (1732-1776), militaire de carrière, devint lieutenant général, gouverneur de la Martinique, puis de Saint-Domingue de 1764 à 1776. Il épousa en 1768 Rose-Bénédicte d'Alesso, fille du marquis d'Éragny.

197. Marguerite-Claude de Boullongne (1720-1792) avait épousé en 1737 Gaspard-Henry Caze de La Bove (1711-1750), maître des requêtes, intendant du commerce, puis intendant d'Auch et de Béarn, enfin intendant de Champagne. Il mourut

non en Béarn, mais à Langres. Le couple possédait à Paris le bel hôtel de Jonquières, faubourg Saint-Honoré.

198. Marie-Edme de Boullongne (1725-1753) avait épousé en 1746 Armand-Louis de Béthune (1711-1788) qui, veuf, se remaria en 1754 à Mlle Crozat de Thiers; il se battit à Raucoux, à Lawfeld, participa à la conquête du Hanovre, et devint lieutenant général.

199. Jeanne-Edmée de Boullongne (1723-1747) avait épousé en 1743 Charles-François-Gabriel d'Hallencourt, marquis de Dromesnil (17 -1749), militaire de carrière qui servit durant la guerre de Succession d'Autriche et devint maréchal de camp à la compagnie des Gendarmes-dauphin.

200. La seconde fille Boullongne (et non la quatrième comme le prétend Dufort), Louise-Charlotte-Élisabeth (1721-1767) avait épousé en 1736 Paul-François Galucci, marquis de l'Hôpital (1697-1776), militaire qui devint inspecteur général de la cavalerie et des dragons, fut ambassadeur à Naples de 1740 à 1751, et en Russie de 1756 à 1761.

201. Marie-Victoire-Sophie de Noailles (1688-1766), veuve en 1712 de Louis de Perdaillan d'Antin, marquis de Gondrin (1688-1712), s'était remariée en 1723 avec Louis-Alexandre de Bourbon, comte de Toulouse (1678-1737), fils adultérin de Louis XIV et de Françoise-Athénaïs de Mortemart, marquise de Montespan (1641-1707), légitimé par lettres patentes de novembre 1681. L'hôtel d'Armagnac, situé entre la rue des Bons-Enfants et la rue de Valois, fut partiellement loti lorsque Richelieu construisit son Palais-Cardinal. Le reste des bâtiments (n° 1 à 5 de la rue des Bons-Enfants) fut incorporé au Palais-Royal.

202. Le couvent de la Madeleine-du-Traisnel, occupé par des bénédictines réformées, avait en 1654 été transféré de Melun à Paris, au n° 100 de la rue de Charonne; il occupait une superficie de 42 hectares. Anne d'Autriche puis Marc-René d'Argenson, garde des Sceaux, le dotèrent richement. Les religieuses fabriquaient une célèbre eau-de-vie de lavande dans ces bâtiments qui furent pour la plupart détruits lorsque fut percé le boulevard Voltaire en 1857.

203. *Opérateurs :* « Celui qui débite ses remèdes, et qui vend ses drogues en place publique. On emploie quelquefois [...] le féminin opératrice » (*Dictionnaire de l'Académie*, 6e édition).

Chapitre V

204. L'ordre de Saint-Louis, réservé aux officiers des armées, avait été créé par Louis XIV en 1693. La croix d'or à huit pointes était pendue à un ruban « couleur de feu », d'où l'expression « ruban rouge » pour désigner les titulaires de l'ordre.

205. Ulrich-Frédéric Woldemar, comte de Lowendal (1700-1755) fit une brillante carrière militaire qui le conduisit en 1747 à la dignité de maréchal de France. Arrière-petit-fils illégitime de Frédéric III de Danemark, il entra très jeune dans l'armée impériale, servit la tsarine Anne, puis devint l'adjoint de Maurice de Saxe avec le grade de lieutenant général. Il participa à la victoire de Fontenoy, prit Berg-op-Zoom et Maëstricht. Ainsi que Sainctot, Lowendal aimait beaucoup les femmes.

206. Expression maladroite de Dufort : Philippe d'Orléans n'était évidemment pas encore régent lorsqu'en 1707, en pleine guerre de Succession d'Espagne, il fut chargé par son oncle Louis XIV d'aller épauler Philippe V dans la péninsule. Il partit le 2 avril 1707, arriva le 18 à Madrid. Il reçut de Berwick le commandement

des troupes, pacifia les royaumes de Valence et d'Aragon, prit Lerida (1707), puis Tortosa (1708), mais commit l'erreur de se mêler de politique intérieure espagnole et de se brouiller avec la remuante princesse des Ursins : on put croire qu'il visait lui-même le trône d'Espagne. Rappelé à la fin de 1708, il fut désormais écarté de tout commandement militaire.

207. On retrouvera plus loin le marquis et la marquise de Verneuil (voir la note 231 de la p. 92), et l'anecdote du baiser refusé lors de la présentation (chapitre XIV).

208. Nicolas-Henri de Racine de Monville, seigneur du Jonquoy (17 -1) fut durant quelques années grand maître des Eaux-et-Forêts de Normandie.

209. René-Nicolas-Charles-Augustin de Maupéou (1714-1792) reparaîtra à plusieurs reprises dans ces *Mémoires* : voir en particulier son portrait au chapitre XV.

210. Henriette de Racine du Jonquoy (17 -1) avait épousé en 1745 Jacques-Louis-Georges de Clermont d'Amboise, marquis de Renel (1 -1746), colonel du régiment de Bretagne.

211. Didier-François Mesnard (c. 1698-1772) devint maître des comptes en 1738, et fut secrétaire des commandements du dauphin et du comte d'Artois. Son fils Didier-François-René Mesnard de Chouzy (17 -1794) fut en 17 nommé contrôleur général de bouche de la maison du roi, et devint en 1774 ministre plénipotentiaire près le cercle de Franconie.

212. Marie d'Alencé, dame de la Couarde et du Gros-Rouvre (17 -176), avait épousé en 1747 Joseph-François Thomas, seigneur de La Valette et de l'Escaillon (1 -1765), enseigne de vaisseau, puis lieutenant général de la province de Bourgogne.

213. Élisabeth d'Alencé (17 -1) avait épousé en 1748 Claude-Jean Rigoley, baron d'Ogny (1725-1793), conseiller au parlement de Dijon, trésorier général des états de Bourgogne, intendant général puis directeur des postes.

214. L'aventurier connu sous le nom de comte de Saint-Germain, dont l'identité et l'origine restent douteuses, commença, semble-t-il, à faire parler de lui en Angleterre vers 1745-46 : sans doute était-il chargé, comme plus tard le chevalier d'Éon ou Beaumarchais, de missions occultes pour le compte de la France. Il réapparut à Paris vers 1756; c'est pourquoi la mention de sa présence à la fin de 1751 ou au début de 1752 paraît ici bien anachronique : une fois de plus, Dufort se perd dans les dates. Saint-Germain, qui réussit inexplicablement à devenir le familier de Mme de Pompadour et de Louis XV, se livra à plusieurs missions confuses et à de complexes activités à la limite de la légalité; il finit par se retirer à Slesvig, près du landgrave Karl, prince de Hesse-Cassel, et mourut le 27 février 1784 à l'âge approximatif de quatre-vingt-huit ans. Il est évoqué dans les *Mémoires* de Mme du Hausset et les *Souvenirs* du baron de Gleichen.

215. Jean-Baptiste-François II de Monthullé (1 -1) était conseiller à la 5ᵉ chambre des enquêtes depuis 1741. Il avait épousé la fille du fermier général Haudry, qui lui avait apporté une dot de 400 000 livres. Tous deux surveillaient de fort près l'éducation de leurs enfants, comme en témoigne Marmontel dans ses *Mémoires*.

216. La sœur aînée de Jean-Baptiste-François de Monthullé, Marie-Charlotte

(1 -1) avait épousé en 1740 Hyacinthe-François-Georges, marquis de Montecler (1719-1764), militaire qui devint maréchal de camp.

217. Le comte de Belsunce-Castelmoron (1728-1745) était enseigne dans la gendarmerie et s'était illustré à Fontenoy (Voltaire évoqua son exploit dans son *Poème de Fontenoy*, v. 207 sq.). D'après Luynes, « l'occasion fut quelques mauvais propos sur la jeunesse de M. de Castelmoron, qui fut piqué de s'entendre appeler enfant. M. de Montecler, à ce qu'on prétend, en a usé dans cette affaire avec tout le ménagement imaginable. » (VII, 30-31).

218. Marguerite-Françoise de Monthullé (1 -1) avait épousé en 1745 Jean-Baptiste d'Albertas, marquis de Roux (1716-1790), premier président de la chambre des comptes d'Aix. Il était riche et généreux, mais fut tué d'un coup de couteau à la suite d'une vengeance personnelle.

219. Louis-Sextius de Jarente de la Bruyère (1706-1788) fut un évêque mondain et se montra peu digne de ses fonctions. Parvenu au siège de Digne en 1747 grâce à la protection de Mgr de Belsunce, il obtint en 1757 la feuille des bénéfices, s'attribua aussitôt l'évêché d'Orléans et plusieurs abbayes. Il tomba en disgrâce en même temps que Choiseul.

220. Charles-Louis, comte de Merles, chevalier de Beauchamp (1 -1) venait d'épouser en 1750 Anne-Marie Peyrenc de Moras (17 -1). Il devint brigadier de cavalerie. Sa mission à Lisbonne dura un an à peine, de mai 1759 à août 1760.

221. Il s'agit de Marie-Louise Auget de Monthyon (1728-1), qui avait épousé en 1740 Michel Bouvard de Fourqueux (1719-1789), successivement conseiller au parlement, procureur général de la chambre des comptes, contrôleur général des finances durant trois semaines en avril 1787.

222. Michel-Paul-Guy de Chabanon (1730-1792) écrivit diverses tragédies, tombées dans un juste oubli, et quelques éloges. Pourtant, il réussit à entrer à l'Académie des Inscriptions (1759) et à l'Académie française (1779). Il était connu pour être un bon violoniste, et écrivit même une sonate pour clavecin.

223. Jean-Benjamin de La Borde (1734-1794), premier valet de chambre de Louis XV, fermier général en 1775, fut l'auteur d'essais historiques et de nombreuses chansons; il collabora avec Berton pour *Adèle de Ponthieu* (voir la note 127 de la p. 64), et mit en musique des opéras ou comédies de Marmontel. Sous la Révolution, il se réfugia à Rouen, mais y fut découvert et guillotiné.

224. Henriette de La Borde (1727-1777), sœur de Jean-Benjamin, avait épousé en 1750 Auguste-Simon Brissart (1726-1779), fermier général. On la retrouvera longuement plus loin, lorsqu'elle deviendra la maîtresse de Dufort (voir les chapitres VIII et suivants). L'hôtel Bullion, construit par Le Vau, donnait sur la rue Coq-Héron et l'actuelle rue Jean-Jacques-Rousseau. Il fut occupé par la poste à partir de 1757.

225. Rosalie Astraudi débuta à la Comédie-Italienne en 1744 dans des rôles d'amoureuse. En 1754, elle s'enfuit avec un lieutenant aux gardes, Le Féron, dans l'intention de l'épouser — mais les deux amoureux durent revenir, faute d'argent; Le Féron fut destitué. Rosalie Astraudi quitta le théâtre en 1755 pour épouser un comte Pajot de Villiers, après avoir été la maîtresse du comte d'Egmont, du duc de Montmorency.

226. On a déjà vu (voir la note 81 de la p. 52) que la Comédie-Italienne était alors installée à l'hôtel de Bourgogne, au coin de la rue Mauconseil et de la rue Française.

227. Dufort ne date pas précisément : il s'agit probablement des fêtes du premier mariage du dauphin, à la fin du mois de février 1745 : Louis (1729-1765) épousait alors Marie-Thérèse d'Espagne, qui mourut l'année suivante. En janvier 1747, il se remaria avec Marie-Josèphe de Saxe (1732-1767).

228. Louis Phélypeaux, comte de Saint-Florentin puis (1770) duc de La Vrillière (1705-1777) fut secrétaire d'État dès 1723, ministre d'État en 1751, après avoir été garde des Sceaux de la reine. Il était membre honoraire de l'Académie des Sciences et de l'Académie des Inscriptions.

La présentation de Dufort au roi (par Saint-Florentin) et à la reine (par la duchesse de Luynes) eut lieu le 21 mars 1752.

229. Erreurs de dates de Dufort : il traita avec Sainctot en décembre 1751 ; puisqu'il était effectivement né en février 1731, il accomplissait sa vingt-deuxième année en prenant ses fonctions le 1er juillet 1752.

230. Les deux voyages de la cour à Compiègne (juillet-août) et Fontainebleau (octobre-novembre) coûtaient fort cher aux dignitaires — dont les introducteurs — en frais de représentation. C'est pourquoi Dufort par la suite (1756) changea de service avec son collègue La Live (Verneuil avait vendu sa charge) et prit ses fonctions durant le premier semestre.

231. Eusèbe-Félix Chaspoux, marquis de Verneuil (1720-1791) succéda en 1747 à son père Eusèbe-Jacques, premier marquis de Verneuil, dans sa charge d'introducteur des ambassadeurs. Il avait épousé en 1743 Anne-Adélaïde, fille d'Anne-François, marquis de Harville, maréchal de camp, et de Marie-Anne Boucher de Livry.

232. Le premier introducteur dans cette famille fut Étienne Chabenat, seigneur de Bonneuil, vicomte de Savigny (16 -1680); à son décès, son fils Michel (16 -1698) le remplaça. Le conseiller au parlement ami de Dufort était André-Charles-Louis (17 -1), petit-fils du dernier cité. Il devint président à la deuxième chambre des enquêtes en 1766 (voir la note 101 de la p. 59).

233. Carlo-Francesco Durini (1693-1769), entré jeune dans les ordres, devint gouverneur de Campanie, inquisiteur de Malte, évêque de Rhodes. Il fut ensuite envoyé comme nonce en Suisse (1739-1744), puis en France où il demeura dix ans (1744-1754); il semble avoir pesé dans un sens hostile aux jansénistes. Il devint enfin évêque de Pavie, puis cardinal.

234. Joseph-François-Gaëtan San-Martino, marquis de Saint-Germain (1 -176) avait été nommé à Paris en 1749. Il devint par la suite ministre des Affaires étrangères à Turin en remplacement du chevalier Ossorio, et mourut peu de temps après. Il quitta son poste à Paris en juillet 1752 pour être remplacé par le marquis de Sartirane : si l'on en croit Luynes, l'entrée de Sartirane fut la première « introduction » assurée par Dufort (21 juillet 1752).

235. Louis-Gabriel de Froulay (1694-1766) était bailli de Malte, général de ses escadres, et représentait l'ordre en France.

236. La paix d'Aix-la-Chapelle, 28 octobre 1748.

237. Emmanuel-Dieudonné de Hautefort, marquis de Surville et de Sarcelles, comte de Montignac (1700-17), fut ambassadeur à Vienne de 1749 à 1753.

238. Wenceslas-Antoine von Kaunitz-Rietberg (1711-1794) fut un grand diplomate, principal auteur du renversement des alliances qui allait conduire la France à la guerre de Sept Ans. Il arriva à Paris le 26 octobre 1750, mais son « entrée » officielle n'eut lieu que le 17 septembre 1752. Il mena d'abord des négociations serrées avec Louis-Philogène Brûlart de Sillery, marquis de Puysieulx (1702-1770), alors secrétaire d'État des Affaires étrangères, et avec Mme de Pompadour qu'il flatta (voir les *Mémoires* de Choiseul). Lorsqu'il repartit en 1752 pour devenir premier ministre de Marie-Thérèse, ses propositions étaient assez avancées pour que son envoyé Stahremberg pût achever avec Bernis les pourparlers qui aboutirent aux traités de Versailles (1er mai 1756 et 1er mai 1757).

239. L'hôtel Le Camus ou hôtel de Juigné, ex-hôtel Salé, était un splendide bâtiment construit en 1656 par Jean Boullier, dit Jean de Bourges, pour Aubert de Fontenay. Il était la propriété de Nicolas Le Camus (1 -1756), premier président à la cour des aides.

240. Jacques-François-Maxime de Chastenet, marquis de Puységur (1716-1782) mena une carrière militaire et fut fait lieutenant général en 1759. Marie-Marguerite Masson, son épouse depuis 1740, était la fille de François-Gaspard Masson, maître des requêtes.

Chapitre VI

241. La duchesse de Luynes était Marie Brûlart (1684-1763), fille de Nicolas Brûlart, marquis de La Borde, premier président au parlement de Dijon. Elle épousa en premières noces (1704) Louis-Joseph de Béthune, marquis de Charost (1681-1709). Elle se remaria le 13 janvier 1732 avec Charles-Philippe d'Albert, duc de Luynes (1695 1758), lui même veuf de Louise-Léontine-Jacqueline de Bourbon-Soissons, princesse de Neufchâtel et de Vallengin (16 -1721). C'est en 1735 que la duchesse de Luynes devint dame d'honneur de la reine et sans doute sa meilleure amie. Elle était la tante de Mme du Deffand.

242. Charles-Jean-François Hénault (1685-1770), président au parlement, surintendant de la maison de la reine, fut une grande figure de l'intelligentsia des Lumières : il fut considéré comme un historien de valeur (*Nouvel Abrégé chronologique de l'histoire de France*, 1744), et vécut dans l'intimité de Mme du Deffand. Il a laissé des *Mémoires*.

243. François-Auguste Paradis de Moncrif (1687-1770), d'origine écossaise, réussit à s'élever jusqu'à la fonction de lecteur de la reine. Il publia une *Histoire des chats* (1727) qui lui valut succès et quolibets, écrivit l'argument de divers ballets, et des contes qui lui permirent, le 29 décembre 1733, d'entrer à l'Académie française.

244. Louis-Augustin, comte d'Affry (1713-1793) devint lieutenant général et commanda les gardes suisses. Quant à sa mission diplomatique, Dufort se trompe : il ne représenta la France en Hollande qu'à partir de 1755. Il joua un certain rôle sous la Révolution, en assurant en particulier la sécurité de la famille royale. Mais on sait que la plupart de ses gardes suisses furent massacrés le 10 août 1792.

245. Le marquis de Razilly (1691-1766) est également évoqué au jeu de la reine par Luynes dans ses *Mémoires* (V, 197).

246. Louis-Léon Potier, duc de Gesvres, marquis de Gandelu, puis duc de Trèmes (1695-1774), après avoir servi dans la marine, entra dans la cavalerie et devint général. Il n'était pas capitaine des gardes du corps; en revanche, il devint en 1757 gouverneur général de l'Île-de-France.

247. Paul Sanguin, marquis de Livry (1709-1758), premier maître d'hôtel du roi, avait épousé en 1741 Marie-Christine de Maniban (17 -1), fille de Jean-Gaspard de Maniban (1686-1762), premier président en 1721. C'était une amie de Mme de Pompadour et une fort belle femme.

248. On désignait par « M. le Premier » le premier écuyer. En 1752, la charge était détenue par Henri-Camille, marquis de Beringhen (1693-1770); il avait épousé, non Mlle de Thémines, mais Angélique-Sophie d'Hautefort, *veuve* de Jean-Luc de Lauzières, marquis de Thémines (1 -17), gentilhomme ordinaire de la chambre du duc d'Orléans.

249. On a déjà rencontré (note 99 de la p. 58) Pierre-Charles Félix (1703-1780), oncle de Dufort. Il était secrétaire des commandements du grand maître de France et contrôleur général de la maison du roi. Il avait épousé une des trois filles de Marie-Madeleine Boquet, épouse Mercier, la nourrice de Louis XV.

250. Denis-François Boudrey (1 -175), premier commis aux finances, épousa Marie-Madeleine Radix de Sainte-Foix, laquelle se remaria plus tard (1760) avec le marquis de Bridge (voir note suivante); le roi lui demanda un rendez-vous — qu'elle accepta : « C'est effectivement la plus belle femme du temps », écrit d'Argenson sans ses *Mémoires* (VI, 242).

251. Nicolas-Augustin de Malbec de Monjoc, comte puis marquis de Bridge (1714-1795) était capitaine des haras. Il fut l'objet de la jalousie de Louis XV, qui croyait — ou feignait de croire — qu'il avait été l'amant de Jeanne-Antoinette Lenormand d'Étiolles avant qu'elle ne devînt Mme de Pompadour. Dans une lettre à M. de Marigny, Mme du Hausset raconte comment, à l'occasion d'un bal masqué, de Bridge revêtit le déguisement du roi pour conquérir plus facilement la présidente Portail.

252. Charles-Louis de Lorraine, comte de Brionne (1725-1761) était grand écuyer depuis 1751, après avoir été en 1744 survivancier de son grand-oncle le prince Charles de Lorraine. Il avait épousé Louise-Julie-Constance de Rohan-Montauban (1734-1815) qui, après la mort de son mari, devint la maîtresse du duc de Choiseul, qu'elle suivit dans son exil de Chanteloup.

253. On retrouvera plus loin dans la familiarité de Dufort et de Mme Brissart, dont il fut l'amant, Joseph-Louis Joussineau de Tourdonnet (1722-1787), premier maître de la garde-robe du comte d'Artois. Il épousa en 1758 Élisabeth-Charlotte Gillet (17 -1789).

254. Louis-François de Damas, marquis d'Anlezy (1698-1763) était militaire de carrière et parvint en 1748 au garde de lieutenant général. C'est en 1741 qu'il fut nommé gouverneur du prince de Condé.

255. François de Lussan du Goût, marquis du Bouzet (1687-1786), gentilhomme ordinaire du prince de Condé.

256. Il s'agit de Louis-Joseph de Bourbon (1736-1818), fils du duc de Bourbon, éphémère premier ministre de Louis XV. Il reçut une formation essentiellement militaire, se distingua durant la guerre de Sept Ans, devint gouverneur de Bourgogne et se consacra à l'embellissement de Chantilly. Il fut un des chefs de l'armée des émigrés sur le Rhin, puis se réfugia en Russie, enfin en Angleterre.

257. François-Dominique de Barberie de Saint-Contest (1701-1754) fut conseiller

au parlement, maître des requêtes, intendant d'Auch, de Caen, de Bourgogne. Il fut ensuite ambassadeur auprès des Provinces-Unies (1749-1751) et devint alors secrétaire d'État des Affaires étrangères (il mourut en charge). Il avait épousé en 1735 Jeanne-Philippe-Monique Desvieux (1716-1746) et se trouvait veuf en 1751.

258. On a déjà rencontré Saint-Florentin (voir la note 228 de la p. 90). Il avait épousé Amélie-Ernestine, comtesse de Platen (1703-1767), mais vivait avec des filles, et en particulier sa maîtresse attitrée, la Sabbatin, dont il eut plusieurs enfants. La rumeur voulait que le ministre se fût débarrassé du mari de la Sabbatin en le faisant emprisonner par lettre de cachet.

259. Pierre-Marc de Voyer de Paulmy, comte d'Argenson (1696-1764) fut lieutenant de police du régent, conseiller d'État, intendant de Paris, puis secrétaire d'État de la guerre de 1743 à 1757, surintendant général des postes et relais. Il fut disgracié après l'attentat de Damiens, dans les circonstances que l'on verra plus loin. Il avait, en 1719, épousé Jeanne Larcher (1706-1764).

260. Pour Jean-Baptiste de Machault d'Arnouville, voir la note 59 de la p. 47.

261. Jeanne-Antoinette Poisson, fille de François Poisson (1684-1754) et de Louise-Madeleine de la Motte (1699-1745) naquit le 30 décembre 1721. Très vite prise en charge par le fermier général Charles-François-Paul Lenormand de Tournehem (1684-1751), qui était peut-être son véritable père, la petite fille reçut une excellente éducation. En 1741, elle épousa Charles-Guillaume Lenormand (1717-1800), neveu de son protecteur, et séduisit Louis XV au début de 1745. Elle fut alors faite marquise de Pompadour, se sépara de son mari et régna à Versailles jusqu'à sa mort, le 14 avril 1764, à la tête d'un clan composé de militaires (Soubise, Belle-Isle), de ministres (Machault, Bernis, Choiseul) et de financiers.

262. Mesdames : ce sont les filles de Louis XV. Les deux premières, jumelles, nées le 14 août 1727, s'appelaient Marie-Louise-Élisabeth et Anne-Henriette; vinrent ensuite Louise-Marie (28 juillet 1728), Marie-Adélaïde (23 mars 1732), Marie-Louise-Thérèse-Victoire (11 mai 1733), Sophie-Philippe-Élisabeth-Justine (27 juillet 1734), Marie-Thérèse-Félicité (16 mai 1736), Louise-Marie (15 juillet 1737). La sixième mourut jeune (1744), la première épousa le 26 août 1739 l'infant Philippe, troisième fils de Philippe V d'Espagne.

263. Pour le dauphin et son épouse, voir la note 227 de la p. 90. Louis et Marie-Josèphe, tous deux très pieux, se trouvaient au centre d'un groupe anti-philosophique et très hostile à Mme de Pompadour.

264. *Sultanes validés :* l'expression est ici l'équivalent de *femmes âgées*.

265. Erreur de date de Dufort : Adrienne-Catherine de Noailles (1741-1) ne devait épouser qu'en 1755 René-Mans de Froulay, marquis de Tessé (1736-1), grand d'Espagne.

266. La comtesse de Belsunce, dame de Mesdames, était la fille de Mme d'Heudicourt. Elle eut une aventure avec le roi.

267. Louis-Philippe, duc de Chartres (1725-1785) fut militaire et gouverneur général du Dauphiné. Il ne devint duc d'Orléans qu'à la mort de son père Louis (1703-1752) qui s'était retiré du monde en 1730 pour se consacrer à la religion et à l'étude des langues orientales.

268. La superficie de la forêt dépassait 27 000 arpents, soit environ 13 500 hectares en 1750.

269. L'abbaye de Royal-Lieu (ou Royallieu), près de Compiègne, abritait des religieuses bénédictines; elles avaient d'abord occupé l'abbaye de Saint-Jean-aux-Bois, située en pleine forêt, et fondée à la fin du XIe siècle. Mais du fait de l'isolement complet des lieux, elles avaient proposé en 1634 un échange avec les religieux de Royal-Lieu; elles eurent raison : Saint-Jean fut pillée et détruite en 1652 par les troupes de Turenne.

270. Voir la note 153 de la p. 72.

271. Les courses à l'anglaise furent mises à la mode en France entre 1760 et 1770 par le comte de Lauraguais, le marquis de Conflans d'Armentières, les ducs de Chartres et de Lauzun, le comte d'Artois. Plus tard, Marie-Antoinette fut une passionnée de ces paris et y perdit des sommes considérables.

272. François-Gabriel Bachelier (c. 1684-1754), premier valet de chambre, était gouverneur du vieux Louvre et concierge du château de Saint-Germain. Son survivancier n'était pas Lebel, mais Binet des Marchais.
Dominique-Guillaume Lebel (c. 1696-1768) était l'ancien concierge du château de Versailles. C'est en 1744 qu'il succéda à Alexandre-Denis de Nyert dans la charge de premier valet de chambre. Parfaitement débauché, il ne tarda pas à entrer dans les bonnes grâces du roi en lui procurant les très jeunes filles dont celui-ci avait besoin. À sa mort, on chuchota qu'il avait été empoisonné par le clan Du Barry.

273. Louis-Marie-Victor-Augustin, duc d'Aumont (1709-1785) était premier gentilhomme de la chambre. Il avait mené une carrière militaire et était parvenu au grade de lieutenant général (1748). C'était un des favoris de Louis XV. Il avait épousé Victoire-Félicité de Durfort-Duras (1 -1753). Il était connu comme un grand amateur d'art. Peu aimé des autres courtisans, il exerçait une surveillance tatillonne sur les dépenses des menus plaisirs.

274. Louis-François-Armand Vignerot du Plessis, duc de Fronsac, puis de Richelieu (1696-1788) eut une jeunesse agitée, mena une carrière militaire et fut fait maréchal en 1748. Il dirigea la prise de Mahon (Minorque) en 1756. Ce fut un grand séducteur, qui s'efforça d'exercer une certaine influence sur Louis XV par les femmes : il était proche de Mme de Châteauroux, et fut l'amant de Jeanne Bécu « de Vaubernier » future comtesse Du Barry.

275. Emmanuel-Félicité de Durfort, duc de Duras (1715-1789) était le fils de Jean-Baptiste, maréchal de France (1684-1770) et d'Angélique-Victoire de Bournonville (1686-1764). Il mena une carrière militaire, fut fait lieutenant général en 1748, représenta la France en Espagne de 1752 à 1755, accéda enfin comme son père à la dignité de maréchal de France (1775).

276. André-Hercule de Rosset de Rocozel, marquis puis duc de Fleury (1715-1788), petit-neveu du cardinal, mena d'abord une carrière militaire, devint en 1741 premier gentilhomme de la chambre, fut promu maréchal de camp en 1744, lieutenant général en 1747. Il avait épousé en 1736 Anne-Madeleine-Françoise Auxy de la Grange de Monceaux, dont il eut huit enfants.

277. Charles-Pierre-Gaston-François de Lévis de Lomagne, marquis de Mirepoix (1699-1758), militaire de carrière, fut fait maréchal en 1757. Il avait en 1739 épousé Anne-Marguerite-Gabrielle de Beauvau-Craon (1707-1791), veuve de Jacques-Henri de Lorraine, prince de Lixin.

278. Yves-Marie Desmarets, comte de Maillebois (1715-1791) était le fils du maréchal et le gendre du marquis d'Argenson. Il mena une carrière militaire et parvint au grade de maréchal général des logis. Après une confuse querelle avec le maréchal d'Estrées lors de la bataille d'Hastembeck, il fut interné à Doullens (1757).

279. Antoine Hébert (1 -1) était trésorier de l'argenterie, menus plaisirs et affaires de la chambre du roi depuis 1725.

280. Jean-Baptiste Sénac (1693-1770), nouveau converti, avait été médecin de Saint-Cyr, et s'était ensuite attaché au maréchal de Saxe. Il fut capitoul de Toulouse, consultant, et enfin premier médecin du roi en 1752, succédant ainsi à Eustache Marcot (1686-1755).

281. N. Péteneul, marquis de Dampierre (1678-1756), gentilhomme des plaisirs du roi, commandait l'équipage vert, dit « du daim ». Après avoir été page, puis gentilhomme du duc du Maine, il était devenu gentilhomme des menus plaisirs, et avait séduit le roi par son talent pour la musique. « Il sonnait de la trompe supérieurement, et dans le temps que le roi commença à courre le cerf, il avait composé différents tons et différentes fanfares pour marquer tous les temps de la chasse » (Luynes, XV, 127).

282. Abel-François Poisson (1727-1781) devint, grâce à sa sœur, survivancier de Lenormand de Tournehem, directeur et ordonnateur des bâtiments du roi, et fut fait marquis de Vandières, puis de Marigny. Conseiller d'État d'épée en 1772, il devint enfin marquis de Ménars. Il épousa en 1767 Marie-Françoise-Julie-Constance Filleul (1751-1822), que l'on disait fille clandestine de Louis XV (voir la note 137 de la p. 67), et qui le trompa abondamment, en particulier avec le cardinal de Rohan. Dufort reviendra plus loin sur la personnalité du marquis de Marigny, qu'il n'aimait pas.

283. Alexandre-Charles Caterby (1 -1) était un des deux huissiers du cabinet.

284. Il s'agit de Charles-Philippe d'Albert, duc de Luynes (1695-1758), époux de la duchesse de Luynes (voir la note 241 de la p. 94). Ses *Mémoires* furent publiés seulement en 1865.

285. Le duc de Saint-Aignan est Paul-Hippolyte de Beauvilliers (1684-1776), déjà rencontré comme époux de Françoise-Hélène-Étiennette Turgot (voir la note 141 de la p. 67). Il était entré à l'Académie française en 1727, et fut admis comme honoraire aux Inscriptions en 1732. Son petit-fils était Paul-Marie-Victoire de Beauvilliers, qui avait épousé en 1786 Françoise-Camille de Bérenger du Gua. Il fut guillotiné le 27 juillet 1794.

286. Il s'agit d'Agésilas-Gaston de Grossolles, marquis de Flamarens (1 -1762), oncle des quatre Flamarens déjà rencontrés (note 183 de la p. 80). Il était grand louvetier depuis 1741, et avait épousé en 1717 Anne-Agnès de Beauvau (1699-1742), célèbre par sa beauté, et qui avait été courtisée — en vain — par le maréchal de Richelieu.

287. Jacques-François Milano, prince d'Ardore, duc de Santo-Paolo, marquis de Saint-Georges (1699-1780) était ambassadeur du roi des Deux-Siciles.

288. Pierre-Charles-Étienne Maignard, marquis de La Vaupalière (1731-1). Il est connu pour sa passion du jeu et des femmes. Diderot a raconté une anecdote selon laquelle il s'enferma un jour, en plein spectacle, pendant trois heures avec Mlle Hus dans sa loge à l'Opéra.

289. Louis de Talaru, marquis de Chalmazel (1 -1763) avait épousé Marie-Marthe de Bonneval (1 -1). Le « cordon bleu » était l'insigne de l'ordre du Saint-Esprit, fondé par Henri III en 1578.

290. Le fils aîné de Chalmazel, César-Marie, marquis de Talaru (17 -1) fut maréchal de camp et succéda à son père comme maître d'hôtel de la reine en 1763. Le second fils était François-Hubert, comte de Talaru (17 -1); le troisième, Ange-François (17 -1798) devint évêque de Coutances; enfin, le quatrième fils était Louis-François, vicomte de Talaru (17 -1).

291. Gabriel-Louis-François de Neufville, marquis puis duc de Villeroi (1731-1794) était le neveu du Villeroi évoqué à la note 294. Il épousa Jeanne-Louise-Constance d'Aumont (1731-1816), une des sœurs des ducs de Villequier et d'Aumont-Mazarin.

292. Honoré-Camille-Léonor Grimaldi, prince de Monaco, duc de Valentinois (1720-1795) fut militaire de carrière et servit sous Condé et le maréchal de Saxe. Il épousa en 1757 Marie-Christine de Brignole de Sale.

293. La scène eut lieu le 14 juillet 1754 (et non en 1752 comme on pourrait l'inférer du récit de Dufort). Elle a été évoquée par Luynes dans ses *Mémoires* (XIII, 435).

294. Louis-François-Anne de Neufville, duc de Retz puis duc de Villeroi (1695-1) était l'oncle du jeune homme dont il a été question plus haut. Il fut fait pair, capitaine des gardes du corps, gouverneur du Lyonnais.

Chapitre VII

295. L'entrée de Kaunitz à Paris se déroula le 17 septembre 1752, et sa première audience à Versailles, que Dufort décrit ensuite, eut lieu le 19 septembre.

296. Dufort a écrit par distraction : « impératrice de Russie ».

297. En fait, Kaunitz était arrivé à Paris en 1750, et non « plus de six semaines » avant l'entrée solennelle. La « maison de Picpus » d'où partait le cortège était le couvent Saint-François, près de la porte Saint-Antoine.

298. Erreur de Dufort : ce n'est pas le maréchal de Balincourt (1680-1770) qui l'accompagnait le 17 septembre 1752, mais Jean-Baptiste-Louis Andrault, maréchal de Maulévrier-Langeron (1677-1754). En revanche, Balincourt accompagna l'entrée du nonce Mocenigo, ambassadeur de Venise, en septembre 1754.

299. *In fiocchi :* en grande pompe.

300. Le « Système » de Law.

301. Franz-Joseph, comte de Spaur (1725-1797).

302. Georges-Adam, comte de Stahremberg (1724-1807) accompagna Kaunitz durant son ambassade et joua après son départ, fin 1752, le rôle de ministre plénipotentiaire. Il fut nommé ambassadeur en septembre 1756, et prépara avec Bernis les traités de Versailles de 1756 et 1757.

303. Florimond-Claude, comte de Mercy-Argenteau (1727-1794) fut ambassadeur de Marie-Thérèse en France de 1766 à 1790. Il entretint une intéressante correspondance avec l'impératrice, tout en s'efforçant de guider Marie-Antoinette, épouse du dauphin, dans ses premiers pas à la cour, et de lui éviter les bévues.

304. *Cadenettes :* « Longue tresse qui tombe plus bas que le reste des cheveux » (*Dictionnaire de l'Académie*, 6e édition).

305. La Samaritaine était un bâtiment construit sur le Pont-Neuf au début du XVIIe siècle, et équipé d'une machine hydraulique destinée à alimenter le Louvre en eau. L'ensemble ne fut réellement achevé qu'en 1776, et tirait son nom d'une statue de la Samaritaine, qui faisait pendant à une autre représentant le Christ. Le carillon de la Samaritaine était abrité par un campanile.

306. Dufort décrit ici l'audience à Versailles, le 19 septembre 1752.

307. Charles-Louis de Lorraine, prince de Mortagne, sire de Pons (1696-1755) avait mené une carrière militaire et était devenu lieutenant général en 1744. Son fils était Camille, prince de Lorraine (1725-1   ). Pour le comte de Brionne, voir la note 252 de la p. 95.

308. Charles-Godefroy de La Tour d'Auvergne, duc de Bouillon (1706-1771) était grand chambellan; il avait épousé en 1724 Marie-Charlotte Sobieska, petite-fille du roi de Pologne et veuve de son frère Fréderic-Maurice-Casimir de La Tour d'Auvergne. Leur fils Godefroy-Charles-Henri, prince de Turenne, survivancier de son père depuis 1748, ne devint titulaire de sa charge qu'en 1771. Il était né en 1728, devint brigadier, maréchal de camp, fut nommé gouverneur d'Auvergne en 1776. Il protégea les arts, et surtout... les actrices, dont Marie-Josèphe Laguerre, de l'Opéra, qui le trompa abondamment, et Mme de Banastre dont en 1789 il épousa la fille âgée de quatorze ans.

309. Mme de Pompadour se mêlait volontiers de diplomatie : c'est en partie sous son influence que fut négocié quelques années plus tard le renversement des alliances.

Chapitre VIII

310. Louis-Denis La Live de Bellegarde (1679-1751), après avoir acquis en 1731 le *château* de la Chevrette, avait acheté en 1742, pour arrondir son domaine de La Briche et d'Ormesson, les terres d'Épinay aux héritiers du marquis de Beauvau, et la *terre* de la Chevrette au duc de Broglie. Il était fort riche et avait épousé en 1720 Marie-Josèphe Prouveur (1697-1743).

311. Avant de passer à La Live de Bellegarde, le château de la Chevrette avait appartenu à la duchesse de Longueville. Mais le nouveau propriétaire, imité en cela par son fils, y fit effectuer des transformations importantes. Le château devint rapidement un centre mondain et intellectuel, grâce à l'entregent et aux goûts de Mme d'Épinay.

312. Denis-Joseph de La Live d'Épinay (1724-1782) épousa en 1745 Louise-Florence-Pétronille d'Esclavelles (1726-1783), sa cousine germaine. Le couple ne fut guère heureux, et Mme d'Épinay se consola en cultivant la littérature et en fréquentant les écrivains. : elle recueillit Rousseau à la Chevrette (1752) puis à l'Ermitage (1756), avant de se brouiller avec lui et de rédiger les *Mémoires de Mme de Montbrillant* (publication posthume en 1818).

313. Ange-Laurent de La Live de Jully (1727-1775), avocat du roi au Châtelet, racheta le 26 janvier 1756 à M. de Verneuil sa charge d'introducteur des ambassadeurs, pour 100 000 écus. Il se démit de sa charge en 1773, sans doute à la suite de ses troubles mentaux. Il avait épousé en 1749 Louise-Élisabeth Chambon (1 -1752), et se remaria en 1762 avec Marie-Louise-Josèphe de Nettine (1742-1808).

314. Charles-Louis Dupin de Francueil (1716-1787) était receveur général des finances pour Metz et pour l'Alsace. Ce fut lui qui consola Mme d'Épinay de son infortune conjugale, à partir d'avril 1748. Il épousa en 1737 Suzanne Bollioud de Saint-Julien (1719-1754), et se remaria en 1777 avec Marie-Aurore, princesse de Saxe (1750-1821) qui donna le jour au père de George Sand. De 1746 à 1751, Dupin de Francueil eut pour secrétaire Jean-Jacques Rousseau.

315. Guillaume-Joseph Dupleix de Bacquencourt (1727-1794) fut maître des requêtes et conseiller d'État, puis successivement intendant de La Rochelle, d'Amiens, de Bretagne et de Bourgogne. Il était le neveu du célèbre gouverneur de Pondichéry. Il épousa en 1771 Jeanne Nogué (1751-1785).

316. *Zaïre*, de Voltaire, III, 1.

317. *Le Glorieux*, de Philippe Néricault, dit Destouches (1680-1754), représenté pour la première fois en 1732.

318. Il existe de nombreuses occurrences de « Charmante Angélique... » dans les pièces de Florent Carton, sieur d'Ascourt, dit Dancourt (1661-1725). Il peut s'agir ici du *Tuteur* (1695, sc. 14), du *Vert-Galant* (1699, sc. 20), de *la Fête de village* (1700, III, 1), de *Colin-Maillard* (1701, sc. 20).

319. Antoine-Marin Lemierre (1723-1793) écrivit quelques tragédies, dont *Hypermnestre* (1759), *Idoménée* (1764), *Guillaume Tell* (1767), des poèmes didactiques, des pièces fugitives. Il entra à l'Académie française le 25 janvier 1781. Il fut pendant un temps le secrétaire de Claude Dupin (1686-1769), fermier général (et père de Dupin de Francueil) et de sa seconde épouse Louise-Marie-Madeleine (1707-1799), fille adultérine de Samuel Bernard et de Marie-Anne de Fontaine.

320. *Le Méchant*, comédie de Jean-Baptiste-Louis Gresset (1709-1777), jésuite qui enseigna à Tours, à La Flèche, quitta la soutane pour se marier. Le succès du *Méchant* (1747) lui permit d'entrer à l'Académie française (1748) et lui valut plus tard la protection du comte de Provence.

321. Anne-Nicolas-Robert de Caze (1718-1), fermier général, était trésorier général des postes et relais; veuf de Mlle Brunet d'Évry, il épousa en 1747 en secondes noces Suzanne-Félix Lescarmotier, qui se montra exceptionnellement volage. D'Argenson le cite comme un homme particulièrement dépensier – et il ne tarda pas à se ruiner.

322. *L'Oracle* était une féerie en un acte de Germain-François Poullain de Saint-Foix (1698-1776), créée en 1740 par Grandval et la Gaussin.

323. Louis Dupré (1697-1774), après des débuts en Saxe, apparut à l'Opéra de Paris en 1715, et demeura très populaire jusqu'à sa retraite en 1751. Il fut le maître de la célèbre Vestris.

324. Mlle Guéan (1733-1758) mourut effectivement de la petite vérole : l'inocula-

tion n'était pas encore répandue en France. Elle s'appelait en réalité Victoire-Melone Geayant et était la nièce de Jeanne-Françoise Quinault. Elle avait fait ses débuts à la Comédie-Française en 1749. L'Église fit quelques difficultés pour ses obsèques : elle n'avait pas reçu les derniers sacrements.

325. Marie-Jeanne Le Maigen (c. 1724-1767) débuta à l'opéra-comique de la Foire Saint-Germain sous le nom de Mlle Brillant; elle passa ensuite dans la troupe du maréchal de Saxe, entra enfin en 1750 à la Comédie-Française; elle ne passait pas pour très raffinée dans sa tenue ni dans ses mœurs. Marie-Geneviève Dupré (1711-1783), fille d'un maître horloger parisien, épousa en 1732 François-Charles Racot de Grandval (1710-1784), grand acteur, sociétaire de la Comédie-Française; elle y débuta elle-même en 1734 et y joua durant vingt-six ans les rôles de coquettes.

326. Dans son manuscrit, Dufort désigne Mme Brissart sous l'initiale *Mme B...* Son père, Jean-François de La Borde (17 -1769), fermier général, avait épousé Élisabeth-Françoise Le Vasseur, fille de financier, et veuve en premières noces du fermier général Ferrand, oncle de Louise-Madeleine de La Motte (mère de Mme de Pompadour). Leurs enfants furent Jean-Benjamin, ami de Dufort (voir la note 42 de la p. 45); Élisabeth-Josèphe (1725-1808), qui épousa en 1747 Gérard Binet, baron des Marchais (17 -1780), premier valet de chambre du roi, et se remaria en 1781 avec Charles-Claude de La Billarderie, comte d'Angivilliers; Françoise-Monique (1724-1808), qui épousa François Fontaine de Cramayel (1714-1779), fermier général; enfin, Henriette-Marie, la future maîtresse de Dufort.

327. *Les Nouvelles Catholiques :* ce couvent, créé en 1634 par le P. Hyacinthe, capucin, près de Saint-Sulpice, avait été transféré en 1672 au 59-61 de la rue Sainte-Anne. Anne d'Autriche et Louis XIV protégèrent cette maison, dont le but, favoriser les conversions des protestants, entrait parfaitement dans le cadre de la politique religieuse du souverain.

328. Auguste-Simon Brissart (1726-1779), fermier général fort riche, apparaît fréquemment dans les rapports de police de l'époque. D'après les témoignages des filles (qui se confiaient aux inspecteurs), il n'était pas impuissant, mais vraisemblablement cérébral et peut-être pervers. Dufort rapporte ici la version de Mme Brissart.

329. Anne-Élisabeth-Marie-Rose Brissart (1734-1754) épousa le 20 novembre 1752 Henri-Charles, comte de Thiard de Bissy (1723-1794), premier gentilhomme du duc d'Orléans, lieutenant général en 1762 (dans son manuscrit, Dufort ne mentionne que l'initiale de son nom). La fille du comte, Marie-Claudine-Sylvie (ou Sophie) de Thiard de Bissy épousa le 26 décembre 1768 Jacques-Charles, duc de Fitzjames (1743-1805), lequel mena une carrière militaire, commanda aux Îles-sous-le-Vent et incita son régiment de Berwick à émigrer en 1791; après avoir servi dans l'armée des princes, il se retira en Angleterre, et rentra en France en 1801.

330. Charles-Armand d'Usson, marquis de Donnezan de Bonac (17 -1) fut lieutenant du roi au comté de Foix.

331. D'Augny, fermier général de 1736 à 1767, outre les diamants et le chevaux, aimait aussi les femmes : il eut une longue liaison avec Mlle Coupé, de l'Opéra (elle lui donna une fille), puis avec Mlle Beauménard qu'il installa somptueusement dans son hôtel de la rue Grange-Batelière. Il finit par épouser une autre fille de l'Opéra, Mlle Liacourt. Quant à Alexandre-Victor Saint-Amant (1720-1794), il était entré à la ferme générale en 1756, et fut exécuté dans la « fournée » du 19 floréal an II (8 mai 1794).

332. Le duc de Berry était Charles (1686-1714), troisième fils du grand dauphin. Il

avait épousé en 1710 Marie-Louise-Élisabeth (1695-1719), fille du duc d'Orléans, futur régent.

333. Guillaume-Anne Keppel, lord Albemarle (1702-1754) représenta l'Angleterre en France en 1748 après avoir mené une carrière militaire; il revint à Paris en 1754 et y mourut subitement. Il avait épousé en 1723 Anne Lennox, fille de Charles, duc de Richmond; il en eut huit filles et sept fils, et eut en outre de nombreux enfants illégitimes.

334. Mlle Lolotte s'appelait en réalité Louise Gaucher (1 -1765). Elle épousa en 1758 Antoine de Ricouart, marquis d'Hérouville (1713-1782), lieutenant général, commandant la province de Guyenne depuis 1754.

335. Charles Lennox, troisième duc de Richmond (1735-1806) descendait illégitimement, comme sa tante Anne et son grand-père Charles, du roi Charles II. Après une carrière militaire, il siégea aux Lords à partir de 1756, et représenta l'Angleterre en France au moment des négociations d'août 1765. Il épousa en 1757 lady Mary Bruce.

336. Le frère de Charles Lennox se nommait George-Henry Lennox (1737-1805). Il est probable que Dufort a commis ici une confusion : le seul Fitzroy à peu près contemporain de Charles Lennox, Auguste-Henry Fitzroy, futur duc de Grafton (1735-1811) était à l'époque élève à Cambridge, et ne semble pas avoir séjourné en France.

337. Antoine-Louis Rouillé (1689-1761) fut conseiller au parlement, maître des requêtes, intendant du commerce, et fut nommé secrétaire d'État aux Affaires étrangères le 28 juillet 1754. Il n'avait aucune qualification pour ce poste, et Choiseul a écrit qu'« il était de la dernière absurdité et du plus grand ridicule de l'avoir fait ministre des Affaires étrangères » (*Mémoires*, XVI). Il fut contraint de démissionner le 26 juin 1757.

338. Augustin-Paul-Dominique Sorba (1715-1771), marquis de La Vilette en l'île de Corse, ministre de Gênes à Paris depuis 1749.

339. Nicolas-Jean-Baptiste Ravot d'Ombreval (1680-1729) exerça ses fonctions de lieutenant de police du 31 janvier 1724 au 29 août 1725, où il fut remplacé par René Hérault.

340. Anne-Élisabeth Masson (1 -17), fille d'un fermier général, avait épousé en 1715 Louis-Pierre Guillaume de Chavaudon (1691-1765), conseiller au parlement, président au grand conseil, maître des requêtes, président au parlement en 1749.

341. Jacques I de Flesselles (1699-1768), banquier et secrétaire du roi de 1735 à 1758, avait épousé en 1729 Élisabeth Robinet (1705-1794).

342. Jacques II de Flesselles (1730-massacré le 14 juillet 1789) fut conseiller au parlement, maître des requêtes, président au grand conseil, intendant de Moulins, puis de Bretagne. Il fut intendant de Lyon de 1767 à 1784, prévôt des marchands de Paris à partir du 28 avril 1789.

343. Marie-Geneviève-Rose-Ursule Pajot (1733-1), fille de Pierre Pajot de Nozereau (1691-1772), intendant de Limoges, de Montauban puis d'Orléans, épousa en 1749 Marie-Louis-Bruno-Claude Langlois de Motteville (1720-1757), président au parlement de Paris. Une fois veuve, elle se remaria en 1759 avec Jacques II de Flesselles.

344. Marie-Agnès de Pomereu (1 -17) avait épousé en 1714 Noël-François de Brion, marquis de Marolles et de Combronde (16 -1736).

345. Jean-Baptiste de Brion, marquis de Marolles (1 -1) avait épousé en 1745 Élisabeth-Victoire du Châtelet (1 -1), veuve d'Eustache-François Le Couturier de Mauregard (1678-1744), président au parlement.

346. Le futur président Chabenat de Bonneuil (voir la note 101 de la p. 59) avait un frère cadet, également conseiller au parlement; il est impossible de savoir duquel des deux il s'agit ici.

347. Louis-Armand de Seiglière, marquis de Soyecourt (1722-1791) fut fait maréchal de camp en 1759, et épousa Marie-Anne-Paule-Antoinette de Beauvilliers (1721-1743); il se remaria en 1748 avec Marie-Éléonore-Auguste de Béthune (1730-1), sa cousine germaine. Quant au marquis de Sarcus, il s'agit ici de Louis-François de Sarcus-Frévillers (1726-1805).

348. La fille de Mme Le Boulanger, Marie-Agnès (1 -1) avait épousé en 1727 Philippe Charpentier, seigneur de Vilziers (1688-1738), maître des comptes.

349. Anne-Catherine Le Boulanger (17 -1), fille de M. Le Boulanger d'Hacqueville (16 -1741), maître des requêtes, et de sa troisième épouse Éléonore Girault de Moussy (17 -1782), épousa en 1751 Anne-Louis Pinon, vicomte de Quincy (1720-1787), président à mortier, son cousin germain.

350. Jean-Jacques Papillon de Fontpertuis (17 -1774) était un des quatre intendants et contrôleurs généraux de l'argenterie et menus plaisirs du roi.

351. Il s'agit de *Sganarelle, ou le Cocu imaginaire*, de Molière (1660).

352. Pierre Jélyotte (1713-1797) fut une haute-contre renommée. Il débuta en 1733, créa de nombreux rôles dans les opéras de Rameau, Gluck et Piccini, et eut l'honneur d'enseigner le chant à Mme de Pompadour, avec laquelle il donna aussi de petits concerts.

353. *Pygmalion*, opéra de Rameau (1683-1764), livret de Antoine Houdar de La Motte (1672-1731), créé en 1748. *Zoroastre*, opéra de Rameau, livret de Louis de Cahuzac (1706-1759), créé le 5 décembre 1749 et repris en 1756. Mais il y a ici une erreur : la citation « Ciel! Thémire... » ne provient pas de *Zoroastre*.

354. En blanc dans le manuscrit. Selon certains biographes, c'est le prince de Carignan, inspecteur général de l'Opéra, qui aurait fait venir Jélyotte à Paris.

Chapitre IX

355. Louis-César de La Baume Le Blanc, duc de La Vallière (1708-1780), petit-neveu de la célèbre maîtresse de Louis XIV, était grand fauconnier du roi.

356. Charles de Rohan, prince de Soubise et d'Épinay, duc de Ventadour (1715-1787) accéda aux plus hautes dignités militaires, bien que ses capacités fussent limitées (mais c'était un excellent courtisan) : il fut battu à Rossbach et à Gotha (octobre-novembre 1757). À l'époque où se situe le récit, il venait de faire épouser à sa fille Charlotte-Godefride-Élisabeth (17 -1760) le prince de Condé, ce qui fit scandale.

357. François-Claude, chevalier puis marquis de Chauvelin de Beauséjour (1716-1773) mena une carrière diplomatique (il fut ministre à Gênes, ambassadeur en Sardaigne) et militaire : il opéra en Westphalie, participa à la conquête du comté de Nice, fut nommé lieutenant général en 1749. Ce fut lui qui, chargé en 1768 de pacifier la Corse, laissa encercler ses troupes à Borgo, ce qui lui valut d'être remplacé par le comte de Vaux. C'était un grand collectionneur, auteur de poèmes; il mourut subitement à Versailles, au jeu du roi.

358. M. de Lonlay, marquis de Villepail (1 -1) devint écuyer de la petite écurie en 1750. Il avait épousé cette année-là Mlle de Gauné de Cazeau.

359. Louis-Pierre-Dominique Bontemps (1739-1766), qui conserva les charges de premier valet de chambre et de gouverneur des Tuileries de son père, n'avait pas seize ans en 1753, mais seulement quatorze.

360. *Cavagnol(e) :* « Sorte de jeu de hasard, espèce de biribi où tous les joueurs ont des tableaux, et tirent les boules chacun à son tour » (*Dictionnaire de l'Académie*, 6e éd.).

361. Le dauphin ne fut sans doute pas aussi fidèle que son épouse l'aurait souhaité; c'est ainsi qu'elle écrivit au comte de Fontenay, ambassadeur de Pologne en France, ces propos significatifs : « Il y a longtemps que je suis informée de la mauvaise conduite de M. le dauphin et des visites matinales qu'il reçoit. Cela est scandaleux, et j'en suis tout à fait inquiète. Je ne l'en recevrai pas plus mal demain, car il faut dissimuler » (Billet non daté, in *Correspondance du prince de Saxe*, publiée par A. Thévenot, 1874). D'Argenson dans son *Journal* évoque quant à lui Mme Boudrey (voir la note 250 de la p. 95), Mme de Choiseul-Romanet (voir la note 448 de la p. 155), Mme du Châtelet-Lomont (Diane-Adélaïde de Rochechouart, qui avait épousé Louis-Marie-Florent, comte du Châtelet-Lomont).

362. François-Xavier-Louis-Auguste-Albert Bennon, prince de Saxe, comte de Lusace (1730-1806). Il intrigua longtemps, en vain, pour s'emparer de l'électorat de Hanovre.

363. L'usage de doter le dauphin de menins remontait à Louis XIV. Louis-Nicolas-Victor de Félix, comte Du Muy (1711-1775) devint en 1774 ministre de la guerre puis maréchal de France. Il était assez attaché au dauphin pour demander à être enterré à Sens aux pieds de son ancien maître. Il se maria sur le tard avec Marie-Antoinette-Charlotte de Blanckart (1731-1), chanoinesse du chapitre de Neuff.

364. Joseph-Pierre, comte de Laval-Montmorency (1729-1757). Il avait épousé en 1749 Élisabeth-Renée de Maupéou (1 -1759). Antoine-Adrien-Charles, comte de Gramont (1726-1762) devint maréchal de camp. Il avait épousé en 1748 Marie-Louise-Sophie de Faoucq, marquise de Garnetot, et fonda le rameau d'Aster.

365. Michel-Jean Sedaine (1719-1797), né pauvre, fut d'abord tailleur de pierre, puis dans des circonstances que Dufort décrira plus loin, débuta au théâtre par une comédie à ariettes, *le Diable à quatre*, dont Philidor écrivit la musique (1756) : ce fut un succès. Il collabora ensuite avec Grétry (*Richard Cœur de lion*, 1784) et entra à l'Académie française (1786). La pièce évoquée ici par Dufort s'intitule en réalité *le Jardinier et son seigneur*; cet opéra comique (musique de Philidor) fut représenté pour la première fois au théâtre de la Foire Saint-Germain le mercredi 18 février 1761.

366. Françoise de Chalus-Sensac (1734-1821) avait épousé en 1749 Jean-François, comte de Narbonne-Lara (1718-1   ), et fut successivement dame du palais de Madame Infante, puis dame d'atours de Madame Adélaïde.

367. Marie-Isabelle-Gabrielle-Angélique de Rohan (1699-1754) avait épousé Marie-Joseph, duc d'Hostun et de Tallart (c. 1683-1755). Elle était gouvernante des Enfants de France en survivance depuis 1729.

368. Marie-Louise-Geneviève de Rohan-Soubise (1720-1803) était veuve de Gaston-Jean-Baptiste-Charles de Lorraine, comte de Marsan (1721-1743). Elle devait plus tard s'intégrer au clan anti-Choiseul et intriguer avec le duc de La Vauguyon après être devenue, à la suite de sa tante, gouvernante des Enfants de France.

369. Anne-Louis de Thiard, marquis de Bissy (1715-1748) mestre de camp général de la cavalerie, fut tué au siège de Maestricht à l'âge de 33 ans. Contrairement à ce que prétend Dufort, il n'avait pas épousé Mme de Marsan.

370. Armand de Rohan-Soubise (1717-1756), cardinal-évêque de Strasbourg, avait été nommé grand aumônier en 1749, succédant à son oncle le cardinal Armand-Gaston-Maximilien de Rohan (1674-1749).

371. On a déjà rencontré d'Argenson (voir la note 259 de la p. 96). Sa femme, Anne Larcher (1706-1764) était la fille de Pierre Larcher, seigneur de Pocancy (1681-1705), conseiller au parlement de Paris, et de Anne-Thérèse Hébert du Buc (1683-1733), qui se remaria en 1718 avec Antoine-François Talon, capitaine aux gardes.

372. Élisabeth-Charlotte Huguet de Semonville (1   -1   ) avait épousé en 1732 Charles-Jean, comte d'Estrades, lieutenant aux gardes, né en 1709 et tué en 1743 à Dettingen; c'était un neveu de Lenormand de Tournehem, ce qui faisait de Mme d'Estrades une cousine par alliance de Mme de Pompadour. Elle tenta d'ailleurs, en vain, de la supplanter dans la faveur du roi.

373. Pour Phélypeaux de Saint-Florentin, voir les notes 228 de la p. 90 et 258 de la p. 96.

374. On a déjà rencontré Rouillé (voir la note 337 de la p. 117). Il avait épousé en 1730 Marie-Anne-Catherine Pallu (1696-1774), fille de Bertrand Pallu (1660-1740), conseiller au parlement, et de Catherine Macron de Barboteau (1   -1729).

375. Bertrand-René de Pallu du Ruau (1692-1758) fut conseiller au parlement, intendant de Moulins, puis de Lyon, conseiller d'État. Il avait épousé Anne-Élisabeth Guillaume de la Vieuville (1712-1780).

376. Marie-Catherine Rouillé (17   -1   ) avait épousé Anne-François, marquis puis duc d'Harcourt-Beuvron (1727-1797).

377. On a déjà rencontré Machault (voir la note 59 de la p. 47). Son épouse Geneviève-Louise du Coudray (1717-1794) était la fille de Hilaire-Armand Rouillé du Coudray (1652-1729), maître des requêtes, et de son épouse Marie-Louise-Hélène Le Féron (16   -1776).

378. Charles-Robert Boutin (1722-1810), lui-même fils d'un receveur général des finances, devint conseiller au parlement, maître des requêtes (1749), intendant de Bordeaux, intendant des finances, conseiller d'État. Il épousa en 1755 Jeanne-Gabrielle-Delphine-Victoire Chauvelin (1738-1814).

379. Charles-Claude Labillarderie, comte d'Angivilliers (1730-1809) fut maréchal de camp et devint directeur des bâtiments du roi; il finit par obtenir la survivance de Buffon à l'intendance du jardin du roi. Il épousa une sœur de Mme Brissart, Élisabeth-Josèphe de La Borde (1725-1808), veuve en premières noces de Gérard Binet, baron des Marchais (1 -1780) : c'était une coquette, amie de Mme de Pompadour; elle constitua autour d'elle un cénacle d'admirateurs et d'artistes.

380. Alexandre-François de Sarlabous, comte de Mun (1732-1816) fit carrière aux gardes du corps, devint lieutenant général. Il épousa en 1772 Élisabeth-Charlotte Helvétius (1752-1799). François-Armand d'Usson, marquis de Bonac (1716-1778), ministre de France à La Haye de 1752 à 1756, était le frère du marquis de Donnezan, déjà rencontré (voir la note 330 de la p. 115). Il avait épousé en 1740 Marie-Louise Bidé de la Granville.

381. *Bouillote :* « Espèce de brelan à cinq personnes, où l'on cède sa place quand on a perdu sa cave, c'est-à-dire, tout ce qu'on avait devant soi » (*Dictionnaire de l'Académie*, 6e éd.).

382. *Passe-dix :* « Sorte de jeu qui se joue avec trois dés, et dans lequel un des joueurs parie amener plus de dix » *(Ibid.)*.

383. Le château de Triel, propriété des Brissart, rivalisait en somptuosité, disait-on, avec Chenonceaux, alors possession du fermier général Dupin, et Valençay, qui appartenait à Villemorien. Il a été détruit à la fin du XVIIIe siècle.

384. Cet hôtel fut construit entre 1722 et 1728 sur des plans de Ghirardini pour Mademoiselle de Nantes, fille illégitime de Louis XIV et de Mme de Montespan. Il fut racheté en 1764 par Louis-Joseph de Bourbon, prince de Condé, qui le fit transformer profondément. C'est en 1806 que l'aménagement de l'intérieur et l'adjonction d'une façade monumentale l'ont métamorphosé en le « Palais-Bourbon » actuel.

385. Jean-François Ogier (1703-1775) avait été conseiller, puis président au parlement; il représenta la France au Danemark du 31 mars 1753 au mois de mai 1766. Il avait épousé en 1737 Marie-Guyonne Cavelier (1703-1790), veuve de Jacques Jamets de La Rivaudais (1688-1735).

386. La rue Neuve-Sainte-Catherine, actuellement une partie de la rue des Francs-Bourgeois, entre les rues de Turenne et Payenne.

387. Nom illisible sur le manuscrit.

388. *Messiers :* « Homme commis pour garder les fruits de la terre, avant qu'on en fasse la récolte » (*Dictionnaire de l'Académie*, 6e éd.).

389. En fait, le comte de Charolais mourut le 22 juillet 1760 dans sa « petite maison » de la rue de Bellefonds, où il avait longtemps vécu avec Mme de Courchamp, dont on disait qu'il la tenait enfermée chez lui.

Chapitre X

390. La marquise de Dampierre était Marie-Louise-Catherine de Rogres de Champignelles (1703-1775), seconde épouse de Pierre Picot, marquis de Dampierre, capitaine aux gardes. Charles-Louis de Clémens, comte de Gravezon (1722-1) épousa en 1751 Marie-Anne-Madeleine de Vogué.

391. C'est à partir de 1749 que, pour s'initier à ses futures fonctions de directeur et ordonnateur général des bâtiments du roi (il était survivancier de Lenormand de Tournehem), Abel-François Poisson, alors marquis de Vandières, effectua un voyage de deux ans en Italie en compagnie de l'architecte Soufflot, du graveur Cochin et de l'abbé Le Blanc; il avait alors non pas dix-huit, mais vingt-quatre ans.

392. Marie-Thérèse Rodet (1699-1777) n'était pas fille d'un tapissier, mais d'un valet de chambre de la dauphine. Elle avait épousé à quatorze ans François Geoffrin (c. 1665-1749), beaucoup plus âgé qu'elle, mais fort riche car il était un des principaux actionnaires de la manufacture de glaces de Paris. Après avoir rencontré Mme de Tencin, elle forma le projet de constituer elle aussi son salon, et réussit à en faire, en quelques années, le rendez-vous intellectuel de l'Europe. Elle protégea écrivains, artistes de toute sorte, et se montra généreuse avec les plus démunis d'entre eux.

393. Il s'agit du *Grand dictionnaire historique, ou le Mélange curieux de l'histoire sacrée et profane (...)*, énorme compilation due à Louis Moreri (1643-1680), et publiée à partir de 1674 en 6 à 10 volumes *in-fol.*

394. Anne-Claude-Philippe de Tubières de Grimoard de Pestel de Lévis, comte de Caylus (1692-1765) fut membre honoraire de l'Académie des Inscriptions et de l'Académie de peinture. Après avoir été mousquetaire, il entra en littérature, s'adonna à l'archéologie, et joua un grand rôle dans le développement de la peinture.

395. Louis-Jean Gaignat (1697-1768) fut receveur général des consignations des requêtes du Palais. C'était un grand collectionneur.

396. Antoine-René de Voyer d'Argenson, marquis de Paulmy (1722-1787) était le fils de René-Louis, marquis d'Argenson (1694-1757). Il fut parlementaire et devint membre honoraire de trois académies. Il fut également lieutenant général et mena diverses missions diplomatiques (en Suisse, en Pologne, à Venise). Il a laissé de nombreuses œuvres légères et des récits de voyage.

397. Stanislas-Auguste Poniatowski (1732-1798) fut élu roi de Pologne par la diète en 1764 sous le nom de Stanislas II : il était le protégé de Catherine II, dont il avait été l'amant. Stanislas était venu en France en 1753 et y demeura jusqu'à son embarquement pour l'Angleterre, en février 1754. Quant à l'épisode dont il est question ici, il est très controversé : selon les spécialistes (Jean Fabre, *Stanislas Auguste Poniatowski et l'Europe des Lumières*), il est plus vraisemblable de penser que le jeune homme commit l'imprudence de se mêler des problèmes soulevés par l'attitude du parlement de Paris face au pouvoir royal (voir la note 439 de la p. 153).

398. C'est en mai 1766 que Mme Geoffrin, âgée de soixante-sept ans, se risqua à entreprendre le voyage de Pologne. Elle séjourna deux mois et demi à Varsovie, mais en profita pour se brouiller avec Stanislas, en se mêlant de sa vie privée et de questions politiques.

399. Dufort rapporte les faits en désordre; cf. Luynes, XIII, 297-298 : « Du 5 [juillet 1754], on a fait à Compiègne une nouvelle maison de bois pour le roi (...). On vient de m'envoyer les plans de cette nouvelle maison; le roi l'a trouvée faite à son arrivée; elle est entre la porte Chapelle et la forêt, au milieu d'un enclos de 10 ou 12 arpents environ; il y a un potager, des orangers, des fleurs et des arbres. » On verra que l'auteur cite plus loin des événements de 1752 et 1753.

400. Emmanuel-François-Joseph, comte de Bavière (1695-1747) était le fils naturel légitimé de Maximilien-Marie-Emmanuel, électeur de Bavière (1679-1736) et d'Agnès-Françoise Louchier. Il avait épousé Marie-Josèphe-Caroline, comtesse de Hochenfels-Bavière, fille naturelle de son demi-frère, l'empereur Charles VII; il était également connu sous le nom de marquis de Villacerf.

401. Marie-Louise, princesse Jablonowska (1701-1773), cousine germaine du roi Stanislas, avait épousé en 1730 Anne-Charles-Frédéric de la Trémoille, duc de Chatellerault, prince de Talmond (1711-1759). Elle était cousine éloignée de la reine.

402. La mort du comte de Bavière, qui était lieutenant général, est controversée selon les auteurs : certains prétendent qu'il fut atteint avant la bataille de Lawfeld par un coup de canon, d'autres pensent qu'il fut tué pendant les combats.

403. Louis-Jean-Marie de Bourbon, duc de Penthièvre (1725-1793) avait longtemps exercé la charge de grand veneur. Il était également amiral, en survivance de son père le duc de Toulouse (en fonctions en 1737). Il perdit très tôt (1754) son épouse Marie-Thérèse-Félicité d'Este et son fils, le prince de Lamballe (1768). Il était immensément riche.

404. Louis-Auguste Le Tonnelier, baron de Breteuil (1733-1807) fut ambassadeur en Russie puis à Vienne, conseiller d'État, ministre de la maison du roi et de Paris jusqu'en 1787. C'est lui qui mit le cardinal de Rohan, qu'il détestait, en état d'arrestation au moment de l'affaire du collier. Il avait épousé en 1752 Mlle Parat de Montgeron (1737-1765). Le ministre son oncle était François-Victor Le Tonnelier, marquis de Fontenay-Tresigny (1686-1743), secrétaire d'État à la guerre à partir de 1723.

405. Marie-Anne-Françoise Goujon de Gasville (1714-1753) avait épousé en secondes noces Pierre-Colas de Marolles, comte de Rocheplate (1 -1); elle était veuve de Charles-Auguste Le Tonnelier, baron de Preuilly.

406. André Hébert (1671-1768) avait été introducteur des ambassadeurs de 1730 à 1736. La rue Pastourelle, entre la rue du Temple et la rue Charlot, abritait entre autres le somptueux hôtel de Bertin.

407. Élisabeth-Théodose Le Tonnelier de Breteuil (1710-1781) fut grand vicaire de Sens, prieur de Saint-Martin-des-Champs, chancelier du duc d'Orléans.

408. François-Joseph Halweil (1 -1), militaire d'origine suisse, fut colonel d'un régiment de Suisses et devint maréchal de camp en 1762.

409. Louis-François de Bourbon, prince de Conti (1717-1776) épousa Mademoiselle de Chartres, Louise-Diane d'Orléans (1716-1736), fille du régent. Leur fils était Louis-François-Joseph de Bourbon (1734-1813), qui porta le titre de comte de La Marche avant de devenir duc de Conti.

410. François-Louis Le Tellier, marquis de Souvré (1704-1767) fut maître de la garde-robe de 1748 à 1759; il devint lieutenant général en 1748. Il avait épousé en 1723 Françoise-Gabrielle de Brancas-Céreste (1 -1724); il s'était remarié en 1725 avec Jeanne-Françoise Dauvet des Marets (1 -1732) et, en 1738, avec Félicité de Sailly (1716-1).

411. Abel-François Poisson fut décoré en devenant le 26 juin 1756 secrétaire-commandeur des ordres du roi : il était *ipso facto* membre de l'ordre du Saint-Esprit.

On dit à cette occasion que Marigny était « un bien petit poisson pour être mis au bleu ». Le jour de la Chandeleur (3 janvier) voyait se réunir le chapitre de l'ordre de Saint-Michel.

412. On a déjà rencontré la famille des Champcenetz (voir la note 143 de la p. 68). La riche épouse de Jean-Louis est ici probablement Marie-Rose Teissier, qui mourut en 1754.

413. Il s'agit de Jean-Marie Damblard de Lasmartres (1 -17), ancien page du comte de Toulouse, puis gentilhomme de venerie. Il épousa Catherine-Jacqueline Guyard de Bauny (1 -1771).

414. Louis Cazeau de Nestier (1686-1754) était écuyer ordinaire de la grande écurie; Jean-François-André Brunet, comte de Neuilly, (1 -1), écuyer cavalcadour.

415. Louis Drummont, comte de Melfort (1722-1788) était militaire et devint lieutenant général. Son intrigue quasiment publique avec la duchesse d'Orléans défraya la chronique. Il épousa en 1759 Jeanne-Élisabeth de Laporte de Presles (1 -1).

416. Cette terre du Paroy, déjà érigée en marquisat en 1685 en faveur de François de Mascrany le fut à nouveau en 1754 pour Guy Le Gentil (voir la note 171 de la p. 79) qui l'avait achetée deux ans plus tôt.

Chapitre XI

417. Le dôme de la chapelle du couvent de l'Assomption, construit par Charles Errard de 1670 à 1676 avait suscité des commentaires à Paris, où on le jugeait disproportionné au reste des bâtiments; il était surnommé le « sot dôme ».

418. Les « petites maisons » que financiers et fermiers généraux étaient nombreux à posséder, et où ils abritaient leurs amours illégitimes, se situaient généralement dans les quartiers périphériques de Paris. La façade extérieure, lépreuse à souhait, ne laissait pas deviner le luxe inouï des aménagements. Thirion (*La Vie privée des financiers au XVIIIe siècle*) a décrit une de ces petites maisons.

419. Voir la note 107 de la p. 60. Les liaisons crapuleuses de l'abbé de Mesgrigny (1722-1763) étaient bien connues de la police. Certaines d'entre elles furent particulièrement tumultueuses : il entretint pendant des années une courtisane, Mlle Deville, dite « la Savoyarde ».

420. Louis-Charles, comte de Lameth (1 -1761) fut militaire et devint maréchal de camp. Il avait épousé en 1751 Marie-Thérèse de Broglie (1732-1), sœur du maréchal, et eut quatre fils, dont Alexandre, Charles et Théodore, les célèbres révolutionnaires. Sur sa mort, voir la note 430 de la p. 152.

421. Louis Le Pelletier de Rosambô (1717-1760) était président à mortier au parlement depuis 1743. Il avait épousé en 1738 Marie-Claire-Aimée de Mesgrigny.

422. Louis-Antoine de Bougainville (1729-1814) fut aide de camp de Montcalm au Canada et participa aux campagnes de 1757-1760. Il se livra ensuite à ses grands voyages (1763-1769), devint en 1770 capitaine de vaisseau. Après s'être marié en 1779 avec Flore-Josèphe de Longchamps de Montandu (1759-1806), il reprit du service durant la guerre d'Indépendance américaine, mais son échec des Saintes (1782) le fit blâmer. Il entra à l'Institut le 26 brumaire an IV.

423. Claude-Louis Chauvelin, marquis de Grosbois (1718-1750) était le fils de Germain-Louis Chauvelin (1685-1762), qui avait été maître des requêtes, président à mortier au parlement, garde des sceaux de 1727 à 1737, secrétaire d'État des Affaires étrangères, et de Anne Cahouet de Beauvais (1695-1758). On voit qu'une fois de plus Dufort intervertit les dates, puisque le marquis de Chauvelin mourut en 1750, et que le récit se situe ici en 1753.

424. Hermann-Maurice, comte de Saxe (1696-1750) était le fils bâtard d'Auguste II, électeur de Saxe, roi de Pologne de 1697 à 1733, et de la comtesse Aurore de Koenigsmark (1673-1728). Il entra très tôt dans la carrière militaire, et passa en 1720 au service de la France. C'était un homme à femmes, et l'une de ses maîtresses les plus connues fut Adrienne Lecouveur. Il avait été fait maréchal de France en 1743, et avait reçu en récompense de ses services à Fontenoy des lettres de naturalisation et la jouissance du château de Chambord avec 40 000 livres de revenu sur le domaine.

425. Marie-Justine-Benoîte Cabaret du Ronceray, dite Mlle Chantilly (1727-1772) avait épousé Charles-Simon Favart (1710-1792), célèbre auteur de comédies à ariettes et d'opéras comiques. Cette actrice de la Comédie-Italienne entretint plusieurs liaisons tapageuses dont une fort brève avec Saxe (qui s'acharna sur le mari), puis avec l'abbé de Voisenon.

426. Il s'agit de François Le Lièvre, marquis de La Grange (1726-1808), qui mena une carrière militaire et devint lieutenant général. Ce n'est pas son père, mais son grand-père Thomas Le Lièvre (1 -1) qui fut intendant de la généralité de Paris.

427. Ce duel eut lieu le 23 novembre 1750.

428. C'est en 1766 que La Grange épousa Angélique-Adélaïde Méliand (17 -1), fille – et non veuve – de Charles-Blaise Méliand (1703-1768), maître des requêtes et conseiller d'État, et de sa seconde épouse Marie-Louise-Adélaïde Duquesnoy (17 -1803).

429. Jean-Baptiste-Martin Hérault (17 -1759) fut officier au régiment de Bourgogne et fut tué à la bataille de Minden. Il était le fils du lieutenant de police René Hérault (1691-1740) et de sa seconde épouse Marie-Hélène Moreau de Séchelles (1715-1798). Son propre fils fut Marie-Jean Hérault de Séchelles, dont l'activité révolutionnaire est bien connue.

430. Voir la note 420 de la p. 150. La date et le lieu de la mort de Lameth sont controversés : Dufort et Luynes penchent pour Hastembeck (1757), Pinard et La Chesnaye pour Francfort (1761).

431. Cette expression, une fois de plus, ne doit pas induire en erreur : nous sommes revenus cette fois en 1752, comme le confirme l'épisode ultérieur de la petite vérole du dauphin.

432. Dufort anticipe ici les nombreux changements de ministres qui eurent lieu après cette date. En 1752, le contrôleur général était Machault d'Arnouville, en poste depuis le 6 décembre 1745 ; il ne devait donner sa démission que le 28 juillet 1754, pour être remplacé deux jours plus tard par Moreau de Séchelles (du 30 juillet 1754 au 24 avril 1756). Vinrent ensuite Peyrenc de Moras (d'abord adjoint à son beau-père Moreau de Séchelles, puis contrôleur en titre jusqu'au 25 août 1757, en compagnie de Bouvard de Fourqueux pendant trois semaines), Boullongne (du 25 août 1757 au 4 mars 1759), Silhouette (du 4 mars 1759 au 21 novembre 1759), enfin Bertin. Mais

les finances restaient difficiles à gérer et les caisses désespérément vides, au moment où la guerre de Sept Ans demandait un effort budgétaire particulièrement important.

433. Le camp eut lieu en réalité à partir du 18 juillet 1753. Le roi passa les troupes en revue le 23 juillet.

434. Claude-Louis-François Régnier, comte de Guerchy (1715-1767) fut un bon militaire qui servit dans les mousquetaires. Il participa à la guerre de Succession d'Autriche et s'illustra à Fontenoy, reprit du service pour la guerre de Sept Ans, accéda au grade de lieutenant général. Il fut ambassadeur à Londres de 1763 à 1767.

435. Le dauphin partit de Compiègne le 23 juillet 1752; il tomba malade à Versailles le 1er août, et les médecins identifièrent la petite vérole le 4 août.

436. En 1751, le dauphin et Marie-Josèphe de Saxe avaient eu un fils, Louis-Joseph-Xavier; il ne devait mourir que le 21 mars 1761 des suites d'une opération à la hanche. Si son père était décédé de la variole en août 1752, le petit duc de Bourgogne devenait *ipso facto* l'héritier du trône – mais le duc d'Orléans pouvait espérer exercer la régence comme son illustre aïeul. Le roi d'Espagne Ferdinand VI, qui était un Bourbon, s'intéressait également de près à la situation dynastique.

437. L'inoculation n'était pas encore répandue en France en 1752, bien qu'elle fût déjà courante en Angleterre; c'est en 1756 qu'elle fut mise à la mode par le duc d'Orléans qui recourut aux services de Tronchin, mais il fallut encore bien des années et des polémiques – arrêts du parlement et de la faculté de médecine, libelles – pour qu'elle se développât. On distinguait plusieurs types de variole : bénigne, maligne et confluente (la plus grave). La variole « volante » était une simple éruption cutanée sans rapport avec la véritable maladie.

438. Les médecins appelés en consultation auprès du dauphin furent Dumoulin et Falconnet, invités par les médecins ordinaires du roi (Sénac, La Martinière et Quesnay). On vit aussi les chirurgiens Hévin et Dulatier, les médecins Pousse et Vernage.

439. Dufort passe ici à l'année suivante. L'opposition du pouvoir royal et des parlements est un phénomène séculaire qui prit une nouvelle actualité lorsqu'en 1749 l'archevêque de Paris, Christophe de Beaumont, imposa à ses prêtres une intransigeance totale : pour isoler les curés jansénistes de leurs ouailles, ils devaient au moment d'administrer l'extrême onction exiger un *billet de confession* signé d'un prêtre orthodoxe. Les refus de sacrements se multiplièrent, et le parlement, en majorité favorable aux jansénistes, s'empressa d'aggraver la situation, espérant ainsi nuire aux jésuites, nombreux à la cour. Des remontrances furent publiées le 15 avril 1752, et de nouvelles remontrances parurent le 9 avril 1753; avec l'aide de Machault d'Arnouville, alors garde des Sceaux, Louis XV opta pour l'épreuve de force, fit arrêter les meneurs Frémont du Mazy, Gaultier de Bésigny, etc., dans la nuit du 8 au 9 mai; les chambres des enquêtes et des requêtes furent dispersées en province, et la grand-chambre exilée à Pontoise.

440. Jean-Baptiste-François de La Michodière (1720-1797) fut maître des requêtes, président au grand conseil, intendant d'Auvergne (1752), de Lyon (1757), de Rouen (1762), conseiller d'État, enfin prévôt des marchands. Il avait épousé Anne-Catherine Luthier de Saint-Martin (1728-1749).

441. Le rappel du parlement, en septembre 1754, était en fait un aveu de faiblesse du pouvoir, incapable d'imposer les réformes qui eussent évité les crises de 1770-74,

et surtout de 1787-88. Mais l'interruption des procédures, consécutive à l'exil des parlementaires, embouteillait les tribunaux et menaçait de paralysie le système judiciaire tout entier.

442. François-Joseph de Choiseul, marquis de Stainville (1695-1746), d'une ancienne famille lorraine, avait épousé Louise-Charlotte-Élisabeth de Bassompierre (1 -1758). Il était entré au service du duc Léopold de Lorraine, puis de son fils François-Étienne, était devenu chambellan, puis conseiller intime de Charles VI et ministre de Toscane en France.

443. Étienne-François, comte de Stainville puis duc de Choiseul (1719-1785) fut d'abord militaire et servit durant la guerre de Succession d'Autriche. Grâce aux intrigues qu'on va lire, il parvint à forcer la reconnaissance de Mme de Pompadour, fut nommé ambassadeur auprès du pape en novembre 1753. Après un séjour à Vienne, il remplaça Bernis aux Affaires étrangères (3 décembre 1758) et collectionna les postes ministériels, jusqu'à sa disgrâce du 24 décembre 1770.

444. La duchesse de Villeroi, fille de Louis-Nicolas de Neufville, duc de Villeroi, était Madeleine-Angélique (1707-1787). À quinze ans, elle épousa Joseph-Marie, duc de Boufflers (1706-1747), militaire, qui mourut à Gênes de la petite vérole. Elle se remaria en 1750 à Charles-François-Frédéric de Montmorency, duc de Luxembourg (1702-1764), maréchal de France. Après une jeunesse orageuse, la duchesse se « rangea », fonda un salon, protégea les écrivains, dont J.-J. Rousseau.

445. Le duc de Gontaut était Charles-Antoine, comte de Biron (1708-1800), militaire devenu un des amuseurs préférés de Mme de Pompadour. Son frère aîné était Louis-Antoine de Gontaut, comte puis duc de Biron (1700-1788), qui se battit en Italie, en Moravie, en Flandre, et devint maréchal en 1757.

446. Louis-François Crozat, marquis du Châtel (1691-1750) avait mené une carrière militaire et avait atteint le grade de lieutenant général. Son père Crozat *le pauvre* était trésorier général du clergé; son oncle Crozat *le riche*, receveur général des finances à Bordeaux.

447. Le futur duc de Choiseul épousa le 6 décembre 1750 Louise-Honorine Crozat du Châtel (1735-1801), à peine âgée de quinze ans. Mais la rumeur voulait qu'il eût d'abord été l'amant de sa sœur aînée, Antoinette-Eustachie Crozat du Châtel, épouse de son ami le duc de Gontaut, et qui était morte le 16 avril 1747 en mettant au monde celui qui allait devenir le duc de Lauzun.

448. Charlotte-Rosalie de Romanet (1733-1753), descendante du maréchal d'Estrades, était une parente de Mme de Pompadour. Elle avait épousé François-Martial de Choiseul, baron de Beaupré (1727-1792); ce cousin de Choiseul devint lieutenant général et inspecteur général de l'infanterie.

449. Dans ses *Mémoires*, Choiseul dit de sa cousine par alliance qu'elle était « assez bien faite, un visage commun, l'air d'une fille entretenue qui a beaucoup d'usage du monde. Je n'ai jamais vu avoir des manières si délibérées, l'on pouvait même dire si libres. Elle avait une mère, Mme de Romanet, qui ressemblait parfaitement à une tante d'emprunt de fille publique » (chap. XIII).

450. Choiseul donne évidemment dans ses *Mémoires* une autre version des faits : selon lui, il aurait agi à la demande du mari de Mme Choiseul-Romanet, jaloux de l'intrigue naissante de la jeune femme avec le roi, et dans le souci d'éviter « l'horreur d'une femme de [son] nom dans cette place [de maîtresse du roi] » (chap. XIV).

451. Mme de Choiseul-Romanet fut exilée de la cour en janvier 1753, et mourut quelques semaines plus tard.

452. Grâce à l'insistance de Mme de Pompadour, Choiseul obtint de haute lutte l'ambassade de Rome en novembre 1753. Il arriva en Italie en septembre 1754 et fit son « entrée » officielle à Rome le 28 mars 1755 : le défilé et la cavalcade furent somptueux.

453. Il s'agit d'Andrea Corsini (1735-1795), créé cardinal en 1759; il fut favorable aux jansénistes et se révéla donc ennemi farouche des jésuites. Il séjourna à Paris en 1756-57.

454. Voir la note 328 de la p. 114.

455. Louis-Charles de Bourbon, comte d'Eu (1701-1775) était le fils du duc du Maine (1670-1736) et d'Anne-Louise-Bénédicte de Bourbon (1676-1753). Il participa à la conspiration de Cellamare sous l'influence de sa mère, fut exilé, rentra en grâce et embrassa une carrière militaire. Blessé à Dettingen, il fut fait grand maître de l'artillerie. Le « vieux » comte d'Eu était ici âgé de 53 ans.

Chapitre XII

456. Germain Pichault de La Martinière (1697-1783) fut chirurgien militaire et devint en 1747 premier chirurgien de Louis XV à la mort de La Peyronie. Reprenant les idées de son prédécesseur, il s'efforça de promouvoir le statut des chirurgiens, alors considérés comme des auxiliaires très inférieurs aux médecins.

457. Il s'agit là de ces « petits châteaux » où le roi séjournait quelques semaines, et où l'étiquette était allégée. Saint-Hubert était une maison de chasse, sise au Perray, près de Rambouillet; ses capacités d'accueil étaient limitées à quelques courtisans seulement. Le château de Crécy appartenait à Mme de Pompadour; elle l'avait acheté en 1746 et y avait fait effectuer de nombreux aménagements. Il avait été construit à partir de 1675 par Louis Verjus de Crécy (1629-1709). À la mort de Mme de Pompadour, son héritier le marquis de Marigny revendit l'ensemble au duc de Penthièvre pour 1 750 000 livres.

458. Catherine-Nicole Lemaure (1704-1783) avait fait ses débuts en 1724 après avoir été choriste à l'Opéra. Elle était petite et peu cultivée, mais excellente chanteuse. Elle remporta les plus grands succès jusqu'à sa retraite, en 1750. Douze ans plus tard, elle épousa un jeune officier, M. de Monrose. Marie Salé (1702-1756), élève de Mlle Prévost, monta d'abord sur les planches à la Foire Saint-Laurent, et débuta à l'Opéra en 1727. En conflit avec le corps de ballet de l'Opéra, en particulier la Camargo, à propos de son style chorégraphique très moderne, elle passa en Angleterre où elle fut largement fêtée. Elle se retira en 1740. Sur Dupré, voir la note 323 de la p. 112. C'est effectivement à Fontainebleau qu'il parut pour la dernière fois sur scène, en octobre 1752.

459. Joachim-Jacques Trotti, marquis de La Chétardie (1701-1759) avait été ministre en Prusse, et avait été nommé ambassadeur en Russie en 1739. Il était devenu l'amant de l'impératrice Élisabeth et avait joué un rôle non négligeable dans son accession au trône. Après une interruption de deux ans (1742-43), il était rentré en Russie, et avait commis la maladresse d'entrer en lutte contre Bestoujef, favorable à l'Autriche et à l'Angleterre : c'est ce qui motiva son expulsion, le 18 juin 1744. Les relations diplomatiques, sans être officiellement rompues, devinrent alors très

difficiles : d'Usson d'Allion fut ministre plénipotentiaire de 1744 à 1747; puis un consul, M. de Saint-Sauveur, expédia les affaires courantes jusqu'à l'envoi, en 1755, d'un émissaire secret, le chevalier Mackenzie Douglas. Il était chargé par Rouillé de rétablir des relations normales, ce qui fut facilité par les traités d'alliance entre l'Angleterre et la Prusse (Westminster, 1756), et par ceux entre la France et l'Autriche (Versailles, 1756-57).

460. Le marquis de l'Hôpial (voir la note 200 de la p. 83) fut nommé ambassadeur fin 1656, mais n'arriva à Petersbourg que le 2 juillet 1757; il resta en poste jusqu'en 1761 et déploya un grand faste. Très âgé et goutteux, il fut remplacé par le baron de Breteuil.

461. Il s'agit en réalité d'un descendant de la famille des Wingfield, dont le titre de vicomte Powerscourt remontait à la fin du XVIe siècle. La plupart des contemporains orthographient inexactement ce nom. Le père avare se prénommait Lodovic; le fils s'appelait Edward (1729-1764).

462. Louis-Marie-Guy d'Aumont (1732-1) était devenu duc de Mazarin en épousant en 1747 Louise-Jeanne de Durfort-Duras, fille d'Emmanuel-Félicité de Durfort et de Charlotte-Antoinette Mazarini.

463. La course eut lieu le 29 octobre 1754. Luynes, XIII, 380 : « C'était un beau spectacle que la barrière des Gobelins. Rocquemont y était à la tête de tout le guet; il y avait vingt mille âmes éparses de tous les côtés. »

464. Les bals de l'Opéra, lancés vers 1720, étaient très à la mode. L'usage voulut d'abord que seules les femmes fussent masquées : on changeait même la teinte des cheveux. Vers 1750, les hommes commencèrent eux aussi à porter un loup de velours noir.

465. Le marquis de La Cerda, fils du commandeur Gonzalve-Emmanuel-Galvao de La Cerda (1694-1755), qui avait été ambassadeur extraordinaire du Portugal en France, était ministre résident depuis 1753, et devint plénipotentiaire trois ans plus tard.

466. Louis-Bruno de Boisgelin de Cucé (ou Cussé), comte de Cucé puis comte de Boisgelin (1734-1794) épousa en 1760 Louise-Julie de Boufflers (1735-1794), sœur du chevalier. Il devint maréchal de camp en 1780. Il hésita à émigrer sous la Révolution, fut finalement arrêté et condamné à mort, ainsi que sa femme.

467. Saint-Hubert était une abbaye de bénédictins, dans la province de Liège, arrondissement de Neufchâteau. Elle avait été fondée au VIIe siècle et subsista jusqu'en 1796.

468. Le duc de La Vallière a été présenté à la note 355 de la p. 122. Claude Forget, plus tard marquis de Forget (1731-1) était capitaine du vol du cabinet du roi.

469. Laurence-Françoise Le Tessier de Montarsy, épouse Soullet, mourut à Paris en 1754. Là encore, il semble que la mémoire de Dufort soit défaillante, puisqu'il lie ce décès à la visite en France de Branciforte, qui eut lieu en 1753.

470. Antonio Branciforte Colonna (1711-1786) fut délégué en France à l'occasion de la naissance du petit duc de Bourgogne (1751). Il arriva à Paris au milieu de 1752, mais la cérémonie ne put avoir lieu que le 19 juin 1753. Il fut ensuite nonce à Venise, cardinal-légat à Bologne (1770-77).

471. Louis-Philogène Brûlart de Sillery, marquis de Puysieulx (1702-1770) fut militaire et devint maréchal de camp : il fut aussi ambassadeur près du roi des Deux-Siciles, négociateur à Bréda (1746), secrétaire d'État aux Affaires étrangères de 1747 à 1751. Il avait épousé en 1722 Charlotte-Félicité Le Tellier (1707-1783).

472. Rapport de la maquerelle Baudoin à l'inspecteur Meunier, 7 septembre 1753 : « M. de Branciforte, nonce du pape, a envoyé plusieurs fois coup sur coup son valet de chambre chercher la demoiselle Duchesnois, et notamment hier à 1 heure de l'après-midi, chez la Baudoin où elle était à dîner; mais elle n'a pas jugé à propos d'y aller parce que, dit-elle, il a fait venir plusieurs filles de différents endroits, qui n'ont pas la réputation d'être saines; et que d'ailleurs il l'a plusieurs fois tourmentée pour s'en servir par l'endroit opposé, suivant le goût de son pays. »

473. Les introducteurs des ambassadeurs Nicolas Sainctot père (16 -1713) et Étienne Chabenat de Bonneuil (16 -1680) avaient pris l'habitude de recevoir ce présent en argent. C'est Breteuil qui, en 1698, rétablit l'usage ancien.

474. On trouvera ci-après l'arbre généalogique simplifié des familles Roslin, Le Gendre, Pajot et Boullongne. Pour M. Roslin le père et sa femme, voir la note 187 de la p. 82. Mme Roslin, née Jeanne-Marthe de Beaufort, était la sœur de Charlotte-Catherine de Beaufort, épouse de Jean de Boullongne (voir la note 56 de la p. 46).

475. Pour M. Roslin le fils, voir la note 188 de la p. 82.

476. Pour le président Le Gendre et son épouse, voir la note 189 de la p. 82.

477. Louis-François Le Gendre de Lormoy, comte d'Onsembray (1 -17) entra à l'armée, devint lieutenant général. Il avait épousé Anne-Marie Le Mairat.

478. Louis-Léon Pajot, comte d'Onsembray (1678-1754) fut intendant des postes et relais, et entra comme membre honoraire à l'Académie des Sciences.

479. Adrien-Jules Gaultier de Bésigny (1718-1771) fut président à la deuxième chambre des requêtes à partir de 1739, après y avoir été conseiller; il fut un des meneurs du parlement. Il avait épousé en 1747 Marie-Anne Le Mairat.

480. Louis-Charles Lépinette Le Mairat, marquis de Bruyères (17 -1773), dont le père était, comme pour Marie-Anne et Anne-Marie, Joachim-Jules Le Mairat (1681-1755), fut conseiller à la première chambre des enquêtes (1749), puis devint président à la chambre des comptes. Il épousa Marie-Thérèse-Geneviève Pecquot de Saint-Maurice (17 -1).

481. Le couvent de la Visitation-Sainte-Marie s'était installé sur un terrain (acheté en mai 1651) autrefois occupé par les jardins du château du maréchal de Bassompierre. Il fut reconstruit entre 1687 et 1705 par Nicolas Frémont, et détruit à la Révolution. Sur son emplacement, se trouve aujourd'hui le palais de Chaillot.

482. Il s'agit de Jean-Louis de Caze de Vilambre (1719-1), frère du « beau danseur » évoqué à la note 321 de la p. 112, et de Gaspard-Henri Caze de la Bove, intendant (voir la note 197 de la p. 83).

483. On a déjà rencontré Jeanne-Marthe-Geneviève de Beaufort, mère de Marie-Élisabeth Roslin, épouse Le Gendre (voir la note 187 de la p. 82).

484. Il s'agit d'Anne-Marie-Edme Le Gendre, future épouse de Dufort.

485. Nous sommes passés en 1755.

486. Giovani-Francesco de Brignole de Sale était un Génois installé à Paris depuis 1736, et qui avait mené diverses missions diplomatiques auprès du cardinal Fleury. Il avait épousé Battina Raggi (1 -1743) et était veuf au moment où se situe ce récit. Il ne devait se remarier que plus tard avec Maria-Ignazia Durazzo. Quant à sa fille Marie-Christine, elle épousa en 1757 Honoré-Camille-Léonor, prince de Grimaldi (1720-1795), ami de Dufort.

487. Mme Dubois de Courval (1 -175) était la cadette des trois filles de Léonor Chambon et était donc la belle-sœur de La Live de Jully. Elle avait épousé Anne-Louis Dubois de Courval (1 -1), conseiller à la première chambre des enquêtes depuis 1747.

Chapitre XIII

488. Dufort se trompe : d'après La Chesnaye, il s'agit des terres de Villeroi et d'Alincourt que Pierre Le Gendre, trésorier de France et prévôt des marchands, aurait données en 1524 à son petit-neveu Nicolas III de Neufville (15 -1598), qui devint lui aussi prévôt des marchands en 1566.

489. Gaspard-François Le Gendre de Lormoy (1668-1740) avait été conseiller au parlement, maître des requêtes, intendant de Montauban, d'Auch puis de Tours. Sa première épouse avait été Marie-Anne Pajot (16 -1710), fille de Léon Pajot, comte d'Onsembray, et de Marie-Anne Rouillé; il s'était remarié en 1713 avec Louise de Vieillevigne (16 -1736).

490. De 1799 à 1716.

491. Erreur de Dufort : en réalité, la seconde épouse de Gaspard-François Le Gendre de Lormoy, Louise de Vieillevigne, était veuve de Pierre de Savignac, conseiller à la cour des aides de Montauban. De son premier mariage, elle avait eu une fille, Antoinette-Charlotte, qui épousa en 1724 Pierre-Hippolyte-Joseph de Maurès de Malartic, comte de Montricoux (1702-1768), dont elle eut dix enfants. Ce sont ces dix enfants qui furent élevés par la présidente Le Gendre.

492. Anne-Marie Pajot, sœur de Marie-Anne Pajot, épouse Le Gendre, et de Léon II Pajot, seigneur d'Onsembray, avait épousé en 1703 Claude-Joseph Le Jay, baron de Tilly (1662-1735), capitaine aux gardes. Leur fille Marie-Anne Le Jay (1714-1740) épousa en 1729 Paul-Esprit Feydeau de Brou (1682-1767), conseiller puis maître des requêtes, intendant, garde des sceaux en 1762-63, et veuf de Louise-Antoinette de La Bourdonnaye (1697-1720).

493. La signature du contrat eut lieu dix jours avant la célébration du mariage, le 13 avril 1755, en présence du roi et de la famille royale.

DEUXIÈME ÉPOQUE

Chapitre XIV

1. Il s'agit de la journée du 13 vendémiaire an IV (5 octobre 1795), consécutive à l'agitation provoquée par les élections d'octobre 1795, et par le coup de force de la Convention, qui avait décidé que les deux tiers des députés de la future assemblée nationale seraient choisis en son sein. L'opposition royaliste se mobilisa, et c'est ce jour-là qu'un jeune général choisi par Barras, Bonaparte, se signala aux autorités par son zèle. Contrairement à ce que suggère Dufort, il n'y eut pas de « massacre », et la répression fut relativement modérée.

2. On a déjà rencontré Jean-Philippe de Franquetot (1743-1806), troisième fils du marquis de Coigny (voir la note 92 de la p. 55). Il fut mousquetaire, et devint maréchal de camp en 1784, puis inspecteur de la cavalerie. Il émigra, rentra clandestinement en France en 1800, fut arrêté et libéré.

3. Le train de maison de Dufort, composé d'une douzaine de domestiques, est conforme aux usages de l'époque dans les milieux aristocratiques et chez les bourgeois fortunés : le président Le Mairat, par exemple, laissa par testament des legs à quinze domestiques. Mais les témoignages du temps laissent apercevoir des variantes individuelles importantes : Antoine-Charles Le Boulanger ne récompensa à sa mort qu'une femme de charge.

4. Pierre Grimod-Dufort (1693-1748), fermier général en 1721, devint intendant des postes et relais, et eut ainsi accès au cabinet noir chargé de décacheter les lettres. Il était extrêmement riche. Son frère, Laurent Grimod de La Reynière (1734-1793) était administrateur général des postes.

5. Pierre Grimod-Dufort se maria trois fois : d'abord à Geneviève-Florimonde Savalette (1 -1742); puis à Élisabeth-Geneviève de Courten (17 -1745); enfin, il épousa en février 1748 Marie-Antoinette-Gabrielle-Félicité de Caulaincourt (17 - 1), fille de Louis-Armand, marquis de Caulaincourt, et de Gabrielle-Pélagie de Bovelles. On verra plus loin qu'une fois veuve après huit mois de mariage, Mme Grimod-Dufort, qui porta le nom de Dufort d'Orsay, se remaria en 1757 avec Jean-Jacques Le Franc de Pompignan.

6. Pierre-Marie-Gaspard Grimod, comte d'Orsay (1748-1829), fils posthume de Pierre Grimod-Dufort, fut capitaine de dragons. Après avoir été amoureux de

Louise, la fille de Mirabeau, il épousa Marie-Louise-Albertine-Aurélie de Croÿ, puis Marie-Anne-Élisabeth-Josèphe de Hohenlohe-Waldenbourg-Bartenstein. C'était un grand collectionneur, qui transforma son hôtel de la rue de Varenne en un véritable musée.

7. Il s'agit probablement de Jean-Charles de Borda (1733-1799), qui n'appartenait pas à la gendarmerie, mais au génie, et se fit remarquer par ses travaux scientifiques sur les fluides. Il voyagea également en Afrique et aux Canaries, rencontra Cook, participa à la prise de Grenade en 1779. Louis-Agathon, comte de Flavigny-Renansart (1722-179) fut capitaine-lieutenant des gendarmes d'Anjou, et devint lieutenant général en 1780. Il avait également été désigné pour une mission diplomatique à Parme en 1767.

8. André Campra (1660-1744), l'inspecteur de la musique de l'Académie royale, dont le style musical était lié à l'époque de Louis XIV.

9. François Chaillon de Jonville (1 -1765) fut chargé d'affaires à Bruxelles, puis ministre de Gênes en 1739; il avait épousé en 1732 Eugénie-Catherine Lombard d'Ermenonville.

10. Louis-François de Bourbon, prince de Conti (1717-1776) mena une vie privée fort libre et entretint de très nombreuses maîtresses. Les plus connues d'entre elles furent Marie-Anne-Louise Guillaume (1710-1765), qui était la fille naturelle de Samuel Bernard et de Mme de Fontaine, et qui épousa Antoine-Alexis Panneau d'Arty ; la célèbre comtesse de Boufflers, dite « l'idole du Temple »; une Mme Dailly, née Marie-Claude Gauché (1747-18). Les contemporains prétendaient que le prince exigeait de chacune de ses conquêtes qu'elle lui remît une bague en souvenir; d'après son inventaire après décès, il en possédait 492...

11. Pierre-Antoine Baudoin (1723-1769) fut un peintre fort célèbre au XVIIIe siècle. Élève de Boucher, dont il épousa la fille cadette Marie-Émilie, il entra à l'Académie en 1763. Il est surtout connu pour ses gouaches extrêmement licencieuses et ses miniatures.

12. Sous ces formules prudentes, Dufort suggère la vérité : dans les années qui suivirent cette rupture, Mme Brissart se perdit totalement de réputation par ses débauches. Voici ce qu'écrivait à son propos l'inspecteur Marais : « Cette femme, à l'exception des yeux, n'a rien de joli. Sa réputation est perdue, et pour s'en approcher, il suffit d'en avoir la hardiesse. C'est exactement un bénitier où chacun a droit de se décrasser le bout du doigt, sauf les risques. » Mme Brissart mourut en 1777.

13. Conformément à l'usage du XVIIIe siècle, Dufort confond « sœur » et « belle-sœur »; mais l'expression est ici maladroite : Anne-Élisabeth-Marie-Rose Brissart, épouse du comte de Thiard de Bissy, mourut en 1754, et ne pouvait donc recevoir Dufort et son fils en 1765 (voir la note 329 de la p. 114).

14. Erreur évidente de Dufort : il n'a certainement pas voulu évoquer l'historien William Robertson (1721-1793), mais le romancier Samuel Richardson (1689-1761); *Pamela* (1740) et *Clarisse Harlowe* (1748) furent les romans par lettres les plus célèbres du XVIIIe siècle et firent verser des torrents de larmes.

15. Les eaux minérales de Passy étaient très à la mode au XVIIIe siècle; sulfatées et ferrugineuses, elles étaient employées dans le traitement de l'anémie. Elles furent découvertes en 1657, oubliées, puis « réinventées » par l'abbé Le Ragois en 1720. On les prenait le matin en effectuant quelques mouvements d'exercice physique; l'emplacement des sources était aux 24-28, quai de Passy et au 19, rue Raynouard.

16. Adélaïde-Élisabeth-Sophie Lépineau (1723-17), fille de Nicolas Lépineau, premier commis au contrôle général des finances, et de Marie Morel, avait épousé Gabriel-Jean de Pleurre de Romilly (1712-1749), conseiller au parlement, maître des requêtes, intendant de La Rochelle. Mme de Pleurre de Romilly se remaria en 1752 avec Charles-Auguste de La Cour, marquis de Balleroy (1720-1794), lieutenant général.

17. On a déjà rencontré le marquis de Verneuil (voir la note 231 de la p. 92). Ses parents étaient Eusèbe-Félix Chaspoux, premier marquis de Verneuil, et Marie-Élisabeth Bigres, d'une famille de bourgeoisie parisienne.

18. Eusèbe-Félix Chaspoux, marquis de Verneuil, avait épousé en 1743 Anne-Adélaïde de Harville, fille de Anne-François, marquis de Harville, maréchal de camp, et de Marie-Anne Boucher de Livry.

19. Cette présentation de Mme de Verneuil eut lieu le 19 mars 1750 selon d'Argenson, qui écrit à ce propos : « Elle a présenté son bec et le roi a reculé le sien en rougissant. On a beaucoup parlé de cette présentation comme d'une chose ridicule » (VI, 175). D'après Luynes, la présentation aurait eu lieu le 16 mars 1749.

20. Armand de Belsunce (1720-1763), capitaine de dragons, participa aux guerres de Succession d'Autriche et de Sept Ans, devint lieutenant général en 1762. Chargé de mettre Saint-Domingue en défense, il se rendit très impopulaire et allait être rappelé au moment où il mourut.

21. Le comte du Chayla, lieutenant général et directeur général de la cavalerie, mourut subitement à Fontainebleau le 16 décembre 1754.

22. Ici, nous supprimons un développement sur l'apprentissage du jeu qui reprend dans les mêmes termes une précédente analyse (voir le chapitre IV).

23. *Pierre-Encize*, ou *Encise*, ou encore *Scize*, château du Lyonnais, proche de la Saône, fut d'abord la résidence des archevêques de Lyon; Louis XIII y fit mettre garnison et le château devint prison d'État. En 1768, le marquis de Sade devait y être incarcéré.

24. Nous supprimons un développement sur la chance au jeu de Vioménil, très semblable à celui du chapitre IV.

25. *Pair ou non :* « Sorte de jeu dans lequel on donne à deviner si le nombre de plusieurs pièces de monnaie (...) que l'on tient dans la main est pair ou impair » (*Dictionnaire de l'Académie*, 6e éd.).

26. En blanc dans le manuscrit.

27. Jacques O'Dune (1 -1) fut ministre au Portugal de 1762 à 1763, passa ensuite auprès de l'électeur palatin à Mannheim, de 1764 à 1779, devint enfin ambassadeur au Portugal de 1780 à 1785.

28. L'inondation du 25 décembre 1740 fut une des pires qui soient : la Seine atteignit la cote de 8 m, qui ne fut dépassée qu'en 1910. Mais il y a là une erreur de Dufort : le pont de la Tournelle, construit vers 1620, rebâti après effondrement partiel en 1637, ne porta jamais de maisons.

29. Le Pont-au-Change, plusieurs fois détruit et rebâti, avait pris sa physionomie « moderne » avec sa reconstruction, entre 1639 et 1647, sur des plans d'Androuet du Cerceau. Le pont était en pierre et les maisons, de cinq étages, ne furent éliminées qu'en 1786.

30. Durant la guerre de Succession d'Autriche, Louis XV, sans doute à l'instigation de sa maîtresse, la marquise de Châteauroux, avait voulu renouer avec l'exemple de son aïeul et s'était rendu à la tête de ses armées. Il tomba malade à Metz le 8 août 1744 et, circonvenu par son entourage, se confessa, renonça solennellement au plaisir... jusqu'à son rétablissement. La nouvelle de sa convalescence se répandit le 18 août. Il fit sa rentrée à Paris le 13 novembre devant une foule enthousiaste.

31. Erreur de Dufort. Le bal donné par la Ville de Paris le 28 février 1745 eut pour occasion les fêtes du mariage du dauphin. C'est là que pour la première fois les courtisans purent prendre conscience de l'intimité du roi (accompagné du duc d'Ayen), en domino noir, et d'une jeune inconnue, Jeanne-Antoinette Lenormand d'Étiolles.

32. L'envoyé de Mahomet V, l'ambassadeur turc Saïd Pacha Effendi, dont la visite suscita une immense curiosité, fit son entrée à Paris le 7 janvier 1742, et fut reçu par le roi le 9 janvier.

33. Louise-Élisabeth, dite « Madame Infante », fille aînée du roi, épousa le 26 août 1739 l'infant don Felipe (1720-1765), qui devait devenir duc de Parme. Les fêtes eurent lieu le 29 août 1739.

34. L'ambassadeur d'Espagne était Jaime-Miguel de Guzman, marquis de La Mina, duc de La Palata (1689-1767), qui fut rappelé dans son pays à la fin de 1739 pour être remplacé par le prince de Campoflorido.

35. *Les Quatre Nations :* il s'agit du collège Mazarin, qui abrite aujourd'hui l'Institut. Il avait été fondé en 1661 et était destiné à instruire gratuitement des enfants venus de provinces nouvellement réunies à la couronne. Crébillon, l'acteur Lekain, d'Alembert, Lavoisier y firent leurs études.

Chapitre XV

36. Comme on l'a vu au chapitre II (voir aussi la note 249 de la p. 95), Pierre-Charles Félix (1703-1780) avait épousé une demoiselle Mercier, fille de la première femme de chambre de la reine; Dufort qualifie ce mariage de « peu sortable ».

37. Éléonore Le Boulanger d'Hacqueville (17 -1782) était la fille de Jacques Girault, écuyer ordinaire de la duchesse d'Orléans, et d'Éléonore de Moussy. Elle était la troisième épouse de Louis Le Boulanger d'Hacqueville (16 -1741), conseiller au parlement, puis maître des requêtes.

38. Michel Doublet, baron de Bauche (1707-1) prit le nom de marquis de Bandeville à la mort de son frère aîné Pierre-François. Il était conseiller au parlement et épousa en 1762 Thomasse Niquet.

39. La Garenne était un château situé entre Colombes et Courbevoie. Pour la Pélissier, voir la note 60 de la p. 47.

40. Jacques-Robert d'Héricy, marquis d'Etrehan (1 -1) fut lieutenant général en 1748.

41. Marie-Angélique Coupé ou Couppé (1723-179) commença très jeune sa carrière galante, entra à l'Opéra en 1738; elle eut de nombreux amants, dont lord Stafford et le duc de Chartres. En 1745, elle mit au monde une petite fille dont trois hommes revendiquèrent la paternité : c'est Doublet de Bauche qui éleva finalement la fillette. Une première extinction de voix provoqua en 1751 un effacement partiel de la Coupé, qui ne prit cependant sa retraite définitive qu'en 1780.

42. Dufort s'exprime sévèrement sur le compte des parlements, en particulier sur celui de Paris, mais se montre sans indulgence vis-à-vis de la personnalité de Maupéou, qui fut pourtant, le 13 avril 1771, responsable d'une réforme destinée à mettre fin aux abus de l'opposition parlementaire. La double appartenance de l'auteur explique cette contradiction : par sa famille, il tient à la robe; par ses fonctions, à la cour.

43. René-Nicolas-Charles-Augustin de Maupéou (1714-1792) fut conseiller au parlement, président à mortier, premier président (1763), enfin chancelier du 18 septembre 1768 au 24 août 1774. Il avait épousé Anne-Marguerite-Thérèse de Roncherolles (1725-1752).

44. Dufort a écrit par distraction : *1756*.

45. L'« assassinat » du roi avait eu lieu le 5 janvier à 6 heures du soir, alors que Louis XV s'apprêtait à monter en carrosse pour se rendre à Trianon.

46. Confusion de Dufort : Louis-Léon Potier de Gesvres, marquis de Gandelu, puis duc de Trêmes (1695-1774) fit une carrière militaire et devint lieutenant général, en 1745. C'est en 1757 qu'il obtint le poste de gouverneur général de l'Île-de-France. Son survivancier était son fils, Louis-Joachim-Paris Potier, marquis puis duc de Gesvres (1733-1794), qui devint lieutenant général du bailliage de Rouen, fut emprisonné sous la Terreur et exécuté.

47. Robert-François Damiens, né en 1715, avait exercé plusieurs métiers; querelleur et ivrogne, il était poursuivi pour des vols au moment des faits. Il était sans aucun doute déséquilibré.

48. Dufort fait ici allusion à l'édit connu sous le nom d'*édit de mainmorte*, promulgué en août 1749 et enregistré sans difficultés par le parlement dès le 2 septembre. Le propos du ministre était d'empêcher le clergé, déjà énorme propriétaire, d'acquérir de nouvelles terres, ce qui les soustrayait de l'assiette de l'impôt. Interdiction avait été faite de tout nouvel établissement religieux sans lettres patentes du roi; les gens de mainmorte ne pouvaient plus recevoir ni biens-fonds, ni rentes sur les particuliers. Contrairement à ce que dit l'auteur, l'édit fut réellement appliqué, malgré les protestations du clergé.

49. Voir la note 30 de la p. 197: à treize ans de distance, la peur de mourir provoquait chez Louis XV les mêmes effets.

50. Cf. les *Mémoires* de Choiseul : « Ce qu'il y eut de plus singulier (...), c'est que le roi n'avait qu'une égratignure, qui n'aurait pas empêché un autre, avec le courage le plus médiocre, d'aller souper à Trianon comme il se le proposait lorsqu'il fut blessé. La frayeur d'un danger imaginaire dure autant dans une tête faible que celle d'un danger réel. Le roi, en conséquence, resta neuf jours dans son lit, enfermé dans ses quatre rideaux, sans voir la lumière et sans presque parler à personne » (chapitre XVIII).

51. Le pronom « on » employé ici par Dufort pour désigner l'auteur des manœuvres vis-à-vis de Mme de Pompadour est assez peu explicite : le maréchal de Richelieu? une des filles du roi? le dauphin lui-même? Choiseul avait une autre opinion : « Il [Louis XV] envoya chercher le garde des Sceaux Machault, qu'il savait l'ami de Mme de Pompadour. J'ai tout lieu de croire qu'il lui dit d'aller chez Mme de Pompardour et de lui insinuer comme de lui-même de quitter la cour. M. de Machault fit sa commission maladroitement; au lieu de rendre en confiance à son amie la conversation qu'il venait d'avoir avec le roi, il lui parla strictement comme de lui-même et lui conseilla durement de s'en aller » *(Ibid.)*.

52. Jean-Baptiste-Joachim Colbert de Torcy, marquis de Croissy (1703-17) devint lieutenant général; il épousa Charlotte-Henriette-Bibienne Franquetot de Coigny (1703-1772).

53. Louise-Diane-Françoise de Clermont-Gallerande (1710-1788), veuve du marquis de Saint-Aignan (1689-1734), avait épousé Louis, duc de Villars-Brancas. Elle faisait partie du « clan » de Mme de Pompadour, et était survivancière de la charge de dame d'honneur de la dauphine, détenue par sa belle-fille Marie-Angélique Frémin de Moras, épouse de Louis-Antoine, duc de Villars-Brancas.

54. « Le neuvième jour après son assassinat, le roi descendit chez Mme de Pompadour. C'était le dieu de l'Opéra qui descendait dans la machine pour calmer toutes les inquiétudes. Elle lui marqua plus de plaisir de le revoir qu'elle ne lui fit de reproches sur son silence; elle le mit à son aise; il fut fort content de trouver la paix au lieu de l'orage de reproches qu'il craignait, et de ce moment il reprit les mêmes habitudes d'aller une fois par jour chez elle et de lui dire tout ce qu'il savait. » (Choiseul, *Mémoires*, chap. XVIII).

55. Mme de Pompadour parvint, à l'occasion de ses retrouvailles avec le roi, à obtenir la disgrâce de d'Argenson, qui depuis longtemps complotait contre elle, et de Machault dont on a vu qu'il n'avait pas su la soutenir. Quant à Mme d'Estrades, maîtresse de d'Argenson, elle avait été exclue de la cour le 7 août 1755 et privée de sa charge de dame d'atours de Mesdames de France, sous le prétexte d'avoir mal parlé de Madame Adélaïde. Les deux ministres furent renvoyés le 1er févier 1757.

56. Le 31 janvier au soir, le roi avait chargé le comte de Saint-Florentin de porter le lendemain matin sa lettre d'exil à Machault. Mais Saint-Florentin révéla tout à sa femme Amélie de Platen... laquelle était la maîtresse de Machault, et fit aussitôt savoir la nouvelle à son amant. Or, d'Argenson avait des espions chez Machault, et se posta près d'une fenêtre pour jouir de la déconfiture de son collègue et rival.

57. Inexact : c'est Antoine-Louis de Rouillé qui, le 1er février 1757, porta à d'Argenson l'ordre de gagner sa terre des Ormes.

58. Philibert Orry (1689-1747) avait été conseiller au parlement, maître des requêtes, intendant de Soissons, du Roussillon, de Flandre, et contrôleur général des finances du 20 mars 1730 au 5 décembre 1745.

59. Le fils aîné de Dufort, Bernard-Marie-Joseph-Pierre, naquit le 5 février 1757.

60. Marie-Françoise-Jeanne Le Gendre de Lormoy, née en 1738.

61. Damiens fut condamné le 26 mars 1757. Le jugement stipule que le « parricide » sera « ... à la place de Grève, sur un échafaud qui y sera dressé, tenaillé aux mamelles, bras, cuisses et gras des jambes; sa main droite tenant en icelle le couteau dont il a commis ledit parricide, brûlée de feu de soufre; et sur les endroits

où il sera tenaillé, jeté du plomb fondu, de l'huile bouillante, et la poix de résine brûlante, de la cire et soufre fondus ensemble; et ensuite son corps tiré et démembré à quatre chevaux et ses membres et corps consumés au feu, réduits en cendres, et ses cendres jetées au vent » (cité par M. Foucault, *Surveiller et punir*, p. 9). L'exécution eut lieu le 28 mars 1757.

Chapitre XVI

62. Jean-Antoine Olivier de Sénozan (1713-1778) fut conseiller au parlement, président en 1737, conseiller d'État semestre en 1755. Il épousa Anne-Nicole de Lamoignon de Blancménil (1718-1794), la fille du chancelier. Leurs deux fils furent Anne-François (17 -1), et Jean-François-Ferdinand, comte de Sénozan et de Viriville (17 -1769), maréchal de camp.

63. On a déjà rencontré Charles-Gérard de Barassy de l'Étang (voir la note 118 de la p. 63). Il avait épousé Marie-Éléonor Gondouin (17 -1759).

64. Les Ormes-Saint-Martin, la propriété de d'Argenson, se trouvent sur la rive droite de la Vienne, à peu de distance de Poitiers et de Chatellerault.

65. Il s'agit de Thiroux de Montregard, intendant général des postes.

66. Charles-François Vallier, comte du Saussay (1703-1778) fut colonel d'infanterie. Il écrivit également des épîtres, des poèmes de circonstance, des éloges, et rédigea l'argument de quelques ballets.

67. Il s'agit d'Alexandre de Ségur (1 -1), qui fut président à mortier au parlement de Bordeaux, et prévôt de Paris de 1755 à 1766. Il avait épousé en 1742 sa cousine, Marie-Thérèse-Élisabeth-Eugénie de Ségur. Sa mère était née Marie Rocaute.

68. Le père, Louis-Urbain Aubert de Tourny (1695-1760) fut conseiller au Châtelet puis au grand conseil, maître des requêtes, intendant de Limoges; il fut nommé intendant de Bordeaux en 1743, et démissionna en 1757 pour laisser la place à son fils Claude-Louis (1722-1760); celui-ci, conseiller au parlement en 1745, devint maître des requêtes en 1755.

69. Mme de Sy est Madeleine-Françoise Ferrand; elle avait épousé en premières noces Alexandre Mogé de Pramont, et s'était remariée avec Charles-René Frémyn de Sy. Mme de Cramayel est Françoise-Monique de Fontaine-Cramayel, l'une des sœurs de Mme Brissart (voir la note 326 de la p. 113).

70. Le commerce de Bayonne avec la Hollande était très actif au XVIIIe siècle : les grands négociants envoyaient des correspondants sur place — d'où le nom de ce Moracin, appartenant à une famille connue (un Moracin fut maire de Bayonne de 1726 à 1728, et Moracin de Bérens, oncle de l'interlocuteur de Dufort, était un des plus gros machands de vins de la ville).

71. Jean-Baptiste de Caupenne, marquis d'Amou (1 -17) fut capitaine aux gardes françaises et devint commandant de Bayonne en 17 . Il avait épousé en 1740 Marie-Charlotte de Menou-Cuissy, une créole originaire de la Martinique.

72. Jacques-Philippe, comte d'Aspremont d'Orthe (1702-1) devint en 1747 brigadier d'infanterie. Il avait été nommé en 1756 lieutenant du roi au château de Bayonne.

73. La guerre de Sept Ans commença en fait par la rupture des relations diplomatiques entre la France et l'Angleterre, le 26 juillet 1754. Suivirent la prise par l'amiral Boscawen de deux navires français, l'*Alcide* et le *Lys*, sur les bancs de Terre-Neuve; la déclaration de guerre officielle (10 janvier 1756); l'invasion de la Saxe par Frédéric II (septembre 1756) : c'était à nouveau un conflit européen qui s'annonçait.

73 bis. Le château de Marrac, bâti en 1707 pour la reine douairière d'Espagne (Marie-Anne de Neubourg, veuve de Charles II, et dont Victor Hugo a fait l'héroïne de *Ruy Blas*), est aujourd'hui détruit. Il se situait à 1 km de Bayonne, du côté de Biarritz.

74. Charles-Malo-François, comte de Lameth (1757-1832) participa à la guerre d'Indépendance américaine, devint gentilhomme d'honneur du comte d'Artois, et se lança avec enthousiasme dans la Révolution. Mais à partir du 5 juillet 1791, devenu président de l'Assemblée nationale, il s'opposa à la déchéance de Louis XVI et devint suspect. Il se réfugia alors à Hambourg, revint après le 18 brumaire, joua un rôle effacé par la suite. Il avait épousé Marie-Anne Picot (1768-1825) sans la connaître, simplement attiré par la réputation de fortune du père, Jean-Baptiste Picot (1722-1793), gros propriétaire de Saint-Domingue. Mme Lameth devint très grosse après son premier enfant; elle était surnommée « Dondon Picot ».

75. Mlle Charpentier de Vilziers, fille de Mme Le Boulanger, avait épousé Jean-Antoine de Baiard (1 -1), conseiller au parlement de Pau depuis 1736.

76. Pablo-Antonio-José Olavide, comte de Pilos (1725-1803), ne à Lima, se fit remarquer au moment de la reconstruction de la ville, à la suite du tremblement de terre de 1746. Appelé à Madrid, il devint secrétaire d'Aranda et le suivit dans son ambassade à Paris. Chargé de mettre en valeur la sierra Morena, il s'acquitta de sa tâche, mais se fit des ennemis : en 1776, il fut arrêté et jugé par l'Inquisition, sous prétexte d'avoir fréquenté Voltaire et Rousseau, et d'être un esprit fort. Il se réfugia en France, et ne rentra en Espagne qu'en 1798.

77. Il est impossible de savoir s'il s'agit de Benjamin Gradis (1699-1771), syndic de la nation portugaise à Bordeaux, ou d'Abraham Gradis (1695-1780), directeur de la compagnie David Gradis et fils, qui joua un grand rôle dans les relations commerciales avec l'Amérique et les Antilles.

78. L'évêque, Samuel-Guillaume de Verthamont de Chavagnac (1 -1758) occupa le siège de Luçon de 1737 à 1758. Son cousin, l'abbé Verthamont de Montauban, était abbé de Neaufle-le-Vieux depuis 1753.

79. Le père Jean-Baptiste Du Halde (1674-1743) était un jésuite qui avait publié en 1735 une *Description géographique, historique (...) de l'Empire de la Chine* (4 vol. in-4°), qui eut un très grand succès, bien que son auteur n'eût jamais quitté la France : il se borna à exploiter, fort librement, les lettres qui lui parvenaient des missions.

80. Il doit s'agir en réalité d'Élisabeth-Frédérique de Brandebourg-Bayreuth (1733-1), qui avait épousé Charles-Eugène, duc de Wurtemberg-Stuttgart.

81. Antoine Mégret d'Étigny (1719-1767) fut conseiller au parlement, maître des requêtes, enfin intendant d'Auch et de Béarn à partir de 1751. Il mourut en fonctions. Il avait épousé en 1744 Françoise Thomas de Pange (1723-1789). C'est lui qui, après son frère Mégret de Sérilly, parvint à achever les routes de Toulouse à Bayonne et de Pau à l'Espagne par la vallée d'Aspe, en recourant à des adjudications, et non à la corvée.

82. On a déjà rencontré le duc d'Aumont (voir la note 273 de la p. 99). Son fils est Louis-Alexandre-Céleste d'Aumont, duc de Villequier, puis duc d'Aumont (1736-1814), survivancier de son père, et titulaire de la charge de premier gentilhomme en 1785.

83. René-François d'Azémar, dit l'abbé de Panat, fut aumônier de Madame, et devint en 1754 titulaire de l'abbaye de Sainte-Foy-de-Conques.

84. Marc-Antoine de Noé (1724-1802) fut grand vicaire d'Alby, abbé de Simorre en 1756, et à partir de 1763 évêque de Lescar (et non de Tarbes), puis de Troyes.

85. Antoine-Léonor-Léon Le Clerc de Juigné (1728-1811), après de brillantes études devint agent général du clergé; il fut évêque de Châlons-sur-Marne (1764-1781), puis archevêque de Paris, succédant ainsi à Christophe de Beaumont. Il fut élu aux États généraux, émigra, ne rentra qu'en 1802 et se consacra à l'étude.

86. Bathilde-Madeleine-Félicité de Verdeilhan des Fourniels (1732-1765) avait épousé en 1752 son cousin germain Jacques-Aimar-Henri de Moreton de Chabrillant (1729-1802) qui fut page du roi, capitaine, puis mestre de camp, enfin brigadier de cavalerie, et refusa de servir sous la Révolution.

87. Pierre-Paul d'Ossun, baron de Heches, de Saint-Luc (1715-1788) était alors ambassadeur non à Madrid, mais à Naples. Ce n'est qu'en 1759 qu'il fut appelé à représenter la France en Espagne. Il demeura en poste jusqu'en 1777 et fut remplacé par Montmorin. Il avait servi durant la guerre de Succession d'Autriche et avait été fait maréchal de camp.

88. Jacques de Verdeilhan des Fourniels (1697-1766) fut fermier général de 1754 à 1763. Son épouse, née Madeleine Morin de la Sablonnière (1 -1765) passait pour faire le désespoir des peintres : il était impossible de rendre fidèlement sa beauté. Elle fut tout de même métamorphosée en Hébé par Nattier au Salon de 1746.

89. L'intendant était Charles-Jean-Baptiste des Gallois de La Tour de Glené (1715-1802), qui fut conseiller au parlement, intendant de Provence, puis premier président au parlement d'Aix (1747-1790), inspecteur du commerce à Marseille. Il avait épousé en 1748 Marie-Madeleine d'Aligre (1731-1780). Le chevalier de La Tour, son frère cadet, portait le nom de Gallois des Pontais.

90. Le seul lac de quelque étendue à deux lieues de Cauterets est le lac de Gaube; il est situé en France.

91. L'évêque d'Auch était depuis 1742 Jean-François Chatillard de Montillet (1 -1776).

92. Dufort a écrit par distraction : « canal de Briare ».

93. Henri II de Montmorency (1595-1632) eut une jeunesse brillante, fut fait amiral en 1612, vice-roi du Canada, gouverneur du Languedoc. Il fut fidèle au roi et au parti catholique, mais entra en conflit avec Richelieu, et commit l'erreur d'embrasser en 1631 le parti de Gaston d'Orléans. Il fut vaincu par Schomberg, jugé et exécuté au Capitole le 30 octobre 1632.

94. L'évêque de Lavaur était alors Jean-Baptiste-Joseph de Fontanges (1718-1764).

95. Il s'agit de Pierre-Hippolyte-Joseph de Maurès de Malartic, comte de Montricoux (1702-1768), qui avait servi dans les gardes françaises. On a déjà vu qu'il avait épousé en 1724 Antoinette-Charlotte de Savignac dont la mère, Louise de Vieillevigne, veuve, s'était elle-même remariée en 1713 à Gaspard-François Le Gendre, grand-père de Mme Dufort.

96. Gaspard-François Le Gendre avait été intendant à Montauban de 1700 à 1715.

97. Patrice, comte d'Arcy (1725-1779), d'origine irlandaise, devint le disciple de Clairaut et se montra un physicien fort brillant. Il fut également militaire, se spécialisa dans l'étude des machines hydrauliques, entra à l'Académie des Sciences en 1749. Il parvint au grade de maréchal de camp, s'opposa à Gribauval à propos du matériel militaire.

98. Jean-Jacques Le Franc, marquis de Pompignan (1709-1784) fut d'abord avocat général à la cour des aides de Montauban, puis premier président. Il entra ensuite en littérature, fit jouer avec succès sa *Didon* (1734), et écrivit de nombreux ouvrages qui lui permirent d'entrer à l'Académie française en 1759. Dans son discours de réception, le 10 mars 1760, il attaqua violemment les philosophes, sans doute dans l'espoir d'obtenir la protection du dauphin. Voltaire et l'abbé Morellet le prirent alors pour cible et le couvrirent de ridicule; il fut obligé de se retirer. Son frère, Jean-Georges Le Franc de Pompignan (1715-1790) fut évêque du Puy, abbé de Saint-Chaffre, archevêque de Vienne. Il fut élu aux États généraux, rejoignit le Tiers, présida l'Assemblée, fut chargé de la feuille des bénéfices.

99. Le remariage de Mme Grimod-Dufort, dite Dufort d'Orsay, eut lieu le 19 novembre 1757.

100. Mme de Pompignan se retira au couvent des capucines de la place Vendôme, où Mme de Pompadour s'était réservé un tombeau.

101. L'évêque de Béziers était Joseph-Bruno de Bausset de Roquefort (1702-1771).

102. Pour Mme d'Ogny, et sa sœur Mme de La Valette, voir les notes 212 et 213 de la p. 88.

103. Il n'y avait pas de légat du pape en Avignon : la fonction en avait été supprimée en 1691. En 1757, le vice-légat en exercice était Paul Passionéi.

104. Les confréries de pénitents étaient sous l'Ancien régime une des caractéristiques de la sociabilité méridionale, bien qu'elles fussent en déclin au XVIIIe siècle. Les pénitents gris, les plus humbles, proches des franciscains, se vouaient aux tâches les plus modestes (ensevelissement des suppliciés); les blancs étaint plus anciens; la formation des pénitents noirs, par dissidence, ne remontait qu'au XVIIe siècle. Les rivalités entre différents groupes étaient très fortes : les pénitents allaient jusqu'à se battre pour s'arracher les cadavres.

105. La mère de Charles-Jean-Baptiste de Gallois de La Tour (voir la note 89 de la p. 225) était Jeanne-Charlotte Dupré de La Grange (1689-1762), veuve de Jean-Baptiste des Gallois de La Tour (1681-1747).

106. Jean-Baptiste-Jérôme de Bruni, baron de La Tour d'Aigues (1724-1795) fut président à mortier au parlement d'Aix. Il épousa en 1758 Julie-Josèphe de Venant d'Iverny.

107. Le château de La Tour d'Aigues, rebâti au XVIIe siècle par l'architecte Ercole Nigra autour d'un donjon du XIIe siècle, comprenait trois corps de bâtiments et renfermait d'immenses collections. Il fut ravagé par un incendie en 1782, restauré, pillé à la Révolution. Il est aujourd'hui en ruines.

108. Honoré-Armand, duc de Villars (1702-1770) était le fils du maréchal : mestre de camp de cavalerie à seize ans, il fit quelques campagnes, hérita le gouvernement des Provence de son père, entra à l'Académie française.

109. Le nommé Hannibal fit couler beaucoup d'encre à l'époque. D'après Luynes (XIII, 170), il était né en 1638, et aurait donc été âgé de 119 ans en 1757. Mais les incertitudes de l'état-civil au XVIIe siècle amènent à quelques doutes...

110. Sur commande du marquis de Marigny, Joseph Vernet (1714-1789) peignit une série de tableaux représentant les grands ports de France (ils sont conservés au Musée de la marine). Le tableau qui se rapporte à Marseille fut exécuté en 1754 : c'était le premier d'une série de vingt qui ne fut pas achevée.

111. François-Louis de Salignac, marquis de La Mothe-Fénelon (1722-1764) entra au service à quinze ans, participa avec son régiment de La Fère à la guerre de Succession d'Autriche, devint maréchal de camp en 1752, lieutenant général dix ans plus tard. Il gouverna ensuite les Îles-du-Vent où il mourut.

112. Le commandant de Bertet, marquis de La Clüe (1   -1759) était chef d'escadre depuis 1755.

113. Jean-Toussaint de La Pierre, marquis de Frémeur, né en 1697, fut colonel de dragons, accéda au grade de lieutenant général. Il fut gouverneur de Montmédy et mourut à Minorque en 1759. Il avait épousé Madeleine-Louise Surirey de Saint-Rémy.

114. Au combat de Lagos, la flotte de La Clüe, qui avait réussi à sortir de Toulon le 4 août 1759, fut complètement vaincue par celle de Boscawen, supérieure en nombre et en qualité. Des douze vaisseaux et trois frégates qui la constituaient, seuls trois vaisseaux réussirent à se réfugier dans les ports espagnols.

115. Il s'agit d'une grotte où, selon la légende, sainte Madeleine aurait passé ses derniers jours; le pèlerinage avait lieu le 22 juillet.

116. Henri-Léonard-Jean-Baptiste Bertin (1720-1792) fut membre du grand conseil, maître des requêtes, intendant de Roussillon (1750) puis de Lyon (1754), contrôleur général des finances (1759), ministre d'État. Il ne se trouvait pas à Lyon le 16 novembre 1757 car il devait, cinq jours plus tard (21 novembre) être nommé lieutenant général de police de Paris.

117. Pierre Guérin de Tencin (1680-1758) avait été abbé de Vezelay, et était devenu l'homme de confiance du cardinal Dubois; il se mêla de la condamnation de l'évêque Soanen, devint cardinal en 1739, archevêque de Lyon, mais ne parvint pas à se faire nommer premier ministre.

118. Outre Claudine-Alexandrine Guérin, la fameuse marquise de Tencin (1681-1749), célèbre par ses amants et par l'abandon de son fils d'Alembert, le cardinal de Tencin avait deux autres sœurs; Marie-Angélique, épouse du comte de Fériol, et qui donna naissance à Pont-de-Veyle et à d'Argental; et Françoise, comtesse de Grolée (1678-17   ), qui mena elle aussi une vie relativement tapageuse.

119. Voir la note 23 de la p. 194. La forteresse fut détruite en 1793, au moment de la répression décidée par la Convention contre la ville de Lyon.

120. Lecture conjecturale du manuscrit.

121. M. et Mme d'Ogny ont été présentés à la note 213 de la p. 88. Mme de Sassenay était Henriette-Flore, fille de Paul-Esprit Feydeau de Brou. Elle avait épousé en 1752 François-Bernard de Sassenay, vicomte de Châlon (1736-1770), président à mortier au parlement de Bourgogne.

122. Le *phlegme*, encore appelé *pituite*, est une des quatre humeurs cardinales de la médecine ancienne.

Chapitre XVII

123. Le premier janvier 1758.

124. François-Joachim de Pierre de Bernis (1715-1794) fut chanoine-comte de Brioude, puis de Lyon, et commença sa carrière par des poésies légères qui lui valurent des succès flatteurs. Nommé ambassadeur à Venise, il intrigua ensuite auprès de Mme de Pompadour, ce qui lui valut de devenir ministre d'État et d'être chargé des Affaires étrangères (28 juin 1757). Dépassé par les difficultés de toute sorte provoquées par la guerre de Sept Ans, il fut ensuite supplanté par Choiseul.

125. Même anecdote dans les *Mémoires* de Mme du Hausset; le roi parle de la duchesse d'Orléans à Mme de Pompadour : « Savez-vous la plaisanterie qu'elle a faite sur la nomination de [Peyrenc de] Moras? Elle lui a envoyé faire son compliment, et deux minutes après, elle a rappelé celui qu'elle envoyait, en disant devant tout le monde : " Avant de lui parler, demandez au suisse s'il est encore en place. " »

126. Don Jaime Masones de Lima y Sotomayor (1697-1778) avait mené une carrière militaire et avait accompagné le marquis de La Mina en France. Lieutenant général en 1749, il fut nommé ambassadeur extraordinaire à Paris en 1751, fut reçu le 6 août 1752, et demeura en poste jusqu'en 1761 pour être remplacé par Grimaldi. Dans les mémoires du temps, il est généralement désigné sous le titre de comte de Montalvo.

127. On a déjà rencontré Louis-Joseph de Bourbon, prince de Condé, et son épouse Charlotte-Godefride-Élisabeth de Rohan-Soubise (1737-1760). Leur fils fut Louis-Henri-Joseph de Bourbon, duc de Condé. Sa naissance, prévue pour le mois de janvier 1756, eut lieu en réalité le 13 avril; il épousa à quatorze ans sa cousine, Louise-Marie-Thérèse d'Orléans, âgée de vingt ans (ils eurent un fils, le célèbre duc d'Enghien). Le duc de Bourbon-Condé émigra, s'éprit en Angleterre de Sophie Dawes, effectua par la suite quelques tentatives de restauration. Le 28 août 1830, il se pendit à Saint-Leu, l'ancien château de Dufort, qu'il avait acheté.

128. Pour Antoine-Jean Amelot de Chaillou, voir la note 103 de la p. 59. C'est le 21 février 1759 qu'il épousa Marie-Françoise-Jeanne Le Gendre (1738-18).

129. Marie-Philiberte Amelot (17 -1788) avait été mariée en 1742 à Armand, marquis de Caumont-La Force, qui mourut deux ans après; Marie-Louise quant à elle avait épousé en 1752 Claude-Thomas-Sibylle de Pont-Saint-Pierre, marquis de Roncherolles (1705-1789).

130. Marie-Anne de Vougny (17 -1783) était la seconde épouse de Jean-Jacques Amelot de Chaillou (1689-1749), veuf en premières noces de Marie-Pauline Bombarda (1697-1719). Elle s'était remariée en 1754 avec Balthazar-Joseph-François-Nicolas-Antoine-Michel Urtado, marquis d'Amézaga (1710-1792), qui fut premier gentilhomme de la chambre du roi de Pologne, brigadier de dragons, enfin lieutenant général (1680).

131. Mme Dufort accoucha, le 21 février 1759, de Edmée-Antoinette-Marie, qui épousa plus tard le comte de Toulongeon.

132. Jacques-Marie de Vougny (1734-1792) était le petit-fils de Jacques Robin de la Peschellerie (1678-1753), ancien secrétaire du roi et fermier général, et de son épouse Marie-Madeleine Provost (1 -1743). Il fut mousquetaire et porta le titre de comte de Boquestan.

133. Voir les notes 187 de la p. 82 et 56 de la p. 46. Marthe-Geneviève de Beaufort avait épousé Edme-Joseph Roslin (1680-1760); Charlotte-Catherine de Beaufort avait épousé Jean de Boullongne (1690-1769), fils (et non petit-fils) du peintre; enfin, Élisabeth-Nicole de Beaufort avait épousé Nicolas-Robert de Watelet (16 -17).

134. Il s'agit d'une branche cadette établie en Normandie, et dont le représentant le plus connu, Pierre-Léonard Tavernier de Boullongne (1682-1754) devint secrétaire du roi en 1734. Le père des deux jeunes gens dont il est question ici est son cousin germain Guillaume Tavernier de Boullongne (1663-17), qui fut directeur des fermes à Orléans et devint lui aussi secrétaire du roi en 1721.

135. Le fils aîné de Guillaume Tavernier de Boullongne, Guillaume-Pierre, devint trésorier de l'extraordinaire des guerres en 1758. Sa fille, Catherine-Jeanne Tavernier de Boullongne (17 -18) épousa en 1765 Mathieu-Paul-Louis, vicomte de Laval-Montmorency (1748-1819).

136. Philippe-Guillaume Tavernier de Boullongne de Préninville (1712-1791) épousa en 1748 Marguerite-Félicienne Jogues de Martainville (17 -1770). Elle était la fille d'Isaac Jogues de Martainville (1701-1765), ancien commerçant installé à Cadix. Préninville devint en 1769 receveur général de la généralité de Poitiers, et fut fermier général de 1759 à 1787.

137. L'hôtel de Caumont se trouvait à l'emplacement du 92, rue de Richelieu. Il fut détruit et reconstruit en 1821.

138. Le train de vie exigé par la Chevrette était ruineux, et les Préninville ne louèrent le château qu'en 1762 et 1763.

139. Pour *le Glorieux* de Destouches, voir la note 317 de la p. 111. *Blaise le savetier*, opéra-comique de Sedaine, musique de Philidor, fut joué pour la première fois à l'Opéra-Comique de la foire Saint-Germain le 9 mars 1759.

140. Michel-Jean Sedaine (1719-1797), un des auteurs de théâtre les plus connus du XVIIIe siècle, fit ses débuts non avec *Blaise le savetier* comme Dufort le suggère plus loin, mais avec *le Diable à quatre* (1756), musique de Philidor, joué à la foire Saint-Laurent. Il travailla aussi avec Monsigny, et surtout Grétry avec lequel il obtint ses plus grands succès (*Richard Cœur de lion*, 1784). Il entra à l'Académie française en 1786.

141. *Épître à mon habit*, le 1er mars 1751.

142. Jean-Joseph Vadé (1719-1757), après des études agitées, devint secrétaire du duc d'Agénois, futur duc d'Aiguillon. Il fut un poète à la mode, dans le genre poissard.

143. *La Tentation de saint Antoine*, publiée en 1782, et conservée à l'Enfer de la B.N. : c'est un morceau fort libre.

144. Claude-François-Nicolas Le Comte (16 -17) fut lieutenant criminel au Châtelet de 1731 à 1735.

145. Jean Monnet (1710-1785) fut chargé en 1743 de diriger l'Opéra-Comique, qui fut supprimé en 1745. Il en reprit ensuite la direction et la conserva jusqu'en 1754, puis le laissa fusionner avec la Comédie-Italienne en confiant l'ensemble à Nicolas Corby et Pierre Moette.

146. François-André Danican Philidor (1727-1795), issu d'une famille de musiciens, entra comme page dans la musique du roi et se montra un compositeur extrêmement précoce (motets). C'est sa collaboration avec Sedaine qui lui permit de se faire connaître. Parallèlement, il entreprit une carrière de joueur d'échecs prodigieux, et ne tarda pas à être reconnu comme la suprême autorité en la matière. Il composa également une *Messe* (1766). Il émigra à la Révolution et mourut en Angleterre.

147. 1759 au plus tôt, puisque selon Dufort c'est l'interprétation de *Blaise le Savetier* qui lui donna l'occasion de rencontrer Sedaine.

148. Michelle-Narcisse Jogues de Martainville avait épousé en 1751 Jean-Joseph-François Chicoyneau, baron de La Valette (1720-1776), conseiller au parlement, fermier général en 1752. Alexandrine-Josèphe Jogues de Martainville avait épousé Anne-Joseph Peilhon (1729-1), reçu substitut en 1749; il devint en 1754 trésorier général des bâtiments du roi, fut secrétaire du roi de 1762 à 1765, mais fut embastillé dès 1763, parce qu'il était soupçonné de prévarications.

149. Alexandre-Michel de Pomereu (1736-1764) était le fils d'Alexandre-Jacques, marquis de Pomereu (1695-1777), capitaine au régiment du Roi-infanterie; et d'Agnès Bouvard de Fourqueux (17 -1799). Il fut conseiller au grand conseil, avocat général, maître des requêtes. C'est le 8 juin 1761 qu'il épousa Anne-Marie Le Gendre (1742-1). Une fois veuve, celle-ci se remaria, comme on le verra plus loin, avec Charles d'Irrumberry de Salaberry, ami de Dufort.

150. Bernis accéda aux Affaires étrangères le 28 juin 1757. Choiseul fut ambassadeur à Vienne à partir de mars 1757.

151. Dans ses *Mémoires*, Bernis prétend évidemment que seule une amitié respectueuse l'unissait à Madame Infante.

152. Louise-Élisabeth, dite Madame Infante, mourut le 6 décembre 1759.

153. Alphonse-Marie-Louis, comte de Saint-Séverin d'Aragon (1705-1757) fut d'abord employé par la cour de Parme, avant de passer au service de la France et de recevoir des lettres de naturalité en 1737. Il représenta la France en Suède, en Pologne, à la diète d'élection de Francfort (1745) et fut plénipotentiaire au congrès d'Aix-la-Chapelle (1747). Il était devenu ministre d'État en 1748, s'était retiré en 1755.

154. Charles-Adrien-Théodose, comte de Moges (1718-1781) servit aux gardes et devint maréchal de camp.

155. Il s'agit de Jean-Baptiste-Paulin-Hector-Edme Roslin (1721-1790), époux de Jeanne Richard. Il a été présenté à la note 188 de la p. 82.

156. La Carton (1685-1779), de son vrai nom Marie-Anne Carton, ancienne chanteuse de l'Opéra, avait mené une vie agitée et avait, entre autres, été la maîtresse du maréchal de Saxe.

157. La Carville (17 -17) était entrée à l'Opéra en 1741, grâce à son amant, Dupré.

158. Nous n'avons pas retrouvé le nom d'Alexandre-Michel de Pomereu dans la liste des personnels du secrétariat d'État aux Affaires étrangères, publiée par J. P. Samoyault (1971).

159. Bernis, entré au conseil le 2 janvier 1757, mais qui négociait secrètement depuis quelques mois avec l'Autriche au nom de Louis XV et de Mme de Pompadour, dut faire face aux débuts de la guerre de Sept Ans. Or ces débuts, malgré quelques victoires (prise de Port-Mahon à Minorque par La Galissonnière et Richelieu, en avril 1756), furent très vite malheureux en raison du talent militaire de Frédéric II (batailles de Rossbach, 5 novembre 1757, de Leuthen, 25 décembre) et des dissensions entre généraux français (d'Estrées, Richelieu, Soubise, Maillebois, Clermont et Contades). Enfin l'Angleterre, alliée de la Prusse, fournit un énorme effort, en particulier outre-mer : prise de Saint-Louis du Sénégal, 30 avril 1758; de Louisbourg, 26 juillet; de Fort-Duquesne; échec de Lally-Tollendal devant Madras, novembre 1758... Devant de tels revers, Bernis s'effondra moralement et Stainville, considéré comme l'homme providentiel, fut appelé à lui succéder le 3 décembre 1758.

160. Le mariage de Louis XVI et de Marie-Antoinette fut célébré à Versailles le 16 mai 1770, mais avait été négocié par Choiseul en 1759 : l'archiduchesse était âgée de quatre ans, le futur roi, de cinq ans seulement.

161. Bernis fut disgracié le 9 novembre 1758. Il avait obtenu la barrette le 2 octobre précédent, fut ordonné prêtre le 6 septembre 1760. Quatre ans plus tard, il fut nommé à l'archevêché d'Albi; il devint enfin, le 18 juin 1769, chargé d'affaires auprès du Saint-Siège, et mena joyeuse vie à Rome.

162. César-Gabriel de Choiseul-Chevigny, comte de Choiseul puis duc de Praslin (1712-1785) mena d'abord une belle carrière militaire qui lui permit d'accéder au grade de lieutenant général. La faveur de son cousin lui donna l'occasion d'entrer dans la diplomatie (il représenta la France à Vienne de 1758 à 1761), de participer aux négociations de paix de 1761, puis de devenir secrétaire d'État des Affaires étrangères et chef du conseil des finances. Il fut disgracié en même temps que le duc de Choiseul, le 24 décembre 1770. Il avait épousé Marie de Champagne-La Suze (17 - 1783).

163. On a vu que Choiseul avait épousé Louise-Honorine de Crozat du Châtel, héritière de fermiers généraux. Il dilapida la fortune, pourtant considérable, de sa femme, et fit des dettes énormes. Après sa disgrâce, il dut vendre son hôtel de la rue de Richelieu, ses tableaux, les bijoux de sa femme, car sa résidence de Chanteloup (voir plus loin la note 117 de la p. 400) était ruineuse à entretenir.

164. Nom illisible sur le manuscrit. Au temps du cardinal Fleury, l'évêque de Rennes était Louis-Guy Guérapin de Vauréal (1688-1760), qui occupa son siège de 1732 à 1758, mais résida fort peu. Il fut ambassadeur en Espagne de 1740 à 1749, entra à l'Académie française en 1749.

165. Anne Thoinard de Jouy (1739-1825) épousa en 1758 Jean-Jacques-Pierre d'Esparbès de Lussan. Elle était fort riche et parente des Lenormand : elle devint intime de Mme de Pompadour, qui l'appelait « ma salope ». Elle eut de nombreux amants, dont Lauzun et le prince de Condé, et une passade avec le roi à la mort de la maîtresse officielle (1764). Mais elle fut exclue de la cour par des manœuvres de Choiseul, s'installa à Toulouse et y ouvrit un salon.

166. Charles-Just de Beauvau (1720-1793), après une grande carrière militaire (il fut lieutenant général à 38 ans) devint gouverneur du Languedoc, où il montra une courageuse tolérance vis-à-vis des protestants. Il entra à l'Académie française en 1771 et parvint à la dignité de maréchal en 1783. Il avait épousé Marie-Charlotte de La Tour d'Auvergne (1 -1763), fille du duc de Bouillon, et se remaria avec Élisabeth de Rohan-Chabot (1728-1806).

167. Béatrix de Choiseul-Stainville (1730-guillotinée en 1794), d'abord chanoinesse de Remiremont, fut en 1759 mariée au duc de Gramont dont elle se sépara immédiatement. Elle vécut avec son frère le duc, s'imposant dans l'intimité du ménage, et l'on prétendit même qu'elle entretenait des relations incestueuses avec son frère. Elle essaya de devenir la maîtresse du roi, échoua, et prit la tête d'une véritable croisade contre la Du Barry, mettant ainsi Choiseul dans une situation délicate.

168. Antoine-Antonin, duc de Gramont (1722-1801), veuf en premières noces de Marie-Louise-Victoire de Gramont, sa cousine, épousa Béatrix de Choiseul-Stainville le 11 août 1759. Il avait servi aux gardes françaises, et participa avec le grade de colonel à la guerre de Succession d'Autriche. À nouveau veuf du fait de l'exécution de son épouse, il se remaria quelques mois après, le 24 août 1794, avec Marie-Henriette de Merle.

169. Jacques-Philippe de Choiseul-Stainville (1727-1789) servit en Autriche et en Hongrie, passa en France en 1761, devint colonel de grenadiers, puis lieutenant général et inspecteur général de l'infanterie. C'est le 3 avril 1761 qu'il épousa Thomasse-Thérèse de Clermont-Rénel d'Amboise (1746-1).

170. En fait, la comtesse de Stainville eut d'abord une aventure avec... le duc de Lauzun, alors âgé de seize ans. Ce n'est qu'ensuite qu'elle devint amoureuse de Jean-Baptiste Guignard, dit Clairval (1735-1797), grand acteur à qui l'on prêtait de nombreuses aventures (dont la marquise de l'Hôpital, née Boullongne) et qui était fort infatué de sa personne. Il avait débuté à l'Opéra-Comique de la foire Saint-Laurent en 1758.

171. La comtesse de Stainville fut enlevée par lettre de cachet signée du duc de Choiseul le 21 janvier 1767, et enfermée au couvent des Dames du Refuge, à Nancy, puis chez les bénédictines de Saint-Nicolas du Port.

172. Armand-Louis de Gontaut, duc de Lauzun, puis de Biron (1747-1793), que l'on disait être en réalité le fils de Choiseul, puisque celui-ci avait été l'amant de sa mère Antoinette-Eustachie du Châtel de Crozat, mena une carrière militaire active (Corse, Sénégal, États-Unis) mais ne parvint au grade de lieutenant général qu'à la Révolution. Il collectionna les aventures amoureuses, dont Mme d'Esparbès, Sarah Lennox, la princesse Czartoryska, devint familier de Marie-Antoinette. Il épousa en 1766 Amélie de Boufflers (1751-1794) et ne l'aima guère. Passé au service du nouveau pouvoir en 1792, il fut envoyé en Vendée, devint suspect; traduit devant le tribunal révolutionnaire, il fut condamné sur réquisitoire de Fouquier-Tinville et exécuté.

173. Inexact : le duc de Chartres, futur duc d'Orléans, était né le même jour que Lauzun, le 13 avril 1747.

174. Henri-Louis-Marie, prince de Rohan-Guéménée (1745-1807) vécut à crédit en s'endettant sans fin : il ne payait les intérêts des capitaux dont il disposait que grâce à de nouveaux emprunts. Il avait épousé Victoire-Armande de Rohan-Soubise (1743-1807), gouvernante en survivance des Enfants de France et amie intime de Marie-Antoinette. C'est en 1782 que la situation financière du couple devint intenable; Louis XVI racheta le port de Lorient, et Mme de Guéménée fut privée de sa place.

Chapitre XVIII

175. Erreur de Dufort : on a vu (note 27 de la p. 195) que le premier poste diplomatique de O'Dune fut, en 1762, Lisbonne.

176. On a déjà rencontré l'abbé de Noé (voir la note 84 de la p. 223). Ses frères étaient Jacques-Roger, marquis de Noé (17 -1), maréchal de camp, qui épousa en 1746 Jaquette de Taffanel de la Jonquière; Louis, vicomte de Noé (17 -1), également maréchal de camp, qui épousa en 1752 Madeleine-Élisabeth-Flavie de Cohorn de la Palun, et devint gouverneur et maire de Bordeaux; enfin, Dominique, chevalier de Noé (17 -1), qui fut mestre de camp de cavalerie.

177. Henri-François de Montecler (1725-1), chevalier de Malte, était le frère cadet du marquis de Montecler (note 216 de la p. 88); Charles-André, chevalier de Longaulnay (1729-1) fut maréchal de camp en 1762.

178. Matheus Lestevenon Van Berkenroode (1719-1792), fort riche, fut grand veneur du stathouder Guillaume IV avant d'être nommé en France en 1750; il fit son entrée à Paris le 13 juin 1751. Il obtint le 5 août 1755 une sentence de divorce contre sa femme, née Vandermer (et parente des Albemarle) : elle avait eu un enfant dont elle admettait qu'il n'était pas de son mari. Berkenroode ne quitta la France qu'en 1792.
Dimitri Mikhaïlovitch Galitzine (1721-1793) était ministre plénipotentiaire et non ambassadeur; il ne séjourna qu'un an à Paris, en 1761, fut nommé à Vienne. Il avait épousé la fille (1719-1761) de l'hospodar Kantemir; elle était dame d'honneur de l'impératrice.
Dimitri Alexievitch Galitzine (1738-1813) était alors cavalier d'ambassade, et devint ministre plénipotentiaire en France de 1763 à septembre 1767. Il écrivit des ouvrages scientifiques et économiques, correspondit avec Voltaire. Il avait épousé Amélie de Schettau (1748-1806).
Quant à Dodo-Henri, baron de Knyphausen (1 -1), Dufort ne put le fréquenter à cette époque : après un séjour de deux ans à Paris, il avait été rappelé en Prusse en octobre 1756, au début de la guerre de Sept Ans.
Almoro Tiepolo (1 -1) fut ambassadeur de Venise en France du 15 février 1762 au 22 septembre 1766.

179. Le véritable parc de Versailles, qu'on appelait *grand parc*, beaucoup plus étendu qu'aujourd'hui, atteignait une superficie de 6 000 hectares et était entouré d'un mur de 43 kilomètres.

180. En blanc dans le manuscrit.

181. Charles-René de Maillé de La Tour-Landry (17 -1) fut page en 1750, capitaine de dragons, premier gentilhomme du comte d'Artois. Il fut fait duc de Maillé en 1784. Il épousa en 1755 Marie-Renée-Bonne-Félicité de Savary de Brèves de Jarzé, et se remaria avec Madeleine-Angélique-Charlotte de Bréhan.

182. En blanc dans le manuscrit.

183. Jérôme-Louis Parat de Montgeron (1713-1792) fut receveur général des finances de Lorraine et Barrois (1737), puis de la généralité d'Orléans (1782). Il avait épousé en 1735 Marie-Antoinette Dumas (17 -1797). Pierre Benoist Dumas (1696-1746) fit carrière en Orient : il administra l'île Bourbon et l'île de France, fut nommé gouverneur de Pondichéry, rentra en France en 1741. Dufort commet ici une confusion : c'est son frère Gabriel-Olivier (1707-1777) qui fut receveur général des finances à Orléans de 1744 à 1777.

184. On a déjà rencontré Louis-Auguste Le Tonnelier, baron de Breteuil (voir la note 404 de la p. 141). Il épousa en 1752 Philiberte-Jérôme Parat de Montgeron (1737-1765).

185. Pierre-Étienne Bourgeois de Boynes (1718-1783), fils d'Étienne Bourgeois (1683-1754), trésorier de la banque Law, et d'Hélène-Thérèse de Francine de Grandmaison (1693-1722), fut conseiller au parlement, maître des requêtes, intendant de Franche-Comté, premier président du parlement de Besançon, conseiller d'État. Il fut aussi pendant trois ans, à partir du 9 avril 1771, secrétaire d'État de la marine. C'est en 1749 – *avant* que le baron de Breteuil n'épouse la seconde des filles Montgeron – qu'il se maria avec l'aînée, Marie-Marguerite-Catherine Parat de Montgeron (1735-1753). Il se remaria en 1763 à Charlotte-Louise Desgots (1739-1804).

186. Jean-François-Claude Perrin de Cypierre a été présenté à la note 119 de la p. 64. C'est en 1752 qu'il épousa Marie-Florimonde Parat de Montgeron (173 -1788).

187. Le 27 juin 1760; il resta en poste jusqu'en 1787.

188. En fait, le comte de Wedel-Friis; il fut envoyé extraordinaire en France le 24 janvier 1762, et fut rappelé le 3 juin 1763.

189. Le chevalier de Rohan, frère de Louis-René (le héros de l'affaire du Collier) était Louis-Armand-Constantin (1730-1794), connu ensuite sous le nom de prince de Montbazon. Il fut capitaine de vaisseau, devint chef d'escadre, gouverneur des Îles-sous-le-Vent (1766) et devint vice-amiral pendant la guerre d'Indépendance américaine. il fut arrêté sous la Terreur et exécuté.

190. Depuis 1716, entre les deux grandes terrasses des Tuileries, un pont tournant construit par le frère Nicolas Bourgeois permettait d'accéder à la place Louis XV (place de la Concorde).

191. La fille, Marie-Élisabeth de Barassy (175 -177) épousa Mathieu-Geneviève Dounant de Chalville (1751-178) président du bureau des finances à Orléans; le fils, Charles-Didier de Barassy (1755-c. 1820) entra dans l'armée et devint chevalier de l'ordre de Saint-Louis.

192. Bernard-Nicolas Soullet était né en 1716 : il avait donc non pas douze, mais quinze ans de plus que Dufort; il mourut en 1760.

193. Boileau, *Satires*, VI, 23-26 :
... Tandis que dans les airs mille cloches émues,
D'un funèbre concert font retentir les nues,
Et se mêlant au bruit de la grêle et des vents,
Pour honorer les morts, font mourir les vivants.

194. Durant la guerre de Sept Ans, le ministère voulut créer une diversion et envoya le 15 octobre 1759 une expédition en Irlande. Le capitaine François Thurot (1727-1760), qui la dirigeait, réussit à créer une tête de pont le 15 janvier 1760 en s'emparant de Carrick Fergus. Un mois plus tard, il fut obligé de se rembarquer et fut tué durant les combats, le 28 février.

195. Les mémorialistes ne parlent guère de cette affaire, qui fut évidemment étouffée, ni de sa protagoniste.

196. René-Paul, comte de Scépeaux (1712-1776) était devenu mestre de camp de cavalerie, puis maréchal de camp. Il avait épousé en 1751 Marguerite de Vivier.

197. On trouve dans la *Correspondance du prince de Saxe*, publiée par A. Thévenot, mention d'une Mme de Bois-Girault qui, le 6 juin 1761, aurait « dérobé à M. le duc » (sans doute Choiseul) la somme de 400 000 livres, et aurait été mise à la Bastille. Il pourrait bien s'agir de l'héroïne du fait-divers rapporté par Dufort.

198. Ces conceptions « médicales », fort répandues au XVIIIe siècle, en particulier par l'ouvrage du docteur Simon-Auguste-André-David Tissot (1728-1797), *l'Onanisme*, ou *Dissertation sur les maladies produites par la masturbation* (1760) relèvent d'une théorie vitaliste qui rendait toutes les fonctions organiques dépendantes les unes des autres. Elles ne furent abandonnées qu'au XIXe siècle.

199. Jean-Martin Dalègre (16   -1730) était gendarme de la garde du roi, et était devenu directeur de la fabrique royale de Saint-Marcelin en Dauphiné; il s'était alors « anobli » en transformant son nom en d'Alègre; ainsi, il avait pu marier avantageusement ses filles, l'aînée Jeanne-Marie-Antoinette (1718-1751) à Jean-Baptiste Le Tourneur (voir la note 70 de la p. 48); la seconde, Antoinette (1722-1783) à Bernard-Nicolas Soullet.

200. M. et Mme Le Tourneur étaient morts en 1751 (le mari, le 22 janvier).

201. Pierre d'Alègre d'Ousteyres (1719-1770), avocat au parlement, fut reçu au grand conseil le 29 avril 1741. Il n'était pas mort au moment où se situe le récit.

202. Il s'agit de Bernard-Pierre-Nicolas Soullet, qui devint plus tard, grâce à l'intervention de Dufort, officier aux gardes. Le plus jeune fils Soullet, Antoine-Jean (1748-1   ) fut capitaine au régiment de Conti-infanterie.

203. Charles-Louis-Auguste Fouquet, comte puis duc de Belle-Isle (1684-1761), petit-fils du surintendant des finances de Louis XIV, avait débuté comme mousquetaire durant la guerre de Succession d'Espagne; il gravit les échelons jusqu'à devenir maréchal de camp en 1718, lieutenant général en 1731, maréchal en 1741. Couvert d'honneurs, il entra à l'Académie française (1749), devint ministre d'État (1756) et secrétaire d'État de la guerre (1758). Il mourut à Versailles le 26 janvier 1761.

204. Marie-Anne Botot, dite Dangeville (1714-1796), dès son plus jeune âge, monta sur les planches. Elle débuta à la Comédie-Française, interpréta de nombreux rôles de soubrettes, s'essaya sans succès aux rôles tragiques. Elle prit sa retraite en 1763, fort riche, semble-t-il.

205. Charles-Augustin Fériol, comte d'Argental (1700-1788), conseiller au parlement en 1721, était le frère cadet de Pont-de-Veyle. Il fit connaissance de Voltaire au collège de Clermont et resta son ami durant toute son existence. Il mena une carrière de magistrat, éprouva une grande passion pour Adrienne Lecouvreur et faillit l'épouser.

206. En fait, d'Argental ne fut pas ministre du duc de Toscane, mais ministre plénipotentiaire du duc de Parme en France, de 1759 à 1763.

207. Emmanuel-Armand de Vignerot du Plessis de Richelieu, duc d'Aiguillon (1720-1788) commença sa carrière dans les mousquetaires, participa à la guerre de Succession d'Autriche. Il commanda en chef en Bretagne à partir de 1753, participa à la mise en défense du littoral et rejeta les Anglais au moment de leur débarquement de Saint-Cast (1758). Cependant, il entra en conflit avec le procureur du parlement de Rennes, La Chalotais. Il devint ministre des Affaires étrangères à la disgrâce de Choiseul, mais fut lui-même disgracié en 1774.

208. Dimitri Galitzine prit congé de Louis XV le 17 septembre 1761 pour rejoindre Vienne, et fut remplacé par Tchernischev, puis Soltykov. Les relations entre la France et la Russie étaient alors tendues. Pierre III Fédorovitch (1728-1762), fils d'Anna Petrovna et du duc de Holstein-Gottorp, avait été choisi comme successeur par Élisabeth, le 18 novembre 1742; elle lui fit épouser Sophie-Auguste d'Anhalt-Zerbst, qui prit à son baptême orthodoxe le prénom de Catherine. Il succéda effectivement à l'impératrice, le 5 janvier 1762 (n.s.), mais il était ivrogne, débauché et pro-Allemand : lorsqu'il voulut se débarrasser de sa femme, celle-ci prit le pouvoir (8-9 juillet 1762) avec l'aide d'une partie de l'armée. Pierre III fut assassiné dans sa prison de Ropcha le 14 juillet, sans doute par Alexis Orlov.

209. Le 27 janvier 1761.

210. Bonne-Marie-Félicité de Montmorency-Luxembourg (1739-1   ) épousa en 1754 Armand-Louis, marquis de Seran (1736-1   ).

211. Alexandre-Joseph Le Riche de La Popelinière (1692-1762), fermier général à vingt-six ans, et doté d'agréables talents, épousa d'abord en 1737 la fille d'une comédienne (la Dancourt), nommée Thérèse Boutinon, après avoir longtemps vécu avec elle. Elle tomba amoureuse du maréchal de Richelieu : les deux amants se rencontraient grâce à une boiserie truquée (chef-d'œuvre de mécanique, selon Vaucanson) qui faisait communiquer deux hôtels contigus. Le scandale fut grand. La Popelinière se remaria en 1759 avec Marie-Thérèse de Mondran (1738-1824) et mourut avant la naissance de son fils, dont la légitimité fut contesté — d'où le procès dont il est question ici.

Chapitre XIX

212. Antoine-Raymond-Jean-Gualbert-Gabriel de Sartine (1729-1801), né à Barcelone, fut conseiller au Châtelet, lieutenant criminel le 8 avril 1755, enfin lieutenant de police, le 27 novembre 1759. Il se montra d'une efficacité redoutable dans ce dernier poste, s'attaqua à la pègre, assainit et éclaira Paris. Il fut ensuite nommé secrétaire d'État de la marine dans le ministère Maurepas-Turgot, le 24 août 1774, et resta en poste jusqu'au 13 octobre 1780. Il fut fait ministre d'État le 6 juillet 1775. Sartine avait épousé le 1er juin 1759 Marie-Anne Hardy Du Plessis (1739-1784).

213. Antoine Sartine (16   -17   ), originaire de Lyon, avait suivi Philippe V en Espagne, était devenu conseiller des finances, intendant de Catalogne, puis conseiller d'honneur. Il avait épousé Catherine Whyle, comtesse d'Alby.

215. Gabriel III de Glatigny (1   -1   ), reçu conseiller en 1745, épousa la même année Marie Pichon de Madières, veuve de Louis-Marie Le Boulanger (1704-1742).

216. Nicolas-René Berryer (1703-1762), conseiller au parlement et maître des requêtes, entra au grand conseil, fut nommé intendant de Poitiers (1743-47), puis lieutenant général de police; il fut fait conseiller d'État, ministre d'État, et administra la marine à partir du 1er novembre 1758. Il fut également garde des Sceaux la dernière année de sa vie. Il avait épousé Catherine-Madeleine Jorts de Fribois (17 - 1802), fille d'un fermier général.

217. Marie-Anne Pages (c. 1730-1764), fille d'un savetier, entra très jeune comme danseuse à l'Opéra-Comique. À dix-sept ans, elle épousa l'acteur Jean-Baptiste Buisé, dit Deschamps, ivrogne, paresseux et querelleur. La Deschamps entra au ballet de l'Opéra en 1749, y débuta dans *Zoroastre* (5 décembre), devint très vite la maîtresse de très nombreux hommes en vue (le duc d'Orléans, Brissart, le prince de Conti...). C'est en 1757 qu'elle s'installa rue Saint-Nicaise et y fit construire un splendide hôtel à dix pièces de plain pied. Rapidement ruinée, elle quitta l'Opéra en 1759 et, l'année suivante, poursuivie par ses créanciers, fit vendre ses meubles : son lit fut adjugé 5 000 livres. Elle s'enfuit en Italie en 1762, mourut pauvre à Paris.

218. On a vu qu'en 1749 Ange-Laurent de La Live de Jully avait épousé Louise-Élisabeth de Chambon, et qu'il était devenu veuf en 1752 (voir la note 313 de la p. 110).

219. Jean-Joseph, marquis de Laborde (1724-1794), d'une riche famille béarnaise, entra dans les affaires à Bayonne, s'enrichit encore et finit par devenir, grâce à Choiseul, banquier de la cour. Outre ses nombreux châteaux, dont celui de Méréville, il possédait à Paris une grande partie du quartier de la Chaussée-d'Antin. Il épousa le 12 avril 1760 Rosalie-Claire de Nettine, fille de Barbe Stoupy, banquière impériale à Bruxelles, et de Mathias Nettine, trésorier des archiduchesses Marie-Élisabeth et Marie-Anne d'Autriche.

220. Pierre de la Barre de Vaxville (1 -1), avocat au parlement de Rouen, fit une belle carrière de janséniste militant et devint le plus spectaculaire porte-parole des convulsionnaires, très à la mode entre 1755 et 1765. Il vivait avec sa sœur Élisabeth et trois « miraculées », ses partenaires habituelles, Marie-Madeleine Hesse, Catherine Lefranc et Marie Demarquet.

221. La Deschamps n'avait pas de frère; il est peu probable qu'il s'agisse ici de son mari, avec lequel elle était en conflit aigu, et parfois violent.

222. Bertin (voir la note 116 de la p. 234) avait donné ordre à l'inspecteur Marais, en fonction à partir de 1757, de mettre la Deschamps en état d'arrestation si elle attelait à six chevaux, comme les princesses, et utilisait son attelage entièrement couvert de strass.

223. Charles-Guillaume-Borromée Lenormand d'Étiolles (1717-1800), neveu du financier Lenormand de Tournehem, avait épousé Jeanne-Antoinette le 9 mars 1741. Le ménage ne fut pas très heureux. Après son infortune conjugale, devenu lui-même fermier général, il vécut gaiement avec des actrices, puis rencontra en 1754 une jeune danseuse, Marie-Anne-Étiennette Raime (1738-1809) dont il eut trois enfants et qu'il finit par épouser (1765).

224. Marie-Anne-Adélaïde de Mailly (1730-1829) avait épousé en 1750 Charles-Georges-René de Cambout, marquis de Coislin (1728-1771). Elle eut une aventure avec le roi, faillit être déclarée favorite.
Jeanne-Louise-Constance d'Aumont (1731-1) avait épousé en 1747 Gabriel-Louis-François de Neufville, duc de Villeroi (1731-1794), dont il a été question à la note 40 de la p. 45, et qui était un ami de Dufort.

Louis-Antoine-Sophie du Plessis de Richelieu, duc de Fronsac (1736-1791) devint duc de Richelieu à la mort de son père en 1788, et fut un bon militaire qui s'illustra durant la guerre de Sept Ans.
Gilles-Bertrand Pibrac (1 -1) était le chirurgien de l'École militaire.

225. La seconde épouse de La Live ne s'appelait pas Walquier, mais Marie-Louise-Josèphe de Nettine (1742-1808). Elle était la sœur de Rosalie-Claire de Nettine, épouse de Jean-Joseph de Laborde (voir la note 219 de la p. 278).

226. C'est-à-dire : en mari patient, voire compréhensif devant les écarts de sa femme.

227. Le 1er août 1762. La dot de la mariée était de 200 000 livres, plus 20 000 livres de diamants et joyaux.

228. François-Pierre Leroi de Séqueville (1725-1793) mena une carrière administrative. Il épousa en 1759 Marie-Cécile de La Lande, et succéda à La Tournelle comme secrétaire à la conduite des ambassadeurs de 1761 à 1792.

229. Il y eut en France, à partir de 1760 environ, un grand engouement pour toute sorte d'ordres religieux et laïcs. Cette forme particulière de sociabilité, peut-être influencée par le succès du maçonnisme, s'estompa après 1780.

230. Edme-Joseph Roslin mourut en 1760; il laissait une fortune de 4 600 000 livres. Le partage de la communauté n'eut lieu qu'en 1775.

Chapitre XX

231. La rue Joquelet, aujourd'hui rue Léon-Cladel, reliait la rue Notre-Dame-des-Victoires à la rue Montmartre, avant que son extrémité nord ne fût absorbée en 1895-96 par le percement de la rue Réaumur.

232. La terre de La Mailleraye n'avait pas appartenu au maréchal du même nom; elle avait été la propriété du maréchal d'Harcourt (1654-1718), puis du comte d'Houdetot, enfin de la duchesse de Chaulnes, qui l'avait achetée un million de livres.

233. Montpipeau se trouve à 10 km à vol d'oiseau de Meung-sur-Loire et d'Orléans.

234. On a déjà rencontré François-Camille, marquis de Polignac, heureux rival de Bernard-Nicolas Soullet auprès de Mlle de La Garde (voir la note 69 de la p. 48).

235. François-Pierre Du Cluzel de la Chabrerie (1734-1783) était le fils de Léonard Du Cluzel (né en 1680, fermier général de 1726 à 1762, et mort en 1765). Il devint conseiller au grand conseil, maître des requêtes, intendant à Tours de 1766 à 1783. Il avait épousé en 1758, en secondes noces, Marie-Françoise de Flandre de Brunville (17 -1815). Contrairement à ce que prétend Dufort, François-Pierre n'avait pas encore, en 1762, hérité de son père (le partage, après le décès de 1765, eut lieu le 1er juillet 1766).

236. Jean-Baptiste-Louis de Clermont d'Amboise, marquis de Rénel et de Monglat, comte de Cheverny (1702-1761), gouverneur de Chaumont, obtint en 1736 la lieutenance générale du Blésois. Il participa à la guerre de Succession d'Autriche. Il avait épousé Henriette de Fitz-James de Berwick.

237. Henri-Claude, comte d'Harcourt (1704-1769) fut militaire et fut nommé lieutenant général du Blésois en 1756. Il avait épousé Marie-Madeleine Thibert des Martrais (1 -1), veuve de Jacques-Alexandre Briçonnet : c'était une femme fort originale, qui fit faire de son mari un moulage de cire pour le garder sans cesse à ses côtés après sa mort.

238. Pour Tronchin, voir dans la IIIe époque la note 81 de la p. 376.

239. Charles-Gaspard Dodun (1679-1736) fut conseiller au parlement en 1702, président en 1710, entra en 1715 au conseil des finances, devint intendant des finances puis contrôleur général en 1722. Il avait épousé en 1703 Marie-Anne Sachot (1683-1743), fille d'un avocat. Il obtint la lieutenance générale de l'Orléanais et du Blésois en 1724.

240. Pour la famille Hurault, voir la note 30 de la p. 352.

241. On retrouvera plus loin Guy-Guillaume Mahi, baron de Cormeré (voir la note 18 de la p. 350). Le lieu-dit (aujourd'hui Cormeray) se situe à 6 km de Cheverny.

242. La Live fut exclu de la ferme générale en 1762, pour incapacité. Son état de santé connut par la suite diverses rémissions, jusqu'à ce qu'il soit finalement doté d'un conseil judiciaire et, en 1777, interdit à la demande de sa famille.

243. Antoine-Paul-Jacques de Quelen, duc de La Vauguyon (1706-1772) fut le gouverneur des fils du dauphin. Il était l'amant reconnu de Mme de Marsan, et passait à la cour pour un faux dévot particulièrement hypocrite. Dufort avoue plus loin qu'il ne l'aimait guère.

244. Louis-Antoine de Gontaut, comte puis duc de Biron (1700-1788), frère du duc de Gontaut et oncle de Lauzun, entra au service à 16 ans, fut fait colonel dès 1719. Maréchal de camp en 1734, gouverneur de Landrecies, il participa aux guerres de Succession de Pologne et d'Autriche, joua un grand rôle à Fontenoy, fut fait maréchal en 1757. Il obtint également le commandement des gardes françaises. Il était fort riche et avait aménagé, rue de Varennes, un splendide hôtel devenu le musée Rodin. Il avait épousé Pauline-Françoise de La Rochefoucauld de Roye.

245. Henri-Philippe de Chauvelin (1716-1770), chanoine de Notre-Dame, prieur de Beaumont-le-Roger, fut conseiller clerc en 1738, et s'illustra au parlement comme un fervent partisan des jansénistes. Il fréquentait assidûment les théâtres.

246. Frédéric-Melchior Grimm (1723-1807) tenta de faire fortune à Paris. Ami des philosophes, il entra dans l'intimité de Mme d'Épinay, se livra à diverses intrigues contre Rousseau; de 1752 à 1790, il écrivit une *Correspondance littéraire, philosophique (...)* manuscrite, dont les destinataires étaient les têtes couronnées « éclairées ». Il fut fait par Catherine conseiller d'État et grand cordon de Saint-Vladimir.

247. Jean-Baptiste Greuze (1725-1805) monta à Paris en 1750 et devint l'élève de Natoire, puis le protégé de Pigalle. Ses premières œuvres exposées (1755) furent achetées par La Live de Jully. Après un séjour en Italie, il se maria avec Anne-Gabrielle Babuti (1733-1811) et s'achemina vers le succès, bien qu'il fût brocardé par ses confrères de l'Académie de Peinture. Greuze vendit lui-même quelques-unes de ses œuvres, vers 1782, au grand-duc Paul, fils de Catherine II, et plus tard à Youssoupov.

248. Robert Jannel (c. 1685-1770) fut intendant général des postes; Mme du Hausset, dans ses *Mémoires*, le montre fort dévoué à la marquise de Pompadour. Voir, dans les mêmes *Mémoires*, la méthode utilisée pour décacheter les lettres.

249. Edmée-Antoinette-Marie Dufort, née le 21 février 1759.

250. Pierre Brasdor (1721-1798) valait peut-être un peu mieux que le portrait ironique que Dufort trace de lui. Maître de chirurgie en 1752, il devint professeur d'anatomie, et directeur de l'Académie de Chirurgie. Il fut l'un des premiers à pratiquer l'amputation aux articulations du coude et du genou.

251. Anne-Pierre de Montesquiou-Fesenzac (1739-1798) fut menin des Enfants de France, mousquetaire, et accéda au grade de maréchal de camp en 1780. Il entra à l'Académie française en 1784, quoiqu'il n'eût presque rien écrit. Député de la noblesse de Paris en 1789, il se réunit au Tiers, participa activement aux débats, renonça à tous ses privilèges et reprit du service sur le front italien. Décrété d'accusation en 1792, il s'enfuit en Suisse, rentra en France en 1795.
Chrétien-François II de Lamoignon (1735-1789), héritier d'une grande famille de magistrats, fut président à mortier à l'âge de 23 ans, devint garde des Sceaux en 1787 dans le ministère Loménie de Brienne. Il se retira en 1788 dans sa propriété de Basville et y fut trouvé mort : le suicide est probable, mais pas certain.

252. Alexandre-Michel de Pomereu mourut le 11 juillet 1764.

253. Pour le chevalier de Chastellux, voir la note 106 de la p. 60. L'inoculation en était à ses débuts en France, et demeurait théoriquement interdite par la Faculté. Hosti était un chirurgien qui avait été chargé d'une mission d'information en Angleterre, où l'inoculation était déjà largement pratiquée. Dans son rapport, publié dans le *Mercure de France* (août 1755, pp. 148 sq.), il concluait que la probabilité de mortalité par l'inoculation était de 1/476, alors que le risque « naturel » était de 2/9.

254. Jeanne-Sophie-Élisabeth-Louise-Armande-Septimanie de Richelieu (1740-1773) avait épousé en 1756 Casimir Pignatelli, comte d'Egmont (1727-1801), qui fut lieutenant général. Il était veuf de Blanche-Alphonsine de Saint-Séverin d'Aragon (1735-1753) et se remaria en troisièmes noces avec une Irlandaise, Marguerite Farell (1 -1801).

255. Les Dufort se firent inoculer en août ou septembre 1763.

256. Auguste-Louis Lefebvre de Mesgrigny mourut le 17 octobre 1763. Une vomique est « un amas de pus qui est quelquefois évacué par une sorte de vomissement » (*Dictionnaire de l'Académie*, 6e éd.).

257. Le premier janvier 1764.

258. Bernard-Pierre-Nicolas Soullet (1743-1762) le cousin germain de Dufort.

259. En raison des opérations de la guerre de Sept Ans, particulièrement intenses dans les Antilles, Saint-Domingue était isolée, et ne pouvait communiquer qu'avec des pays neutres ou les colons américains.

260. Le décès de Bernard-Pierre-Nicolas Soullet eut lieu fin 1762, au moment où la guerre de Sept Ans touchait à son terme : le traité de Paris fut signé le 10 février 1763.

Chapitre XXI

261. Louis du Bouchet, marquis de Sourches (1711-17), conseiller d'État, grand prévôt de France, fut lieutenant général en 1748. Il avait épousé en 1730 Charlotte-Antonine de Gontaut-Biron (1 -1740), et en 1741 Marguerite-Henriette Desmarets de Maillebois.

262. On a déjà rencontré François Fontaine de Cramayel (1714-1779), qui avait épousé Françoise-Monique de La Borde (1724-1808), sœur de Mme Brissart. Il fut fermier général de 1749 à 1772. Le couple eut un fils, Jean-François (1758-1826), qui fut introducteur des ambassadeurs et maître des cérémonies sous l'Empire.

263. Voir la note 326 de la p. 113. La « femme qui avait deux enfants », épouse de Jean-François de La Borde (17 -1769), était Élisabeth-Françoise Le Vasseur (1 -1), qui avait été mariée en premières noces à Laurent Ferrand (1 -1), lui-même fermier général. Les deux enfants issus de ce premier mariage furent Madeleine-Françoise Ferrand, qui épousa d'abord Alexandre Mogé de Pramont, et se remaria avec Charles-René Frémyn de Sy; et Laurent-René Ferrand (17 -1), intéressé dans la ferme des postes, et fermier général de 1751 à 1761. Ces deux enfants étaient cousins de Mme de Pompadour, puisque Laurent Ferrand était le demi-frère de Louise-Madeleine de La Motte, mère de la marquise.

264. Voir les notes 326 de la p. 113 et 379 de la p. 126.

265. Jean-Benjamin de La Borde, ami de Dufort : voir les notes 42 de la p. 45 et 223 de la p. 89. Il épousa en 1774 Adélaïde-Suzanne de Vismes (sœur d'un fermier général), qui devint « dame du lit » de Marie-Antoinette.

266. Gérard Binet, baron des Marchais (1 -1780) avait épousé en 1747 Élisabeth-Josèphe de La Borde (1725-1808). Cet ancien major du Royal-Corse devint premier valet de chambre du roi et gouverneur du Louvre. Quant à la liaison de sa femme, elle eut lieu en fait avec Charles-Claude de Flahaut de La Billarderie, comte d'Angivilliers, qu'elle finit par épouser en 1781 après la mort de son premier mari.

267. Cramayel habitait rue du Sentier.

268. Erreur de Dufort : Françoise-Monique de La Borde (1724-1808) mourut *après* son mari François Fontaine de Cramayel (1714-1779).

269. Louis-François de Bourbon, prince de Conti (1717-1776) avait longtemps travaillé avec Louis XV dans le cadre de ce que l'on appelait le Secret : le roi disposait de correspondants étrangers, qui lui écrivaient directement et ne rendaient pas compte aux ministres. Le maître d'œuvre du Secret était Jean-Pierre Tercier (1704-1767), administrateur polyglotte, travailleur et discret. Mme de Pompadour, qui n'aimait guère Conti, réussit à le brouiller avec le roi en 1757; Conti désormais se retira à l'Isle-Adam et ne fit plus que de brèves apparitions à la cour.

270. Charles-Sybille-Thomas de Pont-Saint-Pierre, marquis de Roncherolles (1705-1789) fut maréchal de camp, lieutenant général en 1748, chef de la brigade des gardes du corps. Il avait épousé le 6 mars 1752 Marie-Louise Amelot.

271. Adrienne-Marie-Madeleine-Ulphe d'Hallencourt (17 -1781) avait épousé en 1748 Anne-Gabriel-Henri Bernard de Boulainvilliers (1724-1798), veuf de Marie-Madeleine de Grimoard du Roure.

272. On a déjà rencontré (note 131 de la p. 66) Charles-Antoine-Gabriel de Médavy d'Osmont (1723-1806), évêque de Comminges de 1764 à 1785.

273. Guillaume-Thomas-François Raynal (1713-1796) entra très jeune chez les jésuites, mais quitta l'ordre en 1747 et devint prêtre à Saint-Sulpice. Accusé de simonie, il fut renvoyé. Il fréquenta alors les philosophes et les milieux mondains, et grâce à la documentation de première main qu'il recevait des bureaux du ministère de la marine, il écrivit une grande *Histoire philosophique et politique des deux Indes*, fréquemment rééditée. L'ouvrage fut condamné en 1781, et Raynal dut s'enfuir en Prusse. Il rentra en France en 1787, joua un rôle effacé sous la Révolution.

274. L'actuelle rue Boissy-d'Anglas.

275. Madeleine-Sophie Arnould (1740-1802) reçut une bonne éducation, et débuta en 1757 avec un très grand succès. Elle chanta Lully, Mondoville, Rameau, Gluck. Elle eut une vie sentimentale agitée : entre autres, une longue liaison avec le comte de Lauraguais, une autre avec Bertin; puis, ce furent Bougainville, Conti, Condé... Jean-Claude-Gilles Colson, dit Bellecourt (17 -1778) entra à la Comédie-Française en 1750. Il avait épousé en 1761 Rose-Pétronille Le Roy de la Corbinais, connue sous le nom de la Beauménard (1730-1799), qui jouait les soubrettes. Elle fut la maîtresse du maréchal de Saxe, de lord Stafford, du fermier général d'Augny, de Charles-Joachim Rouault, marquis de Gamaches (1729-1775).

276. Jean-Philippe de Franquetot, chevalier de Coigny (1743-1806). Voir la note 92 de la p. 55.

277. Il s'agit de Nicolas-Aloph-Félicité Rouault, marquis de Gamaches (1731-1802), que l'on a déjà rencontré comme amant de Mme Brissart sous le nom de marquis d'Égreville. En fait, il ne porta jamais ce titre; la confusion de Dufort s'explique par le fait que Gamaches épousa en 1763 Josèphe-Justine Boucaut, marquise d'Égreville.

278. Sedaine épousa Charlotte-Suzanne de Sérigny (17 -1) le 4 avril 1767.

279. Charles-Nicolas Cochin (1715-1790), fils de graveur, se montra d'une grande précocité. Il grava des scènes de genre, des fêtes, les personnages de la cour, devint un des favoris de Mme de Pompadour. Elle le choisit, avec Soufflot et l'abbé Le Blanc, pour accompagner son frère Marigny en Italie (1749-1751) : il en rapporta de grands recueils de gravures et fut reçu à l'Académie de Peinture. Il fut fort riche, dépensa beaucoup, mourut ruiné en laissant une œuvre immense.

280. Marigny dut soutenir un long conflit avec l'architecte Jacques-Ange Gabriel (1698-1782) qui conçut, on le sait, l'ordonnance de la place Louis XV (place de la Concorde).

281. Le secrétaire perpétuel de l'Académie d'Architecture était depuis 1732 Charles-Étienne-Louis Camus (né en 1699), mathématicien et astronome. Il mourut le 2 février 1768.

282. Jean-Baptiste, vicomte de Boisgelin de Kergonan de Kerdu (17 -1) fut capitaine de vaisseau, premier chambellan de Monsieur.

283. Louis-Joseph-Xavier, fils du dauphin, né en 1751, mourut à dix ans le 21 mars 1761 à Versailles : il fallut l'opérer à la hanche, et la plaie s'infecta rapidement.

284. *Éloge historique de Mgr le duc de Bourgogne,* Imprimerie royale, Paris 1761, in-8° de XX-88 p., figures et portraits.

Chapitre XXII

285. Dans une lettre à d'Alembert (D. 20501), datée du 4 janvier 1777, Voltaire écrivait à propos de l'arrestation d'Olavide par l'Inquisition : « Il a passé, il y a longtemps, huit jours aux Délices; cela m'attendrit pour lui. » On n'a pas plus de précision sur la date de ce séjour; Voltaire quitta les Délices pour Ferney en novembre 1762.

286. En blanc dans le manuscrit.

287. Mme de Sy était, on l'a vu (notes 69 de la p. 215 et 263 de la p. 310) fille d'Élisabeth Le Vasseur et de Laurent Ferrand, frère de Mme Poisson. Elle était donc la cousine de Mme de Pompadour.

288. Jacques-Germain Soufflot (1713-1780) fut d'abord pensionnaire à Rome, et fit ses débuts d'architecte à Lyon. Admis à l'Académie d'Architecture en 1749, il accompagna M. de Marigny en Italie. Il fut chargé de bâtir une nouvelle église Sainte-Geneviève (le Panthéon), et bâtit aussi pour Mme de Pompadour l'orangerie du château de Ménars.

289. Légère erreur de Dufort : Luynes fut fait cardinal en 1756. Il conviendrait d'ailleurs d'étendre cette remarque, puisque Rochechouart et Rohan accédèrent à la pourpre en 1761, alors que l'on se trouve ici en 1763 ou 1764.
Paul d'Albert de Luynes (1703-1788), d'abord nommé comte de Monfort, refusa de suivre la carrière militaire, entra dans les ordres, devint évêque de Bayeux en 1729, archevêque de Sens en 1753. C'est Jacques III qui le proposa à la nomination du pape, et il fut fait cardinal le 5 avril 1756 par Benoît XIV. Durant les années 1760-64, il défendit les jésuites, et fut nommé premier aumônier de la dauphine. Il était entré à l'Académie française en 1743.
Jean-François-Joseph de Rochechouart de Faudoas (1708-1777), abbé de Châteaudun, puis évêque-duc de Laon (1732) dut sa dignité à la nomination du roi de Pologne, le 23 novembre 1761 : il était depuis 1757 grand aumônier de la reine. Il fut ambassadeur à Rome de 1757 à 1762.
Louis-Constantin de Rohan (1697-1779), frère de l'archevêque de Reims, commença une carrière militaire et devint en 1720 capitaine de vaisseau. Puis, il devint chanoine de Strasbourg (1722), fut fait premier aumônier du roi en 1748, devint évêque de Strasbourg en 1756. Il fut fait cardinal à la nomination de Louis XV, le 23 novembre 1761.

290. Cf. Luynes, XVII, 1 : « Du mardi 4 juillet [1758]. Ce même jour, dimanche [2 juillet], M. le baron de Breteuil prit congé; il va remplacer M. de Monteil auprès de l'électeur de Cologne. » Le début de la carrière diplomatique de Breteuil remontait donc à près de six ans.

291. C'est le 29 février 1764 – à Choisy et non à Marly – que Mme de Pompadour éprouva une série de malaises graves qui l'obligèrent à s'aliter (elle était tuberculeuse, sans doute aussi diabétique). Une rémission se produisit le 24 mars, et elle put se relever quelques jours.

292. Hortense-Félicité de Mailly-Nesle (1715-c. 1800) avait épousé en 1739 François-Marie de Fouilleuse, marquis de Flavacourt (1708-1763), maréchal de camp.

Elle était la sœur de la marquise de Châteauroux, maîtresse du roi, mais ne semble pas avoir cédé à Louis XV, qui pourtant la courtisa.

293. Il s'agit évidemment de la célèbre maison nommée « le Parc aux Cerfs ». Sur l'emplacement d'un enclos destiné par Louis XIII à recevoir du gibier, on avait construit diverses maisons dont l'une, au 4, rue Saint-Médéric, entourée de murs et desservie par deux impasses sur lesquelles donnaient trois portes, se prêtait particulièrement à l'utilisation qui en fut faite. Le roi fit acheter cette maison le 25 novembre 1755 et y installa ses maîtresses — jamais plus d'une ou deux à la fois : la Fouquet, la Nicquet, Mlle Romans, Louise O'Murphy... La rumeur publique amplifia le mystère de cette maison, jusqu'à en faire le théâtre de débauches inouies.

294. Jean-Potencien Darboulin (1714-1785), que Mme de Pompadour appelait familièrement Boubou, fils d'un marchand de vins du roi, devint administrateur général des postes et relais, et ne devint secrétaire de la chambre et du cabinet qu'en 1769, c'est-à-dire après la mort de la marquise. Il se défit de cette charge en 1771 en faveur de son neveu Bougainville, qui la lui rétrocéda en 1780.

295. On a déjà rencontré Louis-Antoine de Bougainville (1729-1811), le célèbre navigateur (voir la note 422 de la p. 151). Quant à son frère Jean-Pierre (1722-1763), il fut secrétaire de l'Académie des Inscriptions. Leur mère, Marie-Françoise Darboulin, sœur de Jean-Potencien, avait épousé Pierre-Yves Bougainville, notaire au Châtelet.

296. Mme de Pompadour revint de Choisy à Versailles le 7 avril 1764 et y mourut le 15 avril, à l'âge de quarante-deux ans. Son corps fut aussitôt transporté à son hôtel (l'actuel hôtel des Réservoirs, à Versailles), proche du palais.

297. Mme de Pompadour avait légué à Mme de Choiseul « une boîte d'argent garnie de diamants », et au duc « un diamant couleur d'aigue-marine et une boîte noire piquée à pans et gobelet ».

298. La cérémonie religieuse eut lieu le 17 avril à l'église Notre-Dame de Versailles; le corps fut ensuite transporté dans un caveau des capucines, à Paris.

299. Alexis-Janvier de La Live de La Briche (1735-1785), frère de La Live de Jully, fut introducteur des ambassadeurs de 1764 à 1785. Il épousa une riche héritière, Adélaïde-Edmée Prévost (1755-1844).

TROISIÈME ÉPOQUE

Chapitre XXIII

1. Le président de Salaberry (1732-1794) a été présenté à la note 41 de la p. 45. Son père, Charles-François Irrumberry de Salaberry (1692-1750) était devenu conseiller au grand conseil en 1717, et avait accédé à la présidence de la chambre des comptes en 1719. Il avait épousé en 1728 Marguerite-Herminie Ogier (1707-1773). L'oncle, Louis-Charles-Vincent (1   -1761) fut conseiller clerc en 1720, et devint conseiller d'État en 1758. Il était abbé de Sainte-Croix de Bordeaux, et de Vauluisant.

2. C'est en septembre 1758 qu'au plus fort de la guerre de Sept Ans, eut lieu un débarquement anglais : 12 à 13 000 hommes prirent Cherbourg, pillèrent Saint-Servan, mais durent se rembarquer après des pertes sévères.

3. On a déjà rencontré Dominique-Jean Lefebvre de Chailly (1723-1767), avocat au parlement; Adrien Lefebvre d'Amécourt (1720-1   ), son frère aîné, conseiller au parlement de 1740 à 1771 ; et Auguste-Louis Lefebvre de Mesgrigny (1722-1763), conseiller clerc en 1743 (voir les notes 107 de la p. 60, et 256 de la p. 305).

4. Emmanuel-Joseph de Vigneux (1   -1   ) fut capitaine, chevalier d'honneur de la chambre des comptes de Blois (et non d'Orléans).

5. Pierre Rousseau (17   -1   ), qui avait succédé à Guillaume Mahi de Cormeré comme receveur des domaines et bois, devint en 1784 receveur des domaines et octrois de la ville de Paris.

6. Marie-Charlotte de Mazières (17   -1   ), mariée en 1755 à Jean-Baptiste, baron de Lieuray (1721-1772), gentilhomme de la manche, écuyer de main de Madame Adélaïde. La mariée, fille unique du fermier général Charles de Mazières (1   -1783), avait reçu une dot de 300 000 livres.

7. Le gouverneur du fils de Dufort était Michel-Julien Mathieu, dit Lépidor (1740-1777), compositeur et violoniste; il écrivit des opéras et de la musique vocale. Son frère Julien-Amable Mathieu (1734-1811) fut dès 1748 un des vingt-quatre violons du roi, et donna des concerts à partir de 1756. Il fut fait maître de chapelle, écrivit un *Te Deum* en 1781 pour la naissance du dauphin, des sonates pour deux violons...

8. Jean Pechméja (1741-1785) fut un écrivain mineur et vécut dans l'intimité de Raynal dont il était l'ami.

9. Marc-Antoine-Charles Dupleix de Pernan (1736-1803), écuyer, maréchal de camp était le frère de Dupleix de Bacquencourt. Il épousa en 1765 Charlotte-Olympe-Émilie Savalette de Magnanville (1747-1779).

10. Ces considérations, qui relèvent d'une théorie de l'influence du « climat » sur l'homme, étaient fort répandues au XVIIIe siècle : Montesquieu y recourut dans *l'Esprit des Lois* (1748), et Buffon popularisa l'idée dans son *Histoire naturelle* (*De l'Homme*, 1749).

11. Paul Boësnier-Delorme (1 -1793), maître particulier des Eaux-et-Forêts, passa la plus grande partie de sa vie à Paris où il se lia avec les physiocrates. Il rédigea un *Esprit du gouvernement économique* (1775) où il rejoint les thèses de Quesnay, et un *Essai sur les principes de la morale universelle* (1792).

12. C'est-à-dire : « son frère aîné ». Nous n'avons pas retrouvé son nom dans le *Dictionnaire biographique (...) des secrétaires du roi*, publié par Christine Favre-Lejeune (1986).

13. Jean-Louis Boësnier de Bardi (1744-1) fut avocat, et devint juge de paix après la Révolution.

14. La fille aînée, Marie Boësnier (17 -17) épousa d'abord Jean Babaud; elle se remaria en 1739 avec Jacques Masson (1693-1741), de Genève, qui était passé en France en 1731 et s'était converti au catholicisme.

15. Le « fameux Cassini » est évidemment l'astronome Jacques Cassini (1667-1756). Son fils, Dominique-Joseph Cassini de Thury (1715-1790) fut exempt aux gardes du corps en 1745, maréchal de camp en 1767. Son épouse, fille de Marie Boësnier, mena une vie agitée, eut une intrigue avec Condé, une autre avec Maillebois.

16. Alfred-Frédéric-Jacques Masson, marquis de Pezay (1741-1777) fut mousquetaire, puis, menant une carrière de poète et de dramaturge mineur (*La Rosière de Salency, Zélie au bain*), il devint inexplicablement expert et conseiller de tactique militaire auprès du dauphin, puis inspecteur général des garde-côtes. Sénac de Meilhan prétend dans *Le Gouvernement, les mœurs et les conditions en France avant la Révolution* (1795) que sa disgrâce subite le conduisit au tombeau.

17. Claude-Michel Bégon (17 -1), écuyer, avait été capitaine de vaisseau. François (1650-1725) et Michel Bégon (1637-1710) avaient joué un grand rôle dans les affaires maritimes sous le règne de Louis XIV et avaient construit une estimable fortune.

18. Guillaume Mahi de Cormeré (1 -1), dont on a vu au chapitre XX qu'il avait essayé de vendre à Dufort la terre de Cormeré, avait épousé Thérèse Charpentier (1 -1). L'aîné des garçons, Guillaume-François (17 -1) fit une carrière dans les fermes; le troisième, Édouard, dit Cheneville (17 -1) entra à la compagnie des Indes; le quatrième, Joseph-Henri, dit Morty ou Chitenay, s'en alla à Saint-Domingue. C'est le second fils Cormeré qui fut le marquis de Favras.

19. Thomas Mahi, né en 1744, entra aux mousquetaires à 13 ans; capitaine en 1762, il passa au service du comte de Provence. Il prit le titre de marquis de Favras, et épousa en 1772, contre la volonté de ses parents, Victoire-Caroline-Edwige

d'Anhalt-Bernburg (1744-1841). Ambitieux, il essaya de se mêler à la révolte du Brabant, participa aux troubles des années 1787-88 en France; très tôt, il se montra partisan de la fuite de la famille royale, intrigua, mais trahi par ses maladresses et peut-être par des manœuvres de La Fayette, il fut arrêté, jugé, enfin pendu le 19 février 1790.

20. Mathias-Raoul, comte de Gaucourt (1723-1783) avait épousé en 1752 Catherine-Henriette de Fieubet (1733-1). Il avait été capitaine au régiment de Surgères-dragons, fut fait maréchal de camp en 1780.

21. Il s'agit de Raoul VI de Gaucourt (1371-1462) qui fut un des principaux artisans du rétablissement de Charles VII.

22. Dufort a écrit par distraction : « de sa femme ». Marigny était alors (1765) célibataire, et se maria à Ménars, le 11 janvier 1767, à Marie-Françoise-Constance-Julie Filleul (1751-1822), fille de cette Marie-Catherine-Louise Dubuisson (17 -1767) que Dufort avait connue à Falaise (voir la note 137 de la p. 67). Mme de Marigny fut fort infidèle à son mari, et eut en particulier une longue aventure avec le cardinal de Rohan, qu'elle accompagnait en voiture déguisée en homme.

23. Inexact : on a vu que Mme de Pompadour était morte le 15 avril 1764; toute l'argumentation développée ici par Dufort témoigne d'une évidente mauvaise foi. Mais il faut observer que le caractère et les manières de Marigny suscitèrent à l'époque des réactions fort hostiles chez de nombreux courtisans.

24. Jacques-François de Johanne de La Carre de Saumery (16 -1767) était gouverneur de Chambord, grand bailli de Blois, gouverneur des îles de Lerins. Cette famille était originaire de Mauléon-Soule.

25. Louis-Georges de Johanne de La Carre de Saumery (1734-1783), lieutenant-colonel du Royal-Piémont cavalerie, était gouverneur et grand bailli de Blois. Il avait épousé en 1756 Françoise-Henriette de Menou (17 -1).

26. Le financier taxé par la chambre ardente était le grand-père, Louis Adine (1637-1721) : il avait dû payer 200 000 livres en 1716. Son fils, Louis-René Adine de Villesavin (1675-1730) avait été fermier général et directeur de la compagnie des Indes. Le petit-fils, Louis-François-Joseph de Villesavin (1714-1) épousa en 1756 Louise-Élisabeth Portier de la Rubelle; ce dernier nom ne figure pas dans le manuscrit.

27. Marie-Marguerite de la Loëre, veuve de Louis-René Adine, se remaria en 1730 avec Louis-Georges de Johanne de La Carre de Piffons, père de Louis-Georges présenté à la note 25.

28. Éléonore-Cécile Guyon de Diziers (1730-1809), lieutenant de vaisseau, avait épousé Mlle Lemaire de Montliveau. Quant à Jeanne-Marie Bouvier de La Motte, épouse Guyon (1648-1717), son aventure mystique et ses démêlés avec Bossuet sont assez connus pour qu'il ne soit pas nécessaire de les rappeler ici.

29. Jacques-Madeleine Guyon de Guercheville (1728-1803) avait été capitaine de dragons.

30. David-Nicolas Hurault, seigneur de Saint-Denis (16 -17), avait épousé Anne-Jeanne de la Bonninière-de-Beaumont-la-Ronce. Le chancelier Hurault était Philippe (1528-1599), garde des Sceaux.

31. Les Roujoux (ou Roujou) étaient en réalité quatre frères : Louis, marquis de Maillé-Brézé, comte de Roujoux (1 -1); François-Alexis, comte de Maillé-Brézé et de Roujoux (1 -1), colonel d'infanterie et chambellan de l'électeur de Pologne; René, comte de Maillé-Brézé (1 -1), lieutenant du roi au château d'Amboise; Joseph-Ange, chevalier de Maillé-Brézé (1 -1), capitaine de vaisseau.

32. Michel-Jean-Hugues de Péan (1 -1782), chevalier, seigneur de Rostaing, fut major général du Québec. On l'accusa de malversations et de trafics. Contrairement à son complice Bigot (1703-1778), qui fut condamné à mort en 1763 puis banni, Péan resta enfermé six mois à la Bastille, fut libéré le 25 juin 1764 et condamné à restituer 600 000 livres.

33. James-Donatien Le Ray de Chaumont (17 -1803), grand maître des Eaux-et-Forêts de Bourges, Berry et Blois de 1754 à 1763, intendant honoraire de l'hôtel des Invalides, avait épousé une Américaine. C'était un fort riche propriétaire.

34. Charles-Gilbert de May de Termont (1707-1776) fut évêque de Blois de 1753 à 1776, et se montra ennemi actif des jansénistes. C'est Alexandre-Amédée Lauzières de Thémines (1742-1829) qui lui succéda.

35. L'abbé de La Pagerie n'est pas mentioné dans l'*Histoire de la famille de Tascher* (Châteauroux, 1925). Il était vraisemblablement le fils de Gaspard de Tascher de La Pagerie, qui épousa en 1734 Françoise Boureau de la Chevalerie et en eut cinq enfants.

36. Charles-François de Vezeaux, marquis de Rancogne (ou Rancougne), seigneur d'Herbault (1747-1), cousin des Tascher de la Pagerie, était un riche propriétaire. Il fut le compagnon de Dufort lors de leur arrestation de 1794. Il avait épousé Marie-Agnès-Michèle-Françoise de Foyal (1 -1).

37. Bernard-Gabriel Herry de Maupas (1734-1) fut major de dragons et, en 1789, fut fait lieutenant pour le roi de la ville de Blois. Il avait épousé Catherine-Julie Rangeaud de la Gernonnière.

38. Nom illisible sur le manuscrit.

39. Anne-Marie Le Gendre, veuve d'Alexandre-Michel de Pomereu, se remaria en février 1766 avec Charles-Victoire d'Irrumberry de Salaberry. Le contrat fut signé le 22 janvier.

40. Erreur de l'auteur : Jean-Pierre-Marie Dufort, chevalier de Courson, puis comte de Dufort, naquit le 20 avril 1765. Il devait épouser en 1802 Charlotte-Louise-Marie Marcant (17 -18); leur fils, Edmond-Jean-Charles (1803-1862), mort célibataire, fut le dernier comte Dufort.

41. Louis-Hyacinthe Boyer de Crémilles (1700-1768), lieutenant général, avait été adjoint au ministère de la guerre en 1758. Il s'était retiré à la mort du maréchal de Belle-Isle (1761).

42. Le comte de La Marche était Louis-François-Joseph de Bourbon (1734-1813), fils de Louis-François de Bourbon, prince de Conti, et de Louise-Diane d'Orléans.

Chapitre XXIV

43. En réalité, il s'agit de Claude-Henri Droin (1726-1   ), avocat au parlement et secrétaire du roi, président des traites foraines de Joinville. Il fut nommé président à la cour des monnaies par provisions du 21 mai 1766.

44. Deux ans après sa disgrâce, en 1761, Jean de Boullongne avait acheté le château de la Chapelle-Godefroy, qui avait appartenu à Philibert Orry, puis à Bouret de Valroche.

45. En blanc dans le manuscrit.

46. Philippe-Charles Le Gendre de Villemorien (1717-1789) n'était pas apparenté à la famille Le Gendre, parente par alliance de Dufort. Il avait épousé Marie-Antoinette Bouret (voir plus loin la note 75 de la p. 375).

47. Le Gendre de Villemorien acheta l'hôtel Ferrand le 15 janvier 1761

48. Dufort a écrit par distraction : « Nous ne fîmes bientôt que trois. »

49. Le père, Gabriel Dounant (1698-1772) fut durant vingt-deux ans receveur des domaines, et durant trois ans le secrétaire de l'intendant d'Orléans. Le fils, Mathieu-Geneviève Dounant de Chalville (1751-178), qui devint en 1776 président au bureau de finances d'Orléans, épousa Marie-Élisabeth de Barassy (175 -177) et se remaria en 1778 avec Élisabeth Cabeuil (1761-1851). Contrairement à ce qu'affirme Dufort, le jeune marié de 1767 n'avait pas encore perdu son père. Après la mort de son mari, Élisabeth Cabeuil épousa en 1785 le fils aîné de Dufort.

50. On a vu que l'évêque de Comminges était Charles-Antoine-Gabriel de Médavy d'Osmont (voir la note 272 de la p. 316).
L'abbé de La Galaizière était Barthélémy-Louis-Martin (1737-1808), fils d'Antoine Chaumont, marquis de La Galaizière (1697-1787), intendant de Soissons, chancelier de Lorraine et Barrois, et d'Élisabeth Orry (1708-1761), la sœur du contrôleur général. Barthélémy-Louis-Martin fut l'élève de l'abbé Morellet et devint abbé de Saint-Mihiel. Ce n'est qu'en 1777 qu'il devait devenir évêque de Saint-Dié.

51. Stanislas-Jean, chevalier de Boufflers (1738-1815) mena une vie errante. Né sur le bord d'une route et destiné à l'Église, il devint chevalier de Malte, officier de hussards, commanda au Sénégal (1786-87), entra à l'Académie française (1788). Député de la noblesse aux États généraux, il émigra en 1791, revint en France en 1800, et finit administrateur adjoint de la bibliothèque Mazarine. Il avait été longtemps amoureux de la comtesse de Sabran, rencontrée en 1777 (il l'épousa vingt ans plus tard), avec laquelle il entretint une intéressante correspondance.

52. Jean-Jacques Barthélémy (1716-1795) s'orienta vers l'étude des langues anciennes, devint l'adjoint de Gros de Boze et entra aux Inscriptions en 1747. Il accompagna Choiseul dans son ambassade à Rome, devint son familier, entra à l'Académie française en 1789. Il est surtout connu pour son « roman d'apprentissage », *les Voyages du jeune Anacharsis en Grèce vers le IV*[e] *s. avant l'ère vulgaire* (1788).

53. Cette maison, située à la barrière du Roule, avait été aménagée en 1750 par Françoise Bienfait, veuve de Louis Voisin, dite La Paris, et luxueusement meublée. Au temps de sa splendeur, la Paris employait jusqu'à quinze prostituées. L'établissement fut fermé en juin 1751 et la Paris prit sa retraite.

54. Préninville paya 800 000 livres cette propriété somptueuse, plus 100 000 livres pour l'ameublement, qui comprenait des peintures murales d'Oudry, Boucher...

55. Charles-Pierre Savalette de Magnanville (1713-1797) fut conseiller au parlement, maître des requêtes, intendant de Tours (1745) et succéda à son père comme garde du trésor royal (1726-1789). Il avait épousé en 1744 Marie-Émilie Joly de Choin (1726-1789). Son père, Charles Savalette de Magnanville (1683-1756) avait été directeur de la compagnie des Indes, fermier général (1718-1748), garde du trésor.

56. Joseph Micault d'Harvelay (1723-1786), garde du trésor, petit-neveu et héritier de Pâris de Montmartel, avait épousé en 1762 Anne-Rose de Nettine (1739-1813), belle-sœur de Jean-Joseph de Laborde. Elle se remaria en 1788 avec le ministre Calonne (1734-1802).

57. Le château de Magnanville était à ce point immense que, Frénilly le rapporte dans ses *Mémoires*, son propriétaire avait fait faire dans son salon un plan-relief des lieux afin que les invités ne se perdent pas... Des petits drapeaux indiquaient les noms des occupants de chaque appartement.

58. Jean-Jacques Lafreté (1728-1   ) avait épousé Angélique-Michèle-Rosalie Jogues de Martainville (17   -1790), sœur de Mme de Préninville et de Mme Chicoyneau de La Valette.

59. Élisabeth-Amarante Jogues de Martainville (17   -1   ) avait épousé Guillaume-François Bouvier de la Motte, marquis de Cépoy (1742-1774). Elle se remaria en 17   avec Jean-Baptiste de Castéra (1   -1   ), maréchal de camp. Sa fille Marie-Marguerite Bouvier de Cépoy (1767-1808), issue de son premier mariage, épousa en 1784 Georges-Marie-Louis Leclerc de Buffon (1764-1793), fils du célèbre philosophe, refusa de cohabiter avec lui et devint la maîtresse du duc d'Orléans (voir le chapitre xxv). Le fils Buffon se remaria avec Mlle Daubenton (17   -1850). Selon certains témoignages, la marquise de Cépoy aurait été, avant sa fille, la maîtresse du duc d'Orléans.

60. Les frères Sanlot étaient au nombre de quatre. Étienne-René-Aignan (1730-1811) fut employé des fermes, fermier général adjoint de 1772 à 1780. commissaire de la comptabilité nationale en 1800, maître des comptes de 1807 à 1811; Antoine-Charles Sanlot de Bospin (1733-1804) fut également fermier général adjoint, de 1775 à 1780, et administrateur des domaines; c'est de ces deux premiers personnages qu'il est question ici. Les deux frères cadets, Augustin-Thomas-Nicolas (1734-179) et François-Paul-Victor Sanlot de Bapaume (1739-1   ) firent carrière dans l'armée. Les Sanlot possédaient un château au Plessis-Fortia, à deux lieues de Vendôme.

61. Catherine-Pauline de Béthune (1752-1   ), issue du mariage de la plus jeune fille Boullongne avec Armand-Louis de Béthune (voir la note 198 de la p. 83), n'épousa qu'en 1770 Jean-Baptiste-Antonin, marquis de Colbert-Seignelay (1731-1813), colonel du régiment de Champagne, puis maréchal de camp.

62. Anne-Henriette de Rabodanges (1   -1   ) avait épousé en 1746 Philippe-Louis Thibaud de la Carte, marquis de la Ferté-Senecterre.

63. Joseph Caillot (1733-1816), grand chanteur et comédien, débuta au Théâtre-Italien en 1760. Il se retira en 1772, après avoir interprété un grand nombre d'opéras-comiques. Il survécut sous la Révolution en donnant des leçons de musique, et entra à l'Institut en 1800.

64. Il s'agit du frère aîné de M. de Préninville; voir la note 135 de la p. 243.

65. Bicêtre était un hôpital où l'on soignait les maladies vénériennes; mais il comprenait aussi d'autres sections où l'on enfermait par lettres du roi ceux que leur famille, pour débauche ou dissipation, voulait priver de liberté. Dufort, au lieu de « cabanon », a écrit « galbanum », mais le mot ne se trouve attesté dans aucune des descriptions de Bicêtre que nous avons lues.

66. Tous les témoignages ne concordent pas sur ce point : si l'abbé Morellet, qui fut enfermé deux mois à la Bastille en 1760, admet lui aussi l'humanité de Sartine (voir ses *Mémoires*, chap. IV), le marquis de Sade de son côté accable le lieutenant de police et insiste sur sa dureté à son égard.

67. La feuille des bénéfices était la liste des abbayes, prébendes, etc., dont en vertu de ses prérogatives le roi possédait le droit de nomination. Jean-François Boyer (1675-1755) devint évêque de Mirepoix en 1730, et trois ans plus tard précepteur du dauphin. À la mort de Fleury (1743), il devint titulaire de la feuille des bénéfices.

68. Claude-Jean Rigoley d'Ogny (1725-1793) fut nommé survivancier de Jannel le 26 janvier 1770. Jannel mourut en réalité quelques semaines plus tard, le 5 mars.

69. Étienne-Michel Bouret (1710-1777), receveur des tailles, marchand de blé en gros, fut fermier général de 1742 à sa mort. Il fut l'un des plus prodigues des financiers de l'époque, se ruina partiellement. Il assura également l'administration des postes et fut trésorier général de la maison du roi.

70. Bouret épousa le 27 juin 1735 Marie Tellez d'Acosta (1718-1781), fille d'un très riche marchand.

71. Dans tout cet épisode, Dufort, par distraction sans doute, a écrit « Bordeaux » pour « Marseille », et « Guyenne » pour « Provence ».

71 bis. L'anecdote relative au « chien de Bouret » a été racontée par Diderot dans un passage célèbre du *Neveu de Rameau*.

72. Parmi les nombreuses maîtresses de Bouret, on cite Mme de Séran, femme du gouverneur des pages du duc d'Orléans, et qui devait avoir aussi une aventure avec le roi; Marie-Catherine Dubuisson (17 -1767), déjà rencontrée (voir les notes 137 de la p. 67 et 22 de la p. 351), dont la fille Marie-Françoise Filleul devait épouser M. de Marigny.

73. Bouret avait deux sœurs, dont aucune se s'appelait Gaulard. Sa sœur aînée, Marie-Jeanne Bouret, épousa Claude Préaudau (1689-1758), fermier général. Ce ménage eut un fils, Claude-Jean-Baptiste Préaudeau (1723-17), qui épousa une Mlle Gaulard, maîtresse d'Étienne-Michel Bouret.

74. Bouret avait en réalité quatre frères. Pour marquer sa faveur, le roi assista avec tous les ministres, en août 1750, au mariage du premier frère de Bouret, François Bouret d'Erigny (1713-1779), fermier général en 1751, avec Madeleine Poisson de Malvoisin (1730-1754), cousine de Mme de Pompadour. Un autre frère, Antoine-François Bouret de Valroche (17 -1776) fut aussi fermier général, de 1757 à 1776. Un troisième frère, Augustin Bouret de Villaumont (1712-1757), qui lui succéda en 1743 dans la charge de trésorier de la maison du roi, épousa Mme veuve Préaudeau, née Gaulard, sa nièce par alliance. Le quatrième frère s'appelait Marc-Alexandre Bouret de Montigny (1715-1790); il entra dans les ordres, jeta son froc aux orties et épousa Marie-Catherine Peren.

75. Marie-Antoinette Bouret (1744-1794) épousa en 1762 Philippe-Charles Le Gendre de Villemorien (1717-1789). Marie-Adélaïde-Victoire Bouret se maria en 1755 avec Charles Marin de La Haye (1736-1), fermier général. Enfin, Jeanne-Antoinette Bouret (1746-1813) épousa Philibert Thiroux de Montsauge (1715-1786) et se remaria avec le chevalier de Coigny (1743-1806), nommé maréchal de camp en 1784.

76. C'est près de Nandy que Bouret fit construire à grands frais par Le Carpentier un pavillon de chasse où il reçut le roi en septembre 1768. Il y avait fait placer une *Vénus* de Coustou à laquelle le sculpteur avait donné le visage de Mme Du Barry.

77. Bouret mourut le 10 avril 1777 dans des conditions pour le moins suspectes, et Marmontel dans ses *Mémoires* parle également de suicide. Les dettes du fermier général s'élevaient à 1 334 346 livres; le 16 mai 1777, un arrêt du parlement interdit aux créanciers d'entamer des poursuites contre les héritiers de Bouret.

78. Il s'agit de Mme de Thomas de La Valette (17 -176), née d'Alencé (voir la note 212 de la p. 88), sœur de Mme Rigoley d'Ogny — à ne pas confondre avec Michèle-Narcisse Jogues de Martainville, épouse de Jean-Joseph-François Chicoyneau de La Valette (voir la note 148 de la p. 247).

79. Il y eut deux Thomas de La Valette guillotinés : Louis-Jean-Baptiste (1754-1794), l'ami de Robespierre, n'a guère laissé de traces dans l'histoire, et fut exécuté le 28 juillet 1794; son frère François-Joseph-Élisabeth (1755-1794) fut guillotiné le 6 juin.

80. Ce n'est pas ici le célèbre jésuite Antoine de La Valette, prétexte par sa banqueroute de la suppression de l'ordre, mais Louis de Thomas de La Valette (1678-1772); il entra à l'Oratoire à 17 ans, passa à La Trappe, devint général de l'Oratoire après la mort du P. de La Tour en 1733.

81. Théodore Tronchin (1709-1781), fils d'un banquier ruiné, fut envoyé en Angleterre et à Leyde où il fit ses études. Il pratiqua la médecine à Amsterdam, puis à Genève, enfin à Paris où il s'installa en 1766, sur les instances du duc d'Orléans dont il avait inoculé les enfants dix ans plus tôt. Il devint alors le médecin à la mode; il était également l'ami des plus grands philosophes du temps. Il avait épousé Hélène de Witte (1 -1767).

82. Herman Boerhaave (1668-1738), un des plus grands médecins du XVIIIe siècle, pratiqua et enseigna à Leyde. Il écrivit de très nombreux ouvrages.

83. Inexact : à la demande du duc d'Orléans, Tronchin s'installa définitivement à Paris où il mourut.

Chapitre XXV

84. François Chevert (1695-1769) entra à l'armée à 11 ans. Il passa par tous les grades et se signala par de nombreux exploits. Lieutenant général en 1748, il commanda à Hastembeck, Cassel, et devint gouverneur de Charlemont et Givet.

85. Dominique-Jean Lefebvre de Chailly mourut en mai ou juin 1767.

86. Un curieux épisode confirme l'opinion négative de Dufort à propos de Lefebvre d'Amécourt : il s'agit d'une intrigue du dauphin, menée en 1760 avec la

collaboration active de ce conseiller au parlement, et destinée à compromettre Choiseul aux yeux du roi. Cet épisode est décrit en détail par Choiseul dans ses *Mémoires* (chap. XXI).

87. Jean-Baptiste-François, marquis de Saint-Herem (1704-1779) fut militaire : colonel du régiment de Forez, brigadier en 1743, lieutenant général en 1748. Il avait épousé en 1724 Constance-Lucie Le Valois de Villette et s'était remarié en 1761 avec Catherine-Marguerite Morin de Banneville.

87 bis. *L'Île des Fous*, livret de d'Anseaume, Marconville et Bertin de Blagny, musique de Duni, créée à la Comédie-Italienne le 29 décembre 1760.

88. Le comte de Brizay était Ange-René de Brizay, fils de René-Louis, marquis de Brizay (1701-1770) et de Françoise-Michèle Pinon. Il avait épousé en 1766 Émilie-Louise Picot, fille de Pierre, marquis de Dampierre.

89. Anne-Louis Pinon, vicomte de Quincy (1720-1787) avait épousé Anne-Catherine Le Boulanger (voir la note 349 de la p. 120).

90. Anne Pinon, vicomte de Quincy, intendant de Pau (1694), de Poitiers (1702), de Dijon (1705), avait épousé Catherine Le Boulanger; il s'était remarié avec une fille de Pierre Le Gendre de Lormoy. De ce second mariage, était sorti Louis-Paul Pinon, vicomte d'Avor, seigneur de Saint-Georges. Son fils, Anne-Louis Pinon, marquis de Saint-Georges (1720-1787), dont il est question ici, suivit une carrière militaire et devint lieutenant général.

91. Louis-Vincent Pinon (17 -1) fut capitaine au régiment de Caraman-dragons et chevalier de Saint-Louis.

92. Bernard-Marie-Joseph-Pierre Dufort, comte de Cheverny, volontaire dans le régiment de La Rochefoucauld-dragons, fut nommé gouverneur en survivance de la ville de Romorantin, le 19 mai 1767.

93. Jean-Marie Roslin d'Ivry (1749-1789), conseiller au parlement en 1768 et maître des requêtes en 1772, épousa en 1773 Marie-Jeanne Noguez (17 -1794). Veuve en 1789, celle-ci se remaria deux ans plus tard avec Angélique-Michel Destat de Bellecourt (1761-1794).

94. Pour M. et Mme Mayneaud de La Tour, voir la note 190 de la p. 82. Leur fille, Anne-Claudine Mayneaud de La Tour (17 -17), veuve de Laurent-Joseph Mazade de Bobigny (1718-1750), fermier général, avait été, on s'en souvient, courtisée par Dufort (voir le chapitre XII). Elle se remaria en 176 avec Emmanuel-Louis-Auguste, comte de Pons-Saint-Maurice (1725-1785), gouverneur du duc de Chartres, puis son premier gentilhomme.

95. Georges-Louis Phélypeaux d'Herbault (1729-1787) fut archevêque de Bourges de 1757 à 1784. Il était très cultivé, se révéla un véritale polyglotte. Très généreux, il n'en accumula pas moins les abbayes : Saint-Lucien de Beauvais, Saint-Benoît-sur-Loire, Saint-Ouen (Rouen), Le Thoronet.

96. Le « fameux Nicolet » est Jean-Baptiste (1728-1796), qui fut danseur de corde avant d'ouvrir en 1772 le Théâtre des Grands danseurs, devenu en 1792 Théâtre de la Gaieté.

97. Il s'agit d'Agésilas-Gaston de Flamarens (1732-1785), déjà rencontré (voir la note 183 de la p. 80). Il fut vicaire général de Bourges et abbé du Thoronet.

98. Jean-Baptiste-François, marquis de Clermont d'Amboise (1720-1792), et fils de l'ancien propriétaire de Cheverny, fut ambassadeur au Portugal en 1767, à Naples en 1775, après avoir été colonel du régiment de Bretagne, puis chambellan du duc d'Orléans. Il fut massacré à la prise des Tuileries.

99. La fille de Guillaume-Pierre Tavernier de Boullongne et de Perrette-Catherine de Ravenel (filleule de Jean-Marie Richard, receveur général à Tours) était Catherine-Jeanne Tavernier de Boullongne (1745-1838); elle avait épousé en 1765 Mathieu-Paul-Louis de Montmorency, vicomte de Laval (1748-1809), colonel au régiment d'Auvergne, premier gentilhomme de la chambre de Monsieur. Mme de Laval-Montmorency fut une des nombreuses maîtresses de Lauzun et, en 1822, s'opposa de toutes ses forces à la publication des *Mémoires* de son amant.

100. Le mariage du dauphin Louis et de Marie-Antoinette eut lieu le 16 mai 1770.

101. Joseph-Louis Robert de Lignerac (1764-1823), colonel du régiment de Royal-vaisseaux, lieutenant général de Haute-Auvergne, fut fait duc de Caylus en 1763. Il fut député de la noblesse, émigra, resta à l'écart des armées impériales à son retour et ne put parvenir au grade de lieutenant général.
Charles-François-Casimir de Saulx, comte de Tavannes (1739-1) fut menin du dauphin, chevalier d'honneur de la reine en 1779.

102. Pour Mme Chicoyneau de La Valette, née Jogues de Martainville, voir la note 148 de la p. 247.

103. Alexandre-François de Sarlabous, comte de Mun (1732-1816) épousa effectivement en 1772 Élisabeth-Charlotte Helvetius (1752-1799).

104. « Jeune homme de grande espérance » d'après Dufort, filleul de Machault et de Mme de Pompadour, Jean-Baptiste Tavernier de Boullongne de Magnanville (1749-1794), fermier général de 1787 à 1790, et désigné par Calonne comme commissaire du roi à la nouvelle compagnie des Indes, épousa en 1773 Louise-Anne-Josèphe Walquier. Le beau-père était conseiller d'État de l'impératrice. Jean-Baptiste faillit ruiner son père par des opérations imprudentes, fut condamné par lui à voyager. Rentré d'Angleterre en 1789, il fut compris dans la « fournée » des fermiers généraux du 19 floréal an II et guillotiné : il fut le seul à manifester sa peur au moment du supplice.

105. Antoine-Jean-François Mégret de Sérilly (1746-1794), conseiller au parlement en 1768, puis maître des requêtes, fut trésorier de l'extraordinaire des guerres de 1772 à 1788. Il épousa en 1779 sa cousine germaine Anne-Marie-Louise Thomas de Pange (Domangeville est le nom d'une des seigneuries des Thomas de Pange).

106. Jean-Baptiste-Louis Thomas de Pange (1688-1769), trésorier de l'extraordinaire des guerres, avait épousé en 1716 Françoise de Thumery (1 -1). Leur fille, Françoise Thomas de Pange (1723-1789) épousa l'intendant Antoine Mégret d'Étigny (voir la note 81 de la p. 223); ils furent les parents de Mégret de Sérilly.

107. Antoine-Jean-Marie Mégret d'Étigny (174 -1794) fut aide-major aux gardes françaises. Il fut guillotiné en même temps que son frère Mégret de Sérilly.

108. François-Antoine-Ladislas, comte de Bercheny (1744-1811) avait épousé en 1769 Louise-Adélaïde Thomas de Pange (1752-1777); il se remaria en 1777 avec Prudence-Adélaïde-Thérèse de Santo-Domingo. Il fut fait maréchal de camp en 1784, émigra, mourut à Londres.
Le bailli de Saint-Simon était Charles de Rouvroy de Saint-Simon Sandricourt (17 -1), bailli et ambassadeur de l'ordre de Malte en 1775.

Le beau-frère de Mégret de Sérilly était Anne-Louis de Quengo, marquis de Crénolles (1734-1824), lieutenant général en 1814; il avait épousé en 1763 Marie-Françoise Mégret (1745-1776).

109. Ces cours d'accouchement, bien nécessaires en un temps où les soins traditionnels, surtout à la campagne, provoquaient de multiples morts des nouveau-nés et de leurs mères, furent professées par une « maîtresse sage-femme », Mme Ducoudray.

110. On ne sait s'il s'agit ici du père ou du fils, puisqu'ils furent tous deux directeurs des Ponts et Chaussées. Daniel-Charles Trudaine (1703-1769), maître des requêtes, intendant d'Auvergne (1730), honoraire de l'Académie des Sciences, resta en fonctions jusqu'à sa mort. Jean-Charles-Philibert Trudaine de Montigny (1733-1777), lui aussi maître des requêtes et membre de l'Académie des Sciences, remplaça son père aux Ponts et Chaussées en 1769.

111. Les trois ponts étaient ceux de Saint-Gervais, de Clénord et de Cheverny. Les travaux furent exécutés sous la direction de M. Roger, ingénieur en chef de la généralité d'Orléans, par Huet et Fauconnet, entrepreneurs. Le seul pont de Saint-Gervais coûta 24 000 livres.

112. Inexact : la mort de Mgr de Termont eut lieu en 1776 seulement (voir la note 34 de la p. 353).

Chapitre XXVI

113. L'explication de l'exil par Choiseul par son hostilité à Mme Du Barry, fort répandue à l'époque, n'a que peu de vraisemblance. On pense aujourd'hui que Choiseul préparait, de concert avec l'Espagne, une reprise des hostilités contre l'Angleterre; Louis XV, préoccupé des finances publiques qui ne pouvaient résister à un nouveau conflit, n'en voulait à aucun prix. D'autre part, le duc ne se souciait sans doute pas d'une épreuve de force avec les parlements, à laquelle le roi était résolu. Jeanne Bécu « de Vaubernier », fille naturelle d'un moine, était née en 1743. Après avoir été un moment prostituée, elle fut prise en main par Jean-Baptiste Du Barry, dit « Le Roué » (1723-1794) qui lui fit connaître d'augustes clients, dont sans doute le maréchal de Richelieu. Devenue la maîtresse du roi en 1768, elle fut mariée à Guillaume Du Barry (1732-1811), frère de son amant-entremetteur, pour lui donner un nom acceptable et permettre sa présentation à la cour (le 22 avril 1769).

114. Joseph-Marie, abbé Terray (1715-1778) avait fait carrière au parlement. Il faisait partie du clan anti-Choiseul; le duc écrit de lui que « le mensonge et les bassesses étaient aussi faites à l'abbé Terray pour faire sa cour à la dame Du Barry que l'injustice, le vol et la barbarie lui étaient naturels pour procurer de l'argent au roi » (*Mémoires*, chap. XXIII). Terray fut nommé contrôleur général des finances le 22 décembre 1769, et ministre d'État le 18 février 1770.

115. René-Nicolas-Augustin de Maupeou (1714-1792), fils de chancelier, entra au parlement et devint président à mortier à 22 ans, premier président en 1763. Chancelier le 18 septembre 1768, il aida le roi dans ce qui fut sans doute la dernière tentative de sauvetage de la monarchie : la mise au pas du parlement. Il avait épousé en 1744 Anne-Marguerite-Thérèse de Roncherolles (1725-1752).

116. C'est le duc de La Vrillière qui porta, le 24 décembre 1770, sa lettre d'exil à Choiseul; aussitôt, l'hôtel de la Grange-Batelière fut envahi de courtisans venus manifester leur opposition au roi et leur solidarité au ministre déchu.

117. Chanteloup, près d'Amboise, qui avait appartenu au début du XVIIIe siècle à la princesse des Ursins, avait été réaménagé à la demande de Choiseul par Le Camus de Mézières. Le château était immense et somptueux, et contenait les grandes collections d'œuvres d'art du duc et de la duchesse. Après la Révolution, le domaine tomba entre les mains de Chaptal, puis de celles du duc d'Orléans. Le château fut détruit en 1823, et il n'en reste qu'une « pagode » où Choiseul fit inscrire le nom de ceux qui lui étaient restés fidèles.

118. Il s'agit ici du marquis (et non du comte) Charles-Marc-Jean de Boufflers-Remiencourt (1736-1), grand bailli de Beauvais, inspecteur général de l'infanterie, frère aîné du chevalier.

119. L'archevêque de Tours était alors (1770) Mgr Pons-François de Rosset de Fleury (1728-1774), frère du duc de Fleury. Louis-François-Marc-Hilaire de Conzié (1732-1804) était depuis 1766 évêque de Saint-Omer; en 1769, il avait été transféré à Arras, et n'obtint le siège de Tours qu'en 1774; il le refusa, et c'est son frère Joachim-François-Mamert (1736-1795) qui l'occupa. Conzié émigra et mourut à Londres.

120. Guy-André-Pierre, duc de Montmorency-Laval (1723-1798) fut militaire, et accéda à la dignité de maréchal en 1783.

121. L'abbé Biliardi (1 -1792), que l'on voyait beaucoup dans les bureaux des Affaires étrangères, était abbé de Saint-Florent.

122. Léopold-Charles de Choiseul (1724-1774) fut évêque d'Évreux en 1758, puis archevêque d'Albi (1759), enfin de Cambrai (1764). C'était un ami des philosophes, et il ne séjourna guère dans ses archevêchés. Il ne fut jamais fait cardinal.

123. Anne-Louise-Marie de Beauvau (1750-1), fille du maréchal de Beauvau, avait épousé en 1767 Philippe-Louis-Marc-Antoine, marquis de Noailles, prince de Poix (1752-1).

124. *Faire la chouette :* « Aux yeux de piquet, de trictrac, de billard, etc., jouer seul contre deux ou plusieurs personnes » (*Dictionnaire de l'Académie*, 6e éd.).

125. Nom illisible; peut-être « Hongrie ».

126. La politique des parlements, qui avaient d'abord saisi le prétexte de la lutte contre les jésuites, proches de la cour, s'était infléchie vers 1755 en un contrôle tatillon des édits royaux, et avait débouché sur une opposition systématique en matière fiscale et budgétaire. Le gouvernement tenta d'abord de susciter, en 1755, un rival au parlement sous la forme du grand conseil, jugé plus malléable (et surtout, non janséniste); après plusieurs années d'hésitations, il fallut se résoudre à l'épreuve de force : le 21 janvier 1771, cent soixante-sept magistrats furent exilés, leurs offices furent confisqués; les membres du conseil privé devaient assurer l'exercice de la justice; enfin, par édit de février 1771, le ressort du parlement de Paris était démantelé au profit de six conseils supérieurs. La vénalité des hautes charges était abolie.

127. Il s'agit de l'ex-Mme Mazade, remariée en 176 à Emmanuel-Louis-Auguste de Pons-Saint-Maurice (voir la note 94 de la p. 388).

128. Charles-Gérard de Barassy (1725-1794) était conseiller au grand conseil depuis 1748.

129. Charles-Didier de Barassy (1755-1820).

130. Le terme « économistes » désigne au XVIIIe siècle, avec une nuance légèrement péjorative, la « secte » des physiocrates, dont Quesnay était le « pape ».

130 bis. Ce M. de Saint-Michel, lieutenant général de la sénéchaussée de Marseille, entra en 1753 en conflit avec le parlement d'Aix, pour avoir voulu faire exécuter des ordres du roi. Décrété de prise de corps, il s'enfuit en Avignon, puis à Paris. Mal soutenu par Lamoignon, il fut nommé président de la cour des aides de Montauban, qui refusa de le recevoir; en dédommagement, il reçut une pension de 4 000 livres. Enfin, il devint en 1771 premier président de la chambre des comptes de Blois.

131. Joseph-Thomas, vicomte d'Espinchal (1748-1823), mestre de camp au Dauphin-dragons, épousa en 1772 Louise-Gabrielle de Gaucourt. Il émigra, se lia avec les Condé, combattit dans l'armée des princes, rentra en France en 1801.

132. Le ménage de Cypierre semble avoir été très attaché à ses devoirs religieux, ce qui n'empêcha pas le mari d'adhérer à la loge maçonnique de « Jeanne d'Arc », fondée en 1760, et la femme d'entrer dans une loge d'adoption féminine.

133. La chronologie devient ici très confuse : O'Dune revint de sa première mission au Portugal en 1763. Or, on a déjà assisté à des événements largement postérieurs, comme le mariage du dauphin ou la disgrâce de Choiseul (1770), ou encore le renvoi du parlement (1771). De même, l'allusion à l'emprisonnement d'Olavide par l'Inquisition nous renvoie à 1776, alors que la mort du dauphin Louis ramène le récit onze ans en arrière...

134. Pablo de Olavide fut arrêté le 14 novembre 1776 et l'Inquisition, fidèle à la procédure du secret absolu dont elle était coutumière, laissa passer deux ans avant de faire comparaître l'accusé, le 21 novembre 1778. Condamné à la réclusion, il parvint à s'enfuir en 1780 (peut-être avec la complicité des autorités civiles, sensibles aux critiques qui pleuvaient de toute l'Europe), et se réfugia en France.

135. Dufort continue à rendre les faits en désordre : le dauphin mourut le 22 décembre 1765, et son épouse Marie-Josèphe de Saxe deux ans plus tard.

136. André-Louis-Esprit, marquis de Sinety (17 -1773) fut maréchal de camp en 17 . Il avait été nommé sous-gouverneur des Enfants de France, et fut plus tard premier maître d'hôtel du comte de Provence.

137. Pombal au Portugal expulsa les jésuites en 1759, en prenant pour prétexte l'attentat du 3 septembre 1758 contre le roi José Ier. En Espagne, Aranda suivit et rendit un arrêt d'expulsion en 1767. L'ordre fut finalement supprimé par Rome en 1773.

138. Il faut ici traduire : des bruits coururent, comme à l'accoutumée, pour prétendre que le dauphin était empoisonné (« une colonne... que la politique faisait saper par les fondements »), tandis que Dufort estime que le décès fut naturel, conséquence inévitable selon lui des méfaits occasionnés dans l'organisme par une masturbation excessive (voir la note 198 de la p. 269).

139. Le P. Antoine de La Valette, chargé de redresser les affaires des jésuites à la Martinique, s'était lancé dans le commerce du sucre et des esclaves pour combler un déficit important. La guerre et les conditions climatiques eurent raison de ses efforts : la dette se montait à 1 500 000 livres, et les créanciers (Gouffre et Lionez, de Marseille) portèrent plainte. L'affaire vint jusqu'au parlement de Paris, dont la majorité

janséniste fut trop heureuse de porter un coup fatal au véritable État dans l'État que constituait l'ordre. Le 6 août 1761, sur constat de faillite, la doctrine fut condamnée, et le parlement donna l'ordre de fermer les écoles (les jésuites animaient la quasi-totalité des collèges). Un an plus tard, un nouvel arrêt spécifiait l'expulsion des jésuites. Une telle décision demandait évidemment une confirmation du pouvoir exécutif.

140. Choiseul a donné dans ses *Mémoires* diverses versions de ses entrevues avec le dauphin ; elles sont généralement plus violentes.

141. C'est en novembre 1764 que le conseil supprima par édit l'ordre des jésuites en France.

142. Charles Collé (1709-1783) était lecteur et secrétaire du duc d'Orléans. Il fit ses débuts littéraires en collaborant avec Crébillon fils, composa des chansons passablement ordurières, qui eurent un grand succès dans les milieux mondains. Sa pièce la plus connue est *La Vérité dans le vin. La Partie de chasse de Henri IV*, créée 6 le janvier 1763, n'entra au répertoire de la Comédie-Française qu'en 1774.

143. Jean-Baptiste Brisard, dit Brizard (1721-1791) fut d'abord peintre avant de tenter une carrière d'acteur. Il quitta donc l'atelier de Van Loo pour entrer à la Comédie-Française en 1757 et y devenir sociétaire l'année suivante. Il tenait les emplois de père noble.

144. Marie Verrière, née Rainteau (1728-1775) fut la maîtresse de Marmontel, et surtout du maréchal de Saxe dont elle eut une fille (1748), Aurore de Saxe, qui épousa en secondes noces Dupin de Francueil et fut la grand-mère de George Sand.

145. Nous supprimons ici un passage où Dufort évoque à nouveau la régie aberrante de Caumartin (voir le début de ce chapitre).

146. Louis-François Lallemant de Lévignen (1686-1767), conseiller au parlement, puis maître des requêtes, fut intendant d'Alençon pendant quarante ans à partir du 15 août 1726. Il avait épousé Marie-Jacqueline Boutin (16 -1770), fille du receveur général des finances d'Amiens. Il n'était pas le frère de M. Du Cluzel de La Chabrerie (voir la note 235 de la p. 290).

147. Quant à Marie-Charles-François-Xavier Lallemant de Nantouillet, comte de Puisieux, Marly-la-Ville et Juilly (1733-1), maître des cérémonies en survivance de son pèe (Étienne-Charles-Félix, 1696-1781), il n'était pas le fils de Louis-François mais son neveu. Il fut fermier général et épousa en 1755 Marie-Angélique-Charlotte de Damas-Crux.

148. Amable-Charles, comte de la Guiche (1747-1) fut colonel au régiment de Bourbon-cavalerie.

149. Charles Brochet de Saint-Prest (1736-1794), conseiller au parlement, maître des requêtes (1762), président au grand conseil et intendant du commerce, avait épousé Élisabeth-Louise-Victoire de Kessel (17 -1). C'est Marie-Anne-Julie de Kessel qui épousa M. Rousseau.

150. Fénis de Saint-Victour, gouverneur de Tulle, y fonda une manufacture d'armes en 1777.

151. Chrétien II, duc des Deux-Ponts-Bischweiler (1722-1773) vivait avec Mlle Gamaches, danseuse de l'Opéra, et lui avait donné le titre de comtesse de Forbach.

152. C'est le 27 avril 1774 que le roi se réveilla malade, fiévreux et courbatu. Le lendemain, il fut conduit à Versailles. La petite vérole fut identifiée le 30 avril.

153. C'est sur l'ordre du roi que Mme Du Barry quitta Versailles pour son château de Rueil. Après la mort du roi, elle fut enfermée à l'abbaye de Pont-aux-Dames.

154. Il s'agit de François-Alexandre-Frédéric, duc de La Rochefoucauld-Liancourt (1747-1824), le célèbre agronome et philanthrope. Il était depuis 1768 survivancier de son père, le duc d'Estissac, dans la charge de grand maître de la garde-robe.

155. Anne-Charles Lorry (1724-1783), médecin réputé, était docteur régent de la faculté de médecine.

156. Le roi s'était confessé le 7 mai. Il mourut le 10 mai à 3 heures de l'après-midi. Son corps fut porté à Saint-Denis le 12 mai, à 10 heures du soir, dans l'indifférence générale.

157. Louis XVI était alors dans sa vingtième année.

158. Jean-Charles-Pierre Lenoir (1732-1802), conseiller puis lieutenant criminel au Châtelet, devint maître des requêtes en 1759, président au grand conseil en 1768, et succéda à Sartine comme lieutenant général de police à Paris en 1774. Il épousa en 1757 Marie-Nicole Denis (1736-1762), et se remaria en exil, en 1797, avec Sophie-Élisabeth Huguenin (1746-1830), veuve de Gratien-Jean-Baptiste-Louis, vicomte de Flavigny.

159. Les deux ministres promouvables avaient tous deux soixante-quatre ans. Jean-Frédéric Phélypeaux, comte de Maurepas (1701-1781) avait été ministre dès l'âge de quatorze ans, en exercice à dix-sept. Chargé de la marine, il s'était heurté à la marquise de Châteauroux, puis à Mme de Pompadour qui, persuadée qu'il voulait l'assassiner, avait réussi à le faire disgracier. Il avait épousé en 1718 sa cousine Marie-Jeanne Phélypeaux de Saint-Florentin (1704-1793), fille du duc de La Vrillière.

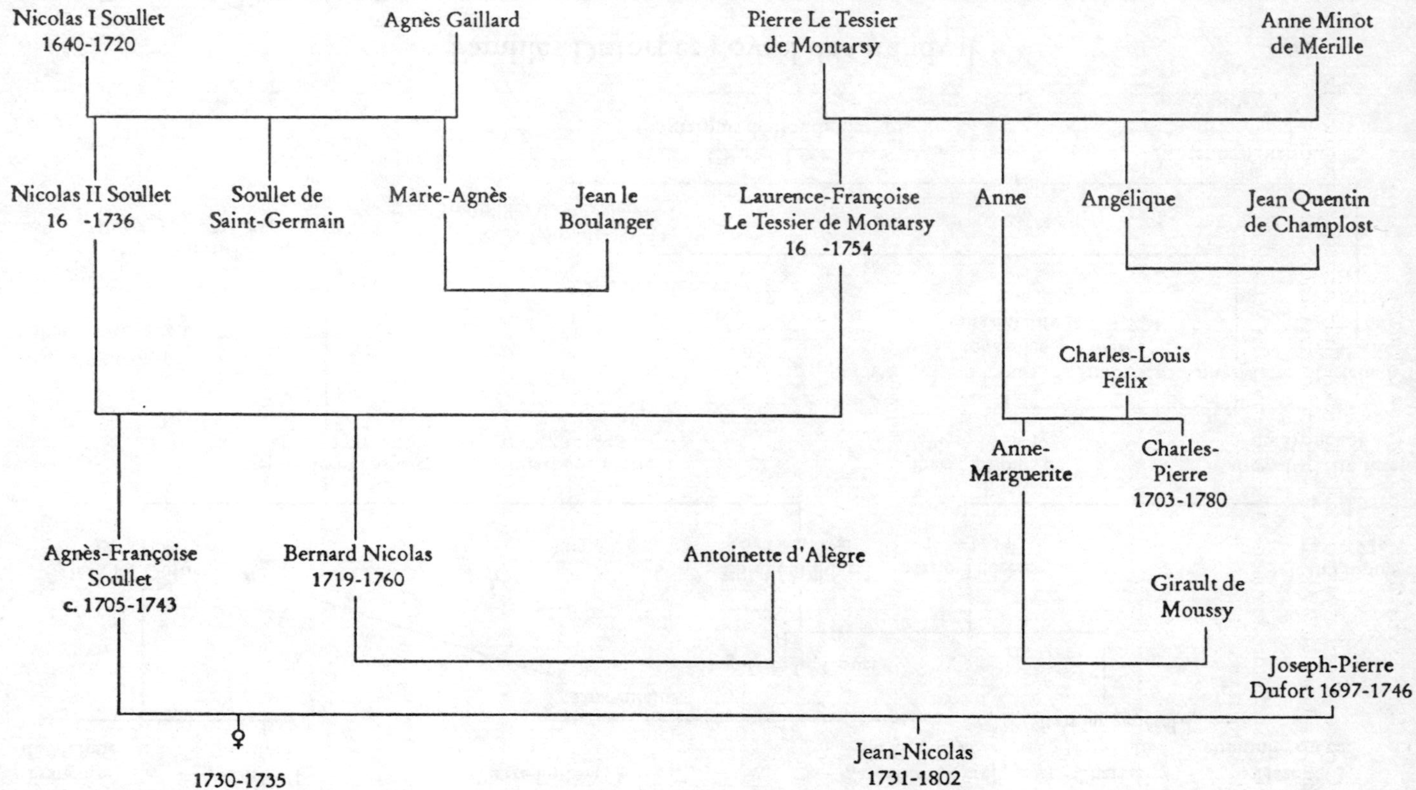

Familles Soullet et Le Tessier de Montarsy

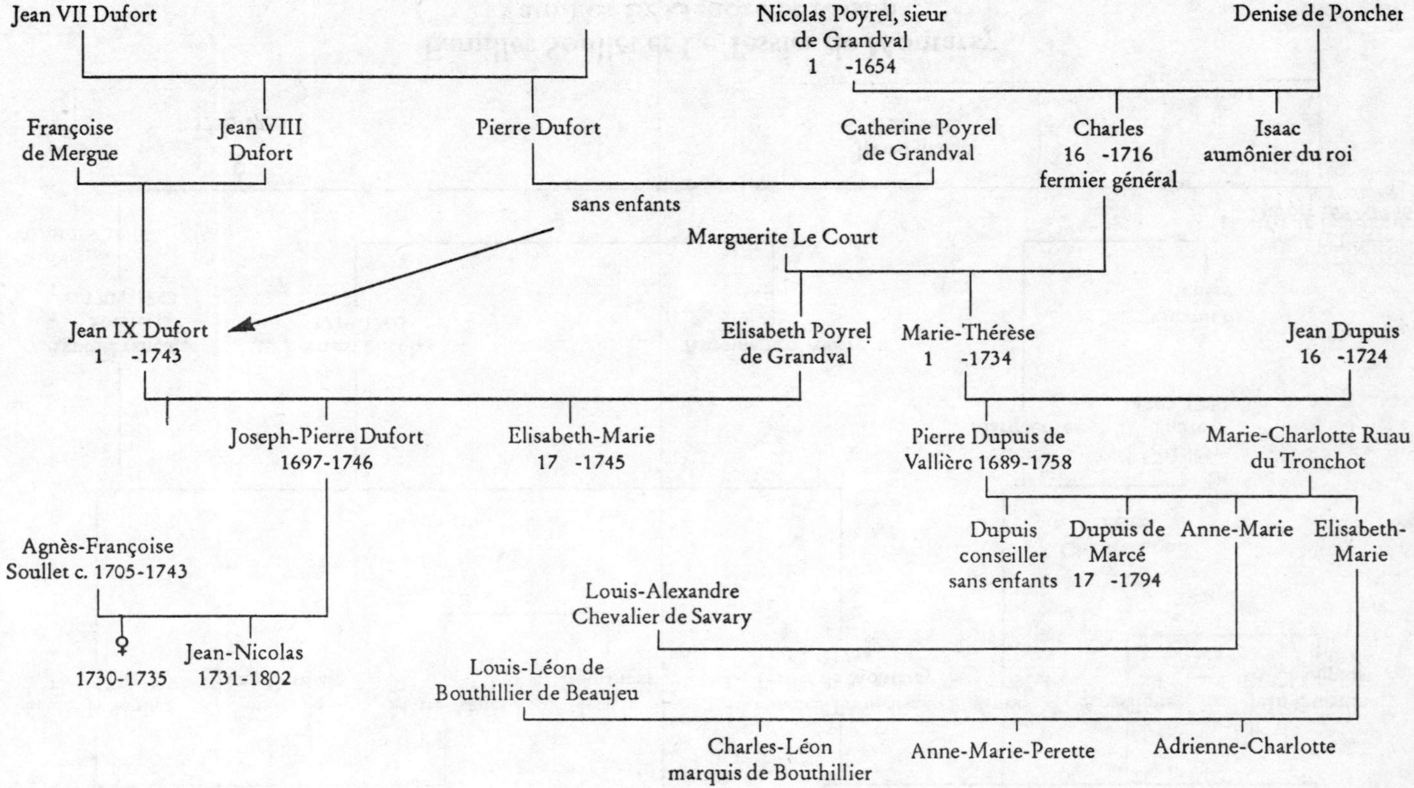

Familles Dufort et Poyrel de Grandval

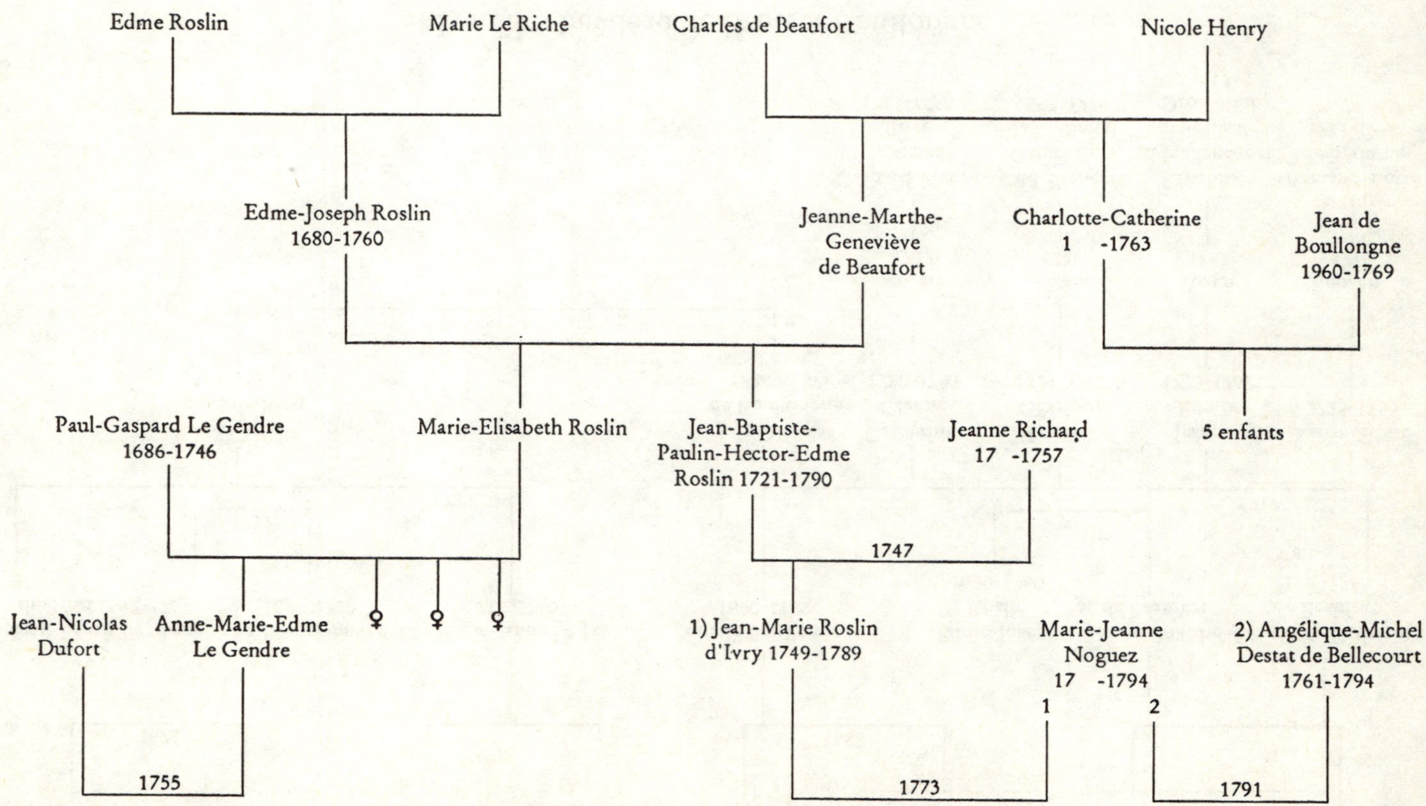

Familles Le Gendre et Roslin

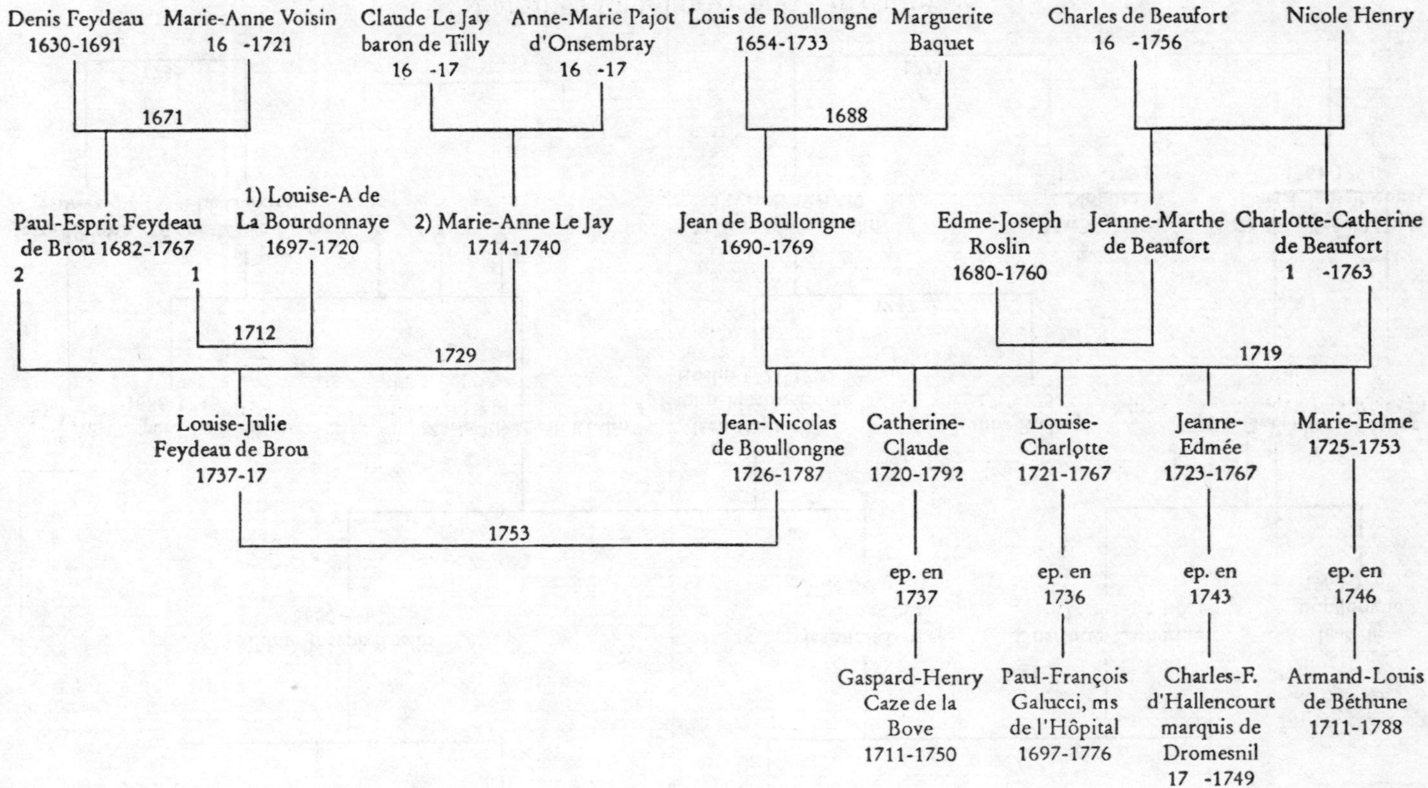

Familles Feydeau de Brou et Boullongne

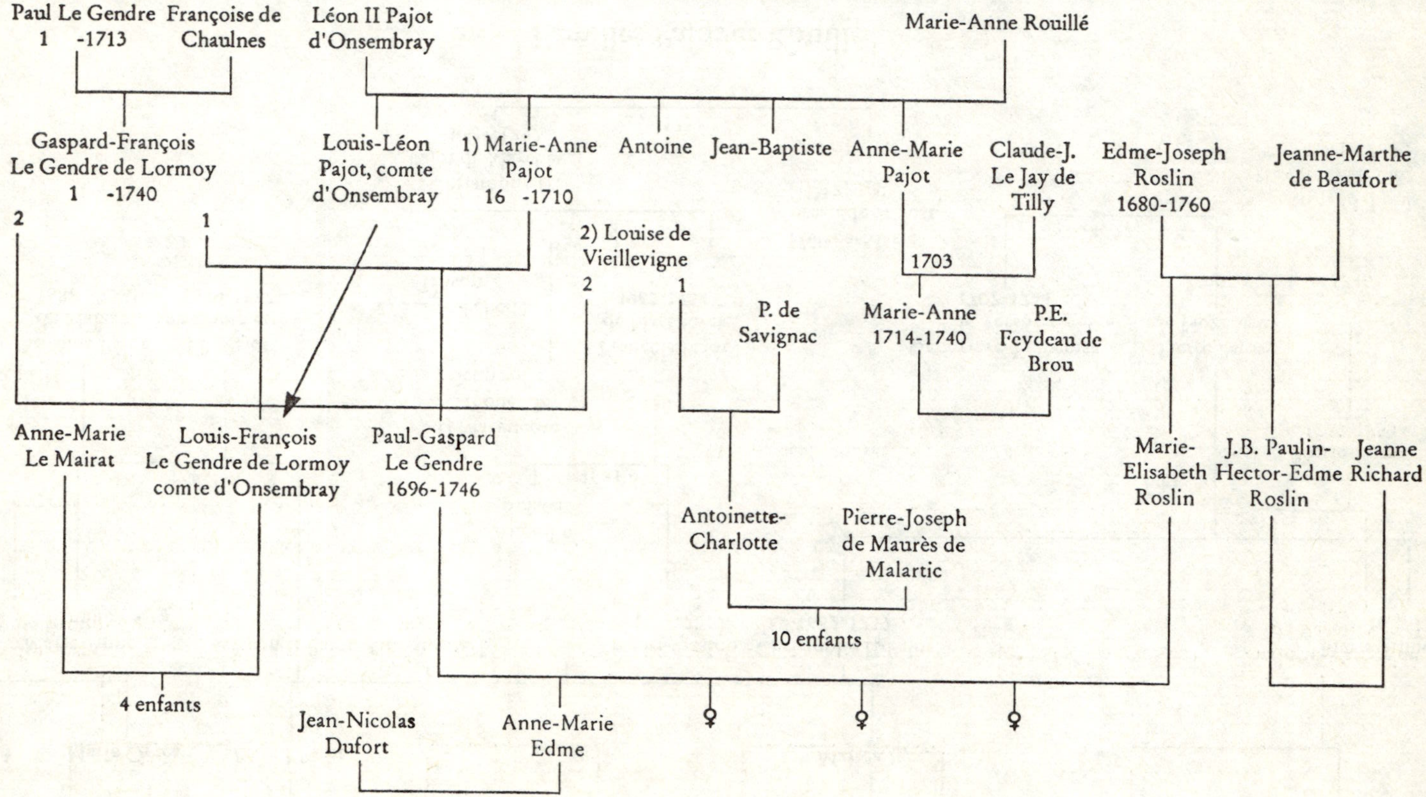

Familles Le Gendre et d'Onsembray

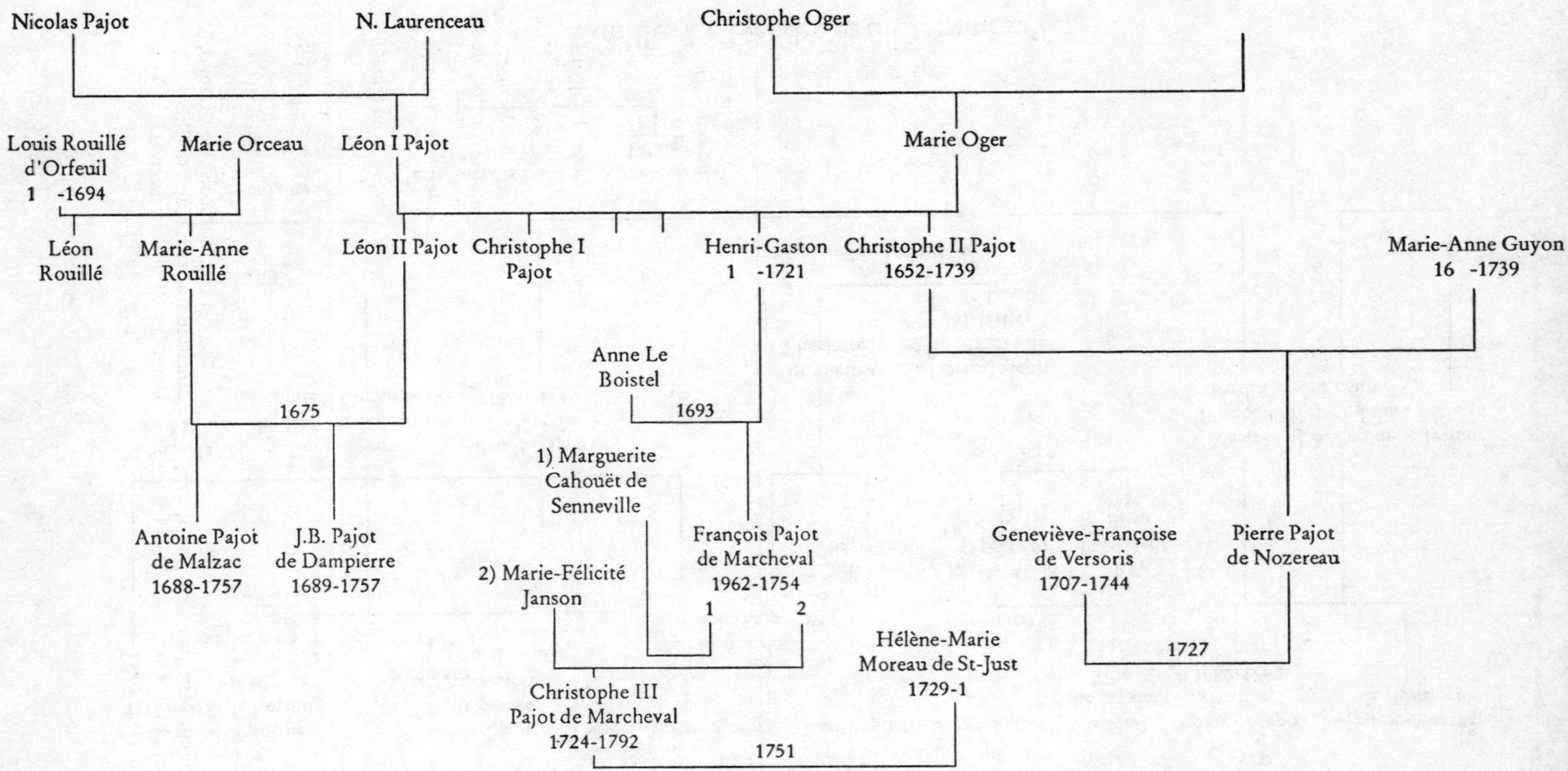

Familles Pajot et Rouillé

INDEX

NOTA - Les chiffres arabes renvoient aux pages ; les chiffres romains entre parenthèses renvoient selon le cas aux notes de la première, de la deuxième ou de la troisième époque.

A

D

G

H

I

J

K

L

M

P

Q

R

S

W

TABLE

Chapitre IX

Chapitre X

Chapitre XI

Chapitre XII

Chapitre XVI

Chapitre XVII

Chapitre XVIII

Chapitre XXII

TROISIÈME ÉPOQUE

Chapitre XXIII

Chapitre XXIV

Achevé d'imprimer en octobre 1990
sur presse CAMERON,
dans les ateliers de la S.E.P.C.
à Saint-Amand-Montrond (Cher)

– N° d'édit. 960. – N° d'imp. 2288. –
Dépôt légal : octobre 1990

Imprimé en France